Müller-Graff/Roth (Hrsg.) · Recht und Rechtswissenschaft

sitzend von links nach rechts:
Professoren Dres. Brugger, Frowein, Schmidt-Aßmann, Graul, Jayme, Mußgnug, Roth, Müller-Graff, Misera, Doehring, Haverkate, Nicklisch

stehend von links nach rechts:
PD Dr. Cremer, PD Dr. Zopfs, Professoren Dres. Schroeder, Laufs, Küper, Wolfrum, Miehe, Häsemeyer, Hommelhoff, Ulmer, Kirchhof, Steinberger, von Hoyningen-Huene, Reinhart, Lackner, Hillenkamp, Dölling

Recht und Rechtswissenschaft

Signaturen und Herausforderungen
zum Jahrtausendbeginn

Ringvorlesung
der Juristischen Fakultät
der Ruprecht-Karls-Universität Heidelberg

Herausgegeben von
Peter-Christian Müller-Graff
Herbert Roth

CFM

C. F. Müller Verlag
Heidelberg

Die Deutsche Bibliothek – CIP-Einheitsaufnahme

Recht und Rechtswissenschaft : Signaturen und Herausforderungen
zum Jahrtausendbeginn (Ringvorlesung der Jurist. Fak.
der Ruprecht-Karls-Universität Heidelberg im SS 1999 und
WS 1999/2000) / hrsg. von Peter-Christian Müller-Graff/Herbert Roth
– Heidelberg : Müller, 2000
ISBN 3-8114-2306-1

© 2000 C. F. Müller Verlag, Hüthig GmbH, Heidelberg
Alle Rechte vorbehalten
Satz: C. Gottemeyer, Leonberg
Druck: Neumann Druck, Heidelberg
ISBN 3-8114-2306-1

Vorwort

Recht ist ein lebendiger Organismus im Strom der Zeit, seit altersher auf seine jeweiligen Inhalte und Eigenheiten normwissenschaftlich befragt und in seiner Entwicklung auch durch wissenschaftlich gestützte Normlehren angeregt. Neueinsätze und Wendepunkte, Signaturen und Epochen werden nicht von Zahlenmagien der Zeitrechnung bestimmt. Gleichwohl regt der Wechsel vom zweiten in das dritte nachchristliche Jahrtausend zu einer Momentaufnahme an: zu Rückschau und Ausschau auf Signaturen und Herausforderungen zum Beginn der unsichtbaren Schwelle eines neuen Jahrtausends. Dies gilt umso mehr für die älteste Juristische Fakultät auf dem Gebiet der Bundesrepublik Deutschland im siebten Jahrhundert ihres Bestehens. Sie hat den Jahrtausendwechsel zum Anlaß für eine zweisemestrige Ringvorlesung ihrer Mitglieder über Herausforderungen für Recht und Rechtswissenschaft am Jahrtausendbeginn genommen. Die Einzelvorträge sind in diesem Band in der alphabetischen Reihenfolge der Autoren vereinigt.

Inhaltlich lassen sich die Beiträge grobstrichig in die vier Gebiete unterteilen: Zivilrecht (insbesondere im europäischen und internationalen Kontext), Öffentliches Recht, Strafrecht und Völkerrecht. Als Herausforderungen thematisiert wurden – bei Reihung der Einzeltexte von den allgemeineren zu den spezielleren Fragestellungen – für das Zivilrecht: die Europäische Privatrechtsgesellschaft in der Verfassung der Europäischen Union; das Internationale Privatrecht zwischen Postmoderne und Futurismus; die weltweite Vereinheitlichung des Kaufrechts im 20. Jahrhundert; die Methoden der Handels- und Wirtschaftsrechtsvereinheitlichung; die Europäisierung und Internationalisierung des Gesellschafts- und Unternehmensrechts; die Rolle von Gesetzgebung, Rechtsprechung, Wissenschaft und Kautelarpraxis bei der Fortbildung des Aktien- und GmbH-Rechts; die Weiterentwicklung des Urheberrechts im Informationszeitalter; Medizin und Recht im Wandel der Zeit; die Marktfreiheiten und das Zivilprozeßrecht; die Insolvenzrechtsreform als Anlaß für eine haftungsrechtliche Bilanz. Als Herausforderungen für das Öffentliche Recht aufgegriffen sind: das Gemeinwohl als Ziel des Rechts, Verfassungsrecht und Verfassungsrechtsprechung im Zeichen des Umbruchs; der deutsche Bundesstaat an der Jahrtausendwende; die Zukunft des Sozialstaats in Europa; die Aufgaben wissenschaftlicher Forschung und ihre Sicherung durch die Rechtsordnung. Die Herausforderungen an das Strafrecht konzentrieren sich auf die Fragen nach der Entwicklung der Kriminalität und Kriminalitätskontrolle in

Deutschland sowie nach dem „Ende des Strafrechts". Zu den Herausforderungen an das Völkerrecht sind angesprochen: die Wiederentdeckung des Menschen im Völkerrecht; die Entwicklung des Völkerrechts von einem Koordinations- zu einem Kooperationsrecht; Kontinuität und Diskontinuität in der Entwicklung des Völkerrechts; Perspektiven des globalen Umweltschutzes aus völkerrechtlicher Sicht.

In der Vielfalt der von den Autoren ausgewählten Themenschwerpunkte spiegelt sich ein Ausschnitt der Fragen, die Recht und Rechtswissenschaft zu Beginn des dritten Jahrtausends in Deutschland bewegen. Sie tragen in dem Umfeld einer erneuten technologischen Modernisierung der Lebensabläufe zu einem Gutteil die Signaturen der Europäisierung und der global genannten Internationalisierung des Rechts, die normwissenschaftlich zu durchdringen, zu bewerten und zu gestalten zu den Herausforderungen der Heidelberger Juristenfakultät zählt.

Heidelberg, März 2000   *Peter-Christian Müller-Graff*
                                                                    Herbert Roth

Inhalt

Vorwort VII

ULRICH BEYERLIN
Perspektiven des globalen Umweltschutzes aus völkerrechtlicher Sicht . 1

WINFRIED BRUGGER
Gemeinwohl als Ziel von Staat und Recht an der Jahrtausendwende –
Das Beispiel Europäische Gemeinschaft 15

DIETER DÖLLING
Über die Entwicklung der Kriminalität und der Kriminalitätskontrolle
in der Bundesrepublik Deutschland 35

JOCHEN ABR. FROWEIN
Die Wiederentdeckung des Menschen im Völkerrecht 65

LUDWIG HÄSEMEYER
Die Insolvenzrechtsreform – Anlass für eine
haftungsrechtliche Bilanz? 83

GÖRG HAVERKATE
Die Zukunft des Sozialstaats in Europa 101

CHRISTIAN HILLGRUBER
Kontinuität und Wandel in der Entwicklung des Völkerrechts 117

PETER HOMMELHOFF
Europäisierung und Internationalisierung des Gesellschafts- und
Unternehmensrecht in Deutschland 133

ERIK JAYME
Das Internationale Privatrecht zwischen Postmoderne und Futurismus . 159

PAUL KIRCHHOF
Die Steuerungsfunktion von Verfassungsrecht in Umbruchsituationen .. 181

HERBERT KRONKE
Handels- und Wirtschaftsrechtsharmonisierung heute 203

ADOLF LAUFS
Medizin und Recht im Wandel der Zeit 217

JOCHEN MARLY
Die Weiterentwicklung des Urheberrechts im Informationszeitalter 237

OLAF MIEHE
Das Ende des Strafrechts 249

PETER-CHRISTIAN MÜLLER-GRAFF
Die Europäische Privatrechtsgesellschaft in der Verfassung
der Europäischen Union 271

REINHARD MUßGNUG
Der deutsche Bundesstaat an der Jahrtausendwende 307

GERT REINHART
Die weltweite Vereinheitlichung des Kaufrechts im 20. Jahrhundert 329

HERBERT ROTH
Grundfreiheiten des EG-Vertrages und nationales Zivilprozeßrecht.... 351

EBERHARD SCHMIDT-AßMANN
Aufgaben wissenschaftlicher Forschung und ihre Sicherung durch die
Rechtsordnung 371

PETER ULMER
Entwicklungen im Kapitalgesellschaftsrecht 1975 bis 1999 – Zum
Einfluß von Gesetzgebung, Rechtsprechung, Wissenschaft und
Kautelarpraxis auf die Fortbildung des Aktien- und GmbH-Rechts 393

RÜDIGER WOLFRUM
Entwicklung des Völkerrechts von einem Koordinations- zu einem
Kooperationsrecht 421

ULRICH BEYERLIN

Perspektiven des globalen Umweltschutzes aus völkerrechtlicher Sicht

I. Die heutige Problemlage

Die globalen Herausforderungen, denen sich das Umweltvölkerrecht an der Jahrhundertwende zu stellen hat, liegen auf der Hand.

Ganz oben auf der Liste stehen die Klimaveränderungen mit ihren schwerwiegenden Folgen für das gesamte Ökosystem – ein Problem, dem nur beizukommen ist, wenn die Industriestaaten ihre Treibhausgasemissionen drastisch reduzieren. Geschieht dies nicht, sind die Prognosen für die weitere Entwicklung des Weltklimas mehr als düster. Mit der fortschreitenden Erwärmung der Erdoberfläche drohen viele Regionen zu versteppen und zu veröden. Der Meeresspiegel wird immer weiter ansteigen, bis schließlich tief liegende Küstenstaaten und erst recht viele kleine pazifische Inselstaaten von der Landkarte verschwinden werden.

Nicht länger tragbar ist auch die wachsende Zahl der vom Aussterben bedrohten Tier- und Pflanzenarten – ein Phänomen, das mit der Zerstörung und dem Schwund ihrer Lebensräume einher geht. Die gesamte biologische Vielfalt ist heute höchst gefährdet. Verantwortlich hierfür ist neben der Abholzung der besonders artenreichen Tropenwälder vor allem auch der allzu lange fast ungebremste Zugriff der Industriestaaten sowie großer Saatgut- und Pharmakonzerne auf die kostbaren genetischen Ressourcen in Entwicklungsländern, von denen viele endgültig verloren zu gehen drohen.

Bedrohliche globale Folgen haben etwa auch der zwar verlangsamte, aber noch keineswegs gestoppte Abbau der Ozonschicht, die Meeresverschmutzung (insbesondere aus landgestützten Quellen), die Überausbeutung der lebenden Meeresressourcen und die bis zur Wüstenbildung reichende Verödung der Böden.

II. Der heutige Stand des Umweltvölkerrechts allgemein

Alle diese gravierenden globalen Umweltbedrohungen ließen sich leichter abwenden, wenn wir heute eine stringente, weltweit funktionierende Umweltrechtsordnung hätten, an deren Spitze eine internationale Instanz steht, die über genügend Autorität und Machtmittel verfügt, um die Umweltsünder unter den Staaten in die Schranken zu weisen.

Ein so strenges globales Umweltschutzregime gibt es aber nicht und wird es auch in naher Zukunft nicht geben, da den verantwortlichen Staatenvertretern der politische Wille hierfür fehlt. Die im Vorfeld der Rio-Konferenz laut gewordenen Forderungen, im Rahmen der Vereinten Nationen einen „grünen Sicherheitsrat" oder eine neue Sonderorganisation für Umweltschutz zu schaffen[1], um so eine in sich kohärente universelle Umweltordnung zu errichten, sind ohne Widerhall verpufft und werden wohl Utopie bleiben.

Ist damit die Schlacht um die Erhaltung der elementaren natürlichen Lebensgrundlagen unserer heutigen und künftiger Generationen schon verloren? Oder besteht Hoffnung, auch mit bescheideneren Mitteln des Rechts die größten Umweltgefahren noch rechtzeitig abwenden zu können?

Obwohl das Normensystem des Umweltvölkerrechts heute noch zu wenig entwickelt ist, um den globalen ökologischen Herausforderungen insgesamt gewachsen zu sein, läßt es doch einige vielversprechende Lösungsansätze erkennen. Auch kleinere Teilerfolge können die internationalen Umweltschutzbemühungen der letzten Jahre vorweisen.

Beachtung verdient insbesondere das Montrealer Protokoll von 1987 zum Wiener Ozonschutzübereinkommen[2], in dem sich die Staaten zur Reduzierung der Produktion und des Einsatzes von Ozonkiller-Substanzen verpflichtet haben. Wirkung zeigt mittlerweile auch der Kampf gegen die weitreichenden grenzüberschreitenden Luftverschmutzungen, für die hauptsächlich die Betriebe hochindustrialisierter Staaten verantwortlich sind. Zu verdanken ist dies einer Reihe von Protokollen zum Genfer Luftreinhalteübereinkommen von 1979, die die Staaten ganz konkret zur Begrenzung bestimmter Schadstoffemissionen anhalten[3]. Diese Instrumente leisten zweifellos einen signifikanten

---

1 Vgl. hierzu Näheres bei *U. Beyerlin/T. Marauhn*, Rechtsetzung und Rechtsdurchsetzung im Umweltvölkerrecht nach der Rio-Konferenz 1992, in: Berichte des Umweltbundesamtes 3/97 (1997), S. 49 ff.
2 Protokoll über Stoffe, die zu einem Abbau der Ozonschicht führen, vom 16.9.1987 (BGBl. 1988 II, 1014; International Legal Materials 26 [ILM] [1987], 1550), zum Wiener Übereinkommen zum Schutz der Ozonschicht vom 22.3.1985 (BGBl. 1988 II, 901; ILM 26 [1987], 1529).
3 ECE-Übereinkommen über weiträumige grenzüberschreitende Luftverunreinigung vom 13.11.1979; BGBl. 1982 II, 373; ILM 18 (1979), 1442. Zu diesem Übereinkommen liegen mittlerweile acht Durchführungsprotokolle vor (Stand: Oktober 1999): Protokoll betreffend die langfristige Finanzierung des Programms über die Zusammenarbeit bei der

Perspektiven des globalen Umweltschutzes aus völkerrechtlicher Sicht 3

Beitrag zum Umweltschutz, auch wenn nicht zu übersehen ist, daß sie noch kein umfassendes Schutzregime errichten, sondern nur punktuell greifen. Die Protokolle zum Genfer Übereinkommen werden zudem nur regional, nämlich in Europa und in Nordamerika, wirksam.

Positives läßt sich auch von einigen – wiederum meist nur regionalen – Instrumenten zur Bekämpfung der Meeresverschmutzung[4] und vom Basler Übereinkommen von 1989[5], das für eine wirksamere Kontrolle des grenzüberschreitenden Handels mit gefährlichen Abfällen sorgt, sagen.

III. Perspektiven des Umweltvölkerrechts unter strategischen Gesichtspunkten

Im folgenden soll keine umfassende Bestandsaufnahme der bisherigen internationalen Umweltschutzkooperation vorgelegt werden. Vielmehr geht es um die Perspektiven des Umweltvölkerrechts am Ende des 20. Jahrhunderts. Dabei sollen aus dem Bündel von Fragen nur zwei herausgegriffen werden, die für die Einschätzung der Tauglichkeit und Wirksamkeit des modernen umweltvölkerrechtlichen Instrumentariums ganz entscheidend sind. Diese Fragen lauten:

Welche Regelungsstrategien müssen Umweltschutzübereinkommen heute verfolgen, um bei möglichst vielen Staaten die nötige Akzeptanz zu finden? Wie läßt sich erreichen, daß Staaten mit so gegensätzlichen Interessen wie die Industriestaaten und die Entwicklungsländer eine funktionierende Vertragsgemeinschaft in Sachen Umweltschutz bilden?

Messung und Bewertung der weiträumigen Übertragung von luftverunreinigenden Stoffen in Europa (EMEP) vom 28.9.1984 (BGBl. 1988 II, 421); Protokoll betreffend die Verringerung von Schwefelemissionen oder ihres grenzüberschreitenden Flusses um mindestens 30 % vom 8.7.1985 (BGBl. 1986 II, 1116); Protokoll betreffend die Bekämpfung von Emissionen von Stickstoffoxiden oder ihres grenzüberschreitenden Flusses vom 31.10.1988 (BGBl. 1990 II, 1278); Protokoll betreffend die Bekämpfung von Emissionen flüchtiger organischer Verbindungen oder ihres grenzüberschreitenden Flusses vom 18.11.1991 (BGBl. 1994 II, 2358); Protokoll betreffend die weitere Reduktion von Schwefelemissionen vom 14.6.1994 (BGBl. 1998 II, 131); Protokoll betreffend dauerhafte organische luftverunreinigende Stoffe vom 24.6.1998 (ILM 37 [1998], 505); Protokoll über Schwermetalle vom 24.6.1998 (Niederländ. Tractatenblad 1998, Nr. 287); Protocol to Abate Acidification, Eutrophication and Ground-Level Ozone vom 30.11.1999 (UN Doc. ECOSOC, EB.AIR/1999/1 vom 15.10.1999).
4 Hervorgehoben sei hier lediglich das Übereinkommen zum Schutz der Meeresumwelt des Nordostatlantiks vom 22.9.1992; BGBl. 1994 II, 1360; ILM 32 (1993), 1072.
5 Übereinkommen über die Kontrolle der grenzüberschreitenden Verbringung gefährlicher Abfälle und ihrer Entsorgung vom 22.3.1989; BGBl. 1994 II, 2704; ILM 28 (1989), 652.

1. Das Konzept der „nachhaltigen Entwicklung" und seine Anreizwirkung

Das traditionelle Souveränitätsdenken der Staaten war und ist zweifellos eines der größten Hemmnisse für die Entwicklung einer wirksamen internationalen Umweltschutzkooperation[6]. Seit der Stockholmer Umweltkonferenz von 1972 rücken die Staaten von ihrem traditionellen Souveränitätsdenken zwar vorsichtig ab. Dessen weiterer Abbau wird sich aber trotz fortschreitender Sensibilisierung des ökologischen Gewissens der Staaten nur sehr langsam vollziehen. Man muß sich daher darauf einstellen, daß die Staaten auch künftig kaum internationale Umweltschutzverpflichtungen eingehen werden, die ihren vitalen Eigeninteressen und -bedürfnissen zuwiderlaufen. Um ihr internationales Engagement für die Umwelt zu stärken, bedarf es also schon deutlicher – insbesondere wirtschaftlicher – Anreize.

Dies gilt zunächst einmal und besonders für die Entwicklungsländer. Sie tun sich verständlicherweise schwer, qualifizierte Umweltschutzpflichten einzugehen, ist deren Erfüllung doch regelmäßig mit erheblichen finanziellen Lasten verbunden, die sie aus eigener Kraft kaum zu tragen vermögen. Ein weltweit wirksamer Umweltschutz läßt sich aber nur erreichen, wenn es gelingt, auch die wirtschaftlich schwächeren Staaten, vor allem also die Entwicklungsländer, ins Boot zu holen.

Gegenwärtig liegt die Hauptverantwortung für den Umweltschutz bei den wirtschaftlich potenten Industriestaaten, zumal – historisch gesehen – die globalen Umweltprobleme ganz überwiegend auf ihr Konto gehen. Dessen sind sich die Industriestaaten auch bewußt, weshalb sie sich in fast allen wichtigen modernen Umweltschutzübereinkommen – wenn auch oft nur widerstrebend – darauf eingelassen haben, schwächeren Vertragspartnern unter die Arme zu greifen, um ihnen die Erfüllung ihrer etwaigen vertraglichen Umweltschutzpflichten überhaupt möglich zu machen[7].

Die breite Einbindung der Entwicklungsländer als gleichberechtigte Partner in vertragliche Umweltschutzregime ist eine der wichtigsten Errungenschaften in den internationalen Umweltbeziehungen der beiden letzten Jahrzehnte. Sie konnte nur gelingen, weil die Zusage von Finanz- und Technologietransfers durch die Industriestaaten den Entwicklungsländern einen hinreichend starken

---

6 Vgl. hierzu bereits *U. Beyerlin*, Staatliche Souveränität und internationale Umweltschutzkooperation – Gedanken zur Entwicklung des Umweltvölkerrechts, in: Festschrift für R. Bernhardt (1995), S. 937 ff.

7 Die Industriestaaten folgen damit dem in Prinzip 7 der Rio-Deklaration artikulierten Konzept der „common but differentiated responsibilities" für die Umwelt; dort heißt es u.a.: „In view of the different contributions to global environmental degradation, States have common but differentiated responsibilities. The developed countries acknowledge the responsibility that they bear in the international pursuit of sustainable development in view of the pressures their societies place on the global environment and of the technologies and financial resources they command" (ILM 31 [1992], 874 [877]).

Anreiz geboten hat, sich auf ein vertragliches Engagement für die Umwelt einzulassen.

Diese Strategie findet ihre Grundlage in dem Konzept der nachhaltigen Entwicklung („sustainable development"), das seit der Rio-Konferenz von 1992 die gesamte internationale Umweltschutzkooperation beherrscht, obwohl es als solches die Staaten nicht rechtlich, sondern lediglich politisch bindet[8]. Es fordert kategorisch dazu auf, Umweltschutz und Entwicklung als eine ganzheitliche Aufgabe in dem Sinne zu begreifen, daß keine Umweltschutzmaßnahme auf Kosten der Entwicklung gehen darf, daß umgekehrt aber auch jede entwicklungspolitische Maßnahme wichtigen Umweltbelangen Rechnung tragen muß[9].

Dieses Konzept kommt besonders den Bedürfnissen und Interessen der Entwicklungsländer entgegen. In seinem Lichte sind Umweltschutzübereinkommen inhaltlich so auszugestalten, daß die von Entwicklungsländern zu tragenden Umweltschutzlasten möglichst durch entwicklungspolitische Vorteile kompensiert werden. Die Vertragslasten und -vorteile müssen so austariert werden, daß für alle Staatengruppen per saldo hinreichende Anreize zum Vertragsschluß bestehen. Dies stellt hohe Anforderungen an die Vertragskunst[10], zumal hierbei die eigentlichen Umweltschutzziele des Vertrages nicht aus den Augen verloren werden dürfen. Die Zeiten, in denen die westlichen Industriestaaten die Verhandlungsprozesse so klar dominierten, daß sie vertragliche Umweltschutzregeln durchsetzen konnten, ohne auf die entwicklungspolitischen Belange der Dritten Welt ernsthaft Rücksicht nehmen zu müssen, gehören heute der Vergangenheit an.

Das Konzept der nachhaltigen Entwicklung hat sich in den Regelungsinhalten und Steuerungsmechanismen vieler neuer Umweltschutzübereinkommen schon deutlich niedergeschlagen, so etwa im Übereinkommen über die biologische Vielfalt von 1992[11] und im Übereinkommen zur Bekämpfung der Wüstenbildung von 1994[12]. Auch dem Maßnahmenkatalog der Agenda 21 hat es seinen Stempel aufgedrückt[13]. Es wird zweifellos auch die Inhalte künftiger Übereinkommen entscheidend prägen.

---

8 Vgl. zur Entstehungsgeschichte und (Rechts-)Natur dieses Konzepts z.B. *U. Beyerlin*, The Concept of Sustainable Development, in: R. Wolfrum (Hrsg.), Enforcing Environmental Standards: Economic Mechanisms as Viable Means? (1996), S. 95 ff.; *M. Schröder*, Sustainable Development – Ausgleich zwischen Umwelt und Entwicklung als Gestaltungsaufgabe der Staaten, Archiv des Völkerrechts 34 (1996), S. 251 ff.; *A. Epiney/M. Scheyli*, Strukturprinzipien des Umweltvölkerrechts (1998), S. 35 ff.
9 Vgl. im einzelnen *Beyerlin*, ibid., S. 103 ff.
10 Vgl. hierzu eingehender *Beyerlin/Marauhn* (Anm. 1), S. 40 ff.
11 Übereinkommen vom 5.6.1992; BGBl. 1993 II, 1742; ILM 31 (1992), 818.
12 Übereinkommen vom 17.6.1994 zur Bekämpfung der Wüstenbildung in den von Dürre und/oder Wüstenbildung schwer betroffenen Ländern, insbesondere in Afrika; BGBl. 1997 II, 1471; ILM 33 (1994), 1328.
13 Die Agenda 21 will einen Prozeß mit dem Ziel in Gang setzen, „a new global partnership for sustainable development" zu schaffen (Kapitel 1.6 der Agenda 21).

Unter Umständen kann es aber auch die Interpretation und Implementierung von Umweltschutzübereinkommen beeinflussen, die zu einer Zeit geschlossen wurden, als „sustainable development" noch nicht in aller Munde war. Dies gilt etwa für die Übereinkommen zum Schutz von Flora und Fauna der 1970er Jahre wie z.b. das Washingtoner Artenschutzübereinkommen (CITES)[14].

Die CITES-Regelungen sind von ihrem Ansatz her ganz auf die Erhaltung der Arten ausgerichtet. Sie versuchen, dieses Ziel mit Hilfe eines rigiden Listensystems zu verwirklichen, dem zufolge grundsätzlich jeder Handel mit den unmittelbar vom Aussterben bedrohten Arten in Liste I verboten ist, während mit den potentiell gefährdeten Arten in Liste II noch begrenzt gehandelt werden darf[15].

Der vor allem seiner Stoßzähne wegen gnadenlos gejagte afrikanische Elefant war 1989 in die CITES-Liste I aufgenommen worden. Kaum unter vollen Schutz gestellt, regenerierten sich die Elefanten jedenfalls in drei afrikanischen Ländern, nämlich in Botswana, Namibia und Zimbabwe, aber so rasch und gründlich, daß sie schon bald zur Plage für die dortige ländliche Bevölkerung wurden. Das rigide Schutzsystem in CITES führte dazu, daß die afrikanischen Staaten aus den Elefantenherden auf ihrem Territorium kaum noch wirtschaftliche Vorteile ziehen konnten. Die Regierungen dieser Staaten blieben auf Tonnen von Elfenbein sitzen, die aus legalen Abschüssen stammten oder Wilderern abgenommen worden waren[16].

Deshalb beschloß die Zehnte CITES-Vertragsstaatenkonferenz 1997, speziell die Elefantenpopulationen in den genannten drei afrikanischen Staaten aus dem absoluten Schutz der Liste I zu entlassen und in die Liste II überzuführen. Gleichzeitig wurde es den drei Regierungen unter strengen Auflagen gestattet, den Elfenbeinhandel mit Japan als einzigem Handelspartner wieder aufzunehmen[17].

Dieser Schritt war nicht nur vernünftig, sondern auch rechtlich geboten. Der Handel mit gefährdeten Arten sollte nämlich so lange nicht gänzlich untersagt werden, als die „nachhaltige Nutzung" dieser Arten deren Erhaltung in überlebensfähigen Stückzahlen nicht in Frage stellt. Vielleicht dient die Gestattung

---

14 Übereinkommen über den internationalen Handel mit gefährdeten Arten vom 3.3.1973; BGBl. 1975 II, 777; ILM 12 (1973), 1055.
15 Vgl. zum CITES-Listensystem im einzelnen z.B. *P. Sands*, Principles of international environmental law, Bd. I (1995), S. 373 ff.
16 Vgl. eingehend zur Entwicklung des Schutzes des afrikanischen Elefanten im Rahmen von CITES *S.M. Dansky*, The CITES „Objective" Listing Criteria: Are They „Objective" Enough to Protect the African Elephant?, Tulane Law Review 73 (1999), S. 961 ff.
17 Siehe den Text der Entscheidungen 10.1 und 10.2 der CITES-Vertragsstaatenkonferenz in: UNEP, CITES Decisions, Genf, November 1997. Vgl. speziell hierzu *S. Hitch*, Losing the Elephant Wars: CITES and the „Ivory Ban", Georgia Journal of International and Comparative Law 27 (1998), S. 167 (180 ff.).

schonender Nutzungsformen der Arterhaltung sogar besser als ein rigides Handelsverbot, kann sie doch Ansporn für die Staaten und Gesellschaften vor Ort sein, ihre gefährdeten Arten als kostbares Wirtschaftsgut so zu hegen und pflegen, daß sie auf Dauer als Erwerbsquelle dienen können. „Sustainable use" ist also ein notwendiges Korrektiv zu dem strikt „konservativ" angelegten Schutzsystem in CITES. Eine Pflicht zur nachhaltigen Nutzung gefährdeter Arten folgt zwar sicherlich nicht aus CITES selbst, wohl aber aus dem Übereinkommen über die biologische Vielfalt von 1992, das ganz auf die Strategie des „sustainable development" und „sustainable use" setzt[18]. Diesem Übereinkommen gehören fast alle Mitgliedstaaten von CITES an.

2. Wechselseitige vertragliche Anreizstrukturen

Entwicklungsländer können – wie sich in der Praxis gezeigt hat – für ein vertragliches Umweltengagement nur gewonnen werden, wenn sie hierfür einen genügenden wirtschaftlichen Anreiz haben. Nichts anderes gilt im Grunde für die Industriestaaten. Auch sie machen ihre Teilnahme an Umweltschutzaktionen von einer Kosten-/Nutzen-Rechnung im Einzelfall abhängig. Dies belegen die Instrumente des Klimaschutzes und der Erhaltung der biologischen Vielfalt in aller Deutlichkeit.

a) Klimaschutz-Übereinkommen

Der gegenwärtige Stand der internationalen Bemühungen um einen wirksamen Klimaschutz ist beklagenswert. Das 1992 geschlossene Rahmenübereinkommen konnte wegen der Abstraktheit seiner Regelungen den drohenden Klimaveränderungen und deren fatalen Folgewirkungen erwartungsgemäß nicht wirksam abhelfen. Deshalb richteten sich die Hoffnungen ganz auf den Abschluß eines Protokolls zur Durchführung dieses Übereinkommens, das die Industriestaaten alsbald zu einer erheblichen Reduzierung ihrer nationalen Treibhausgasemissionen verpflichten sollte. Diese Hoffnungen haben sich mit dem 1997 in Kyoto verabschiedeten Protokoll[19] leider nur sehr bedingt erfüllt.

Zu bedauern ist zunächst einmal, daß das Kyoto-Protokoll seine eigentliche Funktion, nämlich das Rahmenübereinkommen zum Klimaschutz inhaltlich auszufüllen und zu konkretisieren, nicht hinreichend erfüllt. Seine Regelungen

---

18 „Sustainable use" ist nicht etwa ein von „sustainable development" geschiedenes Konzept, sondern leitet sich von diesem ab. Art. 2 des Übereinkommens über die biologische Vielfalt definiert „sustainable use" als „the use of components of biological diversity in a way and at a rate that does not lead to the long-term decline of biological diversity, thereby maintaining its potential to meet the needs and aspirations of present and future generations" (ILM 31 [1992], 824).
19 Siehe den Text des Kyoto-Protokolls vom 10.12.1997 in: ILM 37 (1998), 22.

bedürfen vielfach selbst erst noch näherer Spezifizierung, was zwei Jahre nach seiner Verabschiedung immer noch nicht gelungen ist. Auch die im November 1999 in Bonn tagende Vertragsstaatenkonferenz brachte insoweit keine greifbaren Fortschritte[20]. Das Protokoll ist also selbst noch nicht anwendungsfähig, weshalb es bislang auch noch von keinem einzigen Industriestaat ratifiziert worden ist[21]. Bis es völkerrechtlich wirksam werden kann, werden voraussichtlich noch mindestens zwei Jahre vergehen.

Das Kyoto-Protokoll enttäuscht aber auch inhaltlich. Die Industriestaaten und die Staaten im Übergang zur Marktwirtschaft müssen ihre Gesamtemissionen an Treibhausgasen erst im Verpflichtungszeitraum 2008 bis 2012 um mindestens 5 % gegenüber dem Niveau des Jahres 1990 reduzieren. Allerdings müssen sie schon im Jahr 2005 Fortschritte in bezug auf die Erreichung dieses Zieles nachweisen[22].

Die Höhe der von jedem Industriestaat geschuldeten Reduktionen ist unterschiedlich. Gemessen am Basisjahr 1990 beträgt sie für die Europäische Gemeinschaft insgesamt 8 %[23], für Kanada und Japan jeweils 6 % sowie für die USA 7 %. Rußland, die Ukraine und Neuseeland sind lediglich verpflichtet, ihre Emissionen zu stabilisieren. Australien, Norwegen und Island wird sogar jeweils eine gewisse Steigerung ihrer Emissionen zugestanden[24]. Damit sind die Industriestaaten weitaus geringere Reduktionsverpflichtungen eingegangen als zuvor vielfach gefordert wurde. Für die Entwicklungsländer begründet das Protokoll überhaupt keine entsprechenden Pflichten.

Jeder Staat kann sich auf seinem Konto der geschuldeten Emissionsreduktionen sogenannte Senken, d.h. Landnutzungsaktivitäten wie insbesondere die Aufforstung und Wiederaufforstung von Wäldern, die Treibhausgase zu binden vermögen, als Teilbeitrag zur Erfüllung seiner Reduktionspflicht anrechnen lassen[25].

Dabei ist im einzelnen vieles aber noch unklar. So fragt sich etwa, ob es Staaten erlaubt sein kann, anrechenbare Senken dadurch zu erzielen, daß sie vor dem Jahr 2008 alte Waldbestände erst einmal vernichten, um die dadurch frei werdenden Flächen anschließend ab 2008 wieder aufzuforsten. Auch wenn junge Wälder Treibhausgase stärker binden als alte, werden mit der vorherge-

---

20 Vgl. hierzu die Berichte in: Umwelt 12/1999, S. 587, und International Environment Reporter (IER) 22 (1999), S. 903.
21 Das Protokoll ist bislang von 84 Staaten unterzeichnet, aber erst von 16 Staaten ratifiziert worden. Es ist derzeit noch nicht völkerrechtlich in Kraft (Stand: Dezember 1999).
22 Art. 3 Abs. 1 und 2 des Protokolls.
23 Gemeinschaftsintern müssen die 15 Mitgliedstaaten unterschiedlich hohe Reduktionsleistungen erbringen. So hat z.B. Deutschland einen Anteil von 21 % der von der EG insgesamt geschuldeten Emissionsreduktion zu tragen.
24 Die individuellen Reduktionspflichten der Parteien des Protokolls sind in dessen Anhang B genau festgelegt.
25 Vgl. Art. 3 Abs. 3 und 4 des Protokolls.

henden Rodung der alten Wälder doch auch wieder Treibhausgase freigesetzt. Hinzu kommt, daß ein solcher Kahlschlag zu schwer vertretbaren Verlusten der biologischen Vielfalt führen kann. Deshalb müßte die Anrechnung von Senken an die Bedingung geknüpft werden, daß sie den Zielen des Übereinkommens über die biologischen Vielfalt nicht zuwiderläuft. Diese und viele andere Klarstellungen sind unbedingt nötig, wenn das Kyoto-Protokoll wirklich der Umwelt förderlich werden soll.

Das Protokoll hält mit der gemeinsamen Umsetzung von Klimaschutzprojekten („joint implementation"), dem Mechanismus für umweltverträgliche Entwicklung („clean development mechanism – CDM") und dem Emissionshandel („emissions trading") drei Mechanismen bereit, die eine flexible Umsetzung der Reduzierungsverpflichtungen und gleichzeitig eine Minimierung der Kosten ermöglichen sollen.

Das Konzept „joint implementation"[26] basiert auf der klassischen ökonomischen Theorie, daß Maßnahmen zur Begrenzung der Treibhausgasemissionen vorzugsweise dort ergriffen werden sollten, wo sie am billigsten sind. Da in hochentwickelten Staaten die Reserven zur effizienteren Energienutzung sehr viel geringer und deswegen die zur Emissionsreduktion aufzuwendenden Kosten erheblich höher sind als in Entwicklungsländern, waren die Industriestaaten schon frühzeitig darauf aus, Klimaschutzprojekte gerade in den Entwicklungsländern durchzuführen, was ihrer Ansicht nach beiden Seiten Vorteile bringen sollte. Die Entwicklungsländer kämen mittels solcher Projekte in den Genuß zusätzlicher Geldmittel, moderner Technologie und „know how", die Industriestaaten könnten ihrer Pflicht zur Reduktion von Treibhausgasemissionen durch ein entsprechendes Engagement in den Entwicklungsländern sehr viel kostengünstiger nachkommen als mit Klimaschutzaktionen zu Hause. Dabei gingen die Industriestaaten selbstverständlich davon aus, daß ihnen die in Entwicklungsländern erbrachten Reduktionsleistungen auf ihr Konto angerechnet werden.

Das Kyoto-Protokoll läßt nun freilich „joint implementation" nur im Verhältnis der Industriestaaten und der Länder im Übergang zur Marktwirtschaft untereinander zu[27]. Es eröffnet dann aber unter dem Etikett „Mechanismus für

---

26 Vgl. zu diesem Instrument *G. Wiser*, Joint Implementation: Incentives for Private Sector Mitigation of Global Climate Change, Georgetown International Environmental Law Review 9 (1997), S. 747 ff.; *A.G. Hanafi*, Joint Implementation: Legal and Institutional Issues for an Effective International Program to Combat Climate Change, Harvard Environmental Law Review 22 (1998), S. 441 ff.; *S. Schuppert*, Neue Steuerungsinstrumente im Umweltvölkerrecht am Beispiel des Montrealer Protokolls und des Klimaschutzrahmenübereinkommens (1998), S. 195 ff.; *S. Oberthür/H.E. Ott*, The Kyoto Protocol: International Climate Policy for the 21st Century (1999), S. 151 ff.
27 Art. 6 des Protokolls. Der Begriff „joint implementation" findet sich im Protokoll allerdings an keiner Stelle.

umweltverträgliche Entwicklung"[28] doch eine Möglichkeit der Interaktion zwischen Industriestaaten und Entwicklungsländern, die sich von „joint implementation" praktisch kaum unterscheidet. Der neue Mechanismus erlaubt den Industriestaaten die Durchführung von emissionsarmen Klimaschutzprojekten in Entwicklungsländern. Mit den dort erzielten Emissionseinsparungen, die von einer (noch nicht näher bestimmten) „operational entity"[29] zertifiziert werden müssen, können die Industriestaaten einen Teil ihrer Reduktionsverpflichtungen aus dem Protokoll abtragen. Schon ab dem Jahr 2000 sollen alle bis zum Beginn der ersten Verpflichtungsperiode im Jahr 2008 unter dem neuen Mechanismus in Entwicklungsländern erzielten Emissionseinsparungen auf die Reduktionsleistungen anrechenbar sein, die von den Industriestaaten zwischen 2008 und 2012 zu erbringen sein werden[30].

Damit der „Mechanismus für umweltverträgliche Entwicklung" überhaupt einsatzfähig sein wird, muß die Vertragsstaatenkonferenz allerdings erst noch die näheren Voraussetzungen für seinen operationellen Einsatz festlegen. Dabei wird sie auch die Möglichkeiten, sich dieses Mechanismus zu bedienen, sachlich begrenzen müssen. So kann es beispielsweise schwerlich angehen, daß Industriestaaten Aufforstungsprojekte in Entwicklungsländern födern und sich als Senken auf ihrem Reduktionskonto gutschreiben lassen, die allein dadurch veranlaßt worden sind, daß die betreffenden Entwicklungsländer ihre alten Waldbestände zuvor vernichteten.

Der Handel mit Emissionsrechten[31] erlaubt es einem Staat, der die ihm zugestandene Emissionsmenge nicht ausschöpft, die übrig gebliebenen Emissionseinheiten einem Staat zu verkaufen, der sein Emissionsbudget überziehen will oder muß und daher am Kauf zusätzlicher Emissionseinheiten interessiert ist. Einen solchen Handel gestattet das Kyoto-Protokoll ausdrücklich, läßt ihn aber – wie bei „joint implementation" – nur im Verhältnis der Industriestaaten und Staaten im Übergang zur Marktwirtschaft untereinander zu[32]. Es stellt auch klar, daß der Erwerb fremder Emissionsrechte die nationalen Aktionen zur Emissionsreduktion nur ergänzen darf. Eine entsprechende Feststellung läßt

---

28 Vgl. zu diesem Mechanismus *Oberthür/Ott* (Anm. 26), S. 165 ff.
29 Vgl. zu der Notwendigkeit und den Möglichkeiten einer Harmonisierung der Klimaschutz- und Waldschutzmaßnahmen *C.M. Pontecorvo*, Interdependence between Global Environmental Regimes: The Kyoto Protocol on Climate Change and Forest Protection, ZaöRV 59 (1999), S. 709 ff.
30 Art. 12 beschränkt sich darauf, diesen Mechanismus zu definieren, verpflichtet aber die Parteien noch nicht unmittelbar zu dessen Errichtung.
31 Vgl. hierzu *D.M. Driesen*, Free Lunch or Cheap Fix?: The Emissions Trading Idea and the Climate Change Convention, Boston College Environmental Affairs Law Review 26 (1998), S. 1 ff.; *E. Fees/A. Stocker*, Handelbare Emissionsrechte und Joint Implementation als komplementäre Instrumente gegen den Treibhauseffekt, Zeitschrift für Umweltpolitik & Umweltrecht 21 (1998), S. 145 ff.; *Oberthür/Ott* (Anm. 26), S. 187 ff.
32 Art. 16 *bis* des Protokolls.

das Protokoll bezüglich „Joint Implementation" und des „Mechanismus für umweltverträgliche Entwicklung" vermissen.

Noch sehr umstritten ist die Frage, in welchem Umfang Industriestaaten von den drei flexiblen Mechanismen Gebrauch machen dürfen, um auf diesem Wege ihrer Reduktionspflicht aus dem Protokoll zu genügen. Nach einem Beschluß des Europäischen Ministerrates vom Mai 1999 soll der Anteil des Einsatzes der flexiblen Mechanismen bei der Erfüllung der gesamten Reduktionsschuld nicht mehr als 50 % betragen dürfen; dem widersprachen jedoch viele Staaten vehement, darunter die USA, Kanada und Australien[33]. Im übrigen kann auch der Handel mit Emissionsrechten erst praktiziert werden, wenn seine Modalitäten durch die Vertragsstaatenkonferenz näher spezifiziert worden sind, was bisher noch nicht geschehen ist.

Der Steuerungsmechanismus des Kyoto-Protokolls, der den Staaten, die beim Klimaschutz die Hauptlast zu tragen haben, ein hohes Maß an Flexibilität bei der Erfüllung ihrer Reduktionspflichten einräumen will, ist – wie sich gezeigt hat – höchst kompliziert und wenig transparent. Dementsprechend wird er auch nicht leicht praktizierbar sein.

Noch schwerer wiegt, daß sich die Einhaltung der Verpflichtungen aus dem Protokoll wohl kaum zuverlässig und wirksam kontrollieren lassen wird. Der Zugewinn an Freiheit bei der Wahl der Mittel und Wege zur Erreichung des Klimaschutzzieles könnte – so ist leider zu befürchten – am Ende durch ein bedenkliches Vollzugsdefizit erkauft worden sein. Sind die Industriestaaten schon nicht über ihren Schatten gesprungen, als es darum ging, konkrete Reduktionspflichten zu übernehmen, so sollten sie sich jetzt wenigstens davor hüten, die flexiblen Mechanismen des Protokolls zur Umgehung ihrer Pflichten zu mißbrauchen.

b) Übereinkommen über die biologische Vielfalt

Wirft man einen Blick auf das Übereinkommen über die biologische Vielfalt von 1992[34], so zeigt sich, daß es sein Ziel mit Hilfe eines komplexen Mechanismus wechselseitiger wirtschaftlicher Anreize zu erreichen versucht. Dem Übereinkommen liegt die Erkenntnis zugrunde, daß die Ausrottung einzelner Tier- und Pflanzenarten unwiderruflich den Verlust ihrer genetischen Ressourcen bedeutet. Das Übereinkommen versucht daher, einen tragfähigen Kompromiß zwischen zwei vermeintlich gegenläufigen Zielen, nämlich der Nutzung dieser Ressourcen und deren Erhaltung, zu erreichen.

Das Übereinkommen gesteht jedem Staat ausdrücklich das Recht zur Nutzung der auf seinem Territorium befindlichen Ressourcen zu, verlangt von ihm

---

33 Vgl. hierzu die Berichte in: IER 22 (1999), S. 434 und S. 473.
34 Vgl. Anm. 11.

jedoch gleichzeitig deren Erhaltung. Der ökonomische Anreiz zur Übernahme entsprechender Bewahrungspflichten liegt für die Entwicklungsländer darin, daß sie bei der Erfüllung dieser Pflichten mit der finanziellen und technologischen Unterstützung durch die Industriestaaten rechnen können[35]. Die Entwicklungsländer sichern ihrerseits nutzungswilligen Industriestaaten und deren privaten Unternehmen den Zugang zu ihren genetischen Ressourcen und zum traditionellen Wissen ihrer Ureinwohner in bezug auf Heil- und Nahrungspflanzen zu[36]. Für die Industriestaaten besteht somit ein starker wirtschaftlicher Anreiz zur Unterstützung der an interessantem Genmaterial besonders reichen Entwicklungsländer. Letzteren wird die Erfüllung ihrer Pflicht, interessierten Industriestaaten und deren Unternehmen Zugang zu ihren genetischen Ressourcen zu gewähren, wiederum dadurch schmackhaft gemacht, daß ihnen das Übereinkommen eine faire und gerechte Teilhabe an den Erträgen aus der Ressourcennutzung garantiert[37]. Wohl nur dank dieses wechselseitigen Anreizsystems konnten Entwicklungsländer und Industriestaaten für das Übereinkommen über die biologische Vielfalt gewonnen werden.

Das auf dynamische Weiterentwicklung angelegte Übereinkommen über die biologische Vielfalt muß ebenso wie das Klimaschutz-Übereinkommen erst noch ausgefüllt werden. Die Vertragsstaatenkonferenz bemüht sich denn auch seit Jahren um die Entwicklung von Durchführungsprotokollen, was angesichts der Interessengegensätze zwischen Industriestaaten und Entwicklungsländern nicht leicht fällt. Den Industriestaaten geht es primär um klarere Garantien für den Schutz ihres geistigen Eigentums. Sie wollen insbesondere die Vergabe von Patenten und Schutzrechten an Unternehmen als Gegenleistung für deren Engagement bei der Erschließung und wirksameren Nutzung der Genressourcen erreichen[38]. Den Entwicklungsländern kommt es demgegenüber darauf an, für die Ausnutzung indigenen Wissens und traditioneller züchterischer Leistungen etwa im Saatgutbereich nicht nur finanziell entschädigt, sondern auch in Zukunft vor einer allzu massiven Beschränkung ihrer eigenen Nutzungsaktivitäten bewahrt zu werden[39].

Das Übereinkommen selbst läßt nähere Regelungen zum dringlichen Schutz vor den Gefahren der Biotechnologie vermissen. Die langjährigen Verhandlungen über ein Protokoll zur Gewährleistung der biologischen Sicherheit („biosafety") wurden Ende Januar 2000 erfolgreich abgeschlossen. Dieses Proto-

---

35 Vgl. Art. 16 des Übereinkommens.
36 Vgl. Art. 15 des Übereinkommens.
37 Art. 19 Abs. 1 und 2 des Übereinkommens.
38 In Art. 16 Abs. 2 Satz 2 heißt es hierzu lediglich: „Handelt es sich um Technologie, die Gegenstand von Patenten oder anderen Rechten des geistigen Eigentums ist, so erfolgen dieser Zugang und diese Weitergabe zu Bedingungen, die einen angemessenen und wirkungsvollen Schutz der Rechte des geistigen Eigentums anerkennen und mit ihm vereinbar sind." Diese Regelung bedarf der Ausfüllung und Konkretisierung.
39 Siehe hierzu den Bericht in: Süddeutsche Zeitung vom 7.9.1999, S. V2/7.

koll sieht vor, daß die Einfuhr gentechnisch veränderter lebender Organismen künftig nur noch mit vorheriger Zustimmung („advanced informed agreement") in ein anderes Land verbracht werden dürfen und genmanipulierte Lebensmittel als solche gekennzeichnet werden müssen[40].

Das wechselseitige Anreizsystem des Übereinkommens ist derzeit noch nicht voll entwickelt. Wegen seiner Kompliziertheit wird es wohl immer störanfällig sein. Konzeptionell gibt es zu ihm aber kaum eine Alternative. Jedenfalls ist nicht zu erkennen, wie die beiden großen Staatengruppen mit ihren so konträren Interessen sonst dazu gebracht werden könnten, bei der Bewältigung der Zukunftsaufgabe „Erhaltung der biologischen Vielfalt" eng und partnerschaftlich zusammenzuwirken.

IV. Fazit

Der Streifzug durch die komplexen Regelwerke des Kyoto-Protokolls zum Klimaschutz-Übereinkommen und des Übereinkommens über die biologische Vielfalt hat gezeigt, daß jedenfalls auf diesen beiden eminent wichtigen Gebieten des globalen Umweltschutzes das Instrumentarium des Umweltvölkerrechts am Ende des 20. Jahrhunderts sehr subtil, aber auch höchst kompliziert und unvollkommen ist. Ob mit ihm die gesteckten Ziele noch rechtzeitig genug erreicht werden können, ist leider alles andere als sicher. Entscheidend wird sein, ob es den beiden Vertragsgemeinschaften gelingen wird, die noch offenen Punkte der Vertragsimplementierung baldmöglichst „ökologiefreundlich" und einigermaßen transparent zu regeln.

In beiden Vertragswerken hat sich jeweils ein fast universeller Staatenkreis auf ein ausdifferenziertes Regelungssystem eingelassen. Dessen komplexe Verpflichtungsstrukturen spiegeln die Schwierigkeit des Unterfangens wider, die gegensätzlichen Interessen der Industriestaaten und Entwicklungsländer zum Ausgleich zu bringen und beide Staatengruppen für ein gemeinsames aktives Vertragsmanagement zu gewinnen. Daß es jeweils nur zu einer kompromißhaften Vertragslösung kommen konnte, kann kaum ernsthaft verwundern. Es muß schon als Erfolg gelten, daß es überhaupt gelungen ist, die Industriestaaten und Entwicklungsländer zu einer Vertragsgemeinschaft zusammenzuführen.

Der Kompromißcharakter beider Vertragswerke macht sich jedoch in einigen ihrer Regelungen negativ bemerkbar. Mißlich ist vor allem, daß die Verpflichtungsstrukturen, die maßgeblich über Erfolg oder Mißerfolg des ganzen

---

40 Siehe FAZ vom 31.1.2000. Vgl. auch Umwelt 4/1999, S. 160 ff.; IER 22 (1999), S. 177 ff., und IER 23 (2000), S. 41 f.; Earth Negotiations Bulletin, Bd. 9, Nr. 17, vom 26.2.1999; UN Doc. UNEP/CBD/BSWG/5/3 vom 3.9.1998.

Vertragsunternehmens entscheiden, allzu komplex angelegt und dementsprechend „störanfällig" sind. Zumindest derzeit bieten sie Staaten, die sich der Erfüllung ihrer Vertragspflichten am liebsten entziehen würden, noch allzu viele Schlupflöcher. Dies gilt vor allem für das Kyoto-Protokoll, das mit den drei flexiblen Interaktionsmechanismen denjenigen Industriestaaten Vorschub leisten könnte, die sich ihrer Emissionsreduktionspflichten mit möglichst geringem Einsatz zu entledigen versuchen. Dem einen Riegel vorzuschieben, ist wohl die schwierigste und dringlichste Aufgabe der Vertragsstaatenkonferenz. Ihre Lösung duldet aber keinen Aufschub.

WINFRIED BRUGGER

Gemeinwohl als Ziel von Staat und Recht an der Jahrtausendwende

Das Beispiel Europäische Gemeinschaft

I. Idee und Konkretion von Gemeinwohl

Der Begriff Gemeinwohl hat eine lange Geschichte als Leitidee nicht nur politischer Organisationen, sondern auch sonstiger verfaßter Gemeinschaften[1]. Im Bereich von Politik, Recht und Staat hat er besondere Prominenz erlangt. Er erinnert daran, daß die Organisation kollektiver Macht kein Selbstzweck ist und verpflichtet die zuständigen Entscheidungsorgane auf die Förderung des Gedeihens aller Glieder der Gemeinschaft. Als übergreifendes Leitbild verfaßter Gemeinschaften ist der Begriff so unentbehrlich wie vage und somit auch schillernd. Das stellt ihn unter Ideologieverdacht. Diesen auszuräumen ist freilich möglich. Dazu muß man die Gemeinwohlidee bereichs- und periodenspezifisch analysieren; die Analyse selbst muß die idealen Ansprüche in den realen Strukturen der Organisation identifizieren.

Bereichsspezifisch geht es im folgenden um politische Organisation im allgemeinen und um Deutschland und Europa im speziellen. Periodenspezifisch soll deren Gemeinwohlverständnis an der Jahrtausendwende untersucht werden. „Deutschland und Europa" eröffnet zwei Zugänge zum Thema. Man könnte die Europäisierungstendenzen unseres Landes als Gemeinwohlproblem analysieren. Dann richtete sich der Blick auf die spezielle Öffnung unserer nationalen Rechtsordnung nicht nur in Richtung Welt als solche, über völkerrechtliche Bindungen, sondern auch und vor allem in Richtung Europa, über die Einbruchstellen Europas im Grundgesetz, etwa die Artikel 23, 24 und 59 GG. Hier

---

1 Vgl. etwa *Josef Isensee*, Gemeinwohl und Staatsaufgaben im Verfassungsstaat, in: Josef Isensee/Paul Kirchhof (Hrsg.), Handbuch des Staatsrechts der Bundesrepublik Deutschland, Band III, 1988, § 57; *Peter Häberle*, Verfassungslehre als Kulturwissenschaft, 2. Auflage 1998, S. 815 ff.; *Peter Koslowski* (Hrsg.), Das Gemeinwohl zwischen Universalismus und Partikularismus, 1999. Das letztgenannte Buch thematisiert Gemeinwohlaspekte nicht nur staatlicher Organisation, sondern auch von Familie und Kirche.

soll jedoch die europäische Perspektive selbst im Mittelpunkt stehen. Dabei konzentriere ich mich auf die Struktur der Europäischen Gemeinschaft (EG) und gehe nicht auf die Europäische Gemeinschaft für Kohle und Stahl (EGKS) oder die Europäische Atomgemeinschaft (EAG) ein. Diese drei Gemeinschaften bilden seit dem Vertrag von Maastricht die erste Säule der Europäischen Union (EU), die in der zweiten und dritten Säule ergänzt wird um die Zusammenarbeit der Mitgliedstaaten auf den Gebieten Justiz und Inneres sowie in der Außen- und Sicherheitspolitik (Art. A EUV-M; Art. 1 Abs. 3 EUV-A)[2]. Letztere stellen aber Aktionsfelder dar, in denen sich die Mitgliedstaaten als souveräne Staatsgebilde zur Zusammenarbeit entschließen, ohne ihre Entscheidungskompetenz an europäische Organe abzugeben. Deshalb tauchen sie hier nur am Rande auf.

Mit der Konzentration auf die EG bewegen wir uns in einem Bereich politischer Organisation, der im Laufe der Zeit eine große Regelungsdichte erworben hat und nach Schätzungen von Experten inzwischen die meisten wirtschaftlichen Fragen grenzüberschreitender Art regelt. Trotzdem wird die EG noch nicht als Voll-Staat mit Staatsgebiet, Staatsvolk und Staatsgewalt eingeordnet, sondern als staatsähnliches Gebilde angesehen. Zu der Frage, ob oder ab wann die EU bzw. EG ein Staat im klassischen Verständnis ist oder wird, gibt es viel Diskussionsmaterial. Die Gemeinwohlausrichtung der EG wird nicht so häufig thematisiert[3], vielleicht weil der Begriff im politisch-rechtlichen Bereich bislang primär Staaten vorbehalten blieb, vielleicht weil der Begriff selbst als zu abstrakt und ideologieanfällig eingestuft wird. Wie auch immer – Gemeinwohl als Leitidee der EG einzubringen, verspricht ein Überschreiten möglicherweise zu eng verstandener Staatlichkeitsperspektiven, falls es gelingt, den Begriff als

---

2 EUV = Vertrag über die Europäische Union; EGV = Vertrag über die Europäische Gemeinschaft. Der folgende Buchstabe M verweist auf die Fassung des jeweiligen Vertrags gemäß den Beschlüssen von Maastricht vom 7.2.1992, A bezieht sich auf die Fassung der Verträge gemäß den Beschlüssen von Amsterdam vom 2.10.1997.

3 Vgl. aber Art. 213 Abs. 1, 258 Abs. 3 S. 2 und 263 Abs. 3 S. 2 EGV-A, ferner schon früh *Peter-Christian Müller-Graff*, Unternehmensinvestitionen und Investitionssteuerung im Marktrecht, 1984, S. 355 ff. Der Europäische Gerichtshof (EuGH) benutzt den Gemeinwohlbegriff häufig, um Grundrechtsschranken zu legitimieren. Vgl. etwa *Manfred Zuleeg*, Die Rechtsprechung des Europäischen Gerichtshofs zum Europarecht im Lichte des Grundgesetzes und seiner Dogmatik, in: Ulrich Battis u.a. (Hrsg.), Das Grundgesetz im internationalen Wirkungszusammenhang der Verfassungen, 1990, S. 227, 238 sowie die folgende, repräsentative Formulierung: Die Ausübung der Grundrechte kann „Beschränkungen unterworfen werden, sofern diese tatsächlich dem Gemeinwohl dienenden Zielen der Gemeinschaft entsprechen ...": U. v. 13.7.1989, Rs. 5/88 – Wachauf –, Slg. 1989, S. 2609, Nr. 18. Diese an Art. 14 Abs. 2 und 3 GG erinnernde Formulierung weist auf die wichtige Verbindung der Ziele der EG mit dem Gemeinwohl der EG-Bürger hin, ist aber, wie hier gezeigt werden soll, etwas zu eng. Die Grundrechtsachtung selbst ist als Konkretisierung von Gerechtigkeit eine Gemeinwohlfrage. Zu den „Gemeinwohlzielen der Gemeinschaft" siehe auch die Formulierung in Band 73 der Entscheidungen des Bundesverfassungsgerichts, BVerfGE 73, 339, 386.

attraktives Leitbild politisch-rechtlicher Organisation an der Jahrtausendwende zu entwickeln.

Bei der Aufgabe, den Begriff Gemeinwohl zu strukturieren, bediene ich mich der Hilfe *Gustav Radbruchs*. 1878 in Lübeck geboren, habilitierte er sich 1903 in Heidelberg, hielt hier Vorlesungen und war nach Professuren andernorts und einer Karriere in der Politik ab 1926 Professor in Heidelberg. 1933 wurde *Radbruch* aus dem Lehramt entlassen, da er, wie es damals hieß, „nach seiner ganzen Persönlichkeit und seiner politischen Betätigung" nicht die Gewähr dafür biete, „daß er jetzt rückhaltlos für den nationalen Staat eintritt"[4]. Nach dem Ende des Zweiten Weltkriegs wurde er wieder in seine Professur eingesetzt. Als Dekan organisierte er die Wiedereröffnung der Juristischen Fakultät. Am 23. November 1949, vor 50 Jahren, verstarb er hier in Heidelberg. Den Versuch zu unternehmen, mit *Radbruch* den Schritt vom nationalen zum europäischen Gedanken zu machen, ist besonders reizvoll, können wir so doch vielleicht Vergangenheit, Gegenwart und Zukunft Deutschlands und Europas von Heidelberg aus miteinander verbinden. *Gustav Radbruch* sprach mehrfach davon, daß die Idee des Rechts drei Leitlinien umfasse: Rechtssicherheit, Gerechtigkeit und Zweckmäßigkeit[5]. Diese drei Ideen müßten sich im Recht verwirklichen, das positive Recht habe sich an ihnen auszurichten. In Spannungsfällen müsse das Recht dem einen oder anderen Moment Vorrang zusprechen.

Radbruchs Präzisierung dieser drei Leitlinien soll hier nicht vorgetragen werden; statt dessen beziehe ich mich auf meine eigene, an einzelnen Stellen etwas revidierte und stärker ausdifferenzierte Version seiner Idee des Rechts[6]. Für mich stellt Gemeinwohl die umfassendste Idee des Rechts dar. Mit *Radbruch* sehe ich Rechtssicherheit und Zweckmäßigkeit als wichtige Leitbegriffe an. Die dritte Leitlinie oder Säule stellt für mich Legitimität dar, die die Radbruchsche Kategorie der Gerechtigkeit mitumfaßt. Eine jede dieser drei Säulen enthält eine *interne Differenzierung*, die im Überblick über moderne Rechtsordnungen dasjenige zusammenfaßt und als Prinzip formuliert, was sich von der Sache her in die jeweilige Säule einfügt. So umgreift *Rechtssicherheit* vor allem Bedeutungssicherheit, Befolgungssicherheit, Stabilität und Funktionsabgrenzung. *Legitimität* umfaßt die Wahl guter Zwecke in Form von Politikprogrammen und Rechtsregelungen, aber auch die Beachtung von Prinzipien der

---

4 Zitiert nach dem Lebensbild von *Jan Schröder,* in: Gerd Kleinheyer/Jan Schröder (Hrsg.), Deutsche und europäische Juristen aus neun Jahrhunderten, 4. Auflage 1996, S. 340, 341.
5 Vgl. vor allem *Gustav Radbruch*, Einführung in die Rechtswissenschaft, 12. Auflage 1969, Kap. „Recht und Gerechtigkeit", S. 36 ff.; Rechtsphilosophie, Studienausgabe 1999, § 9 „Antinomien der Rechtsidee", S. 73 ff.
6 Vgl. *meine* früheren Darstellungen in: Liberalismus, Pluralismus, Kommunitarismus. Studien zur Legitimation des Grundgesetzes, 1999, § 2 (mit einer Exemplifikation anhand des Grundgesetzes); Gemeinwohl als Ziel von Staat und Recht, FS H. Quaritsch, 2000, S. 45 ff. (mit näheren Hinweisen zu G. Radbruch); Verfassungsstabilität durch Verfassungsgerichtsbarkeit? Beobachtungen aus deutsch-amerikanischer Sicht, Staatswissenschaften und Staatspraxis 1993, S. 319 ff. (zum Grundgesetz und zur US-Verfassung).

Gerechtigkeit. *Zweckmäßigkeit* thematisiert, ausgehend von jeweiligen Zweckvorgaben für das staatliche Handeln, Mittel-Zweck-Rationalität oder Praktikabilität: zunächst die Validität empirischer Annahmen und die Analyse betroffener Interessen bei der entsprechenden Zweckverfolgung, weiterhin die Mittel-Zweck- und Kosten-Nutzen-Effizienz, schließlich die Berücksichtigung der Sachstrukturen des Bereichs, in dem der Staat mit seinen Regelungen bestimmte Zwecke durchsetzen will.

Diese drei Säulen des Rechts mit ihren jeweiligen Zielvorstellungen können in ihrem Verhältnis zueinander, je nach Lage, *unterschiedliche Relationen* bilden: Sie können einander unterstützen; sie können indifferent zueinander sein; oder sie können in Spannung zueinander stehen. Im erstgenannten Fall, in dem alle relevanten Überlegungen in die gleiche Richtung weisen, ist die geplante Regelung unter Gemeinwohlgesichtspunkten geboten. Im letztgenannten Fall ist es umgekehrt. Im Indifferenzfall stehen in der Regel mehrere Handlungsoptionen offen. Eine weitere Dimension dieses Drei-Säulen-Modells ist hervorzuheben. Bislang habe ich nur von den Zielvorstellungen innerhalb der drei Leitlinien gesprochen. Die Herstellung von Rechtssicherheit, Legitimität und Zweckmäßigkeit verlangt aber nach Einrichtung entsprechender Verfahren. *Prozedur* und *Substanz* verweisen aufeinander, genauer: Prozedur muß Substanz bestimmbar machen. Verwirklichung von Gemeinwohl ist *dual* angelegt. Deshalb halten moderne Rechtsordnungen für jede der drei Säulen spezifische Verfahrensarten bereit: Legitimität wird prozedural durch öffentliche Meinungsbildung und demokratische Wahlen im Rahmen grundrechtlicher Grenzen gesichert. Sind Staatsorgane eingerichtet, etablieren die jeweiligen Verfassungen bereichsspezifische Verfahren für Parlament, Exekutive und Judikative. Die Zweckmäßigkeit der zu beschließenden Programme wird durch wissenschaftliche Politikberatung im weiten Sinne gefördert; im exekutivischen Bereich ist der Sachverstand durch eine kompetente Bürokratie abgesichert; Gerichte besorgen sich die einschlägige Information über die Beweisregeln in den Prozeßordnungen.

Gemeinwohl als Ziel von Staat und Recht: Die drei Säulen des Rechts

1. Rechtssicherheit – formale Rationalität – – rechtliche Kohärenz –	2. Legitimität – materiale Rationalität – – ethische Kohärenz –	3. Zweckmäßigkeit – Zweckrationalität – – empirische Kohärenz –
a) Bedeutungssicherheit b) Befolgungssicherheit c) Stabilität d) Funktionsabgrenzung	a) Gute Ziele/Zwecke b) Gerechte Regelungen (Insbesondere über Politikziele und Grundrechte)	a) Validität empirischer Annahmen und Analyse betroffener Interessen b) Mittel-Zweck- und Kosten-Nutzen-Effizienz c) Berücksichtigung der Sachstrukturen
Rechtspositivismus	Rechtsidealismus	Rechtsrealismus

Gemeinwohl als Ziel von Staat und Recht an der Jahrtausendwende

Prozeduren der Gemeinwohlkonkretisierung

1. Juristischer Diskurs	*2. Politischer und moralischer Diskurs*	*3. Sozialwissenschaftlicher Diskurs*
(Insbesondere: Gewaltenteilige Verfahren)	(Insbesondere: Öffentliche Meinungsbildung und Demokratie)	(Insbesondere: Wissenschaftliche Politikberatung)

II. Rechtssicherheit

Auf welche Weise wird in der EG Rechtssicherheit hergestellt? Diese Frage sollte differenziert beantwortet werden, weil Rechtssicherheit selbst ein komplexes Ideal ist und zumindest vier wichtige Komponenten enthält: Bedeutungssicherheit und Durchsetzungssicherheit von EG-Rechtsnormen; Stabilität des Rechtsregimes sowie klare Abgrenzung und Zuordnung der EG-Organe.

1. Als erstes verlangt Rechtssicherheit *Bedeutungssicherheit des geltenden Rechts*. Dieses soll den zuständigen Organen und den betroffenen Bürgern klar und deutlich sagen, worin ihre Rechte und Pflichten bestehen. Vorrangige Rechtsquelle ist das Primärrecht der EG, also die einschlägigen Verträge. Wo das Primärrecht unklar ist oder spezifisch auf Konkretion verweist, wird Bedeutungssicherheit durch das Sekundärrecht hergestellt. Die Hauptformen der Konkretisierung sind in Art. 249 EGV-A (Art. 189 EGV-M) geregelt, der den EG-Organen den Weg der Verordnung, der Richtlinie sowie der Entscheidung eröffnet. Unsicherheiten bei der Auslegung des Primär- wie Sekundärrechts führen zum EuGH, der nach Art. 220 EGV-A (Art. 164 EGV-M) die „Wahrung des Rechts bei der Auslegung und Anwendung dieses Vertrags" zu sichern hat. Soweit Organe der Mitgliedstaaten EG-Recht auslegen und sich über die Bedeutung einschlägiger Normen nicht im klaren sind, stellt der EG-Vertrag in Art. 234 EGV-A (Art. 177 EGV-M) eine spezielle Rechtsschutzform, das Vorlage- oder Vorabentscheidungsverfahren, zur Verfügung. Danach können unterinstanzliche und müssen letztinstanzliche Gerichte der Mitgliedstaaten eine Klärung durch den EuGH herbeiführen, wenn sie über die Auslegung von EG-Recht oder dessen Vereinbarkeit mit höherrangigem europäischem Recht Zweifel haben; damit wird auch Bedeutungssicherheit durch Uniformität gesichert, denn könnte der EuGH solche Fälle nicht einheitlich entscheiden, drohte die Gefahr unterschiedlicher Bedeutungsfestsetzungen in den Gerichtsbarkeiten der Mitgliedstaaten.

2. Das zweite Element von Rechtssicherheit ist *Befolgungssicherheit* oder, falls Nichtbefolgung zu erwarten ist, *Durchsetzungssicherheit*. Hier ergibt sich ein bedeutsamer Unterschied zu einer staatlichen Rechtsordnung. Deutschland als Nationalstaat hat eine Armee, eine Polizei und Gerichtsvollzieher. Der EG fehlen solche klassischen Attribute von Staatlichkeit. Sie hat keine effektive

Exekutivgewalt, die Rechtsgehorsam notfalls erzwingen kann; gewisse Formen der intergouvernementalen Zusammenarbeit in den Bereichen Justiz und Inneres (Art. 29 ff. EUV-A; Art. 61 ff. EGV-A; Art. K-K.9 EUV-M) ändern an dieser Diagnose nichts. Soweit Militärgewalt in Frage steht, ist primär die NATO zuständig – die Westeuropäische Union als Verteidigungskomponente der EU ist erst im Aufbau begriffen (Art. 17 Abs. 1 EUV-A; Art. J.4 Abs. 2 EUV-M). Als Ausgleich hierfür sieht der EG-Vertrag in Art. 10 EGV-A (Art. 5 EGV-M) eine umfassende Kooperationspflicht vor: Alle nationalen Stellen haben dem EG-Recht zur vollen Wirksamkeit zu verhelfen, und das umfaßt die Ebene der Durchsetzung des Rechts bei fehlendem freiwilligen Rechtsgehorsam. Aber was soll geschehen, wenn sich Mitgliedstaaten wehren, diesem Gebot Folge zu leisten? Dann steht der EG jedenfalls keine organisierte Zwangsgewalt in Form eines Heeres oder einer durchschlagskräftigen Polizei zur Verfügung. Sie ist auf politische und rechtliche Sanktionsmöglichkeiten beschränkterer und spezifischerer Art angewiesen, die im Streitfall dann Rechtsgehorsam herbeiführen oder auch nicht.

3. *Stabilität* ist das dritte Element von Rechtssicherheit. Sie umfaßt mehr und eigentlich anderes als die durch Zwang herbeigeführte Verläßlichkeit im gegenseitigen Verkehr. Sie rekurriert auf europäische Rechtsregelungen, die durch langdauernde Geltung die Chance hatten, sich in die Verhaltenserwartungen der EG-Bürger und EG-Organe hineinzuarbeiten und dort – wenn auch sozusagen noch taufrische – Traditionen zu bilden. Nun ist seit 1957, dem Jahr der Unterzeichnung der römischen Verträge, noch nicht so viel Zeit vergangen, daß man weitreichende und verfestigte Einstellungsänderungen bei den Völkern Europas schlicht unterstellen kann. Man muß hierbei auch berücksichtigen, daß das Tempo realer europäischer Integration ja erst allmählich zunahm und vor allem seit der Einheitlichen Europäischen Akte von 1986 und dem bis Ende 1992 zu verwirklichenden freien Binnenmarkt (Art. 14 EGV-A; Art. 7, 7 b EGV-M) zu weitreichenden Rechtsänderungen geführt hat. Doch bedarf es bei dieser Frage vermutlich der Differenzierung: Primär betroffen waren ja lange Akteure aus dem wirtschaftlichen Bereich, bei denen schnelle Marktanpassung schon zur Überlebensstrategie gehört; bei diesen wird eine Um- und Eingewöhnung schneller vonstatten gehen als bei der sonstigen Bevölkerung in den Mitgliedstaaten. Was die Verbraucher und Bürger der Mitgliedstaaten angeht, so wird viel von den beiden Entwicklungen abhängen, die sie am offensichtlichsten betreffen: vom grenzenfreien Europa, das im Rahmen der Schengen-Abkommen schnelles und unkompliziertes Reisen in den meisten EU-Staaten ermöglicht, und von der einheitlichen Währung, die den Zahlungsverkehr erheblich vereinfacht (Art. 105 ff. EGV-A und EGV-M). Im besten Fall, der für uns Deutsche hieße, daß der Euro etwas von der Attraktivität und der Zuneigung zur alten DM gewinnt, könnten europaweites Reisen ohne Grenzen und die gemeinsame Währung schnell zum bedeutenden Stabilitätsfaktor für das ganze Unternehmen Europa werden. Im Krisenfall freilich bliebe

abzuwarten, welche Auswirkungen etwa ein schwacher Euro für die Europaloyalität der Bevölkerungen hätte.

Auf jeden Fall kann man im Rückblick auf die Entwicklung von der ursprünglichen Europäischen Wirtschaftsgemeinschaft über die Europäische Gemeinschaft hin zur Europäischen Union sagen, daß ernsthafte Krisen selten waren. Zu nennen sind vor allem vier Ereignisse: Zunächst der Ende der 50er Jahre von Charles de Gaulle vorgenommene Versuch, die politische Union in Richtung eines „Europa der Vaterländer" zu verstehen, also in Form der Zusammenarbeit souveräner Nationalstaaten zu konzipieren; dann der Mitte der 60er Jahre auftretende Streit zwischen der EWG und Frankreich über die Reichweite von EWG-Mehrheitsbeschlüssen gegenüber der Letztverantwortung einzelner Mitgliedstaaten; weiterhin die Schwierigkeiten der EG-Länder in den 90er Jahren, in den Balkanauseinandersetzungen mit einer Stimme zu sprechen und zu einem effektiven militärischen Engagement zu finden. Als vierter Punkt sind Beitrittsfragen zu erwähnen, die im Blick in die Vergangenheit vor allem den Widerstand Frankreichs gegen die Aufnahme von Großbritannien in den 60er Jahren betrafen; in der Zukunft werden vermutlich Probleme auftauchen bei der Frage, wie weit „Europa" eigentlich reichen soll[7]. Die in der Vergangenheit aufgetretenen Krisensituationen betrafen zwar wichtige Einzelpunkte des europäischen Regimes, stellten aber doch nicht das Gesamtprojekt in Frage. Man kann also, wenn man von ganz unabsehbaren und existentiellen Gefahrenlagen einmal absieht, von einer recht stabilen Lage europäischer Einigung ausgehen.

4. Das vierte Element von Rechtssicherheit ist eine *klare Funktionsabgrenzung*. Jedes Organ sollte wissen, wofür es selbst zuständig ist und wofür die anderen Träger von EG-Entscheidungsgewalt Verantwortung tragen. Weitergedacht im Hinblick auf die zweite und dritte Säule des Gemeinwohls soll diese rechtssichere Zuordnung von Kompetenzen zwei Zielen dienen, die aus der Teleologie nationalstaatlicher Gewaltenteilung bekannt sind: Zum ersten soll die Tyrannei oder Dominanz eines der Organe verhindert werden, durch „checks and balances" – das gehört zur Kategorie Legitimität. Zum zweiten soll die gegenseitige Zuordnung so angelegt sein, daß die legitimen Aufgaben der EG von der strukturell geeignetsten Stelle wahrgenommen werden – das ist ein Kriterium von Zweckmäßigkeit. Die Rechtssicherheit der Kompetenzzuordnungen ist also ein Instrumentalwert zur Gewährleistung der beiden weitergehenden inhaltlichen Gemeinwohlerfordernisse.

Entspricht die Gewaltenteilung zwischen den Hauptakteuren dem Erfordernis ausreichender Klarheit? Wenn man sich insoweit auf das Europäische Parlament, den Rat, die Kommission, den Gerichtshof und den Rechnungshof konzentriert, so regelt das Primärrecht deren Zuständigkeiten einigermaßen klar

---

[7] Vgl. *Malcolm Anderson/Eberhard Bort* (Hrsg.), The Frontiers of Europe, 1998.

in den Art. 189 ff. EGV-A (Art. 137 ff. EGV-M). Freilich liegt hier größere Komplexität vor als auf nationalstaatlicher Ebene, insbesondere im Bereich des Verfahrens der Rechtsetzung, und die Zuständigkeiten haben sich, vor allem beim Europäischen Parlament, mehrfach geändert in Richtung auf ein Mehr an Partizipation. Es bedarf also, verglichen mit der Ebene der Mitgliedstaaten, größerer Expertise, um im Einzelfall genaue Zuständigkeitsabgrenzungen vornehmen zu können; aber da Bürger in den Mitgliedstaaten in der Regel bei solchen Fragen auch auf Rechtsberatung angewiesen sind, sind diese Unterschiede vermutlich doch nicht so dramatisch. Soweit Streitigkeiten zwischen EG-Organen über ihre jeweiligen Zuständigkeiten entstehen, ist es nach Art. 230 EGV-A (Art. 173 EGV-M) Aufgabe des EuGH, eine Klärung herbeizuführen. Ist etwa eine Klage wegen Überschreitung der Kompetenz erfolgreich, erklärt der Gerichtshof „die angefochtene Handlung für nichtig", Art. 231 EVG-A (Art.174 EGV-M). So ist wieder Rechtssicherheit hergestellt.

Institutionelle Rechtseinheit und Sicherheit wurden auch dadurch hergestellt, daß die drei Europäischen Gemeinschaften und nunmehr auch die Europäische Union durch einheitliche Organe regiert werden. Die Mitgliedstaaten haben seit 1957 in mehreren Schritten für eine institutionelle Verzahnung gesorgt. Parlament, Rat, Kommission, Gerichtshof und Rechnungshof sind inzwischen, je nach Problem, für Regelungen innerhalb von EG, EAG, EGKS und EU zuständig, was unabhängig von den konkreten Entscheidungen jedenfalls personell Klarheit und Konsistenz der Sachregelungen unterstützt und somit auch für größere Berechenbarkeit – ein Zweckmäßigkeitselement – sorgt (Art. 3 ff. EUV-A; Art. C ff. EUV-M).

Nimmt man diese vier Elemente von Rechtssicherheit zusammen, so erkennt man deutlich ihre Tendenz zur gegenseitigen Unterstützung oder Kohärenz[8]. Sie stellen unterschiedliche Aspekte des gleichen Ziels, nämlich der Herstellung eines sicheren Rechtszustandes, dar. Bedeutungssicherheit hat es mit semantischer Gewißheit, Durchsetzungssicherheit mit empirischer Gewißheit, Stabilität mit temporaler Gewißheit, und Gewaltenteilung mit funktioneller Zuständigkeitsgewißheit zu tun. Für sich genommen sagt Rechtssicherheit aber noch nichts über die Qualität der betreffenden Rechtsregelungen aus. Die Qualitätssicherung kommt dadurch zustande, daß Gemeinwohl über Rechtssicherheit hinaus zwei weitere Anforderungen stellt, die ich als zweite und dritte Säule des Gemeinwohlkonzeptes bezeichne – Zweckmäßigkeit und Legitimität.

---

8 Ein inzwischen im EU- und EG-Recht aufgegriffener Begriff. Vgl. Art. A , C EUV-M; Art. 1, 3 EUV-A. Er weist auf zwei Dimensionen hin: zumindest Nichtwiderspruch (Konsistenz), besser aber gegenseitige Unterstützung im Sinne der weiter oben angesprochenen Relationen der drei Säulen des Gemeinwohls. Das ist der Idealfall. Wie erwähnt, können die Gemeinwohlgesichtspunkte bzw. EG-Politiken und EG-Ziele im konkreten Fall auch Relationen von Indifferenz oder Spannung bilden.

III. Zweckmäßigkeit

Zweckmäßigkeit im Sinne von Mittel-Zweck-Rationalität oder Praktikabilität hat drei Komponenten: Validität empirischer Annahmen und Analyse betroffener Interessen; Mittel-Zweck- und Kosten-Nutzen-Effizienz; sowie Berücksichtigung der Sachstrukturen.

1. *Rechtsetzung* allgemein und so auch in der EG ist nur dann rationell, zweckmäßig, wenn sie von korrekten Daten ausgeht, wenn Prognosen, soweit möglich, abgesichert sind und überprüft werden. Ferner müssen die gewählten Regulierungsmittel im Hinblick auf das gewählte Politikziel effizient sein, dieses mit möglichst wenig Aufwand und Kosten bestmöglich verwirklichen. Da Kommission, Rat und Parlament als Entscheidungsorgane im Gesetzgebungsprozeß diese empirischen Erhebungen und Abschätzungen in der Regel nicht selbst leisten können, sind sie, wie auch nationale Gesetzgeber, auf wissenschaftliche Zuarbeit angewiesen. Diese wird für die Kommission, das wichtigste EG-Organ bei der Vorbereitung und Initiierung von europäischen Rechtsakten für die etwa 370 Millionen EG-Bürger, von circa 15 000 EG-Bediensteten geleistet. Daneben treten häufig Beratende Ausschüsse, in denen Sachverständige oder Bedienstete von Mitgliedstaaten Information einbringen. Solche Vorklärungen haben eine stark empirische, sozialwissenschaftliche Funktion, dienen aber natürlich auch dazu, die juristische Vereinbarkeit geplanter Vorhaben (ein Element von Rechtssicherheit) und die politische Akzeptabilität der Regelung im Rat der EG (ein Element von Legitimität) abzusichern. Die genannten Rationalitätskriterien sind hier keine anderen als im nationalstaatlichen Bereich[9]. Problem ist nicht ihre Benennung, sondern ihre Anwendung in konkreten Regelungsbereichen. Ob die EG-Bürokratie hier bessere oder schlechtere Arbeit leistet als die entsprechenden Behörden in den Mitgliedstaaten, ist schwer zu beurteilen. Selbst bei einem unterstellten Defizit wäre der naheliegende Therapievorschlag, nämlich mehr qualifiziertes Personal einzustellen, mit Problemen politischer Akzeptanz verknüpft.

2. In einem weiteren Zweckmäßigkeitspunkt besteht eine erhebliche Abweichung von dem einschlägigen nationalstaatlichen Standard, zumindest im Ausgangspunkt der Doktrin. Soll eine Verfassung eine bestimmte *Wirtschaftsordnung* festsetzen, oder soll dem jeweiligen Gesetzgeber größtmöglicher Spielraum bei der Wirtschaftspolitik eingeräumt werden? Die Antwort für das Grundgesetz hat das Bundesverfassungsgericht im Jahr 1954 im Investitions-

---

9 Vgl. *Alfred E. Kellermann* u.a. (Hrsg.), Improving the Quality of Legislation in Europe, 1998, mit dem rechtsvergleichenden Beitrag von *Peter-Christian Müller-Graff*, The Quality of European and National Legislation, S. 111 ff. Die in diesem Beitrag genannten Qualitätskriterien formaler (prozeduraler, resultatorientierter), materialer und kontrollierender Art lassen sich weitgehend in die hier entwickelten drei Säulen des Gemeinwohls einordnen.

urteil[10] gegeben: Das Grundgesetz ist wirtschaftspolitisch neutral. Der Gesetzgeber ist an die Achtung der Grundrechte gebunden. Aber weder die Grundrechte noch sonstige Verfassungsnormen legen eine bestimmte Wirtschaftsordnung fest; dem Gesetzgeber steht ein erheblicher Beurteilungs- und Ermessensspielraum in der Festsetzung der aus seiner Sicht zweckmäßigsten, produktivsten Politik zu.

Das EG-Recht hat sich von dieser wirtschaftspolitischen Neutralität gelöst[11]. Art. 3 a des Maastrichter EG-Vertrags verpflichtete die Mitgliedstaaten auf den „Grundsatz einer offenen Marktwirtschaft mit freiem Wettbewerb"; Art. 4 Abs. 1 des Amsterdamer EG-Vertrags nimmt diese Formulierung auf. Art. 98 EGV-A (Art. 102 a EGV-M) präzisiert die Vorgabe: „Die Mitgliedstaaten und die Gemeinschaft handeln im Einklang mit dem Grundsatz einer offenen Marktwirtschaft mit freiem Wettbewerb, wodurch ein effizienter Einsatz von Ressourcen gefördert wird, und halten sich dabei an die in Art. 4 genannten Grundsätze." Letztere beziehen sich unter anderem auf die ebenfalls effektivitätsfördernde europäische Einheitswährung sowie eine Geldpolitik, die Preisstabilität gewährleistet – auch das ist ein Zweckmäßigkeits- und Rechtssicherheitselement. Viele der Politiken des EG-Vertrags, mit den vier Grundfreiheiten des freien Waren-, Personen-, Dienstleistungs- und Kapitalverkehrs im Zentrum, dienen zur Ausgestaltung dieser liberalen europäischen Wirtschaftsverfassung, von der sich die Mitgliedstaaten bessere Produktivität und vermehrten Wohlstand für alle Mitgliedstaaten und deren Bürger erhoffen.

3. Ein weiteres Element von Zweckmäßigkeit bildet die *Berücksichtigung der zu regelnden Sachstrukturen*. Früher hätte man gesagt: Die Natur der Sache muß beachtet werden. Was damit gemeint ist, kann man als Zweckmäßigkeits- oder allgemeines Rationalitätsproblem bezeichnen; es wäre aber auch möglich, diesen Punkt der Legitimität zuzuschlagen. Schon die eben erwähnte Festlegung der EG auf eine Marktwirtschaft könnte man als eine Entscheidung aus der Natur der Sache „Wirtschaften" verstehen, wenn denn Wirtschaften freie Präferenzbildung auf Angebots- wie Nachfrageseite meint und Wettbewerb beste Ressourcenverwertung bei Produktion und Handel von Gütern sichert, also jedenfalls eine primär staatliche Wirtschaftskompetenz ausschließt. Insoweit läge dann auch im Sinne der noch anzusprechenden Legitimitätskategorie ein guter Zweck, nämlich effektive Wirtschaftspolitik, vor. Solche partiellen Überschneidungen lassen sich bei Begriffen auf hohem Abstraktionsniveau nicht vermeiden, schaden aber der Analyse nicht, solange die Gesamttopologie ein adäquates Bild des Ziels, also hier von Gemeinwohl, entwirft.

„Berücksichtigung der Sachstruktur" liegt auch bei der Festlegung von Stimmen oder Sitzen vor, die die einzelnen Mitgliedstaaten in den EG-Organen

---

10 BVerfGE 4, 7, 17 f.
11 Vgl. *Peter-Christian Müller-Graff*, Die wettbewerbsverfaßte Wirtschaft als gemeineuropäisches Verfassungsprinzip?, Europarecht 1997, S. 433 ff.

haben. Hier treffen zwei unterschiedliche Ausformungen von Sachstruktur zusammen: Auf der einen Seite sind die Staaten, die sich in der EG und EU zusammengeschlossen haben, prinzipiell gleichgeordnet und gleichberechtigt. Keiner steht rechtlich über dem anderen. Ein jeder ist, jedenfalls grundsätzlich, souverän. Das spräche für eine gleiche Anzahl von Sitzen oder Stimmen in den europäischen Entscheidungsorganen. Auf der anderen Seite ist nicht zu leugnen, daß die sich zusammenschließenden Staaten unterschiedlich groß sind und das politische und wirtschaftliche Gewicht erheblich zwischen ihnen differiert. Die erstgenannte Überlegung spricht den rechtskonstruktiven, die zweitgenannte Überlegung den rechtsrealistischen Aspekt der Sachstruktur „Staat" an. Offenbar muß in einer solchen Situation, wenn man zu dem „guten Zweck" europäischer Einigung zusammenkommen und sich prozedural Legitimität in den Bevölkerungen der Mitgliedstaaten verschaffen will, ein Kompromiß gefunden werden. Genau das drückt sich in den einschlägigen Primärrechtsregeln aus: Größere, politisch und wirtschaftlich mächtigere Staaten haben mehr Stimmen und Sitze in Parlament, Rat und Kommission als kleinere. Auf der anderen Seite ist das Gewicht kleiner Staaten größer, als wenn man nur auf Geographie, Bevölkerungszahl und wirtschaftliche Macht abgestellt hätte. Und schließlich ist das Stimmen- und Sitzverhältnis so austariert, daß befürchtete Allianzen von Großstaaten gegen Kleinstaaten oder von regionalen Zusammenschlüssen anhand der Nord-/Süd- und bald auch Ost-/West-Schiene möglichst nicht zustandekommen (Art. 190, 205, 213 EGV-A; Art. 138, 148, 157 EGV-M).

IV. Legitimität

1. Bislang wurde untersucht, auf welche Art und Weise die EG zu rechtssicheren und zweckmäßigen Regelungen gelangt. Von einigen kurzen Hinweisen abgesehen, kam aber die *Güte der Zwecke selbst* oder die *Gerechtigkeit der Zuteilung von Rechten und Pflichten* im Rahmen gegebener Zweckverfolgungen nicht zur Sprache. Genau darum geht es bei Legitimität: Die Zwecke selbst sollen für die Bürger gut sein, und im Rahmen der Zweckverwirklichung müssen Grundsätze der Gerechtigkeit Berücksichtigung finden. Nur unter solchen Voraussetzungen kann die EG Loyalität der Bürger erwarten, denn politische Organisationen können auf Dauer nicht funktionieren, wenn Gesetzesgehorsam vorrangig auf Befehl und Zwang aufbaut. Um wieviel mehr gilt dies, wenn die betreffende Organisation, wie hier die EG, fast keine Zwangsgewalt hat!

2. Ein *wesentlicher Zweck* ist die *europäische Integration selbst*, die nach den Schrecken des Zweiten Weltkriegs die „Teilung des europäischen Kontinents" (Präambel EUV-A und EUV-M) überwinden sollte. Gleichzeitig sollte Deutschland, das Problemland, in feste Strukturen eingebunden werden. Nach dem Scheitern erster Bemühungen um eine politische Einigung Europas in der Nachkriegszeit stand der Einigungsprozeß lange im Zeichen wirtschaftlicher

Integration: Wohlstandssteigerung durch Europäisierung und Liberalisierung des wirtschaftlichen Wettbewerbs war das Motto. Im Laufe der letzten beiden Jahrzehnte kam das politische Motiv wieder stärker zur Geltung, weil man mit zunehmender wirtschaftlicher Integration und einer einheitlichen Währung nach Meinung vieler an die Grenze des Zusammenhalts durch Ökonomie stößt. Das übergreifende, aber bewußt vage gehaltene Motto lautet inzwischen „Schaffung einer immer engeren Union der Völker Europas" (Präambel EUV-A und EUV-M). Mit den Worten *Friede, Wohlstand, politische Union* sind die Hauptzwecke der europäischen Einigung umschrieben.

3. Nun zu spezifischen Legitimitätsaspekten. Es wurde schon darauf hingewiesen, daß die EG auf der Markt- und Wettbewerbswirtschaft als Rahmenordnung aufbaut, von der mehr Effektivität und Wohlstand erwartet wird als von konkurrierenden Wirtschaftssystemen. Aber wie steht es mit Personen, die sich in dieser grenzüberschreitenden Wirtschaftsordnung nicht behaupten können, sei es, weil sie ausgegrenzt oder diskriminiert oder arbeitslos werden? Das führt zu der Frage, ob und bis zu welchem Grad die Legitimität der EG durch wettbewerbliche Wohlstandsförderung einer kompensativen *Legitimität durch Fürsorge für nicht erfolgreiche Wirtschaftsakteure* bedarf. Enthält die EG-Verfassung, in Parallele zum Grundgesetz, ein *Sozialstaatsprinzip*, das zu effektiver Fürsorge für in Not gekommene Arbeitnehmer im grenzüberschreitenden Verkehr führt? Manche Präambelformulierung oder EG-Zielbestimmung deutet darauf hin, etwa wenn von der „Förderung eines ausgewogenen und dauerhaften wirtschaftlichen Fortschritts ... durch Stärkung des wirtschaftlichen und sozialen Zusammenhangs" (Art. B EUV-M) die Rede ist oder „ein hohes Maß an sozialem Schutz" (Art. 2 EGV-A) angezielt wird. Die von solchen Formulierungen angeregte Vermutung, daß Wirtschafts- und Sozialkompetenzen der EG gleich stark sind, täuscht jedoch. Die sozialen Zuständigkeiten der EG sind zwar in den verschiedenen Vertragsrevisionen stärker und nach Auffassung mancher seit dem Amsterdamer Vertrag stark geworden, reichen jedoch an die nach wie vor bestehenden nationalen Kompetenzen nicht heran[12].

Der Schwerpunkt der bisherigen EG-Regelungen liegt im Umkreis der Arbeitnehmerfreizügigkeit (Art. 39 ff. EGV-A; Art. 48 ff. EGV-M), bei der keine Diskriminierungen aufgrund von Staatsangehörigkeit erlaubt sind; der ebenfalls EG-rechtlich verankerte Grundsatz der Gleichbehandlung von Mann und Frau drückt sich darin aus, daß nicht nur im Bereich des Arbeitsentgelts, sondern auch in den nationalen Systemen der sozialen Sicherheit direkte und indirekte Diskriminierungen aufgrund des Geschlechts verboten sind (Art. 2, 3 Abs. 2, 13, 141 EGV-A; Art. 119 EGV-M). Geht man einmal vom klassischen Kernbereich des deutschen Sozialrechts aus, dem System der Sozialversicherung, Sozialhilfe, Kinder-, Jugendlichen- und Familienförderung, so finden diese

---

12 Überblick bei *Görg Haverkate/Stefan Huster*, Europäisches Sozialrecht, 1999.

Zuständigkeiten keine Entsprechung auf EG-Ebene, und die insoweit nach wie vor bestehenden nationalen Systeme weisen erhebliche Unterschiede in Art und Ausmaß auf. Doch finden sich im Umkreis dieses sozialrechtlichen Kernbereichs inzwischen viele Aktivitäten, die dem weitgefaßten Anliegen des Sozialrechts, dem Schutz von Armen und Schwachen zu dienen, Wirkung verschaffen, jedenfalls soweit diese als Arbeitnehmer Staatsgrenzen überschreiten. Dazu gehören neben den schon erwähnten Diskriminierungsverboten etwa Zuständigkeiten im Bereich Beschäftigungspolitik, allgemeine und berufliche Bildung und Jugend, der europäische Sozialfonds, Gesundheits- und Verbraucherschutz (Titel VIII, XI, XIII, XIV EGV-A).

Bemerkenswert ist, daß der neue EG-Vertrag nunmehr in Art. 137 Abs. 3 eine Kompetenz für „soziale Sicherheit und soziale[n] Schutz der Arbeitnehmer" enthält. Das ist zwar immer noch keine so weitgehende Kompetenz wie im nationalen Bereich, und zudem mag man wegen des hierfür geforderten Einstimmigkeitsprinzips davon ausgehen, daß diese Kompetenz in absehbarer Zeit nicht voll in Anspruch genommen wird, doch scheint hier am Horizont des rechtlich Möglichen eine dichte europäische Sozialpolitik auf. Das weist gleichzeitig auf den streitigen Punkt hin: Nicht nur differieren die eingeführten Systeme der sozialen Fürsorge in den Mitgliedstaaten, sondern die Frage ist auch, ob deren Völker eine europaweit gleiche oder doch weitgehend angeglichene starke, dichte Solidarität für alle Arbeitnehmer in Not akzeptieren können und wollen. Kritiker dieser Vorstellung verweisen auf das seit Maastricht verankerte Subsidiaritätsprinzip (Art. 3 b EGV-M; Art. 5 EGV-A), in dem sie den rechtlich verbindlichen Ausdruck für die nationalstaatlich stärkere Solidarität sehen, die man nicht unbesehen auf die europäische Ebene übertragen könne. Vertreter der europäischen Solidarität sehen im Subsidiaritätsprinzip eher eine momentan noch notwendige Beruhigungspille, deren Wirkung durch den EuGH sowieso eher dezimiert als optimiert wird. Sie hoffen, in Parallele zur „immer engeren Union der Völker Europas", auch auf deren immer engere Solidarität im Sozialbereich[13].

4. Hier stoßen wir auch auf eine allgemeine Legitimitäts- und gleichzeitig Zweckmäßigkeitsfrage: Auf welcher Ebene sollten denn Regelungen getroffen werden – auf der europäischen oder der nationalen Ebene? Die Antwort auf diese Frage gibt das EG-Recht selbst, so wie es sich letztlich in der Rechtsprechung des EuGH darstellt, aber das in den 90er Jahren weitverbreitete Mißtrauen gegen die, wie es zu Recht oder zu Unrecht hieß, Regelungswut der EG-Bürokratie führte im Maastricht-Vertrag zur Einfügung eines *Subsidiaritätsprinzips* in den EG-Vertrag, das in der Amsterdamer Fassung wiederkehrt. Danach soll die Gemeinschaft in den nicht ausschließlichen Zuständigkeitsbereichen nur dann tätig werden, „sofern und soweit die Ziele der in Betracht ge-

---

13 Vgl. *Uwe Volkmann*, Solidarität in einem vereinten Europa, Staatswissenschaften und Staatspraxis 1998, S. 17 ff.

zogenen Maßnahmen auf der Ebene der Mitgliedstaaten nicht ausreichend erreicht werden können und daher wegen ihres Umfangs oder wegen ihrer Wirkungen besser auf Gemeinschaftsebene erreicht werden können" (Art. 5 EGV-A; Art. 3 b EGV-M). Das Subsidiaritätsprinzip spiegelt auf der einen Seite die Vorstellung vieler Bürger der Mitgliedstaaten wider, Politikentscheidungen besser auf nationaler Ebene demokratisch legitimieren zu können – dort, so die dabei wirksame Vorstellung, seien Problemverständnis, Therapiefestlegung und demokratische Zurechenbarkeit am besten zu erreichen. Auf der anderen Seite kommen Praktikabilitätsaspekte ins Spiel: Es hängt von der Art des Problems – national oder transnational – und der vergleichenden Problemverarbeitungskapazität der beiden in Betracht kommenden Organisationen – also EG oder Mitgliedstaaten – ab, wo eine Entscheidung am gemeinwohlförderlichsten getroffen werden kann.

Die Lösung dieser widerstreitenden Gemeinwohlerfordernisse liegt, wie des öfteren im Prozeß der europäischen Einigung, in einem entschlossenen Sowohl-als-Auch: Auf der einen Seite findet man Aspekte, die in Richtung einer wirklich starken Subsidiarität weisen: Dazu gehört das im EG-Vertrag enthaltene Subsidiaritätsprinzip selbst, ferner eine Vereinbarung der europäischen Rechtsetzungsorgane Kommission, Rat und Parlament, in ihren jeweiligen Verfahren Subsidiaritätsaspekte zu überprüfen[14], schließlich das in einem Protokoll zum Amsterdamer Vertrag festgehaltene Erfordernis, EG-Regelungen müßten im Vergleich zu nationalen Regelungen „deutliche Vorteile" erwarten lassen[15]. Auf der anderen Seite der Bewahrung oder gar des Ausbaus von EG-Kompetenzen steht zum ersten, daß dem Subsidiaritätsprinzip eine Besitzstandsklausel beigefügt wurde, was im Hinblick auf frühere, vielleicht überzogene EG-Regelungen relevant ist (Art. 2 EUV-A; Art. B EUV-M). Zum zweiten wird in den Subsidiaritätsnormen gleichzeitig auf die Ziele der EG als konkurrierende Faktoren hingewiesen, und diese Ziele umfassen inzwischen zahlreiche klassische Staatsaufgaben. Drittens ist die Justitiabilität des Subsidiaritätsprinzips in die Hände des EuGH gegeben, der sich weitgehend als Motor der Integration Europas versteht und sich im Rahmen der effet utile-Dogmatik das erforderliche Auslegungsinstrumentarium verschafft hat. Das läßt kaum auf eine stark kompetenzbeschränkende Wirkung des Subsidiaritätsprinzips schließen. In den Vordergrund tritt deshalb stärker die Rolle der Mit-

---

14 Vgl. die Interinstitutionelle Vereinbarung vom 25. Oktober 1993 zwischen dem Europäischen Parlament, dem Rat und der Kommission zur Anwendung des Subsidiaritätsprinzips (Europäische Grundrechte-Zeitschrift 1993, S. 603 f.), in Bezug genommen in dem oben angesprochenen Protokoll Nr. 2 zum Vertrag zur Gründung der Europäischen Gemeinschaft über die Anwendung der Grundsätze der Subsidiarität und der Verhältnismäßigkeit. In der Nr. 4 wird ein qualitativer und, wenn möglich, quantitativer Nachweis dafür verlangt, daß eine europäische Regelung besser funktioniert als eine nationalstaatliche. Damit ist eines der Zweckmäßigkeitselemente von Gemeinwohl benannt.
15 AaO in der Nr. 5 dritter Spiegelstrich.

Gemeinwohl als Ziel von Staat und Recht an der Jahrtausendwende 29

gliedstaaten selbst, die ja über die nationale oder europäische Ebene von Regelung entscheiden; sie sollten im Rahmen der nunmehr schon recht dichten Ebene europäischer Rechtsintegration entscheiden, ob transnationale Regelungen wirklich notwendig sind und deutlich größere Effizienz versprechen. Diese Aufgabe der Politikorgane erstreckt sich nicht nur auf das Ob einer europäischen Regelung; auch das Wie ist betroffen: Muß die EG selbst und im Detail regeln, oder reicht es aus, daß weniger in den nationalen Rechtsrahmen eingreifende Handlungsformen wie Richtlinien oder Rechtsangleichungen in Form der gegenseitigen Anerkennung nationaler Standards getroffen werden?

5. Eine wichtige Legitimitätssicherung auf nationaler Ebene ist ein *Grundrechtsteil* in der Verfassung, wie ihn vorbildlich das Grundgesetz in seinem ersten Abschnitt enthält. Die Verfassung der EG hat noch nichts Entsprechendes aufzuweisen. Zur Zeit werden Überlegungen angestellt, einen Grundrechtskatalog in das Primärrecht der EG einzubauen, aber ob und in welcher Gestalt das gelingt, bleibt abzuwarten. Das heißt jedoch nicht, daß die Grundrechte auf EG-Ebene gänzlich fehlten oder ein karges Leben führten. Zunächst lassen sich die vier Grundfreiheiten des EG-Vertrags als Zentrum beruflich-wirtschaftlicher Grundrechte einstufen. Ferner enthält der EG-Vertrag Diskriminierungsverbote im grenzüberschreitenden Verkehr, die inzwischen von Kriterien wie Staatsangehörigkeit bis zu Antidiskriminierungsmaßnahmen gegen Benachteiligungen aus Gründen des Geschlechts, der Rasse, der ethnischen Herkunft, der Religion oder der Weltanschauung, einer Behinderung, des Alters oder der sexuellen Ausrichtung reichen (Art. 12 und 13 EGV-A). Weiterhin hat der EuGH im Wege richterlicher Rechtsfortbildung aus den Verfassungstraditionen der Mitgliedstaaten weitere Grundrechte erschlossen, die sich zu einem Bild summieren, das nationalen Verfassungen kaum mehr nachsteht. Schließlich sieht der EU-Vertrag von Maastricht (Art. F Abs. 2) wie Amsterdam (Art. 6 Abs. 2) eine Selbstbindung der EG- und EU-Organe an die Europäische Menschenrechtskonvention von 1950 vor, womit vom Normenmaterial her eine umfangreiche Grundrechtsbindung auf EG-Ebene möglich ist.

Konflikte können auf zwei Ebenen eintreten. Institutionell kann es dazu kommen, daß sowohl der Europäische Gerichtshof als auch der Europäische Gerichtshof für Menschenrechte zur Entscheidung eines Rechtsfalles anhand der EMRK zuständig sind. Hier drohen Rechtssicherheitskonflikte in Form der schon angesprochenen Kollision von Funktionszuständigkeiten. Die Europäische Kommission hat 1990 im Fall Melchers[16] den Konflikt dadurch entschärft, daß sie ihre Zuständigkeit so lange verneinte, wie der EuGH adäquaten Grundrechtsschutz gewährleistet. Wie der Europäische Gerichtshof für Menschenrechte sich zu dieser Frage verhält, nachdem die Menschenrechtskommission inzwischen abgeschafft worden ist, bleibt abzuwarten.

---

16 Abgedruckt in: Zeitschrift für ausländisches öffentliches Recht und Völkerrecht 50 (1990), S. 865, 867 f.

Die zweite Kollisionsmöglichkeit stellt sich bei der Frage, welchen *inhaltlichen Standard die EG-Grundrechte* einhalten müssen. Können Grundrechte des Grundgesetzes in deren Auslegung durch das BVerfG zur Anwendung kommen gegen Gemeinschaftsrecht, das von Organen der deutschen Staatsgewalt ausgeführt wird, falls der Grundrechtsschutz auf EG-Ebene als defizitär gerügt wird? Die einschlägigen Entscheidungen des BVerfG, berühmt geworden als *Solange-Entscheidungen*, lassen sich in drei Stadien einteilen: In der ersten Solange-Entscheidung von 1974[17] ging das BVerfG davon aus, mangels einer nicht ausreichenden demokratischen Legitimation des Europäischen Parlamentes und mangels eines Grundrechtskatalogs im EG-Recht bedürfe es zum effektiven Grundrechtsschutz des BVerfG als Kontrollinstanz; der Beitritt zur EG über Art. 24 GG dürfe nicht zu einer erheblichen Absenkung des Grundrechtsschutzniveaus führen. In der zweiten Solange-Entscheidung von 1986 diagnostizierte das BVerfG den zwischenzeitlichen Fortschritt in der Grundrechtsrechtsprechung des EuGH sowie in Erklärungen anderer EG-Organe. Es sei „ein Maß an Grundrechtsschutz erwachsen, das nach Konzeption, Inhalt und Wirkungsweise dem Grundrechtsstandard des Grundgesetzes im wesentlichen gleichzuachten ist"[18]. Solange diese grundrechtsfreundliche Haltung anhalte, brauche das BVerfG seine eigene, grundgesetzbezogene Auslegungskompetenz nicht mehr wahrzunehmen. Diese Formulierungen wiederholte das BVerfG in der Maastricht-Entscheidung von 1993[19]. Auch diese Entscheidung ist eine Solange-Entscheidung, wenngleich das Gericht das Referenzfeld ausdehnte: Im Rahmen des Kooperationsverhältnisses mit dem EuGH will das BVerfG nicht nur seine grundrechtsbezogene, sondern auch seine organisatorische Auslegungskompetenz zugunsten der gemeinschaftsrechtlichen Kompetenzbestimmung durch den EuGH hintanstellen. Beides soll allerdings nur gelten, solange der EuGH seine grundrechtsfreundliche Rechtsprechung aufrechterhält und die durch die Mitgliedstaaten verliehenen Kompetenzen nicht überschreitet.

Diese Rechtsprechung des BVerfG ist nicht nur unter Gesichtspunkten grundrechtlicher Legitimität interessant, sondern auch wegen der Berücksichtigung der Sachstruktur europäischer Integration. Dieses Zweckmäßigkeits- oder Praktikabilitätselement von Gemeinwohl kommt dort zum Vorschein, wo das BVerfG gewisse Abstriche bei dem vom Grundgesetz her Gewohnten zuläßt. Erfordert im Sinne des Art. 24 bzw. des nunmehr einschlägigen Art. 23 GG ist, daß ein im wesentlichen gleicher Grundrechtsschutz wie im Grundgesetz gewährleistet wird – ein identisches Schutzniveau wird nicht verlangt. Diese Abschwächung wird in Kauf genommen, weil nicht alle Mitgliedstaaten der Europäischen Union einen so hohen Grundrechtsstandard haben wie das

---

17 BVerfGE 37, 271 ff.
18 BVerfGE 73, 339, 378.
19 BVerfGE 89, 155 ff.

Grundgesetz, Deutschland aber gleichwohl die Integration Europas ernsthaft betreiben will. Somit müssen wir zur Kenntnis nehmen, daß andere aktuelle oder potentielle Mitgliedstaaten manchmal niedrigere Grundrechtsstandards als ausreichend ansehen und ein Mehr an Grundrechtsschutz vielleicht sogar als kontraproduktiv einstufen. Um in einer solchen Lage den „guten Zweck" europäische Integration nicht scheitern zu lassen, nimmt das deutsche Gemeinwesen gewisse Einbußen an Grundrechtslegitimität hin. Der Konflikt ist im Rahmen des Gemeinwohlkonzeptes deutlich als Spannung zwischen Integrationszweck und Grundrechtsgerechtigkeit im Rahmen der Säule Legitimität zu erkennen.

6. Läßt sich dieses aus deutscher Sicht leichte Defizit an inhaltlicher Legitimität prozedural über die *demokratische Beteiligung der Bürger Europas* kompensieren? Damit ist die Frage nach der demokratischen Legitimation der EG gestellt. Nach den Verträgen über die Europäische Union beruht die Union selbst wie die Mitgliedstaaten auf demokratischen Grundsätzen (Art. 6 Abs. 1 EUV-A; Art. F Abs. 1 EUV-M). Die Umsetzung auf den beiden Ebenen differiert aber notwendig, weil die Europäische Gemeinschaft keine umfassende Regelungsgewalt hat, die sich ohne weiteres in die klassischen Organe Parlament, Regierung/Verwaltung und Gerichtsbarkeit aufteilen ließe. Vielmehr bildet sich demokratische Legitimation für europäische Rechtsakte über zwei Wege, die Ausdruck der ungeklärten Lage der Finalität der EU sind – mehr als Staatenbund, weniger als Bundesstaat. Die erste Schiene demokratischer Legitimation läuft über die Vertreter der Mitgliedstaaten im Ministerrat der EG bzw. im Europäischen Rat. Der Rat spielt im Konzert der Rechtsetzungsorgane Kommission und Parlament die wichtigste Rolle; gegen ihn können keine Rechtsnormen erlassen werden. Ratsmitglieder entstammen den Regierungen der Mitgliedstaaten, sind also über deren nationale Parlamente demokratisch legitimiert, wenngleich nur indirekt. Sie nehmen ihre europäischen Aufgaben sozusagen vom nationalen Hause aus, wenngleich mit Blick auf Europa, wahr, indem sie auf EG-Ebene ihre Stimmen abgeben. Die Stimmabgabe muß dann, je nach einschlägiger EG-Norm, zu einfachen oder qualifizierten oder auch einstimmigen Entscheidungen führen, damit verbindliches Gemeinschaftsrecht gesetzt werden kann. Diese starke Rolle des Rats, eines Regierungsorgans mit Rechtsetzungsbefugnissen, ist Ausdruck der Tatsache, daß demokratische Legitimation nach wie vor stark vom Nationalstaat in Richtung Europäische Gemeinschaft verläuft, und daß die Parlamente und Regierungen der Mitgliedstaaten Herren nicht nur der EU-Verträge, sondern auch der EG-Rechtsetzung und EU-Politik sind[20].

---

20 Dieser Punkt wurde im Maastricht-Urteil des BVerfG (Fn. 19) betont, ist aber nicht unbestritten. Vgl. die Beiträge von *Jochen A. Frowein* und *Peter-Christian Müller-Graff*, in: Müller-Graff (Hrsg.), Perspektiven des Rechts in der Europäischen Union, 1998, S. 105 ff., 183 ff. In dem Beitrag von *Paul Kirchhof*, aaO, S. 163 ff., wird die Sicht des BVerfG verteidigt.

Die Macht des Europäischen Parlaments hat im Laufe des Integrationsprozesses zugenommen. Nach dem Amsterdamer Vertrag und der neuen Fassung des EG-Vertrags steht dem Europäischen Parlament, je nach legislativer Verfahrensart, ein Anhörungsrecht, eine Zusammenarbeitskompetenz oder ein Mitentscheidungsrecht zu; manchmal bedarf es seiner Zustimmung (Art. 189, 190, 251, 252 EGV-A; Art. 138 b, 189 b, c EGV-M). Die Initiativrechte werden auf EG-Ebene weitgehend von Kommission und Europäischem Rat, nicht vom Parlament wahrgenommen. Die Macht zur Gesetzessanktionierung liegt, wie die zitierten Normen deutlich machen, primär beim Rat. Sind so die inhaltlichen Befugnisse des Europäischen Parlaments erheblich geringer als bei den Parlamenten der Mitgliedstaaten, so ist seine prozedurale Legitimation deutlicher als bei den Ratsmitgliedern. Seit 1979 werden die Mitglieder des Europäischen Parlaments direkt gewählt, so daß ein direkter demokratischer Zusammenhang zwischen den Völkern Europas, den Unionsbürgern (Art. 17 ff. EGV-A; Art. 8 ff. EGV-M) und dem Parlament Europas besteht.

Für viele stellt diese Zwei-Ebenen-Legitimation durch den starken, aber nur indirekt demokratisch legitimierten Rat und das wenngleich nicht schwache, so doch deutlich schwächere, aber direkt gewählte Parlament mit ihren komplizierten Gewaltenverschränkungen ein *Demokratiedefizit* dar[21]. Diese These träfe zu, falls man das Europäische Parlament als Parlament im klassisch-staatlichen Sinne einstufen müßte, mit einer Kompetenz-Kompetenz und einem Letztentscheidungsrecht. Nach der bisherigen Rechtslage ist das nicht der Fall. Aber vielleicht stellt eine Stärkung der Rechte des Europäischen Parlaments de lege ferenda den richtigen Therapievorschlag dar? Das ist umstritten. Die Antwort hängt von der Frage ab, ob sich die Europäische Gemeinschaft mitsamt der Europäischen Union zu einer Art europäischer Bundesstaat entwickeln sollte, in dem die bisherigen Mitgliedstaaten letztlich ungefähr den Status einnehmen würden, den die Bundesländer in Deutschland haben. Eine solche Entwicklung ist in absehbarer Zukunft nicht zu erwarten. Aber mit Stillstand bei dem in den Präambeln der EU-Verträge angesprochenen „Prozeß der Schaffung einer immer engeren Union der Völker Europas" ist auch nicht zu rechnen. Wohin also soll der Weg Europas führen? Wie intensiv wollen wir europäisch statt nationalstaatlich regiert werden? Wie weit soll sich Europa ausbreiten? Die Rechtswissenschaft kann diese Frage nicht beantworten; hier betritt man das Feld der Politik. Sie kann aber den politischen Prozeß intellektuell begleiten, was im Vorherigen im Rahmen des EG-Gemeinwohls geschah und nunmehr abschließend in bezug auf konkurrierende nationale und universelle Gemeinwohlverständnisse skizziert werden soll.

---

21 Hinzu kommt, daß bei der Wahl zum Europäischen Parlament das Prinzip „One person, one vote" noch nicht gilt, sondern die Stimmen/Sitze länderspezifisch gewichtet werden (Art. 190 Abs. 2 EGV-A; Art. 138 Abs. 2 EGV-M).

V. Nationales Gemeinwohl, europäisches Gemeinwohl, universelles Gemeinwohl

Die Frage nach der Finalität der europäischen Einigung läßt sich rekonstruieren als eine Spannung zwischen dem nationalstaatlichen und dem europäischen, ja letztlich dem weltweiten Gemeinwohlverständnis und deren angemessener Abstufung, im Bewußtsein der Menschen wie der entsprechenden, hoffentlich passenden Rechts- und Organisationsformen[22]. Die Befürworter eines europäischen Bundesstaates oder zumindest einer engen ökonomischen, politischen und sozialen Verflechtung sind stark vom Versagen des Nationalstaates beeinflußt und setzen auf die Legitimität und Effektivität europäischer Rechtsorganisation. Zu beachten ist jedoch, daß die meisten Wirtschafts-, Politik- und Rechtswerte der Europäischen Gemeinschaft und Union im Grunde universellen Charakter haben: Menschenrechte, Freiheit, Gleichheit, Wohlstand, Demokratie, Rechtsstaat, Sozialstaat. Von daher wäre es nur folgerichtig, für eine universelle Rechtsorganisation einzutreten, für die ein europäischer Bundesstaat eigentlich nur Durchgangsstadium sein kann[23]. Soweit man kein Anhänger eines Weltstaates ist, hieße das jedenfalls, daß man keine deutliche Innen-Außen-Trennung und Verantwortungsabstufung zwischen den Vereinigten Staaten von Europa und anderen, vor allem ärmeren oder sonstwie krisengeschüttelten Staaten und Kontinenten vornehmen dürfte. Vertreter solcher Auffassungen sprechen kritisch von der Festung Europa und treten für eine zunehmende Aufhebung von Grenzen und für effektive Umverteilung ein, bis die Grundbedürfnisse aller Menschen befriedigt sind[24].

Die Kritiker eines europäischen Bundesstaates[25] relativieren diese aus ihrer Sicht einseitige Konstruktion der Alternativen: Nicht alle Nationalstaaten haben versagt, sondern nur einige und zeitweise, leider mit Deutschland an der Spitze. Referenzpunkt muß nach dieser Sicht der funktionierende, also rechtsstaatlich und demokratisch geprägte Verfassungsstaat sein, dessen umfassende

---

22 Dazu im Rahmen der Unterscheidung von konservativem, liberalem und universalistischem Kommunitarismus *Winfried Brugger*, Kommunitarismus als Verfassungstheorie des Grundgesetzes, in: ders., Liberalismus (Fn. 6), § 11.
23 Vgl. *Jürgen Habermas*, Die Einbeziehung des Anderen, 1986, S. 153, allerdings im Bewußtsein „der beunruhigenden Frage, ob überhaupt eine demokratische Meinungs- und Willensbildung über die nationalstaatliche Integrationsstufe hinaus bindende Kraft erlangen kann".
24 Vgl. generell hierzu *Erhard Denninger*, Menschenrechte und Grundgesetz, 1994, S. 46: „Solidarität kennt weder inhaltliche noch persönliche Grenzen; sie gilt erdumfassend und menschheitsbezogen ..."; *Micha Brumlik*, Gerechtigkeit zwischen den Generationen, 1995, S. 74: Der Begriff der Gerechtigkeit behält „nur dann seinen vollen Sinn ..., wenn er strikt universalistisch die gleiche Verteilung aller wesentlichen Güter für alle Menschen behauptet".
25 Etwa *Paul Kirchhof* und *Josef Isensee*, in: Isensee (Hrsg.), Europa als politische Idee und als rechtliche Form, 1993, S. 63 ff., 103 ff.

Sorge und Verantwortlichkeit für seine Bürger auf dichteren, spezielleren Faktoren beruht als nur auf europäischen Kulturidentitäten oder allgemeinen Menschheitswerten. Ferner darf man nach dieser Sicht nicht nur von der Erfüllungsgestalt europäischer oder gar universeller Rechtsorganisation sprechen; die Gefahren des Versagens auf dieser Ebene sind ebenfalls zu thematisieren, als da sind Anonymität, Unübersichtlichkeit, Verständnislosigkeit durch Sprachbarrieren, Loyalitäts- und Solidaritätsüberforderungen, Manipulierbarkeit auch von Menschheitswerten.

Was von der Konzeption des Gemeinwohls aus zu sagen ist, kann nicht mehr als relativ allgemein, aber trotzdem richtig und wichtig sein: Es ist sicher nicht gemeinwohlförderlich, wenn in dieser Auseinandersetzung die Alternativen so einseitig gewichtet werden, daß der Idealgestalt der einen Ebene der potentielle Versagensfall der anderen Ebene entgegengehalten wird. Für eine informierte Entscheidung sind Chancen und Gefährdungen auf jeder Stufe der Organisation von kollektiver Entscheidungsmacht zu thematisieren und zu vergleichen, bevor man sich für eine der beiden Ebenen entscheidet.

DIETER DÖLLING

Über die Entwicklung der Kriminalität und der Kriminalitätskontrolle in der Bundesrepublik Deutschland

I. Einleitung

Die Jahrtausendwende gibt Anlaß, Bilanz zu ziehen. Das gilt auch für die Kriminalität und die Bemühungen um ihre Eindämmung. Dieses Thema ist freilich so umfassend, daß es im vorliegenden Rahmen nur ausschnittweise behandelt werden kann. Die Ausführungen müssen sich auf Deutschland beschränken und sich darüber hinaus auf die Zeit seit der Gründung der Bundesrepublik konzentrieren. Und auch insoweit kann nur eine skizzenhafte Behandlung erfolgen. Die Erörterung wird dadurch erschwert, daß die Datengrundlagen lückenhaft und ungesichert sind. Gleichwohl erscheint es legitim, den Versuch einer Bestandsaufnahme zu unternehmen, denn dies ist Voraussetzung für eine sachgerechte Kriminalpolitik. Im Folgenden sollen daher in groben Zügen die Entwicklung der Kriminalität und der Kriminalitätskontrolle in der Bundesrepublik Deutschland nachgezeichnet und einige Überlegungen zur Weiterentwicklung des Umgangs mit Kriminalität angestellt werden.

II. Zur Entwicklung der Kriminalität

Was Kriminalität ist, das ist nicht fest vorgegeben, sondern zu einem erheblichen Umfang davon abhängig, welche Verhaltensweisen Gesellschaften oder deren mit Definitionsmacht ausgestatteten Teile als kriminell ansehen. Auf die damit angedeutete Problematik des Verbrechensbegriffs kann hier nicht näher eingegangen werden.[1] Im Folgenden wird der formelle Verbrechensbegriff zugrunde gelegt, der unter Kriminalität alle Verhaltensweisen faßt, die von der jeweils geltenden Rechtsordnung mit Strafe bedroht sind.[2] Der Relativität die-

---

1 Vgl. im Einzelnen *Kaiser*, Kriminologie. Ein Lehrbuch, 3. Aufl. 1996, S. 8 f., 311 ff.
2 Zum formellen Verbrechensbegriff siehe *Schneider*, Kriminologie, 1987, S. 67 f.

ses Verbrechensbegriffs wird dadurch Rechnung getragen, daß auch die Kriminalisierungs- und Entkriminalisierungsprozesse der Strafgesetzgebung in die Betrachtung einbezogen werden.

Wie die Kriminalität tatsächlich beschaffen ist, kann die Kriminologie nicht genau sagen.[3] Ein Erhebungsinstrument zur exakten Messung der Kriminalität gibt es nicht. Die Kriminalstatistiken erfassen nur die offiziell bekannt gewordenen Delikte, blenden damit das Dunkelfeld aus und unterliegen darüber hinaus weiteren beträchtlichen Verzerrungsfaktoren.[4] Die kriminologische Forschung versucht das Dunkelfeld nicht amtlich bekannt gewordener Delikte insbesondere durch Befragung potentieller Täter und Opfer sowie sonstiger Informanten aufzuhellen, sieht sich aber hierbei ebenfalls mit erheblichen methodischen Problemen und Unsicherheiten konfrontiert.[5] Für die Betrachtung langfristiger Kriminalitätsentwicklungen stehen in Deutschland bisher im Wesentlichen nur die Kriminalstatistiken zur Verfügung, denn empirische Dunkelfeldforschung in größerem Ausmaß wird in Deutschland noch nicht lange betrieben.

Im Folgenden wird ein Blick auf die Entwicklung der in den Kriminalstatistiken erfaßten amtlich bekannt gewordenen Kriminalität geworfen. Mit äußerster Vorsicht können die kriminalstatistischen Daten als grobe Indikatoren für Ausmaß und Strukturen der Kriminalität angesehen werden. Bei Längsschnittbetrachtungen ist insbesondere zu berücksichtigen, daß die in den Kriminalstatistiken enthaltenen Daten durch Änderungen des Strafrechts, der kriminalstatistischen Erfassungsmodalitäten und Veränderungen in zahlreichen für das Kriminalitätsaufkommen und den Umgang mit Kriminalität relevanten Variablen beeinflußt werden.

Nach der Polizeilichen Kriminalstatistik, in der die bei der Polizei bekannt gewordenen Delikte (seit 1963 ohne die Straßenverkehrsdelikte) von der Polizei ohne Rücksicht auf die Beurteilung des Falles durch die Justiz erfaßt werden, läßt sich von den fünfziger Jahren bis in die neunziger Jahre eine beträchtliche Steigerung der *polizeilich registrierten Kriminalität* feststellen. Während in der alten Bundesrepublik 1955 1.575.310 und 1965 1.789.319 Delikte registriert wurden, waren es 1975 2.919.390, 1985 4.215.451, 1995 in den alten Bundesländern einschließlich Gesamt-Berlin 5.232.363 und 1998 5.149.955 (vgl. hierzu Tabelle 1).[6] Wird zur Berücksichtigung von Schwankungen der Bevölkerungszahlen auf die Häufigkeitsziffer (HZ), also auf die Zahl der Straftaten pro 100.000 Einwohner, abgestellt, ergeben sich folgende Zahlen: 1955: 3018, 1965: 3.031, 1975: 4.721, 1985: 6.909, 1995: 7.774 und 1998: 7.576 (siehe ebenfalls

---

3 Vgl. *Kerner*, Universitas 1994, S. 924.
4 Siehe dazu *Böhm*, in *Göppinger*, Kriminologie, 5. Aufl. 1997, S. 482 ff.
5 Vgl. näher *Eisenberg*, Kriminologie, 4. Aufl. 1995, S. 165 ff.
6 Soweit im Text Zahlen aus den Tabellen angeführt werden, befinden sich die Quellennachweise unter den Tabellen.

Tabelle 1). Die polizeilich registrierte Kriminalität hat sich danach in der Geschichte der Bundesrepublik mehr als verdoppelt. In den letzten Jahren ist allerdings ein leichter Rückgang der registrierten Kriminalität festzustellen. Während 1993 im gesamten Bundesgebiet 6.750.613 Straftaten registriert wurden (HZ: 8.337), waren es 1998 6.456.996 Delikte (HZ: 7.869) (siehe Tabelle 2). Die Häufigkeitsziffern der neuen Bundesländer liegen gegenwärtig über denen der alten Länder. 1998 betrug die Häufigkeitsziffer in den neuen Bundesländern 9.281 und in den alten Bundesländern 7.576.[7]

Tabelle 1: Polizeilich registrierte Kriminalität in den alten Bundesländern 1955 bis 1998

Jahr	Bekannt gewordene Straftaten	
	Fälle	Häufigkeitszahl
1955[1)	1.575.310	3.018
1960	2.034.239	3.660
1965	1.789.319	3.031
1970	2.413.586	3.924
1975	2.919.390	4.721
1980	3.815.774	6.198
1985	4.215.451	6.909
1990	4.455.333	7.108
1995[2)	5.232.363	7.774
1998	5.149.955	7.576

1) Ohne Saarland
2) 1995 und 1998 alte Bundesländer mit Gesamt-Berlin
Quellen: Bundeskriminalamt (Hrsg.), Polizeiliche Kriminalstatistik 1995, S. 18 f.; 1998, S. 27.

Tabelle 2: Polizeilich registrierte Kriminalität im Bundesgebiet insgesamt 1993 bis 1998

Jahr	Bekannt gewordene Straftaten	
	Fälle	Häufigkeitszahl
1993	6.750.613	8.337
1994	6.537.748	8.038
1995	6.668.717	8.179
1996	6.647.598	8.125
1997	6.586.165	8.031
1998	6.456.996	7.869

Quelle: Bundeskriminalamt (Hrsg.), Polizeiliche Kriminalstatistik 1998, S. 28.

---

7 Bundeskriminalamt (Hrsg.), Polizeiliche Kriminalstatistik 1998, S. 27; zu den Zusammenhängen zwischen dem Umbruch in der ehemaligen DDR und der Kriminalitätsentwicklung siehe *Boers/Gutsche/Sessar* (Hrsg.), Sozialer Umbruch und Kriminalität in Deutschland, 1997.

Der Anstieg der polizeilich registrierten Kriminalität seit den fünfziger Jahren wird vor allem von den *Massendelikten* getragen. So stieg in dem Zeitraum von 1955 bis 1998 in den alten Bundesländern die Zahl der einfachen Diebstähle von 440.274 (HZ: 844) auf 1.236.621 (HZ: 1.819), der schweren Diebstähle von 136.345 (HZ: 262) auf 1.360.449 (HZ: 2001) und der Betrugsdelikte (einschließlich Leistungserschleichung) von 211.464 (HZ: 405) auf 705.529 (HZ: 860) (vgl. hierzu und zum Folgenden Tabelle 3). Die Zahl der Sachbeschädigungen erhöhte sich von 85.497 (HZ: 148) im Jahr 1963 auf 498.882 (HZ: 734) im Jahr 1998 und die Zahl der vorsätzlichen leichten Körperverletzungen stieg von 43.743 (HZ: 82) im Jahr 1957 auf 186.772 (HZ: 275) im Jahr 1998. Überproportionale Steigerungsraten sind bei einigen *Gewaltdelikten* zu verzeichnen.[8] So erhöhte sich die Zahl der Raubtaten und räuberischen Erpressungen von 3.685 (HZ: 7) im Jahr 1955 auf 53.216 (HZ: 78) im Jahr 1998. Die Entwicklung ist jedoch bei den Gewaltdelikten nicht einheitlich verlaufen. So ist die Zahl der vorsätzlichen Tötungsdelikte zwar bis in die achtziger Jahre angestiegen (1955: 927 Fälle, HZ: 2; 1982: 3.012 Fälle, HZ: 5).[9] Seitdem weist sie aber eine eher rückläufige Tendenz auf (1998: 2.413 Fälle, HZ: 4). Die Zahl der Vergewaltigungen ist nach einem Anstieg in den fünfziger und sechziger Jahren seit den achtziger Jahren zurückgegangen. 1955 wurden von der Polizei 4.574 Vergewaltigungen registriert (HZ: 9), 1997 5.710 (HZ: 8). Besonders hohe Steigerungsraten weisen Straftaten nach ausländerrechtlichen Vorschriften und Rauschgiftdelikte auf. Während *ausländerrechtliche Straftaten* vor einigen Jahrzehnten nur eine geringe Rolle spielten, wurden 1998 im gesamten Bundesgebiet 218.314 Straftaten gegen das Ausländergesetz und gegen das Asylverfahrensgesetz registriert (vgl. Tabelle 4). Die Zahl der *Rauschgiftdelikte* stieg in den alten Bundesländern von 1.295 (HZ: 3) im Jahr 1955 auf 199.073 (HZ: 293) im Jahr 1998.[10]

Wird die Entwicklung in den letzten Jahren betrachtet, ist ein erheblicher Rückgang des schweren Diebstahls festzustellen. 1993 wurden in der gesamten Bundesrepublik 2.545.592 schwere Diebstähle registriert (HZ: 3.144), 1998 1.798.120 (HZ: 2.191) (siehe hierzu und zum Folgenden Tabelle 4). Die Zahl der registrierten einfachen Diebstähle ist von 1.605.495 (HZ: 1.983) im Jahr 1993 leicht auf 1.525.869 (HZ: 1.860) im Jahr 1998 zurückgegangen. Ansteigende Zahlen sind demgegenüber in den Deliktsbereichen Betrug und Sachbeschädigung, bei einigen Delikten der Gewaltkriminalität und bei den Rauschgiftdelikten zu verzeichnen. Im Zeitraum von 1993 bis 1998 stieg die Zahl der Betrugsdelikte von 528.410 (HZ: 653) auf 705.529 (HZ: 860), die Zahl der Sachbeschädigungen von 580.470 (HZ: 717) auf 646.907 (HZ: 788), die Zahl der gefährlichen Körperverletzungen von 87.784 (HZ: 108) auf 110.277 (HZ: 134) und der

---
8   Zur Gewaltkriminalität in Deutschland vgl. *Heinz*, FS Böhm, 1999, S. 721 ff.
9   Quelle für 1982: Bundeskriminalamt (Hrsg.), Polizeiliche Kriminalstatistik 1982, S. 60.
10 Zur Entwicklung der Rauschgiftdelikte siehe *Kreuzer*, in: ders. (Hrsg.), Handbuch des Betäubungsmittelstrafrechts, 1998, S. 33 f.

Tabelle 3: Polizeilich registrierte Straftaten in den alten Bundesländern 1955 und 1998

Straftatengruppe	Bekannt gewordene Straftaten			
	Fälle		Häufigkeitszahl	
	1955	1998[1]	1955	1998
Einfacher Diebstahl	440.274	1.236.621	844	1.819
Schwerer Diebstahl	136.345	1.360.449	262	2.001
Betrug	211.464	705.529	405	860
Sachbeschädigung	85.497[2]	498.882	148	734
Vorsätzliche leichte Körperverletzung	43.743[3]	186.772	82	275
Gefährliche und schwere Körperverletzung	26.824	92.827	51	137
Raub, räub. Erpressung	3.685	53.216	7	78
Vorsätzl. Tötung	927	2.413	2	4
Vergewaltigung	4.574	5.710[4]	9	8
Rauschgiftdelikte	1.295	199.073	3	293
Straftaten insg.[5]	1.575.310	5.149.955	3.018	7.576

1) 1998 alte Bundesländer mit Gesamt-Berlin
2) Zahlen für 1963 statt für 1955
3) Zahlen für 1957 statt für 1955
4) Zahlen für 1997 statt für 1998, da die Zahlen von 1998 wegen Gesetzesänderung mit den Vorjahren nicht vergleichbar sind
5) 1955 einschließlich Straßenverkehrsdelikte

Quellen: Bundeskriminalamt (Hrsg.), Polizeiliche Kriminalstatistik 1989, Zeitreihen, S. 191 ff.; Polizeiliche Kriminalstatistik 1997, S. 133; 1998, S. 129 ff.

Raubdelikte von 61.757 (HZ: 76) auf 64.405 (HZ: 78) sowie die Zahl der Rauschgiftdelikte von 122.240 (HZ: 151) auf 216.682 (HZ: 264).

Trotz dieser Verschiebungen in der Struktur der registrierten Kriminalität ist der Diebstahl weiterhin das am häufigsten polizeilich registrierte Delikt. Der Anteil des Diebstahls an den polizeilich registrierten Straftaten betrug 1998 mehr als 50 % (vgl. hierzu und zum Folgenden Tabelle 5). Betrugsdelikte hatten einen Anteil von 11 % und der Anteil der Sachbeschädigung lag bei 10 %. Diese Eigentums- und Vermögensdelikte deckten damit 72 % der polizeilich registrierten Kriminalität ab. Die vorsätzlichen leichten Körperverletzungen hatten demgegenüber einen Anteil von 4 %, die gefährlichen und schweren Körperverletzungen von 2 % und die Raubdelikte von 1 %. Die Quote der vorsätzlichen Tötungsdelikte betrug 0,04 %. Die Eigentums- und Vermögensdelikte dominieren somit in der Polizeilichen Kriminalstatistik. Häufig verursachen sie verhältnismäßig geringe Schäden. 1998 lag bei 50 % der einfachen Diebstähle und bei 45 % der Betrugsdelikte der polizeilich registrierte Schaden unter 100 DM.[11]

---

11 Bundeskriminalamt (o. Fn. 7), S. 159, 188.

Tabelle 4: Polizeilich registrierte Straftaten im Bundesgebiet insgesamt 1993 und 1998

Straftatengruppe	Bekannt gewordene Straftaten			
	Fälle		Häufigkeitszahl	
	1993	1998	1993	1998
Einfacher Diebstahl	1.605.495	1.525.869	1.983	1.860
Schwerer Diebstahl	2.545.592	1.798.120	3.144	2.191
Betrug	528.410	705.529	653	860
Sachbeschädigung	580.470	646.907	717	788
Vorsätzliche leichte Körperverletzung	181.169	237.493	224	289
Gefährliche und schwere Körperverletzung	87.784	110.277	108	134
Raub, räub. Erpressung	61.757	64.405	76	78
Rauschgiftdelikte	122.240	216.682	151	264
Straftaten gegen AusländerG oder AsylverfahrensG	240.337	218.314	297	266
Straftaten insg.	6.750.613	6.456.996	8.337	7.869

Quellen: Bundeskriminalamt (Hrsg.), Polizeiliche Kriminalstatistik 1993, S. 32 f.; 1998, S. 48 f.

Tabelle 5: Straftatenanteile an den im Bundesgebiet insgesamt polizeilich registrierten Straftaten 1998

Straftat	Fälle	%-Anteil an den Straftaten insgesamt
Einfacher Diebstahl	1.525.869	24
Schwerer Diebstahl	1.798.120	28
Betrug	705.529	11
Sachbeschädigung	646.907	10
Vorsätzliche leichte Körperverletzung	237.493	4
Gefährliche und schwere Körperverletzung	110.277	2
Straftaten gegen AusländerG oder AsylverfahrensG	218.314	3
Rauschgiftdelikte	216.682	3
Raub, räub. Erpressung	64.405	1
Vorsätzl. Tötung	2.877	0,04
Sonstige Straftaten	930.543	14

Quelle: Bundeskriminalamt (Hrsg.), Polizeiliche Kriminalstatistik 1998, S. 30.

Der aus den Zahlen der Polizeilichen Kriminalstatistik hervorgehende Anstieg der registrierten Straftaten spiegelt sich in der Strafverfolgungsstatistik, in der die von den Strafgerichten rechtskräftig *verurteilten Personen* verzeichnet sind, nicht entsprechend wider. Zwar ist bei der absoluten Zahl der Verurteilten eine gewisse Steigerung zu verzeichnen. Sie stieg in den alten Bundesländern von 530.655 im Jahr 1955 über 570.392 im Jahr 1965, 664.536 im Jahr 1975 und 719.924 im Jahr 1985 auf 759.989 im Jahr 1995 und betrug 1997 780.530 (vgl. Tabelle 6). Wird jedoch zur Berücksichtigung der Bevölkerungsentwicklung die Verurteiltenziffer, also die Zahl der Verurteilten pro 100.000 der strafmündigen Bevölkerung betrachtet, ist eine Steigerung nicht mehr erkennbar. Die Verurteiltenziffer betrug 1955 1.331, 1965 1.234, 1975 1.343, 1985 1.371 und 1990 1.286. Bezogen auf die deutschen Verurteilten lag die Verurteiltenziffer 1995 bei 1.070 und 1997 bei 1.102. Diese Diskrepanz zwischen Polizeilicher Kriminalstatistik und Strafverfolgungsstatistik ist insbesondere auf den unter III. noch zu erläuternden Umstand zurückzuführen, daß zahlreiche Strafverfahren wegen leichterer Delikte von der Justiz eingestellt werden und deshalb nicht zu einer Verurteilung führen. Bei einigen schweren Delikten, z.B. den Raubstraftaten, sind auch bei den Verurteiltenziffern Steigerungen zu verzeichnen.

Werden die Verurteilungen des Jahres 1997 betrachtet, ergibt sich, daß 32 % der Verurteilten wegen *Straftaten im Straßenverkehr* sanktioniert wurden, 22 % wegen Diebstahls oder Unterschlagung und 17 % wegen anderer Vermögensdelikte. Diese drei Deliktsgruppen umfassen damit 71 % aller Verurteilten (siehe Tabelle 7). Bei 14 % der Verurteilten lag eine Straftat nach einem Bundes- oder Landesgesetz außerhalb des StGB vor – hierunter fallen u.a. die Betäubungsmitteldelikte – und 9 % wurden wegen einer Straftat gegen die Person verurteilt. Der Anteil der wegen Raub oder Erpressung Verurteilten betrug 1 %, die Quote der wegen eines Sexualdelikts Verurteilten war noch niedriger.

Tabelle 6: Verurteilte in den alten Bundesländern 1955 bis 1997

Jahr	Verurteilte	
	Zahl der Verurteilten	Verurteiltenziffer
1955	530.655	1.331
1960	572.509	1.326
1965	570.392	1.234
1970	643.295	1.346
1975	664.536	1.343
1980	732.481	1.433
1985	719.924	1.371
1990	692.363	1.286
1995[1)]	759.989	1.070
1997	780.530	1.102

1) 1995 und 1997 einschließlich Gesamt-Berlin, Verurteiltenziffern bezogen nur auf deutsche Verurteilte

Quellen: Stat. Bundesamt (Hrsg.), Strafverfolgung 1987, S. 10 f.; 1990, S. 8 f.; 1997, S. 10 f.

Tabelle 7: Straftatenanteile an den Verurteilungen 1997

Straftat	Verurteilungen	%-Anteil an allen Verurteilungen
Straftaten im Straßenverkehr	250.219	32
Diebstahl und Unterschlagung	170.258	22
Andere Vermögensdelikte	134.708	17
Straftaten nach anderen Bundes- und Landesgesetzen	110.144	14
Andere Straftaten gegen die Person außer im Straßenverkehr	68.236	9
Straftaten gegen den Staat, gegen die öffentliche Ordnung und im Amt	19.932	3
Raub und Erpressung	10.388	1
Straftaten gegen die sexuelle Selbstbestimmung	6.105	0,8
Gemeingefährliche Straftaten außer im Straßenverkehr	5.645	0,7
Straftaten gegen die Umwelt	3.895	0,5
Verurteilungen insg.	780.530	100

Quelle: Stat. Bundesamt (Hrsg.), Strafverfolgung 1997, S. 16 f.

Insgesamt zeigen die kriminalstatistischen Daten einen Anstieg der registrierten Kriminalität in den letzten vier Jahrzehnten. Die Eigentums- und Vermögensdelikte dominieren, Gewaltdelikte haben zugenommen, ihr Anteil an der gesamten registrierten Kriminalität ist aber weiterhin gering. Ein Teil des registrierten Kriminalitätsanstiegs könnte auf Veränderungen in der Kriminalitätskontrolle – u.a. Schaffung neuer Strafgesetze, erhöhte Anzeigebereitschaft der Bevölkerung und intensivere Verfolgung durch die Polizei – zurückzuführen sein. Damit allein dürfte sich der Anstieg freilich nicht erklären lassen, so daß von einer Vergrößerung der Kriminalitätsmenge seit den fünfziger Jahren auszugehen sein dürfte.[12] In den letzten Jahren ist allerdings ein Rückgang der registrierten Kriminalität erkennbar.

Die Kriminalitätsentwicklung darf jedoch nicht nur unter quantitativen Gesichtspunkten betrachtet werden. Es haben sich auch Veränderungen in der Qualität der Kriminalität ergeben. Auf die häufigere Registrierung bestimmter Gewaltdelikte wurde bereits hingewiesen. Außerdem haben Kriminalitätsformen verstärkte Aufmerksamkeit gefunden, die unter Ausnutzung der zunehmend komplexeren ökonomisch-technischen Strukturen begangen werden. In diesem Zusammenhang sind insbesondere die *Wirtschafts-, Computer- und Umweltkriminalität* zu nennen. Umfang und Entwicklung dieser Kriminalitäts-

---

12 Vgl. *Kaiser* (o. Fn. 1), S. 405.

Entwicklung der Kriminalität und der Kriminalitätskontrolle 43

formen zu erfassen, ist freilich besonders schwierig. Der Gesetzgeber hat die Straftatbestände in diesen Bereichen in den letzten Jahrzehnten erheblich erweitert.[13] Da es sich hierbei häufig um nicht leicht erkennbare Delikte rational planender Täter handelt, muß mit einem erheblichen Dunkelfeld gerechnet werden. Die für diese Bereiche vorliegenden kriminalstatistischen Daten sind daher sehr stark von Kontrollprozessen beeinflußt und müssen deshalb mit besonderer Vorsicht beurteilt werden. Unter diesem Vorbehalt seien die folgenden Daten mitgeteilt:

Die Polizeiliche Kriminalstatistik enthält seit Anfang der neunziger Jahre die Deliktskategorie „Wirtschaftskriminalität". Hierunter fallen die nach § 74 c Abs. 1 GVG die Zuständigkeit der Wirtschaftsstrafkammer begründenden Straftaten sowie „Delikte, die im Rahmen tatsächlicher oder vorgetäuschter wirtschaftlicher Betätigung begangen werden und über eine Schädigung von Einzelnen hinaus das Wirtschaftsleben beeinträchtigen oder die Allgemeinheit schädigen können und/oder deren Aufklärung besondere kaufmännische Kenntnisse erfordert".[14] Während die Polizeiliche Kriminalstatistik 1993 46.055 Fälle der Wirtschaftskriminalität registrierte, waren es 1997 106.053 und 1998 86.232 Fälle.[15] Unter den polizeilich registrierten Wirtschaftsdelikten dominieren Betrugsfälle sowie sonstige Straftaten im Anlage- und Finanzierungsbereich und im Zusammenhang mit Beteiligungen und Kapitalanlagen.[16] Bei der Beurteilung der Daten ist u.a. zu berücksichtigen, daß Wirtschaftsstraftaten, die von Schwerpunktstaatsanwaltschaften oder von Finanzbehörden ohne Beteiligung der Polizei verfolgt werden, in der Polizeilichen Kriminalstatistik nicht registriert werden und die Registrierung der Wirtschaftskriminalität in der Polizeilichen Kriminalstatistik selbst als fehleranfällig bezeichnet wird.[17] Seit 1987 wird in der Polizeilichen Kriminalstatistik die Computerkriminalität gesondert erfaßt. 1987 wurden für die alten Bundesländer 3.067 Computerdelikte registriert, 1993 waren es für die gesamte Bundesrepublik 13.898 Straftaten und 1998 46.022 Delikte.[18] Die mit Abstand am häufigsten registrierte Computerstraftat ist Betrug mittels rechtswidrig erlangter Karten für Geldausgabe- oder

---

13 Siehe insbesondere das Erste Gesetz zur Bekämpfung der Wirtschaftskriminalität vom 29.7.1976, BGBl. I, S. 2034; das Zweite Gesetz zur Bekämpfung der Wirtschaftskriminalität vom 15.5.1986, BGBl. I, S. 721; das Achtzehnte Strafrechtsänderungsgesetz – Gesetz zur Bekämpfung der Umweltkriminalität – vom 28.3.1980, BGBl. I, S. 373; und das Einunddreißigste Strafrechtsänderungsgesetz – Zweites Gesetz zur Bekämpfung der Umweltkriminalität – vom 27.6.1994, BGBl. I, S. 1440.
14 Bundeskriminalamt (o. Fn. 7), S. 15.
15 Bundeskriminalamt (Hrsg.), Polizeiliche Kriminalstatistik 1993, S. 223; 1998, S. 229.
16 Vgl. die Angaben zu den Straftatengruppen in Bundeskriminalamt (o. Fn. 7), S. 229.
17 Siehe Bundeskriminalamt, a.a.O.; zur Erfassung der Wirtschaftskriminalität vgl. auch *H.-J. Albrecht*, in *Bauhofer/Queloz/Wyss* (Hrsg.), Wirtschaftskriminalität, 1999, S. 101 ff.
18 Bundeskriminalamt (Hrsg.), Polizeiliche Kriminalstatistik 1987, S. 88; 1993, S. 227; 1998, S. 233.

Kassenautomaten.[19] Ein erheblicher Anstieg ist auch bei den polizeilich registrierten Umweltstraftaten zu verzeichnen. Für die alten Bundesländer wurden 1980 5.151 und 1990 21.412 Umweltdelikte registriert.[20] Für die gesamte Bundesrepublik wurden 1993 29.732 und 1998 41.381 Umweltstraftaten erfaßt.[21] Dieser Anstieg dürfte insbesondere auf erhöhter Anzeigebereitschaft der Bevölkerung und verstärkter polizeilicher Verfolgung beruhen.[22]

Auch wenn über den tatsächlichen Umfang der ökonomisch-technologischen Kriminalität erhebliche Unsicherheiten bestehen, sprechen die vorhandenen Indikatoren dafür, daß es sich hierbei um gewichtige Kriminalität handelt, die große Schäden verursacht und deshalb besonderer Aufmerksamkeit bedarf.

Bei dem Versuch einzuschätzen, wie sich die Kriminalität in qualitativer Hinsicht entwickelt hat, ist auch die Frage von Bedeutung, inwieweit bei den in Deutschland begangenen Straftaten von *Organisierter Kriminalität* die Rede sein kann. Bei der Beantwortung dieser Frage bestehen große Unsicherheiten. Es ist bereits nicht hinreichend geklärt, was begrifflich unter Organisierter Kriminalität zu verstehen ist. Als Beispiel für einen Umschreibungsversuch sei die Definition in Nr. 2.1 der Gemeinsamen Richtlinien der Justizminister/-senatoren und der Innenminister/-senatoren der Länder über die Zusammenarbeit von Staatsanwaltschaft und Polizei bei der Verfolgung der Organisierten Kriminalität[23] zitiert. Danach ist Organisierte Kriminalität „die von Gewinn- oder Machtstreben bestimmte planmäßige Begehung von Straftaten, die einzeln oder in ihrer Gesamtheit von erheblicher Bedeutung sind, wenn mehr als zwei Beteiligte auf längere oder unbestimmte Dauer arbeitsteilig a) unter Verwendung gewerblicher oder geschäftsähnlicher Strukturen, b) unter Anwendung von Gewalt oder anderer zur Einschüchterung geeigneter Mittel oder c) unter Einflußnahme auf Politik, Medien, öffentliche Verwaltung, Justiz oder Wirtschaft zusammenwirken. Der Begriff umfaßt nicht Straftaten des Terrorismus". Zu den begrifflichen Unsicherheiten kommen große Schwierigkeiten bei der tatsächlichen Feststellung von Existenz und Umfang der Organisierten Kriminalität, ist diese Form der Delinquenz doch gerade dadurch gekennzeichnet, daß sie ihre kriminellen Aktivitäten mit großem Geschick zu verdecken weiß. Angaben über bekannt gewordene und der Organisierten Kriminalität zugerechnete Straftaten enthält das vom Bundeskriminalamt herausgegebene Lagebild Organisierte Kriminalität. Nach dem Lagebild für 1998[24] waren in

---

19 Vgl. die Zahlenangaben in Bundeskriminalamt (o. Fn. 7), S. 233.
20 Bundeskriminalamt (Hrsg.), Polizeiliche Kriminalstatistik 1980, S. 158; 1990, S. 183.
21 Bundeskriminalamt (Hrsg.), Polizeiliche Kriminalstatistik 1993, S. 207; 1998, S. 212.
22 *Dölling,* in: Deutsche Richterakademie (Hrsg.), Natur- und Umweltschutzrecht, 1989, S. 81, 96 f.; *Rüther,* Ursachen für den Anstieg polizeilich festgestellter Umweltschutzdelikte, 1986, S. 77, 188.
23 Abgedruckt bei *Kleinknecht/Meyer-Goßner,* StPO, 44. Aufl. 1999, S. 1913 ff.
24 Bundeskriminalamt, Lagebild Organisierte Kriminalität Bundesrepublik Deutschland 1998. Kurzfassung, http://www.bka.de/lageberichte/ok/1998kf/bulabi98.html.

diesem Jahr 832 Verfahren wegen Delikten der Organisierten Kriminalität anhängig. In den Verfahren, für die Daten zur Zahl der Delikte vorliegen, wurde durchschnittlich jeweils wegen 53 Delikten ermittelt; in den 589 Verfahren mit Sachverhaltsdaten zu Tatverdächtigen wurden 8.444 Tatverdächtige festgestellt. Nach dem Lagebild betrug der durch Delikte der Organisierten Kriminalität verursachte Schaden ca. 1,8 Milliarden DM. In der Kriminologie wird überwiegend angenommen, daß es in Deutschland Organisierte Kriminalität in Form von Netzwerken professioneller Straftäter in Großstädten und als hierarchisch strukturierte Organisationen ausländischer Täter gibt.[25] Wie groß die Bedeutung Organisierter Kriminalität in Deutschland gegenwärtig ist, kann nicht genau gesagt werden.

Bei der Frage, welche Entwicklungen sich im Hinblick auf die registrierten Täter vollzogen haben, gilt seit jeher der *Jugendkriminalität* besondere Aufmerksamkeit. Die Zahl der polizeilich registrierten tatverdächtigen Jugendlichen (14 bis unter 18 Jahre) und Heranwachsenden (18 bis unter 21 Jahre) ist in den ersten Jahrzehnten der Bundesrepublik überproportional gestiegen. Die Tatverdächtigenbelastungszahl (TVBZ = Zahl der Tatverdächtigen pro 100.000 der jeweiligen Altersgruppe) betrug für die Jugendlichen 1955 2.279 und 1982 5.554, für die Heranwachsenden 1955 3.919 und 1982 7.075 (vgl. hierzu und zum Folgenden Tabelle 8). Bei den Erwachsenen stieg die TVBZ in diesem Zeitraum dagegen nicht. Nach einem Zeitraum mit im wesentlichen konstanter Delinquenzbelastung der jungen Menschen ist seit dem Ende der achtziger Jahre wieder ein Anstieg der TVBZ zu verzeichnen. Die TVBZ deutscher Tatverdächtiger betrug bei den Jugendlichen 1993 5.163 und 1998 7.288, bei den Heranwachsenden 1993 5.299 und 1998 7.271. Demgegenüber stieg bei den Erwachsenen die TVBZ in diesem Zeitraum lediglich von 1.765 auf 1.986. Ein Anstieg der TVBZ ist in den neunziger Jahren auch bei den noch nicht strafmündigen Kindern zu verzeichnen. Deren TVBZ betrug 1993 1.325 und 1998 2.417.[26] Der Anstieg der von der Polizei registrierten jungen Tatverdächtigen spiegelt sich in den Verurteiltenziffern nur eingeschränkt wieder (vgl. Tabelle 9), weil die Jugendstrafrechtspflege – wie unter III. dargelegt wird – zunehmend Jugendstrafverfahren nicht durch Urteil, sondern durch Einstellung erledigt.

Bei der Beurteilung der Zahlen ist zu berücksichtigen, daß ein Teil des Anstiegs der registrierten Jugendkriminalität auf einer erhöhten Anzeigebereitschaft beruhen könnte. Weiterhin ist zu bedenken, daß junge Menschen wegen der mit dem Erwachsenwerden verbundenen Probleme generell mit „klassischer Kriminalität" stärker belastet sind als Erwachsene und die Mehrzahl der jungen Tatverdächtigen nur mit wenigen Delikten und für einen verhältnismä-

---

25 *Kaiser* (o. Fn. 1), S. 416; *Schwind*, Kriminologie, 10. Aufl. 2000, S. 588 f., 598 ff.
26 Bundeskriminalamt (o. Fn. 7), S. 99.

Tabelle 8: Entwicklung der Tatverdächtigenbelastungszahlen nach Altersgruppen 1955 bis 1998

Jahr	Jugendliche	Altersgruppe Heranwachsende	Erwachsene
1955[1]	2.279	3.919	2.572
1970	4.315	5.150	1.636
1982	5.554	7.075	2.395
1984[2]	3.965	4.604	1.947
1987	3.990	4.779	2.065
1990	5.490	5.714	2.229
1993[3]	5.163	5.299	1.765
1995	6.431	6.354	1.863
1997	7.094	6.992	1.948
1998	7.288	7.271	1.986

1) 1955–1990 alte Bundesländer
2) Ab 1984 echte Tatverdächtigenzählung
3) Ab 1993 Bundesgebiet insgesamt und nur deutsche Tatverdächtige

Quellen: Eisenberg, Kriminologie, 4. Aufl. 1995, S. 942; Bundeskriminalamt (Hrsg.), Polizeiliche Kriminalstatistik 1998, S. 99.

Tabelle 9: Entwicklung der Verurteiltenziffern in den alten Bundesländern nach Altersgruppen 1955 bis 1997

Jahr	Jugendliche	Altersgruppe Heranwachsende	Erwachsene
1955	940	2.635	1.278
1970	1.741	3.303	1.201
1982	2.068	3.390	1.292
1984	1.842	3.054	1.285
1989	1.399	2.639	1.221
1990	1.348	2.554	1.214
1993[1]	1.055	2.489	1.016
1995[2]	1.167	2.581	1.010
1997	1.355	2.869	1.024

1) Ab 1993 nur deutsche Verurteilte
2) Ab 1995 einschließlich Gesamt-Berlin

Quellen: Stat. Bundesamt (Hrsg.), Strafverfolgung 1987, S. 11; 1990, S. 9; 1997, S. 11.

ßig kurzen Zeitraum bei der Polizei auffällig wird.[27] Mit dem Erwachsenwerden geht die Kriminalitätsbelastung zurück. Trotz der überproportional angestiegenen registrierten Gewaltkriminalität junger Altersgruppen ist der Anteil junger

---

27 Brunner/Dölling, JGG, 10. Aufl. 1996, Einf. I, Rdn. 12; Kaiser (o. Fn. 1), S. 569 ff.

Menschen, die wegen eines Gewaltdelikts auffällig werden, weiterhin gering.[28] Es ist somit eine sorgfältige Auseinandersetzung mit der Jugendkriminalität erforderlich. Von einem die Gesellschaft erschütternden höchst dramatischen Anstieg der Jugenddelinquenz kann jedoch nicht die Rede sein.

Eine weitere Tatverdächtigengruppe, die in der Öffentlichkeit große Aufmerksamkeit erfährt, stellen die *nichtdeutschen Tatverdächtigen* dar. 1998 betrug ihr Anteil an den polizeilich registrierten Tatverdächtigen 27 %.[29] Sie sind damit in der Kriminalstatistik im Vergleich zu ihrem Anteil an der Wohnbevölkerung überrepräsentiert. Ein solcher Vergleich hinkt jedoch aus mehreren Gründen.[30] Bestimmte Ausländergruppen, z.B. Personen mit illegalem Aufenthalt oder Touristen, werden zwar in der Kriminalstatistik als Tatverdächtige gezählt, gehen aber nicht in die Bevölkerungsstatistik ein. Außerdem ist die strukturelle Zusammensetzung der Deutschen und Nichtdeutschen unterschiedlich. Die Ausländer weisen höhere Anteile von Männern, jungen Menschen und von Großstadtbewohnern und damit von Bevölkerungsgruppen auf, die mit einem erhöhten Kriminalitätsrisiko belastet sind. Schließlich besteht ein beachtlicher Anteil der polizeilich registrierten Delikte nichtdeutscher Tatverdächtiger in Verstößen gegen das Ausländergesetz und gegen das Asylverfahrensgesetz, die von Deutschen in der Regel nicht begangen werden können. Ohne diese ausländerspezifischen Delikte betrug der Anteil nichtdeutscher Tatverdächtiger 1998 21 %.[31] Auch wenn man diese Verzerrungsfaktoren berücksichtigt und ähnliche Gruppen Deutscher und Nichtdeutscher vergleicht, dürfte freilich eine höhere Kriminalitätsbelastung der Nichtdeutschen bestehen.

Wird mit diesen Maßgaben die Entwicklung des Anteils der Nichtdeutschen an den polizeilich registrierten Tatverdächtigen betrachtet, ergibt sich ein Anstieg bis zum Anfang der neunziger Jahre und dann ein Rückgang. Der Anteil der nichtdeutschen Tatverdächtigen betrug in den alten Bundesländern 1955 2 %, 1965 6 %, 1975 12 %, 1985 18 % und 1990 27 % (vgl. Tabelle 10). 1993 belief er sich in der gesamten Bundesrepublik auf 34 %. Sodann ist er bis auf 27 % 1998 zurückgegangen. In der Zusammensetzung der nichtdeutschen Tatverdächtigen haben sich im letzten Jahrzehnt erhebliche Veränderungen ergeben (siehe Tabelle 11). Der Anteil der Arbeitnehmer ist von 33 % 1984 auf 16 % 1998 zurückgegangen. Demgegenüber hat der Anteil der Personen, die sich illegal in der Bundesrepublik aufhalten, von 14 % 1984 auf 22 % 1998 zugenommen und ist der Anteil der Asylbewerber von 8 % 1984 auf 37 % 1993 gestiegen und dann auf 18 % 1998 zurückgegangen. Ein Anstieg ist auch in der heterogenen Gruppe der „Sonstigen" zu verzeichnen, zu der u.a. Erwerbslose,

---

28 *Walter*, Jugendkriminalität, 1995, S. 135.
29 Bundeskriminalamt (o. Fn. 7), S. 105.
30 Vgl. zu den Problemen der statistischen Auswertung *Schöch/Gebauer*, Ausländerkriminalität in der Bundesrepublik Deutschland, 1991, S. 40 ff.
31 Bundeskriminalamt (o. Fn. 7), S. 105.

nicht anerkannte Asylbewerber mit Duldung und Flüchtlinge gehören.[32] Deren Anteil betrug 1984 17 %, 1998 bildeten sie mit einem Anteil von 26 % die größte Gruppe unter den nichtdeutschen Tatverdächtigen.

Tabelle 10: *Anteil der Deutschen und der Nichtdeutschen an den polizeilich registrierten Tatverdächtigen 1955 bis 1998*

Jahr	Tatverdächtige insg.	Deutsche		Nichtdeutsche	
		n	%	n	%
1955[1]	1.134.302	1.116.051	98	18.251	2
1960	1.306.471	1.276.091	98	30.380	2
1965	860.264	813.111	94	47.153	6
1970	1.026.863	941.471	92	85.392	8
1975	1.112.996	975.404	88	137.592	12
1980	1.423.968	1.211.053	85	212.915	15
1985[2]	1.290.999	1.059.131	82	231.868	18
1990	1.437.923	1.054.340	73	383.583	27
1993[3]	2.051.775	1.361.855	66	689.920	34
1995	2.118.104	1.514.608	71	603.496	29
1997	2.273.560	1.640.080	72	633.480	28
1998	2.319.895	1.691.418	73	628.477	27

1) 1955–1990 alte Bundesländer
2) Ab 1984 echte Tatverdächtigenzählung
3) Ab 1993 Bundesgebiet insgesamt

Quellen: Bundeskriminalamt (Hrsg.), Polizeiliche Kriminalstatistik Zeitreihen, o. J., S. 20; Polizeiliche Kriminalstatistik 1998, S. 105.

Tabelle 11: *Anlaß des Aufenthalts der nichtdeutschen Tatverdächtigen 1984 und 1998*

Anlaß des Aufenthalts	Jahr			
	1984		1998	
	n	%	n	%
Arbeitnehmer	67.630	33	101.376	16
Gewerbetreibende	7.512	4	17.234	3
Studenten/Schüler	30.441	15	47.815	8
Stationierungsstreitkräfte und Angehörige	9.304	5	2.886	0,5
Touristen/Durchreisende	13.911	7	43.639	7
Asylbewerber	15.952	8	111.677	18
Illegaler Aufenthalt	28.337	14	140.779	22
Sonstige	34.523	17	163.071	26
Nichtd. Tatv. insg.	207.610	100[1]	628.477	100

1) Die Spaltensummen entsprechen wegen Auf- und Abrundungen nicht genau 100 %.

Quelle: Bundeskriminalamt (Hrsg.), Polizeiliche Kriminalstatistik 1998, S. 116.

Die kriminalstatistischen Daten über die Kriminalität Nichtdeutscher bedürfen einer differenzierten Interpretation.[33] Zum einen ist kriminelles Verhalten von Menschen ausländischer Herkunft zu verzeichnen, die in der Bundesrepublik seßhaft sind oder seßhaft werden wollen. Viele Menschen, die nach Deutschland kommen, bewältigen die damit verbundenen Probleme, ohne delinquent zu werden. Bei anderen, insbesondere bei jungen Ausländern, schlagen sich die Integrationsprobleme u. a. in Kriminalität nieder. Daneben tritt die Kriminalität Nichtdeutscher, die nach Deutschland kommen, um in der Bundesrepublik Straftaten zu begehen. Hiermit muß im Zuge der zunehmenden internationalen Verflechtungen verstärkt gerechnet werden. Gerade wenn auf Internationalität Wert gelegt wird, kommt es darauf an, die damit verbundenen Probleme zu erkennen und auf ein tolerables Maß einzudämmen.

Zum Abschluß des Blicks auf die Struktur der registrierten Tatverdächtigen sei darauf hingewiesen, daß registrierte Kriminalität weiterhin ganz überwiegend von Männern begangen wird. Der Anteil der Frauen an den polizeilich registrierten Tatverdächtigen ist von 14 % 1955 auf 19 % 1980 gestiegen, betrug 1985 24 % und ist seitdem im wesentlichen konstant geblieben (zum *Geschlecht* der registrierten Tatverdächtigen vgl. Tabelle 12). 1997 lag der Anteil der Frauen bei 23 %. Drei Viertel der registrierten Tatverdächtigen sind also Männer.[34] Auch nach Dunkelfelduntersuchungen sind Männer stärker mit Kriminalität belastet als Frauen, wobei der Unterschied nicht so groß ist wie im Hellfeld.[35]

Wird versucht, die Befunde über die Kriminalitätsentwicklung in der Bundesrepublik zusammenzufassen, dürfte sich sagen lassen, daß heute eine größere Kriminalitätsmenge als vor einigen Jahrzehnten zu verzeichnen ist. Die Kriminalität hat teilweise, insbesondere in Gestalt der ökonomisch-technologischen Delinquenz, eine andere Qualität angenommen. Entgegen dem durch manche Massenmedien gezeichneten Bild kann aber nicht die Rede davon sein, daß Deutschland von einer Kriminalitätswelle überzogen wird, durch welche die Grundfesten von Staat und Gesellschaft erschüttert werden. So ist das Risiko, Opfer eines Gewaltdelikts zu werden, in der Bundesrepublik nach wie vor gering. Die erkennbaren Kriminalitätsgefährdungen müssen freilich nachdrücklich eingedämmt werden. Außerdem ist Kriminalitätsfurcht in Deutschland weit verbreitet.[36] Insoweit kommt es darauf an, auf ein realistisches Sicherheitsgefühl in der Bevölkerung hinzuwirken.[37]

---

32 Zur Zusammensetzung der Sonstigen siehe Bundeskriminalamt (o. Fn. 7), S. 116.
33 *Bock,* in: Göppinger (o. Fn. 4), S. 540 f.
34 Zu dem erheblich höheren Anteil der Männer in den Kriminalstatistiken siehe *Schneider* (o. Fn. 2), S. 561.
35 *Eisenberg* (o. Fn. 5), S. 789 f.
36 *Kaiser* (o. Fn. 1), S. 302.
37 *Heinz,* in: Kury (Hrsg.), Konzepte Kommunaler Kriminalprävention, 1997, S. 1, 23.

Tabelle 12: Anteil der Männer und der Frauen an den polizeilich registrierten Tatverdächtigen 1955 bis 1997

Jahr	Männer		Frauen	
	n	%	n	%
1955[1]	970.868	86	163.434	14
1960	1.141.690	87	164.781	13
1965	729.552	85	130.712	15
1970	850.997	87	175.866	13
1975	917.718	83	195.278	18
1980	1.149.822	81	274.146	19
1985[2]	983.616	76	307.383	24
1990	1.100.279	77	337.644	24
1993[3]	1.612.358	79	439.417	21
1995	1.650.795	78	467.309	22
1997	1.754.939	77	518.621	23
1998	1.780.520	77	539.375	23

1) 1955 bis 1990 alte Bundesländer
2) Ab 1984 echte Tatverdächtigenzählung
3) Ab 1993 Bundesgebiet insgesamt

Quellen: Bundeskriminalamt (Hrsg.), Polizeiliche Kriminalstatistik 1955, S. 19; 1960, S. 39 ff.; 1965, S. 118 ff.; 1970, S. 118 ff.; 1975, S. 27; 1980, S. 27; 1985, S. 29; 1990, S. 49; 1993, S. 71; 1995, S. 76; 1997, S. 70; 1998, S. 72.

III. Über die Entwicklung der Kriminalitätskontrolle

Nach dem Blick auf die Entwicklung der Kriminalität soll nun die Entwicklung der Kriminalitätskontrolle betrachtet werden. Diese umfaßt alle Einrichtungen, Strategien und Instrumente, die in einer Gesellschaft zur Kriminalitätseindämmung eingesetzt werden.[38] Zur Kriminalitätskontrolle gehören u.a. die Strafgesetzgebung, die Polizei und die Strafjustiz. In der *Strafgesetzgebung* der Bundesrepublik sind unterschiedliche Tendenzen festzustellen. Der Umfang des Strafrechts ist in einer Reihe von Lebensgebieten durch Schaffung neuer Straftatbestände ausgedehnt worden. So wurden durch das Erste und Zweite Gesetz zur Bekämpfung der Wirtschaftskriminalität von 1976 und 1986[39] neue Straftatbestände zur Erfassung wirtschaftskriminellen Verhaltens geschaffen. Durch das 18. Strafrechtsänderungsgesetz – Gesetz zur Bekämpfung der Umweltkriminalität – von 1980 und das 31. Strafrechtsänderungsgesetz – Zweites

---

38 Zum Begriff der Verbrechenskontrolle vgl. *Kaiser* (o. Fn. 1), S. 219.
39 O. Fn. 13.

Entwicklung der Kriminalität und der Kriminalitätskontrolle 51

Gesetz zur Bekämpfung der Umweltkriminalität – von 1994[40] wurden zahlreiche umweltstrafrechtliche Tatbestände in das StGB aufgenommen. Weitere Ausdehnungen des Strafrechts erfolgten u.a. zur Eindämmung des illegalen Umgangs mit Drogen, des Terrorismus, der Organisierten Kriminalität und der Korruption. Das Sexualstrafrecht wurde vor etwa 30 Jahren durch die Entkriminalisierung als nicht strafwürdig betrachteter Verhaltensweisen reduziert. In den letzten Jahren ist ein Ausbau des Sexualstrafrechts feststellbar, der insbesondere dem Schutz der sexuellen Entwicklung von Kindern und der Eindämmung sexualbezogener Gewaltdelikte dienen soll.[41]

Sind somit auf der Ebene der Strafbarkeit Tendenzen zur Ausdehnung des Strafrechts erkennbar, sind auf der Ebene der Rechtsfolgen Entwicklungen zu einer Herabsenkung der strafrechtlichen Sanktionen zu verzeichnen. So hat der Gesetzgeber die Möglichkeiten zu einer Einstellung des Strafverfahrens, durch die eine förmliche Bestrafung des Täters vermieden wird, ausgebaut.[42] Weiterhin wurde insbesondere durch die Strafrechtsreformgesetze von 1969 das Ziel verfolgt, durch Ausdehnung des Anwendungsbereichs der Geldstrafe die Freiheitsstrafe zurückzudrängen und durch Ausweitung der Strafaussetzung zur Bewährung die Zahl der zu vollstreckenden Freiheitsstrafen zu verringern.[43] Der Förderung der informellen Verfahrenserledigung und der Zurückdrängung stationärer Sanktionen zugunsten von ambulanten Rechtsfolgen diente auch das 1. Gesetz zur Änderung des JGG vom 30.8.1990[44]. Neben diesen Tendenzen zur Abmilderung der Rechtsfolgen stehen Sanktionsverschärfungen. Sie erfolgten u.a. im Betäubungsmittelstrafrecht und zur Bekämpfung der Organisierten Kriminalität[45], durch das 6. Strafrechtsreformgesetz vom 26.1.1998[46], mit dem die für Delikte gegen die Person geltenden Strafrahmen, die im Vergleich zu den Strafrahmen für Eigentums- und Vermögensdelikte als zu niedrig empfunden wurden, erhöht wurden, und durch das Gesetz zur Bekämpfung von Sexualdelikten und anderen gefährlichen Straftaten von 1998[47]. Insgesamt dürften die zahlreichen Änderungen des materiellen Strafrechts da-

---

40 O. Fn. 13.
41 Siehe das Dreiunddreißigste Strafrechtsänderungsgesetz – §§ 177 bis 179 StGB – vom 1.7.1997, BGBl. I, S. 1607, und das Gesetz zur Bekämpfung von Sexualdelikten und anderen gefährlichen Straftaten vom 26.1.1998, BGBl. I, S. 160.
42 Vgl. insbesondere die Einführung des § 153a StPO durch das Einführungsgesetz zum Strafgesetzbuch vom 2.3.1974, BGBl. I, S. 469, und die Erweiterungen der §§ 153, 153a StPO durch das Gesetz zur Entlastung der Rechtspflege vom 11.1.1993, BGBl. I, S. 50.
43 Siehe das Erste Gesetz zur Reform des Strafrechts vom 25.6.1969, BGBl. I, S. 645, und das Zweite Gesetz zur Reform des Strafrechts vom 4.7.1969, BGBl. I, S. 717.
44 BGBl. I, S. 1853.
45 Vgl. insbesondere das Gesetz zur Bekämpfung des illegalen Rauschgifthandels und anderer Erscheinungsformen der Organisierten Kriminalität vom 15.7.1992, BGBl. I, S. 1302.
46 BGBl. I, S. 164.
47 O. Fn. 41.

rauf hinauslaufen, daß sich der Gesetzgeber darum bemüht, mit dem Kriminalrecht modernen Erscheinungsformen sozialschädlichen Verhaltens Rechnung zu tragen, für leichtere und mittlere Delinquenz eher zurückhaltende Sanktionen vorsieht und für als schwer erachtete Kriminalität nachdrückliche Rechtsfolgen zur Verfügung stellt.[48]

Die Entwicklung des *Strafverfahrensrechts* der Bundesrepublik war bis in die sechziger Jahre durch den Ausbau eines rechtsstaatlichen Strafprozeßrechts bestimmt.[49] Seitdem sind die zahlreichen Änderungen der Strafprozeßordnung insbesondere durch das Streben nach Vereinfachung und Beschleunigung des Verfahrens und durch den Ausbau der strafprozessualen Zwangsbefugnisse gekennzeichnet.[50] Diese Entwicklungen können als Ausdruck des Bemühens angesehen werden, angesichts der steigenden Fallbelastung und der Herausforderungen durch moderne Kriminalitätsformen die Funktionsfähigkeit der Strafrechtspflege zu erhalten. Daneben tritt die Stärkung der Stellung des Opfers im Strafverfahren. Insbesondere durch das Opferschutzgesetz vom 18.12. 1986[51] und das Zeugenschutzgesetz vom 30.4.1998[52] hat der Gesetzgeber den Schutz des Opfers vor unangemessenen Belastungen im Strafverfahren und die Möglichkeiten des Opfers, seine Interessen im Strafverfahren wahrzunehmen, verbessert. Die Tendenz zur stärkeren Berücksichtigung von Opferinteressen kommt auch in Regelungen des materiellen Strafrechts, die eine Förderung der Wiedergutmachung der Tatfolgen durch den Täter anstreben, zum Ausdruck. So ermöglicht der 1994 durch das Verbrechensbekämpfungsgesetz[53] in das StGB eingefügte § 46a bei Ausgleichsbemühungen des Täters unter bestimmten Voraussetzungen eine Strafmilderung oder ein Absehen von Strafe.[54]

Nach der Skizzierung der Entwicklung der Gesetzgebung soll nun gefragt werden, wie sich die *Praxis der Strafrechtsanwendung* entwickelt hat. Hier haben sich in den letzten Jahrzehnten erhebliche Veränderungen ergeben. Die Justiz hat den steigenden Geschäftsanfall dadurch bewältigt, daß sie zunehmend Strafverfahren nach dem *Opportunitätsprinzip* eingestellt und dadurch förmliche Hauptverhandlungen und Urteile vermieden hat.[55] Diese Entwicklung kann für die alten Bundesländer (ohne Berlin, Hessen und Schleswig-

---

48 Kritisch zur neueren Gesetzgebung auf den Gebieten des Strafrechts und des Strafprozeßrechts *Hettinger*, Entwicklungen im Strafrecht und Strafverfahrensrecht der Gegenwart, 1997.
49 Siehe die Darstellung der Entwicklung bei *Rieß,* in: Löwe/Rosenberg, StPO, 25. Aufl., 9. Lieferung: Einleitung, 1999, Rdn. 93 ff.
50 Zu den einzelnen Gesetzesänderungen vgl. *Rieß*, a.a.O., Rdn. 106 ff.
51 BGBl. I, S. 2496.
52 BGBl. I, S. 820.
53 Vom 28.10.1994, BGBl. I, S. 3186.
54. Vgl. dazu *Loos*, FS Hirsch, 1999, S. 851 ff.
55 Siehe dazu eingehend *Heinz*, FS Kaiser, 1998, S. 85 ff.

Holstein) für den Zeitraum von 1981 bis 1996 nachgezeichnet werden.[56] In diesen Bundesländern wurden 1981 1.739.920 und 1996 2.201.129 staatsanwaltliche Ermittlungsverfahren gegen namentlich bekannte Tatverdächtige endgültig erledigt (vgl. hierzu und zum Folgenden Tabelle 13). Bei den Erledigungen stieg der Anteil der Opportunitätseinstellungen ohne Auflagen von 9 % im Jahr 1981 auf 24 % 1996. Die Opportunitätseinstellungen mit Auflagen nahmen leicht von 7 % auf 8 % zu. Der Anteil der Anklagen und Strafbefehlsanträge ging demgegenüber von 47 % auf 37 % zurück. Einstellungen nach § 170 Abs. 2 StPO hatten 1981 einen Anteil von 37 % und 1996 von 31 %. Die Staatsanwaltschaften haben damit durch den Ausbau der Opportunitätseinstellungen erreicht, daß trotz steigenden Geschäftsanfalls 1996 nicht mehr Fälle vor Gericht gebracht wurden als 1981. Hierbei ist der Anteil der durch Strafbefehlsantrag erledigten Verfahren mit 20 % konstant geblieben, der Anteil der Anklagen jedoch von 27 % auf 17 % gesunken. Strafbefehlsanträge sind somit heute häufiger als Anklagen.

Tabelle 13: Erledigung staatsanwaltlicher Ermittlungsverfahren gegen bekannte Tatverdächtige 1981 und 1996 in %

Erledigung	1981	1996
Einstellung nach § 170 Abs. 2 StPO	37	31
Opportunitätseinstellung ohne Auflagen	9	24
Opportunitätseinstellung mit Auflagen	7	8
Strafbefehlsantrag	20	20
Anklage	27	17
Erledigte Verfahren	1.739.920	2.201.129

Quelle: Heinz, FS Kaiser, 1998, S. 98

Diese Veränderungen in der justiziellen Reaktion auf Kriminalität werden besonders deutlich, wenn nur die anklagefähigen, also nicht nach § 170 Abs. 2 StPO eingestellten Ermittlungsverfahren betrachtet werden. Bei diesen Verfahren ist die Anklagerate von 43 % im Jahre 1981 drastisch auf 25 % 1996 gefallen (siehe Tabelle 14). Der Anteil der Strafbefehlsanträge ist mit 31 % im Jahr 1981 und 29 % 1996 in etwa konstant geblieben. Die Rate der Einstellungen aus Opportunitätsgründen ist dagegen von 26 % 1981 auf 47 % 1996 gestiegen. Die Staatsanwaltschaft bringt somit nur noch etwa die Hälfte der Tatverdächtigen durch Anklage oder Strafbefehlsantrag vor Gericht. Bei der anderen Hälfte erfolgt die Verfahrenserledigung durch die Staatsanwaltschaft. Da Strafbefehlsanträge heute häufiger sind als Anklagen und die Strafbefehlsanträge in aller Regel dazu führen, daß das Verfahren durch Strafbefehl ohne mündliche

---

56 *Heinz* (o. Fn. 55), S. 97 ff.

Hauptverhandlung erledigt wird, entscheiden die Strafgerichte häufiger im schriftlichen Strafbefehlsverfahren als nach mündlicher Hauptverhandlung.[57] Strafrechtsfälle werden somit heute von der Justiz in der Regel im schriftlichen Verfahren und nur noch ausnahmsweise nach mündlicher Hauptverhandlung erledigt. Der Rückgang der Anklagen hat außerdem eine deutliche Stärkung der Stellung der Staatsanwaltschaft als verfahrenserledigende Instanz zu Lasten der Gerichte mit sich gebracht.

Tabelle 14: *Erledigung anklagefähiger staatsanwaltlicher Ermittlungsverfahren 1981 und 1996 in %*

Erledigung	1981	1996
Anklage	43	25
Strafbefehlsantrag	31	29
Opportunitätseinstellung mit Auflage	11	11
Opportunitätseinstellung ohne Auflage	15	36

Quelle: Heinz, FS Kaiser, 1998, S. 102.

Die Zunahme der informellen Erledigungen auf Kosten der förmlichen Verurteilungen ist im Jugendstrafrecht stärker ausgeprägt als im allgemeinen Strafrecht. Von den sanktionierbaren Tatverdächtigen, die unter das allgemeine Strafrecht fallen, werden heute etwa die Hälfte förmlich sanktioniert, bei den Beschuldigten, auf die das Jugendstrafrecht Anwendung findet, liegt der Anteil der förmlich Sanktionierten bei etwa einem Drittel.[58]

Der Anstieg der Diversionsraten ist anscheinend mit erheblichen regionalen Unterschieden verknüpft. So reichte 1996 die Bandbreite der Diversionsraten im allgemeinen Strafrecht von 40 % in Bayern bis 62 % in Schleswig-Holstein und im Jugendstrafrecht von 60 % im Saarland bis 94 % in Hamburg.[59] Diese Spannweiten dürften sich schwerlich mit regionalen Unterschieden in der Tat- und Täterstruktur erklären lassen. Die Bandbreite der Diversionsraten ist anscheinend mit der Ausbreitung der informellen Erledigungen größer geworden. So betrug die Spannweite der Diversionsraten im allgemeinen Strafrecht 1981 11 %-Punkte und 1996 22 %-Punkte.[60] Die Ausweitung der informellen Erledigungen ist somit mit erheblichen Problemen gleichmäßiger Rechtsanwendung verbunden.

Beträchtliche Veränderungen sind auch bei den im förmlichen Verfahren verhängten *Kriminalstrafen* zu verzeichnen. Hier ist die Entwicklung insbesondere durch die starke Zurückdrängung der unbedingt verhängten Freiheitsstrafen

---

57 *Heinz* (o. Fn. 55), S. 113 ff.
58 *Heinz*, DVJJ-Journal 1998, S. 245, 248, 250.
59 *Heinz* (o. Fn. 58), S. 250, 252.
60 *Heinz* (o. Fn. 58), S. 250.

gekennzeichnet. Während 1882 gegen 77 % der Verurteilten ein unbedingte Freiheitsstrafe verhängt wurde, waren es 1997 8 % (vgl. Tabelle 15). An die Stelle der unbedingten Freiheitsstrafe ist als dominierende Kriminalsanktion die Geldstrafe getreten. 1882 wurde gegen 22 % der Verurteilten eine Geldstrafe verhängt, 1997 gegen 73 %. Weitere 13 % erhielten 1997 eine zur Bewährung ausgesetzte Freiheits- oder Jugendstrafe, gegen 7 % wurden ambulante Maßnahmen nach dem Jugendstrafrecht verhängt. Die starke Zurückdrängung der unbedingten Freiheitsstrafe wird noch deutlicher, wenn die Einstellungen nach dem Opportunitätsprinzip in die Betrachtung einbezogen werden. Dann ergibt sich, daß 1997 lediglich 4 % aller grundsätzlich strafrechtlich sanktionierbaren Personen eine unbedingte Freiheitsstrafe erhielten.[61]

Tabelle 15: Hauptstrafen 1882 und 1997 in %

Hauptstrafen	1882	1997
Unbedingte freiheitsentziehende Sanktionen	77	8
Freiheitsentziehende Sanktionen zur Bewährung	–	13
Geldstrafe	22	73
Sonstige Sanktionen	1	7
Verurteilte insg.	315.948	780.530

Quelle: Kaiser, Kriminologie. Ein Lehrbuch, 3. Aufl. 1996, S. 985; *Heinz*, ZStW 111 (1999), S. 477.

Für die nähere Betrachtung der Entwicklung der Sanktionspraxis in der Bundesrepublik empfiehlt es sich, zwischen Verurteilungen nach allgemeinem Strafrecht und nach Jugendstrafrecht zu unterscheiden. Bei den Verurteilungen nach *allgemeinem Strafrecht* haben die Strafrechtsreformgesetze von 1969 zu einer weiteren Ausdehnung der Geldstrafe geführt. Während 1955 71 % der Verurteilten eine Geldstrafe erhielten, wird seit Inkrafttreten der Strafrechtsreformgesetze jährlich gegen mehr als 80 % der Verurteilten eine Geldstrafe verhängt. 1997 betrug der Anteil der zu einer Geldstrafe Verurteilten 81 % (vgl. Tabelle 16). Allerdings wird der vom StGB für die Geldstrafe zur Verfügung gestellte Strafrahmen, der nach § 40 Abs. 1 S. 2 StGB für eine Tat bis zu 360 Tagessätzen und bei der Gesamtstrafenbildung gemäß § 54 Abs. 2 S. 2 StGB bis zu 720 Tagessätzen reicht, von den Gerichten kaum ausgeschöpft. 1997 wurden bei 52 % der Geldstrafen bis zu 30 Tagessätze und bei weiteren 42 % zwischen 31 und 90 Tagessätze festgesetzt, so daß insgesamt 94 % der Geldstrafen in einem Bereich bis zu 90 Tagessätzen verblieben.[62] Auch bei der Festsetzung der Tagessatzhöhe sind die Gerichte zurückhaltend. 1997 beliefen sich die Tagessät-

---

61 *Heinz*, ZStW 111 (1999), S. 461, 477 f.
62 *Heinz* (o. Fn. 61), S. 484.

ze bei 79 % der Verurteilungen zu Geldstrafe auf bis zu 50 DM. Tagessätze von mehr als 100 DM wurden lediglich bei 1 % der zu Geldstrafe Verurteilten festgesetzt.[63]

Andererseits ergeben sich bei der Verhängung von Geldstrafen gegen wirtschaftlich schwache Täter Probleme. Während in den siebziger und achtziger Jahren zwischen 5 % und 6 % der Geldstrafenschuldner wegen Uneinbringlichkeit der Geldstrafe Ersatzfreiheitsstrafen verbüßt haben dürften, lag der Anteil 1996 bei mehr als 8 %.[64] Da nur bei verhältnismäßig wenigen uneinbringlichen Geldstrafen eine Erledigung durch gemeinnützige Arbeit erfolgt,[65] kommen nicht wenige zu einer Geldstrafe verurteilte Täter im Wege der Ersatzfreiheitsstrafe doch noch ins Gefängnis.

Auch wenn die Problematik der Ersatzfreiheitsstrafe berücksichtigt wird, kann festgestellt werden, daß die Ausdehnung der Geldstrafe entsprechend der Intention der Strafrechtsreformgesetze von 1969 zu einem Rückgang der kurzen Freiheitsstrafen geführt hat. Während 1967, vor der Strafrechtsreform, noch jedes dritte Urteil auf eine Freiheitsstrafe bis zu sechs Monaten lautete, war dies 1997 nur noch bei jedem zehnten Urteil der Fall.[66] Allerdings spielen kurze Freiheitsstrafen weiterhin eine erhebliche Rolle. 1997 waren 39 % aller verhängten und 27 % aller nicht zur Bewährung ausgesetzten Freiheitsstrafen kürzer als sechs Monate.[67]

Tabelle 16: Hauptstrafen nach allgemeinem Strafrecht 1955 und 1997

Hauptstrafe	1955		1997	
	n	%	n	%
Geldstrafe	340.584	71	565.714	81
Freiheitsstrafe mit Bewährung	49.971	10	87.643	13
Freiheitsstrafe ohne Bewährung	91.838	19	39.366	6
Sonstiges	–	–	4.943	1
Verurteilte nach allg. Strafrecht insg.	482.393	100	697.712	100

Quelle: Stat. Bundesamt (Hrsg.), Die Abgeurteilten und Verurteilten 1955, S. 8; Strafverfolgung 1997, S. 44 f., 48 f.

Einen erheblichen Bedeutungszuwachs hat neben der Geldstrafe die Aussetzung der Freiheitsstrafe zur Bewährung erfahren. Während 1955 35 % der insgesamt verhängten Freiheitsstrafen zur Bewährung ausgesetzt wurden, waren

---

63 *Heinz* (o. Fn. 61), S. 484 f.
64 *Villmow*, FS Kaiser, 1998, S. 1291, 1320.
65 Siehe *Feuerhelm*, Gemeinnützige Arbeit als Alternative in der Geldstrafenvollstreckung, 1991, S. 69 ff.
66 *Heinz* (o. Fn. 61), S. 487.
67 *Heinz*, a.a.O.

es 1997 69 % (siehe Tabelle 16). Wird auf die aussetzungsfähigen Freiheitsstrafen abgestellt, beträgt der Anteil der Strafaussetzungen zur Bewährung 1997 75 %.[68] Diese Ausdehnung der Strafaussetzung beruht sowohl auf Maßnahmen des Gesetzgebers als auch darauf, daß die Strafgerichte in verstärktem Maß von diesem Instrument Gebrauch gemacht haben. Die Ausweitung der Strafaussetzung hat dazu geführt, daß unter den Probanden der Bewährungshilfe der Anteil der vorbestraften Täter und der Anteil derjenigen, die bereits einmal unter Bewährungsaufsicht standen, gestiegen ist.[69] Trotz dieser Zunahme des Anteils der mit stärkeren Risiken belasteten Probanden ist der Anteil der mit Erlaß der Freiheitsstrafe beendeten Bewährungsaufsichten nicht gesunken, sondern gestiegen. Dies kann als ein Indiz für die Richtigkeit der Strafaussetzung zur Bewährung gewertet werden.[70]

Neben der Ausweitung der Geldstrafe und der Freiheitsstrafe mit Bewährung im Bereich der leichteren und mittleren Kriminalität ist eine Zunahme der langen Freiheitsstrafen für schwere Kriminalitätsformen festzustellen. Während 1980 4.134 Freiheitsstrafen von mehr als zwei bis zu fünf Jahren verhängt wurden, waren es 1997 8.003.[71] Freiheitsstrafen von mehr als fünf bis zu fünfzehn Jahren erhielten 1980 968 und 1997 1.671 Verurteilte.[72] Während 1980 54 lebenslange Freiheitsstrafen verhängt wurden, waren es 1997 122.[73] Die Strafzumessungspraxis der Bundesrepublik wird also auch durch die Verhängung einer beachtlichen Zahl langer Freiheitsstrafen geprägt.

Neben Geld- und Freiheitsstrafen spielen sonstige Kriminalstrafen oder strafähnliche Sanktionen entsprechend dem nur wenige Strafarten umfassenden Rechtsfolgensystem des StGB in der Strafzumessungspraxis nach allgemeinem Strafrecht nur eine geringe Rolle. Ein Schuldspruch mit Absehen von Strafe gemäß § 60 StGB erfolgte 1997 bei weniger als 0,1 % der Verurteilten, eine Verwarnung mit Strafvorbehalt nach § 59 StGB bei weniger als 1 % der Verurteilten.[74] Immerhin hat sich die Zahl der Verwarnungen mit Strafvorbehalt von 956 im Jahr 1975 auf 4.400 1997 erhöht und damit knapp verfünffacht.[75] Die Nebenstrafe des Fahrverbots wurde 1997 gegen 32.379 Verurteilte verhängt.[76]

Erhebliche Veränderungen in der Sanktionspraxis sind auch bei den Verurteilungen nach *Jugendstrafrecht* feststellbar. Hier ist der Anteil der Verurteilungen zu Erziehungsmaßregeln und zu ambulanten Zuchtmitteln gestiegen und

---

68 *Heinz* (o. Fn. 61), S. 492.
69 *Heinz* (o. Fn. 61), S. 494.
70 Vgl. *Kaiser* (o. Fn. 1), S. 1009.
71 Stat. Bundesamt (Hrsg.), Strafverfolgung 1980, S. 70 f.; 1997, S. 48 f.
72 A.a.O.
73 A.a.O.
74 *Heinz* (o. Fn. 61), S. 495.
75 *Heinz*, a.a.O.
76 Stat. Bundesamt (Hrsg.), Strafverfolgung 1997, S. 70.

die Quote der Verurteilungen zu Jugendarrest zurückgegangen. 1955 erhielten 48 % der nach Jugendstrafrecht Verurteilten eine Erziehungsmaßregel oder ein ambulantes Zuchtmittel als schwerste Sanktion, 1997 waren es 64 % (vgl. Tabelle 17). Der Anteil der Verurteilungen zu Jugendarrest lag demgegenüber 1955 bei 41 % und 1997 bei 18 %. Der Anteil der Verurteilungen zu Jugendstrafe hat sich von 10 % auf 18 % erhöht. Die Jugendstrafen werden allerdings heute erheblich häufiger zur Bewährung ausgesetzt. Während 1955 32 % der Jugendstrafen zur Bewährung ausgesetzt wurden, waren es 1997 65 %. Der Anteil der Verurteilungen zu Jugendstrafe ohne Bewährung lag 1955 bei 7 % und 1997 bei 6 %. Bei der Interpretation dieser Daten ist zu berücksichtigen, daß heute wegen der starken Ausweitung der Diversion erheblich weniger junge Tatverdächtige vor Gericht kommen als früher. Auch bei den Verurteilungen nach Jugendstrafrecht spielen lange freiheitsentziehende Sanktionen eine beachtliche Rolle. 1980 wurden 1.307 Jugendstrafen über zwei Jahren verhängt. Gemeinsam mit den 297 Jugendstrafen von unbestimmter Dauer hatten sie einen Anteil von 1 % an allen Verurteilungen nach Jugendstrafrecht.[77] 1997 erhielten 1.864 Jugendliche und Heranwachsende eine Jugendstrafe von mehr als zwei Jahren.[78] Das sind 2 % aller Verurteilungen nach Jugendstrafrecht.

Tabelle 17: Hauptsanktionen nach Jugendstrafrecht 1955 und 1997

Hauptsanktion	1955		1997	
	n	%	n	%
Erziehungsmaßregeln	1.126	2	6.712	8
Verwarnung/Auflagen	22.219	46	48.818	56
Jugendarrest	19.863	41	15.878	18
Jugendstrafe mit Bewährung	1.637	3	10.699	12
Jugendstrafe ohne Bewährung	3.417	7	5.700	6
Verurteilte nach Jugendstrafrecht insg.	48.262	100	87.807	100

Quelle: Stat. Bundesamt (Hrsg.), Die Abgeurteilten und Verurteilten 1955, S. 9; Strafverfolgung 1997, S. 44 f., 60 f., 64 f.

Unter den *Maßregeln der Besserung und Sicherung* spielt seit langem die Entziehung der Fahrerlaubnis gemäß § 69 StGB die zahlenmäßig dominierende Rolle. 1997 entzogen die Strafgerichte 171.386 Personen die Fahrerlaubnis.[79] Bei den freiheitsentziehenden Maßregeln der Besserung und Sicherung ist in den letzten Jahren bei der Unterbringung in einem psychiatrischen Krankenhaus nach § 63 StGB und der Unterbringung in einer Entziehungsanstalt nach § 64 StGB ein Anstieg erkennbar. 1980 wurde die Unterbringung in einem

---

77 Stat. Bundesamt (Hrsg.), Strafverfolgung 1980, S. 96 f.
78 Stat. Bundesamt (o. Fn. 76), S. 60 f.
79 Stat. Bundesamt (o. Fn. 76), S. 70.

Entwicklung der Kriminalität und der Kriminalitätskontrolle 59

psychiatrischen Krankenhaus bei 366 Personen angeordnet, 1997 bei 739.[80] Die Anordnung der Unterbringung in einer Entziehungsanstalt erfolgte 1980 bei 585 Personen und 1997 bei 1.116 Personen.[81] Die Zahl der Unterbringungen in der Sicherungsverwahrung ist nach der deutlichen Zurückdrängung dieser Maßregel durch die Strafrechtsreformgesetze von 1969 weiterhin niedrig. 1980 wurde die Unterbringung in der Sicherungsverwahrung gegen 41 Personen angeordnet, 1997 gegen 46.[82]

Bei der Zahl der *Strafgefangenen* sind in den letzten Jahrzehnten eine Reihe von Schwankungen zu verzeichnen.[83] Die Strafrechtsreformgesetze von 1969 bewirkten eine deutliche Senkung der Gefangenenrate. Während sich 1965 am 31.3. 49.573 Strafgefangene und Sicherungsverwahrte im Vollzug befanden, waren es am entsprechenden Stichtag des Jahres 1970 35.937 (vgl. Tabelle 18). Die Gefangenenrate stieg dann bis Mitte der achtziger Jahre wieder auf über 48.000 an, um sodann bis Anfang der neunziger Jahre auf unter 40.000 in den alten Bundesländern abzusinken. Seitdem ist ein deutlicher Anstieg der Gefangenenraten zu verzeichnen. Am 31.3.1998 betrug die Zahl der Strafgefangenen und Sicherungsverwahrten in den alten Bundesländern 47.263. Im gesamten Bundesgebiet saßen am 31.3.1998 55.303 Strafgefangene und Sicherungsverwahrte ein.[84] Mit der Zahl der Gefangenen pro 100.000 Einwohner liegt Deutschland in Europa im Mittelfeld.[85]

Auch bei der Zahl der *Untersuchungsgefangenen* sind Schwankungen zu verzeichnen.[86] Einem Rückgang der Zahl der Untersuchungsgefangenen Mitte der achtziger Jahre folgte u.a. im Zusammenhang mit der Reaktion auf Ausländerkriminalität ein Anstieg in der ersten Hälfte der neunziger Jahre (siehe Tabelle 18). Am 31.3.1998 befanden sich in den alten Bundesländern 16.853 Personen in Untersuchungshaft, im gesamten Bundesgebiet waren es 20.005.[87]

Die Betrachtung der Entwicklung der Kriminalitätskontrolle darf sich nicht auf die skizzierten Entwicklungen in der Strafrechtspflege beschränken. Zu berücksichtigen ist vielmehr auch, daß in den letzten Jahren die Bemühungen um *Kriminalitätsvorbeugung* einen erheblichen Aufschwung genommen haben.[88] Zwar wurde der Satz „Vorbeugen ist besser als heilen" auch im Zusammenhang mit Kriminalität seit langem gern ausgesprochen, in der Praxis der Kriminalitätskontrolle stand die Prävention jedoch jahrzehntelang am Rand. Kriminalitätseindämmung wurde weitgehend mit der Verfolgung begangener Straf-

---

80 Stat. Bundesamt (Hrsg.), Strafverfolgung 1980, S. 30 f; 1997, S. 72.
81 A.a.O.
82 A.a.O.
83 Siehe *Walter*, Strafvollzug, 2. Aufl. 1999, S. 143 f.
84 Statistik des Bundesministeriums der Justiz.
85 *Walter* (o. Fn. 83), S. 111.
86 Zur Entwicklung der Untersuchungshaft vgl. *H.-J. Albrecht*, FS Kaiser, 1998, S. 1137 ff.
87 O. Fn. 84.
88 *Kaiser* (o. Fn. 1), S. 246.

Tabelle 18: Gefangenenzahlen in den alten Bundesländern 1965 bis 1998 (Stichtag: 31.3. des Jahres)

Jahr	Strafgefangene und Sicherungsverwahrte	Untersuchungsgefangene
1965	49.573	11.305 [1]
1970	35.927	12.361
1975	34.608	15.556
1980	42.235	14.470
1985	48.402	13.303
1990	39.178	12.825
1995 [2]	41.970	16.939
1998	47.486	16.853

1) Stichtag 31.12.
2) 1995 und 1998 alte Bundesländer mit Gesamt-Berlin

Quellen: Dünkel, Empirische Forschung im Strafvollzug, 1996, S. 196; für 1998 Statistik des Bundesministeriums der Justiz.

taten gleichgesetzt. Dies beginnt sich zu ändern. In den letzten Jahren werden auf verschiedenen Ebenen zunehmend kriminalpräventive Maßnahmen initiiert und verstärkt. Im Vordergrund steht hierbei zur Zeit die Kommunale Kriminalprävention.[89] Hierbei geht es um Kriminalitätsvorbeugung in der Gemeinde unter Einbindung möglichst vieler Kräfte. Kommunale Kriminalprävention beruht auf Analysen der örtlichen Kriminalitätslage und des Sicherheitsgefühls der Bevölkerung. Auf dieser Grundlage wird herausgearbeitet, was mit den vor Ort vorhandenen Möglichkeiten getan werden kann, um Kriminalität zu reduzieren und den Bürgern ein realistisches Sicherheitsgefühl zu vermitteln. Die entsprechenden Maßnahmen müssen dann umgesetzt werden. Für die Kommunale Kriminalprävention ist von großer Bedeutung, daß sich möglichst viele Organisationen und Personen an ihr beteiligen. Kriminalprävention kann nicht von der Polizei allein geleistet werden, sondern ist eine gesamtgesellschaftliche Aufgabe. Wichtig ist daher, daß die Gemeinde Kriminalprävention als ihre Aufgabe begreift und daß auch private Vereinigungen und Bürgerinnen und Bürger für kriminalpräventive Bemühungen gewonnen werden. Inzwischen wird Kommunale Kriminalprävention in vielen Gemeinden betrieben. Auf Landesebene sind in einigen Bundesländern Landespräventionsräte gegründet worden. Auf der Ebene des Bundes wird zur Zeit die Gründung eines Deutschen Forums für Kriminalprävention vorbereitet. Es ist somit eine Entwicklung erkennbar, in deren Verlauf Kriminalitätsvorbeugung zu einem wichtigen Zweig der Kriminalitätskontrolle in Deutschland werden könnte.

---

89 Vgl. dazu etwa *Kury* (o. Fn. 37) und *Schwind* (o. Fn. 25), S. 338 ff.

IV. Resümee

Insgesamt ist die Kriminalitätsentwicklung in der Bundesrepublik Deutschland in den letzten Jahrzehnten durch einen Anstieg der registrierten Kriminalität und die Herausbildung neuer Kriminalitätsformen gekennzeichnet. Gesellschaftliche Entwicklungen wie Technisierung, Internationalisierung und Individualisierung haben sich in entsprechenden Kriminalitätsformen niedergeschlagen.[90] Früher weniger beachtete Kriminalitätsbereiche, u.a. Delinquenz im sozialen Nahraum, sind verstärkt in den Blick geraten. Die Eindämmung der Kriminalität wirft ernsthafte Probleme auf, zu Panik besteht jedoch kein Anlaß.

In der Strafgesetzgebung sind neben Entkriminalisierungen gewichtige Ausweitungen des Strafrechts festzustellen, mit denen der Gesetzgeber versucht, Gefährdungen entgegenzutreten, die sich aus modernen Entwicklungen in Technik, Wirtschaft und Gesellschaft ergeben haben. Die Justiz hat auf den steigenden Geschäftsanfall vor allem mit der Ausweitung von Verfahrenseinstellungen nach dem Opportunitätsprinzip reagiert. Leichtere und mittlere Kriminalität wird ganz überwiegend mit ambulanten Sanktionen geahndet. Lange Freiheitsstrafen für schwere Kriminalität spielen aber weiterhin eine beachtliche Rolle. Tendenzen zur Spezialisierung in der Strafverfolgung sind erkennbar. Die Bedeutung des Opferschutzes und der Wahrung der Opferinteressen durch die Kriminalrechtspflege wird zunehmend erkannt. Neben Maßnahmen der Strafverfolgung treten in den letzten Jahren zunehmend Bemühungen um Kriminalitätsvorbeugung.

Wird nach einer Beurteilung der Strategien der Kriminalitätskontrolle gefragt, die sich in der Bundesrepublik herausgebildet haben, so erscheint die Hinwendung zur Kriminalprävention sachgerecht. Reaktive Kriminalitätskontrolle durch Sanktionierung von Normbrüchen ist unverzichtbar, aber in ihren Wirkungen begrenzt. Für die Eindämmung der Kriminalität kommt daher der Vorbeugung große Bedeutung zu. Bei der Gestaltung der Sozialisationsprozesse sowie von Technik, Wirtschaft, Gesellschaft und Kultur sollte daher der Kriminalprävention ein angemessener Platz eingeräumt werden. Kriminalprävention sollte systematisch und langfristig betrieben werden. Ablauf und Wirkungen von kriminalpräventiven Maßnahmen sollten analysiert und die Ausgestaltung der Kriminalprävention dem jeweiligen Erkenntnisstand angepaßt werden. Hierbei bedarf es einer realistischen Einschätzung der Möglichkeiten von Kriminalprävention. Diese sind begrenzt, weil sich zahlreiche kriminalitätsfördernde Bedingungen nur schwer und nicht kurzfristig ändern lassen.[91] Die gleichwohl bestehenden Chancen der Kriminalprävention sollten genutzt werden.

---

90 Siehe dazu *Dölling*, Kriminalistik 1988, S. 350 ff.
91 *Kerner*, Kriminalistik 1994, S. 171.

Im Hinblick auf die aus leichteren Delikten bestehende Massenkriminalität ist zu überlegen, inwieweit es des Einsatzes des Strafrechts bedarf und inwieweit eine Entkriminalisierung in Betracht kommen könnte. Diese Frage sollte nicht pauschal entschieden werden, erforderlich ist vielmehr eine differenzierte Analyse der sich bei den einzelnen Tatbeständen jeweils stellenden Problematik. Hierbei ist u.a. zu berücksichtigen, ob das jeweilige Verhalten strafwürdig erscheint, welche Wirkungen vom Einsatz des Strafrechts zu erwarten sind und ob Lösungsalternativen zur Verfügung stehen, die dem Strafrecht im Hinblick auf Realisierbarkeit, Wirksamkeit und Rechtsstaatlichkeit gleichwertig oder überlegen sind. Bei Überlegungen zur Reichweite des Strafrechts ist weiterhin zu berücksichtigen, daß es in hochtechnisierten Gesellschaften kaum verantwortbar erscheint, das Strafrecht auf Delikte gegen die Person herkömmlichen Zuschnitts zu beschränken und Verhaltensweisen straflos zu lassen, die zwar Einzelne nicht unmittelbar gefährden, aber die menschlichen Existenzbedingungen in Frage stellen. Deshalb erscheint z.B. ein Umweltstrafrecht unverzichtbar.[92]

Bei strafbaren Verhaltensweisen geringerer Schwere stellt sich die Frage, ob der weitgehende Gebrauch von Verfahrenseinstellungen nach dem Opportunitätsprinzip durch die Justiz sachgerecht ist. Insoweit ist darauf hinzuweisen, daß unter spezial- und generalpräventiven Gesichtspunkten förmliche Verurteilungen informellen Erledigungen nicht ohne weiteres überlegen sind. Insbesondere bei leichten Delikten von Gelegenheitstätern kann eine weniger förmliche Verfahrenserledigung durchaus sachgerecht sein.[93] Informelle Verfahrenserledigungen müssen daher keine bloße verfahrensökonomische Verlegenheitslösung darstellen, sondern können eine kriminalpolitisch sinnvolle Reaktion sein. Es kommt dann darauf an, eine möglichst gleichmäßige Handhabung zu gewährleisten. Außerdem sollte möglichst verhindert werden, daß Opportunitätseinstellungen in Fallkonstellationen erfolgen, für welche die Einstellungsmöglichkeiten nicht konzipiert sind, also z.B. Verfahren wegen schwerer Kriminalität gegen Auflagen eingestellt werden, weil der Tatnachweis zweifelhaft ist.[94] Weiterhin darf durch die Einstellungspraxis nicht der Eindruck entstehen, bestimmte Delinquenzformen würden nicht mehr ernst genommen. Bei angemessener rechtsstaatlicher Eingrenzung sollte es aber durchaus möglich sein, Strafverfahren in einem beachtlichen Umfang durch Reaktionen unterhalb der Ebene einer förmlichen Kriminalstrafe zu erledigen.

Wird eine Kriminalstrafe verhängt, erscheint der von der deutschen Kriminalrechtspflege eingeschlagene Weg, in weitem Umfang von den ambulanten

---

92 Zur Diskussion über den Einsatz des Strafrechts gegen Risiken der modernen Gesellschaft zusammenfassend *Roxin,* Strafrecht Allg. Teil Bd. I, 3. Aufl. 1997, S. 19 ff.
93 Vgl. zur Legalbewährung nach Einstellung des Strafverfahrens gemäß § 153a Abs. 1 StPO *Dölling,* FS Geerds, 1995, S. 239 ff.
94 Siehe dazu *Kaiser/Meinberg,* NStZ 1984, S. 343 ff.

Sanktionen Geldstrafe und Freiheitsstrafe mit Bewährung Gebrauch zu machen, sachgerecht.[95] Nach dem gegenwärtigen Erkenntnisstand ist nicht ersichtlich, daß durch eine verstärkte Verhängung von zu vollstreckenden Freiheitsstrafen größere präventive Effekte erzielt werden könnten. Bei schwerer Kriminalität kann freilich auf die Freiheitsstrafe ohne Bewährung nicht verzichtet werden. Eine Erweiterung der strafrechtlichen Sanktionspalette könnte insbesondere durch die Ausgestaltung der gemeinnützigen Arbeit als eigenständige Sanktion erfolgen.[96] Weitere Vorschläge, etwa zum Ausbau des Fahrverbots zu einer Sanktion auch für außerhalb des Straßenverkehrs begangene Delikte, bedürfen einer sehr sorgfältigen Prüfung.[97]

Der vom Gesetzgeber bereits eingeschlagene Weg einer stärkeren Berücksichtigung der Wiedergutmachungsinteressen des Tatopfers sollte weiter beschritten werden.[98] Bei rückfallgefährdeten Tätern müssen die Behandlungsbemühungen ausgebaut werden. Während in den sechziger und siebziger Jahren an die Täterbehandlung hohe Erwartungen geknüpft wurden, fiel in den achtziger Jahren die Einschätzung der Behandlungsmöglichkeiten erheblich skeptischer aus und machte das Stichwort „nothing works" die Runde.[99] Nach dem heutigen Stand der Behandlungsforschung kann davon ausgegangen werden, daß Behandlungsprogramme rückfallhemmend wirken, wenn sie bestimmte Bedingungen erfüllen. Sie müssen theoretisch fundiert und klar strukturiert sein, mit mehreren Methoden arbeiten, an den spezifischen Aspekten der Täterpersönlichkeit ansetzen, die nach dem empirischen Erkenntnisstand mit kriminellem Verhalten zusammenhängen, und in einem kognitiv-verhaltenstherapeutischen Zugang darauf ausgerichtet sein, kriminalitätsfördernde Einstellungen und Verhaltensweisen durch konformitätsstärkende Einstellungen, Fähigkeiten und Verhaltenstechniken zu ersetzen.[100] Die Programme müssen in einem angemessenen Verhältnis zu dem vom Täter ausgehenden Kriminalitätsrisiko stehen, sie müssen den spezifischen Lernmöglichkeiten der Delinquenten entsprechen und sie sollten mit einem Rückfallverhütungstraining verknüpft sein, das es dem Täter ermöglicht, nach seiner Entlassung Rückfallrisiken ohne erneute Straffälligkeit zu bewältigen.[101] Es lohnt sich somit nach dem gegenwärtigen Erkenntnisstand, in Behandlungsprogramme zu investie-

---

95 *Dölling*, ZStW 104 (1992), S. 259, 266 f.
96 *Bemmann*, FS Schaffstein, 1975, S. 311 ff.; *Dölling* (o. Fn. 95), S. 281 f.; eingehend zur gemeinnützigen Arbeit als strafrechtlicher Sanktion *Feuerhelm*, Stellung und Ausgestaltung der gemeinnützigen Arbeit im Strafrecht, 1997.
97 Kritisch zu neuen Sanktionsformen *Streng*, ZStW 111 (1999), S. 827 ff.
98 Zum Täter-Opfer-Ausgleich vgl. zusammenfassend *Dölling u.a.*, Täter-Opfer-Ausgleich in Deutschland. Bestandsaufnahme und Perspektiven, 1998.
99 Siehe dazu *Kury*, FS Böhm, 1999, S. 251, 258.
100 *Kury* (o. Fn. 99), S. 263; *Lösel*, Zeitschrift für Strafvollzug 1996, S. 265 f.
101 *Lösel* (o. Fn. 100), S. 264; *Schneider*, FS Böhm, 1998, S. 419, 427, 441 ff.

ren, die ambulant und, wenn es nicht verantwortet werden kann, den Täter in Freiheit zu belassen, stationär durchgeführt werden sollten.

Überlegungen zur Ausgestaltung der Kriminalrechtspflege dürfen sich nicht auf das Sanktionensystem beschränken. Da es für die präventive Wirkung des Strafrechts von zentraler Bedeutung ist, daß bei der Begehung von Straftaten ein ernsthaftes Entdeckungs- und Verfolgungsrisiko besteht,[102] müssen die Strafverfolgungsbehörden in den Stand gesetzt werden, der für eine wirksame Ermittlungstätigkeit erforderlich ist. Das setzt eine den Ermittlungserfordernissen entsprechende Personal- und Sachausstattung sowie eine adäquate Ausbildung voraus. Auch bei der Strafverfolgung spielt die Mitarbeit der Bürgerinnen und Bürger als Anzeigeerstatter und Zeuge eine wichtige Rolle.

Kriminalitätskontrolle erfolgt nicht nur durch Strafrecht. Das Kriminalrechtssystem ist vielmehr nur ein Teil der in der Gesellschaft ablaufenden Kontrollprozesse. Entscheidende Weichen für das Gelingen von Kriminalitätskontrolle werden im gesellschaftlich-kulturellen Bereich gestellt. In einer Zeit, in der die Menschen verbindende Zusammenhänge fragwürdig geworden sind und der Wettbewerb forciert wird, kommt es insbesondere darauf an, eine Kultur zu entfalten, in der die Einzelnen das Maß an Rücksichtnahme auf den anderen und an Verantwortungsbewußtsein gegenüber der Allgemeinheit aufbringen, dessen es für ein friedliches Zusammenleben der Menschen bedarf.

---

102 *Dölling*, ZStW 102 (1990), S. 1, 8; *Kaiser* (o. Fn. 1), S. 260.

JOCHEN ABR. FROWEIN

Die Wiederentdeckung des Menschen im Völkerrecht

I. Der historische Hintergrund

Der spanische Theologe *Francisco de Vitoria*, der von 1483–1546 lebte, wird gerne als einer der ersten Völkerrechtler bezeichnet. Er diskutierte eingehend als Rechtsfrage, ob die Kinder der Einwohner der neuen Kolonialgebiete, die als West-Indien angesehen wurden, auch gegen die Wünsche ihrer Eltern zwangsweise getauft werden dürfen. Er stellte die Frage, auf welcher Rechtsgrundlage die spanische Krone Gewalt über diese Personen habe und inwieweit deren Rechte beachtet werden müßten. Das war als Ausgangspunkt des Völkerrechts eine Fragestellung, die wesentlich die Rechtsstellung des Individuums in den Mittelpunkt rückte.[1]

In den Friedensverträgen von Münster und Osnabrück im Jahre 1648 wurden genaue Vorschriften über den Schutz der Minderheitsreligionen in den jeweiligen deutschen Territorien festgelegt.[2] Dieses System wurde im 18. und 19. Jahrhundert in völkerrechtlichen Verträgen ausgebaut, insbesondere hinsichtlich der südöstlichen Gebiete in Europa. Verträge mit dem Osmanischen Reich enthielten genauere Regelungen über die Behandlung christlicher Minderheiten unter türkischer Herrschaft.[3]

---

1 *Franciscus de Victoria*, De indis recenter inventis et de jure belli hispanorum in barbaros relectiones, 1539 [dt. Übers.: *W. Schätzel*, 1952], 4 ff.; *J.B. Scott*, The Spanish origin of International law, Francisco de Vitoria and his Law of Nations, 1934, 4; *W. Preiser*, History of the Law of Nations: Ancient Times to 1648, in: R. Bernhardt (Hrsg.), Encyclopedia of Public International Law, vol. II, 1995, 151; *Y. de la Brière*, Vitoria et Suarez: Contribution des théologiens au droit international moderne, 1939, 69 ff.
2 *L. Gross*, The Peace of Westphalia, American Journal of International Law 42 (1948) 21 f.; *T. Turretini*, La signification des Traités de Westphalie dans le domaine du droit des gens, 1949, 45 ff.; *S. Verosta*, History of the Law of Nations: 1648 to 1815, in: R. Bernhardt (Hrsg.), Encyclopedia of Public International Law, vol. II, 1995, 160 f.
3 *J.A. Frowein*, Religionsfreiheit: Internationales und supranationales Recht, in: Görres-Gesellschaft (Hrsg.), Staats-Lexikon: Recht-Wirtschaft-Gesellschaft, 7. Aufl., 1988, Spalte 830; *S. Verosta*, History of the Law of Nations: 1648 to 1815, in: R. Bernhardt (Hrsg.), Encyclopedia of Public International Law, vol. II, 1995, 168.

Ein anderes Beispiel für völkerrechtliche Normen, die das Individuum schützten, war die Behandlung der Sklaverei im 19. Jahrhundert.[4] In einem besonderen Vertragswerk, das anläßlich des Wiener Kongresses abgeschlossen worden war, erklärten die europäischen Vertragspartner am 8. Februar 1815, daß der Handel mit Negersklaven verboten werde, weil er „a été envisagé, par les hommes justes et éclairés de tout le temps, comme répugnant au principe d'humanité et de morale universelle."[5] Alle zivilisierten Staaten wurden aufgerufen, das Prinzip des Verbots zu akzeptieren. In dem Vertrag vom 20. Dezember 1841 vereinbarten fünf europäische Staaten, daß der Sklavenhandel der Piraterie gleichgestellt werde und legten fest, daß ihre Schiffe gegenseitig nach Sklaven durchsucht werden können.[6] Am 26. Februar 1885 legten die Staaten in der Schlußakte der Berliner Konferenz fest, daß der Sklavenhandel durch die allgemeinen Prinzipien des Völkerrechts verboten ist.[7]

Aber diese Regeln waren Ausnahmen in der Völkerrechtsordnung, vor allem des 19. Jahrhunderts. Hier hatte der völkerrechtliche Positivismus mit der Vorstellung der absoluten Souveränität der Staaten Einzug gehalten.[8] Das Völkerrecht reichte grundsätzlich nicht in das Verhältnis zwischen dem Staat und seinen Staatsangehörigen hinein. Das Fremdenrecht enthielt zwar bestimmte Grundsätze für die Behandlung ausländischer Staatsangehöriger, aber hier wurde nicht an die Verletzung von Individualrechten angeknüpft, sondern eine Verletzung der Rechte des Heimatstaates dieser Staatsangehörigen angenommen.[9]

Besonders eindrucksvoll hat der berühmte italienische Völkerrechtler *Anzilotti*, der auch Präsident des Ständigen Internationalen Gerichtshofs war, das Problem der Menschenrechte im Völkerrecht behandelt. Er führte aus, nach einer jetzt veralteten Auffassung sei der Mensch Subjekt des Völkerrechts einfach als Glied der Menschheit. In dieser Eigenschaft habe er danach eigene Persönlichkeit und Rechte wie das Recht auf Freiheit, auf persönliche Unantastbarkeit, auf Gewissensfreiheit usw. Hier liege eine offenkundige Verwechslung der Völkerrechtsordnung mit einem angeblichen allgemeinen Menschheitsrecht vor. Derartige Rechte könnten aber nur in dem jeweiligen Landes-

---

4 *A.M. Trebilcock*, Slavery, in: R. Bernhardt (Hrsg.), Encyclopedia of Public International Law, vol. 8, 1985, 481 ff.
5 *W. Grewe* (Hrsg.), Fontes Historiae Iuris Gentium, Bd. III/1, 376.
6 *W. Grewe* (Hrsg.), oben Anm. 5, 379.
7 *W. Grewe* (Hrsg.), oben Anm. 5, 297 (s. insbes. Artikel 9 auf Seite 306 f.).
8 *K.J. Partsch*, Individuals in International Law, in: R.Bernhardt (Hrsg.), Encyclopedia of Public International Law, vol. II, 1995, 958.
9 *M. Guerrero*, League of Nations, Committee of Experts for the Progressive Codification of International Law, Geneva 29 January 1926, Report of the Sub-Committee, American Journal of International Law 20 (1926), Special Supplement, 180: „Under this system, States alone possess international rights and duties. Individuals do not come within its scope."; *K. Doehring*, Die allgemeinen Regeln des völkerrechtlichen Fremdenrechts und das deutsche Verfassungsrecht, 1963, 39 f.; *G. Dahm*, Völkerrecht, Bd. 1, 1958, 412 ff.

recht gewährleistet sein, nicht in einer nicht vorhandenen Rechtsordnung der Menschheit.[10]
Der zweite Weltkrieg war der große Einschnitt, der die Neuorientierung zur Folge hatte. Aber es ist eindrucksvoll zu sehen, wie stark noch das Urteil von Nürnberg in den alten Kategorien befangen war. Das Statut des Internationalen Militärgerichtshofs hatte das Verbrechen gegen die Menschheit, meist als Verbrechen gegen die Menschlichkeit bezeichnet, ausdrücklich eingeführt. Es war deutlich, daß die Verfasser des Statuts hier die deutschen Maßnahmen gegen die jüdische Bevölkerung im Auge hatten. Dennoch hielt der Gerichtshof es nicht für möglich, Verurteilungen allein wegen der Judenverfolgung in Deutschland vorzunehmen. Er begründete das wie folgt:[11]

„Was die Verbrechen gegen die Menschlichkeit betrifft, so besteht keinerlei Zweifel, daß politische Gegner in Deutschland vor dem Krieg ermordet wurden und daß ihrer viele in Konzentrationslagern unter den schrecklichsten und grausamsten Umständen gefangen gehalten wurden. ... Die in der gleichen Zeit vor sich gehende Verfolgung der Juden ist über allen Zweifel festgestellt.
Um Verbrechen gegen die Menschlichkeit zu begründen, müssen die vor Ausbruch des Krieges begangenen Handlungen in Ausführung von oder in Verbindung mit einem der Zuständigkeit dieses Gerichtshofes unterliegenden Verbrechen verübt worden sein. Der Gerichtshof ist der Meinung, daß, so empörend und grauenhaft viele dieser Verbrechen waren, doch nicht hinreichend nachgewiesen wurde, daß sie in Ausführung von oder in Verbindung mit einem derartigen Verbrechen verübt worden sind."

---

10 *D. Anzilotti*, Lehrbuch des Völkerrechts, Bd. 1, 1929, 97: „Nach einer jetzt veralteten Auffassung ist der Mensch Subjekt des Völkerrechts einfach als Glied der Menschheit. In dieser Eigenschaft habe er, sagt man, eigene Persönlichkeit, einen Wirkungsbereich, der alle Bezirke der Welt umfassen könne, eine Rechtsfähigkeit, die ihm selbst eigne auf Grund seiner persönlichen Existenz und unabhängig von jener, die ihm in seiner Eigenschaft als Bürger eines bestimmten Staates zukommen könne. Völkerrechtliche Rechte und Pflichten des Menschen seien daher gewisse Rechte und Pflichten, die ihm immer und überall, folglich gegenüber jedem beliebigen Staat, zukämen, so z.B. das Recht auf Freiheit, auf persönliche Unantastbarkeit, das Recht, die Staatsangehörigkeit zu wählen, das Eigentumsrecht, das Recht auf Gewissensfreiheit, das Auswanderungsrecht usw. Ganz abgesehen von der hier offenkundigen Verwechslung der Völkerrechtsordnung mit einem angeblichen allgemeinen „Menschheitsrecht", das etwas ganz anderes wäre, bedarf es keiner Worte, um zu beweisen, daß diese Auffassung, insoweit sie die Existenz individueller Rechte zu einer Zeit vor jeder konkreten Rechtsetzung zuläßt, ausschließlich in den Bereich des Naturrechts gehört. Sie stellt nämlich eine Forderung dar, der sich die einzelnen innerstaatlichen Rechtsordnungen unterwerfen müßten. Gesetzt den Fall, sie täten es, so würde diese Forderung sich zu Rechtssätzen der einzelnen Ordnungen verdichten oder zu gleichförmigem Landesrecht. Jeder Mensch wäre demnach Träger gewisser Rechte und Pflichten in jeder einzelnen Rechtsordnung, nicht aber in einer nicht vorhandenen Rechtsordnung der Menschheit."
11 Internationaler Militär-Gerichtshof Nürnberg, Bd. 1, 1947: Der Prozeß gegen die Hauptkriegsverbrecher, 285 f.; s. dazu auch *E. Schwelb*, Crimes against Humanity, British Yearbook of International Law 23 (1946), 204 f. und *H.-H. Jescheck*, Die Verantwortlichkeit der Staatsorgane nach Völkerstrafrecht, 1952, 365 f.

Der Gerichtshof kann deshalb keine allgemeine Erklärung dahingehend abgeben, daß die vor 1939 ausgeführten Handlungen im Sinne des Statuts Verbrechen gegen die Menschlichkeit waren; doch wurden von Beginn des Krieges im Jahre 1939 an Verbrechen im großen Maßstab begangen, die zugleich Verbrechen gegen die Menschlichkeit waren; und insoweit als die in der Anklage zur Last gelegten unmenschlichen Handlungen, die nach Kriegsbeginn begangen wurden, keine Kriegsverbrechen darstellen, wurden sie doch alle in Ausführung eines Angriffskrieges oder im Zusammenhang mit einem Angriffskrieg begangen und stellen deshalb Verbrechen gegen die Menschlichkeit dar."

Obwohl der Wortlaut des Statuts des Internationalen Militärgerichtshofs sehr deutlich auch eine andere Auslegung möglich gemacht hätte, war der Gerichtshof ganz offensichtlich so stark durch die bis dahin herrschende Sicht des Völkerrechts beeinflußt, daß er den Schritt zu einer Ahndung von Verbrechen gegenüber der eigenen Bevölkerung nicht tun wollte. Durch das Kontrollratsgesetz Nr. 10 wurde im Dezember 1945 ausdrücklich die Zuständigkeit der Militärgerichte auch für diese Fälle begründet und die Nachfolgeverfahren vor amerikanischen Richtern verurteilten im großen Umfang auf dieser Grundlage.[12]

II. Die Veränderung der Rechtslage nach 1945 in Europa

Schon in der Satzung der Vereinten Nationen ist die Zielsetzung der Zusammenarbeit für den Schutz der Menschenrechte ausdrücklich formuliert. Mit der Allgemeinen Erklärung der Menschenrechte vom 10. Dezember 1948 formulierte die Generalversammlung der Vereinten Nationen den Anspruch jedes Menschen auf völkerrechtlichen Schutz seiner Menschenrechte auch gegenüber dem eigenen Staat. Freilich war die Erklärung selbst nicht verbindlich und bedurfte der Umsetzung in bindendes Recht. Das geschah auf der weltweiten Ebene langsam, auf der regionalen Ebene zum Teil sehr schnell.[13]

Die Verabschiedung der Europäischen Menschenrechtskonvention, die am 4. November 1950 in Rom unterzeichnet wurde und bereits am 3. September 1953 nach der Ratifikation durch 10 Staaten in Kraft trat, war das erste wichtigste Beispiel. Wir werden uns mit ihrer Bedeutung für den Menschenrechtsschutz im heutigen Völkerrecht noch auseinandersetzen.[14]

---

12 Zusammenstellung und Auswertung bei *Heinze/Schilling*, Die Rechtsprechung der Nürnberger Militärtribunale, 1952, 204 ff.
13 *Verdross/Simma*, Universelles Völkerrecht, 3. Aufl., 1985, § 1233 ff.; *G. Dahm*, Völkerrecht, Bd. 1, 1958, 428 ff.; *K. Hailbronner*, Der Staat und der Einzelne als Völkerrechtssubjekte, in: *W. Graf Vitzthum* (Hrsg.), Völkerrecht, 1997, 239 ff.
14 *J.A. Frowein*, in: Frowein/Peukert, Europäische Menschenrechtskonvention, 2. Aufl., 1996, Einführung, Randnr. 1 ff.

Die Wiederentdeckung des Menschen im Völkerrecht

Fast 20 Jahre nach Verabschiedung der Allgemeinen Erklärung der Menschenrechte wurden 1966 die beiden UN-Menschenrechtspakte von der Generalversammlung angenommen, und sie traten 10 Jahre später, im Jahre 1976, in Kraft. Freilich war bei ihrer Abfassung und bei ihrem Inkrafttreten deutlich, daß ein erheblicher Teil der Formulierungen von den Staaten der Welt sehr unterschiedlich interpretiert wurde. Insbesondere die kommunistischen Staaten erklärten ihr besonderes Verständnis des Menschenrechtsschutzes immer wieder sehr deutlich. Immerhin war es nicht mehr möglich, nach Annahme dieser Verträge die These ernsthaft zu vertreten, daß Menschenrechte allein zur innerstaatlichen Zuständigkeit der Staaten gehören. Wenn Staaten durch Verträge das Verbot der Folter oder das Prinzip der Ausreisefreiheit ausdrücklich anerkannt haben, so handelt es sich nicht mehr um interne Angelegenheiten dieser Staaten.[15]

Wenn wir den völkerrechtlichen Menschenrechtsschutz kritisch betrachten, so tritt uns die Widersprüchlichkeit entgegen, die wir auch für den innerstaatlichen Bereich kennen. Dort, wo der funktionierende Menschenrechtsschutz am wichtigsten wäre, weil die elementaren Menschenrechte bedroht sind und häufig verletzt werden, kann der völkerrechtliche Menschenrechtsschutz nur wenig ausrichten. Dort dagegen, wo die Verhältnisse insgesamt als gut oder doch als erträglich angesehen werden können, läßt sich der Ausbau des völkerrechtlichen Menschenrechtsschutzes weit vorantreiben. Es erscheint mir aber ganz verfehlt, daran eine grundsätzliche Kritik etwa des europäischen Menschenrechtsschutzes zu knüpfen. Wir sollten es vielmehr als großen Erfolg anerkennen, daß es in einer Region gelungen ist, den völkerrechtlichen Menschenrechtsschutz wirklich dem des innerstaatlichen Verfassungsrecht vergleichbar zu machen und eine erhebliche Auswirkung auf die Rechtsordnungen der Mitgliedstaaten zu erreichen.

Nur in dem System der Europäischen Menschenrechtskonvention ist es bisher gelungen, durch Entscheidungen von Kommission und Gerichtshof, die Ende dieses Jahres zu einem einheitlichen permanenten Gerichtshof zusammengefaßt werden, wirklich eine Spruchpraxis zu entwickeln, die als rechtsstaatlicher und menschenrechtlicher Mindestgehalt die Rechtsordnungen der Mitgliedstaaten massiv beeinflußt hat und weiter beeinflußt.[16] Es ist traurig, daß dieses in Deutschland im geringerem Umfang erkannt und beachtet wird als in den meisten anderen Mitgliedstaaten. Wir sollen darüber ernsthaft nachdenken. Gewiß ist einer der wichtigen Gründe dafür, daß die Rechtsprechung des Bundesverfassungsgerichts zum Grundrechtsschutz in Deutschland weiter

---

15 S. Anm. 13.
16 *J.A. Frowein*, Der Straßburger Grundrechtsschutz in seinen Auswirkungen auf die nationalen Rechtsordnungen und das Gemeinschaftsrecht, in: Kreuzer/Scheuing/Sieber (Hrsg.), Europäischer Grundrechtsschutz, 1998, 28 ff.

geht als praktisch in allen anderen europäischen Staaten. Aber ich habe nach langer Beschäftigung den Eindruck, daß das nicht der einzige Grund ist.

Ich fürchte, daß die deutsche Rechtsordnung und die deutsche Rechtswissenschaft stärker introvertiert sind als das für fast alle anderen Rechtsordnungen und Rechtswissenschaften in Europa gilt. Man braucht sich nur klar zu machen, daß die Familie des Common Law in einer ununterbrochenen Verbindung zu allen Erdteilen steht und damit viel selbstverständlicher Einflüsse von außen aufnimmt. Aber auch die französische Rechtsordnung, die sich in der Kontinuität der französischen Revolutionsverfassung sieht, ist aus vielerlei Gründen stärker international orientiert. Unsere Nachbarstaaten Schweiz und Österreich sind durch bestimmte Besonderheiten ebenfalls viel stärker auf die Entwicklung der Europäischen Menschenrechtskonvention ausgerichtet als das für das deutsche Recht gilt.

Das Bundesverfassungsgericht hat in seiner berühmten Entscheidung im 74. Band ausdrücklich formuliert, daß die Rechtsprechung des Europäischen Gerichtshofs für Menschenrechte als Auslegungshilfe für die Bestimmung von Inhalt und Reichweite von Grundrechten und rechtsstaatlichen Grundsätzen des Grundgesetzes beachtet werden müsse und Gesetze, selbst wenn sie zeitlich später erlassen worden sind, im Einklang mit der Konvention interpretiert werden müssen.[17] Aber das Gericht hat im Grunde mit dieser Rechtsprechung nicht wirklich ernst gemacht. Man muß den Verdacht haben, daß in Karlsruhe einfach auch nicht immer die Informationen dafür vorhanden sind, die Rechtsprechung aus Straßburg wirklich aufzunehmen.

Lassen Sie mich dafür ein Beispiel geben. Das Bundesverfassungsgericht hat kürzlich sehr grundlegend und zutreffend entschieden, daß die Theorie der strafprozessualen Überholung, wonach etwa Durchsuchungsbefehle dann nicht mehr gerichtlich kontrolliert werden können, wenn die Durchsuchung stattgefunden hat, ein klarer Verstoß gegen Art. 19 Abs. 4 des Grundgesetzes ist, der den Rechtsschutz gegen die öffentliche Gewalt garantiert.[18] Man muß sich eigentlich wundern, daß diese Erkenntnis nicht schon früher erreicht worden ist. Das Bundesverfassungsgericht hat aber vollständig übersehen, daß gegen Maßnahmen wie eine Durchsuchung auch nach Art. 13 der Europäischen Menschenrechtskonvention ein wirksamer Rechtsbehelf, leider nicht formell der Gerichtsschutz, garantiert ist.[19] In meiner 20jährigen Praxis in Straßburg haben wir einmal einen Fall gehabt, bei dem ich glaubte, die Anwendung von

---

17 BVerfG, Beschluß vom 26. März 1987, BVerfGE 74, 358 (370): „Deshalb dient insoweit auch die Rechtsprechung des Europäischen Gerichtshofs für Menschenrechte als Auslegungshilfe für die Bestimmung von Inhalt und Reichweite von Grundrechten und rechtsstaatlichen Grundsätzen des Grundgesetzes."
18 BVerfG, Beschluß vom 30. April 1997, Aktenzeichen 2 BvR 817/90, u.a. in NJW 1997, 2163.
19 *J.A. Frowein*, oben Anm. 14, Artikel 13, Randnr. 3 ff.

Art. 13 auf Durchsuchungen klarstellen zu können. Das wurde dann unmöglich, weil das Bundesverfassungsgericht, obwohl es damals die These der prozessualen Überholung ausdrücklich anerkannte, dennoch in einem obiter dictum die Ordnungsmäßigkeit der Durchsuchungsanordnung eingehend begründete. Damit war natürlich die von Art. 13 der Konvention geforderte Überprüfung erfolgt. Ich zitiere diesen Fall hier, weil ganz deutlich ist, daß in Karlsruhe niemandem bewußt war, wie notwendig die Rechtsprechungsänderung auch auf der Grundlage der Straßburger Rechtsprechung war.[20]

Wenn man sich fragt, wo die Einflüsse der Europäischen Menschenrechtsordnung auf die nationalen Rechtsordnungen am deutlichsten sind, so kann man folgende Bereiche herausstellen. Der Schutz der elementaren Menschenrechte ist vor allem bedeutsam für Ausweisungs- und Auslieferungsentscheidungen, aber auch für das Verhalten von Polizeiorganen. Hier hat es eine Reihe von wichtigen klärenden Entscheidungen und Urteilen gegeben. Ich bedaure noch heute, daß die Kommission den Gerichtshof nicht überzeugen konnte, daß die Festnahme einer 50jährigen Frau durch zwei junge Polizisten, die mit nicht unerheblichen Verletzungen der Frau einhergingen, eine Vermutung für exzessive Gewaltanwendung schaffen mußte, die genauer Widerlegung bedurfte. Die deutschen Gerichte hatten umgekehrt die Frau für beweispflichtig gehalten. Exzessive Polizeigewalt in Situationen, in denen die betroffenen Personen weder gefährlich noch überlegen sind, erscheint ein ganz wesentliches Problem des elementaren Menschenrechtsschutzes.[21]

Ein weiterer Bereich, in dem wir die Wirkung des Systems in vielen Mitgliedstaaten, freilich nicht in der Bundesrepublik Deutschland, erkennen können, ist der gerichtliche Rechtsschutz einschließlich des Freiheitsschutzes. Hier sind Art. 5 und Art. 6 der Konvention die Grundlage für erhebliche Änderungen im Strafprozeßrecht, aber auch im Verwaltungsprozeßrecht gewesen. Teilweise ist die Möglichkeit der Kontrolle von Hoheitsakten erst auf der Grundlage der Rechtsprechung der Konventionsorgane durchgesetzt worden.[22]

Für die Freiheitsrechte sollte vor allem auf die Rechtsprechung zur Meinungs- und Pressefreiheit hingewiesen werden. Hier hat der Europäische Gerichtshof für Menschenrechte in sehr ähnlicher Weise wie das deutsche Bundesverfassungsgericht die besondere Bedeutung der Meinungs- und Pressefreiheit gerade auch in von Teilen der Öffentlichkeit kritisch gesehenen Materien herausgestellt. Der Gerichtshof hat früh davon gesprochen, daß die Meinungsfreiheit auch für schockierende und beunruhigende Äußerungen gelten müsse.

---

20 *J.A. Frowein*, oben Anm. 16, 26 f.
21 *Klaas*, Entscheidung des Europäischen Gerichtshofs für Menschenrechte vom 22. September 1993, Serie A, Nr. 269 (1994), 16, Textziff. 26 ff. = Europäische Grundrechte-Zeitschrift 1994, 106 ff.; Beschluß der Kommission B 15473/89 vom 21. Mai 1994, insbes. Ziff. 102 ff. = Europäische Grundrechte-Zeitschrift 1994, 146 ff., inbes. 148.
22 *J.A. Frowein*, oben Anm. 16, 28 f.

Das Verfahren *Lingens*, bei dem ein österreichischer Journalist wegen der Kritik des österreichischen Bundeskanzlers mit den Worten „opportunistisch" und „unmoralisch" verurteilt worden war, ist ein gutes Beispiel dafür, wie politische Kritik durch die Anwendung von Beleidigungsnormen unterdrückt werden kann. Hier hat sich das europäische System als ein Wächter für die funktionierende Meinungsfreiheit für demokratische Prozesse durchgesetzt.[23]

Für das System des europäischen Menschenrechtsschutzes kommt zur Zeit eine neue und besonders schwierige Bewährungsprobe. Die Zahl der Mitgliedstaaten hat sich seit 1989 beinahe verdoppelt. Eine große Anzahl bis dahin kommunistischer Staaten sind bereits Mitglied der Konvention, andere werden es in absehbarer Zeit werden. Auch Rußland, das dem Europarat bereits angehört, wird aller Voraussicht nach die Konvention demnächst ratifizieren. Man muß sich klar machen, daß damit eine besondere Herausforderung eintritt.[24] Es wird darum gehen, auch in Rußland das Bewußtsein für die Notwendigkeit der Beachtung der Konventionsgrundsätze zu entwickeln. Das kann nicht von heute auf morgen geschehen. Es ist aber von großer Bedeutung, daß die Rechtsordnung den Einfluß des Menschenrechtsschutzes ernsthaft aufnimmt, wenn nicht eine echte Vertrauenskrise eintreten soll. Man mag in diesem Zusammenhang an das Beispiel der Türkei denken. Jedem ist deutlich, daß hier erhebliche Menschenrechtsprobleme existieren. Ich selber habe mehrfach Delegationen der Kommission in die Türkei geleitet oder an ihnen teilgenommen und dabei selbst sehr bedrückende Feststellungen machen können. Dennoch ist nach meiner Meinung ganz deutlich, daß die Existenz des europäischen Menschenrechtsschutzes für die Türkei eine beachtliche Bedeutung gewonnen hat.[25]

III. Der weltweite Menschenrechtsschutz

Lassen Sie mich nun zu einigen Problemen des weltweiten Menschenrechtsschutzes übergehen. Ich hatte die großen Verträge der Vereinten Nationen bereits erwähnt. Hier gibt es keine Möglichkeit der bindenden gerichtlichen Entscheidung, aber immerhin ein Überwachungsverfahren, in dem Komitees Staatenberichte prüfen und auch eine Beurteilung von Einzelbeschwerden unter bestimmten Voraussetzungen vornehmen können.

---

23 *Lingens*, Entscheidung des Europäischen Gerichtshofs für Menschenrechte vom 8. Juli 1986, Serie A, Nr. 103 (1986) = Europäische Grundrechte-Zeitschrift 1986, 424 ff.; *J.A. Frowein*, oben Anm. 16, 30.
24 Unter anderem deshalb bringt das 11. Zusatzprotokoll eine Reorganisation des Kontrollmechanismus der Konvention, dazu *W. Peukert*, in: Frowein/Peukert, Europäische Menschenrechtskonvention, 2. Aufl., 1996, Artikel 19, Randnr. 2 ff. Rußland ist 1998 beigetreten.
25 Siehe den Fall Loizidou, Entscheidung des Europäischen Gerichtshofs für Menschenrechte vom 23. März 1995, Serie A, Nr. 310 (1995), dazu auch *H.-K. Ress*, Zeitschrift für ausländisches öffentliches Recht und Völkerrecht 56 (1996), 427 ff.

Die Wiederentdeckung des Menschen im Völkerrecht

Leider gibt es echte kontradiktorische Verfahren in Anwesenheit von Staatenvertretern nur im begrenztem Umfang. Nach meiner Erfahrung in der Europäischen Menschenrechtskommission ist das unmittelbare kontradiktorische Verfahren, bei dem Staatenvertreter zu konkreten Problemen Stellung nehmen müssen, von großer Bedeutung für das Funktionieren des Systems.

Ich meine dennoch, daß die Wirkung des weltweiten Menschenrechtsschutzes gerade auch auf Staaten, bei denen erhebliche Defizite bestehen, nicht gering geschätzt werden sollte. Die Notwendigkeit der Rechtfertigung vor der Weltöffentlichkeit und die Notwendigkeit, das Verhalten auch vor der eigenen Öffentlichkeit zumindest im bestimmten Umfang zu rechtfertigen, ist sehr wirksam. Wo überhaupt Ansätze für offene und demokratische Strukturen existieren, kann hiermit erhebliche Reformbereitschaft entstehen.[26]

Ein gutes Beispiel ist die Behandlung der Folter, einer der besonders schrecklichen Formen der menschenrechtswidrigen Behandlung. Der internationale Konsens zur Ächtung der Folter hat erhebliche Auswirkungen gehabt. Wir sehen zur Zeit auch in Israel, das sich wie kaum ein anderer Staat unter einer terroristischen Bedrohung befindet, daß die Bereitschaft, Sicherheitsdienste wirklich darauf hin zu kontrollieren, ob sie die Schwelle zur Folter überschreiten, erheblich zunimmt. Der oberste Gerichtshof hat hier seine Haltung ganz offensichtlich teilweise geändert. Das Komitee, das auf der Grundlage der UN-Folter-Konvention arbeitet, hat Israel in vorsichtiger Weise für die Zwangsanwendung bei Verhören kritisiert. Derartige Feststellungen können erhebliche Auswirkungen haben.[27]

Wie stark das Bewußtsein für die Anforderungen der Menschenrechte gesteigert werden kann, wenn eine Öffentlichkeit entsteht, hat vor allem die Geschichte der Schlußakte von Helsinki von 1975 in wirklich dramatischer Weise in den kommunistischen Staaten Osteuropas gezeigt. Die Schlußakte war kein völkerrechtlich bindendes Instrument. Sie war aber eine ausdrückliche Anerkennung der Bedeutung der Menschenrechte, deren Verbindlichkeit jedenfalls in weitem Umfang bereits 1975 aus anderen Normen resultierte und im übrigen als politische Leitlinie akzeptiert wurde. Das Wichtigste für die Helsinki-Schlußakte war die ausdrückliche Vereinbarung, daß ihr Text in allen Staaten veröffentlicht werden würde. Daran mußten sich auch die Staaten Mittel- und Osteuropas halten. Es ist inzwischen bekannt, in welchem Umfang die Oppositionsgruppen, die entstanden waren oder sich bildeten, diese Texte verwendet

---

26 Zum Berichtsverfahren der EMRK, s. *J.A. Frowein*, oben Anm. 14, Artikel 28, Rdnr. 5 ff.; *W. Peukert*, oben Anm. 24, Artikel 31.
27 Zur Ächtung der Folter s. *R. Kühner*, Torture, in: R.Bernhardt (Hrsg.), Encyclopedia of Public International Law, vol.8, 1984, 510 ff.; *Verdross/Simma*, Universelles Völkerrecht, 3. Aufl., 1985, §§ 1235 und 1238; *R. Bank*, Die internationale Bekämpfung von Folter und unmenschlicher Behandlung auf den Ebenen der Vereinten Nationen und des Europarates, 1996.

haben, um Behörden auf ihre Verpflichtungen hinzuweisen. Die Bedeutung dieses Vorganges kann für die Entwicklung bis 1989 ganz sicher nicht überschätzt werden.[28]

Wenn wir über die weltweite Menschenrechtsentwicklung nach dem zweiten Weltkrieg sprechen, müssen wir auch die über die Verträge und sonstigen Absprachen hinaus reichenden Ansätze berücksichtigen. Das Völkerrecht hat insgesamt seine Struktur mit der Satzung der Vereinten Nationen und der Anerkennung grundlegender Normen erheblich verändert. Es ist von einer reinen Koordinationsrechtsordnung zu einer Rechtsordnung geworden, die ähnlich wie ein nationales Rechtssystem oberste Verfassungsnormen und Normen niederer Rangstufe kennt. Das ist unter anderem dadurch ausdrücklich anerkannt worden, daß die Wiener Vertragsrechtskonvention von 1969 die inzwischen allgemein anerkannte Kategorie zwingender Völkerrechtsnormen eingeführt hat.[29] Das sogenannte Jus cogens sind diejenigen Normen, von denen in keinem Vertrag abgewichen werden darf. Zu diesen zwingenden Normen zählen, darüber besteht heute Einigkeit, auch die elementaren Menschenrechte. Der Internationale Gerichtshof hat das in einer berühmten Entscheidung 1970 im Grundsatz anerkannt und in mehreren anderen Verfahren bestätigt.[30]

Aus diesen zwingenden Normen ergeben sich Verpflichtungen, die dem Staat nicht im bilateralen Verhältnis gegenüber einem anderen Staat, sondern gegenüber der Völkerrechtsgemeinschaft insgesamt auferlegt sind, sogenannte „obligationes erga omnes," Verpflichtungen gegenüber allen Mitgliedern der Völkerrechtsgemeinschaft. Es ist eine nicht völlig geklärte Frage, welche Reak-

---

[28] *H.S. Russel*, The Helsinki Declaration: Brobdingnag or Lilliput?, American Journal of International Law 70 (1976), 242 ff.; *T. Schweisfurth*, Zur Frage der Rechtsnatur, Verbindlichkeit und völkerrechtlichen Relevanz der Helsinki-Schlußakte, Zeitschrift für ausländisches öffentliches Recht und Völkerrecht 36 (1976), 681 ff.; *O. Kimminich*, Konferenz über Sicherheit und Zusammenarbeit in Europa und Menschenrechte, Archiv des Völkerrechts 17 (1977/78), 274 ff.

[29] Artikel 53 und 64 der Wiener Vertragsrechtskonvention vom 23. Mai 1969, UNTS, vol. 1155, 331. Artikel 53 lautet: „A treaty is void, if, at the time of its conclusion, it conflicts with a peremptory norm of general international law. For the purposes of the present Convention, a peremptory norm of general international law is a norm accepted and recognised by the international community of States as a whole as a norm from which no derogation is permitted and which can be modified only by a subsequent norm of general international law having the same character."

[30] Barcelona Traction, Light and Power Company, Limited, ICJ Reports 1970, 32, para.33; *H. Mosler*, Jus cogens im Völkerrecht, Annuaire suisse de droit international 25 (1968), 9 ff.; *M. Virally*, Réflexions sur le jus cogens, Annuaire français de droit international 12 (1969), 5 ff.; *J. Sztucki*, Jus Cogens and the Vienna Convention in the Law of Treaties, 1974; *C.L. Rozakis*, The Concept of Jus Cogens in the Law of Treaties, 1976; *A. Gómez Robledo*, Le jus cogens international: sa génèse, sa nature, ses fonctions, Recueil des Cours 172 (1981-III), 9 ff.; *L. Hannikainen*, Peremptory Norms (Ius Cogens) in International Law, 1988; *J.A. Frowein*, Reactions by not directly affected States to Breaches of Public International Law, Recueil des Cours 248 (1994-IV), 363 ff. und 405 ff.

Die Wiederentdeckung des Menschen im Völkerrecht

tionsmöglichkeiten Staaten haben, wenn andere Staaten derartige Normen verletzen. Die Praxis zeigt aber, daß nicht nur die Organe der Vereinten Nationen, sondern auch einzelne Staaten unter Umständen auf extreme Menschenrechtsverletzungen reagieren, selbst wenn ihre eigenen Angehörigen hier nicht betroffen sind. Das ist ein außerordentlich wichtiger Ansatz, der den Druck auf den Rechtsverletzer erheblich steigern kann. Gewiß muß man immer wieder zugeben, daß die staatliche Außenpolitik natürlich nicht allein und nicht einmal vorwiegend von Überlegungen des Menschenrechtsschutzes geleitet werden kann. Man braucht nur an die Diskussion in Bezug auf China zu erinnern. Aber das sollte nicht zu dem Irrtum verführen, daß Fragen dieser Art heute ohne jede Bedeutung sind. Es kann durchaus gezeigt werden, daß der Konsens insofern zunimmt.

Die schärfste Reaktion der Staatengemeinschaft ist das militärische Eingreifen. Die Fälle Somalia, Haiti, Ruanda und Bosnien-Herzegowina werfen die Frage auf, ob extreme Menschenrechtsverletzungen, insbesondere im Bürgerkrieg, als Friedensbedrohung im Sinne des Kap. VII der UN-Satzung gewürdigt werden können und bei Einigkeit der Staatengemeinschaft auch bewaffnetes Eingreifen nach Art. 42 der Satzung zulassen. Die Frage ist in allen Fällen nicht eindeutig geklärt worden. Es spricht aber viel dafür, daß die heutige Staatenwelt den Friedensbegriff in Art. 39 der UN-Satzung nicht mehr allein auf die internationalen Beziehungen beschränken kann. Die Anwendung militärischer Gewalt in erheblichem Umfang innerhalb eines Staates, die im großem Umfang zu Menschenrechtsverletzungen auf der Seite der ethnischen oder sonstigen Minderheit führt, wird als ein so schwerwiegender Verstoß gegen die Grundlagen der UN-Satzung angesehen, daß ein begrenzter militärischer Eingriff zur Befriedung der Situation als völkerrechtlich zulässig angesehen wird. Ich kann die schwierigen Einzelfragen hier nicht völlig ausbreiten. Ich halte die Entwicklung insgesamt für begrüßenswert. Das Argument, der Sicherheitsrat müsse dann konsequent in allen Fällen mit den gleichen Mitteln eingreifen, halte ich nicht für zutreffend. Wir kennen auch im innerstaatlichen Recht das Entschließungsermessen der Polizei hinsichtlich der Notwendigkeit des Eingriffs. Im Sicherheitsrat ist dieses Ermessen natürlich stark politisch bestimmt. Man sollte daraus aber nicht den Schluß ziehen, daß derartige Extremfälle nicht zu einer militärischen Intervention auf der Grundlage von Kap. VII führen dürften. Solange es notwendig ist, die fünf ständigen Mitglieder des Sicherheitsrates zumindest zu einer Duldung der Aktion zu überzeugen, sind auch dem politischen Mißbrauch dieses Verfahrens erhebliche Grenzen gesetzt.[31]

Bei jedem militärischen Eingreifen ist es freilich von ganz besonderer Bedeutung, daß die Gefahren für die betroffenen Menschen nicht erhöht werden.

---

31 *J.A. Frowein*, in: B. Simma (Hrsg.), The Charta of the United Nations, 1995, Art. 39, Rdnr. 16 ff.

Das ist eine Frage der konkret vorhandenen Möglichkeiten, vor allem auch der Planung und der Verfügbarkeit von besonders ausgebildeten Streitkräften. Sehr viel gefährlicher als militärische Intervention auf der Grundlage der UN-Satzung sind naturgemäß einseitige Aktionen von Staaten, die dazu militärisch in der Lage sind. Sie sind völkerrechtlich im Normalfall eindeutig unzulässig. Ausnahmen können sich dann ergeben, wenn es um die Rettung eigener Staatsangehöriger geht und vielleicht auch in wirklich ganz extremen Fällen. Was man im vorigen Jahrhundert als humanitäre Intervention diskutierte, mag auch heute noch unter gewissen Umständen Bedeutung haben.

IV. Die Entwicklung der Verantwortlichkeit des Einzelnen

Konsequent in unserem Zusammenhang ist nun auch der Blick auf die völkerrechtliche Verantwortlichkeit des einzelnen, auf den Bereich des Völkerstrafrechts. Der erste wichtige Schritt wurde mit dem Urteil von Nürnberg getan. Am 30. September und 1. Oktober 1946 verkündete der Internationale Militärgerichtshof in Nürnberg das Urteil gegen die deutschen Hauptkriegsverbrecher. 12 Angeklagte wurden zum Tode verurteilt, 3 zu lebenslänglicher Gefängnisstrafe, 4 zu Gefängnisstrafen, 3 Angeklagte wurden freigesprochen. Die Verurteilungen erfolgten wegen Verbrechen gegen den Frieden, Kriegsverbrechen und Verbrechen gegen die Menschheit, wie man crime against humanity besser wiedergeben sollte.[32]

Diese Verbrechen waren im Statut des Internationalen Militärgerichtshofs durch völkerrechtlichen Vertrag zwischen den Siegermächten definiert worden. Danach wurden die Planung, Vorbereitung, Einleitung oder Führung eines Angriffskrieges oder eines Krieges unter Verletzung internationaler Verträge als Verbrechen gegen den Frieden verstanden. Kriegsverbrechen waren die Verletzungen des Kriegsrechts, insbesondere Verbrechen an der Zivilbevölkerung im besetzten Gebiet, Verbrechen gegen Kriegsgefangene, mutwillige Zerstörung von Städten oder jede durch militärische Notwendigkeit nicht gerechtfertigte Verwüstung. Verbrechen gegen die Menschheit waren nach der Definition des Statuts die Ermordung, Ausrottung, Versklavung, Verschleppung oder andere an der Zivilbevölkerung vor Beginn und während des Krieges begangene unmenschliche Behandlung sowie die Verfolgung aus politischen, rassischen oder religiösen Gründen.[33]

---

32 *H.-H. Jescheck*, Nuremberg Trials, in: R. Bernhardt (Hrsg.), Encyclopedia of Public International Law, vol. III, 1997, 748 f.
33 Charter of the International Military Tribunal, UNTS, vol. 82, 284, Article 6 (a): Crimes against peace, 6 (b): War crimes, 6 (c): Crimes against humanity; zu diesen Tatbeständen s. näher *H.-H. Jescheck*, Die Verantwortlichkeit der Staatsorgane nach Völkerstrafrecht, 1952, 295 ff.

Die Grundlagen für das Nürnberger Verfahren wurden durch völkerrechtlichen Vertrag zwischen den Alliierten geschaffen, Deutschland war an diesem Vertrag nicht beteiligt. Der Gerichtshof stellte zu Anfang seiner rechtlichen Begründung fest, daß die Ausarbeitung des Statuts in Ausübung der souveränen Macht der Rechtsetzung jener Staaten erfolgt sei, denen sich das Deutsche Reich bedingungslos ergeben hatte. Außerdem sei von jeher anerkannt, daß eine Besatzungsmacht für das besetzte Gebiet Recht setzen könne. Daher sei das Statut keine willkürliche Ausübung der Macht seitens der siegreichen Nationen, sondern der Ausdruck des zur Zeit der Schaffung des Statuts bestehenden Völkerrechts.[34]

Es ist klar, daß hier einer der großen Mängel des Nürnberger Verfahrens lag. Es war nicht möglich, die Anklage auf Normen zu stützen, die eine Bestrafung derartiger Handlung bereits vor dem zweiten Weltkrieg unter Beteiligung Deutschlands festgelegt hatten. Das Verfahren wurden allein von alliierten Richtern durchgeführt. Zu ihnen gehörte ein sowjetischer Richter, dessen Beteiligung auf deutscher Seite naturgemäß als besonders problematisch angesehen werden mußte, da die Verantwortung der Sowjetunion für schwere Kriegsverbrechen, etwa die Ermordung polnischer Offiziere in Katyn, allgemein und zutreffend angenommen wurde.

Der Gerichtshof bemühte sich zwar, und das ist in Deutschland nicht immer anerkannt worden, um eine wirklich sehr umfassende rechtliche Analyse der Grundlagen der Strafbarkeit und um eine volle Aufklärung der Tatsachen, wie sich auch aus den Freisprüchen ergibt. Problematisch blieb natürlich der Schluß von der Völkerrechtswidrigkeit des Angriffskrieges und des Verbrechens gegen das Kriegsrecht sowie gegen die Menschheit auf die individuelle Strafbarkeit. Dafür war eine eindeutige Grundlage nicht gegeben. Bei der Kritik wurde allerdings häufig übersehen, daß Probleme ähnlicher Art bei allen Verfahren auftauchen, die Staatsunrecht durch strafgerichtliche Aburteilung ahnden. Hier geht es durchweg darum, daß Maßnahmen, die in der Rechtsordnung des verbrecherisch handelnden Staates nicht unter einer effektiven Strafdrohung stehen, später dennoch zur individuellen Strafe führen. Insbesondere für die Kriegsverbrechen und die Verbrechen gegen die Menschheit, die völkerrechtlich verboten waren und nach dem Recht aller Rechtsstaaten Straftatbestände bildeten, erscheint die Verurteilung bei genauer Analyse gut begründet.

Freilich bleibt an die Mahnung des amerikanischen Hauptanklägers Jackson, Richter am Supreme Court, zu erinnern, der nach Beendigung des Prozesses ausdrücklich darlegte, daß die Maßstäbe, die durch Nürnberg gesetzt worden seien, für die weitere Praxis der Staaten maßgebend sein müßten: „Keines der anklagenden Völker kann lange in seiner eigenen Praxis von diesem Standard

---

34 *H.-H. Jescheck*, Die Verantwortlichkeit der Staatsorgane nach Völkerstrafrecht, 1952, 285 f.

abweichen, ohne die Verurteilung und die Verachtung der zivilisierten Welt herauszufordern." Der deutsche Verteidiger Professor *Kraus* hat dem 1961 hinzugefügt, der Prozeß könne vor der Weltgeschichte und dem Weltgericht seinen eigentlichen Sinn und seine letzte Rechtfertigung erst dann erhalten, wenn die in Nürnberg zugrunde gelegten und proklamierten Regeln allgemein maßgeblich würden und das Verhalten auch der anderen bestimmten. So müsse dieses Urteil allgemeiner Maßstab für das Verhalten der Staaten, Völker und Menschen zueinander werden.[35]

Es dauerte allerdings bis zum 22. Februar 1993, bis an die Nürnberger Erfahrungen angeknüpft wurde. Mit der Resolution 808 beschloß der Sicherheitsrat der Vereinten Nationen die Einsetzung eines Internationalen Strafgerichtshofes zur Verfolgung der Kriegsverbrechen im ehemaligen Jugoslawien.[36] Die Rechtsgrundlage für die Resolution war Kap. VII der UN-Satzung. Der Sicherheitsrat sah die Aburteilung der Kriegsverbrechen im ehemaligen Jugoslawien als notwendig zur Wiederherstellung des Friedens an. Die wesentliche Veränderung gegenüber der Situation in Nürnberg lag darin, daß inzwischen das Völkerrecht, vor allem in den Genfer Rot-Kreuz-Konventionen von 1949, Verbrechenstatbestände gegen die Zivilbevölkerung und gegen Kriegsgefangene ausdrücklich definiert hatte.[37] Auch die Völkermordkonvention von 1948 hatte auf der Grundlage der Erfahrungen des Nationalsozialismus und des zweiten Weltkriegs den schlimmsten Tatbestand des Völkerstrafrechts vertraglich ausdrücklich definiert.[38]

Die Verfahren in Den Haag sind natürlich schwierig, insbesondere solange die wichtigsten Verantwortlichen nicht vor dem Gericht stehen. Es erscheint aber sehr deutlich, daß hier eine wirksame Grundlage für die strafrechtliche Verantwortlichkeit geschaffen worden ist und es spricht viel dafür, daß auch die Hauptverantwortlichen sich in Kürze vor dem Gericht wiederfinden werden.

Am 17. Juli 1998 hat in Rom eine große internationale Konferenz die Ausarbeitung eines Vertrages für einen Internationalen Strafgerichtshof zu Ende gebracht. Dieser Internationale Strafgerichtshof wird dann ständig für die Aburteilung derartiger völkerrechtlicher Verbrechen zuständig sein, die nicht von nationalen Gerichten abgeurteilt werden oder abgeurteilt werden können. Insbesondere Verstöße gegen die elementaren Menschenrechte im bewaffneten Konflikt, die als Kriegsverbrechen sowohl im internationalen wie im inner-

---

35 *H. Kraus*, Vorbemerkung zu: Das Urteil von Nürnberg 1946, dtv-dokumente, 1961, 9.
36 S/RES/808 vom 22. Februar 1993; Das Statut des Jugoslawien-Gerichtshofes wurde mit S/RES/827 vom 25. Mai 1993 geschaffen (abgedruckt in BT-Drucks. 13/57 als Anlage 1).
37 Genfer Abkommen über die Behandlung der Kriegsgefangenen vom 12. August 1949, BGBl. 1954, Teil II, 838, UNTS, vol. 75, 135; Genfer Abkommen zum Schutze von Zivilpersonen in Kriegszeiten vom 12. August 1949, BGBl. 1954, Teil II, 917, ber. 1956, Teil II, 1586, UNTS, vol. 75, 287.
38 Konvention über die Verhütung und Bestrafung des Völkermordes vom 9. Dezember 1948, BGBl. 1954, Teil II, 730, UNTS, vol. 78, 277.

Die Wiederentdeckung des Menschen im Völkerrecht 79

staatlichen Konflikt anzusehen sind, werden unter die Zuständigkeit dieses Internationalen Strafgerichtshofs fallen.[39]

V. Ausblick

Die Entwicklung seit 1989 hat die Idee des Menschenrechtsschutzes, wie er in westlichen Verfassungsstaaten verstanden wird und etwa im Rahmen der Europäischen Menschenrechtskonvention international fortentwickelt wurde, historisch zum Siege geführt. Es ist heute nicht mehr der Gegensatz zwischen einem westlichen und einem kommunistischen Menschenrechtsverständnis, der die Diskussion beherrscht. Außer in China gilt in den früher kommunistischen Ländern Europas und Asiens jedenfalls im Grundsatz das Menschenrechtsverständnis, wie es in Westeuropa seit dem Kriege praktiziert worden ist. Freilich gilt das nicht für die Welt des Islam und für China. Hier gibt es schwierige Brechungen dieses Verständnisses durch Kultureinflüsse. Es ist nicht einfach, hierauf Antworten zu finden, und es würde über diesen Vortrag hinausgehen, das Problem in den Einzelheiten zu erörtern. Lassen Sie mich hier nur folgendes sagen. Nach meiner Auffassung darf auch die notwendige Anerkennung unterschiedlicher kultureller Prägungen nicht dazu führen, das Gebot des Schutzes der Menschenwürde aufzugeben. Es kann keine kulturelle Rechtfertigung für willkürliche Tötung, Freiheitsentziehung, Folter und Unterdrückung geben. Dieser Anspruch sollte, so meine ich, immer aufrecht erhalten bleiben.

Wo sich islamische Staaten durch Verträge dem im Völkerrecht heute anerkannten Menschenrechtsverständnis anschließen, darf nicht akzeptiert werden, daß sie durch Vorbehaltserklärungen die Vertragsbindung in ihr Gegenteil verkehren wollen. Hier ist es von großer Bedeutung, daß immer stärker Staaten Europas diesen Vorbehaltserklärungen ausdrücklich widersprechen und feststellen, daß sie an der völkerrechtlichen Bindung der islamischen Staaten nichts ändern können. Gute Beispiele dafür sind Vorbehaltserklärungen zu den Verträgen gegen die Diskriminierung der Frauen oder für die Rechte der Kinder.

Ich habe bisher nicht von den wirtschaftlichen und sozialen Rechten gesprochen, die häufig als die zweite Generation der Menschenrechte bezeichnet werden, und ich habe die dritte Generation der kollektiven Menschenrechte nicht erwähnt.

Für die zweite Generation der wirtschaftlichen und sozialen Rechte haben wir in weitem Umfang völkerrechtliche Grundlagen. Man muß nur den UN-Pakt über wirtschaftliche, soziale und kulturelle Rechte, der für sehr viele Staa-

---

39 Das Statut über den Internationalen Strafgerichtshof ist bislang nur via Internet unter http://www.un.org/icc verfügbar.

ten der Welt in Kraft ist, in seinen Bestimmungen zur Kenntnis nehmen.[40] Dasselbe gilt für die Europäische Sozialcharta.[41] Wir finden hier den Schutz des Menschen gegen wirtschaftliche und soziale Risiken stark betont.[42] Lange Zeit war es der Kommunismus, der den Vorrang dieser wirtschaftlichen und sozialen Rechte vor den individuellen Menschenrechten betonte. Literarisch kann man sich für diesen Vorrang auf den berühmten Spruch von *Schiller* berufen: „Habt ihr die Blöße bedeckt, gibt sich die Würde von selbst."

So unmittelbar dieser Anruf beeindruckt, so wenig kann er als durch die Erfahrung belegt angesehen werden. Die Würde gibt sich gerade nicht von selbst. Und es ist die große Erfahrung vieler afrikanischer Staaten, daß die Vorstellung, man könne in der Zeit der wirtschaftlichen Entwicklung die individuellen Menschenrechte vergessen, zu den traurigsten und grauenhaftesten Formen des Machtmißbrauchs führt. Insofern kann die Bedeutung nur zusammen gesehen werden. Aber sie muß auch zusammen gesehen werden.

Hier ist das aus der Sozialstaatsvorstellung nach deutschem Verfassungsverständnis entwickelte Prinzip der Verantwortung von Staat und Gesellschaft für die soziale Frage von grundlegender Bedeutung für den Menschenrechtsschutz.[43] Demgegenüber ist das rein individualistische, der amerikanischen Verfassungssituation zugrunde liegende Menschenrechtsverständnis weder der positiven Rechtslage im Völkerrecht entsprechend, noch eine ausreichende Grundlage für eine Bemühung um menschenwürdiges Dasein.[44] Freilich darf der Unterschied zwischen den Individualrechten und den wirtschaftlichen und sozialen Rechten nicht verkannt werden. Rechtsnormen und Gerichte können den letzteren in sehr viel geringerem Umfang zur Durchsetzung verhelfen als den ersteren. Hier liegt die Aporie des Problems. Aber die Rechtsordnung sollte die Bedeutung der wirtschaftlichen und sozialen Rechte anerkennen. Die Völkerrechtsordnung tut es seit der Erklärung der Menschenrechte der Vereinten Nationen von 1948, die die Individualrechte mit den wirtschaftlichen und sozialen Rechten verbindet.

Gewiß muß man auch zur Kenntnis nehmen, daß das Menschenrechtsverständnis vielfach auf kollektive Grundfragen der Völkerrechtsordnung ausgedehnt worden ist, so etwa bei der teilweise in Texten aufgenommenen Anerken-

---

40 Internationaler Pakt über wirtschaftliche, soziale und kulturelle Rechte vom 19. Dezember 1966, BGBl. 1973, Teil II, 1570, UNTS, vol. 993, 3.
41 Europäische Sozialcharta vom 18. Oktober 1961, BGBl., Teil II, 1262, UNTS, vol. 529, 89, revidiert am 3. Mai 1996, ILM 36 (1997), 34.
42 Kritisch *C. Tomuschat*, Die Bundesrepublik Deutschland und die Menschenrechtspakte der Vereinten Nationen, in: Vereinte Nationen 26 (1978), 2 f.
43 *K. Stern*, Das Staatsrecht der Bundesrepublik Deutschland, Bd. I, 2. Aufl., 1984, § 21 I 1, 877 ff.
44 *J.M. Wronka*, Human rights and social policy in the twenty first century, 1992, 142 ff. und 219 ff.

nung des Rechtes auf Entwicklung oder des Rechtes auf Frieden.[45] Man sollte sich hier nur darüber klar sein, daß die Problematik nicht eigentlich mit der Behandlung des Menschenrechtsschutzes verglichen werden kann. Vielmehr handelt es sich um Grundfragen der Völkerrechtsordnung, die etwa das System der kollektiven Sicherheit gemäß Kap. VII der UN-Satzung betreffen oder die Ordnung des Systems der Weltwirtschaft und des Welthandels. Es scheint nicht sinnvoll, hier Verkürzungen der Problematik durch Begriffsveränderungen einzuführen.

Der Sieg des westlichen Menschenrechtsverständnisses seit 1989 ging freilich einher mit der Erkenntnis, daß auch in Europa in unmittelbarer Nähe unserer Grenzen der Rückfall in die Barbarei in grausigste Formen der Verletzung elementarer Menschenrechte möglich war. Ich will jetzt nicht über die Frage sprechen, woran es lag, daß hier den Anfängen nicht gewehrt wurde. Ich glaube, daß dazu die Möglichkeiten vorhanden waren. Wenn der amerikanische Präsident nicht durch die Situation vor seiner erhofften Wiederwahl gelähmt gewesen wäre, wäre ein früher Einsatz über Kap. VII der UN-Satzung wahrscheinlich erfolgreich gewesen.

Was mir in unserem Zusammenhang wichtig erscheint, ist die Erkenntnis, daß der Absturz in brutalste Menschenrechtsverletzungen als eine stetige Bedrohung der menschlichen Gesellschaft gesehen werden muß. Wenn man Entscheidungen internationaler und nationaler Gerichte über die Vorkommnisse in dem ehemaligen Jugoslawien liest, dann ist zum Teil der Bezug zu den Greueln des Nationalsozialismus und des zweiten Weltkriegs ganz unabweisbar, wenn natürlich auch die Quantität nicht verglichen werden kann. Aber darauf kommt es nach meiner Meinung auch nicht an. Im Kommunismus, gerade auch im jugoslawischen Kommunismus, tat man sich, wenn ich es recht sehe, sehr viel zugute auf die humane Tradition der kommunistischen Lehre und glaubte, die mit dem Kapitalismus und Faschismus verbundenen Gefahren der Barbarei überwunden zu haben. Hier ist der Absturz sehr deutlich.

Ereignisse der letzten Zeit können aber auch zeigen, daß die Weltöffentlichkeit im zunehmenden Umfang auf unerträgliche Menschenrechtsverletzungen reagiert und zum Teil in demokratischen Staaten Reaktionen erzwingt. Letztlich gilt das gerade auch für das ehemalige Jugoslawien, freilich nach zu langer Zeit. Im preußisch-amerikanischen Freundschafts- und Handelsvertrag vom 10. Sept. 1785 heißt es in Art. 24:[46] „Um das Geschick von Kriegsgefangenen zu mildern und sie nicht der Verschickung in ferne und rauhe Länder oder dem Einpferchen in enge und ungesunde Unterkünfte auszusetzen, verpflichten sich die beiden kontrahierenden Teile gegenseitig und vor aller Welt, daß sie keine derartigen Praktiken einführen werden ..."

---

45 *S.R. Chowdhury*, The right to development in international law, 1992; *G. Odendahl*, Das Recht auf Entwicklung, 1997.
46 *W. Grewe* (Hrsg.), oben Anm. 5, Bd. II, 556 (566).

Die Verpflichtung vor aller Welt in dem Vertrag zwischen der jungen amerikanischen Demokratie und der aufgeklärten preußischen Monarchie setzte die Weltöffentlichkeit gewissermaßen als existent voraus und appellierte an sie. 200 Jahre später ist dieser Appell dringlicher. Der Menschenrechtsschutz hat große Fortschritte gemacht, aber in weiten Teilen der Welt ist die Bedrohung ungebrochen.

LUDWIG HÄSEMEYER

Die Insolvenzrechtsreform – Anlass für eine haftungsrechtliche Bilanz?

I.

Ich habe mein Thema: *Die Insolvenzrechtsreform – Anlaß für eine haftungsrechtliche Bilanz?* etwas umständlich formuliert, um zum ersten die Bedeutung der am 1.1.1999 in Kraft getretenen Insolvenzordnung als einer neuen Gesamtkodifikation des Insolvenzrechts herauszustreichen, aber zum zweiten dieses Reformwerk sogleich wieder auf den Prüfstand zivilrechtlich-haftungsrechtlicher Folgerichtigkeit zu stellen – dies selbstverständlich nicht in technischen Details, sondern in den legislatorischen Grundentscheidungen.

Es hat sich gefügt, daß die Insolvenzordnung schon vor einem Jahr und nicht zum symbolträchtigen Beginn dieses Jahres in Kraft getreten ist. Trotz zahlreicher Verbesserungen im Grundsätzlichen wie im einzelnen ist sie kein Jahrhundertgesetz. Die den ersten Reformschritt, nämlich die Arbeit der Kommission für Insolvenzrecht von 1978–1986, tragenden Hoffnungen haben sich im weiteren Verlauf des Gesetzgebungsverfahrens nur teilweise erfüllt.[1] Derzeit scheint nicht gesichert, daß an die Stelle des fortschreitend funktionslos gewordenen früheren Konkurses (man sprach vom „Konkurs des Konkurses")[2] ein vollauf funktionstüchtiges, seinen Zielvorgaben genügendes Insolvenzverfahren neuen Rechts getreten ist.

Diese Besorgnis soll anhand folgender grundsätzlicher Fragen näher artikuliert werden:

1. Hat sich der privatrechtlich-haftungsrechtliche Charakter des Insolvenzrechts mit dessen Reform verfestigt?

---

1 Die Kommissionsarbeit ist niedergelegt im Ersten Bericht (1985) und im Zweiten Bericht (1986) der Kommission für Insolvenzrecht. Eine kritische Bilanz des weiteren Gesetzgebungsverfahrens zieht (als Kommissionsmitglied) *Gerhardt*, Festgabe Zivilrechtslehrer 1934/1935 (1999), 121 ff.
2 *Kilger*, KTS 1975, 142 ff.

2. Können im neuen Insolvenzverfahren zureichende Mittel für eine amtliche Schuldenabwicklung unter haftungsrechtlich korrekten Bedingungen mobilisiert werden?
3. Erhöhen sich die Chancen zur Sanierung des Schuldners oder zumindest seines Unternehmens durch das neue einheitliche Insolvenzverfahren mit Sanierungs- und Liquidationskomponente?
4. Wird die Gleichbehandlung der Insolvenzgläubiger durchgreifend und die Verfahrenseffizienz steigernd verbessert?
5. Ist es berechtigt und praktisch zu verwirklichen, daß natürliche Personen ohne Zustimmung ihrer Gläubiger von ihren Schulden befreit werden?

II.

1. Unterscheidung zwischen Insolvenzrecht und öffentlichem Recht

Insolvenzrecht ist Privatrecht. Dies ist auch in einer Zeit vielfältig vermischter privatrechtlicher und öffentlichrechtlicher Wirtschaftsstrukturen strikt zu beachten. Als Insolvenzgläubigerin muß sich die öffentliche Hand (Staat, Körperschaften des öffentlichen Rechts usf.) gleich zu gleich unter die übrigen Gläubiger einreihen. Soweit sie sich selbst verschuldet, meidet sie freilich – zu Recht – das privatrechtliche Insolvenzverfahren, weil sie in ihm ihre öffentlichen Aufgaben nicht mehr erfüllen könnte.[3] Schlimmstenfalls mit dem Staatsbankrott,[4] sonst beispielsweise mit der Zwangsetatisierung im kommunalen Bereich und der Gewährträgerhaftung für öffentlichrechtliche Kreditinstitute (sog. Anstaltslast) werden andere Wege beschritten.

a) Gleichwohl wird bis heute zum Schaden des Insolvenzrechts nicht durchweg zwischen seinen und öffentlichrechtlichen Strukturen getrennt. Die folgenschwerste Fehlregelung, nämlich die Anerkennung vorgeblich gemeinwohlorientierter insolvenzrechtlicher Vorrechte unter entsprechender Zurücksetzung der übrigen (Privat-)Gläubiger ist erfreulicherweise mit der Insolvenzordnung entfallen: Es gibt keine Vorrechte des Steuerfiskus und der Sozialversicherungsträger mehr.[5] Vor allem das Steuerprivileg hatte entscheidend zum Funktionsverlust des bisherigen Konkursverfahrens beigetragen, weil es die Privatgläubiger zur Ausbildung eines lückenlosen Systems dinglicher (konkursfester) Sicherheiten zur Wahrung ihrer Rechte gegenüber dem Steuerfiskus nötigte. Damit wurde eine öffentlichrechtlich initiierte Fehlregelung durch eine

---

3 Jetzt erstmals bundesrechtlich korrekt bestimmt in § 12 InsO; eingehend zur Kompetenzwahrung der verfassungsmäßigen Organe BVerfGE 66, 1 ff., 18 ff. (zur Insolvenzunfähigkeit der Kirchen).
4 Er läuft auf ein reines Entschuldungsverfahren hinaus. Dazu eingeh. *Kratzmann*, JZ 1982, 319 ff.
5 Vgl. §§ 38, 39 InsO gegenüber § 61 Abs. 1 Ziff. 1 e, 2, 3 KO.

privatrechtlich-kautelarjuristische Fehlentwicklung kompensiert,[6] die sich leider ihrerseits in der Insolvenzrechtsreform als rechtspolitisch resistent erwiesen hat. Immerhin ist erreicht, daß der – noch zu behandelnde – Grundsatz der Gleichbehandlung aller Insolvenzgläubiger heute nur noch unter privatrechtlichen Aspekten zu beurteilen ist.

b) Nicht präzise genug auseinandergehalten werden öffentlichrechtliche und insolvenzrechtliche Strukturen insbesondere im Bereich des Arbeitnehmerschutzes und der Arbeitsplatzsicherung – und dies mit fatalen Folgen gerade für ein Kernstück der Insolvenzrechtsreform, nämlich für die Einführung einer vorläufigen Insolvenzverwaltung bis zur Verfahrenseröffnung zwecks Sicherung des Schuldnervermögens und Vorbereitung der Verfahrenszielbestimmung: Arbeitnehmer erhalten in der Insolvenz ihres Arbeitgebers „Insolvenzgeld" zum Ausgleich für erlittene Lohnverluste, eine öffentlichrechtliche, sozialpolitische Maßnahme. Sie muß aus öffentlichen Mitteln (derzeit: Umlagen bei sämtlichen Unternehmern durch die Bundesanstalt für Arbeit) finanziert werden. Es ginge nicht an, das Schuldnervermögen als Privatvermögen zur Finanzierung öffentlicher Zwecke einzusetzen, nur weil es überschuldet ist. Dies liefe auf eine entschädigungslose und damit unzulässige (Art. 14 GG) Konfiskation zu Lasten der Insolvenzgläubiger hinaus, die zudem zufällig, ohne innere Rechtfertigung, und damit im Widerspruch zum Gleichheitssatz (Art. 3 GG) betroffen wären.[7]

Jede Refinanzierung des Insolvenzgeldes aus dem Schuldnervermögen ist also unzulässig. Andererseits dürfen Dritte nicht im Widerspruch zum Förderungszweck begünstigt werden. Die entsprechenden Regelungsversuche sind dem Gesetzgeber der Insolvenzordnung (§§ 21 f. InsO) und des Sozialgesetzbuches III (§§ 183 ff.) gründlich mißlungen. Wird im Eröffnungsstadium ein vorläufiger Insolvenzverwalter mit umfassender Verfügungsbefugnis bestellt, und führt er den Betrieb des Insolvenzschuldners fort, muß er den Arbeitnehmern vollen Lohn aus dem Schuldnervermögen zahlen (§§ 22, 55 InsO). Schon nach bisherigem Recht kam in Betracht, diese Lohnansprüche mit Hilfe des Insolvenzgeldes vorzufinanzieren. Die (womöglich wettbewerbsrechtlich wie sozialversicherungsrechtlich nicht unbedenkliche) Regelung ist im neuen Recht dahin präzisiert worden, daß solche Vorfinanzierung nur zwecks Erhaltung eines erheblichen Teiles der Arbeitsplätze zulässig ist (§ 188 Abs. 4 SGB III).

Kommt es zu einer solchen Finanzierung, erwirbt die Arbeitsverwaltung sämtliche Forderungen der Arbeitnehmer gegen den Insolvenzschuldner, deren Berücksichtigung als Insolvenzforderungen die übrigen Insolvenzgläubiger auch sonst hätten hinnehmen müssen. Im Unterschied zum bisherigen Recht (§ 59 Abs. 2 KO) ist aber derzeit nicht mehr bestimmt, daß Lohnforderun-

---

6 Zu diesen Zusammenhängen eingeh. Erster Bericht der Kommission für Insolvenzrecht, 295 ff., 345 ff.
7 Dazu *Häsemeyer*, Insolvenzrecht, 2. Aufl., Rdnr. 2.19.

gen nur in dieser Qualität als Insolvenzforderungen auf die Arbeitsverwaltung übergehen können. Die Insolvenzpraxis muß befürchten, daß die Arbeitsverwaltung infolge ungeschmälerten Forderungsüberganges mit dem vollen Wert der Lohnforderungen zu befriedigen sei. Entweder läuft deshalb die Vorfinanzierungsregelung leer, oder man muß von der Bestellung eines vorläufigen Insolvenzverwalters mit umfassender Rechtsmacht absehen. So geschieht es derzeit allerorten, so daß eine für die Funktionsfähigkeit des neuen Insolvenzverfahrens höchst wichtige Regelung blockiert wird.[8]

Demgegenüber ist nachdrücklich auf die Unzulässigkeit privatrechtlicher Refinanzierung öffentlicher Aufgaben und Mittel zu verweisen. Die Insolvenzgeldregelung bildet eine lex specialis, wonach Arbeitslohn vor Eröffnung auch bei vorläufiger Insolvenzverwaltung ausschließlich aus öffentlichen Mitteln gewährt wird. Der gesetzliche Übergang der Lohnforderungen auf die Arbeitsverwaltung soll allein hindern, daß den übrigen Insolvenzgläubigern Vorteile (außerhalb des öffentlichen Förderungszweckes) erwachsen. Dieser Zielsetzung folgend können vor Verfahrenseröffnung begründete Lohnforderungen nur als (mit anderen konkurrierende) Insolvenzforderungen auf die Bundesanstalt für Arbeit übergehen (vgl. auch § 187 S. 2 SGB III). Letztlich hatte also schon die frühere (wie sich jetzt erweist: höchst nützliche!) explizite Regelung in § 59 Abs. 2 KO nur klarstellenden Charakter. Wenn nicht jede Selbstverständlichkeit ausdrücklich kodifiziert wird, sollte man daraus nicht gleich unsystematische Schlußfolgerungen ziehen.

c) Gleichwohl hätte es dem neuen Insolvenzrecht gut angestanden, wenn sein privatrechtlicher Charakter gegenüber sämtlichen von einem Insolvenzverfahren betroffenen öffentlichen Rechtsverhältnissen wenigstens in den Grundzügen festgeschrieben worden wäre. Insofern bringt nur eine vereinzelte Vorschrift (§ 171 Abs. 2 S. 3 InsO) eine Verbesserung, wonach die aus der Veräußerung von Sicherungsgut erwachsende Umsatzsteuer nicht mehr aus der Insolvenzmasse (und damit zu Lasten aller Insolvenzgläubiger) zu erstatten ist, sondern allein den gesicherten Gläubiger trifft. Dies hätte freilich nicht nur für Verwertungen seitens des Verwalters bestimmt werden müssen, weil die Umsatzsteuer (als Verbrauchssteuer) für alle Zwischenerwerber aufwendungsneutral zu halten und damit der Sicherungsnehmer gehindert ist, neben dem Wert seines Sicherungsgutes auch noch die darauf vom Letzterwerber zu entrichtende Umsatzsteuer zu kassieren.[9]

d) Mangels ausdrücklicher Regelung wird vor allem die Altlastenproblematik weiterhin die Gerichte beschäftigen: Wer trägt die Kosten für die Besei-

---

8 Vgl. *Wiester*, ZInsO 1998, 99 ff., NZI 1999, 397, 398: § 108 Abs. 2 InsO soll § 55 Abs. 2 S. 2 InsO verdrängen; krit. dazu *Bork*, ZIP 1999, 781 ff.; *Henckel*, NZI 1999, 67; für teleologische Reduktion des § 55 Abs. 2 InsO ArbG Aachen, ZIP 1999, 1982 = NZI 1999, 510, und LAG Hamm, ZIP 2000, 590 (Zwanziger); zuletzt *Wellensiek*, BB 2000, 3 f.
9 So schon *Knobbe-Keuk*, in: FS 100 Jahre Konkursordnung (1977), 219, 237 ff.; ferner *Onusseit*, KTS 1994, 3, 18 ff.

tigung von gemeinschädlichen Verunreinigungen, die auf Grundstücken des Schuldners entdeckt werden? Die Verwaltungsgerichte machen sich die gebotene wechselseitige Abstimmung des Verwaltungsrechts mit dem Insolvenzrecht zu einfach, wenn sie für die insolvenzrechtliche Behandlung der (öffentlichrechtlichen) Beseitigungsansprüche schematisch auf den Zeitpunkt der Beseitigungsverfügung abstellen. Auf die Spitze getrieben wurde diese Auffassung jüngst in einem Urteil des Bundesverwaltungsgerichts,[10] wonach es den Ordnungsbehörden gestattet sein soll, vor Verfahrenseröffnung erlassene Verfügungen zu widerrufen und im Verfahren neue Verfügungen zu erlassen. Der praktische Witz solcher Manipulationen liegt darin, eine nur mit der Quote zu bedienende Insolvenzforderung durch erneute Entscheidung der Ordnungsbehörde in eine in voller Höhe zu tilgende Masseverbindlichkeit umzuwandeln.

Dies steht in krassem Widerspruch zu dem Grundsatz der Gleichbehandlung aller Insolvenzgläubiger. Die insolvenzrechtliche Haftungsordnung wird mit zwingenden gesetzlichen Voraussetzungen festgeschrieben, die nicht auf Entscheidungen der einzelnen Gläubiger, sondern auf deren Rechtsverhältnisse zum Insolvenzschuldner abstellen. Soweit Ansprüche (auch solche auf Beseitigung oder Unterlassung) vor Eröffnung des Verfahrens begründet worden sind, können sich Insolvenzgläubiger der Gleichbehandlung nicht entziehen. Dies wird für sonstige öffentliche Rechtsverhältnisse, insbesondere Steuerrechtsverhältnisse, durchaus anerkannt: Nicht das Datum des Steuerbescheides, sondern die Verwirklichung des Steuertatbestandes ist für die Insolvenzgläubigerstellung (§ 38 InsO) maßgebend.

Nach denselben Grundsätzen muß für Altlasten ermittelt werden, zu welchem Zeitpunkt sich die Belastung massezugehöriger Grundstücke zu einem Aufgreiftatbestand verdichtet, der behördliches Einschreiten erlaubt und fordert. Dies ist der insolvenzrechtlich relevante „Begründungszeitpunkt". Liegt er vor Verfahrenseröffnung, muß die Altlast aus öffentlichen Mitteln beseitigt werden. Die Ordnungsbehörden sind insofern auf die Insolvenzquote verwiesen. Freilich gilt es in Übereinstimmung mit dem zuvor behandelten Beispiel der Arbeitslohnfinanzierung mittels Insolvenzgeldes zu verhindern, daß durch die Sanierung des Grundstückes ausgelöste Wertsteigerungen der Insolvenzmasse und damit den übrigen Insolvenzgläubigern zugute kommen. Solche Wertsteigerungen sind als ungerechtfertigte Bereicherungen der Masse den Ordnungsbehörden zu erstatten.[11]

---

10 ZIP 1999, 538 = BVerwG E 108, 269.
11 So schon *Stoll*, Insolvenz und hoheitliche Aufgabenerfüllung (1992), 64 ff., 98 f.; s. ferner aus dem umfänglichen Schrifttum: *Kilger*, FS für Merz (1992), 253 ff., 267 ff.; *Stürner*, ebda., 563 ff.; *K. Schmidt*, BB 1991, 1273, NJW 1993, 2833, ZIP 1997, 1441; *Pape*, KTS 1993, 352; *Weitemeyer*, Ordnungsrechtliche Maßnahmen im Konkursverfahren, 1995; *Wiester*, Altlastensanierung im Konkurs (1996); *von Wilmowski*, ZIP 1997, 1445. Eine entsprechende Wertausgleichsregelung enthält jetzt auch § 25 BBodSchG.

Auch wenn hier nicht auf Folgeprobleme, insbesondere hinsichtlich der Handlungs- bzw. Mitwirkungspflichten des Insolvenzverwalters bei der Sanierung, eingegangen werden kann,[12] sollte deutlich geworden sein, daß im Insolvenzverfahren haftungsrechtliche Differenzierungen unumgänglich sind, um die gesetzliche Haftungsordnung gegenüber den insoweit indifferenten Regelungen des Verwaltungsrechts zur Geltung zu bringen.

2. Deckung der Verfahrenskosten

Das Konkursverfahren wie auch das zu dessen Abwendung zulässige Vergleichsverfahren konnten ihre Aufgaben vor allem deshalb nicht mehr erfüllen, weil in vielen Insolvenzen haftendes Schuldnervermögen fehlte. Eine amtliche Haftungsabwicklung war gar nicht erst finanzierbar. Gläubiger und Schuldner blieben trotz evident versagender Schuldnerautonomie sich selbst überlassen mit allen schädlichen Folgen solcher Konfliktsituationen, mit Durchstechereien und Manipulationen auf Gläubiger- und Schuldnerseite, unaufdeckbaren Gläubigerschädigungen, persönlichen Aggressionen usf.[13] In der Insolvenzordnung wird mit einem ganzen Bündel von Neuregelungen versucht, Abhilfe zu schaffen. Das Insolvenzverfahren soll so rechtzeitig eröffnet werden, daß neben der reinen Liquidation auch noch eine Sanierung des Schuldners selbst oder gegebenenfalls seines Unternehmens als ernsthafte Alternative in Betracht kommt (§ 1 S. 1 InsO). Leider zeichnet sich schon heute ab, daß mangels Konsequenz und Entschiedenheit der gesetzgeberischen Schritte eine durchgreifende Besserung kaum zu erwarten ist.

a) Effizienzsteigernd wirkt sich die Einführung des neuen Eröffnungsgrundes der „drohenden Zahlungsunfähigkeit" aus. Zeichnet sich der wirtschaftliche Zusammenbruch unausweichlich ab, kann schon in dessen Vorfeld die amtliche Haftungsabwicklung nebst Sanierungsalternative ins Werk gesetzt werden (§ 18 InsO). Verantwortungsbewußte Schuldner werden hoffentlich diese Chance nutzen, um zu einer einvernehmlichen Schuldenregulierung mit ihren Gläubigern zu kommen oder nach Liquidation ihres derzeitigen Vermögens Restschuldbefreiung für die Zukunft zu erlangen.

Beifall verdienen auch die erheblichen Verschärfungen der Insolvenzanfechtung sowie die generelle (bisher nur im Vergleichsverfahren geltende) rückwirkende einmonatige Vollstreckungssperre vor Verfahrenseröffnung (§§ 88, 129 ff. InsO). Die Privatautonomie des Schuldners, die Gestaltung seiner Rechts- und Haftungsverhältnisse in Selbstbestimmung und Selbstverantwortung, wird zwar definitiv erst mit der Eröffnung des Insolvenzverfahrens beendet; aber sie ver-

---

12 Vgl. etwa *Häsemeyer*, Insolvenzrecht, 2. Aufl., Rdnr. 13.13.
13 Dazu anschaulich *Kilger*, a.a.O. (Fn. 2); s. ferner die Einleitung zum Ersten Bericht der Kommission für Insolvenzrecht, 3 ff.

liert schon im Vorfeld des wirtschaftlichen Zusammenbruches fortschreitend an Legitimation. Deshalb muß die Gesamtgläubigerschaft nicht sämtliche mit dem Schuldner begründeten Rechtsverhältnisse so hinnehmen, wie sie aufgrund privatautonomer Schuldnerentscheidungen oder gegen den Schuldner gerichteter Gläubigerzugriffe im Zeitpunkte der Verfahrenseröffnung bestehen. Vollstreckungssperre wie Insolvenzanfechtung verbessern die Verfahrenschancen und hindern, daß einzelne Gläubiger noch in letzter Minute bevorzugt werden.

Vergleichbar Lobenswertes läßt sich über die Beteiligung der gesicherten Insolvenzgläubiger an den Verfahrenskosten (der Gleichbehandlungsaspekt der einschlägigen Regelungen bleibe noch zurückgestellt) nicht sagen. Obwohl bekannt war, daß die Funktionslosigkeit des Konkurs- und Vergleichsverfahrens hauptsächlich auf vorgreiflichen, nahezu lückenlosen Verteilungen des Schuldnervermögens unter wenigen gesicherten Gläubigern beruhte, werden die insolvenzfesten dinglichen Sicherheiten (Pfandrechte an Immobilien und Mobilien, Sicherungseigentum, Sicherungszession, Eigentumsvorbehalt) nur marginal zur Finanzierung des neuen Insolvenzverfahrens herangezogen. Während die Vorschläge der Kommission für Insolvenzrecht noch Solidarbeiträge von 25 % des Wertes wenigstens der heimlichen Mobiliarsicherheiten (Eigentumsvorbehalt, Sicherungseigentum, sicherungszedierte Forderung) forderten,[14] werden jetzt nur noch Kostenbeiträge von maximal 9 % des Sicherungswertes erhoben, und dies zudem unter eingeschränkten Voraussetzungen: nur von Sicherungseigentum, das der Schuldner bei Verfahrenseröffnung noch in Besitz hatte,[15] sowie von sicherungszedierten Forderungen. Vorbehaltseigentum und Pfandrechte an beweglichen Sachen werden überhaupt nicht betroffen, Grundpfandrechte in der Zwangsversteigerung nur durch einen Vorwegabzug von 4 % auf den Wert mithaftender beweglicher Sachen (§§ 166, 170, 171 InsO, 10 Abs. 1 Nr. 1 a ZVG i.V.m. §§ 865 ZPO, 1120 BGB).

Mit diesen Kostenbeiträgen der gesicherten Gläubiger mag sich notfalls ein Insolvenzverfahren finanzieren lassen,[16] aber es verfehlt im Regelfall, wenn nämlich der Schuldner sein Vermögen durch Gewährung von Sicherheiten bereits erschöpft hatte, seinen Zweck. Es kommt nur wenigen privilegierten Gläubigern, nämlich den gesicherten Insolvenzgläubigern zugute, allenfalls noch den Arbeitnehmern des Schuldners, sofern ein Sozialplan zustande kommt, dessen Abfindungsleistungen vorrangig an die Arbeitnehmer auszuzahlen sind (§ 123 Abs. 2 InsO).

---

14 Erster Bericht der Kommission für Insolvenzrecht, LS 3.3.2 (295 ff., 312 ff.); dazu *Gerhardt* (Fn. 1), 134 ff.
15 Vgl. die Kritik bei *Eckardt*, ZIP 1999, 1734 ff.
16 Zahlreiche Entscheidungen der Insolvenzgerichte (vgl. nur die Beschlüsse des AG Charlottenburg, ZIP 1999, 1687 ff.; krit. *Pape*, ZIP 1999, 2037) belegen die Nöte der Praxis mit der Nichtfinanzierbarkeit der Verfahren. Dazu auch *Wienberg/Vogt*, ZIP 1999, 1662: Kosten der handels- und steuerrechtlichen Rechnungslegung durch den Verwalter (§ 155 InsO) als „Auslagen" i.S. des § 4 Abs. 2 InsVV?

Ein solches „Privilegierteninsolvenzverfahren" pflegt dann auch noch die letzten Werte des Schuldnervermögens aufzuzehren, die zufällig nicht zur Besicherung von Insolvenzforderungen entdeckt worden sind. Wenigstens auf sie hätten ungesicherte Insolvenzgläubiger ohne die Verfahrenseröffnung zugreifen können.[17]

Diese Kostenbeitragsregelung ist einer der haftungsrechtlich kritischsten Punkte des neuen Insolvenzrechts. Sie machte nur Sinn, wenn in der Mehrzahl der Insolvenzverfahren nicht durch Besicherungen aufgezehrtes, also frei haftendes Schuldnervermögen vorausgesetzt werden könnte. Weil dies aber auch künftig nicht erwartet werden kann, läuft die Regelung womöglich auf einen staatlichen Scheinaktivismus mit Vorteilen allein für ohnehin bevorzugte Beteiligte hinaus.[18]

b) Steht es also mit der Mobilisierung der nötigen Mittel für das Verfahren nicht zum Besten, sollten wenigstens die verfahrensbedingten Verbindlichkeiten gering gehalten werden. Dies gilt vor allem für die sog. „oktroyierten" Masseverbindlichkeiten, die unabhängig von Entscheidungsbefugnissen des Insolvenzverwalters entstehen. Die Hauptbeispiele bilden Lohnansprüche der Arbeitnehmer im Insolvenzverfahren über das Vermögen des Arbeitgebers, die von der Verfahrenseröffnung bis zum ersten Kündigungszeitpunkt in voller Höhe fortzuzahlen sind, ferner Verbindlichkeiten aus Nutzungsverhältnissen, welche die Verfahrenseröffnung überdauern. Soweit Schuldnervermögen überhaupt vorhanden ist, wird es häufig durch solche Verbindlichkeiten erheblich vermindert, zumal sie auch dann zu tilgen sind, wenn dafür Gegenleistungen nicht mehr in die Masse fließen:

Laufender Arbeitslohn ist auch dann zu zahlen, wenn die Arbeitnehmer ihre Arbeitsleistungen, beispielsweise wegen Betriebsstillegung, nicht mehr erbringen können. Insofern fehlen konsequente Lösungen, wie etwa ein Freistellungsrecht des Insolvenzverwalters gegenüber den Arbeitnehmern mit Lohnreduzierung auf die Insolvenzquote. Ein Kompromiß ist immerhin die Begrenzung der Kündigungsfrist für Arbeitsverhältnisse auf maximal drei Monate (§ 113 Abs. 1 InsO), aber auch dieses Sonderkündigungsrecht steht noch unter dem besonderen und allgemeinen Kündigungsschutz.

Für Nutzungsverhältnisse (Miete, Pacht, auch das Finanzierungsleasing) war zunächst eine haftungsrechtlich stringentere Regelung verkündet worden. Der Verwalter sollte Nutzungsverhältnisse über bewegliche Sachen je nach Masse-

---

17 Das Verdikt schon der Motive zur KO (*Hahn*, Materialien zu den Reichsjustizgesetzen, Bd. 4, 301) gegen die Konkurseröffnung auf nicht zureichender Massebasis, gilt also auch für diese Regelung; näher *F. Weber*, in: 100 Jahre Konkursordnung (1977), 321, 352 f.
18 Vgl. die entspr. Warnungen auf der gemeinsamen Tagung der Vereinigung der Zivilprozeßrechtslehrer mit dem Bundesministerium der Justiz 1990, in: *Leipold*, InsR im Umbruch (1991), 101 ff., 105 ff.; die seit Inkrafttreten der InsO beobachtete Steigerung der Eröffnungsquote um ca. 50 % (ZIP 1999, A 102, Nr. 280) kann deshalb vorerst nur unter Vorbehalt als Erfolg bewertet werden.

nützlichkeit aufrechterhalten oder beenden können, während Nutzungsverhältnisse über Grundstücke oder Wohnräume (wie bisher schon) zwar mit normalem Kündigungsrecht fortbestehen, aber Vorsorge getroffen ist, daß daraus zu entrichtende Gegenleistungen der Masse zugute kommen (§§ 103, 108 ff. InsO).

Noch vor Inkrafttreten der InsO wurde indes auf Betreiben interessierter Kreise die Regelung für Mobiliennutzungen in einem entscheidenden Punkt geändert (§ 108 Abs. 1 S. 2 InsO): Im Insolvenzverfahren insbesondere über das Vermögen eines Leasinggebers besteht das Leasingverhältnis für die vereinbarte Dauer fort, wenn der Leasinggeber das Leasinggut und seine Forderungen auf Leasingraten zur Sicherung an eine refinanzierende Bank übertragen hat. Das Leasinggut wird der Insolvenzmasse in verwertungshindernder Weise für die volle Laufzeit des Leasingvertrages vorenthalten, ohne Ausgleich durch Gegenleistungen, allein zur Sicherung des Kreditgebers, also nicht einmal im Interesse des Vertragspartners–Leasingnehmers. Hier hat ein schlecht beratener Gesetzgeber Beihilfe zu ungenierter Selbstbedienung geleistet.[19]

Insgesamt fällt also das Urteil über die Garantie eines zugleich effizienten und haftungsrechtlich konsequenten Insolvenzverfahrens eher skeptisch aus. Ob die genannten Regelungsdefizite durch die kostengünstigere Alternative eines Verfahrens mit Eigenverwaltung des Schuldners unter Sachwalteraufsicht (§§ 270 ff. InsO) praktisch gemildert werden können, ist derzeit noch nicht abzusehen. Wenige bisher veröffentlichte gerichtliche Entscheidungen haben die Eröffnung eines derartigen Sonderverfahrens jeweils mit plausibler Begründung abgelehnt.[20]

3. Neues einheitliches Insolvenzverfahren

Den verfahrensorganisatorisch wichtigsten Reformschritt bildet die Zusammenfassung des Konkursverfahrens und des konkursabwendenden Vergleichsverfahrens zu einem einheitlichen Insolvenzverfahren (für das Gesamtvollstreckungsverfahren in den neuen Bundesländern bestand insoweit nur eine unzulängliche Rahmenregelung). Die bisherige Zweispurigkeit der Verfahren hatte Sanierungsmöglichkeiten geradezu automatisch vereitelt, weil schon die Stellung eines Konkursantrages irreversible Folgen auszulösen pflegte: Kunden sprangen ab, Lieferungen wurden eingestellt usf. Der für das Konkursverfahren vorgesehene Zwangsvergleich kam unter diesen Umständen zu spät, dem Schuldner gelang es zumeist nicht, durch einen überstürzten Vergleichsantrag Konkursanträge seiner Gläubiger mit den geschilderten Konsequenzen zu

---

19 Vgl. *Schmidt-Burgk/Ditz*, ZIP 1996, 1123; ferner *Häsemeyer*, Insolvenzrecht, 2. Aufl., Rdnr. 20.56 m.w.N.
20 Beispielsw. AG Köln, ZIP 1999, 1647; vgl. auch *Wellensiek*, BB 2000, 1, 5.

blockieren.[21] Und der Konkurs erwies sich dann mit dem bekannten Wort *Ernst Jaegers*[22] als der „Wertevernichter schlimmster Art und das obendrein teuerste Schuldentilgungsverfahren".

Auch wenn diese Charakterisierung nicht in dem Sinne mißzuverstehen ist, man müsse nur den Konkurs abschaffen, um alle wirtschaftlichen Probleme zu meistern, ist in der Tat jede Form einer Sanierung, sei sie noch so bescheidenen Umfanges, der Zerschlagung des Schuldnervermögens, insbesondere eines Unternehmens, vorzuziehen. Freilich muß sich erst einmal sozial- und wirtschaftspsychologisch die Einsicht durchsetzen, daß mit der Eröffnung eines Insolvenzverfahrens neuer Art nicht notwendig der wirtschaftliche Zusammenbruch indiziert ist (deshalb zu Recht insoweit programmatisch § 1 InsO!).[23] Hoffentlich gelingen gerade in der Startphase des neuen Insolvenzrechts vermehrt Sanierungen, um dem Insolvenzverfahren dieses Odium des Konkurses zu nehmen. Dies wird freilich nicht nur von sanierungsfördernden Neuregelungen, sondern auch von gesamtwirtschaftlichen Bedingungen abhängen. Einstweilen lassen sich statistisch meßbare Erfolge noch nicht ausmachen.

Gegebenes Instrument einer amtlichen Sanierung (die selbstverständlich nach wie vor freie Sanierungen nicht ausschließt) ist jetzt der Insolvenzplan (§§ 217-269 InsO). Er löst den bisherigen Zwangsvergleich und konkursabwendenden Vergleich nicht nur terminologisch, sondern mit wichtigen sanierungsfördernden Reformregelungen ab:

Die inhaltlichen Gestaltungsmöglichkeiten und damit das Spektrum sanierender Maßnahmen sind erheblich erweitert worden. Das beginnt mit dem vollauf berechtigten Verzicht auf eine den Gläubigern zu zahlende gesetzliche Mindestquote, woran bisher zahlreiche Vergleichsbemühungen (§ 7 VerglO) gescheitert sind.[24] Allenfalls muß der Plan den Beteiligten soviel bieten, wie voraussichtlich bei einer Liquidation herausspränge[25], und auch dies wird nur auf Widerspruch einzelner Beteiligter geprüft.

Wichtiger noch ist die Erweiterung der Sanierungsziele: Ist die wirtschaftliche Existenz des Schuldners selbst nicht zu retten, kommt noch die Sanierung seines Unternehmens (§ 1 S. 1 InsO) in Betracht. Ferner kann von gesetzlichen Verwertungsregelungen abgewichen werden (§ 217 InsO). Dies ermöglicht gleitende Übergänge von der Sanierung zur Verwertung, beispielsweise durch Unternehmensveräußerungen im Wege übertragender Sanierung mit Befriedigungsmoratorien unter Zustimmung der Gläubiger.[26]

---

21 Zu den Vorteilen eines Gesamtverfahrens insbesondere Erster Bericht der Kommission für Insolvenzrecht, 85 ff.
22 Lehrbuch des deutschen Konkursrechts, § 38 I (216).
23 Vgl. Amtl. Begr. zu § 1 RegE (= – gestrafft – § 1 InsO).
24 Vgl. Ersten Bericht der Kommission für Insolvenzrecht, LS 2.4.7.1 mit Begr. (267 ff.).
25 Zu den Fallstricken eines solchen hypothetischen Vergleichs *Stürner*, in: Leipold (Hrsg.), Insolvenzrecht im Umbruch (1991), 41 ff., 46 ff.
26 Dazu *K. Schmidt*, in: Leipold (Hrsg.), Insolvenzrecht im Umbruch (1991), 67 ff.

Solche Flexibilität wird letztlich dadurch ermöglicht, daß ein Insolvenzplan auch gegen den Willen des Schuldners aufgestellt und beschlossen werden kann (§§ 218, 247 InsO). Bisher konnte der Schuldner seinen an einem Vergleich interessierten Gläubigern die Vergleichsbedingungen mitunter geradezu diktieren, weil nur er vorschlagsberechtigt war.[27] Absonderliche Fehlentwicklungen waren die Folge, wie die Bevorzugung des Konkurses mit Zwangsvergleich gegenüber dem konkursabwendenden Vergleich, um den Gläubigern eine geringere Vergleichsquote abzunötigen, oder die Blockade der Sanierung, weil der Schuldner inzwischen als Top-Manager in einem mit seinem eigenen Unternehmen konkurrierenden fremden Unternehmen agierte. Heute kann notfalls auch über den Kopf des Schuldners hinweg saniert oder ohne Rücksicht auf gesetzliche Regelungen liquidiert werden, sofern ihm nur der Status garantiert wird, den er bei Liquidation nach gesetzlichen Regeln hätte. Er muß zumindest ebenso entschuldet werden wie bei einer Liquidation.[28] Auf die Möglichkeit eines Restschuldbefreiungsverfahrens darf man ihn freilich nicht verweisen, weil über dessen dornenvollen Weg allein er selbst entscheidet.[29]

Auf Gläubigerseite bessern sich die Chancen für eine Planverabschiedung nicht nur durch den Verzicht auf gesetzlich vorgeschriebene Mindestquoten, sondern auch durch Herabsetzung der Anforderungen an die Mehrheitsverhältnisse, mit denen ein Plan beschlossen werden muß. Je nach spezifischer Betroffenheit werden Gläubigergruppen gebildet, in denen jeweils einfache Kopf- und Forderungssummenmehrheiten genügen. Stimmt die Mehrheit der Gruppen dem Plan zu, kann die Zustimmung der übrigen Gruppen vom Insolvenzgericht ersetzt werden (sog. Obstruktionsverbot, § 245 InsO). Doch dürfen diese Gruppen nicht schlechter gestellt werden als bei einer Liquidation nach gesetzlichen Vorschriften.

Auf den ersten Blick scheinen solche Sanierungsförderungen vielversprechend. Doch steckt der Teufel im Detail, vor allem in den unverzichtbaren prognostischen Vergleichen, wie die dem Plan Widersprechenden bei einer gesetzlichen Liquidation stünden. Sollten sich insoweit „Gutachterschlachten" entwickeln,[30] dürften sich die Sanierungsvoraussetzungen doch wieder auf die Zustimmung der Gläubigermehrheit(en) und des Schuldners reduzieren.

Ferner wird bei der plan- wie abstimmungsrelevanten Gruppenbildung darauf zu achten sein, daß nicht Gruppenegoismus zu Lasten anderer Gläubiger durchgesetzt wird. Insofern sind die Insolvenzgerichte gut beraten, wenn sie das „Obstruktionsverbot" nur zurückhaltend handhaben.

---

27 Vgl. Amtl. Begr. vor § 253 RegE (= § 217 InsO).
28 Vgl. aber Fn. 25.
29 Vgl. *Häsemeyer*, Insolvenzrecht (2. Aufl.), Rdnr. 28.42; demgegenüber zulässig die (Zwangs-)Entschuldung kraft Gläubigerverzichts, vgl. *Bork*, ZZP Bd. 112 (1999), 375.
30 Nachweis wiederum in Fn. 25; optimistisch zur praktischen Handhabbarkeit des § 245 InsO anhand eines kürzlich erfolgreich abgeschlossenen Insolvenzplanverfahrens *Braun*, NZI, 1999, 473 ff.; skeptisch dagegen *Wellensiek*, BB 2000, 1, 5 f.

Trotz solcher Bedenken dürften künftig die Chancen für Sanierungen vor allem in Unternehmensinsolvenzen deutlich besser stehen. Daß dennoch die meisten Insolvenzen weiterhin mit einer Liquidation enden werden, liegt in der Unumkehrbarkeit wirtschaftlicher Entwicklungen.[31]

4. Grundsatz der Gläubigergleichbehandlung

Die Gleichbehandlung aller Insolvenzgläubiger bildet ein ehrwürdiges insolvenzrechtliches Prinzip. Materiell gerechtfertigt ist sie nicht schon als Verteilungsprinzip, wonach mangels einsichtiger Bevorzugungskriterien das nicht zureichende Schuldnervermögen den Gläubigern gleichmäßig, nämlich im Verhältnis ihrer Insolvenzforderungen zukommen soll. Solche Sicht tendiert – historisch vielfältig belegt – zur Anerkennung bestimmter Forderungspräferenzen nach Bedürftigkeit, sozialer Nützlichkeit, Gläubigerumsicht usf. Wie schon dargelegt, haben sie, soweit öffentlich rechtlich orientiert, im privatrechtlichen Insolvenzrecht ohnehin nichts verloren. Aber auch prinzipiell leuchten sie nicht ein, weil schließlich jeder Gläubiger zu seinen individuellen Gunsten sprechende Umstände beizubringen vermöchte.

a) Insofern hat die Insolvenzrechtsreform mit der Einführung eines „klassenlosen" Insolvenzverfahrens ohne spezifische Gläubigervorrechte den richtigen Weg beschritten. Alle Gläubiger haben Rechtsverhältnisse mit dem Schuldner begründet, so daß dessen Vermögen sich in seiner jetzigen – häufig genug jämmerlichen – Verfassung als die Resultante vielfältiger Gläubigereinflüsse präsentiert. Dies spricht für strikte Gläubigergleichbehandlung, weil niemand seinen Einfluß, von ihm bewirkte Wertzuführungen oder -abflüsse, zurückrechnen kann.[32] Der gegenläufige Gedanke individueller Wertverfolgungen[33] im Insolvenzverfahren führt zur Atomisierung des Schuldnervermögens und vernachlässigt die Privatautonomie des Schuldners, die bis zu seiner Insolvenz respektiert werden mußte.

Freilich hat die Abschaffung der bisherigen Insolvenzvorrechte einen Schönheitsfehler: Ansprüche aus Sozialplänen (§§ 111 ff. BetrVerfG) werden nach wie vor – wenn auch nur bis zu maximal einem Drittel der Insolvenzmasse – vorrangig befriedigt. Um das Leitbild des klassenlosen Insolvenzverfahrens nicht zu stören, hat sie der Gesetzgeber letztrangig unter die Masseverbindlichkeiten, d.h. die Verwaltungs- und Verwertungskosten des Verfahrens, eingeordnet (§ 123 Abs. 2 InsO), obwohl sie eigentlich Insolvenzforderungen bil-

---

31 Zur Minderung der Sanierungschancen durch Sicherheiten s. im folgenden.
32 Vgl. *Häsemeyer*, Insolvenzrecht (2. Aufl.), Rdnrn. 2.24 ff.
33 So beispielsw. *Behr*, Wertverfolgung (1986), insbes. 481 ff., 591 ff.; *Koziol*, FS für Wesener (1992), 267 ff..

den, nämlich aus den vor Verfahrenseröffnung begründeten Arbeitsverhältnissen erwachsen (§ 38 InsO).[34]

b) Schwerer als dieser Systembruch wirkt sich die (schon in anderem Zusammenhang beklagte) nahezu vollständige Anerkennung vom Schuldner gewährter Sicherheiten als insolvenzfest aus. Zwar müssen im Insolvenzverfahren die Rechte, Rechtsverhältnisse und Verbindlichkeiten des Schuldners grundsätzlich so hingenommen werden, wie sie von ihm oder gegen ihn vor Verfahrenseröffnung begründet worden sind. Dies ist der Preis für die Anerkennung seiner bisherigen Privatautonomie. Doch indiziert die Insolvenz das Versagen der Schuldnerautonomie. Sie legitimiert die für den Insolvenzfall gewährten Sicherheiten jedenfalls nicht in voller Höhe im Verhältnis zu den ungesicherten Gläubigern. Wenn insoweit im Gange der Insolvenzrechtsreform die den gesicherten Gläubigern zugemuteten Wertverluste fortschreitend vermindert worden sind (§§ 166, 170, 171 InsO), triumphiert angesichts der lückenlosen Sicherungssysteme mit Auszehrung des Schuldnervermögens letztendlich doch wieder die Ungleichbehandlung.

Dies ist um so bedauerlicher, als das neue Insolvenzverfahren explizit (§ 1 InsO) zugleich auf die Sanierung des Schuldners oder seines Unternehmens angelegt ist. Gesicherte Gläubiger scheuen womöglich die Sanierung und deren Risiken (letztlich ist nie ganz gewiß, ob sie gelingt) und bevorzugen eine schnelle Realisierung ihrer Sicherheiten. Nur folgerichtig ist denn auch jedem gesicherten Gläubiger die Möglichkeit eröffnet, das Zustandekommen eines Insolvenzplanes zu hindern, wenn ihm nicht seine volle Sicherheit belassen wird (§ 251 InsO). Wie soll ein Unternehmen saniert werden, dessen sämtliche Betriebsmittel von den Betriebsgrundstücken bis zu den Fertigfabrikaten sich in der Hand einzelner Gläubiger befinden? Neugeschaffene Eigenverwertungsrechte des Insolvenzverwalters und Verwertungsmoratorien (§§ 165 ff. InsO, 30 d ff. ZVG) mögen die Verwertungschancen und -erlöse bei Liquidation des Schuldnervermögens erhöhen; Sanierungschancen erhöhen sie nicht.

Wiederum[35] ist die Sonderbehandlung des Vorbehaltseigentums zu kritisieren, das im Insolvenzverfahren über das Vermögen des Vorbehaltskäufers nicht einmal als Sicherheit, sondern als volles aus dem Schuldnervermögen aussonderungsfähiges Eigentum behandelt wird. Dies ist erstens systematisch verfehlt; es hätte entweder dem Sicherungseigentum gleichgestellt oder die Aussonderung hätte auf das Resteigentum in der Hand des Verkäufers, ohne die Anwartschaft im Käufervermögen, beschränkt werden müssen.[36] Zweitens erhöht diese Regelung noch die Barrieren für Sanierungsversuche.

---

34 Überzeugend die Kritik *Henckels*, KTS 1979, 171 ff., an dem Beschluß des Großen Senats des BAG vom 13.12.1978, KTS 1979, 150 (= NJW 1979, 774 m. Anm. *Heilmann*); krit. auch *Zeuner*, in: Leipold (Hrsg.), Insolvenzrecht im Umbruch (1991), 261, 266 ff.
35 Vgl. zuvor bei Fn. 15.
36 Dazu *Häsemeyer*, FS für Serick (1992), 153, 156 ff.

Daß der Gleichbehandlungsgrundsatz mit der Verschärfung der Insolvenzanfechtung – berechtigterweise – verbessert wurde, habe ich schon betont. Im Vorfeld des Insolvenzverfahrens, und das bedeutet: bei nachlassender Legitimation durch Schuldnerautonomie, dürfen Insolvenzgläubiger in der Tat keine Vorteile (Sicherungen oder Befriedigungen) mehr zu Lasten der übrigen Gläubiger erlangen.

5. Restschuldbefreiung

Die sog. Restschuldbefreiung schließlich hat sich im Laufe der Insolvenzrechtsreform geradezu zu deren politischem Zugpferd entwickelt.[37] Sie bricht mit dem bisher unbezweifelten Grundsatz, daß natürliche Personen praktisch ohne zeitliche Beschränkungen – die Verjährungsregelung entlastet kaum – mit ihrem gesamten Vermögen für ihre Schulden einstehen müssen. Privatautonomie, also Selbstbestimmung, ist nicht denkbar ohne korrespondierende Selbstverantwortung, und Verantwortung heißt zivilrechtlich „Haftung" (im Englischen bezeichnet etwa „responsibility" beides). Zwar hat es in der Rechtsentwicklung immer wieder Kollektiventschuldungen („Halljahre") oder kollektive Schuldenmoratorien (zumeist fünfjährig: „Quinquinellen gehören in die Höllen") gegeben, aber individuelle Schuldbefreiung war bisher dem deutschen Recht fremd, im Unterschied beispielsweise zu der angelsächsischen Tradition der discharge.[38]

Befürchtungen, die Restschuldbefreiung könne dem Personalkredit den Todesstoß versetzen und den Wettlauf um Realsicherheiten noch forcieren, sind nicht von der Hand zu weisen. Andererseits gibt es im Wirtschaftsverkehr zahlreiche Möglichkeiten der Haftungsbeschränkung, insbesondere durch Gründung von Korporationen, denen gegenüber lebenslange persönliche Haftung infolge unverschuldeter Krisen an Überzeugungskraft verliert. Letztlich ist es die dem Schuldner als Person gebührende Achtung, die es zumindest rechtfertigt, wenn nicht sogar fordert, ihm nicht lebenslang Vermögen (im doppelten Wortsinne) zu eigenverantwortlichen Entscheidungen vorzuenthalten.[39]

Restschuldbefreiung entlastet allein von zukünftiger Haftung. Das gegenwärtige Schuldnervermögen (die Insolvenzmasse) bleibt selbstverständlich den Gläubigern verhaftet. Ferner können nur redliche Schuldner entlastet werden. Deshalb kann weder auf eine sorgfältige Prüfung der Vermögens- und Haftungsverhältnisse des Schuldners und seines bisherigen Verhaltens verzichtet werden noch auf eine Bewährungsfrist (sog. Wohlverhaltensfrist), worin der Schuldner seine Tilgungsbemühungen dokumentieren muß. Ersterem genügt

---

37 Vgl. *Gerhardt* (Fn. 1), 142.
38 Eingeh. Amtl. Begr. vor RegE § 235 (= § 286 InsO).
39 Vgl. *Häsemeyer*, FS für Henckel (1995), 353 ff., 360 ff.

Die Insolvenzrechtsreform 97

die Verbindung der Restschuldbefreiung mit einem vorgängigen Insolvenzverfahren, letzterem die Einsetzung eines Treuhänders für eine Siebenjahresfrist, um die weitere Haftungsabwicklung zu überwachen (§§ 287, 290, 295 f. InsO). Theoretisch ist diese Konzeption stimmig.[40] In der erst kurzen Insolvenzpraxis neuen Rechts haben sich aber erhebliche Umsetzungsschwierigkeiten ergeben:

a) Die Verbindung mit einem Insolvenzverfahren verteuert die Restschuldbefreiung derart, daß sie vermögenslose Schuldner nicht auf eigene Kosten betreiben können. Unter anderem deshalb hatte man vorgeschlagen, die Restschuldbefreiung statt im Insolvenzverfahren in einer Art Vertragshilfeverfahren zu gewähren.[41] Ohne kostendeckendes Schuldnervermögen wird ein Insolvenzverfahren gar nicht erst eröffnet (Abweisung mangels Masse) oder später eingestellt (Einstellung mangels Masse). Obwohl Vermögenslosigkeit nicht von Schulden befreit,[42] wird dann beispielsweise Schuldnern, die ihre Vermögensreste getreulich an die Gläubiger ausgekehrt haben, Hilfe verweigert. Das in letzter Sekunde vom Rechtsausschuß des Bundestages[43] konzipierte kostengünstigere sog. „Verbraucherinsolvenzverfahren" oder „Kleinverfahren" (§ 304 ff. InsO) beseitigt diese Barrieren nicht. Unter sozialstaatlichen Aspekten und dem Postulat der Schuldnergleichbehandlung hat sich deshalb die Kostenproblematik darauf verschoben, ob vermögenslosen Schuldnern zwecks Restschuldbefreiung Prozeßkostenhilfe gewährt werden muß. Dies wird von den Insolvenzgerichten (Amtsgerichten) und auch den Landgerichten als Rechtsmittelinstanz von Bezirk zu Bezirk unterschiedlich beurteilt.[44] Eine höchstrichterliche Klärung, beispielsweise aufgrund Vorlagebeschlusses[45] an das Bundesverfassungsgericht, dürfte auf sich warten lassen, ebenso eine legislatorische Entscheidung.[46]

---

40 Sie war während der Reform umstritten: Zweiter Bericht der Kommission für Insolvenzrecht, LS 6.3 (162 ff.); *Smid*, in: Leipold (Hrsg.), Insolvenzrecht im Umbruch (1991), 139 ff.; Amtl. Begr. zum RegE (Fn. 37); ernüchternde Praxisbilanz bei *Pape*, ZIP 1999, 2037, 2038 ff.
41 So die Kommission für Insolvenzrecht und *Smid* (Nw. in Fn. 40).
42 Die Vorstellung, Vermögenslosigkeit „entlaste" von der Haftung, vernachlässigt zum ersten die Handlungsanreize, die mit der Hoffnung auf erneute eigenverantwortliche Existenzgestaltung verbunden sind; zum zweiten das demotivierende unerbittliche Anwachsen der Sekundäransprüche (Zinsen, Kosten), s. im folgenden.
43 Ausschußbericht, Allg. Begr. C II 6, sowie vor § 304 InsO.
44 Vgl. etwa LG Essen, ZIP 1999, 1181, einerseits und LG Konstanz, ZIP 1999, 1643, andererseits, und *Pape* (Fn. 40), 2045 f., m. N.
45 So AG Duisburg, ZIP 1999, Nr. 1399.
46 Nach Presseberichten will das Bundesjustizministerium „einstweilen noch die Entwicklung abwarten" (vgl. ZIP 1999, A 4, Nr. 11); für eine „Stundungs"-regelung die Bund-Länder-Arbeitsgruppe „Insolvenzrecht" (vgl. Fn. 58). In der Rechtswissenschaft werden diese Fragen gleichfalls kontrovers beurteilt, vgl. etwa *Krug*, Der Verbraucherkonkurs – KTS-Schriften zum Insolvenzrecht, Bd. 7 (1998), 94 ff., einerseits und *Bork*, ZIP 1998, 1209 ff., andererseits.

Nicht besser steht es um die im Verbraucherinsolvenzverfahren anschließende Frage, ob Schuldner Restschuldbefreiung verdienen, wenn sie ihren Gläubigern im vorgeschalteten Schuldenbereinigungsversuch überhaupt keine Tilgungsbeträge anbieten können – Schlagwort: „Nullplan"-Problematik.

Mir scheint die Gewährung von Prozeßkostenhilfe und die Eröffnung der Restschuldbefreiungsmöglichkeit auch ohne gegenwärtige Tilgungsbeträge[47] unumgänglich, zumal die Grenzen zwischen Vermögenslosigkeit, geringfügigen und kostendeckenden Mitteln fließend zu sein pflegen und wenigstens das Auflaufen von Sekundäransprüchen (Zinsen, Kosten) verhindert werden muß. Speziell im Verbraucherinsolvenzverfahren werden die Vermögensverhältnisse des Durchschnittsschuldners fast ausschließlich von dessen Arbeitseinkünften geprägt. Die werden aber bei Überschuldung sofort gepfändet, sofern sie nicht schon vorher zwecks Sicherung abgetreten worden waren. Dem Schuldner ist es also gar nicht möglich, bei beginnender Überschuldung Reserven zur Finanzierung eines Insolvenzverfahrens zu bilden. Vielmehr führt erst und gerade die Eröffnung dieses Verfahrens zur Freistellung der Lohnforderungen zwecks gleichmäßiger Tilgung der aufgelaufenen Verbindlichkeiten (§ 114 InsO).

Zumindest für die Verbraucherinsolvenz stimmt deshalb der angebliche Grundsatz nicht, die generelle Prozeßkostenhilferegelung werde verdrängt durch die spezielle insolvenzrechtliche Abweisung oder Einstellung mangels Masse. Der mit dieser Verfahrenssperre allein intendierte Gläubigerschutz, daß nämlich (schon in der Sprache der Motive zur KO)[48] die Eröffnung „eine ungerechte Härte gegen die Gläubiger bedeutete, denen ohne jede Aussicht auf Befriedigung im Insolvenzverfahren die Exekution gegen den Schuldner abgeschnitten würde", läßt sich im typischen Verbraucherinsolvenzverfahren ohnehin nicht verwirklichen. Neben den längst sicherungszedierten oder gepfändeten Lohnansprüchen stehen keine Ressourcen mehr zur Verfügung. Nichts hindert also, der Generalverweisung der InsO auf die ZPO (§ 4 InsO) folgend,[49] auch die Vorschriften über die Prozeßkostenhilfe anzuwenden – freilich mit einer erheblichen Belastung der Justizkassen.

b) Ohne Lösung der Kostenproblematik wird hiernach das besondere Verbraucherinsolvenzverfahren den mit ihm verbundenen Hoffnungen nicht genügen können.

---

47 Zum sog. „flexiblen Nullplan" *Henckel*, FS für Gaul (1997), 199, 203 ff., sowie Heidelberger Kommentar/*Landfermann*, § 305 InsO Rdnrn. 12, 27; für Zulässigkeit auch BayrObLG ZIP 1999, 1926, unter zutreffendem Hinweis auf das Regelinsolvenzverfahren (§§ 289 Abs. 3, 211 InsO), das seinerseits Restschuldbefreiung ohne jede Gläubigerbefriedigung ermöglicht.
48 *Hahn*, Die gesamten Materialien zu den Reichsjustizgesetzen, Bd. 4, S. 301.
49 Neuestens *Bruns*, NJW 1999, 3445; *Krug*, a.a.O. (Fn. 46), leitet die Zulässigkeit der Prozeßkostenhilfe im Blick auf die unzweifelhaft vorhandenen fürsorgerischen Elemente des Insolvenzverfahrens aus § 14 FGG her.

aa) Als zwingendes Sonderverfahren mit erheblichen Abweichungen gegenüber dem Regelverfahren leidet es zudem an weiteren Konstruktionsfehlern. So fehlen Vorschriften, wie ein Streit über die richtige Verfahrensart (Verbraucher- oder Regelinsolvenzverfahren) auszutragen ist.[50] Ferner bestimmt sich die Zulässigkeit dieses Verfahrens danach, ob der Schuldner (als natürliche Person) im Antragszeitpunkt keine oder nur eine geringfügige selbständige wirtschaftliche Tätigkeit ausübt (§ 304 InsO). Ob er über erhebliches Vermögen verfügt oder bisher selbständig wirtschaftlich tätig war, ist offenbar irrelevant. Derzeit werden viele Verbraucherinsolvenzverfahren beantragt von Schuldnern, die als Geschäftsleute Pleite gegangen sind und sich arbeitslos gemeldet haben.[51] Dies führt zu so kuriosen Konsequenzen wie der gesetzlichen Verpflichtung der früheren Geschäftsgläubiger (!), auf eigene Kosten Verzeichnisse ihrer Forderungen für den Schuldner aufstellen zu müssen (§ 305 Abs. 2 InsO). Das mag zugunsten eines geschäftsungewandten „Verbrauchers" angehen,[52] nicht aber zugunsten eines Pleitiers im Geschäftsleben. Sogar Inhaber von Millionenvermögen können in die „Verbraucher"-Rolle schlüpfen, um ihre entsprechend hohen Schulden kostengünstig abzuwickeln.[53]

bb) Zudem setzt das Verbraucherinsolvenzverfahren die Existenz privater Organisationen voraus, unter deren Vermittlung der Schuldner vor Einleitung des gerichtlichen Verfahrens mit seinen Gläubigern eine außergerichtliche Schuldenbereinigung versucht haben muß (§ 305 Abs. 1 Ziff. 1 InsO). Mit der Einrichtung solcher Stellen sind die Länder offenbar arg in Verzug geraten. Man schätzt, daß derzeit in Baden-Württemberg bis zu 10 000 solcher Vorverfahren in überlasteten Schuldenregulierungsstellen stecken geblieben sind.[54]

cc) Materiellrechtliche Ungereimtheiten runden die Kritik ab: Wer Restschuldbefreiung begehrt, muß wenigstens in Zukunft – in der Wohlverhaltensfrist – seinen Gläubigern Tilgungsbeträge anbieten können, seien sie auch noch so gering. Erste Schlüsse auf das zu erwartende Verhältnis der Schulden zu den Tilgungen erlauben vielleicht insolvenzgerichtliche Entscheidungen, wonach Schulden von ca. 36 000 DM gegen jahrelange Ratenzahlungen von insgesamt 8 000 DM, aber auch Schulden von ca. 1,5 Millionen DM gegen Einmalzahlung von 15 000 DM gewissermaßen zwangsbereinigt werden.[55] Selbst solche gerin-

---

50 Vgl. *Henckel*, FS für Gaul (1997), 199, 203 f.; *Häsemeyer*, Insolvenzrecht (2. Aufl.), Rdnrn. 29.16 ff.; *Bork*, ZIP 1999, 301 ff., 303; *Pape* (Fn. 40), 2039.
51 Vgl. *Bork*, a.a.O. (Fn. 50).
52 Vgl. etwa *Häsemeyer*, a.a.O. (Fn. 50), Rdnr. 29.24.
53 Vgl. Heidelberger Kommentar/*Landfermann*, § 304 InsO Rdnr. 5.
54 Amtliche Statistiken sind derzeit noch nicht verfügbar; näher *Pape* (Fn. 40), 2040 ff. Erste Streitpunkte betreffen die Ernsthaftigkeit solcher „Versuche", vgl. z.B. BayrObLG ZIP 1999, 1767 = BB 1999, 2102, ferner *Vallender/Fuchs/Rey*, NZI 1999, 218.
55 Vgl. AG Köln, ZIP 2000, 83, und AG Göttingen, ZIP 1999, 1365; über die Hälfte der Insolvenzgläubiger hatte jeweils dem entsprechenden Schuldenbereinigungsplan des Schuldners (§§ 305 ff., 308 InsO) zugestimmt; die Zustimmung der übrigen wurde gem. § 309 InsO ersetzt.

gen Beträge wollen aber erst einmal aufgebracht sein. Deshalb müssen folgerichtig Vollstreckungen und Sicherungszessionen bezüglich des Arbeitslohnes in bestimmten Fristen entfallen, damit überhaupt Tilgungsbeträge zur Verfügung stehen (die Regelung ist unübersichtlich, §§ 81 Abs. 2, 89 Abs. 2, 114 Abs. 1, 3 InsO). Dies macht freilich nur im Hinblick auf einen Restschuldbefreiungsantrag Sinn, was der Gesetzgeber offenbar nicht bedacht und deshalb auch nicht bestimmt hat.[56] Ferner sollen sonstige gesicherte Gläubiger vollkommen ungeschoren davonkommen, im Verbraucherinsolvenzverfahren nicht einmal Kostenbeiträge entrichten, sondern ihre Sicherheiten selbst verwerten dürfen (§ 313 Abs. 3 InsO). Weder im Verhältnis zum Schuldner ist eine solche Großzügigkeit angezeigt, wenn und weil nämlich die Restschuldbefreiung nur mit persönlicher Achtung ihm gegenüber begründbar ist,[57] noch im Verhältnis zu jenen Gläubigern, deren Sicherheiten am Arbeitslohn für verfallen erklärt werden.

III.

Damit muß ich meinen Bilanzierungsversuch abschließen. Ich möchte mich ausdrücklich dafür entschuldigen, daß er letztlich wohl eher zu pessimistisch ausgefallen ist. Als ich mein Thema wählte, hatte ich praktische Erkenntnisse erwartet, die hoffnungsvoller stimmen könnten. Ich habe nicht bedacht, daß gerade Verfahren mit positiven Ergebnissen ihre Zeit brauchen und vorerst nur Entscheidungen publiziert werden, die durch Zweifel bei der Anwendung des neuen Rechtes ausgelöst worden sind. So habe ich kritische Punkte aufgegriffen, anstatt den Gesetzgeber für das zu loben, was an Positivem in seinem Werke steckt. Hoffen wir, daß sich binnen kurzem das Gesamtbild bessert und der Gesetzgeber sich einiger besonders folgenreicher Regelungsdefizite mit Augenmaß annimmt.[58]

---

56 Dazu *Wittig*, WM 1998, 209, 220, sowie *Kübler/Prütting/Moll*, § 114 InsO Rdnr. 9.
57 Vgl. *Häsemeyer*, Insolvenzrecht (2. Aufl.), Rdnrn. 26.06 und 29.52.
58 Erste Reformvorschläge enthält der Bericht der Bund-Länder-Arbeitsgruppe „Insolvenzrecht" der 71. Justizministerkonferenz vom 24./25.5.2000.

GÖRG HAVERKATE

Die Zukunft des Sozialstaats in Europa

I. Sozialstaat – Zukunft – Europa

Die drei Stichworte: Sozialstaat – Zukunft – Europa – bedürfen einer kurzen Erklärung.

Vor Jahren machte die Bundesregierung eine Plakataktion. Auf großen Plakatwänden stand: „denn eins ist sicher: die Rente". Gleichzeitig gab sie ein Faltblatt heraus, mit dem gleichen Titel; in einer eher kleinen Fußnote war da zu lesen: Während 1957 das Zahlenverhältnis zwischen Rentnern und Arbeitnehmern 1 zu 3 betragen habe, belaufe es sich nunmehr auf 1 zu 2, d.h. auf zwei Arbeitnehmer entfalle ein Rentner; im Jahre 2030 werde das Verhältnis womöglich 1 zu 1 sein.[1] Man bedenke: Auf jeden Arbeitnehmer käme dann ein Rentner. Demnach hätte es wohl zutreffender geheißen: denn eins ist sicher – die Rente ist unsicher. Als ich nach der Lektüre dieses Faltblatts wieder an einer der großen Plakatwände vorbei ging, sah ich, wie ein Jugendlicher gerade ein Stück Plakat abriß. Es stand jetzt dort: „denn eins ist sicher: die ... ente".
– Der hatte es begriffen.

Die meisten, die vor mir sitzen, sind etwas über 20 Jahre alt. Worauf müssen Sie sich für die Zukunft einstellen? Welche Erfahrungen mit dem Sozialstaat werden Sie machen? Auf welche sozialen Sicherungen sollen Sie sich in unsicheren Zeiten verlassen können? Welche Rolle ist Ihnen in diesem Sicherungssystem zugedacht (wenn ich es recht verstehe, fällt ja in die Zeit Ihrer Berufstätigkeit die Entwicklung hin zu einem Zahlenverhältnis 1 : 1 – ein Arbeitnehmer : ein Rentner).

Die Zukunft unserer Sicherungssysteme wirft also unabweisbare Fragen auf. In wessen Kompetenz fällt es, sie zu beantworten?

Der Sozialstaat ist ein Modell spezifisch europäischer Staatlichkeit. Der Sozialstaatsgedanke ist gemeineuropäisches Ideengut. Der rechtliche Handlungsrahmen ist aber bislang – fast ausschließlich – der Nationalstaat geblieben. In

---

[1] Zu den neuesten Analysen des demographischen Wandels vgl. *Herwig Birg*, 188 Millionen Einwanderer zum Ausgleich?, FAZ vom 12.4.2000, Nr. 87 S. 15. Siehe auch den Zweiten Zwischenbericht der Enquetekommission „Demographischer Wandel" BT-Dr. 13/11460 v. 5.10.1998.

kaum einem anderen Sachgebiet scheint der Nationalstaat noch so unangefochten wie im Bereich des Sozialrechts. Das wird in Zukunft deutlich anders aussehen.

Es gibt bedeutsame Kompetenzen der Europäischen Union im Bereich des Sozialrecht:

1. Es gibt sozialrechtliche Kompetenzen zur Absicherung der Freizügigkeit der Arbeitnehmer.[2] Das hierauf gegründete europäische Freizügigkeits-Sozialrecht hat aber wenig Auswirkungen auf das allgemeine Sozialrecht der Mitgliedstaaten.

2. Es gibt originäre sozialrechtliche Kompetenzen der Gemeinschaft: so etwa das Verbot der Diskriminierung aufgrund des Geschlechts und die Bestimmungen über den Sozialfonds zur Bekämpfung von Arbeitslosigkeit. Der Vertrag von Maastricht hat allerdings einer neuen Entwicklung Bahn geschaffen und der Vertrag von Amsterdam hat diese Linie verdeutlicht: Die EU ist jetzt auch zuständig für die Setzung von Mindestbedingungen für die Sozialversicherungen der Mitgliedstaaten.[3]

3. Vielleicht am spannendsten ist die Entwicklung in einer dritten Gruppe von Kompetenzen: Die zentralen Kompetenzen der Gemeinschaft zur Sicherung des Wettbewerbs gewinnen zunehmend Bedeutung für das Sozialrecht. Ich möchte hier von Wettbewerbs-Sozialrecht sprechen.[4] Wir stellen seit über 15 Jahren eine starke Bewegung fest, die von Europa ausgeht; sie hat die Zielrichtung, mitgliedstaatliche Monopole im Bereich wirtschaftlichen Handelns aufzulösen. Diese Deregulierungs- und Privatisierungspolitik der Gemeinschaft zeigte weitreichende Wirkungen im Eisenbahnwesen, im Postwesen, im Bankwesen, in der Telekommunikation, im Energiebereich; auch das Monopol der Arbeitsvermittlung ist gefallen. Man sieht: Wir haben Wettbewerb im gesamten Bereich sozialstaatlicher Daseinsvorsorge. Damit stellt sich die Frage: Wie verhält es sich mit dem staatlichen Sozialversicherungsmonopol?

Folgender Fall:

Zwei französische Handwerker wehren sich gegen die Auferlegung von Beiträgen zur Sozialversicherung. Sie machen geltend, eine staatliche Zwangsversicherung sei ganz unnötig; es reiche doch zur sozialen Absicherung der Bevölkerung aus, eine Versicherungspflicht zu statuieren und dem Bürger die Wahl des Versicherungsunternehmens freizustellen. Sie berufen sich auf die Grundentscheidung des EG-Vertrages für freien Wettbewerb.

Das angerufene französische Sozialgericht hat legt dem EuGH die Frage vor, ob die einschlägige französische Sozialversicherung mit dem EG-Vertrag vereinbar sei. Die Antwort des EuGH: Eine Zwangsversicherung sei nötig, weil

---

2 Vgl. Art. 42 EGV; zum Freizügigkeits-Sozialrecht s. *Haverkate/Huster*, Europäisches Sozialrecht. Eine Einführung, Baden-Baden 1999, S. 81-284.
3 Zum originären Gemeinschafts-Sozialrecht vgl. *Haverkate/Huster*, a.a.O., 369-466.
4 *Haverkate/Huster*, a.a.O., S. 285-365.

der Staat Umverteilung betreiben wolle und solidarische Umverteilung nur mit Hilfe einer Zwangsversicherung denkbar sei.[5]

Wichtig ist zunächst einmal nicht das Ergebnis, zu dem der EuGH kam; bedeutsam ist: die Grundsatzfrage der Sozialversicherung ist nunmehr als eine Frage des europäischen Wettbewerbs und damit zugleich der europäischen Grundfreiheiten des Marktes begriffen.

Im folgenden frage ich nach dem grundsätzlichen Zusammenhang von Sozialstaat und Umverteilung; dann überlege ich mit Ihnen, in welcher Weise Sie die sozialstaatliche Umverteilung treffen wird – das wird ein wenig erfreuliches Bild geben; und zum Schluß frage ich, ob es Gegenmodelle gibt und welches Modell am ehesten Erfolg verspricht.

II. Sozialstaat und Umverteilung

Das Verfassungsprinzip der Sozialstaatlichkeit wird vor allem durch das Sozialrecht konkretisiert. Sozialrecht ist der Inbegriff öffentlich-rechtlicher Rechtssätze, die den Schutz des Schwächeren bezwecken. Sozialversicherung schafft Vorsorge für die Arbeitnehmer und ihre Familien; sie deckt die wichtigsten typischen Risiken ab: mangelnde Versorgung im Alter, bei Krankheit, Invalidität, Pflegebedürftigkeit und Arbeitsunfall. Sozialhilfe kompensiert Armut und garantiert das (soziokulturelle) Existenzminimum. Die Sozialversorgung kompensiert bestimmte Opferlagen – Kriegsopfer, Wehrdienstopfer, Opferentschädigung bei Verbrechen. Soziale Förderung will Chancengleichheit in bestimmten Lebenslagen verwirklichen – Kindergeld für diejenigen, die Kinder aufziehen; Wohngeld für diejenigen, die sich eine Wohnung zu Marktpreisen nicht leisten können; BaföG für diejenigen, die studieren wollen, aber die erforderlichen Mittel nicht haben. Das Sozialrecht ist entstanden als Reaktion auf bestimmte historische Herausforderungen und Gefahrenlagen; es hat kein eigentliches System. So finden wir ein buntes Bild gesetzlicher Regelungen und Ordnungstypen.

Die Normalsicherung für die Mehrheit der Bevölkerung ist die Sozialversicherung. Sie entstand als Reaktion auf die „soziale Frage" des 19. Jh.' Der Grundbefund im 19. Jh. war: Man arbeitete – und entkam doch nicht der Not, weil es an sozialer Flankensicherung fehlte. Es fehlten die Mittel, für das Alter, für den Fall der Invalidität, für Krankheit und Arbeitsunfall vorzusorgen. Und natürlich fehlte es dann auch für den Fall der Arbeitslosigkeit an jeder wirtschaftlichen Sicherung. Die Antwort auf diese Herausforderung war die Entwicklung der Sozialversicherung durch die Bismarck'sche Sozialversicherungsgesetzgebung.

---

5 EuGH vom 17.2.1993, Rs. C-159 und 160/91 (*Poucet* und *Pistre*), Slg. 1993, I-639.

Drei Prinzipien beherrschen die Sozialversicherung:[6]

1. das Versicherungsprinzip: Der Staat gründet eine Versicherung; grundsätzlich gilt für diese Versicherung, wie für jede private Versicherung auch, eine Äquivalenz von Beitrag und Versicherungsleistung – diese ist allerdings durch die nachfolgen Prinzipien modifiziert;

2. das Prinzip des sozialen Schutzes. Es ist eine Versicherung, die – um des Schutzes der Schwächeren willen – als öffentlich-rechtliche Zwangsversicherung ausgestaltet ist. Nach individuellen Risiken wird nicht differenziert – sonst liefe der Schutz der Schwächeren leer;

3. das Prinzip solidarischer Umverteilung. Die Stärkeren innerhalb der Sozialversicherten stützen die Schwächeren innerhalb der Sozialversicherten. Ein jedermann bekanntes Beispiel: Die Beiträge zur Krankenversicherung sind gestaffelt nach Einkommen, die Sachleistungen sind aber für alle gleich. – Es gibt aber nicht nur diese Umverteilung innerhalb der Versichertengemeinschaft (in der sie am ehesten einleuchten mag), sondern auch die Umverteilung zwischen Versicherten und Außenstehenden (die sogenannten versicherungsfremden Lasten).

Es geht im Sozialrecht um den Schutz des Schwächeren. Dazu muß man für die Sozialversicherung anmerken: In den 120 Jahren Sozialstaatlichkeit hat es eine grundlegende Entwicklung gegeben. Der Sozialstaat sollte ursprünglich nur helfen, wirtschaftliche Not zu beheben oder zu vermeiden. Aus diesen Regeln zur Behebung von Not wurden mit steigendem Wohlstand – und d.h. vor allem in den letzten 50 Jahren – Regeln zur besseren Verteilung von Wohlstand und zur Sicherung eines erreichten wirtschaftlichen Standards. So bezweckte etwa die dynamische Rente, daß die Sozialrenten Schritt hielten mit der Entwicklung des Lebensstandards. „Der Schwächere", um dessen Schutz es geht, ist also weitgehend der Normalbürger, dem wir es ersparen wollen, einen sozialen Abstieg zu erleiden.

Diesen Wohlstandsbezug finden wir mit unterschiedlicher Intensität auch in den anderen Bereichen des Sozialrechts; in der sozialen Förderung, in der Sozialversorgung – stark abgeschwächt, aber immerhin noch merklich in der Sozialhilfe.

Das Sozialrecht ist in all diesen Ausprägungen ein Bereich, der durch Umverteilung gekennzeichnet ist; die staatliche Gesetzgebung korrigiert die sozusagen „natürlichen" Marktergebnisse. Sozialrecht wird als notwendige Korrektur einer Marktwirtschaft angesehen. Umverteilung ist nicht auf das Sozialrecht beschränkt; das ist wichtig festzuhalten. Wir finden Umverteilung im Steuerrecht, im Gebührenrecht; wir finden sie im Recht der Wirtschaftssubventionen, sowohl bei den direkten Zahlungen als auch bei den indirekten (Steuer-)Subventionen. – Nicht nur die Schwächeren sind Nutznießer von Umverteilung –

---

6 Vgl. *Haverkate/Huster*, a.a.O., S. 305 f. Rdnr. 500.

auch Daimler und Siemens, Großbauern und Abschreibungskünstler, Erzeuger von Atomstrom und Rapsöl. Alle politischen Parteien haben ihre Umverteilungsklientel.

III. Die Misere des Sozialstaats

Der Sozialstaat hat eine ungemein befriedende, integrierende Wirkung entfaltet. Die Gesellschaft der Bundesrepublik Deutschland ist eine Gesellschaft ohne große Klassenschranken und ohne ein unerträgliches Maß ungleicher Verteilung von Lebenschancen. Aber die Zukunft könnte anders aussehen. Ich frage: Was haben die heutigen 20jährigen zu erwarten? – Welche Art von Umverteilung haben Sie zu erwarten?

Die soziale Normalsicherung knüpft an ein Arbeitsverhältnis an. Das ist problematisch geworden, weil lange nicht mehr jeder Arbeitswillige, vor allem nicht jeder Jugendliche Arbeit findet. Auch wenn Sie als Akademiker in einer besseren Lage sind als der Rest der Bevölkerung, was die Chancen betrifft Arbeit zu finden, so werden Sie sich doch mit mehr Unsicherheiten abfinden müssen, was Ihre Erwerbsbiographie betrifft, als jede Generation vor Ihnen. Die Arbeitswelt ändert sich stürmisch. Wenn Sie einen Arbeitsplatz gefunden haben, wird es mit einer gewissen Wahrscheinlichkeit kein Dauerarbeitsplatz sein; von Ihnen wird Flexibilität verlangt werden.

Die Finanzen der Rentenversicherung und der Krankenversicherung sind heute bereits mehr als angespannt. In diesen Bereichen, wir müssen auch noch den der Pflegeversicherung nennen, wird die demographische Entwicklung für große Spannungen sorgen. Wenn wir in 30 Jahren fast doppelt soviel Menschen über 60 Jahre haben wie heute, dann spricht eine Vermutung dafür, daß wir auch annähernd doppelt so viele Menschen haben werden, die Rente beziehen oder doch beziehen wollen; doppelt soviel Menschen, die infolge ihres Alters ein sehr viel höheres Maß an Gesundheitsleistungen in Anspruch nehmen wollen, auch doppelt so viele Pflegefälle infolge Alters.

Sie meinen, die soziale Absicherung des Arbeitnehmers müsse Sie nicht bekümmern? Sie wollen Beamter oder Richter werden? – Falsch gerechnet. Wir haben jetzt noch die beitragslose Alterssicherung, die jedenfalls partielle Absicherung des Krankheitsrisikos durch die beitragslos gewährleistete Beihilfe, die die meisten Kosten der Krankheit abdeckt. So wie die soziale Sicherung der Arbeitnehmer unter steigenden Druck gerät, so wird sich auch immer stärker die Frage stellen, ob der Vorteil der Beamten sich als sachlich nicht mehr zu rechtfertigendes Privileg, als Gleichheitsverstoß darstellt. Art. 33 Abs. 5 des Grundgesetzes, die Garantie der herkömmlichen Grundsätze des Berufsbeamtentums schützt nicht vor dem Gleichheitssatz. Wir können den öffentlichen Dienst nicht als Sonnenparadies konstruieren, wenn für alle anderen Beschäftigten düstere Zeiten anbrechen.

Sie werden sich selbständig machen? Auch dort entkommen Sie nicht den Problemen der Sozialversicherung. Zum einen: Die Selbständigkeit ist heute oft ein problematischer Status. Als junger Anwalt arbeitet man nicht selten als freiberuflicher Mitarbeiter auf Honorarbasis, also – sagen wir es offen – als abhängig Beschäftigter, ohne die soziale Sicherung eines Arbeitnehmers. Das Problem der Scheinselbständigkeit wird wachsen und bleibt nicht auf dem Bereich der geringfügigen Arbeit beschränkt. Zum andern: Wenn der finanzielle Druck auf die Sozialversicherung wächst, wird man die Selbständigen in die Sozialversicherung hineinziehen wollen. Dafür gibt es verschiedene Muster: Durch Ausweitung des versicherungspflichtigen Personenkreises oder durch Einbeziehung aller Einkommen, also auch der aus Kapital, Vermietung und Verpachtung und selbständiger Arbeit. Im übrigen wird man an die Selbständigen denken, wenn man daran geht, Staatszuschüsse an die Sozialversicherung – etwa im Bereich der Rentenversicherung – zu erhöhen.

Was den Bereich der Gesundheitsleistungen betrifft, so gehen wir heute wie selbstverständlich davon aus, daß der Fortschritt der Medizin für alle Bürger erreichbar sein muß. Es zeichnet sich heute aber schon eine eindeutige Tendenz ab, daß die gesetzliche Krankenversicherung sich nicht mehr in der Lage sieht, eine optimale Versorgung der Kranken – eine Versorgung auf dem neuesten Stand der medizinischen Wissenschaft – sicherzustellen. Die Politik der Budgetierung spricht eine eindeutige Sprache. Das medizinisch Machbare explodiert – und die soziale Absicherung des Krankheitsrisikos wird zurückgefahren. Das bedeutet, daß eine Zweiklassen-Medizin auf dem Vormarsch ist. Wenn das Budget im September erschöpft ist, dann gibt es eben – de facto! – bestimmte Gesundheitsleistungen für den Rest des Jahres nicht mehr – jedenfalls nicht mehr auf Krankenschein.

Sie müßten damit rechnen, daß die Sozialversicherungsbeiträge im Laufe Ihrer Lebensarbeitszeit ständig erhöht werden; Sie müssen damit rechnen, daß die Steuern erhöht werden, wenn Sie an das Erfordernis steigernder Staatszuschüsse etwa in der Rentenversicherung denken. Sie werden länger arbeiten müssen. Man wird darauf sinnen, neue Beitragszahler zu gewinnen; je nach Kassenlage wird man die Schutzbedürftigkeit von Selbständigen entdecken (man wird sozusagen von Ihnen „Schutzgeld" fordern). Der Kampf gegen „Sozialmißbrauch" wird durch die Einführung vieler Kontrollstationen dem Sozialrecht ein neues Gesicht geben. Immer höhere Lasten, immer mehr Kontrolle – und am Ende, wenn Sie ihrerseits, spät genug, den Status des Beschäftigten aufgeben wollen und sich zur Ruhe setzen wollen, dann ist durchaus zweifelhaft, ob es eine adäquate Gegenleistung für Ihr lebenslanges Einstehen für die Sozialversicherung gibt. Es ist eher wahrscheinlich, daß der Lohn für das lebenslängliche Mitfinanzieren unseres Sozialsystems eher kärglich sein wird. Alles in allem keine lustige Aussichten. Viele Alte, keine Kinder – eine Altersstruktur wie in Baden-Baden, nur ohne viel Geld; das wird trist. In den Grimmschen Märchen gibt es die Figur der Alten, die in ihrer Schwäche, den jungen

Die Zukunft des Sozialstaats in Europa

und starken Burschen bittet, sie Huckepack zu nehmen – und einmal auf den Rücken genommen, wird die Alte schwer und schwerer und drückt den jungen und starken Burschen zu Boden. Wir werden uns an diese Märchenfigur noch erinnern.

Die Rahmenbedingungen für die Sozialversicherung sind schwierig geworden. Wie reagiert man? Man verteidigt das System, es herrscht eine konservative Grundstimmung im Sozialbereich, obwohl wir seit langem wissen, daß die künftigen Schwierigkeiten erheblich größer sein werden, als die Schwierigkeiten, vor denen wir im Augenblick stehen. Die Politik ist fast zu jeder Änderung im einzelnen bereit, um das System zu erhalten. Man sagt, das System der gesetzlichen Zwangsversicherung sei sozial und fühlt sich damit legitimiert, viele Prinzipien über Bord zu werfen: Das System hat sich bewährt, sagt man; unter dieser Überschrift

– hat man den Invaliditätsschutz für freiwillig Versicherte in der Rentenversicherung beseitigt[7];

– unter dieser Überschrift hat man die Anrechnung von Einkommen bei Hinterbliebenenrenten nicht als einen Verstoß gegen den Gedanken einer Versicherung angesehen[8];

– unter dieser Überschrift hat man das Rentenniveau von einer (gedachten) Vollsicherung herunterfahren wollen, von 70 % auf 64 % des früheren Netto-Arbeitseinkommens[9];

– die Möglichkeit, mit bestimmten günstigen Konditionen Versicherte anzuwerben und danach diese Konditionen zwanglos zu streichen, hat man für verfassungskonform gehalten[10] – eine Verhaltensweise, die man keinem Privaten hätte durchgehen lassen[11] –;

– unter dieser Überschrift hat die jetzige Bundesregierung die Ausweitung der Sozialversicherungspflicht auf geringfügige Beschäftigungsverhältnisse geregelt[12], wobei die für die Krankenversicherung favorisierte Lösung, wonach man in die Sozialkassen einzahlen sollte, aber keinen Anspruch auf Leistungen aus diesen Kassen bekommen sollte, aus der Sicht unserer wackeren Sozialpolitiker gewiß die Ideallösung war.

---

7 Vgl. § 43 Abs. 1 Ziff. 2 SGB VI.
8 § 97 SGB VI.
9 Zur sogen. demographischen Rentenformel vgl. § 64 SGB VI i.d.F. des Rentenreformgesetzes 1999, BGBl. I, 1997, S. 2998.
10 So BVerfGE 58, 81, 109 ff.
11 Die Richter *Benda* und *Katzenstein* erinnern in ihrer abweichenden Stellungnahme E 58,129 ff. an das treffende Wort, das der Richter *von Schlabrendorff* in einer vergleichbaren Fallkonstellation gesagt hatte:" Kein ehrbarer Kaufmann könnte so handeln. Nun ist gewiß der Staat kein ehrbarer Kaufmann. Aber er täte vielleicht gut daran, sich in seinem Verhalten den ehrbaren Kaufmann zum Vorbild zu nehmen" (BVerfGE 37, 363, 418).
12 Gesetz zur Neuregelung der geringfügigen Beschäftigungsverhältnisse vom 24.3.1999, BGBl. I 388.

Insgesamt ergibt sich das Bild eines änderungswütigen Gesetzgebers, der es aber nicht wagt, die Strukturen zu überdenken und sich unbefangen den Herausforderungen der Zukunft zu stellen. Worin liegt die Misere des heutigen Sozialstaats? Sie liegt in allzu punktuellen und planlosen Interventionen. Der Gesetzgeber ist verantwortlich für die soziale Sicherung, er ist ihr Garant – und zugleich ist der umverteilende Gesetzgeber die Hauptgefahrenquelle für die soziale Sicherheit. Das ist ein Problem, das nicht auf Deutschland beschränkt ist. Ist es ein Trost, daß es in unseren Nachbarländern nicht unähnlich ist? Eine ausgebaute Sozialstaatlichkeit gibt es überall in West- und Mitteleuropa, überall mit ähnlichen Problemen. Man darf das vielleicht als Hinweis auf strukturelle Zusammenhänge lesen.

Wir haben die Misere erkannt in punktuellen und planlosen Umverteilungs-Interventionen und in der Nichtbeschäftigung mit Grundsatzfragen des Altersaufbaus und der Anknüpfung an das Arbeitsverhältnis. Wo liegen die Gründe für diese Misere des Sozialstaats?

Wirtschaftliche Kompetenzen, Währungskompetenzen sind nach Europa gewandert. Garant für die soziale Stabilität ist aber der Nationalstaat geblieben. Mit der Sozialpolitik werden Wahlen gewonnen (Adenauer gewann die absolute Mehrheit ein einziges Mal, 1957, mit der Rentenreform und der Einführung der dynamischen Rente). Mit der Sozialpolitik werden Wahlen verloren (wohl nicht zu Unrecht hat man das Abschneiden der Regierung Kohl bei der Bundestagswahl 1998 u.a. auf Einsparungen im Sozialbereich, so auf das Herunterfahren des Rentenniveaus, zurückgeführt). Wahlen werden nicht an den Börsen entschieden, mögen die Aktienkurse auch noch so glänzend sein. So wichtig wirtschaftspolitische Kompetenz in den Augen der Wähler ist, ein Stimmungseinbruch im Sozialbereich wiegt allemal schwer. Sozialpolitik steht im Zentrum des Kampfs um die Macht und gerade deshalb ist sie anfällig für punktuelle Interventionen. Staatliche Intervention mit dem Etikett „sozial" (und unter Verteilung von Wohltaten) vermitteln politische Legitimität. Vor den Wahlen teilt man aus; dann kommt man nicht umhin, nach den Wahlen wieder einzusammeln. – Muß das immer so weitergehen?

IV. Ordnungspolitik – drei Alternativmodell

Lassen sich Gegenmodelle entwerfen? In welche Richtung wäre Abhilfe zu denken? Es sind vor allem drei Modelle, die ich hier anführen möchte.

Modell 1: Das wirtschaftsliberale Modell – „Jeder für sich"

Das älteste der Gegenmodelle ist das Modell des Wirtschaftsliberalismus. Der mündige Bürger, der Verbraucher, mag abschätzen, wie viel ihm Sicherheit gegenüber den Wechselfällen des Lebens wert ist; er wird sich durch den Abschluß privatrechtlicher Versicherungsverträge schützen können. Im privatrechtlichen Versicherungsverhältnis herrscht Adäquanz zwischen Leistung und

Gegenleistung. Dafür, daß faire Bedingungen zwischen Versicherungsunternehmen und Versicherten herrschen, sorgt die staatliche Versicherungsaufsicht, vielleicht auch noch die Inhaltskontrolle durch die Rechtsprechung. Das eigentlich „Soziale", die soziale Umverteilung findet sich in der Normalsicherung für den Normalbürger gar nicht. Beredte Verfechter dieses Gegenmodells zum Sozialstaat hat es von Anfang an gegeben. Als Bismarck die Sozialversicherung propagierte, haben die Wirtschaftsliberalen im Reichstag ihm einen „Zwangskorporationsrappel" vorgeworfen. In der jüngsten Vergangenheit haben Friedrich von Hayek und Milton Friedman sich energisch für dieses Modell eingesetzt. Sozialstaat wurde hier mit unfreiheitlichen Verhältnissen gleichgesetzt. Eine „Verfassung der Freiheit" (Hayek) schließe staatliche Umverteilung im Prinzip aus.[13] Dieses Modell hat große Wirkungen entfaltet – als Schreckmodell. Die hier vertretene vollständige Ablehnung einer Sozialpolitik und staatlicher Umverteilung war wunderbares Argumentationsmaterial für die Sozialpolitiker. Sie konnten sagen: „Seht, dahin führt die Kritik am Sozialstaat. Dahin kommt man, wenn man ein Gegenbild zum sozialen Interventionismus entwickeln will."

Nun muß man sehen, daß dieses wirtschaftsliberale Modell einer dezidierten Absage an das „Soziale" ein Modell ist, daß nur in akademischen Diskussionen weiterlebt. Wahlen kann man damit nicht gewinnen – außer eben, es gelingt einer Partei, dem Wähler klar zu machen, daß die Gegenpartei solchen Vorstellungen anhänge.

Modell 2: Sozialversicherung als selbsttragendes System – „Der Staat als ehrlicher Kaufmann"

Die wirre Zufälligkeit der sozialpolitischen Interventionen fordert die Frage heraus, ob es nicht möglich ist, statt planloser Änderungen eine wirksame Ordnungspolitik zu setzen. Könnte sich der Staat im Sozialbereich nicht als Garant einer Ordnung ansehen, die als selbst tragend zu konstruieren wäre? Man könnte dieses Modell – in Anknüpfung an das zitierte Wort des Verfassungsrichters von Schlabrendorff – „der Staat als ehrlicher Kaufmann" nennen. In dieser Richtung eines selbst tragenden Systems unter dem Schutz eines „ehrlich" agierenden Staates zu denken, liegt vor allem deshalb nahe, weil es dem ursprünglichen gesetzgeberischen Bauplan der Sozialversicherung entspricht. Sozialversicherung ist keine staatliche Anstalt, sondern eine genossenschaftliche Versicherung unter dem Schutz des Staates, eine Versicherung auf Gegenseitigkeit im genossenschaftlichen Verbund. Es gilt das Prinzip der getrennten Kassen.

Es hätte nahe gelegen, diese Grundstruktur zu verdeutlichen. Die mitgliedschaftlich-demokratische Struktur der Sozialversicherung hätte gestärkt werden können – statt dessen hat man die Einrichtung demokratischer Wahlen innerhalb der Sozialversicherung zur Farce werden lassen, weil man die Mög-

---

13 F. A. v. *Hayek*, Die Verfassung der Freiheit, 3. Aufl. 1991, S. 361 ff.

lichkeit vorsah, die Wahlen ausfallen zu lassen (und dies dann eine „Friedenswahl" nannte).[14] Zum andern hat man nie daran gedacht, diesem demokratischen Element genug Entscheidungskompetenzen zu überlassen.

Es hätte nahe gelegen, den Gedanken der Selbstverwaltung ernst zu nehmen. Es geht um die Wahrnehmung eigener Belange der Versicherten durch die Versicherten selber. So freundlich man auch die Rolle der Arbeitgeber in der Sozialverwaltung einschätzen mag – um deren Belange geht es gerade nicht, da der Beitrag, auch soweit er durch den Arbeitgeber gezahlt wird, rechtlich Beitrag des Versicherten selbst ist.[15] Die Beteiligung der Arbeitgeber ist also Fremdverwaltung – ein Fremdkörper in der Selbstverwaltung.

Es hätte nahe gelegen Konsequenzen aus der Erkenntnis zu ziehen, daß sozialrechtliche Positionen den Grundrechtsschutz des Art. 14 GG genießen. Es hätte in diesem Zusammenhang vor allen Dingen auch nahe gelegen, die Grundrechtsfähigkeit der Träger der Sozialversicherung anzuerkennen, wo diese als berufene Vertreter der Grundrechtsinteressen ihrer Mitglieder auftreten.[16]

Die Konsequenz eines ernst genommenen Grundrechtsschutzes wäre vor allen Dingen gewesen, daß Abweichungen vom Versicherungsprinzip begründungsbedürftig gewesen wären; denn der Grundrechtsschutz knüpft ja gerade an die eigene Leistung des Versicherten an.

Das wäre eine freiheitsfreundliche Ausgestaltung der Sozialversicherung gewesen. Dieses Modell hat sich leider nicht durchgesetzt. Die Frage nach der demokratischen Struktur von Sozialversicherung ist nicht ernst genommen worden. Die Frage, wessen eigene Angelegenheiten in der Sozialversicherung selbst zu verwalten seien, wurde beiseite geschoben zu Gunsten einer neokorporatistischen Orientierung, zu Gunsten einer „Sozialpartnerschaft" der mächtigen Großverbände, Gewerkschaften und Arbeitgeber. Als die Rechtsprechung dazu kam, Grundrechte der Versicherten aus Art. 14 GG zu bejahen, wurde dieser Grundrechtsschutz, ehe man noch man die Tragweite dieses freiheitlichen Ansatzes voll begriffen hatte, sogleich unter den Vorbehalt des Funktionierens des Gesamtsystems und damit in die fast grenzenlose Dispositionsbefugnis des Gesetzgebers gestellt.[17] Abweichungen von der Äquivalenz zwischen Beitrag und Versicherungsleistungen werden bis heute in der Rechtsprechung des Bundessozialgerichts nicht als begründungsbedürftig angesehen. (Es wundert daher nicht, daß viele kritische Beobachter meinen, Sozialversicherung keine ehrliche Sache.) Im Abstand von 12 Jahren hat das Bundessozialgericht zweimal zu dieser grundlegenden Frage der Begründungsbedürftigkeit

---

14 § 46 SGB IV; die „Friedenswahl" hat das BSG für verfassungskonform gehalten, BSGE 36, 242 ff.
15 Vgl. *Haverkate*, Verfassungslehre, 1992, S. 300 f. m.w.N.
16 Hierzu *Haverkate*, Verfassungslehre, S. 302 f. m.w.N.
17 BVerfGE 58, 91, 109 ff.

von Umverteilung Stellung genommen. In beiden Fällen trugen die Kläger vor, der geltende Beitragssatz sei rechtswidrig, weil versicherungsfremde Aufgaben von der Sozialversicherung wahrgenommen würden. 1985 befand das Bundessozialgericht knapp: kennzeichnend für die Sozialversicherung sei der soziale Ausgleich unter den zu einer Solidargemeinschaft zusammengeschlossenen Versicherten. „Danach ist es für weite Bereiche der Sozialversicherung unerheblich, ob und inwieweit ein Beitragspflichtiger auf Grund der von ihm gezahlten Beiträge selbst Leistungen beanspruchen kann."[18] – eine etwas rabiate Ansicht zur Tragweite gegenseitiger Solidarität. Man fühlt sich nach dieser Auskunft wie an einem Schalter abgefertigt. Im Jahre 1998 hatte das Bundessozialgericht wiederum Gelegenheit, zur Zulässigkeit von umverteilenden „versicherungsfremden" Leistungen Stellung zu nehmen.[19] Das Bundessozialgericht führt zunächst aus, es gebe bei solchen Leistungen keine Bedenken im Hinblick auf die Kompetenz des Bundesgesetzgebers, denn unter Sozialversicherung im Sinne der Kompetenzvorschriften (Art. 74 Abs. 1 Nr. 12 GG) fielen alle Regelungen, die die Leistungs- und Beitragsbeziehungen innerhalb der gesetzlichen Pflichtversicherung beträfen. Nun ist die Bundeskompetenz für sozialversicherungsrechtliche Regelungen im Hinblick auf Fremdlasten nie bestritten worden. Der eigentliche Streitpunkt ist allein, ob Abweichungen von der Äquivalenz zwischen Beitrag und Leistung eine unzulässige Belastung der davon betroffenen Beitragzahler sei. Und so hatte der Kläger gerade geltend gemacht, es sei ein Verstoß gegen den Gleichheitssatz, wenn gesamtgesellschaftliche Aufgaben – er führt insbesondere die Kosten im Zusammenhang mit der Herstellung der deutschen Einheit an – mit den Mitteln der gesetzlichen Sozialversicherung bestritten würden. Da kommt es nun im Urteil des Bundessozialgerichts zu einer ganz eigenartigen – ich drücke mich zurückhaltend aus – Verknüpfung zwischen Kompetenzgesichtspunkten und Gleichheitsfragen: Die Finanzierung versicherungsfremder Leistungen durch die Sozialversicherung verstießen nicht gegen den allgemeinen Gleichheitssatz des Art. 3 Abs. 1 GG. Wenn der Gesetzgeber die Kompetenz habe, die Sozialversicherung zu regeln und Beiträge zu erheben, so sei er damit auch befugt, die Beitragzahler in der Sozialversicherung anders als die Mitglieder der Gesamtgesellschaft zu behandeln. – Was kompetenzgemäß ist, kann deshalb nicht dem Gleichheitssatz widersprechen – das dürfte man wohl zu Recht einen Denkunfall des Bundessozialgerichts nennen. Es ist eine eigenartige Verblendung, eine eigenartige Voreingenommenheit zu Gunsten von Umverteilung – genauer gesagt: zugunsten einer *undurchsichtigen* Umverteilung. Man will sich um jeden Preis eine wirkliche Auseinandersetzung mit der Frage ersparen, welche Lasten man dem Bei-

---

18 BSG vom 17.12.85, Sozialgerichtsbarkeit 1987, S. 169 ff., 171 mit zustimmender Anmerkung von *Ruland*, a.a.O., S. 133 ff.
19 BSG vom 29.1.98, NZS 1998, S. 482 ff. mit kritischer Anmerkung von *Rolfs*, a.a.O., S. 551 ff.

tragszahler aufbürden darf; welche in gesamtgesellschaftliche Verantwortung fallen, welche nicht. – Man sieht jedenfalls, auf welche starken Widerstände das Modell einer Sozialversicherung als selbsttragendes System bislang gestoßen ist.

Modell 3: Das Modell des Wettbewerbs-Sozialrechts

Ich knüpfe noch einmal an die eingangs erwähnte Klage der französischen Handwerker Poucet und Pistre.[20] Ihre Klage stützte sich auf Art. 86 EGV (Art. 90 aF EGV). Der Grundgedanke dieser Vorschrift geht dahin: Wenn der Staat sich unternehmerisch betätigt, so muß er sich dem Wettbewerb stellen. Der Staat sichert den öffentlich-rechtlichen Trägern der gesetzlichen Sozialversicherungen ein Monopol. Die gesetzliche Rentenversicherung, Krankenversicherung, Unfallversicherung, Arbeitslosenversicherung und Pflegeversicherung bieten Versicherungsschutz aufgrund von Beitragszahlungen; das haben diese gesetzlichen Versicherungen mit privaten Versicherungsunternehmen gemein. Durch das gesetzliche Sozialversicherungsmonopol reserviert der Staat seinen Ausgründungen, den öffentlich-rechtlichen Trägern der Sozialversicherungen, einen bestimmten Bereich des Versicherungsgeschäftes. Ist die Darbietung von Versicherungsschutz nicht unternehmerisches Handeln – gleichgültig ob private oder öffentlich-rechtliche Einrichtungen sie anbieten? Wenn man diesem Gedanken folgte, ergäbe sich die Anschlußfrage, ob die mit der Sozialversicherung angestrebten öffentlichen Interessen tatsächlich nur verwirklicht werden können im Rahmen einer gesetzlichen Zwangsversicherung. Ein Monopol im Bereich unternehmerischen Handelns darf ein Staat nämlich nur dann aufrecht erhalten, wenn andernfalls die Verwirklichung der erstrebten öffentlichen Zwecke „verhindert" würde (Art. 86 Abs. 2 EGV).

Diese Überlegungen klingen umstürzlerisch. Aber man muß sehen, daß der Europäische Gerichtshof ebenso wie die Kommission der Gemeinschaften mit Hilfe dieser Vorschrift des Art. 86 EGV bereits eine ganze Reihe von kleinen Revolutionen vollzogen haben. Art. 86 EGV gehört zum Grundbestand der römischen Verträge, wie sie in der Mitte der 50er Jahre geschlossen wurden. Dieser Vorschrift maß man aber zunächst keine große Bedeutung zu. Man sah in ihr nur eine Klarstellung, daß das Wettbewerbsrecht auch für den Staat gelte, wenn er am allgemeinen Geschäftsverkehr teilnehme. Eine wirkliche Waffe gegen staatliche Monopolunternehmen wurde diese Vorschrift erst im Kampf um die Verwirklichung des Binnenmarkts 92.[21] Die Kommission stellte damals die Frage, in welchen Bereichen es denn bislang an Wettbewerb fehle – und stieß dabei auf die Monopolunternehmen der öffentlichen Hand. Auf Betreiben der Europäischen Kommission, die hier vom Europäischen Gerichtshof mit großer Beständigkeit unterstützt wurde, fielen dann wichtige Verwaltungs-

---

20 S. oben Fn. 5.
21 Zu dieser Entwicklung s. *Haverkate/Huster*, Europäisches Sozialrecht, S. 287 ff.

monopole, die sich die Mitgliedstaaten bislang gesichert hatten: es fiel das staatliche Eisenbahnmonopol, es fiel das Postmonopol; es fiel das Monopol der Telekommunikation und der öffentlich-rechtlichen Versicherungsanstalten im Bereich der Gebäude- und Feuerversicherung; es fiel das Monopol der öffentlichen Energieversorgung, es fiel das Monopol der Arbeitsvermittlung, wie es in Deutschland bestand. Auf all diesen Gebieten wurde das staatliche Handeln bzw. das Handeln öffentlich-rechtlicher Rechtsträger als unternehmerisches Handeln qualifiziert. Und in all diesen Bereichen erklärte der Europäische Gerichtshof, daß die bisher bestehenden Verwaltungsmonopole gerade nicht unabdingbar seien zur Verwirklichung der öffentlichen Interessen.

Das war die Vorgeschichte, als sich der Europäische Gerichtshof mit der Frage nach der Zulässigkeit des Sozialversicherungsmonopols beschäftigte. Der EuGH ist hier davor zurückgeschreckt, Sozialversicherung als unternehmerisches Handeln zu qualifizieren; das konnte nicht überraschen. Es fehlte ebenso an wissenschaftlicher Aufbereitung dieser Frage wie auch an jeglicher Diskussion in der Öffentlichkeit. Im Ergebnis konnte es kein Zweifel sein, daß der EuGH zunächst einmal die Sozialversicherung unangetastet lassen würde. Sein eigentlicher Verdienst liegt darin, daß er die Frage klar und unmißverständlich formuliert hat: Zur Verwirklichung welcher öffentlichen Interessen ist das Sozialversicherungsmonopol unabdingbar? Seine Antwort lautet: Eine Zwangsversicherung sei nötig, weil der Staat umverteilen wolle. Der Gerichtshof beruft sich hier auf das „Prinzip der (nationalen) Solidarität" – auf das Prinzip der Umverteilung.

Dem EuGH ist insoweit zuzustimmen: Umverteilung ist der Kern des Sozialstaats, der Kern der sozialen Kompetenz des Staates für einen Ausgleich zwischen Reicheren und Ärmeren zu sorgen. Die entscheidende Frage ist aber: Ist Umverteilung nur möglich mit Hilfe des staatlichen Sozialversicherungsmonopols? Mit anderen Worten: Ist das Sozialversicherungsmonopol „unverzichtbar" zur Verwirklichung sozialer Umverteilung? Gewiß wird Umverteilung bisher gerne durch Sozialversicherungsbeiträge finanziert. Kann man sie nicht auch anders organisieren? Die Antwort fällt leicht: Die Umverteilung durch Sozialversicherungsbeiträge ist nur eine Möglichkeit, Umverteilungspolitik zu betreiben; die andere Möglichkeit – ist die Finanzierung über den allgemeinen Staatshaushalt. Wird Umverteilung durch Sozialversicherungsbeiträge finanziert, so ist nur ein Teil der Bevölkerung, nämlich die Mitglieder der Sozialversicherung, belastet; wird Umverteilung durch Steuermittel finanziert, ruht sie auf einer breiteren Basis. Das hat Veranlassung gegeben, sogar die Frage zu stellen, ob Umverteilung mit Sozialversicherungsbeiträgen nicht gegen das Prinzip der Lastengleichheit verstoße. In der Tat liegt die Frage auf der Hand: Warum sollen nur Mitglieder der Sozialversicherung einen Beitrag zur Kompensation sozialer Schwächen leisten – warum nicht auch die Besserverdienenden, die nicht Mitglieder der Sozialversicherungen sind? Und die Besserverdienenden können eben nur dadurch herangezogen werden, daß Umverteilung durch Steuermittel finanziert werden.[22] Man sieht, daß die Argumentation des EuGH unversehens einen wunden Punkt der bisherigen Umverteilungspolitik berührt. Die Feststellung des EuGH lautete: Das Sozialversicherungsmonopol sei unabdingbar, weil der Staat umverteilen wolle und Umverteilung nicht anders als durch ein Sozialversicherungsmonopol betrieben werden könne. Wir haben aber gesehen, man *kann* nicht nur Umverteilung anders als über Sozialversicherungsbeiträge vornehmen – vielleicht *muß* man dies auch, um den Anforderungen der Gerechtigkeit genüge zu tun. In jedem Fall gilt: Der Gesichtspunkt der Umverteilung kann das bestehende Sozialversicherungsmonopol gerade nicht rechtfertigen. Der EuGH hat klar und folgerichtig die Frage nach der Zulässigkeit des Sozialversicherungsmonopols gestellt; seine Antwort wird auf die Dauer gewiß nicht befriedigen können.

Das geltende Recht der Umverteilung ist dringend reformbedürftig. Es ist völlig undurchsichtig. Die Aufgaben sozialer Sicherung werden in Zukunft schwieriger werden denn je – als Folge der demographischen Veränderungen. Deshalb brauchen wir eine rationale Umverteilungspolitik. In der Logik des Art. 86 EGV liegt es, die Versicherung elementarer Lebensrisiken, wie sie der Staat bisher in der gesetzlichen Sozialversicherung vorgenommen hat, als wirtschaftliches Handeln zu qualifizieren und die notwendige soziale Umverteilung davon zu trennen. Umverteilung würde dann nicht nur gerechter finanziert, sondern auch aus ihrer bisherigen Undurchsichtigkeit befreit. Den Bereich der Pflichtversicherung müßte der Staat dem Wettbewerb öffnen; aus einer Pflichtversicherung mit Monopolcharakter würde eine bloße Versicherungspflicht, die Raum ließe für eine freie Wahl des Versicherungsunternehmens. Umverteilende Regelungen dürfte der Staat nicht mehr mit der Festlegung von Versicherungsbeiträgen auf undurchsichtige Weise vermengen; er wäre zur klaren Benennung genötigt, für welche Adressaten und aufgrund welcher Sachverhalte er Umverteilung für nötig hält.

Der EuGH hat bislang die grundsätzlichen Überlegungen des Urteils in Sachen Poucet/Pistre aus dem Jahre 1993 nicht wieder aufgegriffen. Aber er hat doch in kleineren Schritten eine bestimmte Linie deutlich gemacht: Es ist ein Fortschreiten in Richtung auf mehr Wettbewerb und auf die Verwirklichung der Europäischen Grundfreiheiten. So hat er z.B. die freiwillige Versicherung innerhalb der Sozialversicherung als unternehmerisches Handeln angesehen und dem Wettbewerbsrecht eindeutig unterstellt.[23] In zwei aufsehenerregenden Entscheidungen hat der Europäische Gerichtshof die Freiheit des Warenverkehrs und der aktiven und passiven Dienstleistungsfreiheit betont, in den Rechtssachen Decker und Kohll. Der luxemburgische Staatsangehörige Decker beantragte bei seiner Krankenkasse die Pauschalerstattung der Kosten

---

22 Zu dieser Frage *Haverkate/Huster*, Europäisches Sozialrecht, S. 310 Rdnr. 517 und S. 334 Rdnr. 570 m.w.N.
23 EuGH vom 16.11.1995, Rs. C-244/94 (Federation francaise), Slg. 1995, I-4013.

für eine Brille, die ihm ein luxemburgischer Augenarzt verschrieben hatte und Herr Decker bei einem Optiker in Belgien erworben hatte.[24] Herr Kohll, ebenfalls Luxemburger, beantragte bei seiner Krankenkasse für seine Tochter eine Zahnregulierung bei einem Zahnarzt in Trier zu genehmigen und die Erstattung der dafür in Luxemburg üblichen Kosten vorzunehmen.[25] Die Weigerung der Krankenkassen hat der EuGH in beiden Fällen als ein Verstoß gegen die europäischen Grundfreiheiten angenommen. Der prinzipielle Gehalt dieser Entscheidungen liegt in Folgendem: Es klargestellt, daß auch im Bereich des „sozialen" – hier in der gesetzlichen Krankenversicherung – die Grundfreiheiten gelten. Bislang hatte man es anders gehalten; man war wie selbstverständlich davon ausgegangen, daß die Mitgliedstaaten ihr Sozialrecht ohne Rücksicht auf die Entscheidung für einen freien europäischen Binnenmarkt (abgesehen von der Flankensicherung der Wanderarbeitnehmer) ausgestalten dürften. Diese Klarstellung hat für die Zukunft des Sozialrechts in Europa eine nicht zu überschätzende Bedeutung. Die Entscheidung für die europäischen Grundfreiheiten und die Entscheidung für eine Wettbewerbsordnung in Europa sind im übrigen zwei Seiten ein und derselben Medaille. – Man mag die hier erwähnten Urteile des EuGH als erfreuliche Trendmeldungen nehmen; wir sind aber gewiß noch weit davon entfernt sagen zu können, es gebe hier schon eine konsolidierte Rechtsprechung und die entscheidenden Fragen seien bereits beantwortet.

V. Welches der Alternativmodelle verdient den Vorzug?

Von den drei Modellen, die ich skizziert habe, habe ich zwei mit positiven Vorzeichen versehen. Welches von beiden ist das richtige oder richtigere Modell? Das wird zu diskutieren sein. Wichtig scheint mir zunächst festzuhalten: Das Modell der Sozialversicherung als eines selbsttragenden Systems und das Modell eines europäischen Wettbewerbs-Sozialrechts haben zentrale Gemeinsamkeiten. Sie sind beide an der Idee verläßlichen Rechts orientiert. Sie haben einen gemeinsamen Gegner: den wahltaktisch operierenden von-Fall-zu-Fall-Interventionismus, der bis zur nächsten Wahl denkt, aber die Zukunftsfragen des Sozialrechts solange vor sich herschiebt, bis sie unlösbar geworden sind.

Das Modell der Sozialversicherung als eine selbsttragenden Systems denkt vom nationalen Verfassungsrecht her; es will die Grundentscheidung der Verfassung für Demokratie und Grundrechte mobilisieren, um eine öffentlich-rechtliche organisierte, genossenschaftlich gestaltete Sozialversicherung zu garantieren und diese, dem Grundgedanken der Parafiskalität folgend, vor

---
24 EuGH vom 28.4.1998, Rs. C-120/95 (Decker), Slg. 1998, I-1831.
25 EuGH vom 28.4.1998, Rs. C-158/96 (Kohll), Slg. 1998, I-1931.

destabilisierenden Umverteilungsinterventionen des Staates abzupuffern. Das Modell eines Wettbewerbs-Sozialrechts hingegen denkt vom EG-Vertrag her, von der Entscheidung für Wettbewerb und von den europäischen Grundfreiheiten her. Es sind im Grunde befreundete Konzepte. Sie bieten freilich unterschiedliche rechtliche Ansätze zur Lösung ein und desselben Problems.

Es ist die Zukunft des Sozialstaats in Europa zu gestalten. Der Herausforderung durch diese Frage wird man nicht gerecht, indem man in allzu enger Weise angesichts dieser beiden Lösungsansätze nach „richtig" oder „falsch" fragt und dabei impliziert, Gerichte hätten dann in der einen oder anderen Weise zu entscheiden.. Beide Lösungsansätze haben bislang dieselbe Schwäche. Es sind Lösungsansätze, die in einem engen Kreis von Mitdiskutierenden reflektiert werden. Sozialstaatliche Gestaltung betrifft jedermann; die sozialpolitische Diskussion aber findet im engen Kreis von „Experten" statt. Es gibt im Sozialrecht keine kritische Öffentlichkeit. .Mächtige Verbände lenken die Diskussion, wo sie denn stattfindet, in ihrem Sinne. Das Sozialrecht ist ein Kampfplatz um die Erringung oder Erhaltung politischer Macht ebenso wie um die Sicherung wirtschaftlicher Privilegien. In diesem Kampfgetümmel bleibt es die schwierige Aufgabe der Gerichte, die Grundentscheidungen des Verfassungsrechts, der europäischen Verträge wie des nationalen Verfassungsrechts, zu klären. Die hier vorgestellten Konzeptionen eines künftigen Sozialrechts sind rechtliche Konzeptionen, die vom Europäischen Gerichtshof wie von den nationalen Gerichten durchzusetzen wären. Nun muß man sehen, daß Gerichte mit der Lösung konzeptioneller Fragen die demokratische Öffentlichkeit nur begrenzt überraschen dürfen, wenn die Legitimität ihrer Sprüche nicht Schaden nehmen soll. Gerichte sind Kontrollinstanzen, die *das letzte Wort* in Rechtsfragen haben sollen. Wünschenswert, ja notwendig wäre zunächst die öffentliche Diskussion um die Zukunft des Sozialstaats: Es müssen die Probleme entwickelt werden, es müssen die Horizonte möglicher Lösungen abgesteckt werden. Ob die Problembeschreibungen zutreffend sind, welches der konkurrierenden Konzepte das bessere ist, darüber muß gestritten werden – und diese Diskussion muß breit geführt werden, aus dem engen Kreis eigennützigen, interessengebundenen Expertentums herausgeführt werden in die klarere Luft öffentlicher Diskussion. Dann mag die Hoffnung bestehen, daß eine solche freimütige Auseinandersetzung Niederschlag findet in einer verantwortlichen rechtlichen Gestaltung des Sozialrechts durch die zuständigen Parlamente. Und ganz zum Schluß käme, wenn es dann nötig wäre, das klärende Wort höchstrichterlicher Rechtsprechung. Je gehaltvoller die öffentliche Diskussion um die Zukunft sozialer Sicherung geführt wird, je offener sich der Gesetzgeber der Aufgabe stellt, die beträchtlichen Schwierigkeiten zu meistern, um so leichter wird es den Gerichten fallen wenn nötig die Grundentscheidungen der europäischen Verträge und der nationalen Verfassung zu verdeutlichen.

CHRISTIAN HILLGRUBER

Kontinuität und Wandel in der Entwicklung des Völkerrechts

I. Einleitung

Wenn im folgenden von Kontinuität und Wandel in der Entwicklung des Völkerrechts die Rede ist, dann geht es nicht um das sog. Kontinuitätsproblem im Völkerrecht, also um die Lehre von der völkerrechtlichen Kontinuität der Staaten, und auch nicht um den Fortbestand, die Veränderung oder Ergänzung des völkerrechtlichen Normenbestandes, d.h. die fortwährende Geltung oder Fortbildung der überkommenen völkerrechtlichen Regeln und Prinzipien. Es unterliegt keinem Zweifel, daß das Völkerrecht wie auch Rechtsordnungen aus anderer Quelle inhaltlich einem steten Wandlungsprozeß unterworfen ist, auch wenn sich dieser Wandel der Eigenart des Völkerrechts als einer auf Konsens basierenden Ordnung wegen regelmäßig nur langsam vollzieht[1]. Inwieweit inhaltliche Veränderungen eingetreten sind oder aber Kontinuität vorherrscht, kann nur eine historisch angelegte Untersuchung zutage fördern, die für die einzelnen Regelungsbereiche und Institute des Völkerrechts gesondert anzustellen wäre und wohl auch unterschiedlich ausfallen würde.

Thema meines Vortrags ist vielmehr die Struktur des Völkerrechts als Gesamtrechtsordnung, die Struktur der Völkerrechtsgemeinschaft. Hat auch sie sich, wie vielfach behauptet, seit dem Zweiten Weltkrieg grundlegend gewandelt oder sind bei aller inhaltlichen Veränderung und Anreicherung des Völkerrechts die bestimmenden Akteure und maßgeblichen Handlungsformen in den internationalen Beziehungen dieselben geblieben? Meine These lautet, daß in den entscheidenden Grundstrukturen des Völkerrechts über die verschiedenen Epochen der Völkerrechtsgeschichte hinweg ein hohes Maß an Kontinuität zu konstatieren ist. Ich will versuchen, diese meine „Kontinuitätsthese" durch ei-

---

[1] Beim Völkergewohnheitsrecht ist es die Notwendigkeit einer dauernden und einheitlichen Übung unter weitgestreuter und repräsentativer Beteiligung (vgl. BVerfGE 94, 315, 332), die neues Recht, von dem Ausnahmefall der sog. „instant custom" einmal abgesehen, nur langsam entstehen läßt, bei größeren Kodifikationsvorhaben sind häufig jahrzehntelange Vorarbeiten zur Konsensfindung notwendig.

nige Überlegungen zum Geltungsbereich und Geltungsgrund des Völkerrechts, also zu den Rechtssubjekten und Rechtsquellen des Völkerrechts zu untermauern.

II. Die völkerrechtlichen Rechtssubjekte

Völkerrecht ist noch immer in erster Linie Zwischenstaatenrecht. Die Staaten sind nach wie vor die wichtigsten Völkerrechtssubjekte. Es sind allein die Staaten, die über die unbeschränkte Rechtsmacht verfügen, Völkerrecht zu kreieren, völkerrechtliche Rechte und Pflichten untereinander und mit Wirkung für und gegen Dritte zu begründen und wieder aufzuheben. Die Staaten sind in diesem Sinne originäre Völkerrechtssubjekte, während die Völkerrechtssubjektivität aller anderen Völkerrechtssubjekte eine von ihnen abgeleitete ist. Die Staaten haben die Völkerrechtsordnung geschaffen, unter der sie und alle anderen Völkerrechtssubjekte als Regelungsadressaten und Rechtsunterworfene stehen. Die „Territorialstaaten sind die Erzeuger des seither zumindest in seiner Grundstruktur – noch – nicht veränderten Völkerrechts"[2].

Außer den Staaten sind am Rechtserzeugungsprozeß nur noch die Internationalen Organisationen beteiligt, und auch diese nur in beschränktem Umfang. Denn ihre Völkerrechtssubjektivität ist eine bloße partielle und zudem nur relative: Sie wirkt zunächst nur für und gegen die an die Gründungsverträge gebundenen Mitgliedstaaten. Völkerrechtliche Rechts- und Handlungsfähigkeit gegenüber außerhalb der Verträge stehenden Drittstaaten und anderen Internationalen Organisationen können sie nur und erst dadurch erlangen, daß sie von diesen als Völkerrechtssubjekte anerkannt werden[3]. Ihre Völkerrechtsfähigkeit ist zudem in jedem Fall nach den Regeln des allgemeinen Völkerrechts sachlich-funktionell auf das für die Durchführung ihrer Aufgaben und Erreichung ihrer Ziele erforderliche Maß beschränkt. Internationale Organisationen können daher überhaupt nur für ihre Mitgliedstaaten und nur in dem durch den Gründungsvertrag vorgegebenen Rahmen rechtsetzend tätig werden, Verträge schließen und an der Bildung von Gewohnheitsrecht teilnehmen. Das Sekundärrecht Internationaler Organisationen beruht also auf einer diesen von den Mitgliedstaaten erteilten Ermächtigung zur Rechtserzeugung und regelt nur das „Innenverhältnis" zwischen diesen Organisationen und ihren Mitgliedern.

Zudem gilt für die Willensbildung in vielen Internationalen Organisationen noch immer das Einstimmigkeitsprinzip; Organbeschlüse entfalten darüber

---

2 K. Doehring, Völkerrecht, Heidelberg 1999, § 1 II a), Rdnr. 18, S. 11 f.
3 Auch die Vereinten Nationen besitzen keine „objektive" Völkerrechtspersönlichkeit; so aber der IGH im Gutachten vom 11. April 1949 zu im Dienst der Vereinten Nationen erlittenen Schäden (ICJ Reports 1949, 174, 184 f.).

hinaus häufig keine rechtlich bindende Wirkung (wie z.B. bei der NATO und der WEU). Dann aber bleiben die einzelnen Mitgliedstaaten Herren des Verfahrens und behalten ihre Entscheidungs- und Handlungsfreiheit. Trotz der ausgedehnten Tätigkeitsfelder Internationaler Organisationen und einer zu konstatierenden, gewissen Tendenz zu stärker integrierten Gemeinschaften kann daher der derzeitige Entwicklungsstand der Internationalen Organisationen im Völkerrecht im allgemeinen wohl noch immer zutreffend dahingehend beschrieben werden, daß „die Internationalen Organisationen in erster Linie Arenen für die Beziehungen der Staaten, aber selbst kaum eigenständige Akteure" sind[4]. Schließlich können Internationale Organisationen, so wie sie durch Vertrag begründet worden sind, auch durch einen actus contrarius einvernehmlich wieder aufgelöst werden. Ihre Existenz und ihr Fortbestand hängen also vom (gesamthänderisch gebundenen) Willen der Mitgliedstaaten ab. Wenn aber eine Internationale Organisation sich aus dieser rechtlichen Abhängigkeit zu befreien sucht und sich verselbständigen will, dann handelt es sich um einen bloß tatsächlichen Vorgang, der keine Rechtswirkungen entfaltet; völkerrechtlich betrachtet also ein untauglicher Versuch: Die Internationale Organisation handelt ultra vires, die ihre Kompetenzen überschreitenden Akte sind null und nichtig.

Das alles gilt auch für die Europäische Union und die ihr zugehörigen Europäischen Gemeinschaften als supranationale Organisationen. Das Bundesverfassungsgericht spricht treffend von einem durch den Unions-Vertrag geschaffenen Staatenverbund, dessen Hoheitsgewalt sich auf Ermächtigungen souverän bleibender Staaten gründet[5]. Aus den Grenzen der vertraglich nach dem Prinzip der begrenzten Einzelermächtigung eingeräumten Hoheitsbefugnisse ausbrechende Rechtsakte der Europäischen Gemeinschaft sind unverbindlich[6].

Heute kann – außer den internationalen Organisationen – auch das Individuum, soweit es als echter Drittbegünstigter des Völkervertrags- oder -gewohnheitsrechts Inhaber völkerrechtlich begründeter Menschenrechte ist, als partielles Völkerrechtssubjekt qualifiziert werden, auch wenn es diese Rechte, von dem Rechtsschutzsystem der Europäischen Menschenrechtskonvention nach dem 11. Zusatzprotokoll einmal abgesehen, weil ohne legal standing, nicht selbständig durchsetzen kann. Aber es handelt dabei eben um eine von den Staaten durch Vertragspraxis und durch beständige Übung in Rechtsüberzeugung ge-

---

4 *Ch. Schreuer*, Die Bedeutung Internationaler Organisationen im heutigen Völkerrecht, AVR 22 (1984), S. 363-404, 403 f.
5 BVerfGE 89, 155, 190: „Deutschland wahrt damit die Qualität eines souveränen Staates aus eigenem Recht und den Status souveräner Gleichheit mit anderen Staaten i.S.d. Art. 2 Nr. 1 der Satzung der Vereinten Nationen vom 26. Juni 1945 (BGBl. 1973 II S. 430)".
6 Vgl. BVerfGE 89, 155, 188, 209 f. Sie dürfen aus verfassungsrechtlichen Gründen von deutschen Staatsorganen gar nicht angewendet werden!

wohnheitsrechtlich verliehene, näher ausgestaltete und – theoretisch – auch wieder entziehbare[7] Rechtsposition des Individuums als eines Drittbegünstigten, nicht um etwas den Staaten „objektiv" Vorgegebenes, das nicht auf ihren eigenen Rechtsbindungswillen zurückführbar wäre.

Ebenso wie für die Individuen gilt auch für die Völker als Träger des Selbstbestimmungsrechts sowie für Sondergebilde wie das sog. de-facto-Regime, Aufständische und Kriegführende: Es sind die Staaten, die als die Rechtserzeuger des Völkerrechts ihnen durch Anerkennung eine begrenzte Völkerrechtsfähigkeit zubilligen, sie zu partiellen Völkerrechtssubjekten erheben.

Erscheint daher auch unbestreitbar, daß die Staaten die originären und primären Völkerrechtssubjekte geblieben sind, so erhebt sich doch die Frage, ob das noch die souveränen Staaten von einst sind. Dagegen wird eingewandt, daß angesichts der zu Interdependenzen führenden internationalen Verflechtung und umfänglichen völkerrechtlichen Bindung von innerer und äußerer Souveränität bei den heutigen Staaten eigentlich keine Rede mehr sein könne. Dieser Auffassung liegt jedoch, wie ich meine, ein Mißverständnis zugrunde. Souveränität als Rechtsbegriff meint die unabgeleitete, umfassende Rechtsmacht der voneinander unabhängigen, einander gleichberechtigten und völkerrechtsunmittelbaren Staaten, dagegen nicht tatsächliche Allmacht, die wohl kein Staat zu keiner Zeit je besessen hat. Souveränität als völkerrechtlicher Status[8] bedeutet insbesondere nicht materiellrechtliche Ungebundenheit. Im Gegenteil: Die Fähigkeit, vertragliche und sonstige völkerrechtliche Verbindlichkeiten einzugehen, ist Ausdruck der Souveränität der Staaten, ihre Inanspruchnahme Ausübung, nicht Beschränkung, Teilverzicht oder gar Aufgabe der Souveränität[9].

Der durch das Interventionsverbot abgeschirmte domaine réservé ist seit jeher keine feste, sondern eine variable Größe. Der den Staaten vorbehaltene Bereich ihrer ausschließlich inneren Angelegenheiten läßt sich nur negativ definieren als der zu einem bestimmten Zeitpunkt (noch) keiner völkerrechtlicher Regelung unterliegende Teilbereich ihrer innerstaatlichen Allzuständigkeit. Seit Anerkennung allgemeiner Menschenrechte auf der Ebene des Völ-

---

7 Zum ius cogens s.u., unter III, S. 10-12.
8 *H. Steinberger*, Sovereignty, in: R. Bernhardt (ed.), Encyclopedia of Public International Law, Instalment 10 (1987), pp. 397-418, 408, 414.
9 Vgl. dazu das Urteil des StIGH, A 1, vom 17. August 1923 in Sachen des Dampfers „Wimbledon", in: Entscheidungen des Ständigen Internationalen Gerichtshofs, Bd. 1, Leiden 1929, S. 103, 113: „Der Gerichtshof kann in dem Abschluß eines Vertrages, in dem sich ein Staat verpflichtet, etwas zu tun oder zu unterlassen, nicht einen Verzicht auf seine Souveränität sehen. Zweifellos bringt jedes Abkommen, das eine solche Verpflichtung enthält, eine Einschränkung der Ausübung der souveränen Rechte des Staates mit sich, derart, dass er diese Ausübung in einer bestimmten Richtung beeinflusst. Aber die Befugnis, internationale Vereinbarungen abzuschließen, ist gerade eine Eigenschaft des Begriffs der Souveränität".

kerrechts ist der Staat nicht mehr (völlig) frei in der Art und Weise der Behandlung seiner eigenen Staatsangehörigen, wie dies herkömmlich der Fall war. Dies stellt ohne Zweifel einen tiefen Einschnitt in der inhaltlichen Fortentwicklung des Völkerrechts dar, mit der die bis dahin bestehende, vollständige Mediatisierung des Einzelmenschen im Völkerrecht überwunden worden ist, „eine stille Revolution des Völkerrechts"[10]. Aber diese „Revolution" hat sich in den überkommenen Rechtsformen des Völkerrechts, nämlich durch Abschluß von Verträgen und Bildung von Gewohnheitsrecht zugunsten Dritter vollzogen und daher nicht auch die Grundstruktur der Völkerrechtsordnung revolutioniert.

Begreift man Souveränität also zutreffend als völkerrechtlichen Status, dann sind auch die heutigen Staaten noch souverän, ungeachtet ihrer intensiven völkerrechtlichen Bindung und auch insoweit, als sie bestimmte Souveränitätsrechte gemeinsam wahrnehmen, wie dies etwa in den Europäischen Gemeinschaften und der Europäischen Union geschieht[11].

Staatliche Souveränität äußert sich in potentieller Allzuständigkeit und Verfahrensherrschaft. Nicht Freiheit von Bindung, wohl aber Letztentscheidungsbefugnis ist ihr Kennzeichen. Solange die Staaten Herren des Verfahrens bleiben, wahren sie ihre volle Souveränität. So haben die Mitgliedstaaten der Europäischen Gemeinschaft zwar mit der Einführung der obligatorischen Gerichtsbarkeit des EuGH die Interpretationsherrschaft über den EG-Vertrag an ein unabhängiges Gemeinschaftsorgan abgegeben und damit selbst aus der Hand gegeben. Aber die Gründung der Gemeinschaft hat nicht zu einer endgültigen, gewissermaßen dinglich wirkenden Souveränitätsbeschränkung in dem Sinne geführt, daß sie nicht durch späteren einseitigen Akt wieder rückgängig gemacht werden könnte. Die Mitgliedstaaten besitzen nach wie vor die Rechtsmacht, die Anwendung des Europarechts in ihrem Hoheitsbereich durch eine Aufhebung des erteilten Rechtsanwendungsbefehls mit Wirkung für die Zukunft auszuschließen. Dadurch daß die Hoheitsgewalt der Europäischen Gemeinschaft und der Europäischen Union in den Hoheitsbereichen der Mitgliedstaaten nur kraft des nationalen Rechtsanwendungsbefehls verbindlich wirken kann, zudem die Gründungsverträge von ihnen im Konsens abgeändert sowie aufgehoben sowie im Falle eines gravierenden, von ihnen nicht zu verhindernden bzw. zu beseitigenden ultra-vires-Handelns der europäischen Organe

---

10 E. Klein, Menschenrechte. Stille Revolution des Völkerrechts und Auswirkungen auf die innerstaatliche Rechtsordnung, Baden-Baden 1997, insbes. S. 23-27 (II. Die revolutionierende Wirkung der Menschenrechte).
11 In Art. 88-1 der im Zusammenhang mit dem Vertrag von Maastricht geänderten französischen Verfassung heißt es: „La République participe aux Communautés européennes et à l'Union européenne, constituées d'Etats qui ont choisi librement, en vertu des traités qui les ont constituées, d'exercer en commun certains de leur compétences"; siehe auch BVerfGE 89, 155, 188 f.

auch einseitig gekündigt werden können[12] – letzteres ist freilich streitig –, verbleibt die Kompetenz-Kompetenz bei den Mitgliedstaaten, behalten diese ihre innere und äußere Souveränität.

Die Europäische Union besitzt zudem nach dem Willen ihrer Mitgliedstaaten im Außenverhältnis gegenüber Drittstaaten und anderen internationalen Organisationen anders als die Europäische Gemeinschaft keine Völkerrechtsfähigkeit. Das ergibt sich eindeutig aus den Vorarbeiten zum Amsterdamer Vertrag und diesem selbst, insbesondere den Bestimmungen über den Abschluß internationaler Abkommen im Bereich der GASP und der PJZS. Danach wird in den internationalen Beziehungen nicht die Union als solche tätig; vielmehr handelt die Gesamtheit der Mitgliedstaaten im Rahmen der Union. Indem die Mitgliedstaaten bei der Außenpolitik, der klassischen Domäne des souveränen Staates, auf ihrer eigenen völkerrechtlichen Außenzuständigkeit beharren, verteidigen sie zugleich ihren völkerrechtlichen Status, der mit ihrer Völkerrechtsunmittelbarkeit steht und fällt. Würden die Mitgliedstaaten im völkerrechtlichen Verkehr vollständig oder auch nur weitgehend von der Union mediatisiert, zu Gliedstaaten der Union als eines neuen, sie umfassenden Bundesstaates herabgestuft, so bedeutete dies zugleich das Ende ihrer eigenen Staatlichkeit im völkerrechtlichen Sinne. Der Union die äußere Völkerrechtsfähigkeit vorzuenthalten, ist daher Ausdruck des fortbestehenden Selbstbehauptungswillens jedenfalls der Mitgliedstaaten der Union, die selbst die entscheidenden Akteure der großen, internationalen Politik bleiben wollen[13].

Die Völkerrechtsgemeinschaft wird also von den souverän gebliebenen Staaten konstitutiert. Die souveräne Gleichheit der Staaten (Art. 2 Ziff. 1 UN-Charta) schließt dabei eine konsentierte Hegemonie der Großmächte nicht aus. Vielmehr stellt die allgemein akzeptierte und durch den Konsens völkerrechtlich begründete Vorrangstellung der Großmächte bei der Regelung wesentlicher territorialer und sonstiger Statusfragen, d.h. ihre Zuständigkeit „zur gesamten Hand", ein bemerkenswertes Kontinuum der „Verfassung" der Staatengemeinschaft seit Beginn des 19. Jahrhunderts dar. Wenn auch in wechselnder Zusammensetzung haben die zunächst in dem 100 Jahre währenden Europäischen Konzert (1815–1914), sodann im Obersten (Kriegs-)Rat (1918–1920), im Völkerbundrat (1920–1939) und schließlich seit 1945 im Sicherheitsrat der Vereinten Nationen vereinigten Großmächte über diese Fragen, auch über die Aufnahme neuer Staaten in die Völkerrechtsgemeinschaft entschieden[14]; auch

---

12 Siehe dazu *Ch. Hillgruber*, Das Verhältnis der Europäischen Gemeinschaften und der Europäischen Union zu ihren Mitgliedstaaten – staats- und völkerrechtlich betrachtet, in: AVR 34 (1996), S. 347-375, 366-370.
13 Vgl. dazu *Ch. Hillgruber*, Die Rechtsnatur der Europäischen Union nach dem Amsterdamer Vertrag, in: W. Kluth (Hrsg.), Der Amsterdamer Vertrag, Baden-Baden 2000, S. 15-36, 32 ff., 36.
14 Siehe *Ch. Hillgruber*, Die Aufnahme neuer Staaten in die Völkerrechtsgemeinschaft, Frankfurt a.M. 1998, S. 721.

die in den Vereinten Nationen weltweit organisierte Staatengemeinschaft ist eine geschlossene Gesellschaft, die neue Mitglieder nur im Wege der Kooptation und nur dann aufnimmt, wenn sie sich den geltenden „Spielregeln", den allgemeinen völkerrechtlichen Regeln unterwerfen[15]. Das Verfahren der Anerkennung hat sich nicht grundlegend verändert. Es bleibt dabei, daß der Neustaat nicht einfach in die Staatengemeinschaft eintritt, sondern nach Prüfung seiner Integrationsfähigkeit und -bereitschaft in sie aufgenommen wird.

III. Die völkerrechtlichen Rechtsquellen

Das Völkerrecht regelt die Rechtsbeziehungen zwischen den Staaten als einander gleichberechtigten Rechtssubjekten, von den keines ein Herrschaftsrecht über ein andere besitzt: „Par in parem non habet imperium" (*Bartolus*). Das Völkerrecht kennt keinen den Rechtssubjekten übergeordneten Gesetzgeber und keine vollziehende Gewalt. Es ist eine herrschaftsfreie Rechtsordnung. In der auf dem Prinzip der souveränen Gleichheit seiner Mitglieder basierenden Staatengemeinschaft (Art. 2 Ziff. 1 UN-Charta) ist nur konsensuale Rechtserzeugung möglich; denn Gleichberechtigung bedeutet, daß ein Rechtssubjekt dem anderen, ihm rechtlich gleichgestellten, seinen Willen von Rechts wegen nicht aufzwingen kann. Anders gewendet: Die sich koordiniert gegenüberstehenden Rechtssubjekte können ohne ihre Zustimmung von ihresgleichen nicht verpflichtet werden. Das ist der zutreffende Ausgangspunkt der Lehre von der Selbstverpflichtung: Die einander rechtlich gleichen Staaten müssen sich selbst verpflichten, um einander überhaupt zu etwas rechtlich verpflichtet zu sein. Die Begründung von Rechten und Pflichten im Verhältnis zueinander setzt daher eine Einigung, d.h. Willensübereinstimmung voraus. Einzige Rechtsquelle des positiv geltenden Völkerrechts ist daher der Konsens in seinen verschiedenen Erscheinungsformen. Wer für die Rechtsgeltung eine gesetzliche Anordnung im Sinne einer vom Willen der Rechtsunterworfenen unabhängigen Rechtssatzung fordert, wird, da es eine solche im Völkerrecht nicht gibt und seiner herrschaftsfreien Struktur wegen auch nicht geben kann, konsequenterweise die Möglichkeit der Geltung, d.h. rechtlichen Existenz von Völkerrecht überhaupt bestreiten müssen, also zum Völkerrechtsleugner werden. Eine solche Haltung steht indes in offensichtlichem Widerspruch zur Staatenpraxis.

Als zur Völkerrechtsbildung geeignete Handlungsform erscheint in erster Linie der Vertrag, bei dessen Abschluß sich die Kontrahenten auf der Ebene der Gleichordnung begegnen und der durch zusammenstimmende Willenserklärungen der Beteiligten zustandekommt. Der Völkerrechtler *Franz von Liszt*

---

15 Ebd., S. 413.

hat diese Erkenntnis auf die prägnante Formel gebracht: „Das Völkerrecht ist Vertrag, nicht Gesetz; aber gerade als Vertrag positives Recht"[16].

Auch die Charta der Vereinten Nationen ist keine Weltverfassung, wie nicht wenige Völkerrechtler meinen[17], sondern ein multilateraler Vertrag. Als solcher entfaltet er grundsätzlich[18] nur Rechtswirkung inter partes, begründet nur Rechte und Pflichten für die Vertragsstaaten, nicht für und gegen außenstehende Drittstaaten.

Art. 2 Ziff. 6 UN-Charta, der bestimmt, daß die Organisation sicherstellt, daß Nichtmitglieder in Übereinstimmung mit den Prinzipien der Charta handeln, hat gegenüber diesen keine Verpflichtungskraft. Er schafft nur eine entsprechende Bündnisverpflichtung unter den Mitgliedstaaten. Nichtmitglieder sind nicht an die in Art. 2 UN-Charta niedergelegten und in Art. 2 Ziff. 6 UN-Charta in Bezug genommenen vertragsrechtlichen Prinzipien der Vereinten Nationen gebunden, sondern nur an das universelle Völkergewohnheitsrecht. Nur soweit dieses mit den Prinzipien des Art. 2 UN-Charta inhaltlich übereinstimmt, bestehen für Nichtmitgliedstaaten im Ergebnis die gleichen, allerdings aus einer anderen Rechtsquelle stammenden materiellrechtlichen Verpflichtungen wie für die Mitgliedstaaten. Die Bindung an gewohnheitsrechtlich geltende materiellrechtliche Prinzipien bedeutet aber keine Bindung an die Beschlüsse des Sicherheitsrates. Die Inanspruchnahme von Nichtmitgliedstaaten als Adressaten von Zwangsmaßnahmen oder ihre Inpflichtnahme zu deren Beachtung und Durchsetzung stellt daher eine unzulässige Kompetenzanmaßung des Sicherheitsrates dar. Nichtmitgliedstaaten haben sich eben gerade nicht dem vertraglich eingerichteten Sanktionssystem des VII. Kapitels der UN-Charta unterworfen und damit auch nicht dem Sicherheitsrat die Befugnis eingeräumt, über den Umfang ihrer Verpflichtungen verbindlich zu entscheiden und deren Verletzung festzustellen. Die Verfahrensherrschaft des Sicherheitsrates erstreckt sich also nur dann auf Nichtmitglieder, wenn diese ausdrücklich zugestimmt, sich also unterworfen haben[19]. Die sich darüber, zuletzt gegenüber der Bundesrepublik Jugoslawien, hinwegsetzende Praxis des Sicherheitsrates ist als ultra-vires-Handeln null und nichtig.

---

16 Das Völkerrecht, 11. Aufl., Neudruck Berlin 1920, § 1 II, 2., S. 6.
17 Siehe nur *A. Verdross/B. Simma*, Universelles Völkerrecht, 3. Aufl., Berlin 1984, insbes. Zweiter Teil „Die Verfassungsgrundsätze der Staatengemeinschaft"; *B. Faßbender*, The United Nations Charter as Constitution of the International Community, in: Columbia Journal of Transnational Law Vol. 36 (1998), pp. 529-619.
18 Das allgemeine Gewaltverbot des Art. 2 Ziff. 4 UN-Charta schützt nicht nur die souveränen Rechte der Mitgliedstaaten der Vereinten Nationen, sondern – als (echte) Vertragsbestimmung zugunsten Dritter – auch die von Nichtmitgliedstaaten.
19 Siehe dazu eingehend *U. Fink*, Kollektive Friedenssicherung, Frankfurt 1999, Teil 2, Kapitel XXI, unter 3., S. 905-909, der sich dafür zu Recht u.a. auf die Regelung des Art. 35 Abs. 2 UN-Charta in Kapitel VI beruft.

Auch die Geltung des Gewohnheitsrechts als Völkerrechtsquelle beruht – nicht anders als die des Vertrages – auf dem Konsens der an seiner Entstehung Beteiligten, der hier nur die Form einer von Rechtsüberzeugung getragenen, ständigen Übung annimmt, so daß man insoweit mit gutem Recht vom Gewohnheitsrecht als „pactum tacitum" gesprochen hat. Auch die dem Gewohnheitsrecht (in Art. 38 Abs. 1 lit. b) IGH-Statut) zugesprochene Bindungswirkung basiert damit auf der angenommenen „primären Rechtskraft" (*Husserl*) des Konsenses. Bei den allgemeinen Rechtsgrundsätzen findet deren allgemeine Akzeptanz durch die Staaten Ausdruck in ihrer Anerkennung in den jeweiligen innerstaatlichen Rechtsordnungen.

Haben sich auch die Gewichte im Verhältnis zwischen Vertrags- und Gewohnheitsrecht dadurch verschoben, daß der Anwendungsbereich des Gewohnheitsrechts durch zahlreiche weltweit geltende Kodifikationsverträge in nicht wenigen Sachgebieten erheblich geschrumpft ist, während die allgemeinen Rechtsgrundsätze wegen ihrer Nachrangigkeit gegenüber einschlägigen Rechtssätzen des Völkervertrags- und Gewohnheitsrechts nach wie vor eine untergeordnete Rolle spielen, ist die Geltung des Konsensprinzips doch unangefochten. So setzt die Entstehung universell geltenden Völkerrechts Einigkeit unter allen Staaten über die Rechtsgeltung einer bestimmten Regel voraus[20]. Dafür ist allerdings nicht die aktive Teilnahme aller Staaten am Rechtserzeugungsprozeß, d.h. an dem in Rechtsüberzeugung geübten Verhalten notwendig. Es genügt die auch stillschweigende Akzeptanz der von anderen Staaten durch Praxis entwickelten Regel. Schweigen gilt im Völkerrecht regelmäßig als Zustimmung. Ein Staat, der einer im Entstehen begriffenen neuen Regel entgegentreten will, muß dezidiert und wenn notwendig wiederholt Rechtsverwahrung einlegen. Tut er dies, dann aber erhält er sich auch seine abweichende Rechtsposition. Dem sog. „persistent objector" kann die von ihm explizit abgelehnte Regel auch bei im übrigen allgemeinem Konsens unter den Beteiligten nicht entgegengehalten werden.

Durchbricht aber nicht, so ist zu fragen, die Kategorie des ius cogens, des zwingenden Völkerrechts, die Konsensregel, indem sie in das Völkerrecht eine diesem bisher unbekannte Normenhierarchie einführt? Bewirkt die Anerkennung zwingenden Rechts nicht eine „Verobjektivierung" des Völkerrechts? Drückt sich darin nicht eine Wandlung des Souveränitätsverständnisses aus, die Vorstellung vom Völkerrecht als eines der Staatengemeinschaft vorgegebenen und ihr übergeordneten Regelwerks? Ich meine, nein. Auch die Anerkennung gewisser fundamentaler Rechtsregeln als vertraglich nicht disponibles Völker-

---

20 Problematisch ist daher die Auffassung des BVerfG, Regeln des Völkerrechts seien allgemein im Sinne des Art. 25 GG, „wenn sie von der überwiegenden Mehrheit der Staaten (weitaus größeren Zahl) – nicht notwendigerweise auch von der Bundesrepublik Deutschland – anerkannt werden" (BVerfGE 15, 25, 34; 16, 27, 33). Im Völkerrecht gilt kein Mehrheitsprinzip!

recht beruht auf dem Konsens der Staaten[21], und zwar auf einem doppelten Konsens. Der Konsens bezieht sich zum einen auf die Rechtsgeltung der gegenständlichen Regel, zum anderen auf ihre Unabdingbarkeit. Das bedeutet indes zugleich, daß das ius cogens eben nicht irreversibel ist, sondern sich – ungeachtet seiner zwingenden Natur – verändern, ja seine Geltung verlieren kann, und zwar nicht nur durch die Bildung neuen zwingenden Gewohnheitsrechts (vgl. Art. 53 Abs. 1 Satz 2 WVRK)[22], sondern auch einfach dadurch, daß der Konsens hinsichtlich seines zwingenden Charakters hinfällig wird und es so gewissermaßen wieder zu einfachem, disponiblem Völkerrecht herabgestuft wird.

Zudem ist die praktische Bedeutung der Unterscheidung zwischen zwingendem und dispositivem Völkerrecht, was die Rechtsfolgen betrifft, gering. Gewiß, ein Vertrag, der im Widerspruch zu einer im Zeitpunkt seines Abschlusses zwingend geltenden Norm des allgemeinen Völkerrechts steht, ist nichtig (Art. 53 WVRK). Aber solche Verträge werden in der Staatenpraxis auch nicht abgeschlossen. Ein Staat, der wirklich die Absicht hegt, Grundregeln des Völkerrechts im kollusiven Zusammenwirken mit einem anderen Staat zu verletzen, macht diesen Vorsatz nicht durch Abschluß eines Vertrages vorher publik[23]. Wird aber ein Vertrag geschlossen, dann ist anzunehmen, daß jedenfalls die Vertragsparteien die fragliche Regel, von der sie abweichen, für disponibel halten, und dies begründet die – wenn auch widerlegliche – Vermutung dafür, daß es sich gar nicht um zwingendes Recht handelt. Zudem nimmt der vertragliche Konsens der Beteiligten einer sonst völkerrechtswidrigen Handlung regelmäßig den Charakter eines Eingriffs in eine völkerrechtlich geschützte Rechtsposition. So wird man in Verträgen, in denen ein Staat einem anderen unter bestimmten Voraussetzungen ein Recht zur militärischen Intervention einräumt, wie dies als Ausprägung der sog. Breshnev-Doktrin in den bilateralen Beistandsverträgen der ehemaligen Sowjetunion mit ihren Satelliten im Ostblock vereinbart war, einen Verstoß gegen das zwingende Gewaltverbot gerade wegen der vertraglichen Zustimmung des betroffenen Völkerrechtssubjekts nicht erblicken können: volenti non fit iniuria. Allerdings dürfte ein Verstoß gegen das Selbstbestimmungsrecht der Völker anzunehmen sein, weil das ausbedungene Recht zur militärischen Intervention gerade die Ausübung des inneren Selbstbestimmungsrechts des davon betroffenen Staatsvolkes verhindern sollte. Zur Nichtigkeit führt dieser Verstoß allerdings wiederum nicht wegen der angeblich zwingenden Natur des Selbstbestimmungsrechts – das Volk selbst kann darüber auch vertraglich disponieren[24] –, sondern weil das Volk gar

---

21 Vgl. nur. *K. Ipsen*, Völkerrecht, 3. Aufl., München 1990, § 1 Rdnr. 41, S. 14; *R. Higgins*, Problems and Process. International Law and How We Use It, Oxford 1994, pp. 20-22.
22 So *K. Doehring* (Anm. 2), § 4 II Rdnr. 300, S. 129 – „ius cogens superveniens".
23 Auf Geheimverträge kann man sich nicht berufen (Art. 102 Abs. 2 UN-Charta)!
24 So auch *K. Doehring* (Anm. 2), § 17 I Rdnr. 828, S. 351 m. Fn. 4. Das sog. Gaza-Jericho-Abkommen, das zwischen dem Staat Israel und dem palästinensischen Volk, vertreten

nicht gefragt worden ist, also insoweit ein zulässiger Vertrag zu Lasten eines Dritten vorliegt[25]. Von der Nichtigkeit zwingendes Recht mißachtender Verträge abgesehen aber ist ein außervertraglicher Verstoß gegen dispositives Recht genauso völkerrechtswidrig wie die Verletzung zwingender Regeln. Hier besteht in der Rechtsfolge kein Unterschied, auch wenn der Verstoß gegen ius cogens als „international crime" bezeichnet wird, als Delikt gegen die Staatengemeinschaft als Ganzes. Hier wird rhetorisch schweres Geschütz aufgefahren, um juristischen over-kill zu betreiben. Häufig tritt also die pauschale Berufung auf den angeblich zwingenden Charakter eines völkerrechtlichen Rechtstitels nur an die Stelle der notwendigen Vergewisserung über die mit ihm verbundenen, differenzierten Rechtsfolgen.

Schließlich ist das Phänomen des ius cogens der Sache nach schon längst bekannt, und zwar als jener – in seinen Inhalten zu verschiedenen Völkerrechtsepochen unterschiedliche, aber stets auffindbare – völkerrechtliche Mindeststandard, dem ein Neustaat für seine Anerkennung als Völkerrechtssubjekt genügen muß. Es handelt sich dabei nämlich um solche völkerrechtlichen Regeln, die von der Staatengemeinschaft als für die völkerrechtliche Gesamtrechtsordnung so essentiell angesehen werden, daß sie die Bereitschaft zur ihrer Beachtung unter Inkaufnahme von Erschwernissen für den völkerrechtlichen Verkehr im Sinne eines internationalen *ordre public* zur *conditio sine qua non* der Aufnahme eines neuen Staates in die Völkerrechtsgemeinschaft erhebt[26]. Mit gewissem Recht hat man deshalb im Verbot des Sklavenhandels, das im 19. Jahrhundert auf Betreiben Großbritanniens zur Voraussetzung der Anerkennung außereuropäischer Staaten gemacht worden ist, die erste zwingende Völkerrechtsnorm erblickt[27].

---

   durch die PLO geschlossen worden ist, zeigt exemplarisch, daß sich ein Volk in der Ausübung seines Selbstbestimmungsrechts vertraglich binden kann, und diese Vertragsfähigkeit ist Teil seiner partiellen, ausschließlich auf das Selbstbestimmungsrecht bezogenen, Völkerrechtsfähigkeit.
25 Allerdings kann das Selbstbestimmungsrecht der Völker grundsätzlich einer völkervertraglichen Bindung, welche die völkerrechtlich außervertretungsbefugten Organe eines staatlich organisierten Volkes eingegangen sind, nicht als völkerrechtlicher Titel entgegengehalten werden. Das Staatsvolk muß sich vielmehr in völkerrechtliche Verträgen enthaltene Verfügungen über seinen politischen Status als eigene zurechnen und gegen sich gelten lassen (vgl. *Chr. Hillgruber* [Anm. 12], S. 367; siehe auch *K. Doehring* [Anm. 2], § 15 III Rdnr. 800, S. 339). Allerdings setzt diese Zurechnung eine wenigstens rudimentäre demokratische Legitimation der handelnden Staatsorgane voraus. Ohne eine solche Legitimation besteht wohl kein hinreichender Zurechnungszusammenhang. Zur Verbindung von Selbstbestimmungsrecht und demokratischem Prinzip, wie sie insbesondere durch Art. 25 IPBPR hergestellt wird, vgl. *Ch. Hillgruber/B. Kempen*, Das Selbstbestimmungsrecht des deutschen Volkes und der Teso-Beschluß des Bundesverfassungsgerichts in: ROW 1989, S. 323-332, 325-327; *Th. M. Franck*, The Emerging Right to Democratic Governance, in: AJIL 86 (1992), S. 46-91.
26 Siehe dazu *Ch. Hillgruber* (Anm. 14), S. 596 f., 735 f.
27 *J. Dugard*, Recognition and the United Nations, Cambridge 1987, S. 134.

Ebenso wie die nur angeblich neue Kategorie des ius cogens genau genommen keine vom Willen der Staaten unabhängige Rechtsquelle darstellt, fügen sich bei genauerer Betrachtung auch die sog. erga omnes-Verpflichtungen[28] durchaus in das überkommene völkerrechtliche System der Rechtsfolgen völkerrechtswidrigen Verhaltens ein. Daß die Verletzung von Regeln des universellen Völkergewohnheitsrechts, und zwar nicht nur zwingender Regeln[29], eine Völkerrechtsverletzung gegenüber allen Staaten (erga omnes) darstellt, versteht sich von selbst, ebenso, daß der die verpflichtenden Bestimmungen eines multilateralen Vertrages verletzende Vertragsstaat ein völkerrechtliches Delikt gegenüber allen anderen Vertragsstaaten begeht. Der völkerrechtliche Vertrag wirkt also inter omnes partes. Nichts anderes gilt für vertraglich verbürgte und gewohnheitsrechtlich anerkannte Menschenrechte. Zu ihrer Beachtung sind alle Vertragsstaaten bzw. alle gewohnheitsrechtlich gebundenen Staaten einander gegenseitig verpflichtet. Es ist deshalb auch irreführend, wenn davon gesprochen wird, daß ein Staat von einer solchen Menschenrechtsverletzung nur dann direkt betroffen sei, wenn seine eigenen Staatsangehörigen menschenrechtswidrig behandelt worden seien. Mit der Anerkennung von Menschenrechten auf der völkerrechtlichen Ebene haben sich die Staaten gerade wechselseitig völkerrechtlich verpflichtet, ihre *eigenen* Staatsangehörigen menschenrechtskonform zu behandeln[30]. Verletzen sie diese Verpflichtung, dann sind alle anderen (Vertrags-)Staaten in eigenen Rechten verletzt, und indem sie die Einhaltung der Menschenrechte einfordern oder gar durchzusetzen versuchen, machen sie nicht etwa ein (ausschließlich) fremdes Recht, nämlich das des betroffenen Individuums, im eigenen oder fremden Namen, sondern einen eigenen völkerrechtlichen Anspruch im zwischenstaatlichen Verhältnis geltend. Was die Möglichkeiten völkerrechtlich zulässiger Reaktion der somit in eigenen Rechten verletzten Staaten auf eine solche Völkerrechtsverletzung angeht, gelten grundsätzlich die allgemeinen Regeln, insbesondere das Recht der Repressalie, die allerdings, auch das keine Besonderheit von Verpflichtungen mit erga-omnes-Wirkung, wegen des zwingenden Gewaltverbotes weder bewaffnet sein, also nicht den Charakter einer sog. „humanitären Intervention" anneh-

---

28 Dazu *J.A. Frowein*, Die Verpflichtungen erga omnes im Völkerrecht und ihre Durchsetzung, in: Völkerrecht als Rechtsordnung Internationale Gerichtsbarkeit Menschenrechte. Festschrift für H. Mosler, Berlin u.a. 1983, S. 241-262, 257 ff.
29 So aber *K. Doehring* (Anm. 2), § 17 I Rdnr. 828, S. 351, der behauptet, daß „die Verletzung dispositiven Rechts nur eine solche bedeutet, die von dem unmittelbar betroffenen Völkerrechtssubjekt geltend gemacht werden kann"; siehe auch ebd., § 20 III Rdnr. 988, S. 422. Auch dispositives Recht aber unterliegt nicht einseitiger, sondern nur vereinbarter Disposition, und seine eigenmächtige Mißachtung verletzt jeden Staat, demgegenüber dieses dispositive Recht gilt.
30 Indem sie sich gegenseitig die Gewährleistung der Menschenrechte völkerrechtlich versprechen, lassen sich die Staaten das Wohl und Wehe fremder Staatsangehöriger angelegen sein. Die völkerrechtliche Regel, daß Staaten diplomatischen Schutz nur zugunsten eigener Staatsangehöriger ausüben dürfen, ist hier nicht einschlägig.

men darf, noch zur Mißachtung zwingender und deshalb nicht repressalienfähiger Normen des völkerrechtlichen Menschenrechtsschutzes durch die verletzten Staaten führen darf (vgl. Art. 60 Abs. 5 WVRK). Hinsichtlich der sekundärrechtlichen Rechtsfolgen völkerrechtlicher Verantwortlichkeit dürfte, da es sich bei der geschuldeten Beachtung der Menschenrechte um ein immaterielles Interesse der Staatengemeinschaft handelt, lediglich ein Anspruch aller verletzten Staaten auf Genugtuung für die wertmäßig nicht erfaßbare, in der Mißachtung der Menschenrechte liegende Völkerrechtsverletzung in Betracht kommen, während eine Wiedergutmachung ausscheidet[31].

Bedeutet aber, um noch ein letztes Thema anzuschneiden, nicht jedenfalls der
– unter Zurückdrängung der staatlichen Jurisdiktionsgewalt und Strafhoheit erfolgende – unmittelbare völkerstrafrechtliche „Durchgriff" auf das Individuum, das die ihm, insbesondere im ius in bello, auferlegten völkerrechtlichen Pflichten verletzt, eine revolutionäre, weil das System sprengende Neuerung im Völkerrecht? In der Tat kannte das Völkerrecht bis zum Ende des Zweiten Weltkrieges keine international-strafrechtliche Verantwortlichkeit von Einzelpersonen für völkerrechtliche Delikte eines Staates, an denen sie beteiligt waren. Ein Völkerstrafrecht und ein internationales Strafgericht, das Verstöße von Individuen gegen international anerkannte Straftatbestände hätte ahnden können, existierten nicht. Eben deshalb und nicht etwa weil es Unschuldige getroffen hätte, stieß die Errichtung der Kriegsverbrechertribunale von Nürnberg und Tokio und die von ihnen ausgeübte Völkerstrafjustiz auf durchaus berechtigte völkerrechtliche Kritik. Die Festlegung der in Nürnberg angewendeten Straftatbestände (Kriegsverbrechen, Verbrechen gegen die Menschlichkeit und Verbrechen gegen den Frieden) erfolgte erst im Statut des Gerichtshofs, das auf einer ad-hoc-Vereinbarung zwischen den Alliierten vom August 1945 beruhte. Im Rahmen der Vereinten Nationen erfolgende Versuche, die in den Kriegsverbrecherprozessen von Nürnberg und Tokio nach dem Willen der Siegermächte zur Anwendung gelangte Völkerstrafrecht, zu allgemein anerkanntem, positiv geltendem Völkerrecht zu machen, blieben nahezu fünfzig Jahre ohne Erfolg. Erst mit den in den Fällen des ehemaligen Jugoslawien und Ruandas durch verbindliche Beschlüsse des Sicherheitsrats der Vereinten Nationen (Resolutionen 827 [1993] und 955 [1994]) auf der Grundlage des VII. Kapitels der UN-Charta eingerichteten, internationalen Straftribunalen, die Verstöße gegen humanitäres Völkerrecht ahnden sollen, wurde an die Nürnberger und Tokioter Praxis wieder angeknüpft. Gestützt auf diese Rechtsgrundlage aber ist die Rechtsprechungstätigkeit der Straftribunale notwendig sachlich und zeitlich beschränkt.

---

31 Da sich die geschehene Menschenrechtsverletzung regelmäßig nicht rückgängig machen läßt, ist Naturalrestitution ohnehin unmöglich, und Entschädigung in Geld für den erlittenen immateriellen Schaden könnte wohl allenfalls das betroffene, durch die international anerkannten Menschenrechte drittbegünstigte Individuum selbst verlangen, wenn man es als – schon auf der Ebene des Völkerrechts – unmittelbar verletzt ansieht.

Als nichtmilitärische Zwangsmaßnahme (Art. 41 UN-Charta) nach dem VII. Kapitel im Sinne präventiver Gefahrenabwehr dazu bestimmt, den in einem konkreten Fall[32] akut bedrohten internationalen Frieden aufrechtzuerhalten oder den bereits gestörten Frieden wiederherzustellen (vgl. Art. 39 UN-Charta), ist die Lebensdauer dieser internationalen Tribunale begrenzt. In jeder Phase ihrer Tätigkeit ist zu prüfen, ob der Konflikt, zu dessen Eindämmung sie eingerichtet worden sind, noch andauert oder ob nach Beendigung des Konflikts ein Wiederaufleben desselben zu befürchten ist, dem die völkerstrafrechtliche Aburteilung für Verletzungen des humanitären Völkerrechts verantwortlicher Individuen spezial- und generalpräventiv entgegenwirken kann. Geht es dagegen nicht um Friedenssicherung, sondern allein um Schuldausgleich als repressiven Strafzweck, dann überschreitet der Sicherheitsrat die ihm gemäß Art. 39 UN-Charta gezogenen Grenzen der Zweckbestimmung von Zwangsmaßnahmen nach dem VII. Kapitel[33]. Ein ständiger internationaler Strafgerichtshof, der repressive Strafjustiz zur Ahndung von Völkerstrafrecht übt, wie ihn nun das – allerdings noch nicht in Kraft getretene – Statut von Rom vom 17. Juli 1998[34] vorsieht, kann nur durch Konsens der Staaten geschaffen werden und nur mit Wirkung für diejenigen Staaten, die sich freiwillig der Gerichtsbarkeit dieses Strafgerichtshofs unterwerfen[35]. Tun sie dies, dann verzichten sie gemäß Art. 27 des Statuts auch auf die völkerrechtliche Immunität ihrer Staatsoberhäupter und Regierungsmitglieder. Es ist die Befürchtung geäußert worden, „daß, ebenso wie es hinsichtlich der Unterwerfung unter die Jurisdiktion des Internationalen Gerichtshofs der Fall ist, nur wenige Staaten die Zuständigkeit eines Strafgerichtshofs anerkennen würden, bzw. Vorbehalte machen könnten, die eine Zuständigkeit eines solchen Gerichtshofs unterlaufen"[36]. Es gibt aber eben im

---

32 Daher erstreckt sich auch die Zuständigkeit des Jugoslawientribunals entgegen der Auffassung der Haager Chefanklägerin ungeachtet des im Statut festgelegten Zeitrahmens (seit 1991) und der das ganze ehemalige Jugoslawien erfassenden örtlichen Zuständigkeit *nicht* auf die im Kosovo 1998/99 begangenen Verstöße gegen humanitäres Völkerrecht. Bei seiner Einsetzung ging es nämlich ausschließlich um die Beseitigung der durch den sich zunächst als Bürgerkrieg, dann einen internationalen Krieg darstellenden, in Kroatien und in Bosnien-Herzegowina geführten Jugoslawien-Krieg eingetretenen Bedrohung des internationalen Friedens, dagegen nicht um den zu dieser Zeit zwar schon längst schwelenden, aber bei den Vereinten Nationen (noch) nicht thematisierten Kosovo-Konflikt.
33 Siehe dazu *U. Fink* (Anm. 19), Kapitel XXI, unter 5., S. 914 f.
34 Das „Statut des Internationalen Strafgerichtshofs zur Ahndung von Völkermord, Verbrechen gegen die Menschlichkeit und Kriegsverbrechen" ist in vorläufiger amtlicher Übersetzung abgedruckt in: EuGRZ 1998, S. 618-644.
35 Dem entspricht die Regelung, daß der Internationale Strafgerichtshof seine Gerichtsbarkeit nur ausüben kann, wenn entweder der Staat, auf dessen Gebiet das Verbrechen verübt wurde, oder der Staat, dem der Beschuldigte angehört, Vertragsstaat des Statuts ist (Art. 12).
36 *K. Doehring* (Anm. 2), § 23 III, S. 502. Siehe aber Art. 120 des Statuts: „Vorbehalte zu diesem Statut sind unzulässig."

Völkerrecht keine obligatorische Gerichtsbarkeit, und wenn die Staaten frei sind, sich internationaler Gerichtsbarkeit zu unterwerfen, dann sind sie auch frei, die Bedingungen festzulegen, unter denen sie dazu bereit sind. Darin drückt sich ihre – auch auf diesem Feld – fortbestehende Souveränität aus. Sie zwingt zu der Einsicht, daß im Völkerrecht Rechtsfortschritt nur mit dem Willen der Staaten, nicht ohne, geschweige denn gegen deren erklärten Willen erzielt werden kann.

IV. Resümee

Das Völkerrecht zeichnet sich durch eine, wie ich finde, bemerkenswerte Kontinuität seiner Grundstrukturen aus. Was mitunter vorschnell als grundstürzende Neuerung ausgegeben wird, ist nicht selten altbekannt. Die Fehleinschätzung beruht dann entweder auf mangelnder Kenntnis der Völkerrechtsgeschichte oder aber auf unzureichender dogmatischer Durchdringung eines Problems.

Im Zentrum des Völkerrechts stehen noch immer die souveränen Staaten als die originären Rechtssubjekte dieser von ihnen selbst geschaffenen Rechtsordnung, die sich auch inhaltlich nur ihrem Willen gemäß verändert. Die Staaten haben ihren bestimmenden völkerrechtlichen Status – allen voreiligen gegenteiligen Prophetien zum Trotz – behauptet und werden aller Voraussicht nach auch auf absehbare Zeit ihre zentrale völkerrechtliche Rolle behalten, auch wenn sie sich zur Erreichung gemeinsamer Ziele verstärkt international und supranational organisieren werden.

Nach dem Ende des Ost-West-Konflikts sah mancher Beobachter angesichts der scheinbar auf Dauer hergestellten Handlungsfähigkeit des Sicherheitsrates ein neues, von den Vereinten Nationen maßgeblich geprägtes, goldenes Zeitalter anbrechen. Eine neue Weltordnung wurde ausgerufen. Längst ist wieder Ernüchterung eingetreten, die neue Weltordnung bereits wieder ad acta gelegt. Die machtpolitischen wie ideologischen Gegensätze zwischen den drei westlichen ständigen Mitgliedern des Sicherheitsrates (USA, Vereinigtes Königreich, Frankreich) einerseits und der Russischen Föderation sowie der Volksrepublik China andererseits scheinen gegenwärtig wieder eher zu wachsen. Es erscheint daher zweifelhaft, ob sich der für ein Tätigwerden des Sicherheitsrates in friedensbedrohlichen Situationen erforderliche Konsens stabilisieren läßt. Jedenfalls liegt die Annahme nahe, daß er sich lediglich auf die Abwehr zwischenstaatlicher Gewalt erstreckt, und im übrigen, soweit es sich um sog. humanitäre Interventionen der Vereinten Nationen handelt, die von Rußland und China reklamierten europäischen und asiatischen Einflußzonen ausnimmt.

Der Völkerrechtler sollte eingedenk der Schnelllebigkeit der internationalen Politik nicht mit den Staatsmännern und -frauen wetteifern wollen, die große Übung darin haben, ständig neue Seiten und Kapitel im Buch der Geschichte der internationalen Beziehungen aufzuschlagen, sondern auf die Beständigkeit des Völkerrechts in seiner kontinuierlichen Entwicklung setzen: Um die Sentenz eines berühmten deutschen Verwaltungsrechtlers zu variieren: Wenn auch Politik vergeht, Völkerrecht besteht!

PETER HOMMELHOFF

Europäisierung und Internationalisierung des Gesellschafts- und Unternehmensrechts in Deutschland

Das Gesellschaftsrecht ist jenes Rechtsgebiet, in dem sich die deutsche Rechtsordnung seit langem schon dem Vorbild anderer Staaten und ihren Einflüssen geöffnet hat. So hat das Aktienrecht seine Wurzeln bekanntlich in den rechtsgestaltenden Schöpfungen der Italiener und Niederländer und in den rechtsetzenden Leistungen Frankreichs[1]. Von dort und aus Italien stammt das Recht der Personenhandelsgesellschaften, also der offenen Handels- und der Kommanditgesellschaft[2]. Nur die Gesellschaft mit beschränkter Haftung ist eine Kopfgeburt des deutschen Gesetzgebers, die sich im Verlaufe des letzten Jahrhunderts als „Exportschlager" erwiesen hat[3]. Europäisierung und Internationalisierung im Sinne eines gegenseitigen Austauschs von Ideen, Regelungskonzepten und Lösungsmustern ist dem deutschen Gesellschaftsrecht mithin durchaus geläufig. Und so kann es nicht verwundern, daß europäisches Gemeinschaftsrecht den Prozeß, in dem die Mitgliedstaaten der Gemeinschaft harmonisierend aufeinander zugingen, zunächst und vor allem im Gesellschaftsrecht (mit Schwerpunkt im Aktienrecht) voranbrachte – wenn auch hier mittlerweile unverkennbar eine gewisse Erschöpfung eingetreten ist[4].

Diese Europäisierung und Internationalisierung vollzog sich über den Gesetzgeber: Im ADHGB griffen die damaligen Territorialstaaten für die Personenhandelsgesellschaften auf die Anregungen aus dem französischen Recht

---

1 Zur Gesetzgebungsgeschichte des deutschen Aktienrechts: *K. Schmidt*, Gesellschaftsrecht, 3. Aufl. 1997, S. 766 ff.; *Zöllner* in: Kölner Kommentar zum AktG, 1985, Einl. Rn. 56 ff.
2 Hierzu näher *K. Schmidt*, Gesellschaftsrecht (Fn. 1), S. 1355.
3 S. *Lutter*, FS 100 Jahre GmbHG, 1992, S. 49.
4 Hierzu u.a. *Hommelhoff* in: Müller-Graff (Hrsg.), Gemeinsames Privatrecht in der Europäischen Gemeinschaft, 2. Aufl. 1999, S. 361, 364 f.; *Schwarz*, Europäisches Gesellschaftsrecht, 2000, S. 813; optimistischer dagegen *Deckert*, RabelsZ 2000, 478.

zurück[5], ebenso etwa der Reichstag für die Ausgestaltung der Aufsichtsratsverfassung in der Aktienrechtsnovelle von 1884[6]. Und der Deutsche Bundestag transformierte immer wieder die Richtlinien-Vorgaben des Europäischen Ministerrats ins Bundesrecht[7]. Jetzt aber zeichnen sich dramatische Umschwünge ab: Am Gesetzgeber vorbei gerät das deutsche Gesellschafts- und Unternehmensrecht unter Veränderungsdruck, so daß die Parlamentarier auf diese Entwicklungen keinen wirklich gestaltenden Einfluß nehmen, sondern bloß noch nachvollziehen und hier oder dort Randbereiche ordnen können. Darin liegt der rechtsqualitativ eigenständige Gehalt der Europäisierung und Internationalisierung, wie sie gegenwärtig dem Gesellschafts- und Unternehmensrecht in Deutschland widerfährt: daß jene Instanzen, die hierzulande zur Fortschreibung der Rechtsordnung aufgerufen sind, Gefahr laufen, ihre demokratisch legitimierte und rechtsstaatlich geforderte Gestaltungsmacht zu verlieren.

Diese Entwicklung soll nachfolgend auf drei Gebieten aufgezeigt werden: zunächst im GmbH-Recht, danach in dem der Rechnungslegung und in einem dritten Abschnitt bei der Unternehmensverfassung der Aktiengesellschaft. Hieraus sind in einem kurzen Schlußkapitel einige Konsequenzen für die universitäre Juristenausbildung zu ziehen.

I. Gläubigerschutz im GmbH-Recht

In der Europäischen Gemeinschaft ist das Kapitalgesellschaftsrecht der Mitgliedstaaten durchgehend durch dessen Zweiteilung gekennzeichnet[8]: Während die Aktiengesellschaften nach ihrem Organisationsstatut gegenüber den Kapitalmärkten geöffnet sind, haben alle Mitgliedstaaten die zweite Kapitalgesellschaftsform als „private" Organisationsform mit geschlossenem Gesellschafterkreis konzipiert[9]. Zwar hat der europäische Richtliniengeber diese zweite Form, in Deutschland also die GmbH, durchaus nicht ohne jede Rege-

---

5 Dokumentation der Beratungen bei Lutz (Hrsg.), Protokolle der Kommission zur Beratung des allgemeinen deutschen Handelsgesetzbuchs, 1858, S. 153 ff. passim, z.B. S. 157 ff. zur beschränkten Rechtsfähigkeit der OHG, S. 168 zum Formerfordernis für den Gesellschaftsvertrag der OHG.
6 Vgl. Begründung zum Entwurf eines Gesetzes betreffend die Kommanditgesellschaften auf Aktien und die Aktiengesellschaften vom 7. März 1884, abgedruckt in: Schubert/Hommelhoff, Hundert Jahre modernes Aktienrecht, 1985, S. 387 ff., insbes. S. 457 ff.
7 Hierzu der Überblick bei *Lutter*, Europäisches Unternehmensrecht, 4. Aufl. 1996, S. 36 ff.; *Habersack*, Europäisches Gesellschaftsrecht, 1999, S. 45 ff.
8 *Hommelhoff* in: G.H. Roth (Hrsg.), Das System der Kapitalgesellschaften im Umbruch, 1990, S. 26, 33 ff., 60 f.; *Lutter*, GmbHR 1990, 377 ff.
9 Zu den GmbH-Rechten und vergleichbaren Organisationsformen in der Europäischen Gemeinschaft: Hachenburg/*Behrens*, Komm. z. GmbHG, 7. Aufl. 1975, Allg. Einl. Rn. 129 f., 146 ff.; s. auch *Behrens* (Hrsg.), Gesellschaft mit beschränkter Haftung im internationalen und europäischen Recht, 2. Aufl. 1997.

lung gelassen; genannt seien nur die Publizitäts-, die Bilanz- und die Konzernbilanzrichtlinie sowie jene über die Einpersonen-Kapitalgesellschaft. Aber dennoch konzentrierten sich die Bemühungen der Gemeinschaftsorgane über lange Zeit hinweg so stark auf die Aktiengesellschaft, daß man für die Gesellschaften mbH und vergleichbare Organisationsformen von gemeinschaftsrechtlicher Windstille sprechen konnte. Nun jedoch ist Sturm aufgekommen – freilich nicht in Brüssel und Straßburg, aber beim Europäischen Gerichtshof in Luxemburg: Provoziert durch sein „Centros"-Urteil[10] sind diesem mittlerweile zwei Verfahren aus Deutschland[11] vorgelegt worden; auch aus den Niederlanden hatte es eine Vorlage gegeben, die aber zurückgezogen wurde[12]. Materiellrechtlich ging und geht es in sämtlichen Verfahren um den Gläubigerschutz durch gesetzliches Mindestkapital, in Deutschland also um das Mindeststammkapital von 25.000 Euro nach § 5 Abs. 1 GmbHG, und damit um den Grundstein des kapitalgesellschaftsrechtlichen Gläubigerschutzes in den Mitgliedstaaten auf dem europäischen Festland.

1. Der gesellschaftsrechtliche Zentralmangel im „Centros"-Urteil

Im „Centros"-Verfahren hatte ein dänisches Ehepaar in England eine kleine plc mit 100 Pfund Kapital als bloße Briefkastenfirma gegründet und mit englischem Satzungssitz registrieren lassen, um sodann in Dänemark eine Niederlassung einzurichten. Allein über die dänische Niederlassung wollten sich die plc-Gesellschafter dort unternehmerisch betätigen; in Großbritannien dagegen wollte man von Anbeginn nicht aktiv werden. Das dänische Registergericht lehnte die Eintragung der Zweigniederlassung mit der Begründung ab, die Konstruktion des dänischen Ehepaares diene allein der Umgehung; dies habe die 200.000 Kronen Mindestkapital für eine ApS, eine dänische GmbH, nicht aufbringen wollen. Der Europäische Gerichtshof hat in der verweigerten Eintragung einen Verstoß gegen die im Primärrecht der Gemeinschaft verbürgte Niederlassungsfreiheit (Art. 43 EGV) gesehen.

Im deutschen Schrifttum ist das „Centros"-Urteil intensiv und kontrovers aus dem Blickwinkel des Gemeinschaftsrechts und dem des internationalen

---

10 EuGH, Urt. v. 9.3.1999, Rs. C-212/97 (Centros Ltd ./. Erhvervs- og Selskabsstyrelsen), Slg. I, S. 1459, 1484 ff.; abgedr. u.a. auch in: AG 1999, 226; JZ 1999, 669; NJW 1999, 2027; NZG 1999, 298; ZIP 1999, 861; fremdsprachliche Fassungen sind im Internet über die Suchmaske: http://europa.eu.int/eur-lex/de/index.html erhältlich.
11 BGH, Beschl. v. 30.3.2000 – VII ZR 370/98, ZIP 2000, 967 = GmbHR 2000, 715; AG Heidelberg, Beschl. v. 3.3.2000 – HRB 831 – SNH, EuZW 2000, 414; s. auch die Anmerkungen von *Altmeppen*, DStR 2000, 1061; *Behrens*, EuZW 2000, 385; *Meilicke*, GmbHR 2000, 693; *Stieb*, GmbHR 2000, R 213; *W.-H. Roth*, ZIP 2000, 1597.
12 Die Vorlage betraf Art. 4 Abs. 1 wet op de formeel buitenlandse vennootschappen; dazu *Jaeger*, NZG 2000, 918 f.

Gesellschaftsrechts gewürdigt worden[13]; insbesondere wird um die Frage gestritten, ob dies Urteil die Sitztheorie im deutschen Gesellschaftsrecht habe obsolet werden lassen. Das aber mag an dieser Stelle dahinstehen; denn aus dem Blickwinkel des materiellen Gesellschaftsrechts gewürdigt, offenbart die Argumentation des Europäischen Gerichtshofs ein bemerkenswertes Defizit: Verkannt wurden die laufende behördliche Überwachung, der britische plc unterworfen sind[14], sowie die Vielzahl der Möglichkeiten nach britischem Recht, auf Fehlverhalten mit Sanktionen zu reagieren – bis hin zur „director's disqualification", einem elektronischen Pranger für Geschäftsführer. In einem solchen Rechtssystem kann der Gesetzgeber gut auf Mindestkapital verzichten: Bei zu geringer Eigenkapitalausstattung werden das Recht und eine zupackende Verwaltung effektiv dafür sorgen, daß entweder das Kapital erhöht oder die Gesellschaft umgehend liquidiert wird, um die Gesellschaftsgläubiger vor weiterem Schaden zu bewahren.

Allerdings richten die britischen Behörden ihr Augenmerk allein auf solche Gesellschaften, die im Vereinigten Königreich aktiv werden, um so die inländischen Gesellschaftsgläubiger zu schützen. Reine Briefkastenfirmen dagegen bekümmern die britischen Behörden nicht. Denn sollten diese über Zweigniederlassungen in anderen Mitgliedstaaten aktiv werden, kann es nicht Aufgabe der britischen Behörden sein, die ausländischen Geschäftspartner der plc vor Schaden zu bewahren. Im „Centros"-Fall hatten mithin die dänischen Eheleute „Rosinen gepickt": Sie hatten sich den Vorteil des britischen Gesellschaftsrechts, das fehlende gesetzliche Mindestkapital, erschlossen, ohne dessen Nachteil in Kauf nehmen zu müssen: die behördliche Überwachung ihrer Finanzverhältnisse und deren Entwicklung. Diese funktionalen Zusammenhänge im britischen Gesellschaftsrecht hat der Europäische Gerichtshof mit seinem Argument verkannt, wenn ein Däne mit einer 100 Pfund-plc in Großbritannien Geschäfte mache, stünde er auch nicht besser als bei Geschäften mit der däni-

---

13 S. u.a.: *Altmeppen*, DStR 2000, 1061; *Behrens*, IPRax 1999, 323; *Borges*, RIW 2000, 167; *Bungert*, DB 1999, 1841; *Cascante*, RIW 1999, 450; *Ebke*, JZ 1999, 656; *Eicker/Müller*, IWB 1999, 759; *Fock*, RIW 2000, 42; *Freitag*, EuZW 1999, 267; *Geyrhalter*, EWS 1999, 201; *Görk*, GmbHR 1999, 793; *Göttsche*, DStR 1999, 1401; *Höfling*, DB 1999, 1206; *Hoor*, NZG 1999, 984; *Kieninger*, ZGR 1999, 724; *Kindler*, NJW 1999, 1993; *ders.*, in: Gesellschaftsrechtliche Vereinigung (Hrsg.), Gesellschaftsrecht in der Diskussion 1999, 2000, S. 88; *Koppensteiner*, ebda., S. 151; *Merkt*, ebda., S. 112; *Leible*, NZG 1999, 300; *Meilicke*, DB 1999, 627; *G.H.Roth*, ZIP 1999, 861; *W.-H.Roth*, ZGR 2000, 311; *Sandrock*, BB 1999, 1337; *Sedemund/Hausmann*, BB 1999, 810; *Sonnenberger/Großerichter*, RIW 1999, 721; *Steindorff*, JZ 1999, 1140; *Ulmer*, JZ 1999, 662; *Werlauff*, ZIP 1999, 867; *Zimmer*, ZHR 164 (2000), 23.
14 Zu ihr *Behrens* in: ders. (Hrsg.), Gesellschaft mit beschränkter Haftung (Fn. 9), Rn. GB/NI/EI 29; *Zimmer*, Internationales Gesellschaftsrecht, 1996, S. 290 f.; s. ferner *Fleischer*, DStR 2000, 1015, 1019; *Merkt*, in: Gesellschaftsrechtliche Vereinigung (Hrsg.), Gesellschaftsrecht in der Diskussion 1999, 2000, S. 111, 131 f.; *Ulmer*, JZ 1999, 662, 664.

schen Niederlassung einer entsprechenden englischen Briefkastengesellschaft: Die im Vereinigten Königreich marktaktive Gesellschaft unterliegt behördlicher Überwachung.

Mit diesen funktionalen Zusammenhängen hat sich das Luxemburger Gericht nun leider doch nicht zu befassen, da die niederländische Vorlage zurückgezogen worden ist. Sie hatte jene Gesetzesbestimmung zur gemeinschaftsrechtlichen Überprüfung gestellt, nach der die niederländische Zweigniederlassung einer ausländischen Kapitalgesellschaft unter Einbezug deren Eigenkapitals mit mindestens 40.000 Gulden ausgestattet sein muß[15]. Diese niederländische Regelung zielt auf jene zahlreichen Unternehmen ab, die sich die Aufbringung des gesetzlichen Mindestkapitals für die besloten vennootschap ersparen wollen und deshalb den Umweg über eine plc im Vereinigten Königreich einschlagen. Die dänische „Centros"-Konstruktion war in den Niederlanden mithin schon lange bekannt und hatte dort bereits zu Reaktionen des Gesetzgebers geführt.

2. Ausschließlicher Gläubiger-Selbstschutz durch Publizität?

Für das deutsche System des gesetzlichen Mindest-Eigenkapitals in Kapitalgesellschaften wäre der Ausgang des niederländischen Verfahrens vor dem Europäischen Gerichtshof von herausragender Bedeutung gewesen. Sollte nämlich die niederländische Zwangskapitalausstattung bestimmter Zweigniederlassungen als Gemeinschaftsrechts-konform qualifiziert werden, so droht dem GmbH-Recht in Deutschland kein Ungemach: Das Recht der Kapitalaufbringung und -erhaltung wird nicht vermittels ausländischer, insbesondere britischer Briefkastenfirmen breitflächig ausgehöhlt werden können. Für den deutschen Gesetzgeber würde sich allenfalls die Frage stellen, ob er nach niederländischem Vorbild Ergänzungen für die Mindestkapitalausstattung bestimmter inländischer Niederlassungen ausländischer Kapitalgesellschaften ins Auge fassen sollte. Aber das wird rechtspolitisch wohl so bald nicht nötig sein, da das „Centros"-Urteil allein bislang zu keiner breiten Welle von Umgehungsgründungen in Deutschland geführt hat.

Wie dem auch sei, eine Klarstellung aus Luxemburg wird auf die eine oder andere Weise nicht lange auf sich warten lassen. Sollte der Europäische Gerichtshof dabei beispielsweise das gesetzliche Mindestkapital für bestimmte Niederlassungen in den Niederlanden ohne jede Einschränkung als Gemeinschaftsrechts-widrig brandmarken, hätte dies weitreichende Folgen. Damit

---

15 Art. 4 Abs. 1 wet op de formeel buitenlandse vennootschappen. Die Vorlage hatte sich offenbar deshalb erledigt, weil die englische Gesellschaft, um deren niederländische Zweigniederlassung es ging, aufgelöst worden war (dazu *Timmerman*, Ondernemingsrecht 2000, 218, 220).

würde das Luxemburger Gericht nicht bloß der Unternehmenspraxis auf dem Kontinent den Aufbruch zu neuen Ufern jenseits des Kanals weithin hallend signalisieren, sondern auch und vor allem die festländischen Mitgliedstaaten zwingen, ihr nationales Konzept für den Gläubigerschutz in der zweiten Kapitalgesellschaftsform durchgreifend zu reformieren, wenn nicht gar zu reduzieren. Denn eine Luxemburger Niederlage des niederländischen Gesetzgebers würde zwei Aussagen zum materiellen Recht des Gläubigerschutzes implizieren: Trotz der Tatsache, daß die Gesellschaftsgläubiger nicht auf die Gesellschafter und ihr Vermögen zugreifen können, braucht die Kapitalgesellschaft keinen gesetzlich bestimmten Mindesthaftungsfonds vorzuhalten, und brauchen die Mitgliedstaaten solche Kapitalgesellschaften auch nicht fortlaufend in der Entwicklung ihrer Finanzverhältnisse zu überwachen. Oder kürzer formuliert: Um die Gläubiger von Kapitalgesellschaften und ihre Belange brauchen sich die Mitgliedstaaten nicht zu kümmern – zumindest dann nicht, wenn die Kapitalgesellschafter ihre Aktivitäten in dem einen Mitgliedstaat auf dem Umweg über einen anderen organisieren. Wenn das aber so sein sollte, reduziert sich der Gläubigerschutz ausschließlich auf den *Selbstschutz durch Publizität*: Durch Einblick in die Rechnungslegung können sich die aktuellen und potentiellen Gesellschaftsgläubiger die Grundlagen für ihre Entscheidung beschaffen, ob sie eine Geschäftsbeziehung zur Kapitalgesellschaft begründen oder eine bereits begründete fortsetzen wollen.

Darüber hinaus jedoch brauchen die Mitgliedstaaten die Gesellschaftsgläubiger nicht zu schützen – insbesondere nicht durch fürsorgliche Maßnahmen staatlicher Stellen. Und da bei wertender Gesamtbetrachtung nicht einzusehen ist, warum dies nur bei über Binnengrenzen organisierten Unternehmen gelten sollte, hätte ein Urteil gegen die niederländische Regelung zur Folge, daß auf Dauer kein Staatsschutz, sondern nur Selbstschutz der Kapitalgesellschaftsgläubiger in der Europäischen Union (zumindest bei der zweiten Kapitalgesellschaftsform) zum Zuge käme. Aber das würde dem momentanen Schutzkonzept in sämtlichen Mitgliedstaaten der Europäischen Union widersprechen – auch dem in Großbritannien; denn dort werden die Gesellschaftsgläubiger durch fortlaufende Staatsaufsicht geschützt: von der gesetzlichen Konzeption her ein besonders intensives Schutzsystem.

3. Konsequenzen eines Selbstschutz-Systems in Deutschland

Und nun zum deutschen GmbH-Recht: Was würde der Rückzug auf ein System ausschließlichen Gläubiger-Selbstschutzes in der Sache bedeuten? Mit dem faktischen Leerlauf des Rechts der Kapitalaufbringung würde konsequent das Recht der Kapitalerhaltung seine Funktion mit der Folge verlieren, daß sämtliche Rechtsinstitute aufgegeben werden müßten, die auf dem Recht der Kapitalaufbringung und -erhaltung gründen: die Lehre von der verschleierten

Sacheinlage[16] ebenso wie die von der Vorgesellschaft[17] und das gesamte Recht der eigenkapitalersetzenden Gesellschafterleistungen (Eigenkapitalersatz)[18]. Gewiß – läßt man vereinzelte Äußerungen zu diesen Rechtsinstituten und ihrer Entfaltung in der Rechtsprechung des Bundesgerichtshofs Revue passieren, so würde ein Verzicht auf sie sogar hier und da Beifall hervorrufen; dies aber ebenso gewiß nur auf kurze Zeit.

a) Zur Delegitimation des Haftungsprivilegs

Denn bei der Aufgabe der staatlichen Vorsorge für einen angemessenen und hinreichenden Schutz der Kapitalgesellschafts-Gläubiger würde binnen kurzem das Privileg der Haftungsbeschränkung auf das Gesellschaftsvermögen erodieren und somit zum Zugriff auf das Gesellschaftervermögen führen. Rechtsprechung und Rechtspolitik könnten es sich schlechterdings nicht erlauben, Handwerker und andere Dienstleister, die sich wegen ihrer Ansprüche nicht sichern konnten, in großer Zahl und mit verheerenden wirtschaftlichen Folgen bei Kapitalgesellschaften ausfallen zu lassen. Ein Rückzug des Gläubigerschutzes in Kapitalgesellschaften allein auf den informationellen Selbstschutz würde das Privileg der Haftungsbeschränkung in Kapitalgesellschaften radikal delegitimieren.

Umgekehrt hätte das zur Folge, daß niemand, der sich unternehmerisch betätigen will, ein rechtsgewiß handhabbares Instrument einsetzen könnte, um sein Privatvermögen und seine sonstigen aktuellen und künftigen Einkünfte abzuschotten gegenüber den Risiken aus unternehmerischer Betätigung. Die Möglichkeit, unternehmerische Risiken rechtssicher und vorhersehbar eingrenzen und beschränken zu können, ist nicht bloß für Kapitalanleger, sondern ebenso und erst recht für Privatgesellschafter unverzichtbare Voraussetzung unternehmerischer Aktivität und finanziellen Engagements[19]. In Deutschland sprechen die Zahlenverhältnisse zwischen den Organisationsformen mit unbeschränkter Haftung (Einzelkaufleute und offene Handels- und (echte) Kommanditgesellschaften) und denen mit beschränkter Haftung (AG, GmbH sowie GmbH & Co) auf der einen Seite und der ganz disparate Zuwachs ihrer Zahlen in den letzten Jahrzehnten auf der anderen eine unüberhörbare Sprache. Deshalb sind schwere Störungen im deutschen Wirtschaftsleben, namentlich im Mittelstand

---

16 *Lutter/Hommelhoff*, GmbHG, 15. Aufl. 2000, § 5 Rdnr. 37 ff.; s. aus der reichhaltigen Rechtsprechung die grundlegenden Entscheidungen BGHZ 110, 47 (IBH/Lemmers) für die Aktiengesellschaft und BGHZ 113, 335 für die GmbH; zur Frage der Heilung verdeckter Sacheinlagen *Krieger*, ZGR 1996, 674.
17 *Lutter/Hommelhoff*, a.a.O. (Fn. 16), § 11 Rdnr. 3 ff.; grundlegend aus der Rechtsprechung BGHZ 80, 129 und BGHZ 134, 333 (letzeres zur Haftung der Gesellschafter in Form der „unbeschränkten Innenhaftung").
18 Zuletzt v. Gerkan/Hommelhoff (Hrsg.), Handbuch des Kapitalersatzrechts, 2000.
19 S. dazu die Darstellungen von *Lehmann*, ZGR 1986, 345 ff. und *Roth*, ZGR 1986, 371 ff.

zu befürchten, falls das Privileg kapitalgesellschaftsrechtlicher Haftungsbeschränkung delegitimiert würde, weil das hierzulande überkommene System vielgestaltigen Gläubigerschutzes effektiv ausfällt.

b) Reaktionsmöglichkeiten der Rechtsprechung

Einer solchen Entwicklung werden Rechtsprechung und Gesetzgebung nicht tatenlos zuschauen können und wollen. Zwar begegnet der Bundesgerichtshof im Moment der Durchgriffshaftung immer noch mit äußerster Zurückhaltung[20] und läßt keinerlei Bereitschaft erkennen, über die bekannten Fallgruppen der Vermögensvermischung, des Formenmißbrauchs und des qualifizierten faktischen Konzerns hinaus weitere Fallgruppen (etwa die der eklatanten materiellen Unterkapitalisierung) zu bilden. Aber in § 826 BGB liegt bereits der Hebel bereit, über dessen Einsatz das Schott der Haftungsbeschränkung verzugslos in einer Vielzahl von Fällen aufgestemmt werden könnte. Ein dichtes Geflecht von Verhaltenspflichten bei der Unternehmensfinanzierung würde den Einzug US-amerikanischer Verhältnisse bedeuten; ihm könnte der Europäische Gerichtshof kaum erfolgversprechend entgegenwirken. – Dagegen erscheint es im Ergebnis weniger sinnvoll, den Ausfall kapitalgesellschaftsrechtlicher Gläubigerschutzsysteme auf dem Rücken der Geschäftsleiter in der Kapitalgesellschaft durch eine ausgebaute und intensivierte Organhaftung zu kompensieren[21].

c) Mögliche Aktivitäten des Gesetzgebers

Was aber könnte noch vor der Rechtsprechung der Gesetzgeber tun? Ganz auf der Linie des Europäischen Gerichtshof ließen sich die Mechanismen des Gläubiger-Selbstschutzes ausbauen: zum einen (über das zurückhaltende Handlungsprogramm in § 35 a Abs. 1 S. 2 GmbHG hinaus) durch die obligatorische Angabe des statutarischen und des noch nicht eingezahlten Stammkapitals auf sämtlichen Geschäftsbriefen und zum zweiten durch einen nachdrücklich verbesserten Informationsgehalt der Rechnungslegung und durch Rückführung des Manipulations- und Verschleierungspotentials, das in den Grundsätzen ordnungsmäßiger Buchführung und Bilanzierung (arg. § 264 Abs. 2 S. 1 HGB) angelegt ist. Aber das sind Maßnahmen, die ohnedies auf der politischen Agenda stehen.

Bleibt die Frage, ob der deutsche Gesetzgeber nach britischem Vorbild eine Überwachungsbehörde mit dem Auftrag installieren sollte, die Finanzverhält-

---

20 S. etwa *Hillmann* in: Gesellschaftsrechtliche Vereinigung (Hrsg.), Gesellschaftsrecht in der Diskussion 1999, 2000, S. 231, 240 ff.; s. auch *Haar*, RabelsZ 2000, 537 f.
21 S. hierzu aber auch *Merkt* in: Gesellschaftsrechtliche Vereinigung (Hrsg.), Gesellschaftsrecht in der Diskussion 1999, 2000, S. 111, 135 ff.

nisse der Kapitalgesellschaften in ihrer Entwicklung permanent zu kontrollieren. Indes – ein solcher Weg wäre aus mehreren Gründen rechtsunverträglich: Zum ersten müßte bundesweit eine Wirtschaftsaufsicht eingerichtet werden, die wir aus guten Gründen in Deutschland nur für die ausnehmend sensiblen Bereiche der Kredit- und Versicherungswirtschaft[22] kennen. Zum zweiten wäre für die nahezu eine Million zu kontrollierenden Gesellschaften eine Superbehörde aufzubauen, die gigantisch noch die Dimensionen der Sozialverwaltung übertreffen würde, ohne daß dem personellen und finanziellen Aufwand entsprechende Erfolge prognostizierbar wären. Und zum dritten müßten Melde- und Informationspflichten der Gesellschaften auf der einen Seite und Sanktionsmöglichkeiten der Behörde bei Fehlverhalten auf der anderen in einem Ausmaß und in einer Intensität vorgegeben werden, wie sie nur in Planwirtschaften begegnen. – Eine britische Wirtschafts- und Unternehmenskultur läßt sich eben nicht ohne weiteres auf Deutschland übertragen. Kurzum: dem Gedanken, die überkommenen Systeme des Gläubigerschutzes in Kapitalgesellschaften durch eine breitflächig wirkende permanente Wirtschaftsaufsicht zu ersetzen, sollte der deutsche Gesetzgeber gar nicht erst nähertreten.

4. Reaktionsmöglichkeiten auf der Ebene der Gemeinschaft

Wenn sich aber den Folgen gemeinschaftsrechtlicher Rechtsprechung nicht effektiv auf mitgliedstaatlicher Ebene (zumindest nicht aus deutscher Sicht) begegnen läßt, wie könnten dann die Mitgliedstaaten auf der Ebene des Gemeinschaftsrechts im Ministerrat reagieren? Denkbar wäre, die bisher nur für Aktiengesellschaften geltende Kapitalrichtlinie sektoral auf Gesellschaften mbH und vergleichbare Organisationsformen mit der Vorgabe eines gesetzlichen Mindestkapitals zu erstrecken. In der Sache würde eine solche Regelung das Gesellschaftsrecht in Großbritannien und Irland betreffen. Unabhängig davon, wie man sich in diesen Mitgliedstaaten überhaupt zum gesetzlichen Mindestkapital stellt[23], könnte man in ihnen dennoch gegen ein Mindestkapital auch für die plc mit einiger Überzeugungskraft einwenden, bislang habe man in diesen Ländern mit der Kombination aus gesetzlich voraussetzungslosem Eigenkapital und staatlich überwachten Finanzverhältnissen gut, weil weithin störungsfrei leben können. Ob man in diese britische Kultur gesellschaftsrechtlichen Eigenkapitals mit dem gemeinschaftsrechtlichen Mehrheitsprinzip (Artt. 95, 251 EGV) dreinschlagen sollte, scheint europapolitisch in hohem Maße noch vor der Frage zweifelhaft, ob eine solch' umfassende Richtlinien-Erstreckung überhaupt im Sinne des Art. 44 Abs. 2 lit. g EGV erforderlich wäre.

---

22 Zu diesen Aufsichtsbehörden näher *Rittner*, Wirtschaftsrecht, 2. Aufl. 1982, S. 547 ff., 570 f.
23 Ein differenziertes Bild zeichnen *Drury/Hicks* in: Boucourechliev/Hommelhoff (Hrsg.), Vorschläge für eine Europäische Privatgesellschaft, 1999, S. 69, 85 ff.

Deshalb sollten sich Mitgliedstaaten und Ministerrat auf die Briefkasten-Gesellschaft mit Aktivitäten ausschließlich in anderen Mitgliedstaaten, auf die „pseudo foreign companies", konzentrieren und für sie in einer Richtlinie den Mitgliedstaaten jene Möglichkeit eröffnen, die das niederländische Recht vorsieht: Gesellschaften, die nach ausländischem Recht gegründet sind, aber ihre Geschäfte ausschließlich im Inland betreiben, müssen über ein geschütztes Mindesteigenkapital verfügen, das dem der zweiten Kapitalgesellschaftsform im Inland entspricht – es sei denn, die Gesellschaft kann nachweisen, daß sie im Gründungsstaat einer laufenden und effektiven Kontrolle ihrer finanziellen Verhältnisse insgesamt, also auch im Inland unterliegt. – Mit einer solchen Ermächtigung an die Mitgliedstaaten würde lediglich die Lücke geschlossen, die der Europäische Gerichtshof mit seiner „Centros"-Rechtsprechung funktionswidrig in die Gläubigerschutz-Systeme der Mitgliedstaaten geschlagen hat (siehe oben I.1.). Inwiefern eine solche Ermächtigung im Sekundärrecht der Gemeinschaft deren Primärrecht, nämlich der Niederlassungsfreiheit, widersprechen sollte, ist nicht ersichtlich.

Wenn das deutsche GmbH-Recht mitsamt seinen Systemen des Gläubigerschutzes nicht tiefreichenden Schaden nehmen soll, wird sich die Bundesregierung nachdrücklich darum bemühen müssen, die EG-Kommission als Initiativorgan (Art. 251 Abs. 2 S. 1 EGV) für eine solche Ermächtigung (oder eine vergleichbare Absicherung der kontinentaleuropäischen Gesellschaftsrechte) zu gewinnen.

II. Internationalisierung der Rechnungslegung

Ein weiteres Feld, auf dem die Europäisierung des Gesellschaftsrechts, vor allem aber seine über die Europäische Gemeinschaft hinausgreifende Internationalisierung, das deutsche Gesellschafts- und Unternehmensrecht tief aufwühlt und noch nicht in allem absehbaren Veränderungen unterwirft, ist der Bereich des Bilanzrechts (oder genauer: der der Rechnungslegung).

1. Bilanzrecht als Teil des Gesellschaftsrechts

Angesichts der Tatsache, daß die Rechnungslegung im Dritten Buch des HGB geregelt ist (§§ 238 ff. HGB) und auch für den Einzelkaufmann gilt, verwundert freilich zunächst die Behauptung, das Bilanzrecht zähle zum Gesellschafts- und Unternehmensrecht. Aber trotz des Gesamtkonzepts, wie es der Gesetzgeber des Bilanzrichtlinien-Gesetzes 1986 stimmig umgesetzt hat, dürfen die Wurzeln des deutschen Rechts der Rechnungslegung im Sekundärrecht der Gemeinschaft, nämlich in der 4. und in der 7. Richtlinie, nicht aus dem Blick geraten. Da sie der Richtliniengeber auf die damalige Bestimmung des Art. 54

Abs. 3 lit. g EGV (das ist Art. 44 EGV in der Fassung des Amsterdamer Vertrages) gestützt hatte, zählte er diese Richtlinien konsequent zu den gesellschaftsrechtlichen. Denn in der Sache ging es dem Richtliniengeber primär um den Schutz der Gesellschafter in bestimmten Kapitalgesellschaften durch Informationen über deren Lage und dann auch um den Schutz Dritter. Mithin stand noch vor dem informationellen Gläubigerschutz das Richtlinienziel der Gesellschafterinformation. Diese primärrechtliche Zielabfolge ist im deutschen Regelungskonzept ein wenig verdunkelt worden, hat in den letzten Jahren jedoch mit Blick auf die Informationen der Gesellschafter in ihrer Eigenschaft als Kapitalanleger unter den Stichworten „shareholder value" und „corporate governance" auch in Deutschland erheblich an Gewicht gewonnen. Daher kann heute im deutschen Gesellschafts- und Unternehmensrecht keinerlei Zweifel mehr daran bestehen, daß das Bilanzrecht funktionaler Teil des Rechts für börsennotierte Kapitalgesellschaften ebenso ist wie für Kapitalmarkt-ferne Privatgesellschaften in der Organisationsform einer Kapitalgesellschaft.

2. Die Internationalisierung der Rechnungslegung und ihre Grenzen

a) Vom gemeinschaftsrechtlichen zum internationalen Bilanzrecht

Schon seit mehr als zwei Jahren braust über das deutsche Bilanzrecht der Sturm der Reformation hinweg, weil deutsche global player wie Daimler Benz, aber auch andere ihre Aktien an der New York Stock Exchange, der Börse des weltweit größten Kapitalmarkts, listen lassen wollten, sich dort jedoch nicht mit einem Konzernabschluß nach deutschem (und Gemeinschafts-) Recht behaupten konnten, sondern einen konsolidierten Jahresabschluß nach US-amerikanischen Regeln (nach US-GAAP) vorlegen mußten. Um ihnen dies zu ermöglichen, ohne einen zweiten (und wie behauptet wurde: die Bilanzleser bloß verwirrenden)[24] deutschen Konzernabschluß publizieren zu müssen, erlaubte der Gesetzgeber es den deutschen Nachfragern auf internationalen Kapitalmärkten in § 292 a HGB, statt nach deutschem Recht für den Konzern nach internationalen Regeln Rechnung zu legen; in der Sache bedeutete dies die Verdrängung des HGB-Konzernabschlusses durch den nach US-GAAP oder IAS (International Accounting Standards).

Betrachtet man die stürmische Entwicklung, die das Recht der Rechnungslegung in Deutschland und in der europäischen Gemeinschaft seit 1998 genommen hat, so wird im Rückblick deutlich, daß die Ersetzungs-Ermächtigung in § 292 a HGB damals den Einstieg in den Ausstieg aus einem isoliert europäischen Bilanzrecht eingeläutet hatte – einem Bilanzrecht, das in vielem, wenn auch keineswegs in allem, vom deutschen Recht geprägt war. Heute schreitet

---

24 *Bruns*, WPK-Mitt. Sonderheft Juni 1997, 31.

das Bilanzrecht der Gemeinschaft und das seiner Mitgliedstaaten auf dem Weg zur Internationalisierung voran, will heißen: auf dem Weg zur Einbettung in internationale Regelwerke mit Geltung in Frankfurt, Paris und London ebenso wie in New York, Toronto, Tokio und Buenos Aires. Dies hat die Europäische Kommission unübersehbar mit ihren „Vorschlägen für wesentliche Änderungen des Europäischen Bilanzrechts" vom Juni 2000[25] zum Ausdruck gebracht.

Ihr Regelungskonzept wird es endgültig erfordern, im europäischen und konsequent im deutschen Unternehmensrecht mehrfach zu differenzieren: zunächst hinsichtlich der verschiedenen Funktionen, die Rechnungslegung zu erfüllen hat, und sodann hinsichtlich der Kapitalmarktorientierung von Gesellschaften:

b) Informations- versus Gewinnermittlungsfunktion

Daß zwischen der Informationsfunktion der Rechnungslegung auf der einen Seite und der Gewinnermittlungs- bzw. Ausschüttungsbemessungsfunktion auf der anderen zu unterscheiden ist, wissen sogar die wirtschaftsrechtlich orientierten Juristen seit langem: einerseits Informationen über die Lage der Gesellschaft für die Mitglieder der Geschäftsleitung (und ggf. des Überwachungsorgans), die Gesellschafter und Gläubiger, für die Arbeitnehmer-Repräsentanten und auch für die Allgemeinheit; andererseits Ermittlung des im Geschäftsjahr erwirtschafteten Gewinns, damit die für die Ergebnisverwendung zuständigen Stellen darüber entscheiden können, inwieweit der Gewinn an die Gesellschafter ausgeschüttet oder aber in der Gesellschaft einbehalten, thesauriert werden soll; auf diese Weise ist sogleich sichergestellt, daß nur dann etwas ausgeschüttet werden kann, wenn es zuvor als Gewinn erwirtschaftet worden ist: Sperrfunktion der Rechnungslegung zugunsten der Gläubiger der Kapitalgesellschaft[26].

Im deutschen Bilanzrecht liegt nun die Crux darin, daß beide Funktionen, die der Information ebenso wie die der Gewinnermittlung, innerhalb derselben Rechenwerke „Bilanz" sowie „Gewinn- und Verlustrechnung" verfolgt werden. Dies führt im Ergebnis dazu, daß die Gewinnermittlungsfunktion die Informationsfunktion vielfältig und tiefgreifend beeinträchtigt[27]: Der Jahresabschluß muß ein den tatsächlichen Verhältnissen der Kapitalgesellschaft entsprechendes Bild vermitteln – aber eben nur unter Beachtung der Grundsätze ordnungsmäßiger Buchführung und Bilanzierung (§ 264 Abs. 2 S. 1 HGB). Soweit die Lageinformation in den Rechenwerken dies wahre Bild nicht vermit-

---

25 *Europäische Kommission*, Mitteilung „Rechnungslegungsstrategie der EU: Künftiges Vorgehen", KOM (2000) 359 endg. vom 13. Juni 2000, S. 4 f.; dazu *Institut der Wirtschaftsprüfer*, IdW-Fachnachrichten 2000, 457.
26 Näher hierzu *Schön*, ZGR 2000, 706, 710 und 728 f.
27 Siehe hierzu *Kleindiek*, ZGR 1998, 466, 473 f. mwN.

telt, sind im Verbalteil des Anhangs zusätzliche Angaben zu machen[28] – allerdings bloß dann, wenn besondere Umstände zu einem verzerrten Lagebild führen (§ 264 Abs. 2 S. 2 HGB). Oder anders formuliert: Im Regelfall ist das mit Blick auf die Gewinnermittlung gezeichnete Lagebild rechtlich wahr – aber eben nur rechtlich.

c) Zur Internationalisierung des Konzernabschlusses

Mit einem solchen Verständnis unverfälschter Informationen ist das deutsche Bilanzrecht (zunächst im Ausland, nun aber auch mehr und mehr in Deutschland) zutiefst unglaubwürdig und außerstande, auf den internationalen Kapitalmärkten Vertrauen für die Rechnungslegung deutscher Kapitalnachfrager zu gewinnen. Damit kommen wir zur zweiten Differenzierung: der zwischen den kapitalnachfragenden Kapitalgesellschaften auf der einen Seite und den kapitalmarktfernen Privatgesellschaften auf der anderen. Mit Blick auf unverfälschte Informationen der Kapitalanbieter als Grundlage für ihre Anlage-Entscheidungen versteht es sich, daß nicht danach unterschieden werden kann, ob es um die Anleger-Informationen in New York geht oder um die in Frankfurt: Informationell kann der deutsche Kapitalanleger nicht schlechter behandelt werden als der amerikanische. Konsequent hat der deutsche Gesetzgeber die Ersetzungs-Ermächtigung in § 292 a HGB nicht vom Auftritt auf internationalem Parkett abhängig gemacht, sondern sich mit der Börsennotierung des konzernleitenden Mutterunternehmens begnügt: die Notierung in Stuttgart oder Hannover reicht demnach aus[29].

Auf dieser Linie will nun auch die EU-Kommission voranschreiten[30]: Spätestens vom Jahre 2005 an sollen alle börsennotierten Gesellschaften verpflichtet sein, ihren Konzernabschluß nach den internationalen IAS-Regeln aufzustellen, also nicht nach US-GAAP. Innerhalb der Europäischen Gemeinschaft trifft diese Vorgabe ca. 6.700 Gesellschaften. Unternehmen, die wegen ihrer Notierung in New York nach US-GAAP bilanzieren, soll trotz dahingehender Wünsche von deutscher Seite nicht die Option eröffnet werden, den IAS-Konzernabschluß durch ihren US-GAAP-Konzernabschluß zu ersetzen; sie müssen dann doppelt bilanzieren. Und konsequent muß dann auch das Unternehmenswahlrecht in § 292 a HGB entfallen. Mit einem solchen Schritt wird die Konzernrechnungslegung für börsennotierte Gesellschaften in der Europäischen Gemeinschaft, also auch in Deutschland, obligatorisch und endgültig internationalisiert: An die Stelle des HGB-Konzernabschlusses tritt zwingend ein in-

---

28 Hierauf gründet die Abkopplungsthese von *Moxter*, BB 1978, 1629, 1630; *ders.*, AG 1979, 140, 140 ff.; *ders.*, FS Budde, 1995, S. 419, 426 ff.; vertiefend insbesondere *Beisse*, FS Döllerer, 1988, S. 255 ff.
29 Siehe Heymann/*Henssler*, Kommentar zum HGB, 2. Aufl. 1999, § 292a HGB, Rn. 5.
30 Siehe oben *Europäische Kommission* (Fn. 25), S. 7.

ternationaler. Dessen Regeln werden weder von der EU-Kommission aufgestellt, noch von einer anderen Stelle der Gemeinschaft, sondern vom International Accounting Standards Committee (IASC) – einem privaten Gremium, das mit Fachvertretern aus vielen Ländern der Welt zusammengesetzt ist und im Grundsatz mit dem in Deutschland nach § 342 HGB amtierenden Rechnungslegungs Standards Committee (DRSC) verglichen werden kann. Auf die damit verbundenen Kompetenzfragen ist gleich noch einzugehen (unten II. 3.).

Für die nicht-börsennotierten Gesellschaften will es die EU-Kommission den Mitgliedstaaten freistellen, ob sie auch für diese Gesellschaften eine Konzernrechnungslegung nach IAS vorschreiben oder es beim bisherigen Konzernabschluß nach europäischem Gemeinschafts- und nach nationalem Recht belassen wollen. Somit sollen die Mitgliedstaaten die Möglichkeit erhalten, sich aus ihrer Regelungs(mit)verantwortung für den konsolidierten Abschluß zurückzuziehen und damit Freiraum für das IASC zu schaffen. In der Sache hätte eine einheitliche Konzernrechnungslegung innerhalb der einzelnen Mitgliedstaaten durchaus Sinn; andernfalls wären die Konzernabschlüsse von börsennotierten und nicht-börsennotierten Gesellschaften nur schwer vergleichbar – zumal die Mehrheit der bislang nicht-börsennotierten Mutterunternehmen ab einer gewissen Größe wohl auf den Weg zum Kapitalmarkt aufbrechen wird. Mißlich wären dann nur noch die schwierigen Vergleiche zwischen den Konzernabschlüssen nicht-börsennotierter Gesellschaften in solchen Mitgliedstaaten, die für IAS optiert haben, und anderen, die dies nicht getan haben. Aber die EU-Kommission tut gewiß gut daran, den Prozeß der Vereinheitlichung nicht zu überhasten.

d) Zur künftigen IAS-Orientierung aller Einzelabschlüsse

Materiell ist die Vereinheitlichung der Konzernabschlüsse in der Gemeinschaft deshalb relativ unproblematisch, weil diese Abschlüsse bloß der Information dienen, also nicht zur Gewinnermittlung[31]. Sehr viel komplizierter liegen die Dinge dagegen beim Einzelabschluß wegen dessen Doppelfunktion als Instrument der Information und Gewinnermittlung zugleich. Dennoch möchte die EU-Kommission auch alle Einzelabschlüsse unabhängig von der Kapitalmarktorientierung der einzelnen Gesellschaft in Richtung auf die IAS internationalisieren; es soll mithin nicht darauf ankommen, ob die Gesellschaft börsennotiert ist oder nicht. Das ist problematisch und bedarf deshalb einer differenzierten Annäherung:

---

31 Dazu eingehend *Tschesche*, IAS-Konzernabschlüsse – Möglichkeiten und Grenzen der Internationalisierung des deutschen Konzernbilanzrechts, Baden-Baden 2000, S. 140 ff., sowie auch schon *Kramer*, True and Fair View in der Konzernrechnungslegung, Berlin 1999, S. 30 ff.

aa) Für *börsennotierte Kapitalgesellschaften* ist die obligatorische Bilanzierung nach IAS auch im Einzelabschluß nur konsequent und wertungsstimmig. Denn es kann aus dem Blickwinkel der Kapitalanleger und Finanzanalysten geschaut, aber auch wegen gleicher Wettbewerbsbedingungen unter den Kapitalgesellschaften schlecht das anwendbare Regelwerk davon abhängen, ob die einzelne Gesellschaft als Mutterunternehmen an der Spitze eines Konzerns steht oder nicht. Mit den Bedingungen der Finanzmärkte ist die Entscheidung, ob ein Unternehmen rechtlich gegliedert als Konzern organisiert wird oder ungegliedert als Einheitsunternehmen agiert, allenfalls marginal verknüpft. Deshalb spricht alles dafür, auch den Einzelabschluß jeder börsennotierten Kapitalgesellschaft den IAS zu unterstellen. Erstreckt werden könnte diese Vorgabe (zumindest als Unternehmenswahlrecht) zudem auf jene Gesellschaften, die den Weg zur Börse eingeschlagen haben, ohne dort jedoch bislang notiert zu sein.

Indes – aus deutscher Sicht sind Informations-bezogene Regelwerke allenfalls begrenzt geeignet, jene Sperrwirkungen zu entfalten, die mit der Gewinnermittlungsfunktion und mit dem ihr dienenden Vorsichtsprinzip (samt aller Unterprinzipien zum Schutze der Gesellschaftsgläubiger) verbunden sind und auf die nicht verzichtet werden kann. Konsequent wird bei der Einführung IAS-bezogener Einzelabschlüsse in börsennotierten Gesellschaften zugleich dafür zu sorgen sein, daß nicht zu schnell und zu umfangreich Beträge zur Ausschüttung an die Kapitalanleger bereit gestellt werden. Auf welchem Wege diese schützenden Ausschüttungssperren zu etablieren sind, bedarf noch weiterer Erörterung; am klarsten wäre wohl eine neben den informationellen IAS-Einzelabschluß gestellte separate Gewinnermittlungs- und Ausschüttungsrechnung. Eine weitere Anschlußfrage ist die, ob es den einzelnen Mitgliedstaaten überantwortet werden sollte, die sperrenden Vorkehrungen in ihrem Nationalrecht je autonom zu schaffen, oder ob die Europäische Gemeinschaft auch insoweit für eine gewisse (Mindest-)Harmonisierung sorgen sollte. Mit Blick auf den Binnenmarkt und die kommende Wirtschaftsunion könnte jedoch Harmonisierung im Interesse der Gesellschaftsgläubiger, ihrer Information und ihres Schutzes, aber auch wegen gleicher Wettbewerbsbedingungen unter den Kapitalgesellschaften angezeigt sein.

bb) Ganz anders liegen die Dinge hingegen bei *nicht-börsennotierten Kapitalgesellschaften*, insbesondere bei den kleinen und mittelgroßen. Auch sie möchte die EU-Kommission in ihrer Rechnungslegung an die IAS heranführen, um potentielle Konflikte weitgehend zu vermeiden. Damit droht der kleinen Handwerker-GmbH mit vier Arbeitnehmern, nach IAS, also nach den Regeln für internationale Kapitalnachfrager, Rechnung legen zu müssen. Das wäre in mehrfacher Hinsicht grob rechtsunverträglich[32]: Für die überschauba-

---

32 Im einzelnen dazu *Hommelhoff* in: Kleindiek/Oehler (Hrsg.), Die Zukunft des deutschen Bilanzrechts, Köln 2000 (im Erscheinen), I 3.

ren Verhältnisse insbesondere mittelständischer Unternehmen wäre eine Bilanzierung nach internationalem Kapitalmarktrecht überzogen aufwendig und viel zu kompliziert – von der dynamischen Entwicklung, der die internationale Rechnungslegung unterworfen ist, ganz zu schweigen. Konsequent wäre die rechtspraktische Handhabung des Einzelabschlusses und ggf. seine Prüfung in vielen Fällen dermaßen teuer, daß Gesellschafter häufig vor der Frage ständen, ob sie ihre Gesellschaft in eine echte Personengesellschaft oder gar in ein einzelkaufmännisches Unternehmen umwandeln müssen, um von den Kosten her wettbewerbsfähig zu bleiben[33]. Mit Blick auf das legitime Interesse vieler Gesellschafter an beschränkter Haftung und auch aus steuerrechtlichen Gründen wäre eine solche Entwicklung rechtspolitisch in Gänze verfehlt.

Offenbar plant die EU-Kommission, ihre Vorschläge zur Modernisierung der 4. und der 7. Richtlinie schon im Jahre 2001 auszuformulieren. Es ist daher höchste Zeit, ein Gegenkonzept für nicht-börsennotierte Kapitalgesellschaften und ihren Einzelabschluß zu entwickeln, das bei den kleinen und mittleren Unternehmen seinen Ausgang nimmt und deren Besonderheiten auch in der Rechnungslegung und Publizität gleichgewichtig neben den Belangen der Publizitätsadressaten[34] berücksichtigt. Wertungswidersprüche gegenüber den IAS sollten dabei tunlichst vermieden werden; allerdings ist dies Ziel schon deshalb nicht absolut vorrangig, weil die wenigsten der mehr als 800.000 bis 900.000 deutschen Unternehmen an die Kapitalmärkte streben. In anderen EU-Mitgliedstaaten wird es nicht deutlich anders sein.

Aber selbst wenn der Einzelabschluß nicht-börsennotierter Gesellschaften von den IAS abgekoppelt bleibt, stellen sich Folgefragen in Fülle wie etwa die: Sollten auch diese Regeln zur Rechnungslegung einem privaten Gremium zur Ausformulierung überantwortet werden? Lassen sich Informations- und Ausschüttungsbemessungsfunktion innerhalb *eines* Einzelabschlusses verwirklichen oder wird es getrennter Rechenwerke bedürfen[35]? Und speziell aus deutscher Sicht: Könnte eine Ausschüttungsrechnung so aus der Steuerbilanz heraus entwickelt werden, daß jene publiziert werden könnte, ohne die legitimen Geheimhaltungsinteressen der Gesellschaft und ihrer Gesellschafter zu verletzen? Die Fülle und das rechtspraktische Gewicht dieser Fragen zeigen deutlich: Ein Gegenkonzept für den Einzelabschluß nicht-börsennotierter Kapitalgesellschaften muß unverzüglich in Angriff genommen werden. Andernfalls laufen namentlich die kleinen und mittleren Unternehmen in der Europäischen Union Gefahr, Opfer einer sachlich ungerechtfertigten, weil weit überschießenden Internationalisierung zu werden.

---

33 In diesem Sinne auch schon das Diskussionsforum auf dem ZGR-Symposion 2000 in Kronberg, s. *Mattheus*, ZGR 2000, 565 f.
34 Zu den Adressaten der Rechnungslegung *Baetge*, Bilanzen, 4. Aufl. 1996, S. 63 mit weiteren Nachweisen zur Divergenz der Empfängerinteressen.
35 Dazu *Schön*, ZGR 2000, 706, 738 einerseits und *Hommelhoff* (Fn. 32), III 3, andererseits.

Europäisierung und Internationalisierung des Gesellschaftsrechts 149

3. Das geplante Anerkennungsverfahren

Mit der Modernisierung und Internationalisierung der Rechnungslegung ist, wie schon angedeutet, ein Kompetenzproblem verbunden: Die demokratisch legitimierten Normsetzer auf der Ebene der Mitgliedstaaten und der Europäischen Gemeinschaft ziehen sich zurück und machen weithin Platz für private Rechnungslegungsgremien, für die Setzer von Fachregeln (standard setting bodies). Entgegen der Ansicht des (damals: Bonner) Justizministeriums und des Deutschen Bundestages ist dieser Rückzug nicht bloß Gegenstand rechtspolitischer Opportunität, sondern zunächst und vor allem Objekt einer verfassungsrechtlichen Verträglichkeitsprüfung[36]: Unter welchen Voraussetzungen und wie weit darf sich der Gesetzgeber aus seiner Verantwortung für wertende Gestaltung zurückziehen? Das ist bereits mehrfach vorgetragen und soll deshalb hier nicht wiederholt werden.

Um so erfreulicher die jüngste Verlautbarung der EU-Kommission[37]: Die Europäische Union könne die Verantwortung für die Aufstellung von Rechnungslegungsvorschriften für börsennotierte EU-Unternehmen an keinen nicht der öffentlichen Hand angehörenden Dritten abtreten. Mit dieser Feststellung beginnt die Kommission ihren Versuch, die private Regelsetzung durch das IASC in Einklang zu bringen mit der unveränderten Verantwortung der Gemeinschaftsorgane für das europäische Recht der Rechnungslegung. Diese Verantwortung soll sich nach den Vorstellungen der EU-Kommission in zwei Tätigkeitsformen ausprägen: in der öffentlichen Aufsicht über die IAS, soweit sie innerhalb der Gemeinschaft zur Anwendung kommen sollen, sowie in der Einbindung der IAS in den EU-Rechnungslegungsrahmen auf dem Wege eines besonderen Anerkennungsverfahrens. Mithin soll die Rechnungslegung börsennotierter Kapitalgesellschaften nicht etwa auf schlichten IAS basieren, sondern nur auf EU-rechtlich *anerkannten* IAS; oder anders formuliert: Das Anerkennungsverfahren wird aus privaten Fachregeln gemeinschaftsrechtliches Bilanzrecht formen. Mit seiner Trennung zwischen fachlicher und politischer Ebene, aber zugleich im Zusammenwirken der beiden Ebenen ist dies Verfahren darauf angelegt, den EU-Organen jene rechtsgestaltende Verantwortung zu sichern, die der EG-Vertrag ihnen zugewiesen hat.

Anders als der bloße Bekanntmachungs-Entscheid des Bundesjustizministeriums nach § 342 Abs. 2 HGB[38] scheinen Überwachung und Anerkennung in ihrer für das Gemeinschaftsrecht vorgeschlagenen prozeduralen Ausgestaltung durchaus geeignet, das Zuständigkeitsproblem bei privater Regelfindung zu

---

36 Vgl. *Hommelhoff/Schwab*, BFuP 1998, 38, 42 ff.; *Hommelhoff*, FS Odersky (1996), S. 779, 790 ff.; optimistischer in bezug auf die Verfassungsverträglichkeit des § 292 a HGB *Heintzen* BB 1999, 1050 ff.
37 Oben Fn. 25.
38 Dazu *Baumbach/Hopt*, HGB, 30. Aufl. 2000, § 342 Rn. 2; Heymann/*Herrmann*, HGB, 2. Aufl. 1999, § 342 Rn. 9.

lösen. Deshalb ist der vorgeschlagene Weg eine wohl doch vorzugswürdige Alternative im Vergleich zu jenem anderen Weg, der auf Vorgaben des Richtlinien- und der mitgliedstaatlichen Gesetzgeber zu den Zielen der Rechnungslegung setzt, zu ihren Fundamentalgrundsätzen sowie zu wesentlichen Bewertungs- und Offenlegungsprinzipien[39]. Vor diesem Hintergrund könnten die Überwachung der IAS und ihre Anerkennung den Umstand verschmerzen lassen, daß die Rechnungslegung für börsennotierte Gesellschaften ihre Grundlagen künftig nahezu ausschließlich im Gemeinschaftsrecht finden wird und kaum mehr im nationalen Recht der Mitgliedstaaten.

III. Corporate Governance in Deutschland

Das dritte Feld, auf dem der Sturm der Internationalisierung am überkommenen Gesellschafts- und Unternehmensrecht in Deutschland rüttelt und zerrt, ist das der „corporate governance"[40]: Vor allem in den börsennotierten Gesellschaften sollen deren Aktivitäten, soll das Geschehen in ihnen auf die Kapitalmärkte und primär auf die Interessen der Kapitalanleger ausgerichtet werden. Dabei ist zwischen der internen und der externen corporate governance zu unterscheiden[41]: Während *intern* die Gesellschaftsorgane in ihrer Leitung, Lenkung, Steuerung, Kontrolle und Überwachung darauf ausgerichtet werden sollen, den shareholder value zu steigern, soll *extern* über die Kapitalmärkte dafür gesorgt werden, daß die Kapitalgesellschaften möglichst effektiv im Interesse der Kapitalanleger agieren. Auf beiden Gebieten war und ist der deutsche Gesetzgeber (noch vor dem europäischen Richtliniengeber) aktiv, um die Attraktivität des Finanzplatzes Deutschland zu steigern, offenbar jedoch ohne etwas dagegen unternehmen zu können, daß sich die größte Börse in Frankfurt mit der in London verschmilzt und die deutschen Standardaktien (blue chips) künftig nur noch an der Themse gehandelt werden[41a].

1. Deutsche Gesetzgebung zur Corporate Governance

Vornehmlich mit dem Gesetz zur Kontrolle und Transparenz im Unternehmensbereich (KonTraG) hat der Gesetzgeber 1998 die Verfassung der deutschen Aktiengesellschaften, deren interne corporate governance, mit einer Fül-

---

39 So der schweizerische Ansatz: *Behr*, SZW 2000, 105, 108.
40 Zu ihr Feddersen/Hommelhoff/Schneider (Hrsg.), Corporate Governance, 1996, S. 1 ff.
41 Hierzu *Hopt* in: Hommelhoff/Rowedder/Ulmer (Hrsg.), Max Hachenburg – Dritte Gedächtnisvorlesung 1998, 2000, S. 9 ff.
41a Zu den Gründen für den Zusammenschluß aus der Sicht der Deutschen Börse vgl. *Seifert*, FAZ vom 23.8.2000, S. 30. – Allerdings ist dieses Vorhaben nunmehr gescheitert (AG-Report 2000, R 404).

le von Einzelmaßnahmen durchgreifend verbessert[42]; als Regelungsschwerpunkte sind zu nennen: die obligatorische Einrichtung eines Risikomanagementsystems als Vorstandsaufgabe[43]; gezielte Optimierung der Aufsichtsrats-Überwachung vor allem in der Zusammenarbeit mit dem Abschlußprüfer[44]; behutsam verbesserte Stimmrechtsvertretung der Aktionäre in der Hauptversammlung[45]; eine wohl doch nur unzureichend verstärkte Möglichkeit für die Aktienminderheit, Organklagen zu erzwingen[46]. Zu den neuen Instrumenten interner corporate governance zählen schließlich die stock options für Vorstandsmitglieder und andere Arbeitnehmer der Gesellschaft.

Als Element externer corporate governance ist dagegen die neue Möglichkeit der Aktiengesellschaften einzustufen, bis zu 10 % ihrer eigenen Aktien zurückerwerben zu können. Die damit zu verfolgenden Zwecke hat der Gesetzgeber nicht vorgegeben; ausgeschlossen ist allein der Handel in eigenen Aktien. – Einen enormen Entwicklungsschub wird die externe corporate governance hingegen durch das (trotz jüngster Widerstände im Parlament hoffentlich dennoch) kurz vor seiner Verabschiedung stehende Übernahmegesetz[47] erfahren. Es ist darauf ausgerichtet, die Stellung der Kapitalanleger in solchen Gesellschaften zu verbessern, die Ziel eines öffentlichen Übernahmeangebots so werden, wie es in Deutschland spektakulär im Falle Mannesmann/Vodafone zum ersten Mal geschehen ist. Mitgeregelt werden sollen das Pflichtangebot an die Aktionäre, sobald jemand mehr als 30 % an ihrer Gesellschaft erworben hat, und die Ermächtigung an jenen Aktionär, der mehr als 95 % einer Gesellschaft hält, die restlichen Aktionäre gegen Abfindung ausschließen zu können.

Mit dem Übernahmegesetz will der deutsche Gesetzgeber hierzulande Verhältnisse einführen, wie sie in anderen Ländern mit qualitativ hochstehenden Kapitalmärkten längst üblich und praktisch erprobt sind; die Märkte in Deutschland sollen möglichst bald das Niveau der großen internationalen Kapitalmärkte erreichen. Deshalb haben sich das Bundesfinanz- und das -justizministerium entschlossen, nicht die Verabschiedung der europäischen Übernahmerichtlinie abzuwarten, wenn sie auch darum bemüht sind, mit den Einzel-

---

42 Hierzu *Hommelhoff/Mattheus*, AG 1998, 249 ff.
43 Hierzu beispielhaft aus dem umfänglichen betriebswirtschaftlichen Schrifttum: *Brebeck/Hermann*, WPg 1997, 381 ff.; *Lück*, DB 1998, 1925 ff. sowie *Vogler/Gundert*, DB 1998, 2379 ff.
44 *Hommelhoff*, BB 1998, 2567, 2568 ff. (Teil I) und 2625 ff. (Teil II); *Dörner*, DB 2000, 101 ff.
45 *Hommelhoff*, FS Zöllner (1998), S. 241 ff.
46 S. *Ulmer*, ZHR 1999, 290 sowie *Krieger*, ZHR 1999, 343 und *Sünner*, ZHR 1999, 364; – zu den rechtspolitischen Vorschlägen für den Leipziger Juristentag: *Baums*, Gutachten F zum 63. Deutschen Juristentag, 2000, S. 256 ff.
47 Am 29.6.2000 hat das Bundesfinanzministerium den Diskussionsentwurf eines Übernahmegesetzes vorgelegt; der Text kann von der Homepage des Ministeriums (www.bundesfinanzministerium.de) abgerufen werden. Zu dem Entwurf *Pötzsch/Möller*, WM-Sonderbeilage 2/2000, 1, 13 ff.

regelungen des Übernahmegesetzes denen der künftigen Richtlinie[48] möglichst nahe zu kommen. Wegen dieser Orientierung an den Vorarbeiten in der EU-Kommission wird auch das Übernahmegesetz ein Akt innerer Europäisierung und Internationalisierung des deutschen Unternehmensrechts sein. Zugleich wird mit der Neutralitätspflicht des Vorstands in der Zielgesellschaft und mit seiner Pflicht, zum Übernahmeangebot Stellung zu nehmen, das geltende Aktienrecht mitsamt seinen Organpflichten sektoral europäisiert.

2. „German Code of Best Practice"

In Aktivitäten des Gesetzgebers freilich erschöpft sich die deutsche corporate governance nicht. Mit in die Betrachtung einbezogen werden müssen jene sich in jüngster Zeit machtvoll entfaltenden Bewegungen, im Anschluß an internationale Entwicklungen einen deutschen „code of best practice" vornehmlich für börsennotierte Gesellschaften zu formulieren und zu etablieren.

a) Zum möglichen Inhalt eines Code

Der „code of best practice" ist ein Kanon von Verhaltensregeln, die sich börsennotierte Gesellschaften und die Mitglieder ihrer Verwaltungsorgane (in England und den USA: die Mitglieder des board of directors, in Deutschland: die Vorstands- und Aufsichtsratsmitglieder) selbst auferlegen und an deren Einhaltung sie sich von den Aktionären festhalten lassen wollen. Zieht man, um den möglichen Inhalt solcher codes zu erkennen, die OECD-Grundsätze zur corporate governance[49] und die vergleichbaren Grundsätze der deutschen Grundsatzkommission[50] heran, so geht es für den Vorstand und seine Mitglieder etwa um die Leitlinien für ihre Tätigkeit in der Gesellschaft, um die Gleichbehandlung der Aktionäre, insbesondere um deren informationelle Gleichbehandlung als Kapitalanleger, um die Eckpunkte der Vorstandsvergütung, namentlich durch Zuteilung von stock options, sowie um die Vermeidung und Bewältigung von Interessenkonflikten zwischen der Gesellschaft und ihren Verwaltungsmitgliedern. Zum Aufsichtsrat werden im „code of best practice" die Eignungsvoraussetzungen für seine Mitglieder näher beschrieben; vor allem aber werden Vorgaben für die Binnenstruktur des Überwachungsorgans fixiert – etwa (und von besonderer Bedeutung) zur Einrichtung eines Bilanz- und Prüfungsausschusses (audit committee).

---

48 Zu der jahrelang heftig umstrittenen 13. Richtlinie betreffend Übernahmeangebote liegt mittlerweile ein gemeinsamer Standpunkt des Ministerrats vor (Dokument Nr. 8129/00; abgedruckt bei *Pötzsch/Möller*, WM-Sonderbeilage 2/2000, 1, 32 ff.); dazu *Neye*, AG 2000, 289 ff., und *Pötzsch/Möller*, a.a.O., 4 ff.
49 Abgedruckt in AG 1999, 337 ff. mit einer Einführung von *Seibert*.
50 Abgedruckt in AG 2000, 106 ff. mit einer Einführung von *Schneider/Strenger*; s. auch *Berliner Initiativkreis*, DB 2000, 1573.

b) „Code of Best Practice"-Vorstöße in Deutschland

In Deutschland sind momentan drei Kommissionen mit „German codes of best practice" befaßt: zum ersten die (selbstgebildete) Grundsatzkommission corporate governance, zum zweiten der (ebenfalls selbstgebildete) Berliner Initiativkreis German code of corporate governance und zum dritten die von der Bundesregierung eingesetzte Regierungskommission „corporate governance – Unternehmensführung – Unternehmenskontrolle – Modernisierung des Aktienrechts". Mit diesen Aktivitäten werden in Deutschland Bewegungen aufgegriffen und nachvollzogen, die in den USA ihren Ausgang in den 70er und 80er Jahren nahmen, vor allem im Vereinigten Königreich 1992 mit dem „Cadbury Report" samt dem dazugehörigen „code of best practice" ihre Fortsetzung und danach im französischen „rapport Viénot" und im niederländischen „Peters-Bericht" ihren länderspezifisch eigenständigen Niederschlag fanden[51]. So gesehen sind ebenfalls die deutschen Bemühungen um „codes of best practice" Ausdruck der Internationalisierung des deutschen Gesellschafts- und Unternehmensrechts.

Bei einer Gesamtschau der drei deutschen Kommissionen treten markante Unterschiede in der Ausrichtung ihrer jeweiligen Aktivitätsprogramme zutage: Während die Regierungskommission im wesentlichen auf die Untersuchung abzielt, an welchen Stellen das kodifizierte Aktienrecht verbessert oder aber auch aufgegeben werden kann, also Vorarbeiten für ein KonTraG II geleistet werden sollen, möchte der Berliner Initiativkreis die im geltenden Recht als Generalklauseln ausformulierten Handlungspflichten der Vorstands- (§ 93 Abs. 1 AktG) und der Aufsichtsratsmitglieder (§ 116 AktG) durch ein dichtes Geflecht von Grundsätzen ordnungsmäßiger Unternehmensleitung (GoU) und -überwachung (GoÜ) konkretisieren.

Wie schon in der Vorlage der Grundsatzkommission fällt auch in der Ausarbeitung des Initiativkreises auf, daß als Regel in den code of best practice Anordnungen in einer Fülle von Einzelpunkten einbezogen werden sollen, die schon der Gesetzgeber den Aktiengesellschaften und ihren Akteuren rechtsverbindlich vorgegeben hat: Zwingende Rechtsnormen werden als freiwillig übernommene Verhaltensregeln ausgewiesen. Das ist nicht unproblematisch: Wird damit doch als Besonderheit der einzelnen Aktiengesellschaft behauptet, was alle anderen Aktiengesellschaften ebenfalls einhalten müssen. Andererseits wird in einem solchen konzeptionell geschlossenen (Gesamt-)code unter Einschluß des zwingenden Gesetzesrechts dem Anlegerpublikum, vor allem dem im Ausland, plastisch vor Augen geführt, daß es auch in Deutschland einen „code of best practice" schon seit langem und von Gesetzes wegen gibt, der sich mit dem in anderen Ländern durchaus messen kann. Dies ist ein begrüßenswerter Effekt; denn ein solcher code schafft Vertrauen auch bei Kapitalanlegern im

---

51 Instruktiv hierzu *Böckli*, SZW 1998, 1 ff.

Ausland. Freilich hätte es der Transparenz eines solchen code gedient, wenn die Gesetzesbestimmungen in ihm durch Nennung der Paragraphen kenntlich gemacht worden wären.

3. Deregulierung im Aktienrecht?

Somit erscheint das, was sich momentan zur corporate governance und zum code of best practice in Deutschland tut, als nicht sonderlich aufregend. Auf diesem Feld geht es offenbar bloß um eine nominelle Internationalisierung, um eine Anpassung an ausländische Sprachgepflogenheiten. Allerdings – eine solche Betrachtung wäre gefährlich kurzsichtig; verbirgt sich doch in der code-Bewegung aus der Sicht eines deutschen Gesellschaftsrechtlers das überaus ambitionierte rechtspolitische Programm, das überkommene Aktien(gesetzes)recht zu deregulieren und zu privatisieren.

a) Selbstregulierte Binnenorganisation nach Vorgaben des Gesetzgebers?

Auf den ersten Blick ins geschriebene Aktienrecht stellt sich in der Tat häufig die Frage, warum der Gesetzgeber den Aktiengesellschaften und ihren Organen bestimmte Handlungen vorschreibt: warum etwa dem Vorstand minutiös, was er in welchen Abständen dem Aufsichtsrat zu berichten hat (§ 90 AktG)? Das könnte der Aufsichtsrat (zugeschnitten auf die Besonderheiten der Gesellschaft, ihres Unternehmens und der geschäftlichen Aktivitäten) viel besser in einer privatautonom ausgestalteten Informationsordnung[52] dem Vorstand aufgeben. Und warum schreibt der Gesetzgeber dem Aufsichtsrat einer börsennotierten Gesellschaft zwingend vor, dieser müsse zweimal im Kalenderhalbjahr plenar zusammentreten (§ 110 Abs. 3 AktG)? Verantwortlich handelnde Aufsichtsratsmitglieder wissen doch am besten selbst, welche Sitzungsfrequenz die in ihrem Aufsichtsrat anstehenden Aufgaben für das Plenum erfordern, oder ob es nicht effektiver ist, die Aufsichtsratsarbeit, soweit möglich und zulässig, in Aufsichtsratsausschüsse zu verlagern.

Einem vollständigen Rückzug des Gesetzgebers aus der Binnenorganisation der Aktiengesellschaften stehen jedoch die Erfahrungen entgegen, die über mehr als ein Jahrhundert hinweg mit der Aufsichtsratsverfassung in Deutschland gesammelt worden sind. Schwere Störungen in der Praxis der Aktiengesellschaften haben den Gesetzgeber immer wieder zum Eingreifen und zum Ausbau des Aktienrechts gezwungen – zuletzt mit dem KonTraG von 1998. In deutschen Aktiengesellschaften benötigen offenbar manche Funktionsträger immer wieder Regelungsdruck von außen und konkrete Vorgaben, um ihrer Verantwortung in der Gesellschaft tatsächlich nachzukommen. Auf der ande-

---

52 Zu dieser schon *Lutter*, Information und Verschwiegenheit im Aufsichtsrat, 2. Aufl. 1984, S. 22 ff; *Lutter/Krieger*, Rechte und Pflichten des Aufsichtsrats, 3. Aufl. 1993, Rn. 57 ff.

ren Seite fragt sich, ob dieser Außendruck in allem und in voller Breite vom Gesetzgeber kommen muß; denn schon vom Ansatz her erscheint es mit Blick auf die ausländischen codes intelligenter, die Aktiengesellschaften ihre Binnenorganisation selbst regeln zu lassen, wenn nur effektiv dafür gesorgt wird, daß sie ihre selbstgesetzten Regeln auch tatsächlich einhalten. So gesehen verdient eine im internationalen Vergleich angelegte „Deregulierung und Privatisierung" des überkommenen deutschen Aktienrechts offenbar Sympathie.

Die gesammelten Erfahrungen verbieten es indes, die Binnenorganisation börsennotierter Aktiengesellschaften vollständig den Gesellschaftsorganen zur Regelung zu überantworten. In Betracht kommt nur ein gesetzgeberischer Rückzug aus dem „Regelungs-Wie", nicht hingegen aus dem „Regelungs-Ob"; d.h.: der Gesetzgeber muß den Gesellschaften einen zwingenden Regelungsauftrag[53] erteilen: In der Satzung oder in der Geschäftsordnung des Vorstands wäre etwa zu regeln, wie, in welcher Form und in welchen Zeitabständen dieser den Aufsichtsrat worüber zu informieren hat. Zugleich müßte sichergestellt werden, daß der Regelungsauftrag tatsächlich erfüllt wird. Falls man ein solches Privatisierungs-Konzept zunächst nur auf die börsennotierten Gesellschaften anwendete, würde es sich anbieten, von der Erfüllung der Regelungsaufträge die Börsennotierung abhängen zu lassen.

In einem derartigen System bedarf es dann aber einer Stelle, welche die Erfüllung der Regelungsaufträge und konsequent auch ihre spätere Einhaltung tatsächlich prüft. Dabei wird man sich nicht mit einer formellen Prüfung, ob überhaupt etwas geregelt ist, begnügen können, sondern wird den Inhalt der privatautonomen Regelung miteinbeziehen müssen. Das hätte nicht nur teuren Prüf- und Zeitaufwand zur Folge; vielmehr bräuchte die Prüfstelle auch rechtliche Maßstäbe, anhand derer die Gesellschafts-individuellen Regelungen gemessen werden könnten. Sie jedoch müßte der Gesetzgeber (oder eine andere Stelle mit Normsetzungs-Kompetenz) liefern; die Alternative, die Rechtsprechung solle die Maßstäbe in einer Vielzahl von Einzelfällen entwickeln, kommt wegen der mit diesem Weg verbundenen und längere Zeit andauernden Rechtsunsicherheit nicht ernsthaft in Betracht. – Aus all' diesen Schwierigkeiten kann nur ein Fazit gezogen werden: Die Binnenorganisation börsennotierter Aktiengesellschaften kann diesen nicht vollständig zur Gesellschafts-individuellen Ausgestaltung überantwortet werden.

b) Zur Regulierungs-Befähigung des deutschen Gesetzgebers

Vor diesem Hintergrund ist noch einmal die radikale Gegenposition zu beleuchten: Was steht eigentlich entgegen, daß der Gesetzgeber die Binnenorganisation auch der börsennotierten Aktiengesellschaften regelt? Insgesamt sind

---

53 Hierzu demnächst eingehend *Beier*, Der Regelungsauftrag als Gesetzgebungsinstrument.

wohl drei Einwände ausformulierbar: Zum ersten fehle dem Gesetzgeber die für solche Regelungen notwendige Fachkompetenz – ein leerlaufendes Argument, weil sich die am Gesetzgebungsverfahren beteiligten Stellen bis hin zu den Bundestags-Ausschüssen immer schon des Rates vieler Kundiger und Erfahrener versichert haben. Zum zweiten vertrauten Gesellschaften, Kapitalanleger und sonstige an den Gesellschaften Beteiligte und Interessierte übertrieben stark auf die schadensabwendende Kraft von Rechtsnormen – ein Einwand, dem für die Organisationsverfassung der Aktiengesellschaften schon wegen der qualitativ hochstehenden Rechtsprechung der Fachgerichte in Deutschland kein großes praktisches Gewicht beizulegen ist. Und zum dritten schließlich könne der Gesetzgeber nicht schnell und flexibel genug das kodifizierte Recht an die Entwicklungen in der Wirtschaftspraxis anpassen und insbesondere nicht Fehlentwicklungen begegnen; aber auch dieser Einwand kann nicht überzeugen. Es ist vielmehr ein über mehr als hundert Jahre zurückverfolgbares Kennzeichen deutscher Gesetzgebung, daß auf Fehlentwicklungen im Aktienwesen relativ schnell, zupackend und klug zugleich reagiert wurde: Als Beweise lassen sich vom Aufsichtsrat 1884 über die Abschlußprüfung 1931 bis hin zum KonTraG 1998 noch viele Maßnahmen mehr anführen. Denn die handelsrechtliche Abteilung des (Berliner, Bonner und nun wieder Berliner) Justizministeriums war und ist durchweg hervorragend besetzt.

Deshalb sollte man eine aktuelle Verlockung fest in den Blick nehmen und sie sehr sorgfältig prüfen, um ihr nicht sogleich bedenkenlos zu verfallen – der Verlockung nämlich, die in London notierten deutschen Aktiengesellschaften von der Einhaltung des Aktiengesetzes zu befreien, um es ihnen zu ermöglichen, sich dem „Combined code of best practice" der Londoner Börse[54] zu unterstellen – momentan noch die ab 1. Januar 2001 geltende Voraussetzung, um in London notiert zu werden. Denn ob ein britisches Code-System billiger, effektiver und reagibler ist als das deutsche Aktiengesetz, dieser Nachweis steht im Augenblick noch aus, wenn er überhaupt je geführt werden kann. Diese Zweifel sollte man in der deutschen Reformdiskussion im Auge behalten, wenn auch momentan nicht damit zu rechnen ist, daß die an der Londoner Börse notierten Standardaktien deutscher Unternehmen dem Londoner Combined code unterworfen werden; denn die Verhältnisse könnten sich doch recht schnell ändern, sobald die Verlagerung von Frankfurt nach London abgeschlossen ist: ein nun doch wieder in weite Ferne gerückter Horizont.

Auf der anderen Seite gilt es jedoch zu beachten: Manche Detailregelung im Aktiengesetz bedarf dringend der Überprüfung, ob sie wirklich notwendig ist; beispielhaft sei die Vorgabe der Sitzungsfrequenzen in § 110 Abs. 3 AktG genannt. Aber das Aktienrecht als Fundament läßt genügend Freiraum, um auf ihm Zusatzregeln in einem code of best practice zu etablieren – etwa zur Einrichtung eines (in börsennotierten Gesellschaften in der Tat unverzichtbaren)

---

54 Zu ihnen *Böckli*, Der Schweizer Treuhänder 2000, 133, 140.

Bilanz- und Prüfungsausschusses (audit committee) oder zur nachdrücklichen Verstärkung der Prüferunabhängigkeit über die milden Vorgaben in § 319 Abs. 2 und 3 HGB hinaus.

4. Versuch einer Summe

Für „corporate governance" und „code of best practice" als drittes Feld der Europäisierung und Internationalisierung des deutschen Gesellschafts- und Unternehmensrechts sind aus alledem Schlüsse zu ziehen: Interne „corporate governance" in börsennotierten Aktiengesellschaften existiert im deutschen Aktienrecht seit langem schon; sie ist immer wieder an die Herausforderungen und Entwicklungen der Wirtschaftspraxis angepaßt worden. Ob sie in ihrer momentanen Leistungskraft hinter der corporate governance in anderen Ländern wirklich zurückbleibt, ist eine vollständig offene Frage. Ein den internationalen Gepflogenheiten entsprechender „German code of best practice" läßt sich ohne weiteres und störungsfrei auf dem kodifizierten Aktienrecht aufbauen. Deshalb besteht gänzlich unabhängig von der Mitbestimmung überhaupt kein Anlaß, das Aufsichtsratssystem aufzugeben – zumal sich auch im US-amerikanischen board-System eine dem deutschen Recht vergleichbare Funktionstrennung zwischen inside und outside directors anbahnt[55]. Allerdings müssen die Eigentümlichkeiten der deutschen „corporate governance" den Anlegern auf den internationalen Kapitalmärkten angemessen dargelegt und erläutert werden.

Anders sieht es dagegen bei den Rechtsmechanismen der externen corporate governance bisher aus. Um in allem internationales Niveau zu erreichen, fehlte in Deutschland bislang ein Übernahmerecht. Das aber steht nun auch hier vor seiner Verabschiedung und sollte nicht weiter hinausgeschoben werden, bis sich die Mitgliedstaaten der EU über die Takeover-Richtlinie geeinigt haben. Andere Mitgliedstaaten haben schon längst ein Übernahmerecht; Deutschland muß insofern im Wettbewerb der Rechtsordnungen aufholen und sollte nicht länger mit der eigenen Regelung zuwarten – zumal die Konturen und der Inhalt des kommenden Gemeinschaftsrechts schon heute klar und eindeutig erkennbar sind[56]. Für den Deutschen Bundestag besteht deshalb kein vernünftiger Anlaß, die dringliche Internationalisierung des deutschen Übernahmerechts rechtspolitisch auf die lange Bank zu schieben.

---

55 Zu dieser Entwicklung siehe schon *Kraakman* in: Feddersen/Hommelhoff/Schneider (Hrsg.), Corporate Governance, 1996, S. 129, 132 ff. Zur faktischen Funktionshemmung tragen insbesondere die im britischen Cadbury Report 1992 geforderten und schon seit 1978 als Zulassungsvoraussetzung zur NYSE vorgeschriebenen „audit committees" bei, zu diesen *Coenenberg/Reinhart/Schmitz*, DB 1997, 989; *Langenbucher/Blaum*, DB 1994, 2197, 2198; *Lück*, DB 1999, 441 ff.
56 Oben Fn. 48.

IV. Konsequenzen für die universitäre Juristenausbildung

Die Europäisierung und Internationalisierung der Wirtschaftspraxis fordert auch das deutsche Gesellschafts- und Unternehmensrecht vielfältig, vor allem jedoch auf neuen Bahnen heraus[57]. Allen Anpassungs- und Modernisierungs-Schüben hat sich nicht allein der Gesetzgeber zu stellen; noch vor ihm sind die Unternehmen und ihre Rechtsberater, die Wissenschaft und durchaus auch die Rechtsprechung aufgerufen, ihren Teil mit dazu beizutragen, daß das deutsche Gesellschafts- und Unternehmensrecht nicht den Anschluß an die weltweiten Entwicklungen verliert. Dabei liegt die erste und wichtigste Aufgabe darin, den Blick dafür zu schärfen, daß und wie sich außerrechtliche Veränderungen in der Wirtschaftspraxis auf das gelebte Recht hierzulande, auf seine Strukturen und fundamentalen Wertungen auswirken könnten. Hierzu sind die Wirtschaftsrechtler zu befähigen und fähig zu halten.

Dies ist Aufgabe und Chance der Universitäten zugleich: Der akademische Unterricht muß den Studentinnen und Studenten die geltende Rechtsordnung auch und vor allem in ihren Grundlagen, als gewachsene Kulturschöpfung in ihrem Land vermitteln, um sie in die Lage zu versetzen, auch das Recht anderer Länder jeweils als Produkt der dortigen Kultur zu verstehen und zu respektieren. Wer sich dem Wirtschaftsrecht in der Praxis zuwenden will, muß zu funktionaler Rechtsvergleichung befähigt sein; das setzt fachspezifische Fremdsprachenkenntnisse voraus.

Solchen Anforderungen läßt sich im tradierten System der deutschen Juristenausbildung schwerlich nachkommen. Dies ist eng darauf ausgerichtet, die wissenschaftlichen Grundlagen für die Justiz-orientierte Referendarausbildung zu legen. Damit allein werden die deutschen Universitätsabsolventen auf Dauer nicht mehr vollauf wettbewerbsfähig sein. Deshalb muß die Juristenausbildung an deutschen Universitäten für die Europäisierung und Internationalisierung des Rechts künftig noch stärker geöffnet werden – ohne jedoch das auch im Weltmaßstab erfolgreiche Ausbildungssystem in Deutschland substantiell aufzugeben. Was die Jurafakultäten dringend und zeitnah brauchen, ist ein (nicht allzu kleiner) Sektor Fakultäts-individueller Gestaltung der Juristenausbildung. Diesen Freiraum könnten dann einige Fakultäten nutzen, um ihre Studentinnen und Studenten für jene Herausforderungen zu ertüchtigen, welche die Europäisierung und Internationalisierung des deutschen Gesellschafts- und Unternehmensrechts an sie in ihrer Berufstätigkeit immer wieder stellen wird. Bundes- und Landesgesetzgeber sollten den Universitäten diesen Freiraum im Vertrauen darauf eröffnen, daß die Fakultäten ihn verantwortlich und zukunftsbezogen gestalten werden.

---

57 Aus der Sicht der Schweiz s. hierzu die Beiträge von *Koller* und *Hofstetter* in: Schweizerischer Juristenverein, Referate und Mitteilungen, 2000, S. 313/361.

ERIK JAYME

Das Internationale Privatrecht zwischen Postmoderne und Futurismus[1]

I. Das Internationale Privatrecht und der Vertrag von Amsterdam

Der Übergang ins nächste Jahrtausend beflügelt die Phantasie. Utopien und Ahnungen werden beschrieben. Man hält Ausschau nach Veränderungen, möchte wissen, wie sich die Welt in Zukunft darstellen wird.

Nun gibt es kaum ein Rechtsgebiet, das in nächster Zukunft so radikal seine äußere Gestalt erneuern wird, wie das Internationale Privatrecht. Binnen kurzer Frist soll der gesamte Normenbestand durch neue Regelungen ersetzt werden. Ein ganzes Jahrtausend steht zur Disposition und wird über Bord geworfen.

Dies hängt mit dem Inkrafttreten des Vertrags von Amsterdam am 1. Mai 1999 zusammen.[2] Die Gesetzgebungskompetenz für das Internationale Privat- und Verfahrensrecht wechselt von der dritten zur ersten Säule.[3] Durch den neuen Art. 65 EGV wird die Zusammenarbeit in Zivilsachen mit grenzüberschreitenden Bezügen an den Titel IV angebunden, der „Visa, Asyl, Einwanderung und andere Politiken betreffend den freien Personenverkehr" regelt.[4]

---

1 Vortrag gehalten in Heidelberg am 21.12.1999. Die Vortragsform wurde beibehalten. Der Verf. dankt Herrn Ref. *Olde Lorenzen* und Herrn stud. jur. *Florian Kienle* für wertvolle Hilfen bei der Erstellung des Manuskripts.
2 Vgl. *Christian Kohler*, Interrogations sur les sources du droit international privé après le traité d'Amsterdam, Rev. crit.d.i.p. 1999, 1 ff.
3 Vgl. hierzu *Erik Jayme/Christian Kohler*, Europäisches Kollisionsrecht 1999 – Die Abendstunde der Staatsverträge, IPRax 1999, 401 ff.; vgl. auch *dies.*, Europäisches Kollisionsrecht 1997 – Vergemeinschaftung durch „Säulenwechsel"?, IPRax 1997, 385 ff.
4 Art. 65 EGV lautet: „Die Maßnahmen im Bereich der justitiellen Zusammenarbeit in Zivilsachen mit grenzüberschreitenden Bezügen, die, soweit sie für das reibungslose Funktionieren des Binnenmarktes erforderlich sind, nach Art. 67 zu treffen sind, schließen ein: a) Verbesserung und Vereinfachung – des Systems für die grenzüberschreitende Zustellung gerichtlicher und außergerichtlicher Schriftstücke; – der Zusammenarbeit bei der Erhebung von Beweismitteln; – der Anerkennung und Vollstreckung gerichtlicher und außergerichtlicher Entscheidungen in Zivil- und Handelssachen; b) Förderung der Vereinbarkeit der in den Mitgliedstaaten geltenden Kollisionsnormen und Vorschriften zur

Die bisher zwischen den Mitgliedstaaten abgeschlossenen Staatsverträge zum Internationalen Privat- und Verfahrensrecht werden Akten des sekundären Gemeinschaftsrechts, vornehmlich Verordnungen, weichen.[5] Betroffen ist das gesamte Internationale Privat- und Verfahrensrecht. An erster Stelle steht aber plötzlich das internationale Familienrecht.

Wie ernst Rat und Kommission die neue Kompetenz nehmen, zeigt die fast hektische Aktivität der letzten Monate. Bereits vier Tage nach Inkrafttreten des Amsterdamer Vertrages, am 4. Mai 1999, wurde der Vorschlag für eine Verordnung über die Zuständigkeit, Anerkennung und Vollstreckung von Entscheidungen in Ehesachen sowie in Verfahren betreffend die elterliche Verantwortung für die gemeinsamen Kinder (im folgenden: EheVO) veröffentlicht.[6] Die geplante Verordnung soll das Europäische Übereinkommen vom 31.5.1998 ersetzen. Ebenfalls am 4.5.1999 wurde ein Richtlinienvorschlag veröffentlicht, der das am 26. Mai 1997 unterzeichnete Europäische Zustellungsübereinkommen überflüssig machen soll. Mittlerweile wird auch insoweit an eine Verordnung gedacht. Das seit Jahrzehnten bewährte Europäische Gerichtsstands- und Vollstreckungsübereinkommen (EuGVÜ) soll in einer Verordnung neue Gestalt gewinnen.[7] Dies gilt auch für das römische Schuldvertragsübereinkommen (EVÜ). Der „Aktionsplan des Rates und der Kommission zur bestmöglichen Umsetzung der Bestimmungen des Amsterdamer Vertrages über den Aufbau eines Raumes der Freiheit und der Sicherheit und des Rechts" bemächtigt sich auch der weiteren Materien.[8] Geregelt werden soll das anwendbare Recht für außervertragliche Schuldverhältnisse, für die Ehescheidung, das Ehegüter- und das Erbrecht.[9] Nichts bleibt verschont. Angesprochen werden weitere Bereiche, etwa derjenige der Zivilverfahrensregeln mit grenzüberschreitenden Auswirkungen.

Auffallend ist, daß die Vereinheitlichung der Sachnormen im Aktionsplan nur gestreift wird. Geprüft werden soll z.B. „die Einführung international einheitlicher privatrechtlicher Vorschriften für den gutgläubigen Erwerb von beweglichen Sachen". Statt den Gedanken eines europäischen Zivilgesetzbuchs mit Nachdruck zu verfolgen, wird das gesamte Internationale Privatrecht in Europa vereinheitlicht.

Vermeidung von Kompetenzkonflikten; c)Beseitigung der Hindernisse für eine reibungslose Abwicklung von Zivilverfahren, erforderlichenfalls durch Förderung der Vereinbarkeit der in den Mitgliedstaaten geltenden zivilrechtlichen Verfahrensvorschriften."

5 *Burkhard Hess*, Die „Europäisierung" des internationalen Zivilprozeßrechts durch den Amsterdamer Vertrag – Chancen und Gefahren, NJW 2000, 23 ff., 30 ff.
6 Jetzt auch in der elektronischen Ausgabe des Amtsblatts, AB1EG Nr. C 247 E, 1 (31.8. 1999).
7 Vgl. den Vorschlag der EG-Kommission vom 14.7.1999, IPRax 2000, 41 ff.
8 AB1EG Nr. C 19/1 (23.1.1999) = IPRax 1999, 288 ff.
9 Hierzu bedarf es vorheriger gründlicher bilateraler Studien, vgl. z.B. *Torstein Frantzen*, Die Stellung des überlebenden Ehegatten im internationalen Ehegüter- und Erbrecht, dargestellt an deutsch-norwegischen Sachverhalten, Bergen 1999.

Blickt man auf das vergehende Jahrtausend zurück, so war das Internationale Privatrecht seit den Postglossatoren über die Jahrhunderte hin eine Sache der Wissenschaft. Es folgte die Zeit der nationalen Kodifikationen, welche von den Parlamenten zuächst kaum, später nachhaltig kontrolliert wurden.[10] Jetzt beginnt eine neue Zeit ohne nationale Parlamente und mit einem nur schwach befugten Europäischen Parlament. Die Wissenschaft ist ohnmächtig und harrt der Dinge, die da kommen.

II. Das Manifest des Futurismus

Halten wir inne und lesen wir ein Stück aus dem Manifest des Futurismus von Tommaso Marinetti vom 20. Februar 1907, das für die Lage des europäischen Kollisionsrechts zu passen scheint:
„Noi affermiamo che la magnificenza del mondo si è arricchita di una bellezza nuova: la bellezza della velocità. Un automobile da corsa col suo cofano di grossi tubi simili a serpenti dell'alito esplosivo ... un automobile ruggente, che sembra correre sulla mitraglia, è più bello della Vittoria di Samotracia."[11]

In deutscher Übersetzung:
„Wir stellen fest, daß die Herrlichkeit der Welt um eine neue Schönheit reicher geworden ist, die Schönheit der Schnelligkeit. Ein Rennwagen mit seiner Motorhaube, geschmückt mit schlangengleichen Auspuffrohren und ihren explosiven Ausstößen – ein brüllendes Automobil, das auf einem Maschinengewehr zu laufen scheint, ist schöner das die Siegesstatue von Samothrake."

Diese Zeilen entstammen im übrigen der gleichen Zeit, in der das Reichsgericht den Kauf eines Automobils eher skeptisch betrachtete und – wie jeder Student der zivilrechtlichen Anfängervorlesung weiß – ausführte, „der in einfachen Verhältnissen lebende Vater sei niemals damit einverstanden gewesen, daß der 17jährige, eine Unterrichtsanstalt besuchende Kläger den durch den Ankauf eines Lotterieloses aus seinem geringen Taschengelde ihm zugefallenen Gewinn zum Ankauf eines Kraftfahrzeuges und zum Betriebe eines kostspieligen, auch sittliche Gefahren aller Art mit sich bringenden Sports verwende".[12]

Marinetti feierte das Neue und warf das Alte über Bord. Der Dichter stammte aus Alexandria und ging zunächst nach Paris. Offenbar besuchte er dort den Louvre und sah die Nike von Samothrake. Sein erster Gedichtband trug den Titel „La conquête des étoiles"(1902), der zweite hieß „La destruction" (1904). Dann brach er nach Italien auf.

---

10 *Erik Jayme*, Considérations historiques et actuelles sur la codification du droit international privé, Recueil des Cours 177 (1982-IV), 9 ff.
11 *F.T. Marinetti*, Teoria e invenzione futurista (Luciano De Maria, Hrsg.), 3. Aufl. Mondadori, Milano 1996, S. 10.
12 RG, 29.9.1910, RGZ 74, 234 ff., 236.

Den Futurismus kennzeichnet die schlachtrufartige Feier der neuen Technik, ein Hochgefühl der Schnelligkeit[13], das man erst richtig genießen kann, wenn man das Überkommene mißachtet und zerstört.[14] Das ist mehr als *Nietzsches* halber Darwinismus, bei dem der Philosoph lediglich betrachtet, wie die Formen einander vergleichen und die schwächeren untergehen.

Zitat *Nietzsche:*[15]

„Jetzt wird eine Vermehrung des ästhetischen Gefühls endgültig unter so vielen der Vergleichung sich darbietenden Formen entscheiden: sie wird die meisten – nämlich alle, welche durch dasselbe abgewiesen werden, – absterben lassen. Ebenso findet jetzt ein Auswählen in den Formen und Gewohnheiten der höheren Sittlichkeit statt, deren Ziel kein anderes, als der Untergang der niedrigeren Sittlichkeiten sein kann. Es ist das Zeitalter der Vergleichung!"

Der Futurismus ist dagegen militanter, seine Metaphern des Umbruchs sind heftiger als *Nietzsches* „tanzender Stern"[16].

An solche Bilder der Bewegung im Manifest des Futurismus erinnert der gegenwärtige Aufbruch zu einer vollständigen Vereinheitlichung des Internationalen Privatrechts durch den europäischen Gesetzgeber. Europa: das brüllende Automobil, das überkommene Internationale Privatrecht wird als ehemalige Siegesstatue ins Museum der Rechtsgeschichte verbannt.

III. Afrika

Die ganze Seltsamkeit der europäischen Entwicklung wird deutlich, wenn man den Blick auf andere Kontinente wirft. Im Rahmen des Art. XXIV des GATT-Übereinkommens sind eine Fülle von Freihandelszonen gebildet worden, die vor ähnlichen Problemen der Rechtsangleichung stehen wie die Europäische Union. Nehmen wir als Beispiel Afrika, wo eine Fülle regionaler und subregionaler Gemeinschaften entstanden ist.

Auffallend ist der Staatsvertrag über die Harmonisierung des Wirtschaftsrechts in Afrika, der am 17. Oktober 1993 in Port-Louis, der Hauptstadt von

---

13 Ein solches Lebensgefühl entspricht in abgeschwächter Form unserer Zeit. So wurde am 1.1.2000 das Centre Pompidou in Paris mit einer großangelegten, alle Künste überspringenden Ausstellung unter dem Titel „Le temps, vite" eröffnet.
14 Zur Bedeutung *Marinettis* im Faschismus vgl. *Gottfried Benn*, Rede auf Marinetti, Sämtliche Werke Band IV Prosa 2, 1989, S. 117 ff., und die Anmerkungen zu dieser am 29.3. 1934 in Berlin auf dem Bankett der Union Nationaler Schriftsteller gehaltenen Rede a.a.O., S. 559 ff.
15 *Friedrich Nietzsche*, Werke – Kritische Gesamtausgabe (Giorgio Colli /Mazzino Montinari, Hrsg.) IV, 2 – Menschliches, Allzumenschliches I – Nachgelassene Fragmente 1876 bis Winter 1877–1878, Berlin 1967, S. 40.
16 *Friedrich Nietzsche*, Also sprach Zarathustra, dtv 1988, S. 19: „Ich sage euch: man muss noch Chaos in sich haben, um einen tanzenden Stern gebären zu können. Ich sage euch: ihr habt noch Chaos in euch."

Mauritius, unterzeichnet wurde. Ziel ist die Vereinheitlichung der wirtschaftsrechtlichen Sachnormen durch „règles communes, simples, modernes". Zu diesem Zweck wurde eine Internationale Organisation geschaffen, die OHADA (Organisation pour l'Harmonisation en Afrique du Droit des Affaires), welche über einen Ministerrat und einen gemeinsamen Gerichts- und Schiedshof verfügt. Letzterer hat seinen Sitz in Abidjan in der Elfenbeinküste. Zügig schuf diese Gemeinschaft ein Allgemeines Handelsrecht mit 289 Artikeln[17], ein Gesellschaftsrecht mit 920 Artikeln[18], ein Gesetz über Kreditsicherheiten[19] und eines über die Beitreibung von Forderungen. Diese Einheitlichen Rechtsakte traten am 1.1.1998 in Kraft. Die 16 Mitgliedstaaten gehören der romanischen Rechtsfamilie an, 14 sind frankophone Staaten, hinzu kommen das ehemals spanische Äquatorial-Guinea und der lusophone Staat Guiné-Bissau, in dem noch das portugiesische Zivilgesetzbuch weitergilt. Von diesen Staaten gehören acht der Westafrikanischen Wirtschafts- und Währungsunion (UEMOA) an[20], der ebenfalls über einen Gerichtshof verfügt, der seinen Sitz in Ouagadougou, der Hauptstadt von Burkina Faso, hat. Dieser Gerichtshof betont in seinen Entscheidungen die „raison écrite" des französischen Rechts.[21]

Die afrikanische Haltung ist die gleichsam natürliche: man vereinheitlicht die Sachnormen des Handels- und Wirtschaftsrechts. Im Familien- und Erbrecht verbleibt es dagegen bei der Fülle der Verschiedenheiten. Diese sind in Afrika geprägt durch die Spannungen zwischen dem kodifizierten Recht in den großen Städten und den Stammesrechten in den übrigen Gebieten. Überwunden werden denkbare Konflikte durch die „option de statut", d.h. durch die Rechtswahl der Betroffenen.[22]

IV. Kritisches zum europäischen Weg: die neue Spaltung

Der europäische Weg der Integration durch Rechtsvereinheitlichung ist ein anderer. Es fehlt an allgemeinen Normen im Obligationen- und im Handels-

---

17 Acte Uniforme Relatif au Droit Commercial Général, vgl. hierzu *Tilmann Pfleiderer*, Das neue einheitliche Wirtschaftsrecht afrikanischer Mitgliedstaaten der Organisation der OHADA, RIW 1998, 468 ff.
18 Acte Uniforme Relatif au Droit des Sociétés Commerciales et du Groupement d'Intérêt Economique; vgl. *Pascal K. Agboyibor*, OHADA: Nouveau droit uniforme des sociétés, Revue de droit des affaires internationales 1998, 673 ff.; *Tilmann Pfleiderer*, vorige Note, 469 f.
19 Acte Uniforme Realtif à l'Organisation des Sûretés.
20 Union Economique et Monétaire Ouest Africaine. Mitgliedstaaten (Stand 31.12.1998) sind Benin, Burkina Faso, Côte d'Ivoire, Guiné-Bissau, Mali, Niger, Senegal und Togo.
21 Cour de Justice de UEMOA, 29.5.1998 No. 2; vgl. hierzu *Erik Jayme*, Portugal und die lusophonen Rechte, IPRax 2000, Heft 2.
22 Vgl. *Erik Jayme*, Identité culturelle et intégration: Le droit international privé postmoderne, Recueil des Cours 251 (1995), 9 ff., 153.

recht.[23] Einzelmaterien sind durch Richtlinien erfaßt, welche dem nationalen Gesetzgeber Spielräume lassen.[24] Angestrebt wird aber neuerdings eine Gesamtkodifikation des Internationalen Privat- und Verfahrensrechts auf dem Verordnungswege. Begonnen wird mit dem internationalen Eheverfahrensrecht. Ganz in den Vordergrund rückt der freie Personenverkehr. Freizügigkeit bedeutet hier, daß jeder Europäer seinen Familienstatus mitnehmen kann: ist er in einem Land geschieden, so soll er es auch im anderen Lande sein. Das Internationale Privatrecht erscheint nun auf einmal als Teil des Ausländerrechts, gerät in das schräge Licht von Visa- und Asylsachen, ist verknüpft mit dem öffentlichen Recht. Das bedeutet eine neue Spaltung; denn der Schengenbestand gilt nunmehr auch für das Internationale Privatrecht (vgl. Art. 69 EGV). Die neuen Rechtsakte gelten nicht für Dänemark. Das Vereinigte Königreich und Irland können für die neuen Regelungen optieren; sie müssen es aber nicht. Die mühsam durch die Staatsverträge erreichte Einheit wird aufgebrochen.

V. Die Europäische Union und die Haager Konferenz für Internationales Privatrecht

1. Einführung

Die Vereinheitlichung des Internationalen Privatrechts in Europa war bisher die Aufgabe der Haager Konferenz für Internationales Privatrecht. Als Kardinalfrage erscheint nun die nach dem Verhältnis der jüngsten Vereinheitlichungsbestrebungen der Europäischen Union zur Haager Konferenz für Internationales Privatrecht. Es ergibt sich die Sorge, daß das Verständnis, das Art. 65 EGV durch Rat und Kommission gefunden hat, den Todesstoß für die Haager Konferenz bedeutet. Die neuen Rechtsakte werden nämlich die Haager Konventionen verdrängen, die bereits zu den gleichen Materien geschaffen wurden. Bedroht sind die Arbeiten für zukünftige Übereinkommen, wie z.B. die globale Konvention über die Anerkennung und Vollstreckung ausländischer Entscheidungen.[25]

Das ist eine höchst bedauerliche Konsequenz. Denkbar wäre allerdings auch, daß das Haager Kollisionsrecht nur noch das Verhältnis der Europäischen

---

23 Vgl. *Stefan Grundmann*, Europäisches Handelsrecht – vom Handelsrecht des laissez faire im Kodex des 19. Jahrhunderts zum Handelsrecht der sozialen Verantwortung, ZHR 163 (1999), 635 ff., 668.

24 Vgl. hierzu *Stefan Grundmann*, Europäisches Schuldvertragsrecht – Struktur und Wandel, NJW 2000, 14 ff.

25 Vgl. zu diesem Weltprojekt *Joachim Zekoll*, The Role and Status of American Law in the Hague Judgments Convention Project, Albany Law Review 61 (1998), 1283 ff.

Union zum Rest der Welt regelt, während im übrigen ein regionales Binnenkollisionsrecht gilt. Die Tendenzen sind allerdings andere; die europäische Vereinheitlichung – wenigstens, was die Bestimmung des anwendbaren Rechts angeht – versteht sich als universale „loi uniforme".[26]

Hinzu tritt, daß die Staaten der Europäischen Union in Den Haag zwar bei der Ausarbeitung neuer Übereinkommen mitwirken. Ihnen fehlt aber die Gesetzgebungskompetenz, weil das Internationale Privatrecht nach Ansicht der Kommission vollständig vergemeinschaftet ist.[27] Hier spalten sich Sachverstand und Bürokratie. Die in der öffentlichen Diskussion stehende, um Weltlösungen ringende Haager Konferenz weicht den geheim ausgearbeiteten Anordnungen einer behördlichen Machtstrategie. Die EU-Kommission hat nämlich Beobachterstatus in Den Haag, während die Haager Konferenz von den Beratungen der Kommission ausgeschlossen ist.

2. Kritik der Freizügigkeit als Basis des Internationalen Privat- und Verfahrensrechts

Die Werte in den Arbeiten der Haager Konferenz sind nun ganz andere als diejenigen der europäischen Rechtsakte. In der Europäischen Union steht jetzt die Freizügigkeit im Vordergrund.[28] Beweglichkeit ist alles. Schnelligkeit triumphiert; *Marinettis* „bellezza della velocità" drängt sich als Beschreibung geradezu auf. Ein Jahr Aufenthalt eines Ehegatten in einem Land, dessen Staatsangehörigkeit dieser Ehegatte nicht besitzt, genügt, damit Entscheidungen dieses Landes sich überall in Europa durchsetzen, sechs Monate reichen bei Heimatstaatscheidungen aus. Anders als im EuGVÜ wird der Klägergerichtsstand favorisiert.[29] Ein Ehegatte verläßt seine Familie und geht in ein anderes Land. Nach einem Jahr kann er seine Familienverhältnisse dort einseitig ordnen und erhält die Garantie, daß dies überall in Europa anerkannt wird. Früher bedachte man bei Statussachen die Kontinuität über Zeit und Raum hinweg; heute steht der Wechsel im Vordergrund. Freizügigkeit erscheint als Wert an sich. Wer

---

26 So lautet Art. 2 EVÜ: „Das nach diesem Übereinkommen bezeichnete Recht ist auch dann anzuwenden, wenn es das Recht eines Nichtvertragsstaats ist."
27 Vgl. hierzu *Haimo Schack*, Die EG-Kommission auf dem Holzweg nach Amsterdam, ZEuP 1999, 805 ff.
28 Zur Kritik der Freizügigkeit als Basis des europäischen Kollisionsrechts vgl. bereits *Christian Kohler*, Fortbildung des Brüsseler Gerichtsstands- und Vollstreckungsübereinkommens durch den Europäischen Gerichtshof: Freizügigkeit oder effektiver Rechtsschutz, in: Fritz Schwind (Hrsg.), Europarecht – Internationales Privatrecht – Rechtsvergleichung, Wien 1988, S. 125 ff., 133 ff.
29 Vgl. die Kritik bei *Jörg Pirrung*, Europäische justitielle Zusammenarbeit in Zivilsachen – insbesondere das neue Scheidungsübereinkommen, ZEuP 1999, 834 ff., 844; vgl. auch *Th.M. De Boer*, Brussel II: een erste stap naar een communautair IPR, FJR (Tijdschrift voor Familie- en Jeugdrecht) 1999, 244 ff., 249 f.

reist, wird belohnt. Der Zaudernde hat das Nachsehen.[30] Zwar erscheint auch in den nationalen Rechten – unter gewissen Kautelen (vgl. § 606 a Abs. 1 Nr. 4 ZPO) – der Klägergerichtsstand in Scheidungssachen. Dort aber wirken die Regeln über das anwendbare Recht als Garanten einer räumlich gerechten Anknüpfung, die auf beide Ehegatten Rücksicht nimmt. Die gemeinsame Staatsangehörigkeit oder das letzte Familiendomizil bestimmen das anwendbare Scheidungsrecht.[31] Im europäischen Recht kommt es aber auf das anwendbare Recht bisher nicht an. Anders war und ist es noch in Art. 27 Nr. 4 EuGVÜ; diese letzten Schranken werden aber auf dem Altar der Schnelligkeit geopfert. Im geplanten europäischen Kollisionsrecht wird der Familienstatus wie eine Ware behandelt; gefördert wird die Zirkulation, nicht die Beständigkeit.

Anders ist es beim Haager Kollisionsrecht. Dort geht es um die Bewältigung von Kulturkonflikten; Schutzobjekt ist die kulturelle Identität der Person.[32] Im Haager Internationalen Privatrecht spürt man den Einfluß der Postmoderne. Futurismus und Postmoderne stoßen also aufeinander. Hierzu einige Bemerkungen.

3. Die Haager Konferenz für Internationales Privatrecht und die Bewältigung von Kulturkonflikten

Die Haager Konferenz für Internationales Privatrecht ist eine altehrwürdige Institution.[33] Sie wurde 1893 gegründet und war damals eine nahezu rein europäische Angelegenheit. Heute denkt und arbeitet die Haager Konferenz global. Ihre Basis ist Europa; die in Den Haag beschlossenen und unterzeichneten Konventionen zielen aber auf eine weltweite Geltung.[34] Die Anwendung der Haager Kollisionsregeln ist nicht von der Gegenseitigkeit abhängig; sie gelten auch, wenn das durch sie anwendbare Sachrecht das eines Nichtmitgliedstaates ist. Der deutsche Gesetzgeber hat 1986 daraus die Konsequenz gezogen und hat einzelne Konventionen in die deutsche Kodifikation des Internationalen Privatrechts eingefügt, so das Haager Unterhaltsstatutsübereinkommen von 1973 in Art. 18 EGBGB und das Haager Testamentsübereinkommen von 1961 in Art. 26 Abs. 1-4 EGBGB.

---

30 *Christian Kohler*, vorige Note, S. 134: „Es wird sofort deutlich, daß die so hergestellte Freizügigkeit wesentlich zu Lasten der im Urteilsstaat unterlegenen Partei geht."
31 Vgl. z.B. Art. 17 Abs. 1 i.V.m. 14 Abs. 1 EGBGB.
32 BGBl. 1992 II, 122. Vgl. hierzu *Erik Jayme*, Kulturelle Identität und Kindeswohl im internationalen Kindschaftsrecht, IPRax 1996, 237 ff.
33 Vgl. *H. Arnold*, Über die Haager Konferenz für Internationales Privatrecht aus Anlaß ihrer zehnten Tagung, JZ 1965, 708 ff.
34 Ein gutes Beispiel ist der Welterfolg des Haager Kindesentführungsübereinkommens (1980); vgl. z.B. *Linda Silberman*, Hague Convention on International Child Abduction: A Brief Overview and Case Law Analysis, Family Law Quarterly 28(1994), 9 ff.

Die jüngsten Haager Übereinkommen versuchen zugleich, Kulturkonflikte zu überwinden. Hierzu wurden neue Techniken entwickelt. Zu nennen ist vor allem das Haager Adoptionsübereinkommen von 1993[35], oder genauer das Haager Übereinkommen über den Schutz von Kindern und die Zusammenarbeit auf dem Gebiet der internationalen Adoption.[36] Es geht um die Spannung, welche zwischen den Industriestaaten und den Entwicklungsländern entstanden ist; in den ersteren gibt es mehr adoptionswillige Eheleute als adoptionsfähige Kinder; in den letzteren ist es umgekehrt. Dies hatte zu einem schwunghaften Kinderhandel geführt. Der Grundgedanke des Haager Übereinkommens geht nun dahin, daß die internationale Adoption nur erfolgen soll, nachdem die Gerichte des Heimatstaates des Kindes u.a. geprüft haben, ob die Unterbringung des Kindes im Ursprungsstaat möglich war. Der Ausspruch der Adoption erfolgt also erst nach einem Zusammenwirken von Gerichten zweier Staaten, denen der alten und denen der neuen Heimat. Die internationale Adoption erscheint als subsidiär. Vorrangig ist das Verbleiben des Kindes im Ursprungsstaat zu fördern. Als Schutzwert erscheint die kulturelle Identität des Kindes. Nicht die Freizügigkeit steht im Vordergrund, sondern die Bewahrung der Wurzeln, aus denen der Mensch sein Wesen zu begreifen vermag.

Sichtbar wird hier der Einfluß der UN-Konvention über die Rechte des Kindes von 1989.[37] Nach Art. 21 Buchst. b der Konvention erkennen die Vertragsstaaten an, daß die internationale Adoption nur dann als andere Form der Betreuung angesehen werden kann, „wenn das Kind nicht in seinem Heimatland in einer Pflege- oder Adoptionsfamilie untergebracht oder wenn es dort nicht in geeigneter Weise betreut werden kann". Dieses Subsidiaritätsprinzip wird in dem Haager Übereinkommen umgesetzt.

VI. Blick auf das postmoderne Recht

Ein solches Internationales Privatrecht entspricht der Geistesströmung der Postmoderne.[38] Diese entdeckte die Verschiedenheit als Rechtswert, entschied

---

35 Englischer Text in StAZ 1995, 337 ff.
36 Vgl. hierzu *Claudia Lima Marques*, Das Subsidiaritätsprinzip in der Neuordnung des internationalen Adoptionsrechts – Eine Analyse des Haager Adoptionsübereinkommens von 1993 im Hinblick auf das deutsche und das brasilianische Recht, Frankfurt am Main, Berlin 1997; vgl. auch *Angar Marx*, Das Haager Übereinkommen über internationale Adoptionen, StAZ 1995, 315 ff..
37 Vgl. hierzu *Erik Jayme*, Kulturelle Identität und Kindeswohl im internationalen Kindschaftsrecht, IPRax 1996, 237 ff.; *Peter Finger*, UN-Konvention über die Rechte des Kindes vom 20.11.1989 und deutsche Kindschaftsrechtsreform, Zentralblatt für Jugendrecht 1999, 451 ff.
38 Vgl. hierzu *Sixto Sánchez Lorenzo*, Internationales Privatrecht und postmoderne Kultur, Revista española de Derecho Internacional 46(1994), 557 ff.; *Erik Jayme*, Internationales

sich für den Pluralismus.[39] Damit schwand der Glaube an universelle Rechtssätze.[40] Das Internationale Privatrecht erfuhr eine Aufwertung. Zweites Element ist die Kommunikation, im Haager Kollisionsrecht repräsentiert durch die Zusammenarbeit zentraler Behörden verschiedener Staaten.

Dritter Ausdruck der Postmoderne ist die Narration.[41] Das lateinische „narrare" heißt erzählen. Die postmoderne Architektur beschreibt wieder die Aufgabe, die ein Bau in der Gesellschaft übernehmen soll.[42] „Learning from Las Vegas" heißt das Kultbuch von *Roberto Venturi*[43]: Ein Restaurant in Form einer Ente weist auf die kulinarischen Erlebnisse hin, die den Gast dort erwarten.[44] Die einförmigen Kuben der Moderne, bei denen man ein Parlament nicht von einem Kaufhaus unterscheiden kann, gelten als überwunden. Narration bedeutet aber auch Legitimation.[45] Nur das Erzählte ist richtungsweisend, vermittelt Orientierung. Im Internationalen Privatrecht kennzeichnet das Erscheinen narrativer Normen, deren Aufgabe es ist, Werte zu verkünden, den Übergang vom Verweisungsrecht, das Anwendungsbefehle ausspricht, zu einem Rechtsgefüge, aus dem sich verschiedenartige Steuerungen für die Entscheidung von Fällen ergeben.[46]

Viertes und letztes Element der Postmoderne ist das, was ich in meinen Haager Vorlesungen den „retour des sentiments" nannte, die Rückkehr der Gefühle.[47] *Arthur Kaufmann* sprach – möglicherweise skeptisch – von der „Wieder-

---

Privatrecht und postmoderne Kultur, ZfRV 38(1997), 230 ff.; vgl. allgemein *Peter Kemper* (Hrsg.), „Postmoderne" oder Der Kampf um die Zukunft, Fischer-Taschenbuch, Frankfurt am Main 1988.

39 Vgl. *Erik Jayme*, Betrachtungen zu einer postmodernen Theorie der Rechtsvergleichung, Internationale Juristenvereinigung Osnabrück – Jahresheft 1997/1998, S. 15 ff., 20 f.

40 Vgl. *Jean-François Lyotard*, Le différend, Paris 1983, S. 9: „Le titre du livre suggère (...) qu'une règle universelle de jugement entre des genres hétérogènes fait défaut en général."

41 Vgl. *Peter Koslowski*, Die postmoderne Kultur gesellschaftlich-kulturelle Konsequenzen der technischen Entwicklung, 2. Aufl. 1988, S. 151.

42 Vgl. *Charles Jenks*, What is Post-Modernism, 4. Aufl., London 1996, S. 39 f.

43 *Robert Venturi/Denise Scott Brown/Steven Izenour*, Learning from Las Vegas, 13. Aufl., Cambridge Mass., London 1994; vgl. zur Bedeutung dieses Buches z.B. *Margherita Ganeri*, Postmodernismo, Mailand 1998, S. 13.

44 Zu diesem „Duck-shaped drive in – The Long Island Duckling", vgl. *Robert Venturi u.a.*, vorige Note , S. 88 (Photo).

45 Vgl. hierzu das Kapitel „La fonction narrative et la légitimation du savoir", bei *Jean-François Lyotard*, La condition postmoderne 1979, S. 49 ff.

46 *Erik Jayme*, Narrative Normen im Internationalen Privat- und Verfahrensrecht, Tübingen 1993; *Götz Schulze*, Bedürfnis und Leistungsfähigkeit im internationalen Unterhaltsrecht, Heidelberg 1998, S. 301 ff.; vgl. auch *Erik Jayme*, Staatsverträge als „ratio scripta" im Internationalen Privatrecht, Festschrift Broggini, Mailand 1997, S. 211 ff.

47 *Erik Jayme*, Identité culturelle et intégration: Le droit international privé postmoderne, Recueil des Cours 251(1995), 9 ff., 36, 247 ff. Das gilt auch für die Wissenschaft selbst, vgl. *Carlos Petit* (Hrsg.), Pasiones del jurista – Amor, memoria, melancolía, imaginación, Madrid 1997. Vgl. auch allgemein *Gerhard Hoffmann/Alfred Hornung* (Hrsg.), Emotion in Postmodernism, Heidelberg 1997.

kunft des Irrationalen".[48] Das bedeutet konkret etwa folgendes: Das Wohl des Kindes ist nicht mehr hauptsächlich materiell bestimmt, sein Gefühl ist rechtlich zu beachten. Arm, aber glücklich in Brasilien ist mehr als reich, aber in einer fremden Umgebung lebend, nämlich in einem Industriestaat westlicher Prägung.

Nehmen wir als Beispiel eine Entscheidung des Oberlandesgerichts Karlsruhe vom 25.11.1996.[49] Es ging um die Adoption eines marokkanischen Kindes. Die Antragsteller waren marokkanische Eheleute, die in Marokko geheiratet hatten und nach Deutschland gezogen waren. Der Ehemann hatte in der Zwischenzeit die deutsche Staatsangehörigkeit erworben. Gemäß Art. 22 S. 2 i.V. m. Art. 14 Abs. 1 Nr. 1 EGBGB untersteht die Adoption dem letzten gemeinsamen Heimatrecht der Eheleute, also dem marokkanischen Recht. Dieses verbietet im Einklang mit dem Koran die Adoption. Es stellte sich die Frage, ob gleichwohl die Adoption im Hinblick auf den deutschen ordre public (Art. 6 EGBGB) ausgesprochen werden sollte. Das Gericht führte aus, es werde zu prüfen sein,

„ob nicht hinnehmbare Beeinträchtigungen des Kindeswohls drohen, wenn man dem Kind den durch eine Adoption deutschen Rechts vermittelten Status vorenthält". Das Gericht wies auf die Kafala, die Schutzzusage des marokkanischen Rechts hin und meinte: „Ein solches Pflegschaftsverhältnis bildet jedenfalls dann eine angemessene Form der Betreuung, wenn es die Kontinuität der kulturellen Kindesentwicklung fördert."

Zitiert wird vom Oberlandesgericht Art. 20 Abs. 3 der UN-Konvention über die Rechte des Kindes. Diese Vorschrift lautet:

„Als andere Form der Betreuung kommt unter anderem die Aufnahme in eine Pflegefamilie, die kafala nach islamischem Recht oder, falls erforderlich, die Unterbringung in einer geeigneten Kinderbetreuungseinrichtung in Betracht. Bei der Wahl zwischen diesen Lösungen sind die erwünschte Kontinuität in der Erziehung des Kindes sowie die ethnische, religiöse, kulturelle und sprachliche Herkunft des Kindes gebührend zu berücksichtigen."

Die Entscheidung des Oberlandesgerichts Karlsruhe zeigt, daß der Menschenrechtsschutz der kulturellen Identität auch die Beachtung von Rechtssätzen umfaßt. Kindern aus islamischen Ländern soll man die westliche Adoption nicht ohne weitere Überlegungen aufzwingen, auch wenn sie in Deutschland leben.[50] Die multikulturelle Gesellschaft verlangt nach Differenzierungen.

---

48 *Arthur Kaufmann*, Rechtsphilosophie in der Nach-Neuzeit, Heidelberg 1990, S. 6.
49 OLG Karlsruhe, 25.11.1996, IPRax 1999, 49, Anm. E(rik) J(ayme).
50 Ähnliche Überlegungen finden sich in dem Rundschreiben des französischen Justizministeriums v. 16.2.1999, abgedruckt in Rev. crit.d.i.p. 1999, 586 ff. (dort unter dem 16.2.1993), über die internationale Adoption. Vgl. hierzu *Horatia Muir Watt*, Vers l'inadoptabilité de l'enfant étranger de statut personnel prohibitif? A propos de la circulaire du 16 février 1999 relative à l'adoption internationale, a.gl.O., 469 ff. Vgl. auch *Santiago Álvarez González*, Adopción internacional e Sociedad multicultural, Cusos de Derecho internacional de Vitoria Gasteiz 1998, S. 175 ff.

Technisch gesehen wirken die Regeln der UN-Konvention über die Rechte des Kindes als „narrative Normen". Sie konkretisieren den ordre public.[51]

VII. Die Verdrängung der Haager Übereinkommen

Zurück zu der Frage, wie sich das Verhältnis des Haager Internationalen Privatrechts zu dem im Werden begriffenen Kollisionsrecht der Europäischen Union darstellt. Es gibt in dem Aktionsplan des Rates und der Kommission einen schwachen Hinweis unter Nr. 41 c für den Bereich des Ehegüterrechts und des Erbrechts: „die im Rahmen der Haager Konferenz für internationales Privatrecht bereits unternommenen Arbeiten sollten berücksichtigt werden." Das ist sehr wenig, wenn man daran denkt, daß etwa mit dem Haager Testamentsübereinkommen von 1961 ein glänzend funktionierendes Instrument geschaffen wurde, um die grenzüberschreitende Wirksamkeit von Testamenten zu sichern.[52] Eine Neuregelung ist nicht nur überflüssig, sondern sie führt sogar zu neuen Spaltungen. Zu Kollisionen eigener Art mit den Haager Konventionen wird die geplante europäische Regelung über den Gerichtsstand und die Anerkennung von Entscheidungen im Bereich der elterlichen Verantwortung führen. Zwar heißt es in Art. 4 EheVO unter der Überschrift „Kindesentführung": „Die nach Maßgabe von Artikel 3 zuständigen Gerichte haben ihre Zuständigkeit im Einklang mit den Bestimmungen des Haager Übereinkommens vom 25. Oktober 1980 über die zivilrechtlichen Aspekte internationaler Kindesentführung, insbesondere dessen Artikel 3 und 16, auszuüben." Was dies konkret für die Gerichtspraxis bedeutet, bleibt dunkel. Im übrigen werden durch Artikel 39 EheVO die zwischen den Mitgliedstaaten der EU geltenden Übereinkommen der Haager Konferenz, des Europarats und der Internationalen Zivilstandskommission verdrängt. Geopfert werden auch das die deutsche Praxis beherrschende Haager Minderjährigenschutzabkommen und das neue Kinderschutzübereinkommen von 1996.

Die Haager Konferenz, deren Hundertjahrfeier 1993 ein triumphales Echo fand[53], hat die Weltkriege überstanden.[54] Jetzt ist sie auf der Höhe ihres Erfolges vom Untergang bedroht. Man fragt sich: wo waren die niederländischen

---

51 Vgl. aber für den Bereich rechtswidriger Kindesentführungen *Kurt Siehr*, Menschenrechte und internationale IPR-Übereinkommen, Festschrift Schütze 1999, S. 827 f.
52 Vgl. im übrigen *Jörg Pirrung*, Die Haager Konferenz für IPR und ihr Übereinkommen vom 1. August 1989 über das auf die Rechtsnachfolge von Todes wegen anzuwendende Recht, Festschrift Sturm, Band II, Liège 1999, S. 1607 ff.
53 Vgl. Revista española de Derecho Internacional 1993/Heft 1 „Centenário de la Conferencia de La Haya de Derecho Internacional Privado".
54 Vgl. *Erik Jayme*, Die Wiederanwendung der Haager Familienrechtsabkommen von 1902 und 1905, NJW 1965, 13 ff.

Delegierten, als in Amsterdam die Versenkung ihres Schlachtschiffes beschlossen wurde?

VIII. Der Einfluß der Sachnormen

Betrachtet man die ersten Vorschläge für Rechtsakte der Europäischen Union, so fällt der Vorrang des Verfahrensrechts auf. Die geplante Verordnung über den Gerichtsstand und die Anerkennung und Vollstreckung ausländischer Entscheidungen in Ehesachen folgt einem alten Muster. Danach wird das Familienrecht durch gerichtliche Akte gestaltet. Die Sachnormen gehen allerdings einen anderen Weg. Die Privatscheidung, d.h. die Auflösung der Ehe durch Rechtsgeschäft, steht vor der Tür. Dies gilt ohnehin für die halbe Welt, den fernen Osten[55] und die islamischen Länder, sowie für Israel. In dem Verordnungsvorschlag kommt die Privatscheidung nicht vor. Dabei mehren sich die Stimmen, die zur Entlastung der Gerichte auch in westlichen Ländern einverständliche Ehescheidungen vor dem Standesbeamten fordern. In Frankreich spricht man von „divorce en douceur".[56] In der Schweiz führt das am 1.1.2000 in Kraft getretene neue Scheidungsrecht die Ehescheidung auf gemeinsames Begehren ein.[57] Zwar handelt es sich immer noch um eine gerichtliche Auflösung der Ehe. Das Gericht prüft aber nur, ob das Scheidungsbegehren „auf freiem Willen und reiflicher Überlegung" (Art. 111 Abs. 1 ZGB) beruht. Die Einigung über die Scheidung und ihre Folgen, d.h. die Konfliktslösung erfolgt im Rahmen der Mediation. Das neue Schweizer Scheidungsrecht leitet m.E. die Erosion der gerichtlichen Ehescheidung ein, die letztlich nur noch für unheilbar streitige Fälle bedeutsam bleibt.

Wenn man – wie die geplante europäische Regelung – von gerichtlichen Scheidungen ausgeht, regelt man nur einen Teil der Ehescheidungen und verfehlt m.E. die zukünftige Entwicklung.

Der deutsche Gesetzgeber hat im Jahre 1986 mit Art. 17 Abs. 2 EGBGB eine – m.E. menschenrechtswidrige[58] – Regelung eingeführt, die besagt: „Eine Ehe kann im Inland nur durch ein Gericht geschieden werden." Der neue europäische Rechtsakt setzt offenbar einen solchen Rechtssatz voraus. Konflikte sind damit vorprogrammiert. Die geplante Verordnung trägt anachronistische Züge und zementiert überholtes Recht, das zudem für globale Zusammenhänge nicht paßt.

---

55 Vgl. *Noriko Mizuno*, Die rechtliche Regelung der Ehescheidung in Japan, Zeitschrift für japanisches Recht 1999, 120 ff.
56 *Christine* et *Daniel Richard*, Divorce en douceur, Paris 1997.
57 Art. 111 ZGB n.F. Vgl. auch den Bericht „Scheidung als einvernehmliche Lösung", Neue Zürcher Zeitung v. 4.1.2000, S. 25.
58 Vgl. *Erik Jayme*, Menschenrechte und Theorie des Internationalen Privatrechts, Internationale Juristenvereinigung Osnabrück Jahresheft 1991/92, S. 8 ff., 22 f.

IX. Die Praxis – immer wieder Gran Canaria-Fälle

Nach der Gesetzgebung einige Worte zur Praxis. Die letzten beiden Jahrzehnte wurden beherrscht durch zwei Wellen von sogenannten Gran-Canaria-Fällen. Die erste betraf Bestellungen von Wollwaren an kanarischen Stränden durch deutsche Touristen, die diese Geschäfte nach ihrer Rückkehr widerriefen.[59] Die zweite Gruppe von Urteilen bezog sich auf den Erwerb von Timesharing-Rechten an in Spanien belegenen Immobilien.[60] Immer ging es um die Frage, ob die deutschen Urlauber sich auf das deutsche Gesetz über den Widerruf von Haustürgeschäften berufen konnten, obwohl spanisches Recht oder das Recht eines Drittstaates vereinbart war.[61] Die Besonderheit der deutsch-spanischen Sachverhalte lag darin, daß Spanien die Richtlinie 85/577/EWG zunächst gar nicht und später wortgetreu umgesetzt hatte, d.h. anders als im deutschen Recht sind Immobiliengeschäfte ausgenommen.[62] Die Entwicklung gipfelte in einer Grundsatzentscheidung des BGH, welcher in dem Timesharing-Vertrag keinen Vertrag über die Erbringung von Dienstleistungen sah.[63] Damit schied die Anwendung von Art. 29 EGBGB aus. Eine Sonderknüpfung aber des deutschen Gesetzes über Art. 34 EGBGB lehnte der BGH ebenfalls ab; diese Vorschrift setzte den in Art. 29 EGBGB geforderten Inlandsbezug voraus.

Eine unendliche Fülle von Schrifttum hat sich mit diesen Fragen beschäftigt.[64] Was auffällt, ist die Sonderstellung der deutschen Diskussion zu den eher spärlichen Stellungnahmen aus den anderen europäischen Ländern.[65] Die Gründlichkeit der deutschen Dogmatik traf auf ein dynamisches Rechtsgebiet und verfehlte dessen Kern. Man griff auf voreuropäische Begiffe, wie die Ein-

---

59 Vgl. hierzu *Dagmar Coester-Waltjen*, Der Eskimo-Mantel aus Spanien – Ist der kollisionsrechtliche Verbraucherschutz zu kurz gestrickt?, Festschrift Werner Lorenz, 1991, S. 297 ff.
60 Vgl. *Peter Mankowski*, Timesharingverträge und Internationales Vertragsrecht, RIW 1994, 364 ff.; *Erik Jayme*, Prozessuale Hindernisse für Timesharing-Anbieter in Auslandsfällen, IPRax 1996, 87 f.
61 Zur Wahl des Rechts der Isle of Man vgl. IPG 1997 Nr. 11 (Köln), S. 181 ff.
62 Richtlinie des Rates vom 20.12.1985 betreffend den Verbraucherschutz im Falle von außerhalb von Geschäftsräumen geschlossenen Verträgen, ABlEG Nr. 371/31 (31.12.1985) Art. 3 Abs. 2 a: „Diese Richtlinie gilt nicht für a) Verträge über den Bau, den Verkauf und die Miete von Immobilien sowie über andere Rechte an Immobilien; Verträge über die Lieferung von Waren und über ihre Einfügung in vorhandene Immobilien oder Verträge über die Reparatur bestehender Immobilien werden von dieser Richtlinie erfaßt."
63 BGH, 19.3.1997, BGHZ 135, 124.
64 Vgl. z.B. *Werner Ebke*, Schuldrechtliche Teilzeitwohnrechte an Immobilien im Ausland und kein Widerrufsrecht: Zum Ende der Altfälle, IPRax 1998, 263 ff.
65 Das änderte sich erst mit der Umsetzung der Timesharing-Richtlinie in den Mitgliedstaaten der EU: Vgl. z.B. *Noemí Downes*, Los Contratos Internacionales de Timesharing, Madrid 1998; vgl. ferner *Paul Lagarde*, Le consommateur en droit international privé, Wien 1999.

griffsnorm zurück, bei denen wirtschaftspolitische Zwecke im Vordergrund stehen. Das hängt mit einer Jahrzehnte währenden Diskussion zusammen, die mit der Sonderanknüpfung zwingenden Schuldrechts durch *Wilhelm Wengler* im Jahre 1941 begonnen hatte.[66] Die europäischen Regeln sind allerdings flexibler. Die Berichterstatter *Giuliano* und *Lagarde* führen in ihrer Erläuterung zu Art. 7 Abs. 2 EVÜ – Art. 34 EGBGB – aus:[67]

„Dieser Absatz ist auf den Wunsch einiger Delegationen zurückzuführen, die Anwendung jener Bestimmungen des Rechtes des Staates des angerufenen Gerichtes sicherzustellen, die den Sachverhalt ohne Rücksicht auf das auf den Vertrag anzuwendende Recht zwingend regeln (vor allem auf den Gebieten des Kartell- und Wettbewerbsrechts, des Recht der Bekämpfung wettbewerbsbeschränkender Praktiken, des Verbraucherschutzrechts und des Beförderungsrechts)."

Damit ist deutlich, daß die europäische Kollisionsnorm ganz auf den jeweiligen Anwendungswillen der Sachnorm der lex fori abstellt. Eine Vorauswahl im Sinne einer Beschränkung auf Eingriffsnormen wird nicht getroffen. „Ungeschriebene Anwendungsgrenzen"[68], wie sie der BGH herausgearbeitet hat, kennt Art. 34 EGBGB nicht.

Hinzu kommt, daß die klassischen Kategorien, nämlich die Unterscheidung zwischen Immobiliengeschäften, die der lex rei sitae unterstehen, und den Verbraucherverträgen über die Lieferung beweglicher Sachen und über Dienstleistungen, bei Timesharing-Verträgen versagen. Solche Teilzeitnutzungsrechte sind Ausdruck einer „Flucht aus der Kategorie" (*Gamm*[69]), wie sie für das postmoderne Recht kennzeichnend sind.[70] Die Immobilie verflüchtigt sich zu einem Zertifikat, das die Nutzung eines Wohnobjekts während einiger Wochen des Jahres garantiert. Vermittelt wird das Gefühl, Eigentümer zu sein. Hier die Kollisionsnormen über die Immobilienverträge anzuwenden, geht fehl. Die Dienstleistung tritt ganz in den Vordergrund. So hat der Europäische Gerichtshof ganz zu Recht in seiner Entscheidung vom 22.4.1999 die Richtlinie 85/577 EWG über Haustürgeschäfte auch auf Timesharing-Verträge angewendet, wenn die Dienstleistungen einen höheren Wert als die Teilzeitnutzungsrechte haben.[71] Man muß nur einmal die Summe der Gebühren für Verwaltung und andere Leistungen, die in der üblichen Laufzeit von 80 Jahren zu zahlen sind, zusammenrechnen, um zu sehen, daß der Kaufpreis nicht selten geringer als der

---

66 *Wilhelm Wengler*, Die Anknüpfung zwingenden Schuldrechts im internationalen Privatrecht. Eine rechtsvergleichende Studie, Zeitschrift für die vergleichende Rechtswissenschaft 54 (1941), 168 ff.
67 BT-Drucks. 10/503 (20.10.1983), S. 33 ff., 60.
68 Vgl. *Birgit Roth/Götz Schulze*, Verbraucherschutz im Electronic Commerce, RIW 1999, 924 ff., 932.
69 *Gerhard Gamm*, Flucht aus der Kategorie – Die Positivierung des Unbestimmten als Ausgang der Moderne, Frankfurt am Main: Suhrkamp 1994.
70 Vgl. *Erik Jayme*, „Timesharing-Verträge" im Internationalen Privat- und Verfahrensrecht, IPRax 1996, 234ff.
71 EuGH, 22.4.1999 – Rs. C – 423/97 –, EWS 1999, 223.

Wert der Dienstleistungen ist. Anders als der deutsche Gesetzgeber – man denke an § 5 Abs. 3 des Haustürgeschäftewiderrufsgesetzes – meint im übrigen der EuGH, daß die Widerrufsrechte des Verbrauchers aus verschiedenen Richtlinien durchaus nebeneinander bestehen können. Auch das ist ein postmoderner Zug des europäischen Privatrechts. Es gibt keine Hierarchien, sondern nur noch den Dialog der Quellen. Der deutsche Ordnungssinn gestattet dagegen nur ein einziges Widerrufsrecht.

Die Haltung der deutschen Praxis nach der Grundsatzentscheidung des BGH wird kaum besser deutlich als durch ein Urteil des Landgerichts Bielefeld vom 27. Mai 1999.[72] Die Klägerin war eine Immobilien-GmbH mit Sitz in Bückeburg, die mit sogenanntem Ferieneigentum handelte. Der Beklagte erwarb in der Wohnung eines Vermittlers ein solches Ferieneigentum für zwei Wochen in der Nebensaison und für zwei weitere Wochen in der „Topsaison" im Club Vista Mar auf der Balearen-Insel Ibiza. Vorher war man in einem Restaurant gewesen. Die Gebühren von 600 DM pro Jahr wollte der Beklagte nicht zahlen und widerrief die Kaufverträge. Das AG wies die Klage des Timesharing-Anbieters ab; das Landgericht gab ihr statt. Das deutsche Haustürgeschäftewiderrufsgesetz sei selbst für Inlandsgeschäfte nicht anwendbar; die Parteien hätten spanisches Recht als Vertragsstatut vereinbart.

Man fragt sich sofort, warum sich der deutsche Erwerber nicht auf das Widerrufsrecht des spanischen Rechts berufen kann. Dieses hätte im Lichte der genannten EuGH-Entscheidung in dem Sinne ausgelegt werden können, daß man den Timesharing-Vertrag als Dienstleistungsvertrag qualifizierte. Hinzu kommt das gut ausgebildete Touristenschutzrecht der Balearischen Inseln[73]. Kein Wort zum spanischen Recht findet sich in der Entscheidung, als ob Spanien nicht zu Europa gehörte.[74] Statt dessen gibt es lange Ausführungen zur Eingriffsnorm. Das Gericht führt aus: „Die Verbraucherschutzvorschriften wollen primär die individuellen Interessen des Verbrauchers und eine strukturelle Ungewichtslage" – was immer das heißen soll – „gegenüber professionellen Anbietern korrigieren." Nachdem man diesen Begriff in das europäische Recht transponiert hat, deduziert man die Nichtanwendbarkeit des Haustürgeschäftewiderrufsgesetzes im Rahmen des Art. 34 EGBGB. Das entspricht der vom BGH und auch im Schrifttum vielfach vertretenen Meinung[75], ist aber

---

72 LG Bielefeld, 27.5.1999, NJW-RR 1999, 1282.
73 Vgl. hierzu *Erik Jayme*, Haustürgeschäfte deutscher Urlauber in Spanien: Horizontale Wirkungen der EG-Richtlinien und internationales Vertragsrecht, IPRax 1990, 220, Note 12.
74 Vgl. hierzu *Gemma Alejandra Botana García*, Los contratos realizados fuera de los establecimientos mercantiles y la proteccion de los consumidores, Barcelona 1994.
75 Vgl. z.B. *Werner Ebke*, IPRax 1998, 268 f., mit Nachweisen. Vgl. aber *Abbo Junker*, Vom Citoyen zum Consommateur – Entwicklungen des internationalen Verbraucherschutzrechts, IPRax 1998, 65 ff., 69 f.

m.E. methodisch gesehen nicht zutreffend. Man verkennt, daß Art. 34 EGBGB, der dem Art. 7 Abs. 2 EVÜ entspricht, eine offene, dynamische Norm ist, welche selbst keine Voraussetzungen aufstellt, sondern diese ganz den jeweiligen Sachnormen überläßt. Auch Verbraucherschutzvorschriften können, wie der Bericht von *Giuliano/Lagarde* klar ergibt, internationale Sachverhalte regeln wollen. Sie sind nicht a priori ausgeschlossen. Der EuGH gibt dem europäischen Verbraucher eine Fülle von Widerrufsrechten, die deutsche Praxis möglichst überhaupt keines. Das Landgericht Bielefeld prüft das spanische Recht nicht. Es meint, die Schutzvorschrift des Art. 29 EGBGB für Verbraucher gelte nicht für Timesharing-Verträge; die nicht anwendbare Bestimmung begrenze aber den Art. 34 EGBGB. Ein absurdes Ergebnis: Das ausländische Recht wird nicht zur Kenntnis genommen und das inländische als durch die Rechtswahl ausgeschlossen betrachtet. Die Ursache liegt in einer ergebnisblinden, scheinwissenschaftlichen Befangenheit gegenüber einem fließenden Rechtsgebiet.

Man möchte sich für die Zukunft wünschen, daß man in Deutschland leichter von liebgewordenen Kategorien und Ordnungsvorstellungen Abschied nähme. Mir scheint wichtig, daß man solche Fragen von außen betrachtet, d.h. von den Geistesströmungen her, in die das Recht eingebettet ist. Was z.B. in den USA und anderen europäischen Staaten selbstverständlich ist,[76] nämlich die Erfassung der postmodernen Züge eines Rechtsgebiets[77], stößt hierzulande eher auf ein mitleidiges Lächeln, gilt als wenig seriös und eher als schmückendes Beiwerk eherner Grundsätze.

XI. Die Auflösung des Bekannten

Von der Postmoderne nun wieder zurück zum Futurismus. Die Schlußbetrachtungen sollen unter dem Motto stehen: Die Auflösung des Bekannten. Was nämlich das Internationale Privatrecht des nächsten Jahrtausends kennzeichnen wird, ist – außer der Ersetzung aller Quellen durch neue Gesetze – zum einen die Dynamik der raschen Änderung grundsätzlicher materieller Werte und zum anderen die technische Entwicklung im Bereich der Kommunikation. Solche Fragen werden m.E. das Bild des Internationalen Privatrechts stärker

---

76 Vgl. *Dennis Patterson* (Hrsg.), Postmodernism and Law, Aldershot 1994; *ders.*, Law & Truth, New York, Oxford 1996, S. 151 ff. („Postmodern jurisprudence"), deutsche Übersetzung: Recht und Wahrheit, Baden-Baden 1999, S. 173 ff.; *Miguel Angel Ciuro Caldani*, Reflexión sobre Nueva York come esponente de la postmodernidad, in: Revista de Centro de Investigaciones de la Filosofía Jurídica y Filosofía Social (Rosario – Argentina), 1999, Nr. 3, S. 67 ff. Zu Südamerika vgl. Carlos *Alberto Ghersi*, La posmodernidad jurídica, Buenos Aires 1995.
77 Vgl. z.B. *J.H.M. van Erp*, Europees Privaatrecht: Postmoderne dilemma's en keuzen – Naar een methode van aequate rechtsvergelijking, Deventer 1998.

bestimmen als die periodisch auftretenden Systemkonflikte[78] oder die Frage, ob das IPR die Sachrechtsvereinheitlichung überdauern wird.[79]

1. Selbstbestimmung statt Wahrung der Institutionen

Als Beispiel für die erstgenannte Entwicklung bietet sich die Peru-Entscheidung des BGH an.[80] Der Sachverhalt war schlicht: Die deutsche Ehefrau eines Peruaners wollte dessen Doppelnamen führen. Der Ehemann war damit einverstanden. Maßgebend war das deutsche Heimatrecht der Ehefrau (Art. 10 Abs. 1 EGBGB). Allerdings hatte der Bundesgerichtshof früher entschieden, daß von den spanischen Doppelnamen („apellidos") nur der erste Namensbestandteil dem deutschen Namensrecht vergleichbar sei, da lediglich dieser Teil „dem gesamteuropäischen Begriff des väterlichen, auf künftige Generationen übergehenden Familiennamens" entspreche.[81] Jetzt dagegen führte der BGH aus:[82]

„Einem Namensrecht, das die freie Entschließung der Ehegatten, welcher ihrer Namen Ehe- bzw. Kindesnamen werden soll, in den Mittelpunkt stellt, ist hingegen die Weitergabe desselben Namens über eine Folge mehrerer Generationen nicht wesentlich. Ein solches Namensrecht knüpft vielmehr der Idee nach primär an das Selbstbestimmungsrecht der Ehegatten an."

Deshalb kann die deutsche Ehefrau auch den Namen der peruanischen Mutter ihres Ehemannes annehmen, welcher den zweiten Namensbestandteil bildet. Leise Zweifel sind angebracht, soweit der BGH die Frage der Funktionsäquivalenz aufwirft; er hätte prüfen müssen, welche Aufgaben nach peruanischem Recht dem zweiten Namensbestandteil im Hinblick auf die Eheschließung zukommen.[83] Der BGH schob im übrigen für den Ehemann das peruanische Namensrecht mit Hilfe einer kühn auf das peruanische Internationale Privatrecht gestützten Rückverweisung auf deutsches Recht beiseite.[84] Aber

---

78 Zu solchen Systemkonflikten vgl. z.B. *Martina Maack*, Englische antisuit injunctions im europäischen Zivilrechtsverkehr, Berlin 1999; vgl. zur Frage der Schiedsklauseln in Broker-Verträgen im deutsch-englischen Rechtsverkehr Phillip Alexander Securities v. Bamberger and Gilhaus 1997 EuLR 623.
79 Vgl. hierzu *James E. Bailey*, Facing the Truth: Seeing the Convention on Contracts for the International Sale of Goods as an Obstacle to a Uniform Law of International Sales, Cornell International Law Journal 32 (1999), 273 ff.
80 BGH, 23.12.1998, NJW-RR 1999, 873.
81 BGH, 4.10.1989, BGHZ 109, 1 ff.,7.
82 BGH, 23.12.1998, NJW-RR 1999, 873 f.
83 Der Name der Ehefrau ist in Art. 24 des peruanischen Código Civil geregelt. Danach hat die Ehefrau das Recht, ihrem Namen „el apellido" des Mannes anzufügen. Es stellt sich die Frage, ob die Ehefrau danach auch den zweiten Namensbestandteil des Mannes, also insgesamt vier Namen, führen darf.
84 BGH, 23.12.1998, NJW-RR 1999, 873. Der BGH qualifiziert die Frage der Namensführung von Ehegatten aus peruanischer Sicht als ein Problem der persönlichen Beziehun-

eines ist sicher: Ändern sich die Funktionen eines Rechtsinstituts in grundlegender Weise, so zeigen sich die Auswirkungen unmittelbar im Internationalen Privatrecht.

Es geht hier um eine Ablösung des institutionellen Rechtsdenkens durch den Gedanken der Selbstbestimmung.[85] So treten neben die Ehe andere Rechtsformen der Partnerschaft. [86] Demnächst wird der EuGH darüber entscheiden, ob zu den Angehörigen eines schwedischen Arbeitnehmers auch dessen in Schweden registrierter Partner gehört.[87] In Louisiana kann man sich mittlerweile bei der Eheschließung für die scheidbare oder die auf Lebenszeit geschlossene Ehe entscheiden.[88] Die Ewigkeit erscheint als Optionsmöglichkeit der autonomen Person.

2. Technische Revolution und „Electronic Commerce"

Die Auflösung des Bekannten betrifft aber vor allem die technische Revolution durch das Internet. Wie *Hoeren* schreibt[89]: „Das Netz steht unter kollektivem Bluthochdruck; es hat sich eine futuristische Stimmung verbreitet, die keine Langsamkeit, Reflexion, Besinnung zuläßt." Im Internationalen Privat-

---

gen von Ehegatten und nimmt deshalb eine Rückverweisung auf das Recht des Ehewohnsitzes (Art. 2077 CC Peru)an. Dies ist höchst zweifelhaft. Zum einen dürfte der peruanische Gesetzgeber die in Art. 2077 CC genannten „derechos y deberes de los cónyuges" in dem gleichen Sinne verstanden haben wie dieselben Begriffe im Familienrecht (Artt. 287 ff. CC). Der Name der Ehefrau ist dagegen in Art. 24 CC geregelt. Texte in *William Cajas Bustamante*, Código Civil, 5. Aufl., Lima 1997. Hinzu kommt eine allgemeine Tendenz, den Namen eher dem Personalstatut zu unterstellen, vgl. für Spanien: *Joaquín-Juan Forner y Delaygua*, Nombres y Apellidos – Normativa interna e internacional, Barcelona 1994, S. 51 ff.; vgl. auch *Ángeles Lara Aguado*, El nombre en Derecho Internacional Privado, Granada 1998. Vgl. allgemein *Dieter Henrich*, Namensrecht und Namensschutz im Dickicht der Qualifikation, Festschrift Großfeld, Heidelberg 1999, S. 355 ff.
85 Vgl. zum Namensrecht auch BayObLG, 10.11.1998, FamRZ 1999, 1661, 2. Leitsatz: „Bei der internationalprivatrechtlichen Angleichung ist der Wille des Namensträgers zu beachten. Der Standesbeamte darf eine Angleichung an das deutsche Recht nicht von Amts wegen gegen den Willen des Amtsträgers vornehmen" (Name srilankischer Staatsangehöriger).
86 Vgl. *Scott Fruehwald*, Choice of Law and Same-Sex Marriage, University of Florida Law Review 51 (1999), 799 ff., der für die Anwendbarkeit der lex domicilii plädiert. Ähnliche Vorschläge zur Anwendung des Personalstatuts bei *Anne Röthel*, Registrierte Partnerschaft und österreichisches Kollisionsrecht, ZfRV 1999, 208 ff.
87 Vgl. hierzu *Anna Röthel*, Nichteheliche Lebensgemeinschaften – Neue Rechtsfragen und Regelungsaufgaben im In- und Ausland, ZRP 1999, 511 ff.; vgl. auch *Jörg Risse*, Der verfassungsrechtliche Schutz der Homosexualität, Baden-Baden 1998.
88 Louisiana Covenant Marriage Act (no. 1380, 1997). Gemäß sec. 307 des Louisiana Civil Code ist auch die „covenant marriage" scheidbar, allerdings nur bei Vorliegen der vom Gesetz aufgezählten Gründe.
89 *Thomas Hoeren*, Internet und Jurisprudenz – zwei Welten begegnen sich, NJW 2000, 188 ff., 189.

recht, das Sachverhalte räumlich zuordnet, geht es um die Bewältigung der Ubiquität der Informationen und ihrer Auswirkungen.[90] Die kollisionsrechtliche Grundfrage lautet: Wo werden solche mobilen Geschäfte im Internationalen Privat- und Zivilverfahrensrecht lokalisiert, um den Gerichtsstand und das anwendbare Recht zu bestimmen?[91]

Hier gibt es allerdings nach einiger Aufregung beruhigende Nachrichten. Der gewöhnliche Aufenthalt des Verbrauchers leistet als Zuständigkeitskriterium und als Anknüpfungsmerkmal für das anwendbare Recht gute Dienste.[92] Es mag nun für einen kleinen Anbieter schwer sein, sich an jedem Ort der Welt verteidigen zu müssen. Das ist aber eine rechtspolitische Frage.

Vertrags- und Deliktsrecht – Stichworte: Produkthaftpflicht[93], Verletzung von Persönlichkeitsrechten – werfen hier ähnliche Probleme auf. Schon in den Tschernobyl-Fällen reagierten die Gerichte verschieden.[94] Man kann als Erfolgsort jedes Land ansehen, wohin die Atomwolke treibt, oder – wie das Oberlandesgericht Innsbruck[95] – meinen, der Betreiber einer Atom-Anlage sei nur in dem Land gerichtspflichtig, das er als Schadensort hätte voraussehen können. Wer allerdings weltweit agiert, wird auch überall gerichtspflichtig sein müssen.

Das Internet-Kollisionsrecht ist ein Feld für Technik-Fans, die sich dort tummeln. Es mag die alten Strukturen modifizieren, es wird sie aber nicht grundlegend ändern. Die Auflösung des Bekannten vollzieht sich durch die Herausarbeitung einer der Kommunikationstechnik entlehnten Begriffsstruktur, so z.B. bei internet-typischen Delikten[96], berührt aber nicht deren kollisionsrechtlichen Inhalt. Im übrigen gibt es Bestrebungen zur Vereinheitlichung des Sachrechts.[97]

---

90 Vgl. allgemein *Heinz-Peter Mansel*, Immaterialität, Ubiquität und Paradoxität der Information und das Produkthaftungsgesetz, Festschrift Schütze 1999, S. 485 ff.
91 Vgl. hierzu *Josef Mehrings*, Internet-Verträge und internationales Vertragsrecht, CuR 1998, 613 ff.; *Abbo Junker*, Internationales Vertragsrecht im Internet – Im Blickpunkt: Internationale Zuständigkeit und anwendbares Recht, RIW 1999, 809 ff.; *Peter Mankowski*, Das Internet im Internationalen Vertrags- und Deliktsrecht, RabelsZ 63 (1999), 206 ff.; vgl. ferner *Peter Rott*, Informationspflichten in Fernabsatzverträgen als Paradigma für die Sprachenproblematik im Vertragsrecht, ZvglRWiss 98 (1999), 382 ff.
92 Vgl. z.B. *Karsten Thorn*, Verbraucherschutz bei Verträgen im Fernabsatz, IPRax 1999, 1 ff., 5 linke Spalte oben.
93 Vgl. z.B. *Gerald Spindler*, Das Jahr 2000-Problem in der Produkthaftung: Pflichten der Hersteller und der Softwarenutzer, NJW 1999, 3737 ff.; zu § 823 Abs. 2 vgl. *Georgios Gounalakis/Lars Rhode*, Haftung der Zertifizierungsstellen – Neue Signaturnormen als Schutzgesetze im Sinne des § 823 Abs. 2 BGB, K&R 1998, 225 ff.
94 Vgl. hierzu *Erik Jayme*, Haftung bei grenzüberschreitenden Umweltbelastungen, in: Fritz Nicklisch (Hrsg.), Prävention im Umweltrecht, Heidelberg 1988, S. 205 ff.
95 OLG Innsbruck, 21.7.1986, ÖJZ 1987, 279.
96 Vgl. *Peter Mankowski*, oben Note 90, 276 ff.
97 Vgl. *Christoph Graf von Bernstorff*, Ausgewählte Rechtsprobleme im Electronic Commerce, RIW 2000, 14 ff.

XII. Ausblick

Zwei Sätze zum Schluß:
Futurismus oder Postmoderne, das ist – um ein Wort aus der Oper „Capriccio", dem Alterswerk von *Richard Strauss*, zu zitieren – „ein gewagter Vergleich"[98].

Ob die Schnelligkeit der europäischen Entwicklung im Internationalen Privatrecht mehr bedeutet als das, was *Herbert Rosendorfer* in seinen 12 Geschichten aus der Mitte der Welt die „Absterbende Gemütlichkeit"[99] nannte, werden wir sehr bald wissen.

---

98 Capriccio, Ein Konversationsstück für Musik in einem Aufzug von *Clemens Krauss* und *Richard Strauss* (op.85), Mainz 1942, S.11: „Olivier: ‚Ton oder Wort...', Flamand: ‚... sind Bruder und Schwester', Olivier: ‚Ein gewagter Vergleich!'".
99 *Herbert Rosendorfer*, Absterbende Gemütlichkeit – Zwölf Geschichten aus der Mitte der Welt, Köln: Kiepenheuer & Witsch 1996.

PAUL KIRCHHOF

Die Steuerungsfunktion von Verfassungsrecht in Umbruchsituationen

I. Ungewißheit gegenüber einer erfolgreichen Verfassung

Wir sind in einer guten Verfassung - so lautete 1989 die Bilanz nach 40 Jahren Grundgesetz[1]. Heute sind wir in einer noch besseren Verfassung, weil Deutschland wiedervereinigt ist, die europäische Integration zügig fortschreitet, der Beitrag der deutschen Rechtskultur und Wehrfähigkeit zur völkerrechtlichen Friedensgemeinschaft anerkannt wird, der Kulturstaat ein lebhaftes und sympathisches Gesicht gewonnen hat, die Wirtschaftskraft Deutschlands uns nur Anlaß gibt, über Zuwachsraten zu diskutieren, und die öffentlichen Kassen mit mehr als 800 Mrd. DM Steueraufkommen pro Jahr[2] praller denn je gefüllt sind.

Dennoch wachsen Unsicherheit und Zweifel an der Kraft des Grundgesetzes, unseren Staat verläßlich zu organisieren und dem Gemeinschaftsleben einen gediegenen Rahmen von materiellen Werten wie Menschenwürde, Freiheit und Gleichheit zu sichern. Vor allem wird gefragt, ob die Staatsorgane mit hinreichend Entscheidungskraft ausgestattet oder aber durch eine Kombination von Bundesstaatlichkeit und Verhältniswahlrecht zu sehr geschwächt seien, weil sich in den 16 Ministerpräsidenten der Länder ein neues Verfassungsorgan bilde, der Bundesrat nicht mehr Länderinteressen im Bund und Verwaltungserfahrung beim Gesetzesvollzug vertrete, sondern Bundesinteressen von Landesrepräsentanten zur Wirkung bringe, während gleichzeitig die Verhältniswahl dem jeweils kleineren Partner der Regierungskoalitionen ein den Fortgang der Entscheidungsbildung hemmendes Vetorecht vermittle.

Die Demokratie erscheint in ihrem Kern durch Entparlamentarisierung bedroht: Die Europäische Gemeinschaft übernimmt wesentliche Gesetzgebungs-

---

1 Vgl. *Dieter Grimm*, Das Grundgesetz nach vierzig Jahren, NJW 1989, S. 1305 ff.; *Klaus Kröger*, Die Entstehung des Grundgesetzes, NJW 1989, S. 1318 (1324); *Paul Kirchhof*, Gegenwartsfragen an das Grundgesetz, JZ 1989, S. 453 ff.; *Wolf-Rüdiger Schenke*, 40 Jahre Grundgesetz, JZ 1989, S. 653 ff.; *Herbert Bethge*, Staatszwecke im Verfassungsstaat – 40 Jahre Grundgesetz, DVBl 1989, S. 841 ff.; *Fritz Ossenbühl*, Föderation nach 40 Jahren Grundgesetz, DVBl 1989, S. 1230 (1237).
2 Vgl. Finanzbericht 1998, Tab. 12 S. 245.

kompetenzen, muß Gesetze aber als Staatenverbund durch den Rat, einem Organ der Regierungen der Mitgliedsländer, erlassen[3]. Zuständigkeiten und Befugnisse des Parlaments werden weiter begrenzt, wenn Entscheidungen auf Sachverständigengremien übertragen[4] und teilweise auch – nach dem Modell der unabhängigen Bundesbank und nunmehr der Europäischen Zentralbank (Art. 107 EGV, Art. 88 Satz 2 GG) – als Sachverständigenentscheid gegen parlamentarischen Einfluß abgeschirmt sind[5]. Das parlamentarische Budgetrecht, das im 19. Jahrhundert als erstes demokratisches Recht eines Parlaments erstritten worden ist[6], wird heute durch Nebenhaushalte gefährdet, deren Gesamtvolumen deutlich das Volumen des Bundeshaushaltes übersteigt[7]. Parlamentarische Verantwortung verschiebt sich von den Abgeordneten zu den Parteien, wenn diese nicht nur bei der politischen Willensbildung des Volkes mitwirken (Art. 21 Abs. 1 Satz 1 GG), sondern die Gliederung des Bundestages in Fraktionen[8] durchbrechen und in Koalitionsvereinbarungen, Koalitionsausschüssen, vorausbestimmenden Zirkeln, Parteitagsbeschlüssen, Basisäußerungen und Arbeitskreisen den Parteien unabhängig von den Abgeordneten maßstabgebenden Einfluß auf die Gesetzgebung sichern. Nimmt das Grundgesetz zunehmend Staatsziele in seinen Text auf[9], wird es damit von der instrumentalen zur finalen Verfassung, so verschiebt sich ein Stück politischer Gestaltungskompetenz von Regierung und Parlament zur rechtsprechenden Gewalt, die nunmehr nicht nur Kompetenzen und Kompetenzausübungsschranken der Politik zu prüfen, sondern deren Ziele zu gewichten und zu bewerten hat. Wenn zudem der in einer parlamentarischen Repräsentation wurzelnden Demokratie verschiedenartige Konzepte fundamentaldemokratischer Partizipation entgegengestellt werden[10], so wird das Parlament in seiner Funktion als zentrales Entscheidungsorgan der Demokratie und als Garant der verfassungsgemäßen Rechtsordnung bedroht.

---

3 Vgl. BVerfGE 89, 155 (182 ff.) – Maastricht-Urteil.
4 Vgl. *Winfried Brohm*, Sachverständige Beratung des Staates, HStR II, 1987, § 36, insbesondere Rn. 36 ff.
5 Vgl. dazu BVerfGE 89, 155 (209 a.E.).
6 Karl-*Heinrich Friauf*, Der Staatshaushaltsplan im Spannungsfeld zwischen Parlament und Regierung, 1968; *Reinhard Mußgnug*, Der Haushaltsplan als Gesetz, 1976, S. 113 f.
7 *Thomas Puhl*, Budgetflucht und Haushaltsverfassung, 1996, S. 109 ff.; *Michael Kilian*, Nebenhaushalte des Bundes, 1993, S. 294 ff.
8 BVerfGE 80, 188 (219); vgl. auch BVerfGE 70, 324 (350 f.).
9 Vgl. *Peter Lerche*, Das Bundesverfassungsgericht und die Verfassungsdirektiven, AÖR 90, 165, S. 341 ff.; *Klaus Stern*, Staatsziele und Staatsaufgaben in verfassungsrechtlicher Sicht, in: Bitburger Gespräche, Jahrbuch 1984, S. 5 (8 ff.); Bericht der Sachverständigenkommission „Staatszielbestimmungen/Gesetzgebungsaufträge", 1983, S. 17 ff.; *Josef Isensee*, Gemeinwohl und Staatsaufgaben im Verfassungsstaat, HStR III, 1988, § 57 Rn. 121 ff.
10 Vgl. dazu kritisch *Peter Badura*, Die parlamentarische Demokratie, HStR I, 1987, § 23 Rn. 40 ff.

Die Steuerungsfunktion von Verfassungsrecht in Umbruchsituationen 183

Das den Austausch von Wirtschaftsgütern organisierende Wettbewerbsprinzip drängt über die Grenzen des Wirtschaftlichen hinaus und erschließt sich neue Kampfarenen – des Wahlkampfes, des Arbeitskampfes, des Meinungskampfes und selbst eines beruflichen „Wettkampfes der Geschlechter" – auch dort, wo bisher Gemeinwohlverpflichtung, Zuwendung und Begegnung, selbstlose Nachdenklichkeit und das dritte, fast vergessene und zum finanzwirtschaftlichen Prinzip verkümmerte demokratische Ideal der Brüderlichkeit das Denken und Handeln bestimmt haben.

Die Zukunft des Staatsvolkes in einer gut erzogenen Jugend scheint in einem Gesellschaftssystem nicht mehr gewährleistet, das der Erwerbsarbeit schlechthin den Vorrang vor der Kulturleistung der familiären Erziehungsarbeit einräumt und damit in Kauf nimmt, daß Kinderlosigkeit, Scheidungswaisen und alleinerzogene Kinder unter den Bedingungen eines Vorrangs der Berufs- vor der Erziehungsaufgabe zunehmen[11]. Die dringliche Frage nach der Steuergerechtigkeit[12] wird in Gruppendenken erstickt, in Ablenkungen zu Einzelfragen verfälscht oder in Ironie und Zynismen überspielt, um den Vorteil der Wissenden zu wahren und die Abhängigkeit der Unwissenden zu vertiefen. Die Erneuerungskraft des Verfassungsstaates scheint trotz seiner Gegenwartserfolge – der Wiedervereinigung, der europäischen Integration – in der Verfassung zu wenig Orientierung und Ansporn zu finden.

---

11 *Paul Kirchhof*, Der demokratische Rechtsstaat – die Staatsform der Zugehörigen, HStR IX, 1997, § 221 Rn. 24 ff. mit Tabellen (S. 1061).
12 Gutachten der Steuerreformkommission (Eberhard-Kommission) 1971, Schriftenreihe des Bundesministers der Finanzen, Band 17, 1971; vgl. Johann *Wilhelm Gaddum*, Für ein einfaches und gerechtes Steuersystem, 1978; Frankfurter Institut, Bürgersteuer – Entwurf einer Neuordnung von direkten Steuern und Sozialleistungen, 1986; Arbeitsgruppe Steuerreform des Landes Baden-Württemberg, Steuern der neunziger Jahre, Leitlinien für eine Reform, 1987; *Paul Kirchhof*, Empfiehlt es sich, das Einkommensteuerrecht zur Beseitigung von Ungleichbehandlungen und zur Vereinfachung neu zu ordnen? Gutachten zum 57. Deutschen Juristentag, 1988; dazu Sitzungsbericht N, S. N 6 ff.; Gutachten zur Reform der Unternehmensbesteuerung, erstattet vom Wissenschaftlichen Beirat beim Bundesministerium der Finanzen, Schriftenreihe des Bundesministeriums der Finanzen, Band 43, 1990; Gutachten der Kommission zur Verbesserung der steuerlichen Bedingungen für Investitionen und Arbeitsplätze (Goerdeler-Kommission), 1991; *Joachim Lang*, Entwurf eines Steuergesetzbuchs, Schriftenreihe des Bundesministeriums der Finanzen, Band 49, 1993; Thesen der Einkommensteuerkommission zur Steuerfreistellung des Existenzminimums ab 1996 und zur Reform der Einkommensteuer (Bareis-Kommission), Schriftenreihe des Bundesministeriums der Finanzen, Band 55, 1995; *Thilo Sarrazin*, Vorschläge zur Reform des Einkommensteuerrechts, zusammengefaßt in: Mit Mut ist eine gute Steuerreform möglich, Frankfurter Allgemeine Zeitung vom 10. August 1996, S. 13.

II. Verfassungsgewißheit in Rechtsquelle und Verfassungsgrundlagen

Demgegenüber ist der Rechtsquellenbefund des Verfassungsrechts bestimmt und eindeutig. Das aus dieser Quelle sprudelnde Wasser gewinnt in den christlichen Gedanken von Würde und Personalität jedes Menschen, in seiner sozialstaatlichen Zugehörigkeit zu dieser Gemeinschaft des Rechts, der Wirtschaft und der Kultur, im Gedanken der Aufklärung über Gewaltenteilung, Wissenschafts- und Kunstfreiheit, der individuellen Verantwortlichkeit für das eigene Glück sowie im Wirtschaftsliberalismus seine Klarheit. Die Quelle ist in dem geschriebenen Text des Grundgesetzes und seinen geläufigen, der Verfassungstradition verpflichteten Begriffen verständlich gefaßt. Das Sprudeln des Wassers wird in einem ausgeformten Prüfsystem durch die Regierung, das Parlament, die Verwaltung und die Verfassungsgerichtsbarkeit ständig kontrolliert.

Der fragmentarische, das rechtlich Gemeinte oft nur andeutende Verfassungssatz bedarf allerdings der Interpretation. Die Dogmatik des Verfassungsrechts kann nicht immer die Auslegung und Anwendung dieses das Gewollte oft nur skizzierenden positiven Rechts in einer juristischen System- und Begriffsdisziplin rational bestimmen. Verfassungsrechtliches Denken ist richtigerweise wertorientiert und notwendigerweise auch interessengeleitet und drängt deswegen teilweise zu gegenläufigen Auslegungsbemühungen. Die Prozeßparteien nutzen das rechtliche Gehör, um im Gegeneinander der Rechtsauffassungen und Verfassungsausdeutungen ein mögliches Rechtsverständnis anzubieten, das dem Richter die für die jeweilige Prozeßpartei günstige Problemsicht und Rechtsantwort vermitteln will. Dabei wird im Gegeneinander der Rechtssatzinterpretationen der jeweilige Verfassungssatz einer Belastungsprobe ausgesetzt, die oft die Begriffsgrenzen erreicht, sie gelegentlich überschreitet, dann aber den Einfluß auf das jeweilige Urteil verliert. Der Nachhall eines solchen Interpretationsstreites in der notwendigen wissenschaftlichen und publizistischen Auseinandersetzung mit dem Urteil hält aber die Mehrdeutigkeit der Verfassung im Bewußtsein.

Diese Interpretationsoffenheit des Verfassungsrechts beruht nicht auf einer Flüchtigkeit ihrer Interpreten, schon gar nicht auf fehlender juristischer Gediegenheit oder einem Mangel an verfassungsrechtlichem Ethos, sondern auf der Tatsache, daß der Verfassungstext, seine wirklichkeitsgeprägte Begrifflichkeit, allein den Inhalt des Verfassungsrechts nicht überbringen kann. Die Autorität des positiven Rechts, die Rechtsregel und Moral voneinander scheidet und die Fragen nach der Legitimität von Staat, Staatszweck und Staatsaufgaben aus dem Systemgedanken der Staatsrechtslehre ausblendet[13], stärkt die Gestaltungskraft des Verfassungsrechts in der Sicherheit eines geschriebenen Textes;

---

13 Vgl. dazu *Peter Badura*, Die Dogmatik des Staatsrechts im Wandel vom Bismarckreich über die Weimarer Republik zur Bundesrepublik, in: Entstehen und Wandel verfassungsrechtlichen Denkens, Beiheft 11 zu Der Staat, 1997, S. 133 ff.

sie schwächt aber Verbindlichkeit und inhaltliche Bestimmtheit des Verfassungsrechts, wenn sie den verfassungsrechtlichen Begriff von dem löst, was er im Tatsächlichen oder in der Rechtswertung begreifen soll. Die Garantie der „Freiheit" kann nur als Freiheit vom Staat – nicht als Freiheit durch den Staat – erkannt, der Staat damit auf seine Aufgabe als Garant und nicht als bevormundender Gestalter individueller Freiheit verwiesen werden, wenn dieses Freiheitsprinzip auf die Grundlage eines Verständnisses vom Menschen gestellt wird, dem kraft seiner Existenz Würde und Freiheit zukommt, der deshalb vom Staat erwartet, daß er dem Menschen dient und ihn nicht um der Staatsmacht willen beherrscht. Der Gedanke der „Demokratie" fordert diesem Freiheitsverständnis entsprechend eine Einwirkung des Bürgers auf den Staat und verbindet das Legitimationserfordernis mit dem Grundrechtsschutz durch parlamentarische Repräsentation. Auch diese parlamentarische Demokratie wird nur begriffen, wenn der Verfassungssatz als Ausdruck hergebrachter und erprobter Rechtskultur aufgenommen wird. Gleiches gilt für das Sozialstaatsprinzip, das die Zugehörigkeit jedes in diesem Staat lebenden Menschen zur Rechts-, Kultur- und Wirtschaftsgemeinschaft garantiert, diese Zugehörigkeit aber nicht nur als ökonomische Teilnahme, sondern – nach dem demokratischen Ideal der Brüderlichkeit – als Wurzel gegenseitiger Rücksichtnahme und wechselseitigen Verstehens deutet. Aber auch Verfassungsbegriffe des Rechtsalltags wie Gesetz, Gericht, Steuer, Ehe und Familie, Versammlung und Vereinigung, Beruf und Eigentum werden nur verständlich, wenn sie in der Kontinuität einer gewachsenen, auf Verstetigung der Rechtsentwicklung angelegten Rechtsordnung gedeutet werden.

III. Das Verfassungsgrundverständnis

Die Vorschläge, wie die Gestaltungskraft der Verfassung bewahrt und erneuert werden könne, warnen vor allem vor einer Überforderung der Verfassung. Die Stetigkeit und Verläßlichkeit der Verfassung sei gewährleistet, wenn sie eher als bloße Rahmenordnung und nicht als eine das gesamte Rechtsleben durchdringende und durchformende Detailordnung verstanden, damit die Verfassung von der Steuerung des Rechtsalltags entlastet werde. Sodann wird zu Recht beanstandet, daß die in der Verfassung angelegten Generalklauseln des Verhältnismäßigkeitsprinzips [14], des zu einem Objektivitätsgebot verallgemeinerten Gleichheitssatzes – unglücklich „Willkürverbot" genannt [15] – und des Sozialstaatsziels der Verfassung [16] und eines – die Verfassungswirklichkeit stets

---
14 Vgl. *Peter Lerche*, Grundrechtsschranken, HStR V, 1992, § 122 Rn. 16 f.
15 Vgl. *Paul Kirchhof*, Der allgemeine Gleichheitssatz, HStR V, 1992, § 124 Rn. 235 ff.
16 Vgl. BVerfGE 1, 97 (105); 82, 60 (80); 84, 90 (125) a.E.

vom Guten zum vermeintlich Besseren treibenden – Optimierungsauftrags[17] eine ins Unvoraussehbare und gelegentlich auch juristisch Unlösbare weisende Dynamik gebe.

Die Rechtssoziologie erwägt, die Integrationskraft der Verfassung – oder besser: der verfaßten Gesellschaft – durch normative Integration zu stärken, d.h. durch den Zusammenhalt in ethisch begründeten Werten. Eine Integration wechselseitiger Abhängigkeit könne insbesondere durch eine Arbeits- und Funktionenteilung, in der z.B. der Staat auf die steuerzahlende Wirtschaft, die Wirtschaft auf den Recht und Währung gewährleistenden Staat angewiesen ist, Staat und Gesellschaft zusammenhalten. Eine Integration finde auch im positiven Recht eine Grundlage, das seine Überzeugungs- und Gestaltungskraft aus dem demokratischen Willensbildungsprozeß und dem legitimationsspendenden Verfahren gewinne. Auch sei eine Integration dank wechselseitiger moralischer Anerkennung möglich, wonach die Gesellschaft sich durch Kommunikation – in Handel, Verkehr, Massenmedien, politischen Verhandlungen – konstituiere, vor allem aber im Respekt vor dem gleichen Anliegen des anderen Menschen – etwa sich zu ernähren oder nicht getötet zu werden – ein Rechtsbewußtsein der Gegenseitigkeit und Toleranz entwickele.

Auf der Grundlage dieser und ähnlicher Überlegungen des Zusammenhalts im Recht empfiehlt die Rechtswissenschaft den freiheitsberechtigten Rechtsbeteiligten, sich bei der Rechtsbildung besser zu „vertragen", also den Vertrag statt des einseitigen Befehls als Handlungsform zu bevorzugen, durch mittelbare Einwirkungen des finanziellen An- und Abreizes, der Organisationshilfe, des Erschließungsangebots, der Aufklärung, Warnung und des Appells, der sprachlichen Ideen- und Wertungsvorgabe die Gesellschaft zu einer verfaßten Gemeinschaft zu machen[18].

Alle diese Steuerungshilfen, Nachsteuerungen und Steuerungsergänzungen mögen die Gestaltungskraft der Verfassung stärken oder auch entlasten. Die Gestaltungsmacht des Verfassungsrechts bleibt jedoch im Kern nur gewahrt, wenn das verfaßte demokratische Staatsvolk durch ein Grundverständnis von Verfassung und Verfassungshandhabung geeint wird. Hier allerdings hat ein langjähriger Beobachter und Akteur der Verfassungsprozesse, *Peter Lerche*[19], festgestellt, daß der Verfassunggeber und auch nachfolgende Verfassungsänderungen der Judikatur kein Verfassungsgrundverständnis hätten vermitteln können.

---

17 Vgl. *Robert Alexy*, Theorie der Grundrechte, 1985, S. 71 ff.
18 Vgl. *P. Kirchhof*, Verwalten durch „mittelbares" Hinwirken, 1995; *Helmuth Schulze-Fielitz*, Der informale Verfassungsstaat, 1984; sowie die Beiträge in: Wolfgang Hoffmann-Riem/Eberhard Schmidt-Aßmann (Hrsg.), Konfliktbewältigung durch Verhandlungen, 2 Bde, 1990.
19 *Peter Lerche*, Die Verfassung in der Hand der Verfassungsgerichtsbarkeit?, BayVBl 1997, S. VI (VII).

Die Steuerungsfunktion von Verfassungsrecht in Umbruchsituationen

Diese Feststellung ist richtig, soweit sie sich auf den Verfassunggeber, d.h. den Autor des Verfassungstextes bezieht. Sie weist aber zugleich darauf hin, daß die Steuerungskraft der Verfassung, die Bindung aller Staats- und Hoheitsorgane an die Vorgaben der Verfassung, mehr als nur eine Textbindung voraussetzt. Eine Verfassung kann die Gestaltungskraft einer rechtsverbindlichen Regel nur beanspruchen und tatsächlich ausüben, wenn dieser Text Grundsatzwertungen wiedergibt, auf die sich der Verfassungsstaat stützt und deren Geltungsanspruch er im Willen der Staatsbürger an die Zukunft weitergibt. Eine geschriebene Verfassung ist Ausdruck des hergebrachten Bürgerwillens und Stabilisator des zukünftigen Bürgerwillens, der den Zusammenklang von Verfassungsinhalt und Verfassungswillen des Staatsvolkes stetig zu bewahren sucht.

IV. Verfassungsgewißheit in den Verfassungsvoraussetzungen

Dieses das Staatsvolk zusammenhaltende und die Einheit des Staates wahrende Grundverständnis von Staat und Recht kann nicht allein durch einen Verfassungstext gesichert werden, sondern findet seine wesentliche Wurzel in den Verfassungsvoraussetzungen. Der Staat hat nicht eine gute Verfassung, sondern ist in guter Verfassung: Er besitzt nicht eine Verfassungsurkunde wie ein unverdient empfangenes Geschenk, sondern dokumentiert in seiner Verfassung die durch das Staatsvolk und die Staatsorgane erarbeitete staatliche Wirklichkeit, soweit sie als rechtliche Errungenschaft festgeschrieben und kontinuierlich erneuert werden soll.

1. Der Zusammenhalt einer Demokratie in der Kultur des Staatsvolkes

Dieser innere Zusammenhalt, der eine Gesellschaft zur Demokratie und Freiheit befähigt, macht das Staatsvolk zum Ausgangsbefund des Verfassungsrechts. Das Staatsvolk ist eine sich ihrer Zusammengehörigkeit bewußte Gemeinschaft, deren Mitglieder durch Herkunft und Tradition einander verbunden und durch die Gemeinsamkeit von Werten geprägt sind, die Bedürfnisse nach Frieden, Existenzsicherung und kultureller Entfaltung in Zusammenwirken und Arbeitsteilung befriedigen wollen, die weitgehend auch durch Sprache, Kultur und Religion innerlich verbunden sind, sich deshalb eine gemeinsame Ordnung geben und Herrschaftsorgane wählen, von denen sie für ein bestimmtes Gebiet die Setzung und Durchsetzung von Recht und die Gestaltung einer gemeinsamen Politik erwarten. Diese Zugehörigkeit unterscheidet den Staatsbürger vom herrschaftsunterworfenen Menschen. Der Bürger legitimiert die Staatsgewalt in dauernder Zugehörigkeit, der Betroffene mäßigt sie als Grundrechtsberechtigter in gegenwärtiger Beschwer. Der Bürger nimmt in der Wahl Einfluß auf Handlungsprogramme und Handlungsberechtigte zukünftiger Staatspolitik und richtet dabei politische Herrschaft auf die Rechte und Anliegen des Einzelnen aus[20]. Der Betroffene wehrt sich gegen eine Verletzung seiner Rechte durch die Staatsgewalt und stärkt damit die freiheitliche Struktur des Staates. Der demokratische Rechtsstaat findet somit im Staatsvolk und seiner Bereitschaft und Fähigkeit zum Recht seine reale Verfaßtheit, die Freiheit auch des nicht Staatsangehörigen sichert und damit seine politische Distanzierung und Entrechtung unterbindet.

Jede Legitimation eines Staates fragt nach der Rechtfertigung durch einen vorgefundenen Maßstab von Sitte, Recht oder allgemeiner Überzeugung der Beherrschten[21]. Auch eine pluralistische Gesellschaft bringt nur einen einheitlichen Staatswillen hervor und wird in einem zusammengehörigen Staatsvolk demokratiefähig, wenn sie sich auf einen als allgemeingültig postulierten Wertkodex stützt und diesen als Gemeinwohl anerkennt, um auf der Grundlage dieses Zusammenhalts politische, ökonomische und soziale Zweckmäßigkeitsfragen kontrovers zu entscheiden. Insoweit lebt jede politische Gemeinschaft aus den Selbstverständlichkeiten, die in einer gemeinsamen Tradition, in vorgefundenen Bedürfnissen, in eingeübten Verhaltensweisen, erprobten Beurteilungsmaßstäben, hergebrachten Institutionen und sozialen Einrichtungen ihre Wurzeln haben. Die Monarchie beruht auf dem, was der König nicht anordnen kann, die Demokratie auf dem, worin sich die Bürger ohne Abstimmung einig sind[22]. Jede Staatenbildung folgt einer schon vorgefundenen Ordnung, mag die Welt als Schöpfungsordnung erklärt werden[23], mag die soziale Ordnung in dem Gesellschaftsvertrag gründen, dem alle Mitglieder „vernünftigerweise" zustimmen würden, wenn sie als freie und gleichberechtigte Personen zusammenkämen[24], mag der demokratische Verfassungsstaat als Ergebnis eines rationalen praktischen Diskurses verstanden werden, der sich der Richtigkeit der moralischen Geltung erschließt[25]. Stets ist ein allgemeines und übereinstimmendes Denken im Grundsätzlichen Entstehungsgrund für Staat und Recht, mag dieser sich an den Ordnungselementen einer unverfügbaren Natur orientieren oder das selbstbewußte Ich des willentlich gestaltenden Menschen in eine kulturelle Ordnung einbetten[26].

Die Gebundenheit einer Staatsverfassung in der von ihr verfaßten, kulturgeprägten Rechtsgemeinschaft ist gegenwärtig jedoch nicht allseits bewußt.

---

20 Vgl. BVerfGE 37, 217 (239, 253); 83, 37 (51).
21 Vgl. *Georg Jellinek*, Allgemeine Staatslehre, 3. Aufl., 1914, 7. Neudruck 1960, S. 342 f.; *Max Weber*, Wirtschaft und Gesellschaft, 5. Aufl., 1976, S. 17; *Thomas Würtenberger*, Die Legitimität staatlicher Herrschaft, 1973, S. 21.
22 *Ernst Fraenkel*, Strukturanalyse der modernen Demokratie (1970), in: Falk Esche/Frank Grube (Hrsg.), *Ernst Fraenkel*, Reformismus und Pluralismus, 1973, S. 404 (429).
23 *Augustinus*, De civitate dei, VII 30, XI 4, XII 2.
24 Vgl. *Peter Koller*, Moderne Vertragstheorie und Grundgesetz, in: Brugger, a.a.O., S. 361 (361).
25 Vgl. *Robert Alexy*, Recht, Vernunft, Diskurs, Studien zur Rechtsphilosophie, 1995, S. 95 f.
26 *Rüdiger Bubner*, Welche Rationalität bekommt der Gesellschaft?, 1996, S. 12 ff., 168 ff.

Die Steuerungsfunktion von Verfassungsrecht in Umbruchsituationen 189

Dies lehrt insbesondere die Diskussion um die hinreichende Legitimation des Grundgesetzes im Zusammenhang mit der deutschen Wiedervereinigung, einem in der Rechtsgeschichte und im Rechtsvergleich einmaligen Erfolg der deutschen Verfassung. Das Grundgesetz ist nicht ein in Westdeutschland gesetztes Recht, das den Bürgern der neuen Bundesländer aufgedrängt wäre. Es ist vielmehr Ausdruck einer Rechtstradition und bewährten Rechtskultur[27], deren philosophische Wurzeln nach Königsberg, Heidelberg und Tübingen reichen, deren sprachliche Grundlage in Weimar und Frankfurt einen Mittelpunkt findet, deren musikalische Ausdrucksformen in Leipzig eine Heimat haben. Wenn die Deutschen in der ehemaligen DDR sich dazu durchgerungen haben, das Grundgesetz nach eingehender Überprüfung[28] als Verfassung des wiedervereinigten Deutschlands anzuerkennen[29], aber auch eine gewisse Ratlosigkeit der Westdeutschen mit ihrer Verfassung als „Provisorium und Transitorium"[30] noch nicht völlig überwunden schien, bietet die gemeinsame Kulturtradition eine Grundlage für einen gemeinsamen Staat und eine gemeinsame Verfassung. Wird demgegenüber ein demokratischer „Geburtsfehler" des Grundgesetzes diagnostiziert, weil das Staatsvolk niemals in einer förmlichen Abstimmung über seine Geltung befunden habe[31], so verkürzt diese Feststellung die demokratische Legitimation und die Freiheitsgrundlagen auf Akte der Wahl und der Willensäußerung, verkennt damit die Legitimationskraft der kulturellen Voraussetzungen von Freiheit und Demokratie und mißversteht Geltungs- und Wirkungsbedingungen einer Staatsverfassung.

Verfassungsrecht gilt somit, weil es in einer Kulturtradition gewachsen, vor seiner Kodifizierung durch praktisches Handeln erprobt, während seines Entstehens sprachlich begriffen und in seiner Richtigkeit überprüft worden ist. Die Verfassung steht am Ende einer Rechtsentwicklung, bezeichnet nicht deren Beginn, mag sie auch in bewußten historischen Antithesen aus vergangenen

---

27 Zur Ablösung der in der „Natur" angelegten Rechtsordnung durch die in der Quelle der Kultur vorgegebene Ordnung vgl. *Bubner*, a.a.O., S. 168 ff.
28 Vgl. Art. 4 und 5 des Einigungsvertrages sowie den Bericht der Gemeinsamen Verfassungskommission von Bundestag und Bundesrat, in: BTDrucks 12/6000 und BRDrucks 800/93; *Rupert Scholz*, Die Gemeinsame Verfassungskommission von Bundestag und Bundesrat, in: ZG 1994, S. 1 ff.
29 Vgl. *Hans Joachim Meyer*, Geistige Voraussetzungen und Konsequenzen des Beitritts der DDR zur Ordnung des Grundgesetzes, in: Essener Gespräche 26 (1992), S. 112 ff.
30 Vgl. *Theodor Heuss*, Abschiedsansprache am 12. September 1959, abgedruckt in: Bulletin des Presse- und Informationsamtes der Bundesregierung Nr. 169 vom 15. September 1959, S. 693 (694).
31 *Hans-Peter Schneider*, Die verfassunggebende Gewalt, HStR VII, 1992, § 158 Rn. 37; *Ulrich Storost*, Das Ende der Übergangszeit. Erinnerung an die verfassunggebende Gewalt, in: Der Staat 29 (1990), S. 321 (331); vgl. dazu *Mußgnug*, Zustandekommen des Grundgesetzes und Entstehen der Bundesrepublik Deutschland, HStR I, 1987, § 6 Rn. 96 f., 100 f.; *Wolfgang Knies*, Verfassungsgebung oder Verfassungsänderung?, in: Eckart Klein (Hrsg.), Verfassungsentwicklung in Deutschland nach der Wiedervereinigung, 1994, S. 7 (19 ff.).

Fehlern lernen wollen. Vor allem ein demokratischer Rechtsstaat ist eine Verfassung der Hochkulturen, die eine allgemeine Fähigkeit zu Freiheit, Gemeinsinn und Gemeinwohlverständnis sowie eine gefestigte Organisation- und Institutionenordnung voraussetzt.

2. Die Annahme der Freiheitsangebote

Während die Demokratie die Gestaltungsmacht ihrer Verfassung auf die Zusammengehörigkeit des Staatsvolkes stützt, gewährleistet der Rechtsstaat Freiheit allen von der Staatsgewalt betroffenen Menschen, greift also mit dieser Freiheitsgarantie deutlich über die demokratische Gemeinschaft des Staatsvolkes hinaus. Auch diese Freiheitsgarantien setzen aber eine Zusammengehörigkeit voraus: Das Freiheitsrecht ist lediglich ein Angebot an den Freiheitsberechtigten, das das Gemeinwesen nur freiheitlich organisiert, wenn die Berechtigten dieses Angebot auch tatsächlich annehmen.

Ein freiheitlicher Staat macht in den Freiheitsrechten den Berechtigten Angebote, deren Annahme er nicht regelt, wohl aber erwartet. Die Entscheidung, ob und wie der Freiheitsberechtigte die ihm gebotene Freiheit annimmt, darf der Staat um der Freiheitlichkeit willen nicht vorgeben. Er wird jedoch darauf hinwirken, daß die in seiner Verfassung vorausgesetzte Freiheitsbetätigung sich auch tatsächlich ereignet. Er wird seinen Bürgern bewußt machen, daß nur durch ihre Teilnahme an den Wahlen Demokratie gelingen kann; er wird dafür werben, daß seine Bürger von ihrem Recht zu Ehe und Familie Gebrauch machen und damit die Zukunft des Staates in einer freiheits- und demokratiefähigen Jugend sichern; er wird in Schule und Ausbildung die Fähigkeit der Menschen zur Berufstätigkeit entfalten, durch Vermögensbildungs- und Wohnungsbauprogramme der Anwendung von Eigentums- und Wohnungsgarantie in großer Breitenwirkung eine reale Grundlage geben, die Bereitschaft der Berufstätigen zur Erwerbsanstrengung und der Eigentümer zur Pflege ihrer Güter stützen, um die Rechtsordnung einer Berufs- und Eigentümerfreiheit bewahren und den Staat steuerlich finanzieren zu können. Der Kulturstaat wird freiheitsgerechte Vorsorge dafür treffen, daß die Menschen sich um das wissenschaftliche Auffinden der Wahrheit, das künstlerische Empfinden des Ästhetischen und die religiöse Frage nach dem Unauffindbaren bemühen. Der Staat darf nicht durch einen Verlust der freiheitsfähigen Jugend seine eigene Existenz gefährden, die Demokratie nicht durch Nichtwahl an ihrer eigenen Freiheitlichkeit scheitern, der Wirtschafts- und Finanzstaat nicht durch das Prinzip der Freiheitsangebote seine ökonomische Grundlage verlieren, der Kulturstaat nicht in seiner Freiheitlichkeit gedanken- und sprachlos werden oder sein durch Kunst, Wissenschaft und Religion geprägtes Gesicht verlieren.

Die grundrechtlichen Freiheiten enthalten somit Angebote an Menschen, die dank ihrer Zugehörigkeit zu der Rechtsgemeinschaft des Grundgesetzes zur Annahme dieser Angebote bereit und fähig sind. Diese Annahme des Freiheits-

Die Steuerungsfunktion von Verfassungsrecht in Umbruchsituationen 191

angebots ist allerdings Grundrechtsvoraussetzung, tatsächliche oder rechtliche Bedingung, nicht Inhalt des Verfassungsrechts[32]. Sie ist Teil der „Umwelt", in der die Normen existieren[33], gehört zum realen Normbereich, den das Normprogramm aufnimmt[34]. Der freiheitliche Staat gibt wesentliche Voraussetzungen der Verfassung in die Hand der Freiheitsberechtigten, die er selbst um der Freiheit willen nicht garantieren kann[35] oder nicht garantieren darf[36], behält aber die Aufgabe, die Grundrechtsvoraussetzungen freiheitsgerecht, d.h. ohne Zwang zu pflegen[37]. Der Staat ist zur Freiheitsförderung berechtigt[38] und hat in seinen Einrichtungen, Anreizen und Lenkungen, in seinen Organisations- und Finanzierungshilfen Freiheitsausübung und Freiheitsvoraussetzung um der Freiheitlichkeit willen in Einklang zu halten. Die Freiheitsrechte begrenzen weniger die Aufgaben als die Handlungsmittel des Staates.

Menschenrechte wollen grundsätzlich kulturübergreifend Freiheit gewährleisten, finden aber ihren tatsächlichen Wirkungsgrund weitgehend in Üblichkeit und Erfahrung[39]. Gerade weil Freiheit die Individualität des Einzelnen schützt, dieser aber nicht im Abstractum des vernunftbegabten Menschen, sondern aufgrund seiner persönlichen Erfahrung, kulturellen Prägung und gesellschaftlichen Gebundenheit handelt, gewähren die Menschenrechte Freiheit in der jeweiligen Kultur- und Situationsgebundenheit[40]. Der Verzicht des freiheitlichen Rechtsstaates, ethische Bindungen rechtsverbindlich zu machen, weist der Gesellschaft die Verantwortung für moralische Maximen zur Freiheitsausübung zu; damit wird die Rechtswirklichkeit offen für die Individualität jedes Einzelnen, aber auch für die diesen Einzelnen prägende Kultur. In den staatlich geregelten und rechtlich organisierten Lebensformen der europäischen und

---

32 *Josef Isensee*, Grundrechtsvoraussetzungen und Verfassungserwartungen an die Grundrechtsausübung, HStR V, 1992, § 115 Rn. 8.
33 *Herbert Krüger*, Verfassungsvoraussetzungen und Verfassungserwartungen, in: FS für Ulrich Scheuner, 1973, S. 285 (286).
34 *Friedrich Müller*, Strukturierende Rechtslehren, 1984, S. 168 f., 230 f.
35 *Ernst-Wolfgang Böckenförde*, Die Entstehung des Staates als Vorgang der Säkularisation (1967), in: ders. (Hrsg.), Staat – Gesellschaft – Freiheit, Band I, 1976, S. 42 (69).
36 *Klaus Schlaich*, Konfessionalität – Säkularität – Offenheit, Der christliche Glaube und der freiheitlich-demokratische Verfassungsstaat, in: Trutz Rendtorff (Hrsg.), Charisma und Institution, 1985, S. 175 (191).
37 *Krüger*, a.a.O., S. 287; *Isensee*, a.a.O., § 115 Rn. 262 f.; *Thomas Würtenberger*, Zur Legitimität des Grundgesetzes in historischer Perspektive, in: Brugger (Hrsg.), a.a.O., S. 21 (35); vgl. auch BVerfGE 88, 203 (261) – Auftrag der Medien, für den verfassungsrechtlich gebotenen Lebensschutz zu werben.
38 *Isensee*, a.a.O., § 115 Rn. 2; *Würtenberger*, a.a.O., S. 35.
39 *Otfried Höffe*, Universalistische Ethik und Urteilskraft: Ein aristotelischer Blick auf Kant, in: Ludger Honnefelder (Hrsg.), Sittliche Lebensform und praktische Vernunft, 1992, S. 59 (61); *Odo Marquard*, Apologie des Zufälligen, Philosophische Studien, 1986, S. 131 f.
40 *Klaus Stern*, Idee der Menschenrechte und Positivität der Grundrechte, HStR V, 1992, § 108 Rn. 48; *Helmut Quaritsch*, Der grundrechtliche Status der Ausländer, daselbst, § 120 Rn. 27 ff.

nordamerikanischen Staaten wird die Freiheit eher in der Freiheit des vereinzelten Individuums gesehen; die Gesellschaft bietet die Freiheitsvoraussetzungen in der Solidarität aus der gemeinsamen kulturellen Bindung dieser Einzelnen. Demgegenüber erklären afrikanische Staaten zwar die Menschenrechte, übernehmen aber inhaltlich nicht eine Rechtsordnung der subjektiven Rechte, sondern verfolgen das Recht einer Solidarität, die in der Dankbarkeit gegen die Vorfahren, die Ahnen, und in der Gebundenheit einer Sippe ihre Wurzeln hat[41]. Ihre Regierungen beanspruchen „Rechte der Völker", die teilweise revolutionäre Anwendung von Gewalt in sogenannten Befreiungskämpfen rechtfertigen und fordern[42]. Staaten mit muslimischer Bevölkerung sind, obwohl sie Sitz und Stimme in der Vollversammlung der Vereinten Nationen haben, elementare Prinzipien des Rechtsstaates, etwa über die Grenzen des Strafens, fremd[43].

In dieser Gemeinschaft universaler Menschenrechte hat der Staat des Grundgesetzes aus eigener Kraft den Wert der von seiner Kultur geprägten verfassungsrechtlichen Freiheitsangebote zu bewahren und die Bereitschaft und Fähigkeit zur Annahme dieser Angebote zu fördern. Als freiheitlicher Rechtsstaat setzt er eine zweistufige – von der individuellen Freiheitsausübung und vom politischen Kampf nicht in Frage gestellte[44] – Wertgemeinschaft voraus: die kulturübergreifende Universalität allgemeiner, unverzichtbarer Grund-, Richt- und Grenzwerte[45], sodann deren Aufnahme und Fortbildung durch kontinuierliche gesellschaftliche Entwicklung und Rechtsetzung in einer konkreten Kulturordnung.

Die Offenheit der Staatsrechtsordnung für die Menschenrechte als Jedermannrechte in der Welt fordert zugleich deren rechtliche Ausprägung und gesellschaftliche Verwirklichung nach den Standards der in der jeweiligen Kultur- und Wirtschaftsordnung erreichten Gleichheit des Existenzminimums, der Normalität in den politischen Mitwirkungsrechten, der Güterordnung je nach Industrialisierung, Ausbildung und Wirtschaftskraft, der Rechtsgewähr nach der jeweiligen Staatsform und Gerichtsorganisation, der Sicherheit nach Wehrordnung und Polizeiwesen. Die Kulturkreisgebundenheit des Rechts[46] prägt die Inhalte des Rechts und die Voraussetzungen ihrer Wahrnehmung.

---

41 *Otfried Höffe*, Ein transzendentaler Tausch: Zur Anthropologie der Menschenrechte, in: Philosophisches Jahrbuch 99 (1992), S. 1 (2).
42 *Quaritsch*, a.a.O., § 120 Rn. 29 f.
43 *Quaritsch*, a.a.O., § 120 Rn. 27.
44 *Rudolf Smend*, Verfassung und Verfassungsrecht (1928), in: ders., Staatsrechtliche Abhandlungen, ³1994, S. 119 (155).
45 Vgl. dazu für das deutsche Recht *Josef Isensee*, Verfassungsgarantie ethischer Grundwerte und gesellschaftlicher Konsens; in: NJW 1977, S. 545 (549); *Rüdiger Breuer*, Staatsrecht und Gerechtigkeit, in: FS für Konrad Redeker, 1993, S. 11 (35); *Würtenberger*, a.a.O., S. 32 f.
46 Vgl. *Reinhold Zippelius*, Die Bedeutung kulturspezifischer Leitideen für die Staats- und Rechtsgestaltung, 1987; *Peter Häberle*, Der Fundamentalismus als Herausforderung des Verfassungsstaates: Rechts- bzw. kulturwissenschaftlich betrachtet, in: FS für Josef Esser, 1995, S. 49 (60).

Die Steuerungsfunktion von Verfassungsrecht in Umbruchsituationen 193

Der Rechtsstaat beschränkt sich – in bewußter anthropologischer Bescheidenheit[47] – auf die rechtliche Gewährleistung der Anfangsbedingungen individueller Entfaltung, sinnerfüllter Existenz und persönlichen Glücks, um in der Offenheit des Staates für individuelle Erfahrung, Wertung und Zielsetzung, der Nichtbevormundung des Einzelnen in seiner Selbstbestimmung, der rechtlichen Striktheit für das Humanum im Generellen und der bewußten Unbestimmtheit für das Humanum im Individuellen ein selbstbestimmtes Leben des Einzelnen und der Gemeinschaft zu ermöglichen und zu sichern. Dieses setzt voraus, daß die rechtlich gewährten Freiheitsräume vom Einzelnen und von der Gemeinschaft wahrgenommen und ausgefüllt werden. Diese Verfassungsvoraussetzung aber scheint gefährdet, wenn gegenwärtig in Deutschland die wertbestimmte gemeinsame Ausrichtung der Staatsbürger in Sinn- und Orientierungskrisen gelockert zu werden oder verlorenzugehen droht[48]. Ob die allgemeinen Menschenrechte diesen Wertverlust auffangen können, ist gegenwärtig nicht gesichert, da die Pakte „über bürgerliche und politische Rechte" und „über wirtschaftliche, soziale und kulturelle Rechte" vom 19. Dezember 1966[49] kaum weltweit geltendes Recht oder auch nur ein gemeinsames Rechtsverständnis wiedergeben, vielmehr selbst noch nicht von allen der in den Vereinten Nationen zusammengeschlossenen Staaten ratifiziert[50] und auch von den Vertragsstaaten vielfach mißachtet worden sind[51].

3. Beispielhafte Verdeutlichung unverzichtbarer Verfassungsgrundlagen

Das Grundgesetz hat also in seiner Tradition deutschsprachiger Rechtskultur, universaler Menschenrechte, einer Geschichte von Christentum, Aufklärung und Wirtschaftsliberalismus Geltungsbedingungen, die zwar vorgefunden sind, aber nicht immer wie selbstverständlich an die Zukunft weitergegeben werden. Der Auftrag, diese Verfassungsvoraussetzungen zu pflegen und zu erneuern, zeigt sich gegenwärtig insbesondere in der Freiheit zur Familie, in der Medienfreiheit und in der Wirtschaftsfreiheit.

---

47 Vgl. *Höffe*, a.a.O., S. 11 ff.
48 Vgl. dazu *Jürgen Habermas*, Legitimationsprobleme im Spätkapitalismus, 1973, Kap. 2.6 („Legitimationskrise"); *Hermann Lübbe*, Philosophie nach der Aufklärung – Von der Notwendigkeit pragmatischer Vernunft, 1980, S. 36 („Orientierungskrise"); *Wolfgang Wieland*, Aporien der praktischen Vernunft, 1989, S. 39 ff.; *Höffe*, a.a.O., S. 71 („Aufgabe der Urteilskraft").
49 BGBl II 1973, S. 1533 ff.
50 Gegenwärtig 122 Staaten, vgl. Auswärtiges Amt (Hrsg.), Verträge der Bundesrepublik Deutschland, Serie A: Multilaterale Verträge, Band 50, 1977, A 683, S. 219 ff.
51 *Quaritsch*, a.a.O., § 120 Rn. 25.

a) Die Zukunft des Staatsvolkes in den Familien

Der demokratische Rechtsstaat baut auf die Existenz eines freiheitsfähigen Staatsvolkes. Ein Staat ohne eine zur Freiheit erzogene Jugend wäre ein Staat ohne Zukunft. Deswegen stellt das Grundgesetz in Art. 6 GG Ehe und Familie unter den besonderen Schutz der staatlichen Ordnung. Die Ehe ist „alleinige Grundlage einer vollständigen Familiengemeinschaft und als solche Voraussetzung für die bestmögliche körperliche, geistige und seelische Entwicklung von Kindern"[52]. Der junge Mensch wird in einer Familie geboren, wächst in dieser Geborgenheit heran und erfährt dort eine private, in Distanz zum Staat bleibende höchstpersönliche Zuwendung. Dabei garantiert Art. 6 GG die Freiheit einer Entscheidung zur Ehe und zur Familie, geht aber gleichzeitig davon aus, daß die überwiegende Mehrheit der Freiheitsberechtigten sich für Ehe und Familie entscheidet. Allein die elterliche Zuwendung zum Kind, die lebenslängliche Begleitung des Kindes zunächst durch Erziehung, dann durch Rat und wirtschaftliche Unterstützung, schließlich durch die Erinnerung an Vorbild und verkörperte Werte gibt dem jungen Staatsbürger die Selbstverständlichkeit, in den Grundwertungen einer freiheitlichen Demokratie zu leben, die Freiheitsangebote anzunehmen und kontinuitätsbewußt mit Sinn zu füllen und schließlich für diese Wertegemeinschaft einzutreten.

Allerdings erschwert es die gegenwärtige Rechts- und Wirtschaftsordnung den jungen Menschen, insbesondere den jungen Frauen, sich für das Kind zu entscheiden. Die kategorische Trennung von Erwerbstätigkeit und Familientätigkeit in Arbeitsplatz und Familienwohnung, die rechtliche Herabstufung der Familientätigkeit zu einer wirtschaftlich unerheblichen Leistung, die Kollektivierung des wirtschaftlichen Werts der Erziehungsleistung in der sozialstaatlichen Errungenschaft einer öffentlichen Sozialversicherung, die Nichtbeteiligung der Eltern als den Trägern dieses Generationenvertrages an dessen Leistung aus eigenem Recht und die Undurchlässigkeit von Erwerbsordnung und Familienordnung vor allem zu Lasten der Mütter nach Erbringung ihrer Familienleistung machen aus dem gleichzeitigen Angebot von Berufs- und Familienfreiheit eine schroffe Alternativität: Eine Entscheidung für das Kind und dessen Erziehung ist heute noch oft ein Verzicht auf die Wahrnehmung der Berufsfreiheit auch für die Zeit, in der die Familientätigkeit die Arbeitskraft nicht mehr oder jedenfalls nicht vollständig beansprucht.

Deshalb hat das Bundesverfassungsgericht im Urteil zu den „Trümmerfrauen"[53] festgestellt, die gesetzgeberische Entscheidung, „daß die Kindererziehung als Privatsache, die Alterssicherung dagegen als gesellschaftliche Aufgabe gilt", benachteilige die Familie, ohne daß es dafür „angesichts der Förde-

---

52 Vgl. BVerfGE 76, 1 (51).
53 BVerfGE 87, 1 (38 f.).

rungspflicht aus Art. 6 Abs. 1 GG einen zureichenden Grund gebe"[54]. Der Gesetzgeber hat „jedenfalls sicherzustellen, daß sich mit jedem Reformschritt die Benachteiligung der Familie tatsächlich verringert"[55]. Im Urteil zum Schwangerschaftsabbruch hat das Gericht – nunmehr der Zweite Senat – dieses Postulat aufgenommen und nochmals bekräftigt[56]. Ausgangspunkt für eine familiengerechte Ausgestaltung des Systems der Sozialversicherung ist die Gleichwertigkeit von Erziehungsleistung und Erwerbsleistung: Zwar kann der Beitrag zur Aufrechterhaltung der Sozialversicherung, der in Form der Kindererziehung geleistet wird, im Unterschied zu den monetären Beiträgen der Erwerbstätigen nicht sogleich in Form von Rentenzahlungen an die ältere Generation ausgeschüttet werden[57]. Die materielle Gleichwertigkeit von Kindererziehung und monetärer Beitragsleistung liegt jedoch in der gleichen Arbeitsleistung, dem gleichen Konsumverzicht und dem gleichen Angewiesensein auf Sicherheit und Bedarfsdeckung. Kindererziehung und monetäre Beitragsleistung sind deshalb als Grundlagen der öffentlichen Sozialversicherung gleichwertig und müssen zu gleichwertigen Leistungen führen. Diese Sicht des Generationenvertrages vermeidet den gegenwärtigen Wirklichkeitsverlust, der die Existenz der nachfolgenden Generation unterstellt, ohne sie aber als Bedingung der Versicherungsleistungen rechtlich zu stützen.

b) Die Medienfreiheit

Freiheitliches Verhalten findet zunehmend eine innere Orientierung durch die Medien, die den Verstand mit ihren Aussagen, das Gefühl mit ihren Bildern und Sichtweisen, die staatsbürgerliche Grundbefindlichkeit mit ihrer Themenwahl und ihren Wertungen wesentlich beeinflussen. Diese Einflußnahme der Medien auf den freiheitsberechtigten Bürger ist ihrerseits Ausübung von Freiheit, damit eine staatlich nicht steuerbare Verfassungsvoraussetzung. Die Informationsfreiheiten des Grundgesetzes garantieren den Medien einen bedeutenden Einfluß auf die Demokratie, deren Bürger auf Information, Kommentar und alternative Empfehlungen angewiesen sind. Allerdings bemühen sich die Medien im Werben um die Bürger nicht nur um eine Unterrichtung, die auf Sachinformationen mit höchstmöglichem Richtigkeitsgrad angelegt ist, sondern wollen zugleich politisch lenken, bestmöglich unterhalten und regelmäßig auch durch Entlarvung und Skandalisierung aufregen. Zeitungsleser, Rundfunkhörer und Fernsehzuschauer wollen sich nicht nur – wie es Art. 5 Abs. 1 Satz 1 GG sagt – aus allgemein zugänglichen Quellen ungehindert unterrich-

---

54 BVerfGE 87, 1 (38 f.).
55 BVerfGE 87, 1 (41).
56 BVerfGE 88, 203 (261).
57 BVerfGE 87, 1 (37 f.).

ten, sondern wünschen auch die amüsante, anregende oder ablenkende Unterhaltung und scheinen von den Medien um so mehr auch ein Stück täglicher Aufgeregtheit zu erwarten, je sicherer und ereignisärmer die persönliche Lebenssituation des Menschen in einem friedlichen, sozial geprägten Gemeinwesen ist. Die Feststellung, daß sich die Garantie der Menschenwürde heute wieder einmal in verläßlicher Unauffälligkeit bewährt habe, ist keine Nachricht wert. Medienaufmerksamkeit hingegen gewinnt jede Verletzung.

Ein funktionierender Rechtsstaat braucht nicht die tägliche verbale Bestätigung, sondern die ständige Kritik, die jeden Fehler beobachtet, veröffentlicht und beanstandet. Wenn diese Kritikbereitschaft aber in einer Informationstechnik ständigen Entlarvens und Anprangerns mündet und diese Darstellungstechnik – gelegentlich übertreibend – auch dann beibehalten wird, wenn ihr der Gegenstand fehlt, so entsteht vor den Augen der Öffentlichkeit ein Gemeinwesen der Fragwürdigkeiten, auch der Unredlichkeiten, das die Bereitschaft des Bürgers, diese seine Demokratie mitzutragen, erheblich schwächen könnte.

Die Macht des Wortes steht den Medien wegen der Regelmäßigkeit und der Unmittelbarkeit ihrer Informationen und Deutungen in gesteigertem Maße zur Verfügung. Deshalb muß „die Macht der aktuellen Massenkommunikation so in die rechtliche Ordnung der Rundfunkfreiheit eingebettet werden", „daß auch geistige Umweltverschmutzung und geistige Unzucht verhindert werden"[58]. Schon die Erfahrung der freiheitlichen Athener Demokratie mit dem Scherbengericht, dem ostrakismos, lehrt, daß eine Gesellschaft das Bedürfnis haben mag, in regelmäßigen Zeitabständen prominente Verantwortungsträger in öffentlicher Aufgeregtheit mit Mißachtung zu überschütten, um sie letztlich in die Verbannung zu jagen. Diese regelmäßige Entlarvung ohne Grund und Verbannung ohne Rechtfertigung kann nicht das Konzept und darf nicht das Risiko einer freiheitlichen Demokratie sein. Eine umfassende Kommunikationsfreiheit ist deshalb für die moderne Demokratie unentbehrlich, weil der Staatsbürger auf Information, die Kenntnis anderer Meinungen, den Austausch der Argumente in Rede und Gegenrede, auch eine „orientierende Kraft" in der öffentlichen Auseinandersetzung[59] angewiesen ist. Diese Freiheiten finden aber in dem Persönlichkeitsrecht des Betroffenen eine Schranke. Die herabsetzende Äußerung trifft auf den Ehrenschutz des Dargestellten, die in die Privatsphäre des Einzelnen eingreifende Presseinformation auf dessen grundrechtlichen Datenschutz, das Fehlzitat auf dessen Namensrecht und Dispositionsfreiheit über die eigene Aussage, die fehlerhafte Zuordnung zu einer Vereinigung oder Gruppe auf die Rechte des betroffenen Einzelnen und der betroffenen Organisation. Die Inanspruchnahme der Meinungs- und Medienfreiheit kann – so for-

---
58 *Günter Herrmann*, Rundfunkrecht, 1994, § 8 Rn. 58.
59 BVerfGE 20, 162 (174 f.) – für die Pressefreiheit.

Die Steuerungsfunktion von Verfassungsrecht in Umbruchsituationen 197

muliert es die deutsche Staatsrechtslehre des 19. Jahrhunderts[60] – das Recht auf seelische Unverletzlichkeit beeinträchtigen. Der lautere Wettbewerb mit der Feder oder mit dem Mikrofon – im Wirtschaftswesen verbindliche Rechtspflicht – ist bisher rechtlich nicht vorgezeichnet, obwohl gerade Mächtige des Wortes[61] nachdrücklich auf die zerstörerische Kraft auch der von Presse und Medien publizierten Worte hingewiesen haben. Die Macht des Wortes ist Ausdruck der Freiheit, zugleich aber Instrument der Zerstörung, die Individualität und Würde des Betroffenen schutzwürdig macht.

Die Rechtsbeziehungen zwischen Informierendem und Informationsbetroffenen sind privatrechtlicher Art. Die Ausstrahlungswirkung der Grundrechte berechtigt und verpflichtet damit beide Seiten[62]. Die Ausgangspositionen beider an der Rechtsbeziehung Beteiligten sind grundsätzlich gleichrangig und gleichgewichtig, mag die eine auch für die staatsrechtlichen Beziehungen zwischen Bürger und Staat als grundrechtliches Abwehrrecht, die andere nur als ausdrückliche (persönliche Ehre, Art. 5 Abs. 2 GG) oder inzidente (Datenschutz) Schranke dieses Grundrechts definiert sein. Die Rechtsprechung des Bundesgerichtshofs zu Daten- und Ehrschutz gegenüber bewußt fehlerhaften Presseberichten über Privates entwickelt konkretere Maßstäbe für einen Ausgleich dieser Rechtspositionen[63]. Auch die Meinungsäußerungs- und Kommunikationsfreiheit ist an Wahrheitspflichten gebunden[64]; die erwiesen oder bewußt unwahre Tatsachenbehauptung ist von dem verfassungsrechtlichen Freiheitsrecht nicht geschützt[65]. Auf dieser Grundlage ist zu erwägen, die Richtigkeitsgewähr und den Persönlichkeitsschutz bei der Informationsverbreitung durch verfahrensrechtliche Vorkehrungen, insbesondere durch Gewährung vorherigen „rechtlichen Gehörs" bei der persönlichkeitsbezogenen Information zu verbessern[66].

c) Die Freiheit zum wirtschaftlichen Wettbewerb

Die Freiheit des wirtschaftlichen Wettbewerbs enthält ein Erneuerungsprinzip, das Phantasie, Kreativität, Erkenntnisstreben, Erfahrungs- und Wertungsunterschiede ständig in die Rechtsgemeinschaft hineindrängt. Vor allem die

---

60 *Paul Archatius Pfizer*, Urrechte oder unveräußerliche Rechte, in: Carl von Rotteck/Carl Welcker (Hrsg.), Das Staats-Lexikon, Band 12, 1848, S. 689 (694): die „Unverletzbarkeit der Seelenkräfte".
61 *Jean Paul Sartre*, Nekrassow, 1956; *Heinrich Böll*, Die verlorene Ehre der Katharina Blum, 1974; *Stefan Heym*, Nachruf, 1988; *Milan Kundera*, Die unerträgliche Leichtigkeit des Seins, 1984, S. 183.
62 BVerfGE 18, 85 (92 f.).
63 BGHZ 132, 332 – Prinzessin von Monaco.
64 BVerfGE 61, 1 (7 f.); 65, 1 (40 f.); 66, 116 (136, 149).
65 BVerfGE 61, 1 (8 ff.).
66 Vgl. *Paul Kirchhof*, Der demokratische Rechtsstaat – Die Staatsform der Zugehörigen, HStR IX, 1997, § 221 Rn. 124 ff.

Berufs- und die Eigentümerfreiheit sind heute als Instrumente zur Anregung und Belebung des wirtschaftlichen Wettbewerbs anerkannt, die mit dem individuellen, privatnützigen Erfolg die allgemeine Prosperität verbessern.

Das „Entdeckungsverfahren" des Wettbewerbs vermehrt das Wissen und die Handlungsmöglichkeiten der Freiheitsberechtigten, weil der Markt mit seinen vielfältigen Angeboten und Preisen breit angelegt informiert und das Wissen der Einzelnen dadurch so hervorlockt, daß sie es zur Verfolgung ihrer eigenen Ziele nutzbringend anwenden können[67]. Die Preise stimmen Bedürfnisse und Angebotskapazitäten aufeinander ab und geben dem Menschen eine Orientierungshilfe, die ihm sagt, was er tun kann[68]. Das Aufeinandertreffen von erwerbswilligen Anbietern und konsumwilligen Nachfragern schafft ein Organisationssystem, das Güter nachfragegerecht zuteilt, den Anbieter von den Bedürfnissen unterrichtet, einen Antrieb für Erwerbsanstrengungen enthält und dadurch auch das Gemeinwohl fördert[69].

Allerdings beruht dieses gewachsene und bewährte System des Gütertausches auf einer dreifachen Vereinfachung[70]. Zunächst wird die am Markt angebotene Leistung ausschließlich als Leistung des Anbieters definiert. Mag der Landwirt eine am Baum gewachsene Frucht verkaufen, der Steuerberater eine dank der Kompliziertheit des Steuerrechts notwendige, dank staatlicher Ausbildung mögliche Beratung anbieten oder der Dichter die Sprachkultur der Gegenwart nutzen, stets sieht der Markt diese Leistung nur in der letzten Stufe der Kausalkette, im alleinigen Entstehensgrund des Anbieters. Sodann wird das Leistungsentgelt allein dem Anbieter zugerechnet, obwohl die Anerkennung durch Entgelt wesentlich auch vom Nachfrager abhängt. Wer eine Ware produziert, die nicht benötigt wird; ein Lied komponiert, das nicht gesungen wird; eine Dienstleistung offeriert, die niemand entgegennimmt, mag zwar außerordentlich leistungsfähig sein, wird aber im Austausch des Marktes kein Einkommen erzielen. Der wirtschaftliche Erfolg stützt sich auf die Nachfrage; viele Erfinder, Künstler und Wissenschaftler haben die wirtschaftliche Anerkennung ihrer Leistungen zu Lebzeiten nicht erlebt, weil sie ihrer Zeit voraus waren. Schließlich gewinnt die marktwirtschaftlich-wettbewerbliche Handhabung der Wirtschaftskraft ihre Antriebskraft dadurch, daß sie wirtschaftliches Entscheiden und Vereinbaren allein Erwägungen des wirtschaftlich Zweckmäßigen, der Einschätzung von Gewinn und Verlust unterwirft. Zwar bezieht sich diese ökonomische Zweckmäßigkeit meist auf einen Betrieb, also einen Arbeits- und

---

67 Vgl. *Friedrich A. von Hayek*, The Fatal Conceit, 1988; *Hans Heinrich Rupp*, Die Unterscheidung von Staat und Gesellschaft, HStR I, 1987, § 28 Rn. 42.
68 *Rupp*, a.a.O., § 28 Rn. 41.
69 *Franz Böhm*, Wettbewerbsfreiheit und Kartellfreiheit, in: ORDO, Band 10, 1958, S. 167 (172); *Hans F. Zacher*, Aufgaben einer Theorie der Wirtschaftsverfassung, in: Ulrich Scheuner (Hrsg.), Die staatliche Einwirkung auf die Wirtschaft, 1971, S. 549 (563).
70 Vgl. *Paul Kirchhof*, Die kulturellen Voraussetzungen der Freiheit, 1995, S. 15 f.

Leistungsorganismus, in dem sich schon ein Stück Gemeinwohl verwirklicht. Im Wettbewerb aber ist der Wirtschaftende in Erfolg und Mißerfolg, in Chancen und Risiken allein auf sich selbst gestellt. Die vereinfachten Zielsetzungen des Ökonomischen stärken Einschätzungs- und Entscheidungskraft der Marktbeteiligten und bündeln die Wirkungs- und Folgenabschätzung in individueller Verantwortlichkeit. Die Zurechnung von Gewinn und Verlust allein zu den unmittelbar Beteiligten ist die rechtliche Grundlage individueller und gesamtwirtschaftlicher Anstrengungen und Erfolge.

Diese dreifach vereinfachende Rechtsstruktur des Marktes muß von einer Sozialkultur umgeben sein, die den im Wettbewerb Erfolglosen, den wirtschaftlich Notleidenden auffängt und stützt. Zudem richtet eine Aufgabenlehre das Marktgeschehen auf die Freiheitsbereiche der Art. 12 und 14 GG aus, nimmt andere Lebensbereiche aber in Staatsvorbehalten, im Schutz kultureller und privater Rechte, in Gleichheitsansprüchen strikt von einer Kommerzialisierung aus. Bestimmte Güter, wie die Nutzung von Luft, Wasser und natürlichen Lebensgrundlagen, dürfen nicht der Disposition Einzelner unterworfen, sondern müssen als Güter im Gemeingebrauch von dieser Verfügungsbefugnis ausgenommen werden. Die Leistung der Nachfrager, die in der Anonymität des allgemeinen Marktes verbleiben, kann typisierend durch Besteuerung des Anbieters der Allgemeinheit zurückgegeben, der Staat so am Erfolg privaten Wirtschaftens beteiligt werden[71]. Stets setzt die Vereinfachung des Marktgeschehens ein angeglichenes Wissen der Allgemeinheit, allgemeine Nachfragekraft und ähnliche Entscheidungsfreiheit der Beteiligten in ihren ökonomischen Grundlagen voraus. Marktfreiheit ist ohne die rechtliche Bindung und Stütze durch ein System der sozialen Sicherheit, durch den Schutz des Unerfahrenen und Mittellosen sowie ein Gesetz zur Sicherung eines „lauteren Wettbewerbs" nicht möglich.

V. Entstehen und Bestehen von Verfassungsrecht

Eine Verfassung gewinnt damit das Maß an Steuerungskraft, das in dem Zusammenhalt der Staatsbürger wurzelt und im Willen der Staatsbetroffenen zum Recht eine gleichmäßige Grundlage findet. Eine Verfassung ist so gestaltungsmächtig, wie die von ihr gesetzte Rechtsordnung in der hergebrachten Rechtskultur gründet und in den Erneuerungsprinzipien für die Zukunft und die Weltoffenheit – insbesondere dem Freiheitsprinzip und der Befugnis parlamentarischer Gesetzgebung – die staatsrechtliche Entwicklung leiten und prägen kann. Eine Staatsverfassung findet ihren Geltungsgrund nicht in der Einmaligkeit

---

71 Vgl. *Paul Kirchhof*, Die verfassungsrechtliche Rechtfertigung der Steuern, in: Kirchhof/Birk/Lehner (Hrsg.), Steuern im Verfassungsstaat, 1996, S. 27 (33).

eines Willensaktes, sondern in der Kontinuität einer bewährten, stetig überprüften, auf ständige Erneuerung angelegten Wertordnung. Eine Verfassung ist nicht bloßes Stillhalteabkommen im gegenwärtigen Wettstreit der Politik, nicht Recht unter ständigem plebiszitärem Widerrufsvorbehalt, sondern kontinuierliche Rechtsgrundlage des Gemeinschaftslebens, die insbesondere kulturelle Bedingungen der Demokratie voraussetzt. Das Grundgesetz ist eine gültige Verfassung, weil es als eine verbindliche Grundsatzordnung historisch gewachsen ist und gegenwärtig praktiziert wird, nicht weil ihm in einem punktuellen Akt das Staatsvolk zugestimmt hätte. Eine Verfassung entsteht nicht in einem juristischen „Urknall" durch Spontanentscheidungen des Staatsvolkes oder ad-hoc-Vertrag gesellschaftlicher Gruppen, sondern beruht auf Wertungen und Erfahrungen, die in einer Kulturtradition gewachsen sind. Auch die Theorie vom Staatsvertrag anerkennt diesen Ausgangsbefund. Rousseau wollte das Postulat unverzichtbarer menschlicher Freiheit mit dem Erfordernis politischer Herrschaft vereinen; deshalb sollte das Gesetzessystem den vereinten vernünftigen politischen Willen aller ausdrücken. In Kulturstaaten ist der Akt der Verfassunggebung eher ein Akt der Verfassungweitergebung[72].

Wichtigste Entstehens- und Erkenntnisquelle für Verfassungsrecht ist deshalb die gute Gewohnheit und erprobte Erfahrung. Eine Staatsverfassung bestätigt die bewährten Strukturen der herkömmlichen Rechtsordnung und sucht die verfehlten zu verbessern. Insoweit steht beim Akt der Verfassunggebung – richtiger: der willentlichen Dokumentation überlieferter Werte und geprüfter Erfahrung – das Recht nicht insgesamt zur Entscheidung, sondern nur die Ausprägung herkömmlicher Strukturen vorhandener Rechtskultur und die Vermeidung erkannter Fehlentwicklungen. Bereits der Formalakt der Verfassunggebung braucht eine gemeinsame Sprache, in der das Recht begriffen wird; stützt sich auf ein Entscheidungsverfahren, das die verfassunggebende Gewalt als vordefiniert akzeptiert und die Rechtsregeln für die Entscheidungsfindung, insbesondere das Mehrheitsprinzip, als anerkannt unterstellt; baut auch auf ein Staatsgebiet und ein Staatsvolk, für das die Verfassung gelten soll.

Die Unterscheidung zwischen verfassunggebender und verfassungsändernder Gewalt hat die Funktion, den Grundbestand geltenden Verfassungsrechts zu verfestigen. Die Verfassungsänderung schreibt das geltende Verfassungsrecht in Kontinuität fort, wahrt aber dessen tragende Werte und Organisationsprinzipien (Art. 79 Abs. 3 GG). Die Verfassunggebung hingegen ist die Revolution, der Bruch mit dem bisherigen Recht, von dem Art. 146 GG hofft, selbst diesen revolutionären Akt an die Prinzipien von Freiheit und Demokratie binden, nämlich einem Beschluß des deutschen Volkes in freier Entscheidung überantworten zu können. Dem liegt die Überzeugung von der uneingeschränkten und nicht widerlegbaren Steuerungskraft von Freiheit und Demo-

---

72 Vgl. schon *Thomas Hobbes*, Leviathan, 1651, chap. 26.

kratie zugrunde. Freiheit disponiert nicht über beliebige Rechtsinhalte, Demokratie stellt sich nicht selbst zur Disposition eines einmaligen Entscheidens. Würde heute eine Abstimmung über die Geltung des Grundgesetzes herbeigeführt und dabei das deutsche Volk zur Entscheidung gerufen, ob die zukünftige Staatsverfassung – vereinfacht gesprochen – eine Demokratie oder eine Diktatur sein solle, so würde der Abstimmungsakt die Fortgeltung von Freiheit und Demokratie von der einmaligen Einschätzung der Abstimmungsbeteiligten abhängig gemacht. Würde sich das Staatsvolk – wider alles Erwarten – gegen die Demokratie und für die Tyrannei entscheiden, so könnte das gegenwärtige Staatsvolk der nachfolgenden Generation die Freiheit und Demokratie vorenthalten. Auch bedürfte eine Verfassung, der das Staatsvolk vor 200 Jahren zugestimmt hat, für die jeweilige Gegenwart einer Neubestimmung durch das gegenwärtig zur Entscheidung berufene Staatsvolk. Verfassungen sind aber nicht Regelungen unter stetigem Bestätigungsvorbehalt, sondern Ausdruck einer gewachsenen und in Kontinuität fortzuschreibenden Rechtskultur. Entstehensquelle für Verfassungsrecht sind zunächst die vorgefundenen Anfragen an das Verfassungsrecht, die etwa die Bedürfnisse des Menschen in seiner Entwicklung (Geborenwerden, Heranwachsen, Entfaltung voller Entscheidungsfähigkeit, Schutzbedürftigkeit im Alter, Rechtsnachfolge im Tod) und die vorgefundenen Bedingungen des menschlichen Zusammenlebens (Staatsvolk, Staatsgebiet, gemeinsame Werte, Bedürfnisse für Wirtschaft und Kultur, Willen zum Setzen und Durchsetzen von Recht, gemeinsame Sprache) zu Kerninhalten jeder Rechtsordnung machen (Natur als Rechtsquelle). Daneben fordert die Kulturgebundenheit des Rechts den Rechtsetzer auf, die Rechte anderer, derzeit am Abstimmungsverfahren nicht Beteiligter zu wahren (Vernunft als Rechtsquelle). Deshalb kennt jede Rechtsordnung ein Fremdenrecht, sucht die nachfolgende Generation in ihren Freiheitsvoraussetzungen zu schützen (Umweltschutz, Verbot übermäßiger Staatsverschuldung, Bildungs- und Ausbildungswesen) und wahrt die vorgefundenen Existenzgrundlagen zu Beginn und Ende des menschlichen Lebens. In diesem Rahmen hat die über den konkreten Text der Verfassung entscheidungsbefugte Autorität Rechtspositionen, insbesondere der politischen und wirtschaftlichen Mächtigkeit, zuzuordnen und die Konzeption von Freiheit, Gleichheitsgewähr und Gemeinwohlbindung näher auszugestalten (Dezision als Rechtsquelle).

HERBERT KRONKE

Handels- und Wirtschaftsrechtsharmonisierung heute

I. Einführung

Bereits die angekündigte Formulierung des Themas („Methoden der Handels- und Wirtschaftsrechtsvereinheitlichung") zeigt, daß der Plan der Fakultät, eine Ringvorlesung zu veranstalten, und die daraufhin erfolgenden Themenanmeldungen seitens der Fakultätsmitglieder in die Zeit vor meinem Amtsantritt bei UNIDROIT in Rom fallen. Als Professor mit keiner anderen Verbindung zum Einheitsrecht als der Autorenschaft in zwei Kommentaren zu Abkommen, die zu den – nicht allzu zahlreichen – Erfolgsstories in diesem Gebiet zählen, interessiert man sich ganz natürlicherweise vorrangig für die Methoden hinter den Texten.

Nach bald ein und einem halben Jahr im Amt weiß ich, daß die Methode eine überwiegend zwangsläufige *Folge* aller übrigen Bedingungen des Entstehens von auf weltweiter Ebene harmonisiertem Privat- und Wirtschaftsrecht ist. Deswegen wird sie auch Gegenstand der *letzten* Abschnitte dieses Referats sein.

Zunächst jedoch zwei wahre Geschichten. Im Verlaufe der letztjährigen Versammlung der United Nations Commission on International Trade Law (UNCITRAL), gleichsam Großnichte von UNIDROIT (obwohl wir aus diplomatischen Gründen stets von Schwesterorganisationen sprechen), ergriff der Leiter einer asiatischen Delegation anläßlich der Diskussion eines Details aus dem Forderungsabtretungsrecht das Wort und wandte sich an meinen UNCITRAL-Kollegen und mich. Weder, so der Kern seiner Intervention, wolle eine Rechtsordnung, die im common law wurzele und funktionsgerechte Ergebnisse produziere, etwas französischer oder deutscher werden, noch gewiß im spiegelbildlichen Fall das französische oder deutsche Recht neusee- oder neufundländischer. Was die Staaten von unseren Organisationen erwarteten, seien Innovationen, gemeinsame und koordinierte Lösungen für neue Probleme.

Rechtsvereinheitlichung, dies lehrt die zweite Begebenheit, von der ich Ihnen berichte, ist fast ein unreines Wort geworden. Das UNIDROIT Statut[1] lautet in Art. 1 u.a.

„The purposes ... are to examine ways of harmonising and co-ordinating the private law of States and of groups of States, and to prepare gradually for the adoption by the various States of uniform rules of private law".

In einer Verbalnote, in der wir neuen, am Beitritt interessierten Staaten die Zwecke, Struktur und Arbeitsweise der Organisation usw. sowie die Beitrittsprozedur erläutern, habe ich den letzten Halbsatz jenes Zitats aus dem Statut streichen lassen, weil zwei anfragende Regierungen auf die „schrittweise Annahme ... von Einheitsrecht" irritiert reagierten und weitere Entscheidungen zunächst zurückstellten, weil ihnen die „Harmonisierung" und „Koordinierung" nicht nur genügten, sondern auch die Grenze des Erträglichen markierten. Und mehr hat, um ehrlich zu sein, 80 % des materiellen Einheitsrechts bisher auch gar nicht geleistet.

II. Historischer Rückblick

Am Anfang der Rechtsvereinheitlichung standen einerseits vernünftiges, meist eigennütziges Kalkül der beteiligten Wirtschaftskreise und Staaten, andererseits hohe Moral und ethische Entwürfe einiger Ausnahmegelehrter. Ferner die Angst vor den Praktikern gelegentlich esoterisch erscheinenden Operationen des Kollisionsrechts (des IPR).

Für das erste Motiv stehen die Beispiele des See- und Lufttransportrechts: Entwicklungshilfe für junge, vielversprechende Wirtschaftszweige („infant industries"), die sowohl von Haftungsdrohung wie von Versicherungslasten im Keime erstickt worden wären, sowie Herstellung gleicher Wettbewerbsbedingungen für eigene und ausländische Unternehmen waren die Zielvorgaben[2].

Die Moral kam nach dem Ersten Weltkrieg hinzu: Eine Wiederholung der Katastrophe galt es zu verhindern, und mehr Handelsbeziehungen sollten der Wiederherstellung des Vertrauens und der Freundschaft zwischen den Nationen dienen. Rechtsverschiedenheit schien dem im Wege zu stehen, und deshalb begab sich Ernst Rabel an die Vereinheitlichung des Kaufrechts, und – wir schreiben das Jahr 1926 – UNIDROIT erblickt als Spezialorganisation des Völkerbundes das Licht der Welt.

Auch die Mitte der 60er Jahre steht im Spannungsfeld der beiden Grunddeterminanten. Die neuen, soeben unabhängig gewordenen Staaten Afrikas

---

[1] Statute, incorporating the amendment to Article 6 (1) which entered into force on 26 March 1993, UNIDROIT, Rome 1993.
[2] Vgl. zum Warschauer Abkommen vom 12.10.1929 *Kronke*, in: Münchener Kommentar, Handelsgesetzbuch VII, Transportrecht, 1997, Art. 1 WA Rz. 1.

und Asiens identifizieren das bestehende Einheitsrecht (z.B. das Haager Kaufrecht[3]) als überwiegend die Interessen der Wirtschaft der alten Welt schützend, ihre eigenen Entwicklungschancen behindernd, und sie sehen in UNIDROIT den dafür verantwortlichen rechtstechnokratischen Elite-Club der West-Europäer und Amerikaner. Deshalb entsteht die UNCITRAL.

III. Ziele, Gegenstände, Methoden – Ex uno plura

1. Ziele

Harmonisierung von Privat- und Wirtschaftsrecht in einer Gemeinschaft wie der Europäischen Union verfolgt – natürlich – ganz eigene, integrationspolitische Ziele, die sonst meist fehlen, teilweise sogar unerwünscht sind. Dieser Sonderfall bleibt von der Betrachtung deshalb ausgespart.

Im übrigen sind die wesentlichen Ziele, wie sie etwa von den Transportrechtspionieren, von Ernst Rabel und seinen Zeitgenossen sowie den UNIDROIT-Gründungsstaaten formuliert wurden, im Kern gleichgeblieben. Doch sind auch Änderungen zu konstatieren, und Neues kommt hinzu. Größere Rechtssicherheit durch Vorhersehbarkeit, Senkung der Transaktionskosten des internationalen Wirtschaftsverkehrs, mehr Sachgerechtigkeit durch Unterstellung transnationaler Sachverhalte unter ihm gemäße, besondere, transnationale (statt dafür nicht gemachte innerstaatliche) Normen sind die ewigen Forderungen an das Einheitsrecht.

Vor allem ein Ziel ist hinzugekommen und könnte bereits in naher Zukunft die übrigen von der Spitzenposition der Bedeutungsskala verdrängen: Harmonisierung auf internationaler Ebene dient zunehmend der Reform, der Modernisierung, gelegentlich auch erst der Schaffung von innerstaatlichem Recht der am Vereinheitlichungsprozeß beteiligten Staaten. Dazu die folgenden vier Beispiele:

(1) Die UNCITRAL-Konvention über elektronische Zahlungstransfers[4] kam zustande, weil aufgrund einer Lücke im US-amerikanischen Recht in einem rein internen Fall Aber-Milliarden-Dollar-Schäden entstanden waren und der Aufbau von internationalem Reformdruck den dazu entschlossenen amerikanischen Regierungs- und Praktikerkreisen als effizientester Mechanismus, intern Remedur zu schaffen, erschien.

---

3 Übereinkommen zur Einführung eines Einheitlichen Gesetzes über den internationalen Kauf beweglicher Sachen vom 1. Juli 1964, BGBl. 1973 II, 886, und Übereinkommen über den Abschluß von internationalen Kaufverträgen über bewegliche Sachen vom 1. Juli 1964, BGBl. 1973 II, 919.
4 UNCITRAL Model Law on International Credit Transfers, 1992, abgedruckt in WM 1993, 664; dazu *Hadding/U.H. Schneider*, WM 1993, 629.

(2) Das UNCITRAL-Modellgesetz über grenzüberschreitende Insolvenzverfahren[5] ist gedacht als Reformkatalysator für Länder Lateinamerikas und Asiens, deren Insolvenzrechte sich in den jüngeren Wirtschaftskrisen als völlig insuffizient und für die Nachbarländer und die Weltwirtschaft insgesamt potentiell gefährlich erwiesen.

(3) Der Entwurf einer UNIDROIT-Konvention über Mobiliarsicherungsrechte[6] zeitigt bereits vor Fertigstellung Modellwirkung in zahlreichen Ländern.

(4) Die UNIDROIT-Principles of International Commercial Contracts[7] figurieren prominent in den aktuellen Vertragsrechtsreformen (und Reformplänen) in Nord- und Südamerika, Ost- und Westeuropa, Afrika und Asien.

Ein Fixstern am Firmament der Einheitsrechtszwecke hingegen scheint im Niedergang begriffen: Die Vermeidung von Uniformitätslücken aus Furcht vor dem IPR und seinen Verweisungen auf unvereinheitlichtes nationales Recht und der Ausschluß von unvereinheitlichtem internationalen Zivilverfahrensrecht gehören nicht mehr zu den Prioritäten. Die Anzahl der Konzessionen an das „[nach dem IPR des Forums] anwendbare Recht" in aktuellen Vorhaben der verschiedenen Organisationen ist überraschend hoch. Dies hat bestimmte Gründe, auf die ich im Zusammenhang mit der Diskussion heutiger Methoden zurückkommen werde.

2. Gegenstände

Während zwei klassische Bereiche, nämlich das Transportrecht und gewisse spezielle Vertragstypen, zwar gelegentlich noch Gegenstand von Überlegungen sind, aber doch längst nicht mehr im Zentrum der Aufmerksamkeit stehen, haben diesen Platz vier Rechtsgebiete bzw. Problembereiche eingenommen.

(1) Der Schutz geistigen Eigentums und geistiger Hervorbringungen, einschließlich des kulturellen Erbes.

(2) Der Einfluß neuer Kommunikationstechnologien auf die Typen von Transaktionen und die Organisation von Handelsabläufen.

(3) Die beiden Seiten der Finanz- und Kapitalmärkte, nämlich die Sammlung der Einzelkapitalien der Investoren einerseits und die Ermöglichung und Verbilligung der Inanspruchnahme von Kredit andererseits.

---

5 UNCITRAL Model Law on Cross-border Insolvency, 1997, abgedruckt in ZIP 1997, 2224.
6 Preliminary Draft UNIDROIT Convention on International Interests in Mobile Equipment (Text der ersten UNIDROIT/ICAO Joint Session, 1.-12.2.1999, abgedruckt in Unif. L. Rev. 1999, 478. Inzwischen haben eine zweite und eine dritte Joint Session stattgefunden, die den Text vielfach ergänzt und verändert haben.).
7 Rom 1994. Inzwischen in allen fünf UNIDROIT-Sprachen (Englisch, Französisch, Deutsch, Italienisch, Spanisch) sowie in über 20 weiteren Sprachen publiziert. Die Literatur ist unüberschaubar; statt aller vgl. nur *Bonell*, An International Restatement of Contract Law, 2. Aufl., Irvington-on-Hudson, 1997.

(4) Der – in deutscher Terminologie – allgemeine Teil des Obligationenrechts.

Insgesamt drängt sich der Eindruck auf, die Auswahl der Gegenstände sei weniger als in der nicht allzu fernen Vergangenheit von den Neigungen und Vorlieben einflußreicher akademischer, ministerieller und (rechts-)politischer Meinungsführer und mehr von den konkreten Bedürfnissen und den geäußerten Wünschen interessierter Wirtschaftskreise und einzelner Staaten bestimmt.

Und um Ihnen zu zeigen, daß Heidelberg auch abgesehen von mir in der Einheitsrechtspolitik präsent ist: Gelegentlich stelle ich Anfragen und Anregungen ein Stop-Schild in den Weg, auf dem geschrieben steht „kulturelle Identität". Denn obwohl ich hinsichtlich der juristischen Leistungsfähigkeit dieses Kürzels außerhalb des Familienrechts nicht ganz so optimistisch bin wie Herr Jayme, glaube ich an die Existenz derselben und stemme mich gegen jeden Wunsch, familienrechtliche Gegenstände in das Arbeitsprogramm von UNIDROIT aufzunehmen. Man stelle sich vor: Familienrechtsharmonisierung zwischen Skandinavien und Schwarzafrika, Westeuropa und den Golfstaaten oder Afghanistan! Hier geht es um Koordinierung, um des Internationalen Privatrechts ureigene, historische Mission, und dabei sollte es bleiben.

3. Methoden

a) Instrumentenvielfalt – Auswahl

aa) Institutioneller Rahmen

Nachdem über Jahrzehnte hinweg der völkerrechtliche Vertrag, die von den Staaten zu ratifizierende Konvention das einzige Instrument war, mit dem Rechtsvereinheitlichungsversuche unternommen wurden, ist heute jeweils die Wahl unter einer Vielzahl von Instrumentsformen zu treffen.

Freilich setzt der *institutionelle Rahmen* den Organisationen Grenzen, die z.T. erst noch auszuloten sind. Der bereits zitierte Art. 1 des UNIDROIT-Statuts spricht immerhin vom „Recht der Staaten", das zu harmonisieren sei. Die Vorschrift fährt nämlich in Absatz 2 fort:
„To this end the Institute shall:
(a) prepare drafts of laws and conventions with the object of establishing uniform internal law;
(b) prepare drafts of agreements with a view to facilitating international relations in the field of private law;
(c)-(e) ..."

Der Auftrag zur Ausarbeitung von „Gesetzes- und Konventionsentwürfen" ist kaum der Auslegung zugänglich, doch scheint der etwas vage Hinweis auf „die internationalen Beziehungen ... vereinfachende Vereinbarungen" das nötige Maß an Flexibilität zu gewähren. Und der Direktionsrat, das für die Programmformulierung zuständige Organ, stellte auf seiner 73. Sitzung im Jahre 1994 fest:

„Attempts to realise those [i.e. die satzungsmäßigen] aims ... have assumed two principal forms, on the one hand the preparation of uniform laws, a term which should be understood in a broad sense and therefore as encompassing for example the Principles of International Commercial Contracts [dazu sogleich Näheres], and on the other the dissemination of information concerning uniform law coupled with study of the methodology of the unification process so as to ensure that the benefits it is capable of offering to the international community as a whole can be maximised to the best possible advantage"[8].

Das Sekretariat betrachtet diese Formel als zentrale Inhalts- und Zielvorgabe.

Trotz allem: Die Organisationen, von denen hier die Rede ist (neben UNIDROIT und UNCITRAL – sowie der Haager Konferenz für den Spezialbereich des Kollisionsrechts – fallen auf Anhieb ein die WIPO, die IMO, die ICAO, die Economic Commission for Europe der Vereinten Nationen, aber auch zahlreiche andere mit entweder sachlich oder geographisch-regional besonders zugeschnittenen Aufgabenbereichen), sind den Mitgliedsregierungen rechenschaftspflichtig. Und Regierungen – insofern ganz menschlich – neigen dazu, mehr Interesse an Dingen zu haben, an denen sie selbst aktiv beteiligt sind. Nur leicht übertrieben ausgedrückt: Wenn unser *Haushaltsentwurf* gebilligt werden soll, darf das Arbeitsprogramm nicht mehr als eine bestimmte Anzahl von Nicht-Konventions-Vorhaben aufweisen. Andernfalls droht die Markierung als „low cost item" oder „to be funded from extra-budgetary sources".

Wie wichtig der inter*gouvernementale* Meinungsbildungsprozeß ist, zeigt sich daran, daß die USA als letzte der großen Industrienationen UNIDROIT beitraten, und zwar vier Wochen vor der diplomatischen Konferenz, die 1964 das Haager Einheitliche Kaufrecht gebar. Ähnliches geschah vor den diplomatischen Konferenzen für das Wiener Kaufrecht (1980)[9], die Factoring- und die Finanzierungsleasingkonventionen von Ottawa (1988)[10] und die Kulturgüterrestitutionskonvention von Rom (1995)[11]; nicht weniger als 20 Staaten traten in den Vorbereitungsphasen bei.

---

8 Governing Council, 73rd Session, Rome, 9-14 May 1994, Agenda Item 9, Secretariat Memorandum, UNIDROIT 1994 C.D. (73) 9 (Original: Englisch), p. 1.
9 Wiener UN-Übereinkommen über Verträge über den internationalen Warenkauf vom 11. April 1980, BGBl. 1989 II, 588.
10 UNIDROIT Convention on International Factoring, Ottawa, 28 May 1988, BGBl. 1998 II, 173; dazu *Zaccaria*, IPRax 1995, 279; *Häusler*, Das UNIDROIT-Übereinkommen über internationales Factoring (Ottawa 1988), 1998; *von Falkenhayn*, Das Verhältnis von Factor und Debitor beim Factoring, 1999; UNIDROIT Convention on International Financial Leasing, Ottawa, 28 May 1988, abgedruckt in Unif. L. Rev. 1988, 134; dazu *Dageförde*, Internationales Finanzierungsleasing, 1992; *Girsberger*, Grenzüberschreitendes Finanzierungsleasing, 1997.
11 UNIDROIT Convention on the International Return of Stolen or Illegally Exported Cultural Objects, Rome, 23 June 1995, abgedruckt in Unif. L. Rev. 1996, 110; dazu *Jayme/*

Ein ganz neues, zunächst einmal irritierendes Element im Kranz der institutionellen Determinanten für die Auswahl des geeigneten Typs für ein Harmonisierungsinstrument ergibt sich aus dem Vertrag von Amsterdam. Die EU-Kommission hat ein robustes Verständnis vom Inhalt des Art. 65 und den den Mitgliedstaaten verbliebenen Kompetenzen. Sobald sie aber erfährt, daß es nicht „hard law", also Staatsvertrags-/Konventionsrecht, ist, an dem die weltweiten Organisationen arbeiten, verliert sich ihr im übrigen gelegentlich übertriebenes und nicht durchweg Logik und gediegene Rechtskenntnisse (wohl aber politischen Willen) verratendes Interesse.

bb) Beispiele

Was gibt es nun alles jenseits – ich sage bewußt nicht: unterhalb – des bindenden Staatsvertrages (Typ Wiener Einheitskaufrecht-CISG)?

In historischer Abfolge zunächst das *Modellgesetz*, d.h. den intergouvernemental ausgearbeiteten *Vorschlag*, der von einem Staat entweder voll oder mit nationalen Besonderheiten Rechnung tragenden Abänderungen übernommen wird – oder aber gar nicht. Die Vor- und Nachteile unter dem Gesichtspunkt *garantierter* Harmonisierung einerseits und erleichterter *Akzeptanz* andererseits liegen auf der Hand. Ein besonders erfolgreiches Beispiel ist das UNCITRAL Modellgesetz zur internationalen Handelsschiedsgerichtsbarkeit, welches in zahlreichen Ländern übernommen wurde und Kern des neuen 10. Buches der deutschen ZPO ist[12].

In den Bereich des „soft law", manche sagen der „schleichenden Kodifizierung der lex mercatoria"[13], gehören die UNIDROIT Principles of International Commercial Contracts. Manche nennen dieses Regelwerk, welches sich an Schiedsrichter, Richter, Kautelarjuristen und Gesetzgeber wendet, ein „Restatement", d.h. eine Bezeichnung des international-durchschnittlichen status quo. Manchmal ist es freilich ein „Pre-statement" einer als optimal empfundenen, so aber *(noch)* nirgendwo existierenden Regelung. Teil I, seit 1994 „auf dem Markt"[14], hat einen überwältigenden Erfolg gehabt. Derzeit befindet sich Teil II (Stellvertretung, Abtretung, Schuld- und Vertragsübernahme, Rechte Dritter aus Verträgen, Aufrechnung, Verjährung und Verwirkung) in Arbeit, an deren Ende ein fast kompletter Allgemeiner Teil des Vertragsschuldrechts stehen wird.

Im Mai wird – in Kooperation mit dem American Law Institute – das Projekt der „Rules of Transnational Civil Procedure" formalisiert in Angriff genom-

---

Wagner, IPRax 1997, 140; *Vrellis*, in: Reichelt (Hrsg.), Neues Recht zum Schutz von Kulturgut, 1997, 69; *Reichelt*, ebd. 55.
12 Zur Reform vgl. statt vieler nur *K.P. Berger*, DZWiR 1998, 45; *Kronke*, RIW 1998, 257.
13 *K.P. Berger*, Formalisierte oder „schleichende" Kodifizierung des transnationalen Wirtschaftsrechts, 1996.
14 Oben Note 7.

men[15]. Es könnte auf ein Modellgesetz hinauslaufen, vielleicht bewendet es aber auch bei einem „legislative guide" o.ä.

Ein „guide" – und damit sind wir am Ende des Spektrums angelangt – kann sich als Sammlung von Merkposten, Identifizierung von „best practices" etc. außer an Gesetzgeber u.a. auch an Vertragsredaktoren, Unternehmensberater, sowie – zur Erweiterung des Assoziationshorizonts – an Schiedsrichter und Richter wenden. Als Beispiele seien der UNIDROIT Guide for International Master Franchise Arrangements oder der UNCITRAL Draft Legislative Guide on Privately Financed Infrastructure Projects genannt[16].

Voraussetzung für die Erfüllung der genannten Funktion der Praxisgestaltung ist freilich, daß ein derartiges Dokument auf Rechtsfragen zielt und rechtlich umsetzbare Antworten gibt. Die OECD-„Grundsätze der Corporate Governance"[17] etwa bleiben unterhalb dieser Schwelle. Es handelt sich um irgendetwas zwischen didaktischer Problembeschreibung für Nichtjuristen, gehobenem Wirtschaftsjournalismus und politischer Verlautbarung.

cc) Vor- und Nachteile einzelner Instrumentstypen – Auswahlkriterien

Wie messen wir Erfolg? Wie gelangen wir zu einem Urteil darüber, ob – wenn wir die Instrumentstypen in der Chronologie ihres historischen Auftretens betrachten – die klassische Form, der Staatsvertrag, geeignet ist, ein bestimmtes Problem oder einen Transaktionstyp anzugehen?

Viele Ratifikationen, rasch ergehende, zahlreiche Gerichtsentscheidungen, denen es gelingt, die intendierte Harmonisierung jedenfalls nicht grundsätzlich aufs Spiel zu setzen (oder gar, sie zu sichern), erlauben *ex post* das Urteil: Wir haben richtig gewählt. Heute wissen wir, daß die Wiener Kaufrechtskonvention (CISG) ein Treffer war. Aber einerseits war damals eine Alternative noch nicht in Sicht, und andererseits ist das eben ein Ex-post-Urteil. Trotz der exzeptionellen 57 Ratifikationen wären die Verfasser notwendigerweise unzufrieden, wenn ungeachtet ihrer rechtstechnischen Qualität die Parteien internationaler Kaufverträge die Konvention regelmäßig ausschlössen. Immerhin lassen sich einige allgemeingültige Aussagen treffen zur Frage, wann welche Form die beste ist, und sie sind vielfach getroffen worden. Insbesondere, das Einverständnis des UNIDROIT-Direktionsrates für den Soft-law-Versuch der „Principles" zu gewinnen, erforderte drastische Worte. Sir *Roy Goode*, Mitglied desselben, sagte

---

15 Joint American Law Institute/UNIDROIT Working Group on Transnational Rules of Civil Procedure, 1st Session, Rome, 22-26 May 2000, UNIDROIT Studies LXXVI – Doc. 1, Doc. 2 and 2/Add. 1 (http://www.ali.org/transrules.htm); und dazu *Stürner*, Modellregeln für den internationalen Zivilprozeß?, ZZP 112 (1999) 185.
16 UNIDROIT Guide to International Master Franchise Arrangements, Rome 1998; UNCITRAL Draft Legislative Guide on Privately Financed Infrastructure Projects, UNCITRAL, Thirty-second Session 1999, A/CN.9/458/Add. 1-9.
17 Abgedruckt in AG 1999, 340.

damals: „The treaty collections are littered with conventions that have never come into force, for want of the number of required ratifications, or have been eschewed by the major trading States." Als Gründe nennt er zu Recht fehlende Abstimmung mit den beteiligten Wirtschaftskreisen, um auszuloten, ob überhaupt ein Problem gesehen wird, welches eine Konvention auszuräumen geeignet ist, Feindseligkeit mächtiger Lobbyisten, überladene Terminkalender der Regierungsbürokratien und Parlamente sowie „mutual hold-backs, each State waiting to see what others will do, so that in the end none of them does anything"[18]. Nur zur Illustration des Quantitätsverarbeitungsproblems: Der Referatsleiter, der im BMJ in Berlin für alle UNIDROIT-Konventionen und die Mitgliedschaft Deutschlands in der Organisation zuständig ist, betreut gleichzeitig das gesamte öffentliche und private Luftrecht (d.h. ICAO mit hunderten von Verträgen, Protokollen, Ausführungsverordnungen, EU-Wettbewerbsrecht usw.), die Arzneimittelhaftung und das allgemeine Schadensersatzrecht.

Eine ermutigende Nachricht betreffend das leidige Ratifikationsproblem kam jüngst aus dem Department of Trade and Industry in London: Das Vereinigte Königreich werde (als letzte der großen Industrienationen) der Wiener UN-Kaufrechtskonvention beitreten, wenn wütende Menschenmengen durch die City of London marschieren und mit mächtigem Schlachtruf und auf Spruchbändern fordern: „Wir verlangen die Ratifikation der Wiener Kaufrechtskonvention."

Den damit angesprochenen „inertia-factor" hat *René David*, der große französische Rechtsvergleicher und zeitweise Stellvertretende Generalsekretär von UNIDROIT, anläßlich einer der ersten UNCITRAL-Versammlungen mit folgendem Vorschlag – einem offiziellen Antrag der französischen Delegation – zu neutralisieren versucht: Ein Staat, der nach jahrelangen aufwendigen Verhandlungen zwar zeichnet, dann aber nicht ratifiziert, wird mangels ausdrücklicher Abstandnahme behandelt, als habe er ratifiziert. Umkehr der Beweislast, gewissermaßen.

Auf all diese Schwierigkeiten stößt zwar noch die Form des Modell-Gesetzes, insofern es innerstaatlich umgesetzt werden muß, nicht aber die diversen Soft-law-Alternativen.

Zur *Auswahl der der Harmonisierung zuzuführenden Gegenstände* habe ich bereits oben, III 2, eine Bemerkung gemacht. Des weiteren ist oftmals in der Vergangenheit der Zuschnitt sachlich zu eng oder zu weit gewesen (etwa, wenn man nicht in Rechnung stellte, daß ein Handelsvertragstyp, wie das Franchising, in Land A primär wettbewerbsrechtliche, in Land B primär arbeitsrechtliche, in Land C primär steuerrechtliche Probleme aufwirft). Der richtige Zuschnitt

---

18 *Goode*, International Restatements of Contract and English Contract Law, Unif. L. Rev. 1997, 231, 232 f.

– weit genug, um alle die Praxis belastenden Probleme auszuräumen, und eng genug, um möglichst wenig Gegenlobby und rechtspolitischen Konservatismus zu provozieren – ist der halbe Weg zum Erfolg.

Wenden wir uns nunmehr dem eigentlichen *Entstehungsprozeß* zu, so ist der Hauptstolperstein der nach wie vor hohe Rang, den Staaten auch bei der Diskussion privatrechtlicher Probleme und Lösungsmöglichkeiten der Souveränität beimessen, und die Unfähigkeit, z.b. den Umfang der Akzessorietät von Forderung und Sicherungsrecht bei der Zession *nicht* als ein Souveränitätsproblem zu behandeln.

Die Form des Modell-Gesetzes wirkt wegen der eingebauten Abweichungsmöglichkeit in dieser Hinsicht konfliktentschärfend, bei anderen Instrumenten tritt der Konflikt gar nicht auf. Die ca. 20 Mitglieder der Arbeitsgruppe zu den UNIDROIT-Principles – zur Hälfte Professoren, zur Hälfte Praktiker der ersten Garnitur – diskutieren rein funktional, zwar aus dem Erfahrungsschatz ihrer Heimatrechtsordnung schöpfend, aber ohne daß sich die Loyalitätsfrage zum eigenen Souverän stellte. Nur deshalb hat diese „schleichende Kodifizierung" des allgemeinen Vertragsrechts auch Erfolg. Demgegenüber würden auf einer Regierungsexpertenkonferenz zu einem solchen Vorhaben in Form eines bindenden Staatsvertrags nur sog. Buchhalterdelegationen, sicher aber nicht die USA, das Vereinigte Königreich, Saudi-Arabien oder Frankreich erscheinen.

Die „Principles"-Gruppe hat auch keine Hemmungen, nach einwöchiger Diskussion eines Problems der verdeckten Stellvertretung und der endlichen Herausarbeitung zweier gleich plausibler Lösungen abzustimmen und sodann die Lösung, die 11 von 20 Stimmen erlangte, geschlossen als die beste zu vertreten – undenkbar in Regierungsverhandlungen.

Ein Beispiel: Derzeit wird in Den Haag über ein weltweites Zuständigkeits- und Anerkennungs- und Vollstreckungsabkommen verhandelt[19]. Den USA ist die *Lis-alibi-pendens*-Regel unbekannt. Den Kontinentaleuropäern die *Forum-non-conveniens*-Doktrin, d.h. richterliches Ermessen bei der Zuständigkeitsbestimmung. Ausgangskompromiß war, daß beide Seiten im Grundsatz das exotische Tier aus dem fernen Biotop hinnehmen, man aber später durch Einschränkungen dafür sorgen wollte, daß es dem heimischen Publikum nicht als wilde Bestie erschiene. Nun begann der Kampf um die Details der Einschränkungen. Im Augenblick scheint es so, als würde entweder keinerlei nennenswerte Moderation erreicht oder beide Regeln so verwässert, daß das Scheitern in den Parlamenten diesseits und jenseits des Atlantik vorprogrammiert ist.

---

19 Preliminary Draft Convention on Jurisdiction and Foreign Judgments in Civil and Commercial Matters, Adopted by the Special Commission on 30 October 1999, Hague Conference on Private International Law, The Hague, November 1999.

Einen radikalen Kurswechsel stellt der „policy oriented approach" oder auch „commercial approach" dar[20]. Am Anfang stehen hier nicht die hehre Idee einer durch Harmonisierung verbesserten Welt und die akademisch gesteuerte Annäherung divergierender Lösungen, sondern das ökonomische oder technische Kalkül.

Ein Beispiel: Der derzeitige Entwurf einer UNIDROIT Konvention über Sicherungsrechte[21] an höchstwertigen, mobilen Infrastruktur-Investitionsgütern (Flugzeuge, Raumfahrzeuge, Telekommunikationssatelliten, Eisenbahnzüge, eventuell eines Tages Seeschiffe, Explorations- und Bohrplattformen) ist (1) Reaktion auf die Unsicherheiten der Anerkennung nationaler Sicherungsrechte über IPR-Operationen und (2) Konsequenz aus ökonomischen Analysen, daß die Kreditkosten für die Anschaffung solcher Güter um zwischen 15 und 40 % gesenkt werden können, wenn die Sicherheiten der Hersteller, Banken und Leasing-Geber radikal verbessert werden.

Die Konvention macht nun im theoretischen Ansatz nicht ein französisches Sicherungsrecht dem des Art. 9 UCC ähnlicher, sondern formuliert Regeln des Zustandekommens, des Ranges in der Zwangsvollstreckung bzw. der Insolvenz usw. von dem Ziel der Kreditkostensenkung her. Jeder Staat kann jetzt wählen. Nicht nur, ob er überhaupt der Konvention beitritt, sondern auch, ob ihm die theoretische Einheit seiner Rechtsordnung, generelle Erwägungen zum gutgläubigen Erwerb vom Nichtberechtigten, Gleichgewichtigkeit von Gläubiger- und Schuldnerinteressen o.ä. oder aber X % Kreditkostensenkung für seine Infrastruktur-Entwicklung in bestimmten Bereichen mehr wert sind. Nehmen wir die Umkehrung des Verhältnisses von gesicherter Forderung und Sicherheit. Wegen technischer Besonderheiten und besonderer Finanzierungstechniken wird sie bei Luft- und Raumfahrzeugen umgekehrt werden. Die Forderung folgt dem Sicherungsrecht. Frankreich oder Schweden mag die Einheit und die innere Widerspruchsfreiheit bürgerlichen Rechts mehr wert sein als die (über die Verfügbarkeit von Kredit und Kreditkosten entscheidende) Reaktion der Rating-Agenturen im Nichtratifikationsfall, Südafrika und Rußland werden im Zweifel eher auf letztere schauen.

Doch zeigt dieses Beispiel aus dem Sachenrecht zugleich, daß der verbindliche, innerstaatlich umzusetzende Staatsvertrag nicht ausgedient hat: Für Softlaw-Rechte gäbe es keine Kreditkostenprämie.

Und auch die UNIDROIT-Konvention über die Rückgabe gestohlener und illegal exportierter Kulturgüter[22], eine originelle Lösung von Problemen des gutgläubigen Erwerbs vom Nichtberechtigten, noch dazu überwölbt von öf-

---

20 Vgl. dazu *Wool*, Rethinking the Notion of Uniformity in the Drafting of International Commercial Law: A Preliminary Proposal for the Development of a Policy-Based Unification Model, Unif. L. Rev. 1997, 46. Ferner *Kronke*, in: FS Henrich, 2000 (demnächst).
21 Oben Note 6.
22 Oben Note 11.

fentlichem Recht, macht die Wahl der Konventionsform unausweichlich. Freilich lenkt die Konvention den Blick auch auf Fundamentalprobleme des Einflusses von Moral, und zwar unterschiedlicher Moralvorstellungen, im Prozeß der Privatrechtsharmonisierung. Ein anderes Beispiel hierfür ist das lange, seit langem in einem *impasse* steckende Ringen um eine „Bhopal"-Konvention, d.h. um ein Entschädigungssystem bei großen menschengemachten Katastrophen.

An dieser Stelle möchte ich als weitere Schwierigkeiten im Entstehungsprozeß *selbst von Handelsrecht* – die freilich alle Instrumenttypen betrifft – nur stichwortartig andeuten: Religion, Sprache und Psychologie. Und – natürlich – Erziehung, einschließlich der Juristenausbildung. *Oliver Wendell Holmes* hat gesagt: „Law is not logic, but experience". In der letzten Woche wohnte ich einer Schlacht um ein Detail einer Anspruchsverjährungsregel zwischen einem Gefolgsmann von Holmes (einem englischen Professor) und einem Vertreter des Gegenteils „law must be logic" (ein niederländischer Höchstrichter) bei. Eine zweifellos in mehrfacher Hinsicht bemerkenswerte Rollenverteilung.

4. Auslegung – Das Problem der Sicherung des Harmonisierungserfolges

Ist eine Konvention in Kraft, ein Modellgesetz intern umgesetzt, ein „Guide" befolgt, stellen sich Probleme des Zusammenhaltens des Erfolgs, den die zentrifugalen Kräfte in nationalen Parlamenten, Gerichten und Anwaltskanzleien oft einer harten Zerreißprobe aussetzen.

Zunächst sei das Einsame-Insel-Syndrom genannt: Das Einheitsrechtsinstrument mag sich in einem Meer nationaler Regeln wiederfinden, die schlecht zu ihm passen, aber vor deren Hintergrund es anzuwenden ist. Die Einfügung einer Vorschrift wie jener des Art. 7 CISG ist derzeit die gängige Antwort. Doch sie werfen neue Probleme auf, die anzugehen ebenfalls eine Aufgabe der UNIDROIT-Principles ist.

Damit sind wir beim Kern der Auslegung – möglichst einheitsrechtsfreundlich und autonom –, über die ganze Bibliotheken geschrieben wurden[23]. Freilich ist damit nicht gesagt, daß scharfes Nachdenken nicht lohnte und weiterer Erkenntnisfortschritt nicht zu erwarten wäre – im Gegenteil[24]. Ich möchte mich darauf beschränken, Ihren Blick auf zwei Neuigkeiten zu lenken. Die erste betrifft zugleich die laufende Qualitätskontrolle und ggf. erforderliche

---

23 Vgl. nur *Kropholler*, Internationales Einheitsrecht, 1975; *David*, The International Unification of Private Law, Int. Enc. Comp. L. II, ch. 5, 1969; *Trompenaars*, Pluriforme unificatie en uniforme interpretatie, Deventer 1989.

24 Glänzende Beispiele sind *Ferrari*, General Principles and International Uniform Commercial Law Conventions: A Study of the 1980 Vienna Sales Convention and the 1988 UNIDROIT Conventions, Unif. L. Rev. 1997, 451; *Gebauer*, Uniform Law, General Principles and Autonomous Interpretation, Unif. L. Rev. 2000 (demnächst).

Anpassungen der Instrumente an sich verändernde Umstände: Es wird im Zusammenhang der Beratungen unserer Mobiliarsicherungsrechtskonvention die Einrichtung eines Kontrollgremiums erwogen, das ständig die praktische Bewährung der Lösungen beobachtet und möglicherweise von den Staaten sogar zur sog. „Fast-track-Revision" ermächtigt werden könnte.

Etwas weniger als diese und auch weniger als ein supranationales Gericht mit Kompetenz zu verbindlicher Auslegung (Typ EuGH) würde die für das Haager Zuständigkeitsabkommen („Brüssel weltweit") diskutierte Experten-Spruchkommission darstellen.

Doch müssen es nicht über-nationale Instanzen sein, die über das sich internationalisierende neue Recht wachen. Der High Court von Hong Kong besteht neuerdings neben fünf einheimischen Richtern pro Gerichtsjahr aus jeweils einem wechselnden ausländischen. Bislang Lords Hoffmann und Nicholls aus dem britischen House of Lords und einem Australier. Doch kann man sich nach Aussagen aus der dortigen Justizverwaltung gut auch einen Kontinentaleuropäer für eines der kommenden Jahre vorstellen. Ziel: Die „richtige", einheitliche Auslegung einer ungewöhnlich hohen Zahl unmittelbar geltender Staatsverträge – im menschenrechtlichen Bereich auch die Herstellung der Verbindung zur EMRK, die im Vereinigten Königreich, Hong Kongs Mutterrechtsordnung, in Zukunft zu einem Stück geschriebener Verfassung wird.

IV. Konklusionen

Nie war Harmonisierung und Modernisierung auf Regional- und Weltebene so vielgestaltig wie heute, nie zuvor so spannend.

Regierungen können Harmonisierung und Innovation zwar noch verhindern.

Regierungen können (und wollen) Harmonisierung und Modernisierung aber nicht erzwingen. Intellektuelle Projekte Wirklichkeit werden zu lassen, erfordert im Handels- und Wirtschaftsrecht heute die Beteiligung der interessierten Kreise von Anbeginn. Sowohl Erfindungsreichtum bei der Identifizierung der besten Detaillösungen und der geeigneten Formen als auch Opfer vor allem bei den eigenen Denkgewohnheiten sind gefragt. Das macht die Prozesse sehr viel komplexer, den Sinn aber auch klarer und die Verwirklichungschancen größer.

ADOLF LAUFS

Medizin und Recht im Wandel der Zeit[1]

Die folgende Skizze sucht in zehn knapp gefaßten Kapiteln ihr Thema zu umreißen und dabei das Medizinrecht als weiter Gewicht gewinnendes, interdisziplinäres Arbeitsfeld vorzustellen, das eine wachsende Zahl von Juristinnen und Juristen herausfordert und beschäftigt: 1. Die große Transformation; 2. Abschied von Hippokrates?; 3. Legitimation des Arztes; 4. Zunehmende Normativität; 5. Patientenautonomie; 6. Therapiefreiheit; 7. Neulandmedizin; 8. Haftpflicht; 9. Kostendruck und Standard; 10. Lebensschutz.

I. Die große Transformation

Die Medizin hat während der letzten Jahre geradezu sprunghaft Fortschritte gemacht – in Prävention, Diagnostik, Therapie und Rehabilitation; weitere kündigen sich an. Mit den Qualitätssprüngen gingen im medizinischen Betrieb einher weitreichende Spezialisierungen und sich fortsetzende Arbeitsteilungen, die sich in der Berufs- und in der ausgefächert komplizierten Weiterbildungsordnung spiegeln. Die Zahl der berufstätigen Ärzte schnellte gewaltig empor, ohne daß diese Zunahme ihr Ende erreicht hätte. Nicht zuletzt dank der medizinischen Errungenschaften stieg und steigt die Lebenserwartung in Deutschland beträchtlich. Damit wächst die Zahl alter, multimorbider, gebrechlicher Menschen. Nicht nur die überalternde Gesellschaft fordert die medizinischen Dienste zuerst der Geriatrie heraus. Auch die Hauptkrankheiten schlechthin, nämlich Herz-, Kreislauf- und Krebsleiden blieben bisher unbesiegt. Mit großem Nachdruck verlangen wiederkehrende infektiöse, alte und neue gesundheitliche Bedrohungen nach medizinischen Aufbrüchen, die zusätzlich große

---

[1] Der Text gibt den Wortlaut des am 27. April 1999 gehaltenen Vortrags wieder. Aufschlüsse im einzelnen und Hinweise auf die Fülle der Literatur vermitteln die Beiträge des Autors zum Handbuch des Arztrechts, 2. Aufl. 1999, herausgegeben von *Adolf Laufs* und *Wilhelm Uhlenbruck*, ferner die umfassenden alljährlichen Berichtsaufsätze des Verfassers in der Neuen Juristischen Wochenschrift, zuletzt NJW 1997, 1609-1618; NJW 1998, 1750-1761; NJW 1999, 1758-1769; NJW 2000, 1757-1769.

Summen verschlingen und den Probanden und Patienten bei wissenschaftlichen Studien auch Opfer abverlangen. Viele invasive Verfahren belasten den Kranken zugleich und bleiben von Gefahr begleitet. Die Notwendigkeit, Vorteile gegen Risiken abzuwägen und mit iatrogenen Gefahren umzugehen, ist das Signum der modernen Medizin.

Die naturwissenschaftlichen Innovationen und deren technische Realisation durch die Medizin werfen drängende, oft geradezu dramatische Fragen auf. Neue biologische Paradigmen erheben den Anspruch auf die Definitionshoheit über die Begriffe. Mit Macht schreitet der Werte- und Strukturwandel offenkundig im Gesundheitswesen voran. Der arztorientierte und medizineingebundene Patient wird zum Klienten, zum Kunden mit dem Willen zur umfassenden Selbstverwirklichung (*Horst Baier*). In einer individualistischen Gesellschaft weithin ohne moralgebietende Transzendenz, vielfach ohne allgemein verbindliche sittliche Imperative, erfahren die Fragen um Leben und Tod zunehmend andere Antworten als die traditionell gebotenen. Die Pluralität der Lebensstile und Verhaltensmuster verändert auch den Gesundheitsdienst. Neue medizinische Methoden stoßen immer auf eine Nachfrage, die ihrerseits Anbieter auch jenseits nationaler Grenzen stimuliert.

Spezialistentum, Investitionserfordernisse und Konkurrenzdruck führen zu neuen kooperativen Organisationsformen medizinischer Tätigkeit, die ihrerseits der Anonymisierung und Kommerzialisierung des Arzt-Patienten-Verhältnisses Vorschub leisten. Aufsatztitel 1998 der Zeitschrift „Medizinrecht" dokumentieren den aktuellen Stand: „Die Ausdehnung des Leistungsbildes durch Zusammenarbeit mit Nichtärzten"; „Vertragsärztliche Leistungserbringungsgemeinschaften"; „Zahnärztliche Praxislaborgemeinschaften"; „Ärztliche Kooperationsgemeinschaften und Beteiligungsmodelle"; „Vernetzte Praxen".

Aus dem Hilfspflichtigen droht der werbende Leistungsanbieter zu werden, der um Anteile am europäischen Gesundheitsmarkt ringt. Das „Mediziner-Marketing" gewinnt Fürsprecher. Der Streit um das Ausmaß erlaubten Werbens der Freiberufler illustriert die allmählichen Veränderungen der Berufsbilder. Das Verbot berufswidriger Werbung kennzeichnet den freien Beruf. Daran hält die neue Berufsordnung entschlossen fest, fast in einer gewissen Opposition zur richterlichen Spruchpraxis, in der sich die Strenge des Werbeverbots abschwächt vornehmlich bei gewerblichen Unternehmen auf dem Gebiet der Heilkunde, bei der Ärzte-GmbH.

Zurückhaltung und Unaufdringlichkeit kennzeichnen von alters her den ärztlichen Dienst; Werbung läßt sich schwerlich damit vereinbaren. Andererseits verlangt das Publikumsinteresse in der Kommunikationsgesellschaft nach Hinweisen und Aufschlüssen. Der sich verschärfende Wettbewerb um Patienten steigert das Mitteilungsbedürfnis. Konkurrenz läßt sich nur als Leistungswettbewerb akzeptieren. Dieser indessen erfordert die Transparenz der Leistungsangebote, vor allem bei hochspezialisierten und kostenintensiven Diensten. Der betriebswirtschaftliche Aufwand und der innovative Antrieb der Spezialisten drängen an die Öffentlichkeit, um die potentiell vorhandene Nachfrage zu finden. Wer sachdienliche Informationen unterbände, träfe ärztliche Anbieter wie Patienten empfindlich und behinderte das Fortschreiten der Medizin. So hat sich denn der Ärztetag den Computerkommunikationsnetzen geöffnet und die Publikation von allein für die Patienteninformation in Praxisräumen zugelassenen Mitteilungen gestattet, wenn der Nutzer zunächst nur Zugang zur Homepage nach Art des Praxisschilds erhält und erst nach einer weiteren Abfrage zu den Patienteninformationen gelangen kann.

Der durch immer weiter erhöhte medizinische Standards, ausgreifende Bedürfnisse und Begehrlichkeiten im Publikum, auch durch die Ärzteschwemme und begrenzte Budgets verursachte Kostendruck verformt das traditionsreiche deutsche Sozialversicherungssystem. Der Wandel vom Kassenarzt zum Vertragsarzt läuft auf anderes hinaus, als die Worte verheißen: ein Weniger an ärztlicher Berufsfreiheit. Es droht systemwidriger Formenmißbrauch: Er liegt vor, wenn die rechtsetzenden Instanzen formal am Beruf des selbständigen Vertragsarztes festhalten, tatsächlich aber rechtliche Bindungen in einem Umfang vorsehen, wie sie dem öffentlichen Dienst entsprechen oder nahekommen.

Die öffentliche Verantwortung der Ärzteschaft wird gewichtiger. Das zeigt sich beim kassenärztlichen Sicherstellungsauftrag, in der öffentlichen Gesundheitsverwaltung, im sozialmedizinischen und gewerbeärztlichen Dienst, auch bei privatrechtlich angestellten Betriebsärzten und Arbeitsmedizinern, nicht zuletzt bei den für Effektivität und Wirtschaftlichkeit ihrer Häuser verantwortlichen Klinikern.

Der ökonomische Druck droht den Arzt zum Funktionär einer verteilenden Instanz auf unterster Ebene im System der Daseinsvorsorge einer medikalisierten Gesellschaft werden zu lassen. Die deutsche Ärzteschaft hat sich in ihrem gesundheitspolitischen Programm 1994 zum herkömmlichen prinzipiellen Vorrang des Individualinteresses bekannt und damit der These eines Übergangs vom Primat des Individuums zum Primat der Gesellschaft eine Absage erteilt.

Zum Bild des Wandels gehört das Zusammenwirken der Ärzteschaft mit den aufstrebenden und neu formierten Heilhilfsberufen auf vertraglicher, und das heißt Eigenständigkeit anerkennender Grundlage. Die moderne klinische Medizin mit ihren immer komplizierteren Handlungsabläufen erfordert ein enges Netz fächerübergreifender Kooperation, die insbesondere auch die Krankenpflege einschließt, zumal die Kompetenzen nicht eindeutig abgegrenzt erscheinen, woraus Konflikte entstehen können. Prinzipien der Zuordnung folgen aus dem Sachzwang zu wirkungsvoller Zusammenarbeit zwischen Krankenpflege und Ärzteschaft sowie den Forderungen des Straf- und zivilen Haftungsrechts, nach denen der Patient lückenlose fachqualifizierte Betreuung beanspruchen kann. Im übrigen bleibt die nähere Zuordnung Selbstverständnissen und förmlichen Konventionen, auch Abstimmungen der Praxis vor Ort überlassen. Das berufspolitische Bestreben, die Grund- und Funktionspflege aus dem komplexen Geschehen herauszulösen und zu verselbständigen, erfordert Widerspruch.

Es gilt vielmehr, die Angehörigen verschiedener und eigenständiger Berufsbilder im Dienste einer umfassenden Patientenversorgung, zu der die Krankenpflege als integraler Bestandteil gehört, zusammenzufügen. Eine vordringliche Aufgabe besteht darin, nach dem Vorbild der Abkommen zwischen den fachärztlichen Berufsverbänden auch für die Kooperation zwischen den ärztlichen und pflegerischen Berufsgruppen einvernehmliche Regeln aufzustellen.

II. Abschied von Hippokrates?

Ob es human sei, künstlich befruchtete menschliche Eier wie Rahmspinat ins Tiefkühlfach auf Vorrat zu legen oder mit Schläuchen und elektrischem Strom nur die dauernde Bewußtlosigkeit Todgeweihter zu verlängern, so fragte jüngst *Wolfgang Schuller* in einem Artikel mit dem Tenor: „Die Welt ist aus den Fugen. Niemand ist da, sie wieder einzurichten". Werden Ethik und Recht die machtvollen, im internationalen wissenschaftlich-technischen wie wirtschaftlichen Wettbewerb vorandrängenden neuen medizinischen Verfahren noch binden können oder wird die Theorie der Eigengesetzlichkeit der technischen Fortschritte an Wahrscheinlichkeit gewinnen? Wenn die Zukunft offen ist, läßt sie sich dann mit Hilfe des Hippokratischen Eides, eines vor unserem neuen Zeithintergrund fortgedachten Modells praktischer Ethik, gewinnen oder verdient dieses während langer hochkultureller Jahrhunderte geachtete Dokument aus der griechischen Antike seinen Abschied – wie wiederholt in der Literatur gefragt worden ist? Wird eine allgemeine Theorie des evolutiven Wandels und damit die systemische Annäherung weit voneinander entfernter Wissensfelder in alle Fächer und Disziplinen eindringen und wie eine universelle Säure die herkömmlichen Bilder vom Menschen, von der Natur, von der Schöpfung zersetzen?

Die altehrwürdige Grundlage und Magna Charta des Vertrauens zum ärztlichen Beruf deckt augenfällig die Fragen einer Zeit nicht mehr ab, die bestimmt ist durch Öffentlichkeit, Rationalität, Autonomie, technische Versiertheit und Qualifikation, durch die unablässigen Fortschritte des Erkennens und des Könnens. Aber hat der Eid in seinem Kern nicht eine Gültigkeit, die sich rational im Blick auf die Grundwerte–Entscheidungen unserer Verfassung bestätigen läßt, behalten?

Der Kern des Hippokratischen Eides läßt sich heute durchaus noch fassen: Der Arzt soll Leben schützen, seinem Patienten nicht schaden, das Wohl des Kranken voranstellen, die Menschenwürde im Kranken achten, wozu auch der Geheimnis- und Datenschutz gehört, durch Kompetenz und Gewissensfähigkeit selbst vertrauenswürdig sein. Je intensiver die medizinische Ethik sich den Aufgaben zuwendet, welche die Fortschritte der Medizin ihr stellen, desto mehr wird sie an diese Hauptsätze zu erinnern haben.

Der Arzt, der sich moralisch einläßt, zeigt ein Verhalten, das die Gesamtheit der Aspekte einer Aufgabe nach dem ihnen eigenen Gewicht im Handeln zur Geltung kommen läßt. Er erkennt, daß allein wissenschaftliche Kriterien nicht ausreichen. So liegt etwa auch der medizinischen HLA-Kompatibilität bei der Nierentransplantation eine ethische Maxime zugrunde, nämlich das utilitaristische Prinzip der Nutzenmaximierung.

Die ärztliche Standesethik bleibt bedeutsam für das Recht und für die Freiberuflichkeit auch am Ende des Jahrhunderts. Die von den höchsten Gerichten rezipierte, dazu geltende, viel zitierte klassische Formel des Heidelberger Altmeisters des Arztrechts *Eberhard Schmidt* jedenfalls sollte keinen Widerruf erfahren: „Die Standesethik des Arztes steht nicht isoliert neben dem Recht. Sie wirkt allenthalben und ständig in die rechtlichen Beziehungen des Arztes zum Patienten hinein". Die geltende satzungsrechtliche Grundregel verlangt vom Arzt, „seinen Beruf nach seinem Gewissen, den Geboten der ärztlichen Ethik und der Menschlichkeit" auszuüben.

III. Legitimation des Arztes

Bei der ärztlichen Tätigkeit stehen höchste Güter des Menschen auf dem Spiel. Dem abwägenden Urteil und der schützenden Hand des Arztes sind das Leben, Körper und Psyche, Autonomie und Privatsphäre anvertraut. Das Recht als das allgemeine Gesetz der Freiheit aller darf den ärztlichen Dienst nicht von den juristischen Ge- und Verboten eximieren, kann die Lösung von Konflikten nicht dem Berufsstand allein überlassen. Die erwünschte Selbstkontrolle der Ärzteschaft und die Gewissen der Berufsangehörigen, so bestimmend sie sein sollen, reichen nicht aus. Die Fragen gehen elementar auch Nichtärzte an; sie sind Angelegenheit der Allgemeinheit und damit des Rechts.

Wie jeder Bürger steht der Arzt unter dem allgemeinen Gesetz, aus dem sich die wichtigsten Maßgaben für sein Tun und Lassen herleiten. Die Hauptfragen, die der ärztliche Dienst aufwirft, erfahren ihre Antwort nach den Rechtssätzen des Grundgesetzes, des Bürgerlichen Gesetzbuchs und des Strafgesetzbuchs, außerdem freilich des SGB V. Die Spruchpraxis der Gerichte hat diese Rechtssätze meist im Zusammenhang mit Haftpflichtprozessen spezifisch ausgeformt. Die richterliche Rechtsfortbildung hat das Verhältnis zwischen Arzt und Patient während der letzten Jahrzehnte zwar in behutsamen Einzelschritten, doch im ganzen juristisch tiefgreifend verändert.

Das ärztliche Handeln muß, wenn es beruflich legitim sein und vor dem Recht bestehen soll, drei Grundvoraussetzungen genügen. *Erstens* erfordert der ärztliche Eingriff eine Indikation, das heißt: der berufliche Heilauftrag muß die vorgesehene Maßnahme umfassen und gebieten. Inhalt und Umfang des Heilauftrages bemessen sich nach fachmedizinischen wie berufsethischen Maßgaben. Prognostisch muß der Eingriff eine Besserung beim Kranken erwarten oder jedenfalls erhoffen lassen. Standen der Inhalt des Heilauftrages und damit die Eigenart des ärztlichen Dienstes lange Zeit verhältnismäßig fest, so bereiten sie nun die schwierigsten prinzipiellen Probleme.

Zur Debatte steht die Verfügbarkeit menschlicher Natur durch gentechnische Bestimmung der Erbanlagen und durch artifizielle Reproduktion, das Klonen mittels Embryonen-Splitting und Zellkernverpflanzung in eine Körperzelle. Zur Diskussion stehen weiter die Präimplantationsdiagnostik, die Hirngewebstransplantation, der Einsatz humaner embryonaler Stammzellen und neurobionische Eingriffe, die Xenotransplantation und weitere neue, in die klinische Praxis und auf den Gesundheitsmarkt drängende Verfahren. Sie werfen die Frage auf nach der Reichweite und dem Inhalt des Schutzes der Grundrechte und der Menschenwürde, nach der Konsensabhängigkeit von Verfassungssätzen und den gültig bleibenden außerkonsensualen rechtlichen Kriterien.

Wenn der Gehalt dessen, was die Rechtsnormen auch der Verfassung inhaltlich festgelegt haben, nicht ein für allemal gewiß ist, sondern abhängt von den in der Gesellschaft wirkenden Ideen und Konsensen, dann bedeuten Zerklüftetheit und Wandel des Wertebewußtseins, wie sie sich gerade beim Gebrauch medizinischer Verfahren zeigen, Veränderungen des Gebotenen und Verbotenen nach Art der Wanderdünen im Gezeitenstrom, es sei denn, außerkonsensuale Kriterien dämmten den Positivismus der Tageswertungen ein. „Im Zeitalter der Bio-Macht" kommt es darauf an, solche Kriterien zu finden, den Fortschritten der Medizin Grenzen zu setzen, letztlich zum Schutz der Menschenwürde – auf den Spuren, die der Jurist *Günter Dürig* schon 1958 in seinem berühmten Grundgesetz-Kommentar zu Art. 1 und der Philosoph *Hans Jonas* in seinen eben so berühmten Büchern legten. Die Applikation umstoßender biologischer Erkenntnisse aus Vorstößen in bisher verschlossene Innenwelten geschieht vielfach außerhalb des natürlichen Blickfeldes und darum auf noch gefährlichere Weise, wie ein Arzt in einem kritischen Beitrag über Zukunftsaspekte der Medizin feststellt: „Die Unterwerfung des Lebens vollzieht sich im Namen des Lebens. Meistens findet sie im Unsichtbaren statt. Das Genom, der Embryo, die Keimbahn, sie sind dem Auge entzogen. Der Hirntod ist der unsichtbare Tod" (*Geisler*).

In Deutschland regt sich der Widerstand auch von Juristen gegen eine entgrenzte utilitaristische Medizin, wie die Kontroverse um die Bioethik-Konvention des Europarates zeigt, die fatalerweise so wenig wie die Erklärung zur Förderung der Patientenrechte in Europa in authentisch-verbindlichem deutschen Wortlaut vorliegt. Gegen die Konvention über Menschenrechte und Biomedizin lassen sich im Hinblick auf den ausgeprägten deutschen Individualgüterschutz durchaus Einwände erheben. Aber der Beitritt Deutschlands – notwendig unter Vorbehalten – böte wohl die Möglichkeit, stärker auf die internationale Entwicklung einzuwirken, deren Verlauf am Ende die eigene Lage beeinflussen wird, und die Chance, über eine verstärkte Debatte im eigenen Lande die Positionen zu klären.

Zweitens bedarf der Arzt des Einverständnisses seines aufgeklärten Patienten, jedenfalls dessen mutmaßlicher Einwilligung oder der Zustimmung des gesetzlichen Vertreters oder Betreuers. Der informed consent bildet das wohl umstrittenste und am meisten diskutierte Thema des jüngeren Arztrechts.

Drittens schließlich hat der Arzt beim Vollzug seines Eingriffs den fachlichen Regeln und wachsenden Sorgfaltspflichten zu genügen.

Die drei zusammenhängenden, nebeneinander erforderlichen Elemente rechtmäßigen ärztlichen Eingreifens – Indiziertheit, Einverständnis nach Aufklärung und Verfahren lege artis – haben ihre historischen Voraussetzungen, und ihre Standards befinden sich weiter im Fluß. Dieses Grundgerüst trägt eine Fülle von einzelnen Normen, deren Summe oder Inbegriff das Arztrecht ausmacht. Die genannten Elemente bleiben gleichsam die Archimedischen Punkte im juristischen Dickicht des Rechts- und Sozialstaates. Der erst in den dreißiger Jahren eingeführte Terminus „Arztrecht" hat zum Schwerpunkt den Schutz des Patienten. Die augenfällige progressive Normativität des Arztberufs, die in jüngster Zeit ein selbst für Fachleute, geschweige denn für die in ihrem eigentlichen Beruf tätigen Ärzte, kaum mehr übersehbares Netz von Rechtsregeln hervorbrachte, vollzog sich im Zeichen des Patientenschutzes – nicht ohne Grund, denn das Behandlungsverhältnis steht immer und zuerst im Dienst des Kranken.

IV. Zunehmende Normativität

Die Juridifizierung des Verhältnisses zwischen Arzt und Patient durch Gesetze, Verordnungen, Satzungen einerseits, richterliche Rechtsfortbildungen andererseits, fügt sich in die allgemeine Entwicklung unseres sozialen Rechtsstaates mit seinen Interessengegensätzen, der die Gerechtigkeit in der Differenzierung sucht. Wenn Rechtsetzer, Rechtspflege und Jurisprudenz sich mit ärztlichem Tun und Lassen in einem Ausmaß befassen, das noch vor wenigen Jahrzehnten undenkbar schien, so liegt ein gewichtiger Grund dafür in der arbeitsteiligen, von den naturwissenschaftlichen Fortschritten angetriebenen und technisierten Medizin selbst. Ihr Mittel bildet der Eingriff, der oft Opfer fordert. Zahlreiche diagnostische und therapeutische Eingriffe bringen neben Gewinn auch Verlust und Gefahr, die der erwartungsvolle Patient vielfach nicht tragen, sondern für die er den Arzt haftbar machen will. Es gilt darum, den ärztlichen Sorgfaltsverstoß zu erfassen und zu scheiden vom schicksalhaften Grund einer gesundheitlichen Unbill. Weiter verschaffen sich das Recht und die Jurisprudenz Geltung durch die normativen Züge, die sich der medizinischen Wissenschaft immer stärker, nicht selten geradezu dramatisch aufdrängen: Je weiter das technische Können reicht, desto dringender stellt sich die Frage nach dem Dürfen und Sollen. Die Antworten müssen rechtlicher Art sein, zumal das Berufsethos an Binde- und Prägekraft verloren hat in einem mehr und mehr zum Abbild der pluralistischen Gesellschaft werdenden Berufsstand. Was die Moral mit ihren Grundsätzen als Innensteuerung nicht mehr zu leisten vermag, muß eine verstärkte Außensteuerung durch detaillierte Vorschriften kompensieren.

Die Ärzteschaft wird ihre berufsständische Autonomie in dem Maße behaupten, in dem sie das der Gesellschaft gewährte Versprechen effektiver Selbstregulierung und -kontrolle tatsächlich einlöst. Der Deutsche Ärztetag, die Hauptversammlung der fünfzig Jahre alt gewordenen Bundesärztekammer, einer als privater Verein organisierten, doch neuerdings und zunehmend auch gesetzlich beauftragten und ermächtigten Institution, in der die siebzehn deutschen, als Körperschaften des öffentlichen Rechts verfaßten Landesärztekammern zusammenarbeiten, hat die Aufgabe, durch Musterordnungen für eine einheitliche Fortbildung der ärztlichen Berufspflichten zu sorgen. Der 103. Deutsche Ärztetag 2000 zu Köln hat diesem Auftrag wiederum genügt und eine erneuerte Muster-Berufsordnung beschlossen. Diese gewinnt als Satzungsrecht Wirksamkeit, wenn die Vertreterversammlungen der einzelnen Ärztekammern sie auf der Grundlage der Kammer- und Heilberufsgesetze der Länder beschlossen und die Aufsichtsbehörden das jeweils Verabschiedete genehmigt haben.

Die Berufsordnung sucht den Arzt an Empfehlungen und Richtlinien der Kammern zu binden. Nur auf diese Weise lasse sich, so der Hauptgeschäftsführer der Bundesärztekammer, „auch künftig der Anspruch der Ärzteschaft, ihre ethischen Fragen selbst zu identifizieren und zu beantworten, ... glaubwürdig gegenüber der Gesellschaft vertreten". Gewiß handelt es sich bei diesen Direktiven um Verhaltensanweisungen, Regelwerke menschlichen Handelns von normativem Gehalt. Indessen: Nimmt das Satzungsrecht der Berufsordnung einer Kammer auf Richtlinien Bezug, so erhalten diese durch die statische oder gar dynamische Verweisung nicht den normativ bindenden Rang von Satzungsvorschriften, also von Rechtsquellen: Die Vertreterversammlung als Satzungsgeber hat das Regelwerk weder beraten, noch beschlossen, vielleicht sogar nicht einmal gekannt. Sollen Richt- oder Leitlinien und Empfehlungen der Kammern juristisch bindend wirken, müssen sie als Satzungsrecht beschlossen werden, was immer häufiger geschieht.

Leitlinien jenseits des Satzungsrechts sind „eine Form der institutionellen Festsetzung von methodischen oder sachlichen Regeln guten ärztlichen Handelns, die in einem geordneten Verfahren zustande gekommen sind ...; sie dienen der Sicherung der Qualität ärztlichen Handelns und dem Schutz des Patienten" (*Dieter Hart*). Sie prägen professionelle Standards aus, akzentuieren Rechtspflichten oder markieren rechtliche Grenzen und gewinnen juristische Relevanz über § 276 BGB, sofern sie die verkehrserforderliche, das heißt die fachgerechte Sorgfalt anzeigen, konstituieren oder fortbilden. Der ihnen zugrundeliegende Wunsch nach Verbindlichkeit, Klarheit, Regelhaftigkeit birgt die Gefahr des Übermaßes zu Lasten der Therapiefreiheit. Aber der Fortschrittsdrang, der Wille zur Selbsterneuerung und das Wagnis des abweichenden persönlichen Urteils in einer komplexen Behandlungssituation dürfen nicht Hemmung noch Behinderung erfahren. Insbesondere Maßnahmen der Qualitätssicherung müssen dem Arzt einen ausreichend großen Handlungskorridor belassen. Richtlinien des Bundesausschusses über neue Untersuchungs- und Behandlungsmethoden, Normsetzungsverträge und Richtlinien der Kassenärztlichen Bundesvereinigung im Rahmen der vertragsärztlichen Qualitätssicherung können nur dann als verfassungskonform gelten, wenn sie hinreichend demokratisch legitimiert sind und den Anforderungen des Verhältnismäßigkeitsprinzips genügen.

Die zunehmende Dichte der Regeln zur Qualitätssicherung in der Gesetzlichen Krankenversicherung engt die Ärztekammern auf diesem ihrem ureigenen Felde ein. Der Bundesgesetzgeber mit seiner sozialversicherungsrechtlichen Kompetenz zeigt die sehr bedenkliche Neigung, die Landesgesetzgeber mit ihrer gesundheitsrechtlichen Grundzuständigkeit und das Kammerwesen im Rahmen der GKV zu überholen.

V. Patientenautonomie

Autonomie gehört zu den Hauptbegriffen im Selbstverständnis der Moderne, Freiwilligkeit konstituiert die moderne Medizin. Voluntas aegroti prima lex. „Le droit, c'est l'autonomie de l'être humaine" (*Beudant*). Der Patient, dessen Wohl doch immer im Mittelpunkt des ärztlichen Dienstes stehen sollte und soll, erscheint mit seinen Persönlichkeitsrechten nun – seit 1988 – auch in der Berufsordnung deutlicher ausgewiesen. Damit folgt der Deutsche Ärztetag, der vordem die Aufklärungspflicht erst mit vieljähriger Verspätung statutarisch rezipiert hatte, den Wertentscheidungen des Grundgesetzes, aus denen die Gerichte das allgemeine Persönlichkeitsrecht und das Selbstbestimmungsrecht des Patienten längst herleiten.

Das deutsche Wort Selbstbestimmung läßt sich erstmals für die Weimarer Klassik nachweisen. Es bezeichnet dort die Prägung der individuellen Persönlichkeit als Vernunftwesen und steht für Freiheit und Autonomie. Selbstbestimmung ist der Gegenbegriff zu Fremdbestimmung und zielt auf Emanzipation aus Bindungen und Bedingungen, die von außen kommen. Ein weiteres Element tritt hinzu, das im zweiten Wortbestandteil steckt: Selbstbestimmung umfaßt im Vergleich zu Freiheit ein deutlich aktiv-positives, dazu determinativ-dezisives und damit voluntatives Moment.

Das Tor zur Selbstbestimmung des Patienten eröffnet zugleich die Teilhabe am medizinischen Expertenwissen. Den Arzt trifft von Verfassungs und Rechts wegen die Pflicht, dem Kranken den Schlüssel durch Aufklärung an die Hand zu geben. Wie andere Kernstücke des Arztrechts gewann die Aufklärungspflicht juristisch Umriß und Inhalt durch die Judikatur, mehr der Zivil- denn der Strafinstanzen. Die Materie stellt sich im wesentlichen dar als typisierte

Kasuistik der Zivilgerichte. Die forensische Spruchpraxis hat die ärztliche Aufklärungspflicht als Rechtsinstitut im Rahmen von Schadensprozessen ausgebildet, ein wesentlicher Zusammenhang, den es im Auge zu behalten gilt.

Bemerkenswert bleibt auch der Umstand, daß Richter die Reichweite der Aufklärungspflicht definierten und weiterhin bestimmen. Im allgemeinen richtet sich der zivilrechtliche Sorgfaltsmaßstab nach dem Standard guter ärztlicher Behandlung. Es sind, wie der Vorsitzende Richter beim VI. Zivilsenat des BGH *Werner Groß* jüngst treffend bestätigte, „die vom Recht an den Arzt zu stellenden Anforderungen aus dem medizinischen Standard zu entnehmen". Freilich sehen die Gerichte eine Aufgabe darin, den Maßstab für die erforderliche Expertenqualität zu kontrollieren und auch zu korrigieren vornehmlich bei den – juristischen Kriterien eher zugänglichen – organisatorischen Notwendigkeiten. Was schwerer wiegt: die strengen und verästelten, viele Prozesse zugunsten enttäuschter Patienten entscheidenden Regeln zur Aufklärungspflicht kommen schlechthin nicht von Ärzten, sondern von Juristen. Juristen haben mit dem Richterrecht zur Aufklärung geradezu ein Bollwerk des Patientenschutzes errichtet.

Die juristische Ausprägung der ärztlichen Aufklärungspflicht fügt sich ein in den ausgreifenden Strom des Haftpflichtrechts, in dem sich die legal und dogmatisch begründeten Grenzen zwischen Unrecht und Unglück, zwischen Schadenszurechnung und Schadensverteilung verwischen, wobei verschärfte Verkehrspflichten sowie modifizierte Beweisregeln das freiheitsverbürgende Verschuldensprinzip abschwächen und heimlichen Gefährdungstatbeständen den Weg bereiten. Belege dafür finden sich auch und gerade in Erkenntnissen zur Aufklärungspflicht.

Bisher hat der BGH immer wieder, so der erfahrene Richter und Fachpublizist *Harald Franzki*, oft gegen die Rechtsauffassung der Vorinstanzen, „neue Anforderungen an den Arzt entwickelt und ihn sogleich verurteilt, ohne ein Wort darüber zu verlieren, ob ... ihn ein Verschulden traf". Zuvor schon hatte dieser angesehene Autor gefragt, ob es nicht an der Zeit sei, die Aufklärungspflicht eher zurückzuschneiden denn weiter auszudehnen, seitdem die Zweifel an der Objektivität der Sachverständigen an Berechtigung verloren. Der BGH hat selbst eingeräumt, daß die Klägerseite die Aufklärungsrüge oft nur sekundär nach dem Behandlungsfehlervorwurf erhebe und sie nicht selten mißbrauche, um bei Nichterweislichkeit des Diagnose- und Therapiefehlers doch noch zu Schadensersatz und Schmerzensgeld zu gelangen. Dennoch hat das Gericht an seiner strengen und oft komplizierten Judikatur festgehalten und bis in die jüngste Zeit Urteile erlassen, welche die Ärzteschaft als weitere Verschärfung empfindet. Mit Grund kritisiert *Franzki*: Es „erwartet die Ärzteschaft, die dem Aufklärungspostulat täglich tausendfach im hektischen Praxis- und Klinikbetrieb in den unterschiedlichsten Situationen genügen soll, eindeutige und praktikable Handlungsanweisungen. Dieser berechtigten Erwartung wird eine ständig weiter ausdifferenzierte, auch vom juristischen Kenner der Materie in ihren letzten Verästelungen kaum noch überschaubare Rechtsprechung schwerlich gerecht".

Wer sich – auch im Zeichen der wieder anschwellenden, grundsätzlichen rechtspolitischen Diskussionen einer Reform der Arzthaftung – um das rechte Maß der Patienteninformation bemüht: um den gebotenen Umfang und Zeitpunkt der Unterredung, deren angemessene Modalitäten und die erforderliche Dokumentation, der wird der Justiz Respekt aber doch nicht versagen können. Die Gerichte haben ihre Aufgabe beim Streit der Parteien um den richtigen Umgang mit Gefahren im ganzen erfüllt und sind jedenfalls dem Leid der von medizinischen Fehlschlägen getroffenen Kranken gerecht geworden. Die breite facettenreiche Kasuistik aus den Spezialkammern und -senaten verdient insgesamt Anerkennung – auch wenn sie im einzelnen Anlaß zur Kritik gibt. Die Justiz hat das Verdienst, die Autonomie des kranken Menschen auf festen juristischen Grund gestellt zu haben, auch wenn nicht alle praktischen Konsequenzen in ihrer mitunter allzu stringenten Folgerichtigkeit zu überzeugen vermögen.

Die verkehrserforderliche Sorgfalt verlangt das Gebotene und das Zumutbare. Eine umfassende Information verbietet die Differenziertheit der Medizin. Die Aufklärung muß so kompakt und faßlich sein, daß der Patient oder die Patientin sie aufnehmen, verarbeiten und auch behalten kann. Leider fehlen neuere empirische Studien zur Compliance. Was wir aus den bisherigen wissen, scheint wenig geeignet, das höchstrichterlich geforderte Maß an Patienteninstruktion zu stützen.

Mit Grund fordern der Jurist *Walter Weißauer* und der Anästhesist *Hans Wolfgang Opderbecke* eine „Mobilisierung der Selbstbestimmung". Eine Grund- oder Basisaufklärung sollte bei richtigem Verständnis des Verhältnisses zwischen Arzt und Kranken genügen. Wer die patriarchalische Position durch eine partnerschaftliche Beziehung – zu Recht! – abgelöst sehe, der müsse aus dem neuen Rollenverständnis auch die Konsequenz ziehen, daß die Last des Aufklärungsgeschehens nicht allein eine Bürde des Arztes darstellen dürfe. Der Arzt habe im Aufklärungsgeschehen gewiß die Führerrolle, weil nur er über das Fachwissen verfügt, aufgrund dessen der Patient einen selbstbestimmten Entschluß treffen kann. Herr des Aufklärungsgeschehens aber sei der Patient: er allein entscheide, wie weit die medizinischen Aufschlüsse zu gehen haben und von welchen Fakten er sein Ja oder Nein abhängig machen will. „Dieser Rollenverteilung entspricht es", so die genannten Autoren, „den Patienten in einer Basisaufklärung anhand von Beispielen über den Bereich der Folge- und Nebeneingriffe soweit zu informieren, daß er nun selbst entscheiden kann, ob er weiterführende Fragen stellen oder bewußt darauf verzichten will. Der partnerschaftlichen Beziehung entspricht es, den Patienten in die Verantwortung für das Aufklärungsgeschehen einzubeziehen".

Obliegenheiten sind dem Medizinrecht keineswegs fremd. Wir kennen die Patienten- und Probandenobliegenheiten bei den klinischen Studien. Sie bestehen und sind zu entfalten auch im Zusammenhang mit der Selbstbestimmungsaufklärung.

Die kritische Durchsicht des forensischen Materials erlaubt wohl diese Summe in aller Vorsicht: Das Maß des dem Arzt im allgemeinen Zumutbaren ist erschöpft. Angezeigt erscheint zwar keine Umkehr, doch eine Moderation. Die Fortschritte der Medizin, die Differenzierungen und Arbeitsteilungen werden weitergehen und damit werden sich auch die iatrogenen Risiken weiter diversifizieren. Vor diesem Hintergrund kann die Vermittlung nur eine gemeinsame Aufgabe beider am diagnostischen und therapeutischen Prozeß Beteiligter sein. Der Patient hat einen eigenen angemessenen Beitrag zu leisten. Diesen Anteil zu bestimmen und damit zugleich das Verschuldensprinzip wieder voll in sein Recht zu setzen, ist auch und nicht zuletzt Sache der Fachjuristen.

VI. Therapiefreiheit

Das Pendant zur Autonomie des Patienten, die unter dem Schutz der Artikel 1 und 2 GG steht, bildet die durch Artikel 12 und 5 GG gewährleistete Therapiefreiheit des Arztes. Im Zeichen fortschreitender medizinischer Spezialisierung, Fachgebietsbegrenzungen, ausgreifender Juridifizierung, Budgetierung und Verschreibungsregeln erleben viele Ärzte ihre Berufsarbeit mehr als gebundene denn als freie. Um so angezeigter erscheint es, das Kernstück der ärztlichen Profession, die Therapiefreiheit wieder in sein angestammtes Recht einzusetzen.

Die Therapiefreiheit des Arztes umfaßt dreierlei: Der Arzt hat zum einen die Indikation festzustellen, also darüber zu entscheiden, ob überhaupt eine Behandlung stattfinden solle. Zum anderen darf kein Arzt zu einer seinem Gewissen widersprechenden Methode oder zu einer bestimmten Arzneimitteltherapie gezwungen werden. Schließlich steht es in der Kompetenz des Arztes, die ihm im Einzelfall geeignet erscheinende diagnostische oder therapeutische Methode auszuwählen. Ohne die – auch von Rechts wegen geltende – Möglichkeit zu gewissenhaftem Ermessen vermag der Arzt den Besonderheiten des Einzelfalles nicht gerecht zu werden.

Die Wahl der Behandlungsmethode ist, so der Bundesgerichtshof in fester Spruchpraxis, primär Sache des Arztes. Die Therapiefreiheit hat ihren Grund in der Verfassung (Art. 12 GG) und besteht kraft Gesetzes (§ 1 Abs. 2 Bundesärzteordnung) und kraft Kammersatzungsrechtes (Berufsordnungsregeln). Die Berufsfreiheit bleibt eingebettet in ärztliche Sorgfaltspflichten und gebunden an den Informed Consent, die Einwilligung des aufgeklärten Patienten. Es ist grundsätzlich nicht Aufgabe der öffentlichen Gewalt und der öffentlich-rechtlichen Ethikkommissionen, in den wissenschaftlichen Theorien- und Methodenstreit einzugreifen.

Der Qualitäts- wie der Wirksamkeitsmaßstab und das Wirtschaftlichkeitsgebot des Sozialversicherungsrechts schließen besondere Heilmethoden nicht schlechthin aus. Aber die Therapiefreiheit stößt sich doch zunehmend an den Vorgaben des Sozialversicherungssystems. Es besteht die Gefahr, daß eine ärztliche Internalisierung des Wirtschaftlichkeitsgebots zu einer schleichenden ökonomischen Infiltration des medizinischen Standards führt.

Die Therapiefreiheit begründet kein Privileg des Arztes, sondern stellt in ihrem letzten Grund ein fremdnütziges Recht dar. Sie erlaubt es dem Arzt unabhängig von der Fessel normierender Vorschriften, nach pflichtgemäßem und gewissenhaftem Ermessen im Einzelfall diejenigen therapeutischen Maßnahmen zu wählen, die nach seiner Überzeugung unter den gegebenen Umständen den größtmöglichen Nutzen für seinen Patienten erwarten lassen. Die Therapiefreiheit steht im Dienste eines gesundheitlichen Zieles, dem Arzt wie Patient gemeinsam nahezukommen suchen.

Zur Freiheit der Methodenwahl gehört als unausweichliches Korrelat die Verbindlichkeit von Sorgfaltspflichten, welche die Verfahrensqualität gewährleisten. Das Maß für die Grenzen ärztlicher Therapiefreiheit setzen die objektiven Sorgfaltsanforderungen, die an die Methodenwahl zu stellen bleiben. Nur der Arzt kann befugterweise bei seinem therapeutischen Entschluß einen Beurteilungs- und Ermessensspielraum in Anspruch nehmen, der genaue Kenntnisse über die von ihm bevorzugte Methode und weiter fachliche Übersicht besitzt.

Den Kern einer verantwortlichen Therapiewahl bildet die gewissenhafte Abwägung der Vorteile und Gefahren bei der ins Auge gefaßten Methode in Kenntnis aller ernsthaft in Betracht kommenden Verfahren, insbesondere der eingeführten.

VII. Neulandmedizin

Der aktuelle Stand der Medizin begründet und begrenzt zugleich die Pflichten des Arztes. Der Patient darf den jeweiligen Standard des in Anspruch genommenen Faches erwarten, mehr grundsätzlich nicht. Prinzipiell hat er nicht das Recht, Neulandschritte zu fordern, Destinatär eines Heilversuchs, Teilnehmer einer klinischen Studie zu werden. Am klinischen Fortschritt nimmt er gleichwohl teil, insofern der Arzt verpflichtet bleibt, sich fortzubilden und dem Qualitätsanstieg der Standards zu folgen.

Auch der forschende Arzt kann die Wissenschaftsfreiheit nach Art. 5 Abs. 3 GG für sich in Anspruch nehmen. Sie gehört zu der nicht geringen Zahl von Grundrechten, die unsere Verfassung ohne einen ausdrücklichen Vorbehalt gesetzlicher Beschränkung garantiert. Die Wissenschaftsfreiheit erstreckt sich nach weithin übereinstimmendem Verständnis auf jede Tätigkeit, die sich nach Inhalt und Form als ernsthafter, planmäßiger Versuch zur Ermittlung der Wahrheit ansehen läßt. Nach allgemeiner Ansicht schützt die Wissenschaftsfreiheit auch die Forschung am Menschen. Indessen findet diese ihre Grenzen an Menschenwürde, Leben, Gesundheit und Freiheit des Individuums. Die immanenten Schranken der Wissenschaftsfreiheit ergeben sich aus den Grundrechten und Verfassungsgütern anderer Rechtsträger.

Der Arzt hat die berufsrechtliche Pflicht, „sich vor der Durchführung biomedizinischer Forschung am Menschen, vor der Forschung mit vitalen menschlichen Gameten und lebendem embryonalen Gewebe sowie vor der epidemiologischen Forschung mit personenbezogenen Daten durch die Ethikkommission bei der Landesärztekammer oder eine bei den Universitäten des Landes errichteten Ethikkommission beraten zu lassen". Ein weiteres Fundament haben die öffentlichrechtlich verfaßten Ethikkommissionen im Arzneimittelgesetz. Sie sind keine im verwaltungsrechtlichen Sinne tätige Institution: sie genehmigen nicht und verbieten nicht; vielmehr begutachten sie im Sinne einer Sachverständigenkommission. Die Regularien zur klinischen Prüfung von Arzneimitteln, in der Praxis durch Formblätter standardisiert und durch den Arbeitskreis Medizinischer Ethikkommissionen teilweise abgestimmt, tragen insgesamt zu einer Verbesserung der Datenqualität und damit zur Sicherstellung einer wirksamen und verträglichen Arzneimitteltherapie bei. Sie gewährleisten den Schutz der Studienteilnehmer durch angemessene Aufklärung und eine spezielle Patienten-/Probanden-Versicherung.

Zu den brennendsten Fragen gehört, mit starkem öffentlichen Interesse, diejenige nach dem Schutz nichteinwilligungsfähiger Personen in der medizinischen Forschung. Der Status des allein dem Erkenntnisfortschritt dienenden Probanden bleibt an die uneingeschränkte Einwilligungsfähigkeit gebunden. Dies gilt prinzipiell auch für randomisierte, das heißt: mit nach dem Zufallsprinzip gebildeten Versuchs- und Vergleichsgruppen verfahrende klinische Studien. Auf die Einwilligungsfähigkeit verzichten läßt sich wohl dann, wenn die einander gegenüberstehenden Verfahren – also Standard und Neulandschritt – nach dem jeweiligen Verhältnis zwischen Vorteil und Gefahr als gleichwertig erscheinen, der Arzt somit im Blick auf das Wohl des Patienten den einen wie den anderen Weg als medizinisch vertretbar ansehen darf. Aber darüber besteht noch keine volle Klarheit und kein Einvernehmen, wie sich auch bei der Debatte um das Übereinkommen über Menschenrechte und Biomedizin des Europarates zeigt.

VIII. Haftpflicht

Unser Bürgerliches Gesetzbuch ist mehr als hundert Jahre alt. Kritische Überprüfungen seines Haftpflichtrechtes samt der richterlichen Rechtsfortbildungen sind angezeigt. Ist das Potential des Zivilrechts zum Schutz von Mensch und Gesundheit noch nicht ausgeschöpft? Soll im Rahmen eines einheitlichen

Haftungssystems für alle Umsatzgeschäfte und Dienstleistungen das Verschuldensprinzip unter Zuspitzung von Tendenzen in der Judikatur fallen? Oder bieten vor dem für Ärzte und Krankenhausträger düsteren Hintergrund der prozessualen Hochkonjunktur Versicherungslösungen, wie sie die skandinavischen Länder kennen, einen Ausweg? Diese Modelle vermitteln dem Patienten einen Anspruch gegen den Versicherer bei bestimmten Behandlungsschadensfällen – unabhängig von einer persönlichen Einstandspflicht des Schädigers: Versichert ist nicht das Haftpflichtrisiko des Behandelnden, sondern das Behandlungsrisiko des Patienten.

Die Deutsche Gesellschaft für Medizinrecht (DGMR) hat kürzlich auf zwei Tagungen von Arztrechtlern, Medizinern und Versicherungsjuristen die Haftpflichtproblematik erörtert und dabei auch die nordeuropäischen Alternativen erwogen. Wohlweislich hat die Gesellschaft eine Rezeption der skandinavischen Systeme der Schadensregulierung an die folgenden Voraussetzungen geknüpft: eine praktikable Abgrenzung der versicherten Risiken, insbesondere die Differenzierung zwischen behandlungsbedingtem und schicksalsbedingtem Verlauf; die Beibehaltung der Möglichkeit einer richterlichen Kontrolle ärztlichen Verhaltens etwa durch Regreß bei Vorsatz und grober Fahrlässigkeit sowie straf- und disziplinarrechtliche Sanktionierungen; eine dauerhaft gesicherte Finanzierung ohne nennenswerte Mehrbelastung für die Volkswirtschaft; die präventive, verhaltenslenkende Funktion des Haftpflichtrechts müsse auch bei faktischer Freistellung des Arztes erhalten bleiben; dabei müsse auch der Ausgleich immaterieller Schäden gewährleistet sein; geltendes Berufsrecht, insbesondere eine sachgerechte Aufklärungs- und Dokumentationspflicht, dürften nicht gemindert werden. Das sind hohe Hürden, die im Grunde eine Absage an einen Systemwechsel in absehbarer Zeit bedeuten. Vor übereilten Umbrüchen ist in der Tat zu warnen. Der ein Schmerzensgeld erstrebende Patient insbesondere bliebe im Regelfall auf die herkömmliche Zivilklage verwiesen. Ob eine Zweispurigkeit der Abgeltung befriedend wirkte, erscheint überaus fraglich.

Auch das Modell einer Einstandspflicht für Verschulden mit genereller Beweislastumkehr nach einem europäischen Richtlinienvorschlag begegnete prinzipiellen Bedenken, weil es im Ergebnis zu einer beruflichen Erfolgshaftung führte, die sich mit der Eigenart der Heilbehandlung nicht vereinbaren läßt. Dabei trüge der Patient andererseits an der Beweislast hinsichtlich der Kausalität schwerer als nach der differenzierenden Spruchpraxis zum geltenden Recht.

Die DGMR verdient Gefolgschaft, wenn sie dazu auffordert, kurzfristig das geltende System aus sich heraus zu verbessern. Es gilt, das Verschuldensprinzip im objektivierten Sinne der Gruppenfahrlässigkeit beim Schadensausgleich für Körperschäden deutlicher zu verfolgen, vornehmlich bei der Aufklärungspflicht. Hier muß die Debatte über Inhalt und Maß neuerlich geführt werden, wobei auch die Obliegenheiten des Patienten breiteren Raum verdienen. Ärzte und Juristen müssen zusammenwirken, um im Zeichen der medizinischen Fortschritte und begrenzter Finanzmittel das klinisch Geschuldete zu bestimmen, eine kontinuierliche Aufgabe, die der Gesetzgeber allein nicht übernehmen kann. Das Mögliche ist nicht durchweg das Gesollte. Die alle Beteiligten oft quälenden Haftpflichtprozesse ließen sich eindämmen, wenn die nützliche Arbeit der Schlichtungsstellen und Gutachterkommissionen noch breiteren Raum gewönne, wobei deren Verfahren eine Vereinheitlichung und gewisse Verbesserungen, etwa durch Stärkung des juristischen Elements, erfahren sollten – ein Ziel, das Kammern, Haftpflicht- und Rechtsschutzversicherer durch gemeinsame Anstrengungen selbst erreichen können. Im Mittelpunkt aller Reformüberlegungen muß die Qualität des ärztlichen Dienstes stehen. Das geltende Haftpflichtrecht dient ihm wohl am besten. Aber es bedarf an manchen Stellen der Überprüfung und Fortbildung.

Das Prinzip der Totalreparation und das Schmerzensgeld, auch die durchaus präventive Prägekraft der richterlichen Spruchpraxis haben hohen Wert. Zu bedenken bleibt nicht zuletzt der enge Zusammenhang zwischen dem Recht des Schadenersatzes und den Kategorien der ärztlichen Pflichtverletzung.

IX. Kostendruck und Standard

Der Vorsitzende Richter am VI. Zivilsenat des BGH tritt dem Vorwurf forensischer Preistreiberei mit Recht entgegen: „Haftungsrechtlicher Ansatz ist für die Rechtsprechung der – nicht von ihr festgelegte – ärztliche oder medizinische Standard. Aus ihm leiten sich die Anforderungen an die Verhaltens- und Sorgfaltspflichten der Behandlungsseite ab, deren Verletzung den vertraglichen oder deliktischen Haftungstatbestand eröffnen und je nach Schweregrad beweislastmäßige Nachteile für den Arzt oder Krankenhausträger hinsichtlich der Schadenskausalität nach sich ziehen kann". Auch der Kassenarzt ist „zur Sorgfalt nach den Vorschriften des bürgerlichen Vertragsrechts" verpflichtet. Die im Verkehr erforderliche Sorgfalt nach § 276 BGB bemißt sich im Regelfall nach dem medizinischen Standard. Weder das Wirtschaftlichkeitsgebot noch Negativlisten, Arzneimittelrichtlinien und Budgetierungen können diesen seit langem anerkannten Zusammenhang und die Einheit der Rechtsordnung außer Kraft setzen. Gewiß haben Ärzte im Rahmen des Wirtschaftlichkeitsgebots Rationalisierungsreserven auszuschöpfen und streng auf die medizinische Indikation zu achten – aber das nach den Regeln des Fachs Gebotene dürfen sie nicht preisgeben, wenn sie denn nicht das berechtigte Vertrauen ihrer Kranken enttäuschen und letztlich ihren Beruf verraten wollen.

Andererseits verknappen sich die Ressourcen. Es gilt, Strategien für den Umgang mit Knappheit zu entwickeln, wofür das überlieferte Ethos der Ärzte keine Kriterien bereithält, letztlich übrigens auch nicht das neue Transplantationsgesetz. Vielfach gehen Rationalisierungen unausweichlich mit Rationierungen einher. Nach sachverständiger Auskunft läßt sich nicht erwarten, „daß man mit dem Wettbewerb zwischen den Kostenträgern oder von den Selbstverwaltungsorganen vereinbarten Formen von Managed Care (z.B. Hausarzt-Abo, vernetzte Praxen) Einsparungen in einer Größenordnung erzielen könnte, die auch nur mittelfristig Rationierungen vermeidbar machen". Ob die umstrittene Gesundheitsreform die Spannungen mäßigen und die Einheit der Rechtsordnung befestigen wird, bleibt abzuwarten. Die Medizin selbst soll sich bei der Fortbildung der Standards um Prioritätensetzung und Grenznutzenbetrachtung bemühen, die Ärzteschaft weiterhin echte Alternativen im Interesse der Kostenersparnis nutzen und relative Indikationen streng abwägen. Letztlich aber gilt es festzuhalten, daß sowohl bei Diagnose und Therapie als auch insbesondere bei der Verordnung von Arzneimitteln das im Einzelfall medizinisch Notwendige stets Vorrang behalten muß.

X. Lebensschutz

Herkömmlich und aus guten Gründen gilt der Arzt als Helfer, nicht als Beherrscher des Kranken, als minister naturae, nicht als Schöpfer und Richter, als wohltätiger Begleiter des Schicksals, nicht als Herr über Leben und Tod. Nach Hippokratischer Tradition und überlieferter Berufsordnung hat der Arzt jedes Menschenleben von der Empfängnis an zu schützen und zu bewahren. Die Frage nach den Grenzen des Lebensschutzes geht im Zeichen der rasanten technischen Fortschritte dahin, ob und in welchem Ausmaß von Rechts wegen zugängliche Grenzzonen, Ermessens- und Beurteilungsspielräume am Anfang und am Ende des menschlichen Lebens bestehen, in denen bestimmte Formen leiblicher Existenz als verfügbar erscheinen. Die verbreitete Sorge vor einem gnadenlosen Zuviel an Medizin, vor finaler Polypragmasie unter erschöpfendem Einsatz aller verfügbaren Mittel verstärkt den Wunsch nach Freigabe der Euthanasie, nach ausgreifender Selbstbestimmung auch zum Sterben.

Einvernehmen besteht darüber, daß jeder Patient Anspruch darauf hat, seine Würde (Art. 1 I GG) ungeschmälert zu behalten oder, was dasselbe bedeutet, „auf eine humane Krankenbehandlung" (§ 70 II SGB V) nicht nur in klinischen Hospizeinrichtungen und Palliativstationen.

Der Arzt schuldet Hilfe im Sterben, zu der die Schmerzlinderung auch dann gehört, wenn sie als unvermeidbare Nebenwirkung möglicherweise den Todeseintritt beschleunigt (indirekte Sterbehilfe). Der Abbruch medizinischer Maßnahmen, die lediglich den natürlichen Ablauf des Sterbens verzögern, ist erlaubt und in der Regel geboten (passive Sterbehilfe). Sollen die Maßnahmen den Sterbeprozeß ausdehnen, um dem Leidenden eine letzte Spanne bewußten Daseins zu ermöglichen, so stehen sie dem Sterbenden nach seinem Willen zu. Die gezielte Tötung Todkranker oder Sterbender bleibt verboten (aktive Sterbehilfe). Nach der Hippokratischen Berufsregel darf der Arzt dem Suizidenten keine Beihilfe leisten. Allgemeiner Ansicht zufolge verdient die aktuelle Ablehnung ärztlicher Hilfe durch den aufgeklärten, zur Selbstbestimmung fähigen Patienten vollen Respekt.

Anerkennung verdient die Entschiedenheit, mit der auch die 1997 verabschiedete Eisenacher Berufsordnung an der Aufgabe des Arztes festhält, „das Leben zu erhalten", wenngleich die Gespaltenheit der Ärzteschaft bei der Frage nach dem Schwangerschaftsabbruch durch einen Zusatz eine paritätische Akzentuierung erfährt: „Der Arzt kann nicht gezwungen werden, einen Schwangerschaftsabbruch vorzunehmen oder ihn zu unterlassen". Der Ärztetag erlag dem weltweit erhobenen Postulat des Gnadentodes aus ärztlicher Hand durchaus nicht, sondern bekannte sich zum Verbot der aktiven Sterbehilfe. Das ist zugleich ein Eckpunkt der von der Bundesärztekammer erlassenen Grundsätze zur ärztlichen Sterbebegleitung. Dieser Text sucht den Anschluß zu den nicht zum ersten Mal als Vorbild wirksamen Richtlinien der Schweizerischen Akademie der Medizinischen Wissenschaften und zur Judikatur des BGH.

Auch für sein Handeln an der Grenze von Leben und Tod des Patienten bedarf der Art zu seiner Legitimation einer verantwortlichen Indikation und der Einwilligung des Kranken, deren spezifisches Gewicht in der Spruchpraxis des BGH wuchs. Die ärztliche Fürsorgepflicht umschließt salus wie voluntas aegroti. Wenn ein aktueller Informed Consent fehlt, kommt der von der Rechtsqualität als Rechtfertigungsgrund äquivalente mutmaßliche Wille in Betracht, der den Arzt bindet. Den Inhalt des mutmaßlichen, also hypothetischen Willens hat er in eigener Verantwortung zu ermitteln. Voraberklärungen können dabei helfen. In der Konjunktur der „Patientenverfügungen" darf sich der Blick auf die verantwortliche Rolle des Arztes aber nicht trüben.

Alle beruflichen Richtlinien betonen die grundsätzliche, vorrangige Pflicht des Arztes, das Leben seiner Patienten zu erhalten. Verdienstlicherweise verstärken die Schweizer Maßgaben die Verantwortlichkeit des Arztes, indem sie auf die Unbeachtlichkeit von Patientenverfügungen hinweisen, die Rechtswidriges oder den Abbruch lebenserhaltender Maßnahmen verlangen, „obwohl der Zustand des Patienten nach allgemeiner Erfahrung die Wiederkehr der zwischenmenschlichen Kommunikation und das Wiedererstarken des Lebenswillens erwarten läßt". So wenig der Arzt das Sterben durch unangezeigte Maßnahmen eigenmächtig verlängern darf, so wenig darf der Patient seinem Helfer für den Fall der Not Unärztliches ansinnen. „Die Patientenverfügung", so der Arzt *Dietrich Niethammer*, „kann nur höchstens helfen dem Patienten näher zu kommen, wenn wir ihn nicht gut kennen".

Ermutigen wir die Ärzte von Rechts wegen dazu, Beschützer des Lebens, Helfer und Tröster zu bleiben. Bewahren wir sie vor der Funktion des Todbringers. Kein alter oder schwerkranker Mensch braucht dann zu befürchten, der Arzt werde von den Angehörigen dahin gelenkt, den Tod des Patienten für besser zu halten als dessen Weiterleben. Wir brauchen durchaus keine Spezialgesetze auf diesem Feld. Gestehen wir uns ein, daß es auch Fragen des zuletzt einsamen Arztes gibt, die – wie *Golo Mann* von seinem Heidelberger Lehrer *Karl Jaspers* lernte – nicht lösbar sind: „Wenn man sie in die Sphäre der Berechenbarkeit und Grundsätzlichkeit zieht, so tastet man etwas an, was man ehrfürchtig stehen lassen muß."

Ein maßvoller Umgang mit der Apparatemedizin wird den Ärzten das Vertrauen der Kranken erhalten und zurückgewinnen, auf das es letztlich ankommt. Maßnahmen zur Lebensverlängerung sind nicht schon deswegen unerläßlich, weil sie sich als technisch möglich anbieten. Angesichts des bisherige Grenzen überschreitenden Fortschritts medizinischer Technologie bestimmt nicht die Effizienz der Apparatur, sondern die an der Achtung des Lebens und der Menschenwürde ausgerichtete Einzelfallentscheidung die Grenze ärztlicher Behandlungspflicht. Die Ärzte dürfen nicht um jeden Preis behandeln, die Juristen nicht alles verrechtlichen, auch nicht durch die Forcierung von Voraberklärungen und Vollmachten und die Indienstnahme von Vormundschaftsgerichten mittels einer Überdehnung des § 1904 BGB. Ärzte wie Juristen stehen unter dem Gebot des rechten Maßes; der Arzt steht außerdem unter der Last des Kairos, was wir Juristen immer bedenken sollen. Damit sei le tour d'horizon beschlossen; für die erwiesene Aufmerksamkeit vielen Dank.

JOCHEN MARLY

Die Weiterentwicklung des Urheberrechts im Informationszeitalter

I. Einleitung

Kein Urheberrechtler kommt zur Zeit umhin, sich mit den Auswirkungen der sogenannten neuen Technologien auf das Urheberrecht zu beschäftigen. Fast könnte man diesbezüglich sogar von einer Obliegenheit zur Stellungnahme sprechen. Die Verletzung dieser Obliegenheit führt ins wissenschaftliche Abseits. Entsprechend groß ist die Zahl der einschlägigen Publikationen. Bei deren Lektüre fällt jedoch zunächst auf, daß die Titel durch modische und daher publikumswirksame Schlagworte aufgewertet werden, obwohl die allseits verwendeten Begriffe nicht scharf definiert sind. Auch ich habe mich diesem Zeitgeist angeschlossen und spreche heute zu Ihnen über die Weiterentwicklung des Urheberrechts im Informationszeitalter, ohne dieses Zeitalter exakt definieren zu können. Über diese Feststellung publikumshaschender Titelzeilen hinaus ist aber bemerkenswert, daß die Stellungnahmen im Schrifttum in der Regel allein in die Zukunft blicken. Sie stehen allesamt unter der unausgesprochenen Prämisse, die aktuellen technologischen Entwicklungen stellten eine noch nie dagewesene Herausforderung für das Urheberrecht dar. Teilweise wird sogar die Frage aufgeworfen, ob die Kapitulation des gesamten Urheberrechtssystems vor der Technik bevorsteht. Nur sehr vereinzelt wird darauf hingewiesen, daß die Geschichte des Urheberrechts im 20. Jahrhundert weithin ein Prozeß rechtlicher Reaktion auf die Herausforderungen der Technik gewesen ist[1]. Selbst dieser durchaus zutreffende Hinweis scheint mir aber historisch zu kurz zu greifen, weshalb ich mit Ihnen nicht nur das 20. Jahrhundert, sondern die vergangenen zwei Jahrtausende aus dem Blickwinkel des Urheberrechts kurz Revue passieren lassen möchte.

---

1 Vgl. *Schricker*, Urheberrecht auf dem Weg zur Informationsgesellschaft, Baden-Baden 1997, S. 5.

II. Die Geschichte des Urheberrechts

Ein Urheberrecht im Sinne eines umfassenden Rechts an einem Geistesgut war in der Antike unbekannt. Es existierte jedoch sehr wohl ein Bewußtsein für das geistig Geschaffene. So verglich der römische Dichter *Marcus Valerius Martialis*, der von 42 bis 104 n.Chr. lebte, seine Epigramme mit freigelassenen Sklaven[2]. Einen gewissen *Fidentinus*, der die Gedichte *Martialis* als eigene ausgab, bezeichnete er als Menschenräuber, als Plagiarius. Dies ist uns sprachgeschichtlich durch den Begriff des Plagiats bis heute überliefert. Ein Recht in Gestalt eines Eigentumsrechts bestand jedoch allein am Manuskript. Die darin verkörperte geistige Leistung war demgegenüber eine res extra commercium. Selbst die Mühen und Kosten des Abschreibens wurden höher bewertet als die schöpferische Leistung des Autors.

Ein ähnliches Bild wie die Antike bietet das Mittelalter[3]. Nun wurde der Werkschöpfer als Mittler zwischen Gott und den Menschen verstanden, der jedoch selbst in der Regel anonym blieb. Die Anfertigung von Abschriften, die meist in Klöstern oder durch Handschriftenvermieter erfolgte, war frei. Ein Schutz gegenüber der Vervielfältigung und Verbreitung des Werks durch Dritte bestand nicht. Auch gegenüber der Entstellung eines Werkes bestand kein Schutz, weshalb etwa Eike von *Repkow* ganz in der Tradition der sogenannten Bücherflüche in seiner Vorrede zum Sachsenspiegel den Werkverfälschern Aussatz und Hölle wünschte.

Einen entscheidenden Wendepunkt in der Geschichte des Urheberrechts stellt die Erfindung des Buchdrucks mit beweglichen Lettern durch *Johannes Gutenberg* um 1450 dar. Mit der Möglichkeit der massenhaften Herstellung identischer Texte entstand für die Drucker und Verleger das Bedürfnis, die erforderlichen hohen Investitionen für einen Erstdruck gegenüber dem viel weniger riskanten Nachdruck erfolgreicher Werke zu schützen. Dieser Schutz wurde durch die Gewährung von Privilegien seitens der Städte, der Landesherren oder des Kaisers erzielt, wobei je nach Sachlage und politischem Zweck die Privilegienvergabe der Gewerbeförderung, dem Investitions- oder Ertragsschutz, dem Leistungsanreiz oder auch der Belohnung diente[4].

In der weiteren Entwicklung gingen Drucker und Verleger von einem originär erworbenen eigentumsähnlichen Recht aus, für dessen Existenz kein besonderes Privileg erforderlich war[5]. Der Inhaber eines ausschließlichen Ver-

---

[2] Dies berichtet *Rehbinder*, Urheberrecht, 10. Aufl. München 1998, § 3 I 1.
[3] Auch hierzu *Rehbinder*, a.a.O., § 3 I 1.
[4] Vgl. *Vogel*, Deutsche Urheber- und Verlagsrechtsgeschichte zwischen 1450 und 1850, Frankfurt 1978, S. 15 ff.; *Haberstumpf*, Handbuch des Urheberrechts, Neuwied 1996, Rdn. 28.
[5] *Rehbinder*, a.a.O., § 3 I 1; ausführlich zur Lehre vom Verlagseigentum in Deutschland *Vogel*, a.a.O., S. 31 f.

lagsrechts wurde in den englischen Buchhändlergilden als „owner of copy" bezeichnet, was sich etwa im angelsächsischen und US-amerikanischen Rechtskreis durch den Begriff des Copyright auch heute noch dokumentiert. Erst viel später – unter dem Einfluß des Naturrechtsdenkens – wurde der bis dahin dominierende Gewerbeschutzgedanke zugunsten der Vorstellung eines angeborenen Rechts des Menschen an den von ihm geschaffenen Gütern zurückgedrängt. Damit war die entscheidende Abgrenzung zwischen Manuskript und geistigem Gut vollzogen, jedoch dauerte es noch gehörige Zeit, bis sich die Lehre vom Urheberrecht als Persönlichkeitsrecht durchsetzte und auch die Gesetzesbezeichnungen „Urheberrecht" „droit d'auteur", „Autorrecht", die Person des geistig Schaffenden und nicht die wirtschaftliche Investition des Herstellers in den Mittelpunkt rückten[6].

So kam es etwa Mitte des vergangenen Jahrhunderts zu folgendem Vorfall[7]. Der Philosoph *Friedrich Wilhelm Josef von Schelling* sprach zwar des öfteren von seiner Offenbarungsphilosophie, veröffentlichte sie aber nicht. Deshalb ließ sein wissenschaftlicher Gegenspieler, der Heidelberger Theologieprofessor *Heinrich Eberhard Gottlob Paulus* die erste Vorlesung Schellings im Wintersemester 1841/1842 an der Universität Berlin wörtlich nachschreiben und gab sie 1843 unter dem Titel „Wörtlicher Text der endlich offenbar gewordenen Schelling'schen positiven Philosophie der Offenbarung" heraus. *Schelling* erreichte zwar zunächst die Beschlagnahme des Werks, verlor später aber sämtliche Prozesse wegen Verletzung seines geistigen Eigentums. *Paulus* berief sich in diesen Prozessen unter anderem darauf, mangels vorheriger Veröffentlichung sei das Werk gar kein unzulässiger Nachdruck, sondern höchstens ein freier Vordruck, auch habe er nicht mit Gewinnabsicht gehandelt. Der Persönlichkeitsschutz, der nach heutigem Verständnis des Urheberrechts auch das Recht zur Erstveröffentlichung umfaßt, wurde damals von den Gerichten für nicht entscheidend gehalten. Diese Erkenntnis setzte sich erst in den folgenden Jahrzehnten endgültig durch, obwohl ein Bewußtsein vom Veröffentlichungsrecht des Autors durchaus schon für die frühe Zeit des Buchdrucks nachweisbar ist[8].

In etwa diese Zeit fällt auch eine weitere Entwicklung des Urheberrechts. Entsprechend den historischen Wurzeln des Urheberrechts im Privilegienwesen ist es einleuchtend, daß im Urheberrecht der Grundsatz der territorialen Begrenzung gilt. Das Schutzrecht endet an den Grenzen des Staates, der es

---

6 Zum geistesgeschichtlichen Ursprung der Theorien des Urheberrechts als Persönlichkeitsrecht *Vogel*, a.a.O., S. 70 ff.
7 Hierzu *Rehbinder*, Kein Urheberrecht ohne Gesetzesrecht. Zum Urheberschutz um die Mitte des 19. Jahrhunderts, in: Dittrich (Hrsg.), Woher kommt das Urheberrecht und wohin geht es?, Wien 1988, S. 99 ff. Vergleichbare, aber ältere Fälle schildert *Vogel*, a.a.O., S. 70 ff.
8 *Vogel*, a.a.O., S. 27 f.

verliehen hat. Mit der zunehmenden Verbreitung von Geisteswerken auch über die jeweiligen Landesgrenzen hinweg entstand aber das Bedürfnis nach internationalem Rechtsschutz. Dem zu genügen wurden Mitte des 19. Jahrhunderts in zunehmender Zahl Staatsverträge geschlossen. Im Jahre 1886 schlossen sich sodann in der Berner Übereinkunft zum Schutz von Werken der Literatur und Kunst zunächst 10 Staaten zu einem Staatenverband zusammen, darunter auch Deutschland. Zentraler Inhalt der Übereinkunft ist unter anderem die Zusicherung der Verbandsländer, den Angehörigen der anderen Verbandsländer die gleichen Rechte zu gewähren wie den inländischen Urhebern. Die Berner Übereinkunft mit ihren Zusatzartikeln, Vervollständigungen und Revisionen ist auch heute noch der bedeutendste internationale Vertrag auf dem Gebiet des Urheberrechts. Hieran haben auch spätere Verträge, etwa das Welturheberrechtsabkommen von 1952 oder das Übereinkommen über handelsbezogene Aspekte der Rechte des geistigen Eigentums, das sogenannte TRIPS-Übereinkommen aus dem Jahre 1994, nichts geändert.

Faßt man nun unsere kurze Zeitreise durch die Geschichte des Urheberrechts zusammen, lassen sich drei Kernpunkte und eine Tradition hervorheben.

1. Kernpunkt: Die Herausarbeitung und Ausweitung der berechtigten Interessen der Urheber gegenüber fremder Werkverwertung.
2. Kernpunkt: Die jeweilige Anpassung des Rechts an eine gewandelte Technik und
3. Kernpunkt: Die Sicherstellung eines länderübergreifenden Schutzes.

Sofern die Urheber diese drei Kernpunkte des Rechtsschutzes nicht hinreichend gewahrt sehen, greifen sie auf eine alte Tradition zurück: Sie verfluchen die Personen, die vermeintliche Schutzlücken ausnutzen.

III. Die aktuellen urheberrechtlichen Probleme des Informationszeitalters

Kommen wir nach alledem zu den aktuellen urheberrechtlichen Problemen zurück, die das sogenannte Informationszeitalter aufwirft. Dabei stellt die Digitalisierung die Grundtechnik dessen dar, was unter dem Schlagwort des Informationszeitalters oder der Informationsgesellschaft[9] an neuen Entwicklungen verwirklicht wird oder sich für die Zukunft abzeichnet[10]. Die Digitalisierung, also die Darstellung von Daten und Informationen in Ziffern (digit = Ziffer[11]) ermöglicht nicht nur, das Ergebnis körperlich zu fixieren, etwa auf einem Magnetdatenträger, und es unkörperlich zu senden oder auf einem Bildschirm darzustellen. Die Digitalisierung erlaubt vielmehr

---

9 Zu den verschiedenen Anwendungsgebieten der Digitalisierung etwa *Becker/Dreier*, Urheberrecht und digitale Technologie, Baden-Baden 1994.
10 So *Schricker*, a.a.O., S. 19.
11 digitus ursprl. Zeiger, Finger.

1. eine Vereinheitlichung des Datenformats,
2. die Kompression der Daten,
3. deren rasche und kostengünstige Speicherung,
4. deren Übertragung ohne Qualitätsverlust und schließlich
5. deren leichte Manipulierbarkeit.

Damit eröffnet die Digitalisierung einer unberechtigten Verwertung fremder Werke bislang ungeahnte Möglichkeiten. Als für den Urheber besonders gefährlich sind hierbei zwei Erscheinungen hervorzuheben:

Zunächst die fast kostenlose Vervielfältigung eines Werks einschließlich der sekundenschnellen Weiterverbreitung über internationale Datennetze rund um den Globus. Derartiges war früher nicht möglich. Auch unerlaubtes Anfertigen von Kopien und deren Verbreitung erforderte einen nicht unerheblichen Aufwand. Schallplatten ließen sich regelmäßig nicht in der Wohnstube nachpressen und die Verbreitungswege waren rekonstruierbar. Damit ist es nun vorbei.

Mit dieser Erscheinung eng verwandt ist die zweite Gefahr, die leichte Manipulierbarkeit digitaler Werke. Jedwede Urheberkennzeichnung läßt sich spurlos entfernen oder ändern. Berücksichtigt man nun, daß der Standort des jeweils eingesetzten Computers irrelevant ist, dann wird klar, daß der Weg der unerlaubten Weiterverbreitung für den Urheber nur außerordentlich schwer zu ermitteln ist. Klassische Ermittlungs- und Bekämpfungsmethoden wie Zollkontrollen oder Durchsuchungen laufen im Zeitalter schneller Datenfernübertragung ins Leere. Jeder „digitale Lagerbestand" läßt sich in minutenschnelle von einem Land ins nächste übertragen. Auf der anderen Seite vermag auch der gesetzestreue Nutzer nicht sicher zu beurteilen, ob es sich bei einem Werkexemplar um eine Raubkopie handelt oder nicht. Damit stößt jeder noch so umfassende Urheberrechtsschutz an eine faktische Grenze der Funktionsfähigkeit.

Die beiden genannten Erscheinungen verdeutlichen, daß das Urheberrecht im Informationszeitalter zu seiner vollen Verwirklichung der Unterstützung durch die Technik bedarf, namentlich der Unterstützung durch Schutzsysteme zur Verhinderung unerlaubter Verwertungshandlungen sowie der Unterstützung durch Identifizierungssysteme im Sinne digitaler Wasserzeichen[12] zum Schutz der Werkintegrität und der Zuordnung zum jeweiligen Urheber. Die notwendige Verklammerung von Technik und Urheberrecht möchte ich Ihnen wegen der faktischen Abschaffung nationaler Grenzen durch die moderne Telekommunikation vor dem Hintergrund internationaler, insbesondere europäischer Lösungsansätze vorstellen. Es handelt sich hier um einen zentralen Aspekt der Weiterentwicklung des Urheberrechts.

---

12 Vgl. hierzu *Möschel/Bechtold*, Copyright-Management im Netz, MMR 1998, 571, 573.

Zu Recht beschäftigen sich auch die Organe der Europäischen Gemeinschaften mit den Herausforderungen der neuen Technologien für das Urheberrecht. Grundlegende Einschätzungen wurden für audiovisuelle Werke, Computerprogramme und Datenbanken bereits im *Grünbuch über Urheberrecht und die technologische Herausforderung* aus dem Jahre 1988 dargelegt. Bezeichnenderweise trägt dieses Grünbuch den Untertitel *Urheberrechtsfragen, die sofortiges Handeln erfordern*[13]. Eines der erklärten Ziele der EG-Kommission war bereits damals, geistiges Eigentum gegenüber unrechtmäßiger Übernahme durch andere zu schützen. Auch die EG-Kommission erkannte aber, daß das rechtliche Instrumentarium mitunter zu kurz greift und die unberechtigte Ausbeute fremder Leistung mit rechtlichen Mitteln nicht immer verhindert werden kann. Schon damals waren viele Hersteller dazu übergegangen, ihre Produkte durch technische Schutzmechanismen zu schützen, etwa durch Verschlüsselung, durch Kopierschutzmechanismen, durch Zugangskontrollen oder bei Computersoftware auch durch sogenannte Dongles, also Hardwarebauteile ohne deren Vorhandensein das Programm nicht abläuft. Technische Schutzmechanismen wurden seitens der EG-Kommission aber lediglich für audiovisuelle Werke problematisiert, namentlich für Tonaufnahmen sowie Video- oder Fernsehprogramme, also nur hinsichtlich eines Teils der zu schützenden Werke. Entsprechende Stellungnahmen etwa für den Schutz von Computerprogrammen oder von Datenbanken fehlen.

Im Hinblick auf Computerprogramme wurde am 14. Mai 1991 die *Richtlinie des Rates über den Rechtsschutz von Computerprogrammen (91/250/EWG)*[14] erlassen. Auch in dieser sogenannten Softwarerichtlinie wurde das Problem technischer Schutzmechanismen nicht abschließend geregelt. Sie ist aber zur Zeit immer noch die einzige EG-Richtlinie, die überhaupt ausdrückliche Regelungen zu diesem Problem enthält und verdient daher nähere Betrachtung. In *Artikel 7 Absatz 1 Buchst. c der Softwarerichtlinie* wurde vorgeschrieben, daß die Mitgliedstaaten geeignete Maßnahmen gegen Personen vorsehen müssen, die sich des Inverkehrbringens oder des Erwerbszwecken dienenden Besitzes von Mitteln schuldig machen, die allein dazu bestimmt sind, die *unerlaubte* Beseitigung oder Umgehung technischer Programmschutzmechanismen zu erleichtern. In Absatz 3 ist die Möglichkeit der Beschlagnahme solcher Mittel vorgesehen.

Eine wesentliche Schwachstelle der in Artikel 7 getroffenen Regelung besteht darin, daß nicht definiert wird, wann eine „unerlaubte Beseitigung oder Umgehung" von Schutzmechanismen vorliegt. Im Wege eines Umkehrschlusses kann der Regelung aber entnommen werden, daß es auch erlaubte Beseitigungen oder Umgehungen geben muß, denn sonst wäre das Merkmal des

---

13 KOM (88) 172 endg.
14 Amtsblatt der Europäischen Gemeinschaften Nr. L 122/42 vom 17. Mai 1991.

Unerlaubtseins überflüssig. Hervorzuheben ist daneben, daß Artikel 7 nur das Inverkehrbringen und den Erwerbszwecken dienenden Besitz erfaßt. Angesprochen ist somit im wesentlichen nur der Kreis der kommerziell arbeitenden Personen. Private dürfen nach dieser Regelung solche Hilfsmittel besitzen und Schutzmechanismen umgehen oder beseitigen.

Um für die erfolgreiche Verwirklichung der Informationsgesellschaft einen kohärenten Rechtsrahmen bereitzustellen, veröffentlichte die Kommission der Europäischen Gemeinschaften am 19. Juli 1995 erneut ein *Grünbuch über Urheberrecht und verwandte Schutzrechte in der Informationsgesellschaft*[15]. Die Kommission hatte erkannt, daß Rechtsvorschriften geändert werden müssen, um den neuen und vielfältigen Herausforderungen der technologischen Weiterentwicklung gerecht zu werden. In diesem Grünbuch wurden technische Schutzmaßnahmen für Computerprogramme abermals nicht problematisiert. Abschnitt IX beschäftigte sich zwar ganz allgemein mit den Fragen technischer Identifizierungs- und Schutzsysteme, behandelte diese aber allein im Hinblick auf sonstige digitalisierte Werke. Die Kommission hielt eine softwarespezifische Regelung nicht für erforderlich, da sie der Auffassung war, das Problem bereits in der Softwarerichtlinie hinreichend behandelt zu haben. Der Schutz von Datenbanken wurde ebenfalls nicht gesondert problematisiert, denn dieser sollte abschließend in der *Richtlinie über den rechtlichen Schutz von Datenbanken*[16] aus dem Jahre 1996 geregelt werden. Die sogenannte Datenbankrichtlinie enthält aber gar keine Regelung zu technischen Schutzmechanismen und bleibt daher noch hinter der Software-Richtlinie zurück.

Am 10.12.1997 hat die EG-Kommission einen *Vorschlag für eine Richtlinie (des Europäischen Parlaments und des Rates) zur Harmonisierung bestimmter Aspekte des Urheberrechts und der verwandten Schutzrechte in der Informationsgesellschaft*[17] vorgelegt. Zuvor hatte die EG-Kommission in verschiedenen Mitteilungen bereits bekanntgegeben, „Maßnahmen gegen die Umgehung oder den Mißbrauch elektronischer Verwaltungs- und Schutzsysteme" ergreifen zu wollen. Im neuen Richtlinienvorschlag werden nunmehr aber nicht nur Maßnahmen hinsichtlich technischer Schutzmechanismen für sonstige Werke vorgesehen. Vielmehr erfaßt der erklärte Regelungsinhalt des einschlägigen Artikel 6 des Richtlinienvorschlags alle technologischen Maßnahmen, die dem Schutz von Urheberrechten oder verwandten Schutzrechten dienen. Da nach der ausdrücklichen Zielsetzung der Softwarerichtlinie Computerprogramme dem Urheberrechtsschutz unterfallen, werden von der geplanten Richtlinie folglich auch technische Programmschutzmechanismen, namentlich Software-Kopierschutzmechanismen sowie Dongles erfaßt. Erfaßt werden ferner Schutzmechanismen von Datenbanken, etwa Zugangskontrollen oder auch Kopier-

---

15 KOM (95) 382 endg.
16 Amtsblatt der Europäischen Gemeinschaften Nr. L 77/20 vom 27. März 1996.
17 KOM (97) 628 endg.

schutzmechanismen von Datenbanken, die auf CD-ROM vertrieben werden. Damit werden Themenbereiche neu aufgegriffen, die eigentlich schon in früheren Richtlinien hatten geregelt werden sollen.

Darüberhinaus werden aber auch die verschlüsselten Fernsehprogramme der verschiedenen Pay-TV-Anbieter erfaßt. Die Notwendigkeit dieses Einbezugs mußte etwa auch der deutsche Anbieter Premiere erkennen, der sich bis dahin selbstsicher auf die Zuverlässigkeit seiner Verschlüsselungstechnik verlassen hatte. Bei den Fernsehbildern von Premiere waren die einzelnen Zeilen jedes Bildes auf 32768 Arten vertauscht. Mit einem gewöhnlichen PC der Pentium 166 MHz-Klasse und einem seit dem Herbst 1998 im Internet verbreiteten Software-Decoder läßt sich der Zeilensalat aber wieder restaurieren[18]. Die Verschlüsselungstechnik wurde von der Entschlüsselungstechnik überholt.

Probleme mit der unerlaubten Werkverwertung beschäftigen auch die Musikindustrie[19]. Weltweit offerieren nach einer Schätzung der GEMA zur Zeit etwa 26 000 Internet-Sites rund 90 000 Titel unautorisierter Musik zum Herunterladen[20]. Die Zahl der aktiven Nutzer soll laut Marktforscher Iconocast[21] von momentan 3 Millionen auf über 80 Millionen zur Jahrtausendwende anwachsen. Diese geradezu explosionsartige Entwicklung erscheint durchaus möglich, berücksichtigt man drei Dinge:

1. Die erforderliche Software zum Abspielen der Musik ist im Internet kostenlos und legal abrufbar.

2. Die Software zum Umwandeln einer gewöhnlichen Musik-CD in das populäre Internet Format MP3[22] ist ebenfalls legal abrufbar und kostet zur Zeit 29,00 US-Dollar. Damit kann jeder Musikfreund seine CDs jedem anderen Telefonbenutzer dieser Welt zum Kopieren anbieten.

3. Das bereits erwähnte Musik-Format MP3 reduziert den Datenumfang auf rund ein Zwölftel ohne hörbaren Klangverlust. Damit beträgt die durchschnittliche Übertragungszeit eines einzelnen Musikstücks über Telefonleitung selbst bei hoher Netzauslastung nur ein paar Minuten. Die Kosten für einen preisbewußten Nutzer belaufen sich daher selbst im hochpreisigen Deutschland pro Titel auf unter 60 Pfennige.

Musikfreunde, die ihre Stücke nicht nur am heimischen PC hören wollen, sondern auch im Auto, der Straßenbahn oder sonstwo, können bewegliche Abspielgeräte in der Größe eines Walkman für rund 400,00 DM erwerben. Der Versuch der Lobby der US-amerikanischen Musikindustrie scheiterte, diese Abspielgeräte gerichtlich verbieten zu lassen. Zwischenzeitlich wurden ver-

---

18 CHIP 12/1998 S. 252, 254 f.
19 Einen Überblick über die verschiedenen Verfahren gibt *Wayner*, Digital Copyright Protection, 1997.
20 Vgl. com!online 3/1999 S. 36 ff.
21 Vgl. com!online 3/1999 S. 36.
22 Mpeg Layer 3.

schiedene neue Datenformate für Musikstücke entwickelt, die nur eine bestimmte Anzahl von Kopien zulassen und daneben sogar aufzeichnen, wer ein Musikstück von welcher Internet-Seite geladen hat. Es scheint jedoch nur eine Frage der Zeit, wann auch diese Schutzmechanismen durchbrochen werden können.

Insgesamt lassen sich die dargestellten Entwicklungen dahingehend zusammenfassen, daß technische Schutz- und Identifizierungssysteme wirkungslos bleiben, solange sie nicht durch die Rechtsordnung geschützt werden. Damit bedarf das Urheberrecht der technischen Unterstützung, die Technik aber wiederum bedarf des rechtlichen Schutzes. Untersuchen wir also, wie sich die EG-Kommission den erst noch zu schaffenden rechtlichen Technikschutz vorstellt. Sie hat dies in Art. 6 und 7 des bereits erwähnten Richtlinienvorschlags dargelegt.

Etwas verkürzend kann Art. 6 des Richtlinienvorschlags dahingehend zusammengefaßt werden, daß die Mitgliedstaaten verpflichtet sind, einen angemessenen Rechtsschutz in bezug auf alle Handlungen zu schaffen, die der Umgehung wirksamer technischer Schutzmechanismen dienen, sofern diese Handlungen nicht gesetzlich erlaubt sind oder vom Rechtsinhaber gestattet wurden. Nach Art. 7 des Richtlinienvorschlags müssen die Mitgliedstaaten einen angemessenen Rechtsschutz gegenüber Personen vorsehen, die elektronische Informationen für die Wahrnehmung der Rechte entfernen oder verändern bzw. entsprechend veränderte Produkte in den Verkehr bringen. Damit entsprechen die Vorschläge der EG-Kommission weitgehend dem sogenannten *WIPO-Urheberrechtsvertrags vom 20.12.1996*. Die WIPO, die World Intellectual Property Organization, also die Weltorganisation für geistiges Eigentum, verwahrt den Vertrag und ist für verschiedene Verwaltungstätigkeiten zuständig. Diesem völkerrechtlichen Vertrag, sind über 120 Nationen beigetreten, insbesondere auch die Bundesrepublik Deutschland sowie die Europäische Gemeinschaft. Zusammengefaßt verpflichten sich die Vertragsparteien in *Artikel 11 dieses Vertrags*[23] dazu, einen angemessenen Rechtsschutz gegen die unbefugte Umgehung wirksamer technologischer Schutzmaßnahmen zu schaffen. In Art. 12 des WIPO-Urheberrechtsvertrags[24] verpflichten sich die Vertragsparteien darüber hinaus, einen angemessenen Rechtsschutz gegen die unbefugte Entfernung oder Änderung elektronischer Informationen über die Rechtewahrnehmung sowie die unbefugte Verbreitung entsprechend geänderter Produkte vorzusehen.

---

23 Eine Parallelregelung enthält Art. 18 WPPT (WIPO Performance and Phonogramms Treaty). Mangels inhaltlicher Unterschiede muß hierauf nicht gesondert eingegangen werden. Erfaßt sind Tonträgerhersteller und ausübende Künstler. Der Schutz geht weiter als nach dem Rom-Abkommen zum Schutz ausübender Künstler, Herstellern von Tonträgern und Sendeunternehmen von 1961.

24 Eine Parallelregelung enthält Art. 19 WPPT (WIPO Performance and Phonogramms Treaty).

Damit entspricht die vorgeschlagene EG-Richtlinie nahezu wörtlich der Vorgabe des WIPO-Urheberrechtsvertrags. Die Änderungen sind allein sprachlicher Natur. Vergleichen wir aber diese Regelungen mit der Regelung, die im Diskussionsentwurf des deutschen Bundesministeriums der Justiz vom 7. Juli 1998 enthalten ist. Mit dieser Gesetzesänderung soll unter anderem der WIPO-Urheberrechtsvertrag in deutsches Recht umgesetzt werden. Geplant ist, einen neuen § 96 a *Urheberrechtsgesetz* zu schaffen, der für alle urheberrechtlich geschützten Werke ein Verbot der Umgehung, Beseitigung, Zerstörung oder sonstigen Unbrauchbarmachung technischer Schutzmechanismen aller Art einführt, soweit der Rechtsinhaber nicht zugestimmt hat. Auffallend ist, daß § 96 a eine Umgehung nur bei Erlaubnis des Rechtsinhabers zuläßt und nicht wie Artikel 11 des WIPO-Vertrags auch im Falle gesetzlicher Erlaubnis. Dies bedeutet – ich zitiere das Bundesjustizministerium –, „daß die Verletzung der Integrität oder Funktionsfähigkeit eines derartigen Mittels auch dann verboten ist, wenn sie zum Zwecke einer nach den §§ 45 ff UrhG zulässigen Verwertungshandlung erfolgt". Damit ist eine Umgehungshandlung selbst dann illegal, wenn sie für die Durchführung eines gerichtlichen Verfahrens nach § 45 Abs. 1 UrhG notwendig ist. Eine Ausnahme ist nicht vorgesehen.

Auffallend ist darüberhinaus, daß nach dem WIPO-Urheberrechtsvertrag und der geplanten EG-Richtlinie nur wirksame Schutzmechanismen geschützt werden sollen, während die Wirksamkeit des Schutzmechanismusses nach der geplanten deutschen Neuregelung irrelevant ist. Dies führt dazu, daß Schutzmaßnahmen selbst im Falle eines Defekts vom Werknutzer hingenommen werden müssen, was schwerlich als angemessen qualifiziert werden kann. Die geplanten deutschen Regelungen gehen damit über die internationalen Vorgaben in nicht zu rechtfertigenden Weise hinaus.

Dennoch belegen beide Beispiele, daß die Weiterentwicklung des Urheberrechts eher Probleme im Detail bereitet, nicht aber dramatische Veränderungen erfordert.

IV. Ausblick

Kommen wir jedoch zurück zur Ausgangsfrage, ob das Urheberrechtssystem vor der Herausforderung durch die Technik kapitulieren muß. Wie die Betrachtungen zu den urheberrechtlich zu bewältigenden Problemen der Digitalisierung gezeigt haben, sind die Wahrung der berechtigten Interessen der Urheber, die Anpassung des Rechts an eine gewandelte Technik und die Sicherstellung eines länderübergreifenden Schutzes als die zentralen Punkte der Weiterentwicklung des Urheberrechts zu qualifizieren. Alle drei Erscheinungen sind uns aber schon von unserem Exkurs in die Geschichte des Urheberrechts der vergangenen zweitausend Jahre bekannt. Ich hatte sie als Kernpunkte bezeichnet. Meine Kritik an den vorgeschlagenen gesetzlichen Neuregelungen bezieht sich eher auf Details als auf Grundsatzfragen. Man könnte meine Ausführungen daher als kleine Scharmützel im Kampf um einen gerechten Interessenausgleich bezeichnen, keinesfalls jedoch als kriegsentscheidende Durchbruchsschlacht. Das Thema des heutigen Vortrags ließe sich daher in Anlehnung an den Titel des Romans „Im Westen nichts Neues" von Erich Maria *Remarque* mit „Im Urheberrecht nichts Neues" umschreiben[25].

Damit bliebe abschließend nur noch zu klären, was denn aus der neben den drei Kernpunkten erwähnten Tradition der Urheber wurde, andere zu verfluchen. Beschäftigt man sich mit den verschiedenen Erscheinungen der Informatik, stößt man auf eine besondere Gruppe der Computersoftware, die sogenannte Shareware, deren Autoren sich ebenfalls oftmals um die Früchte ihrer Arbeit gebracht sehen. Nicht selten versehen sie daher ihre Produkte mit Anmerkungen wie „if you fail to abide by the terms of this license, then your conscience will haunt you for the rest of your life". Rechtsbrecher sollen daher im Informationszeitalter nicht mehr von Aussatz und Hölle heimgesucht werden wie zu Zeiten des Sachsenspiegels, dafür sollen sie aber für den Rest ihres Lebens vom eigenen Gewissen verfolgt werden. Auch diese Erscheinung des Informationszeitalters entspricht aber letztendlich der urheberrechtlichen Tradition und ist deshalb, wie fast alles, worüber wir heute gemeinsam nachgedacht haben, nichts anderes als ein alter Hut mit neuem Band. Ich hoffe dennoch, Sie nicht gelangweilt zu haben, und danke für Ihre Aufmerksamkeit.

---

25 Wobei anzumerken wäre, daß auch *Remarque* seinen Titel in Anlehnung an fremde Texte (die Bemerkungen in den Heeresberichten des 1. Weltkriegs) fand.

OLAF MIEHE

Das Ende des Strafrechts

I. Annäherung an den Gegenstand des Vortrags

1. Mein Thema „Das Ende des Strafrechts" läuft Gefahr, nicht ernst genommen zu werden. Namentlich Adressaten, die dem Strafrecht ferner stehen, werden nicht recht glauben mögen, daß ein Fachvertreter über das Ende seines Faches, der Strafrechtler also über das Ende des Strafrechts, öffentlich nachdenken möchte. Man wird geneigt sein, die Formulierung des Themas für leicht überzogen zu halten, um Neugierde zu wecken, platt: um für den Vortrag Reklame zu machen.

Aber dem ist nicht so. Ich sehe in meinem Thema vielmehr die Chance, im Rahmen dieser Ringvorlesung Besonderheiten meines Fachs zur Geltung zu bringen. Kann man sich vorstellen, daß – unter den fortwirkenden Bedingungen unserer Kultur – einmal vom Ende des Zivilrechts, vom Ende des Gesellschafts- und Wirtschaftsrechts oder vom Ende des Verfassungs- und Verwaltungsrechts die Rede sein wird? Gewiß nicht. Die Themen, welche die Vertreter dieser Fächer zu unserer Ringvorlesung beisteuern, lassen denn auch derartige grundsätzliche Bedenken nicht erkennen. Einige wirken geradezu wie ein Fanal, daß man im kommenden Jahrtausend zu neuen Ufern aufzubrechen gedenke.

Demgegenüber gehört der Zweifel an der Strafe und demgemäß am Strafrecht gleichsam zum Alltag des Strafrechtlers. Er wirkt bis in die Berufsentscheidung hinein. Als vor kurzem *Gerald Grünwald* zu seinem 70. Geburtstag eine Festschrift überreicht wurde, sagte er den versammelten Kollegen, daß ihn immer eine tiefe Skepsis der Strafe gegenüber beherrscht habe und er am Strafrecht hängengeblieben sei, weil er seinen Zweifeln habe nachgehen wollen. Und *Radbruch* hat gerade jungen Juristen mitgegeben, Ziel der strafrechtlichen Entwicklung sei „nicht die Verbesserung des Strafrechts, sondern der Ersatz des Strafrechts durch etwas Besseres"[1].

In den letzten 40 bis 50 Jahren ist das Strafrecht zudem der Kritik der – nach Überwindung des Nationalsozialismus wieder erstarkten – empirischen Hu-

---

1 Einführung in die Rechtswissenschaft, 7. und 8. Aufl. 1929, S. 115.

man- und Sozialwissenschaften ausgesetzt[2]. Der dem Jugendrechtler erinnerliche Ruf „Heilen" oder „Erziehen statt Strafen"[3] hat zwar mit dem Abklingen der Erziehungsideologie seine Kraft verloren. Die empirisch begründete Strafrechtskritik ist aber in die macht- und herrschaftskritischen politischen Bewegungen der endsechziger und siebziger Jahre eingegangen. Auch wenn man heute etwa von *Arno Placks* Plädoyer für die Abschaffung des Strafrechts[4] nicht mehr umgetrieben wird, sollte man doch konstatieren, daß diese Kritik fortwirkt und sich immer wieder, qualifizierter und darum ernster zu nehmen, geltend macht[5].

2. Indessen brauchen wir unser Thema nicht aus neueren Frontstellungen zu legitimieren. Die ganze zweite Hälfte des jetzt zu Ende gehenden Jahrtausends scheint auf das Ende des Strafrechts hinzulaufen. Als der in der frühen Neuzeit entstehende moderne Staat die Strafrechtspflege in seine Hände nahm, sicherte er – neben einem heute noch wenig erforschten Privat- und Polizeistrafrecht – einen Kernbestand guter Ordnung mit – aus heutiger Sicht – drakonischen Leibes- und Lebensstrafen, wovon die Carolina von 1532[6] und die Ferdinandea von 1656[7] beredtes Zeugnis ablegen. Die Wissenschaft vom Gemeinen Strafrecht, also der Zeit von der Carolina bis zur Aufklärung, fand eine wesentliche Funktion in der Abmilderung dieser drakonischen Strafen, namentlich in der Weise, daß sie immer mehr Gesichtspunkte entwickelte, die es gestatteten, von der strengen poena ordinaria auf die gelindere poena extraordinaria überzugehen[8]. Gegen Ende der gemeinrechtlichen Periode bereitete die Aufklärung mit ihrem Kriterium der Straferforderlichkeit weiteren Milderungen den Boden. Die schon am Ende des 16. Jahrhunderts aufgekommene Freiheitsstrafe setzte sich im 18. und 19. Jahrhundert breit durch[9] und löste ein Großteil der alten Leibes- und Lebensstrafen ab. Schon im Verlaufe des 19. Jahrhunderts wurden die Freiheitsstrafen durch behutsame Anpassung an die Schuld des Täters immer kürzer und betrugen vielfach nur noch Tage, Wochen oder wenige Monate. Als die Schädlichkeit namentlich dieser kurzzeitigen

---

2 Hierzu etwa *Hans Schultz*, ZStW 92 (1980), 611, 612-625.
3 Vgl. etwa *Bitter* (Hrsg.), Heilen statt Strafen. Ein Tagungsbericht, 1957.
4 *Plack*, Plädoyer für die Abschaffung des Strafrechts, 1974.
5 Etwa in den Arbeiten von *Klaus Lüderssen*, die in dem Sammelband „Abschaffen des Strafrechts?", 1995, zusammengefaßt sind. Aus kriminologischer Perspektive berichtet *Kaiser*, Kriminologie, 3. Aufl. 1996, S. 271, speziell über abolitionistische Strömungen S. 284 ff.
6 Die peinliche Gerichtsordnung Kaiser Karls V., herausgegeben und erläutert von *Gustav Radbruch*, Leipzig o.J.
7 Landgerichtsordnung deß Ertz-Herzogthumbs Oesterreich unter der Ennß Ferdinands III., Codex Austriacus, Teil 1, Wien 1704, S. 659 ff.
8 *Eb. Schmidt*, Einführung in die Geschichte der deutschen Strafrechtspflege, 3. Aufl. 1965, S. 166 ff.; *Schaffstein*, Die allgemeinen Lehren vom Verbrechen in ihrer Entwicklung durch die Wissenschaft des Gemeinen Strafrechts, Neudruck 1986, S. X.
9 *v. Hippel*, Deutsches Strafrecht, 1. Bd. 1925, S. 240 ff.; *Eb. Schmidt*, a.a.O. S. 187 ff.

Freiheitsstrafen kriminalpolitische communis opinio wurde, begann man, die Forderungen nach Strafaussetzung zur Bewährung und Zurückdrängung der Freiheitsstrafe durch die Geldstrafe in die Wirklichkeit umzusetzen. Außerdem wurde immer deutlicher, daß die an der Tatschuld orientierte Freiheitsstrafe über nur beschränkte Möglichkeiten bei der Prävention erheblicher Kriminalität verfügt. Diese Beobachtung führte zur „zweiten Spur" des Kriminalrechts, den Maßnahmen der Besserung und Sicherung, die zwar der nationalsozialistische Gesetzgeber eröffnete, dabei jedoch auf Vorarbeiten aus der Weimarer Zeit zurückgriff[10]. 1949 schaffte das Grundgesetz die Todesstrafe ab[11], 1969 ging das entehrende Zuchthaus in der Einheits-Freiheitsstrafe auf[12], 1977 wandelte das BVerfG die lebenslange Freiheitsstrafe de facto in eine zeitige um[13]. Gegenwärtig befinden wir uns in einem beispiellosen Vorgang der Zurückdrängung der Strafe durch die Praxis, für die der Gesetzgeber mit den Opportunitäts-Einstellungen nach §§ 153, 153a und 153b StPO die Pforten geöffnet hat und die er, etwa mit der in § 46a StGB eingeräumten Möglichkeit, nach Täter-Opfer-Ausgleich von Strafe abzusehen[14], weiter wohlwollend begleitet.

Man wird gegen diese Indienstnahme der Historie für unser Thema einwenden, daß die geschilderte Entwicklung, namentlich die der frühen Zeit, nicht speziell mit der Beendigung des Strafrechts etwas zu tun habe, sondern sich schlicht als Folge fortschreitender Humanisierung darstelle. Doch bin ich mir da nicht so sicher. Waren eigentlich das 17., 18. und 19. Jahrhundert so viel weniger human als das 20.? Und könnte es nicht sein, daß die Zurückdrängung des Strafrechts und die vielberufene Humanisierung gleiche Ursachen haben, die ihrerseits differenzierter, also nicht nur positiv, beurteilt werden müßten? Wie dem auch sei: Das beim Staat monopolisierte öffentliche Strafrecht hat durch die geschilderte Entwicklung so weitgehend seine Instrumente verloren, daß heute allein daraus das Ende des Strafrechts abgeleitet werden kann. Aber davon wird noch die Rede sein.

3. Spätestens jetzt ist der Zeitpunkt gekommen, an dem ich offenlegen muß, wie ich mein Thema behandeln will. Der Abriß der neueren Strafrechtsgeschichte mag den Eindruck erwecken, und auch später mag es immer wieder so scheinen, daß ich die Strafe verteidige und ihr Ende und damit das Ende des Strafrechts bedauere. Indessen möchte ich mich in dieser Richtung jeder Wertung enthalten. Ich möchte auch keine Prognose über die Zukunft des Strafrechts abgeben. Darum habe ich, was Beobachtern schon aufgefallen ist,

---

10 Gesetz gegen gefährliche Gewohnheitsverbrecher und über Maßregeln der Sicherung und Besserung v. 24.11.33 (RGBl. I S. 995).
11 Art. 102.
12 Erstes Gesetz zur Reform des Strafrechts v. 25.6.69 (BGBl. I S. 645), Art. 1 Nr. 4.
13 BVerfGE 45, 187-271.
14 Gesetz zur Änderung des Strafgesetzbuches, der Strafprozeßordnung und anderer Gesetze (Verbrechensbekämpfungsgesetz) v. 28.10.94 (BGBl. I, S. 3186), Art. I Nr. 1.

hinter mein Thema auch kein Fragezeichen gesetzt: Eine Antwort, die dieses Fragezeichen provoziert, möchte ich nicht einmal versuchen[15]. Ich möchte mich vielmehr darauf beschränken, im geltenden Recht und seiner Praxis Zusammenhänge aufzusuchen und zu analysieren, in denen sich tendenziell das Ende der Strafe und des Strafrechts ankündigt.

II. Straftheoretische Grundlagen

Es liegt nahe, unter diesen Zusammenhängen mit den straftheoretischen Grundlagen zu beginnen. Wer die zu diesen Grundlagen heute vertretenen Meinungen zusammenstellt, mag die Breite des Spektrums als verunsichernd empfinden[16]. Andererseits gibt es doch auch Anzeichen für einen erstaunlich weitreichenden Konsens. Dieser Konsens geht davon aus, daß die Spezialprävention, also die Besserung und Sicherung, die Strafe nicht zu rechtfertigen vermag. Das hängt nicht erst mit dem schon erwähnten Abklingen der Erziehungsideologie zusammen. Selbst wenn der öffentlichen Erziehung größere Chancen zukommen sollten, wäre die Strafe, namentlich in ihren heutigen Formen der Freiheits- oder Geldstrafe, nur selten ein für Erziehung geeigneter Rahmen. Und von Sicherung kann nur bei längeren Freiheitsstrafen die Rede sein, die zahlenmäßig – aufs Ganze gesehen – kaum ins Gewicht fallen. Also stützt man sich auf die Generalprävention, und zwar nicht auf ihre fragwürdige negative Variante, die Abschreckung, sondern auf die sog. positive Generalprävention oder Integrationsprävention mit dem Ziel, die durch Straftaten verletzten und damit in Frage gestellten Werte wieder zu stabilisieren und zu bekräftigen. Dieses Ziel verbindet sich nicht nur äußerlich, sondern auch der Sache nach mit der Strafe als schuldvergeltender Übelszufügung, weil der verletzte Wert sozial überhaupt nur dann angesprochen und gewichtet werden kann, wenn die Strafe dem Versagen des Täters entspricht.

Wie viele Meinungsführer diesem Konzept zugerechnet werden können, ist schwer zu übersehen. Vielfach decken sich die Meinungen nur teilweise; die „Schnittmengen" reichen aber nach meinem Eindruck aus, um das Strafrecht

---

[15] Die Prognosen, die sich in der Literatur finden, geben dem Strafrecht – wenn auch in einer gegenüber heute veränderten, zurückgenommenen Gestalt – eine Zukunft, vgl. *Schmidhäuser*, Strafrecht, Allgemeiner Teil (Lehrbuch), 2. Aufl. 1975 S. 85 f.; *Hans Schultz*, ZStW 92 (1980), 611, 632 ff.; *Frehsee*, StV 1996, 222, 228 ff.; *Kaiser*, Kriminologie, 4. Aufl. 1996 S. 351. – Die Analyse der heutigen Sicht durch *Müller-Dietz*, FS Triffterer, 1996, S. 677, 693, endet zwiespältig: „Die Überzeugung, daß es unabhängig von Raum, Zeit und jeweiligen gesellschaftlichen Verhältnissen Strafrecht geben muß, ist erschüttert – aber auch die Gewißheit, daß dies unter allen Umständen ein gesellschaftlicher Fortschritt wäre, ist uns abhanden gekommen".

[16] So *Frehsee*, a.a.O. S. 224 f.

gegenwärtig von seinen theoretischen Grundlagen her als *nicht* gefährdet anzusehen.

1. Gegen die empirischen Grundlagen dieses Konzepts, dagegen also, daß durch die Androhung und Verhängung von schuldentsprechenden Strafen Werthaltungen in der Rechtsgesellschaft wirklich stabilisiert und bekräftigt werden können, sind allerdings von kriminologischer Seite Bedenken erhoben worden[17]. Diese Bedenken lassen sich erfahrungswissenschaftlich nur schwer bestätigen oder zerstreuen; man hat deshalb schon bemerkt, die Juristen hätten es geradezu listig angefangen, sich nach dem Scheitern der Spezialprävention auf die positive Generalprävention verlegt zu haben, weil sie sich damit der empirischen Kontrolle entzögen[18]. Wir können hier den kriminologischen Forschungsstand nicht wiedergeben und bewerten[19]. Uns muß die Feststellung genügen, daß die kriminologischen Bedenken bisher nur geringe Wirkungen gezeigt haben. Auch ich gestehe gerne, daß sie mich nicht sonderlich verunsichern. Die schweren Straftaten, die in diesem Jahrhundert in allen möglichen Lagern von Menschen begangen worden sind, die vor und nach ihrer Zugehörigkeit zum Lagerpersonal unauffällig und sozial eingeordnet gelebt haben, lassen sich gar nicht anders erklären als so, daß viele des moralischen Korsetts einer gelebten Ordnung bedürfen und schnell sich völlig verlieren, wenn dieses Korsett fehlt. Die in der Gesellschaft wirkende Strafrechtspflege ist ein wesentlicher Faktor einer solchen gelebten moralischen Ordnung. „Es gibt nichts Gutes, außer man tut es", sagt *Erich Kästner*. Nun tut zwar die schuldentsprechende Bestrafung dem Rechtsbrecher – auch aufs Ganze gesehen – schwerlich etwas „Gutes" an, aber sie ist überhaupt ein „Tun", das sich auf einen gesellschaftlichen Wert bezieht, ohne dessen Anerkennung als unverbrüchlich die Bestrafung seiner Verletzung etwas schlechthin Unerträgliches wäre.

2. Die Generalprävention als rechtfertigender Zweck der Strafe wird ferner von *Ernst Amadeus Wolff* und seinen Schülern bekämpft[20]. Die Strafe als schuldvergeltende Übelszufügung steht für diese Schule nicht in Frage[21]. Nur soll sie als Ergebnis einer Philosophie der Freiheit, welche die Autoren bei

---

17 Vgl. nur *Schumann*, Positive Generalprävention. Ergebnisse und Chancen der Forschung, 1989, S. 51 (dazu *Miehe*, ZStW 103 (1991), 467 ff.), ferner *Bock*, ZStW 103 (1991), 636, 6543 ff.; *Lüderssen*, ZStW 107 (1995), 877, 903 f.; *Frehsee*, a.a.O. S. 224.
18 *Bock*, a.a.O. S. 656. Ähnlich von juristischer Seite *Vormbaum*, ZStW 107 (1995), 734, 759, und *Roxin*, Strafrecht, Allgemeiner Teil, Bd. I, 3. Aufl. 1997 (künftig AT), S. 51.
19 Darum bemüht sich *Dölling*, ZStW 102 (1990), 1, 2 ff., 9 ff. Nachweise der neueren Stimmen bei *Roxin*, a.a.O. Fn. 35.
20 *E.A. Wolff*, ZStW 97 (1995), 786, 790 ff.; M. *Köhler*, Strafrecht, Allgemeiner Teil, 1997 (künftig AT), S. 42 f.; *Zaczyk*, Zum Strafrecht, Mainzer Runde '98, S. 6 ff.; Veröffentlichungen der Joachim-Jungius-Gesellschaft 8 (1999), 73, 77.
21 Sieht man davon ab, daß das Abstellen auf bloße „Übelszufügung" verworfen und statt dessen der Gedanke der Restitution betont wird, vgl. *M. Köhler*, AT S. 37 f., 43, 48 ff., *Zaczyk*, Mainzer Runde '98, S. 5 f., 9.

Kant, Fichte und *Hegel* entwickelt finden, lediglich darauf gegründet werden, daß sie gerecht sei[22].

Damit gehört diese Lehre zu den Auffassungen, die sich mit unserem Konsensmodell teilweise decken. Auf die Strafe äußert sie keine Wirkungen. Die Strafe ist nach beiden Konzepten gerechte Schuldvergeltung; daß sie nach dem einen Konzept allein dadurch hinreichend begründet ist, nach dem anderen erst dadurch, daß sich die Schuldvergeltung in den Dienst der Normbekräftigung stellt, ist im Ergebnis gleichgültig.

Nicht gleichgültig ist jedoch die Argumentation, mit der die Berufung auf die positive Generalprävention verworfen wird. Wenn mit den Worten *Kants* einer generalpräventiv motivierten Strafe entgegengehalten wird, der einzelne werde nun doch „unter die Gegenstände des Sachenrechts gemengt, zum Objekt" für außerhalb seiner selbst liegende Zwecke „gemacht"[23], so will bedacht sein, daß sich diese Argumentation nicht auf die Strafe beschränken läßt. Sie trifft viel eher die Maßregeln, und zwar vor allem die, die auch gegen voll schuldfähige Täter verhängt werden können, also die Entziehungsanstalt nach § 64, die Sicherungsverwahrung nach § 66, die Führungsaufsicht nach § 68, die Entziehung der Fahrerlaubnis nach § 69 und das Berufsverbot nach § 70 StGB[24]. Diese Maßregeln geraten in die Gefahr, wegen Verstoßes gegen den Menschenwürdesatz für verfassungswidrig erklärt zu werden, zumal sich das BVerfG bei der Herleitung des Schuldprinzips aus Art. 1 I GG selbst schon des *Kant*-Satzes bedient hat[25]. Mit dem Wegfall der genannten Maßregeln würden aber die spezialpräventiven Bedürfnisse nicht entfallen, die von ihnen befriedigt werden. Es wäre zu erwarten, daß die Praxis versuchen würde, diesen Bedürfnissen mit der Strafe zu entsprechen. Das würde das Schuldstrafrecht schnell zugrunde richten[26].

Indessen ist die mitgeteilte Anwendung des *Kant*-Satzes nicht zu billigen. Einmal ist zweifelhaft, ob das kantische Verdikt auch eine Generalprävention erfaßt, die sich an die schuldentsprechende Strafe bindet, und eine Spezialprävention durch Maßregeln, die nur subsidiär eintritt. Aber selbst wenn es

---

22 *E.A. Wolff*, a.a.O. S. 826. Eine gewisse Annäherung an die herrschende Strafzweckkombination neuerdings bei *M. Köhler*, AT S. 50 f., FS *Hirsch*, 1999. S. 65, 81.
23 *Zaczyk*, Mainzer Runde '98, S. 6 m. Nachw. Ebenso *ders.* in den Veröffentlichungen der Joachim-Jungius-Gesellschaft a.a.O., *E.A. Wolff*, a.a.O. S. 799 ff.; 802 ff.; *M. Köhler*, AT S. 42, 46 f.
24 Konsequent werden bei *M. Köhler* die gegen Schuldfähige zu verhängenden Maßregeln zu Strafen (AT S. 55 ff., 58, 674), die Sicherungsverwahrung wird, weil sie „dem Rechtsprinzip" widerspreche, überhaupt verworfen (AT S. 643).
25 BVerfGE 28, 386, 391; 45, 187, 228; 72, 105, 115 f.; u.ö.
26 Wie berechtigt solche Befürchtungen sind, zeigen die – im einzelnen freilich unklar bleibenden – Bemühungen von *M. Köhler*, habituelle Fehlhaltungen in das Tatunrecht und die Tatschuld zu integrieren; vgl. AT S. 57 mit Fn. 179, S. 58, 373, 438 ff., 589, 674. Der Vorwurf, der Täter habe solche Fehlhaltungen in sich entstehen lassen, ist im Einzelfall weder hinreichend sicher begründbar noch quantifizierbar.

zuträfe, dann wäre dies nur *eine* grundsätzliche Position. Das geltende Recht hat eine *andere*. Unser Strafrecht jedenfalls spricht den Täter mit der Strafe zwar primär in seiner Freiheit und Verantwortung an; daß es Schuldvergeltung dabei nur insoweit übt, als Bedürfnisse der positiven Generalprävention es fordern, kann den Täter schwerlich entwürdigen. Es verschließt aber auch die Augen nicht davor, daß der Täter in determinierende Abhängigkeiten einbezogen sein kann, aus denen er sich nur schwer zu befreien vermag. Werden erhebliche Gefahren, die aus solchen Abhängigkeiten erwachsen, nicht durch die Strafe abgefangen, so treten Maßregeln ein. Es ist zwar nicht zu erwarten, daß dieser mühsam erstrittene Kompromiß in absehbarer Zeit durch eine rigorose Anwendung des Menschenwürdesatzes „gekippt" wird[27]; man sollte dem aber auch durch allzu entschiedenes Argumentieren mit der *Kant*-Formel nicht vorarbeiten.

3. Diejenigen, die im Gegensatz zur *Wolff*-Schule den Gedanken der positiven Generalprävention mit besonderem Nachdruck verfolgen, neigen dazu, nicht nur die Strafe, sondern auch die Schuld an diesem Gedanken auszurichten[28]. Vor dem Hintergrund eines agnostischen Standpunkts in der Freiheitsfrage sehen sie die Chance, die Diskriminierung des Rechtsbrechers dadurch abzubauen, daß sie den Schuldbegriff entethisieren. Mit der strafrechtlichen Verurteilung soll nicht länger ein sittlicher Vorwurf verbunden werden; es genüge die Feststellung, daß der Täter die Erwartungen der Rechtsgenossen enttäuscht, ein schlechtes Beispiel gegeben habe[29]. Die gesetzlichen Schuldvoraussetzungen und Schuldausschließungsgründe werden entsprechend uminterpretiert: Kinder (§ 19 StGB), Jugendliche (§§ 1 II und 3 JGG), Geisteskranke (§ 20 StGB) sowie diejenigen, die sich aus Leibes- und Lebensgefahr retten (§ 35 StGB), werden nicht darum von Schuld freigestellt, weil sie das Unrecht der Tat nicht einzusehen oder nach dieser Einsicht nicht zu handeln vermochten, son-

---

27 Das BVerfG ist bisher von der Verfassungsmäßigkeit auch der gegen (noch) Schuldfähige verhängten Maßregeln ausgegangen, vgl. BVerfGE 2, 118, 119 (Sicherungsverwahrung); 70, 297, 307 (Psychiatrisches Krankenhaus); 91, 1, 27 (Entziehungsanstalt). Allerdings hat es eine Verletzung der Menschenwürde in diesen Entscheidungen nicht ausdrücklich erwogen.
28 *Jakobs*, Schuld und Prävention, 1976, S. 7 ff., 12 ff.; Strafrecht, Allgemeiner Teil, 2. Aufl. 1993 (künftig: AT), S. 6, 484; *Streng*, ZStW 92 (1980), 637, 642 ff., 650 ff.; ZStW 101 (1989), 273, 282, 331.
29 *Streng*, ZStW 92 (1980), 637, 658 ff.; ZStW 101 (1989), 273, 296 f., 319 f. Ähnlich *Jakobs*, Schuld und Prävention, 1976, S. 10, 13 f., 24 f.; AT S. 481 ff. *Jakobs* unterscheidet sich von *Streng* allerdings dadurch, daß er betonter auf einen Motivationsfehler als Schuldinhalt abstellt, der Voraussetzung dafür ist, den Täter für „zuständig" zu erklären, die Stabilisierungsleistung zu erbringen. Wann ein Motivationsfehler vorliegt, richtet sich dann aber wieder allein nach den Bedürfnissen der Normstabilisierung. – Verbreitet wird ein sittlicher Vorwurf auch allein darum nicht erhoben, weil die Freiheitsfrage nicht entscheidbar sei, vgl. *Engisch*, Die Lehre von der Willensfreiheit in der strafrechtsphilosophischen Doktrin der Gegenwart, 2. Aufl. 1965, S. 40 f., 65; *Roxin*, AT S. 44, 733, 743 f.

dern allein darum, weil sich an ihr Verhalten keine oder geringere gesellschaftlichen Konformitätserwartungen knüpfen[30].

Die Folgen einer solchen Sicht sind weitreichend. Man übertreibt nicht, wenn man in ihr wenigstens *ein* Indiz unter manchen anderen für das Ende des Strafrechts erblickt. Denn die befürwortete Entethisierung des Schuldbegriffs verdrängt nun auch die Kriminalstrafe aus ihrer einzigartigen, herausgehobenen Position, stuft sie zu einem bloßen nachhaltigen Ordnungsruf herab und stellt sie an die Seite der vielen anderen Ungehorsamsreaktionen, die der moderne Staat bereithält[31]. Der Gesetzgeber wird geradezu dazu eingeladen, das Strafrecht als eine Art besonderes Polizeirechts zum Gefahrenmanagement zu mißbrauchen. Darauf werden wir noch eingehen.

So sehr der Abbau von Diskriminierungen Billigung und Unterstützung verdient, so falsch ist der Weg, dies über die Entethisierung des Schuldbegriffs und die Verharmlosung der Strafe erreichen zu wollen. Der einzelne erlebt sich in seinem Verhalten als frei und macht diese Freiheit auch bei seinem Mitbürger geltend. Die Normbekräftigung durch Strafe erreicht ihn als sittlicher Anruf, seine Freiheit im Sinne einer Respektierung der strafrechtlich geschützten Werte zu nutzen. Vor diesem Hintergrund muß es geradezu als kontraproduktiv erscheinen, den angestrebten Motivationsprozeß dadurch zu irritieren, daß die *Verletzung* der strafrechtlichen Gebote keinen sittlichen Vorwurf auslöst. Ebenso scheitert die Uminterpretation der strafrechtlichen Schuldvoraussetzungen und Entschuldigungsgründe, abgesehen davon, daß sie sich mit dem Wortlaut jedenfalls der §§ 20, 21 StGB, 3 JGG kaum vereinbaren läßt[32]. Sicher enttäuschen die Straftaten von Kindern, Jugendlichen, Geisteskranken und an Leib und Leben Gefährdeten die Verhaltenserwartungen der Rechtsgenossen nicht oder nur in geringerem Maße. Doch beruht dies darauf, daß die Rechtsgenossen bei Angehörigen dieser Personengruppen davon ausgehen, daß sie nicht oder doch nur mit größeren Schwierigkeiten anders, nämlich wertkonform, hätten handeln können[33].

Es bleibe also dabei, daß mit dem Schuldspruch ein sittlicher Vorwurf erhoben[34] und mit der Strafe ein sittlicher Tadel erteilt wird. Doch sollte dieser Tadel

---

30 Hierzu *Jakobs*, Schuld und Prävention, 1976, S. 17-24; *Streng*, ZStW 92 (1980), 637, 654 f., 659 f.
31 Obwohl gegen den schuldigen Täter ein sittlicher Vorwurf nicht erhoben werden solle, gesteht *Roxin*, AT S. 58, zu, daß in der Strafe ein sozialethischer Tadel liege.
32 Bezeichnend schlägt darum *Streng*, ZStW 101 (1989), 273, 303, de lege ferenda eine seiner Auffassung Rechnung tragende Neuformulierung des § 20 StGB vor.
33 Auch *Streng* gesteht aaO. S. 298 zu, daß man dazu neige, vor dem Hintergrund des eigenen Freiheitsempfindens dem sich deutlich anormal Verhaltenden „Unfreiheit zuzuschreiben"
34 Ebenso, freilich als Korrelat des strafwürdigen Unrechts, *Frisch*, FS Stree/Wessels, 1993, S. 69, 86 f.

nicht, wie man überzogen formuliert hat, sozialethisch *deklassieren*[35]. Er sollte sich vielmehr mit humaner Solidarität verbinden, die aus dem Wissen um die eigene Schwäche bis hin auch zu schweren Verfehlungen erwächst. „Ich halte mich", soll *Goethe* gesagt haben, „in jedem Augenblicke meines Lebens jedes Verbrechens für fähig"[36]. Erst der von der Tiefenpsychologie aufgedeckte Mechanismus, daß wir unser verwerfliches Wünschen und Begehren nicht als uns zugehörig annehmen, sondern es auf den Verbrecher projizieren[37], führt zu jener Trennung von „Anständigen" und „Unanständigen", die den Bestraften weit über den Tattadel hinaus ausgrenzt. Dieser Ausgrenzung arbeiten wir jedoch nicht dadurch entgegen, daß wir Schuld und Strafe umdefinieren, sondern allein dadurch, daß wir die strafende Gesellschaft in Richtung auf mehr Solidarität verändern.

III. Vollzug des Schuldprinzips

Kann man danach die tatschuldvergeltende Strafe als theoretisch einigermaßen gesichert ansehen, so leidet doch die praktische Umsetzung des Schuldprinzips Mangel.

Ich denke dabei nicht an die Schwierigkeit, Tatschuld und Strafübel in ein Entsprechungsverhältnis zu bringen[38]. Im Gefolge dieser Schwierigkeit mögen sich erhebliche Strafungleichheiten einstellen, indessen gleicht kein Fall dem anderen, so daß die Rechtsgenossen unterschiedliche Strafen selbst in Fällen, die auf den ersten Blick eine gewisse Ähnlichkeit haben mögen, nicht vergleichen können. Der verständige Rechtsgenosse räumt dem Richter zudem einen erheblichen Beurteilungsspielraum ein. Erst wenn die vom Richter verhängte Strafe den Erwartungen nach der einen oder anderen Seite hin grob widerspricht, mag sich Unruhe einstellen. Davon kann aber heute nach meinem Eindruck keine Rede sein[39].

---

35 So *Richard Lange*, bei Kohlrausch/Lange, Strafgesetzbuch, 43. Aufl. 1961, System. Vorbem. III 1 S. 15.
36 Dieser Ausspruch ist freilich in *Goethes* Werken und auch bei *Eckermann* (Gespräche mit Goethe, Reclam-Universalbibliothek Nr. 2002, Stuttgart 1994) nicht aufzufinden. Herrn Kollegen *Eberhard Schmidhäuser* verdanke ich den Hinweis auf die Nr. 240 der Maximen und Reflexionen (Münchner Ausgabe, 1991, Bd. 17 S. 758; WA Bd. 42 S. 138), die immerhin in die Nähe unseres Ausspruchs kommt: „Man darf nur alt werden, um milder zu sein; ich sehe keinen Fehler begehen, den ich nicht auch begangen hätte".
37 Hierzu *Streng*, ZStW 92 (1980), 637, 644 ff. m.Nachw.
38 Alter Einwand der Liszt-Schule gegen die Vergeltungsstrafe, vgl. *Eb. Schmidt*, Materialien zur Strafrechtsreform, Bd. 1 1954, S. 9, 11 ff. Heute *Bock*, ZStW 103 (1991), 636, 639, 654, 656.
39 Ähnlich *Streng*, ZStW 101 (1989), 273, 291.

Anders steht es mit der Feststellung der Schuldfähigkeit. Auch die hier entstehenden Probleme dringen kaum in die Öffentlichkeit, doch sind sie für jeden, der auch nur etwas näher Einblick nimmt, klar erkennbar. Unabhängig davon, welche Position man grundsätzlich in der Freiheitsfrage einnimmt, ist nicht zu leugnen, daß weder allgemein, noch im konkreten Einzelfall – namentlich in den Randzonen junger und psychisch abnormer Menschen – die Frage, ob der Rechtsbrecher auch anders hätte handeln können, schlechterdings nicht beantwortet werden kann[40]. Dieser Beobachtung wird nur eine solche strafrechtliche Regelung gerecht, die eine generelle Schuldfiktion mit einer Reihe ebenfalls genereller Ausnahmen verbindet[41]. Im Ansatz entspricht das geltende Strafrecht auch dieser Vorgabe: Jeder, der 18 Jahre und älter ist, wird grundsätzlich als schuldfähig behandelt (vgl. §§ 1 II, 3 Satz 1, 105 I JGG), dagegen wird das Kind unter 14 Jahren als schuld*un*fähig angesehen (§ 19 StGB). Be*un*ruhigender Weise läßt unser Strafrecht jedoch auch eine Reihe von Konstellationen zu, in denen im Einzelfall die Fähigkeit des Täters zu prüfen ist, das Unrecht der Tat einzusehen und nach dieser Einsicht zu handeln. Ich sehe in diesen gesetzlich vorgeschriebenen, aber aller Einsicht und Erfahrung widersprechenden Prüfungen eine ernste Gefahr für das Schuldstrafrecht. Aber sehen wir – wegen der beschränkten Zeit in aller Kürze – etwas näher zu.

1. Die krankhaften seelischen Störungen im Sinne von § 20 StGB (also die echten Geisteskrankheiten) sind psychiatrisch relativ sicher zu diagnostizieren. Wieweit sich diese Störungen aber auf die Fähigkeit zum Anders-handeln-Können auswirken, kann niemand sagen, was in den Frühstadien solcher Erkrankungen oder bei äußerer Normalisierung nach Einnahme von Psychopharmaka offensichtlich wird. Immerhin kann hier im Sinne einer Konvention darauf abgestellt werden, ob die Motivation des Rechtsbrechers noch einfühlbar ist oder nicht. Beim Schwachsinn steht die ohnehin weniger problematische *intellektuelle* Seite der Schuldfähigkeit (also der Fähigkeit, das Unrecht der Tat einzusehen) im Vordergrund, für welche die erprobten Methoden der IQ-Messungen eine vergleichsweise solide Grundlage abgeben; nicht von ungefähr haben Nachuntersuchungen die Stellungnahmen zur Schuldfähigkeit in Schwachsinnsfällen am überzeugendsten begründet gefunden[42]. Die tiefgreifende Bewußtseinsstörung hat, nach Übernahme der Alkohol- und Drogenintoxikation in die seelischen Störungen[43], praktisch nur noch für den Affekt Bedeutung, dem ganz überwiegend eine die Schuldfähigkeit allenfalls vermindernde Be-

---

40 Daß sich an diesem – heute kaum noch bestrittenen – Befund mit den abgesenkten Anforderungen einer „normativen Ansprechbarkeit" Entscheidendes ändert, ist nicht zu erwarten. Anders *Roxin*, AT S. 740, 743, 744.
41 Gegen solche Generalisierung vom Standpunkt eines funktionalen Schuldbegriffs aus *Streng*, ZStW 101 (1989), 273, 282.
42 Vgl. die Analyse von Gutachten zur Schuldfähigkeit Jugendlicher durch *Bresser*, ZStW 74 (1962), 579, 585 f.
43 BGHSt 43, 66, 69.

deutung beigemessen wird[44]. Bei den drei ersten Ausnahmekonstellationen des § 20 StGB wirken sich darum die prinzipiell auch hier bestehenden Grenzen bei der Beurteilung der Schuldfähigkeit nicht allzu störend aus.

2. Anders steht es bereits bei der Entwicklung junger Menschen zu geistiger und sittlicher Reife. Läßt sich schon kaum Solides zum Reifestand eines jungen Menschen sagen, so ist es praktisch ausgeschlossen, über die Auswirkung einer noch nicht abgeschlossenen Entwicklung auf Einsichts- und Hemmungsvermögen Feststellungen zu treffen. Die Richter helfen sich, indem sie Jugendliche grundsätzlich im Sinne von § 3 JGG für schuldfähig ansehen, jugendgemäße Rechtsfolgen aus den Katalogen der Erziehungsmaßregeln und Zuchtmittel verhängen und zu Jugendstrafe allenfalls bei älteren Jahrgängen greifen. Auch bei § 105 I JGG, der sich über die Anwendung jugendrechtlicher Sanktionen auf Heranwachsende äußert, gleichwohl nicht erst die Rechtsfolgen, sondern schon die Schuld betrifft, vollziehen die Richter den gesetzlichen Auftrag, der auf den Entwicklungsstand des Heranwachsenden verweist, nicht nach. Doch können wir darauf nicht näher eingehen[45].

3. Etwas genauer ansehen wollen wir uns jedoch die schwere seelische Abartigkeit, die letzte Ausnahmekonstellation des § 20 StGB, die erst im Zuge der großen Strafrechtsreform 1969/72 ins Strafgesetzbuch aufgenommen worden ist. Erfaßt werden sollen schwere Neurosen und Psychopathien, psychische Erscheinungen also, die sich noch als – wenngleich extreme – Variationen des Normalen darstellen. Welche Symptome auf solche Variationen hinweisen, ist trotz aller modernen Merkmalskataloge nicht gewiß, Aussagen darüber, wann sie „schwer" sind und auf Einsichts- und Hemmungsvermögen durchschlagen, sind kaum verbrämt willkürlich. Ganz ähnlich wie die Merkmale, die man lange als Kennzeichen dafür angegeben hat, daß ein junger Mensch noch in der Entwicklung stehe[46], so charakterisieren auch die Bilder seelischer „Abartigkeit" nicht speziell Erscheinungen mangelnder Verantwortlichkeit, sondern den kriminellen Menschen schlechthin. Dies gilt beispielsweise für die „schwere narzißtische Persönlichkeitsstörung", die u.a. durch ein unrealistisch hohes Selbstwertgefühl und einen Mangel an Empathie, also an Einfühlen und Mitempfinden, gekennzeichnet sein soll. Indessen kann dies fast von jedem schwerkriminellen Menschen, besonders von vielen Gewalt- und Sittlichkeitsverbrechern, gesagt werden. Die Folgen der damit aufgerissenen Unsicherheiten sind einschneidend. Ob jemand für voll schuldfähig, erheblich vermindert schuldfähig oder schuld*un*fähig erklärt wird, ist nahezu beliebig. Dabei ist für die Täter schwerer Gewalt- oder Sittlichkeitsverbrechen volle Schuldfähigkeit und Strafe häufig das kleinere Übel. Wem dagegen fehlende oder erheblich verminderte Schuldfähigkeit bescheinigt wird, der verschwindet im psychiatrischen Kran-

---

44 *Jähnke*, LK-StGB, 11. Aufl., 10. Lieferung 1993, § 20 Rdnr. 58.
45 Vgl. hierzu *Schaffstein/Beulke*, Jugendstrafrecht, 13. Aufl. 1998, S. 70 f.
46 Bezeichnend dafür die sog. Marburger Richtlinien, MschrKrim 38 (1955), 58 ff., 60.

kenhaus (§ 63 StGB), aus dem es angesichts einer Öffentlichkeit, die den Anstaltspsychiatern und den Strafvollstreckungskammern jeden Rückfall eines Entlassenen als unverzeihlichen Fehler vorhält, so schnell kein Entrinnen gibt. Auf diese Weise beginnt sich derzeit die unbestimmte Sicherungsstrafe *Liszt*scher Prägung nachträglich zu etablieren.

IV. Das staatliche Strafen in der Wirklichkeit

Die nachhaltigsten Zweifel am Fortbestehen des Strafrechts löst die Wirklichkeit des staatlichen Strafens in der Gegenwart aus.

1. Die eingangs kurz in Erinnerung gebrachte rechtshistorische Entwicklung hat die Möglichkeiten strafenden Zugriffs drastisch beschränkt und dazu geführt, daß heute im Grunde nur noch zwei Strafen, Freiheitsstrafe und Geldstrafe, zur Verfügung stehen. Möglichkeiten, aus dieser Alternative auszubrechen, sind nicht in Sicht.

a) Allerdings kann man erwägen (und am Anfang der bundesdeutschen Strafrechtsreform sind solche Überlegungen auch angestellt worden), daß man dem Straftäter nicht nur Freiheit und Geld, sondern auch sonstige Grundlagen seines bürgerlichen Status' ganz oder auf Zeit entziehen könne, etwa Gewährungen, Erlaubnisse und Genehmigungen unterschiedlicher Art. Die Nebenstrafe des Fahrverbots nach § 44 StGB ist aus solchen Anstößen entstanden. Gegenwärtig hört man sogar von Überlegungen, das Fahrverbot aus dem Zusammenhang mit Fehlverhalten im Straßenverkehr zu lösen und zur Hauptstrafe aufzuwerten. Glücklicherweise scheinen diese Überlegungen keine große Resonanz zu finden. Die Fahrerlaubnis ebenso wie andere Erlaubnisse und Genehmigungen ermöglichen soziale Teilhabe, die man gerade Menschen, die mit ihrer sozialen Einordnung ihre Schwierigkeiten haben, nicht vorenthalten sollte. Wer sich etwa mit einer erlaubnispflichtigen Tätigkeit eine berufliche Existenz aufbauen will, wird sozialisationsfeindlich behindert, wenn man ihm die erteilte Erlaubnis entzieht, und sei es auch nur für Wochen oder Monate. Außerdem besteht die Gefahr, daß er die Tätigkeit ohne Erlaubnis fortsetzt und sich dadurch wieder strafbar macht. Jeder Eingeweihte kennt den Zirkel, daß namentlich junge Menschen, denen die Fahrerlaubnis nach § 69 StGB entzogen oder bei denen eine Sperrfrist nach § 69a I 3 StGB verfügt ist, häufig wegen Fahrens ohne Fahrerlaubnis wieder auffällig werden.

Nicht anders steht es mit einer selbständigen Arbeitsstrafe. Die praktischen Schwierigkeiten der Arbeitsbeschaffung in einer Zeit hoher Arbeitslosigkeit sowie der Vermeidung von Diskriminierungen einerseits der Verurteilten, andererseits derjenigen, die mit diesen Arbeiten ihr Geld verdienen, sind unüberwindbar[47].

---

47 Hierzu, auch zu den verfassungsrechtlichen Problemen im Zusammenhang mit Art. 12 II und III GG *Jescheck/Weigend*, Lehrbuch des Strafrechts, AT, 5. Aufl. 1996, S. 747.

b) Kritiker des Strafrechts aus dem Bereich der Sozialwissenschaften haben, damit nach einem Rechtsbruch nicht jede Reaktion ausbleibe, immer wieder empfohlen, verstärkt auf Wiedergutmachung zu setzen[48]. Indessen wird dann ganz auf Strafe verzichtet. Soweit die Wiedergutmachung nicht *mehr* umfaßt als den zivilrechtlich geschuldeten Schadensersatz, fehlt das Strafübel. Außerdem sollte möglichst auf einverständlichen Ausgleich zwischen dem Verletzten und dem Täter hingearbeitet werden; gelingt das, dann fehlt der Zwangscharakter[49].

Mit Recht wird darum heute die Wiedergutmachung nicht als Strafe, sondern – namentlich in Gestalt des Täter-Opfer-Ausgleichs – als *Alternative* zur Strafe diskutiert. Sie kann zwar Funktionen der Strafe übernehmen, insbesondere die der Normverdeutlichung dem Täter und den Rechtsgenossen gegenüber[50], wird aber wegen ihrer spezifischen Besonderheiten besser einer „dritten Spur" des Strafrechts neben den Strafen und Maßregeln zugeordnet[51]. Verfahrensrechtlich gehört sie am ehesten in das Vorfeld der Einstellungen nach dem Opportunitätsprinzip[52], was ein weiteres Mal den Konsenscharakter der Rechtsfolge zur Geltung bringt.

c) In neuerer Zeit wird zunehmend das *Strafverfahren* als Eingriff und Übel entdeckt. „The process is the punishment", zitiert *Frehsee* den Amerikaner *Feeley*[53]. Prozessual zeigt sich das daran, daß man den sog. Anfangsverdacht und den hinreichenden Tatverdacht als Voraussetzungen für die „Eingriffe" der staatsanwaltschaftlichen Ermittlungen und des Hauptverfahrens diskutiert und qualifiziert[54]. Als *Straf*übel kommt das Strafverfahren gleichwohl nicht in Betracht: Es trifft den Beschuldigten, für den noch die Unschuldsvermutung streitet, und ist zudem nach dem Maß der Schuld nicht quantifizierbar.

Trotzdem kommen dem Strafverfahren strafnahe Funktionen im Rahmen informeller Erledigungen nach dem Opportunitätsprinzip zu. Im Jugendstraf-

---

48 Vgl. *Plack* (Fn. 4) S. 336 f.; *Müller/Otto*, Damit Erziehung nicht zur Strafe wird, 1986, VII ff., XVI.
49 Zu allem ebenso *Roxin*, in: Wiedergutmachung und Strafrecht, hrsg. von Schöch, 1987, S. 37, 44 f.
50 Ebenso *Frehsee*, StV 1996, 222, 230; *Dölling*, Täter-Opfer-Ausgleich (Kurzfassung), 1998, S. 79. Ähnlich *Roxin*, a.a.O. S. 47 f., 50, der jedoch im Rahmen der positiven Generalprävention („Integrationsprävention") das Gewicht auf den Gedanken der Befriedung legt.
51 Ebenso *Roxin*, a.a.O. S. 52, AT S. 69; *Hassemer*, StV 1995, 483, 488; *Heinz*, ZStW 111 (1999), 461.
52 Auf die wichtigen Verfahrensfragen kann hier nicht näher eingegangen werden, vgl. dazu *Schöch*, NStZ 1984, 385, 390 f.; *Baumann* u.a. (Hrsg.), Alternativ-Entwurf Wiedergutmachung (AE-WGM), 1992.
53 *Frehsee*, StV 1996, 222. Aus deutscher Sicht zu den Belastungen des Ermittlungsverfahrens; *Heinz*, ZStW 111 (1999), 461, 479, des Hauptverfahrens *Heghmanns*, Das Zwischenverfahren im Strafprozeß, 1991, S. 65 ff.
54 So für den „hinreichenden Tatverdacht" *Kühne*, NJW 1979, 617, 622; *ders.* Strafprozeßlehre, 4. Aufl. 1993, S. 144; L/R/*Rieß*, StPO, 24. Aufl., 3. Bd. 1887, § 203 Rdnr. 12; *Ranft*, Strafprozeßrecht, 2. Aufl. 1995, S. 148 f., 258, 314.

recht werden folgenlose Einstellungen seit eh und je damit begründet, daß der junge Mensch durch das bisherige Verfahren, etwa durch Vernehmungen bei der Polizei, schon hinreichend aufgerüttelt sei, so daß es weiterer Maßnahmen nicht bedürfe[55]. In der Tat individualisiert und intensiviert das Strafverfahren die Warnfunktion der Strafdrohung. Es erreicht damit zwar in erster Linie den Beschuldigten, wirkt aber über diesen mindestens auch in sein soziales Umfeld hinein.

d) Trotzdem: Als strafende Folge eines richterlichen Urteils bleibt es bei Freiheits- und Geldstrafe. Daß diese Instrumente mangelhaft sind, ist allgemein bekannt. Daß diese Mängel aber ein Ausmaß und eine Intensität erreichen, daß der Einsatz dieser Instrumente kaum verantwortet werden kann, scheint mir nicht ausreichend ins Bewußtsein gehoben zu werden, wohl deshalb nicht, weil das Strafrecht dann wirklich am Ende wäre.

2. Die in der Literatur verbreitet genannten Mängel der Freiheitsstrafe, vor allem der kurzen, sind schnell repetiert. Der Verurteilte wird aus den ihn stützenden Bindungen herausgerissen, die dadurch gefährdet und häufig – zumal bei längerem Vollzug – zerstört werden. Der unzureichend entlohnte Gefangene kann diese Bindungen nicht einmal durch regelmäßige Unterhaltsleistungen pflegen, von der Tilgung seiner Schulden, die später für ihn und seine Familie das größte Gefährdungspotential bilden, ganz zu schweigen[56]. In der Haft ist er dem Einfluß kriminell hochaktiver Mitgefangener ausgesetzt. Er hat „gesessen", was in Verbindung mit der Registereintragung einen Neuanfang in Freiheit erheblich erschwert. Das Gesetz spricht selbst von den „schädlichen Folgen des Freiheitsentzuges", denen entgegenzuwirken sei (§ 3 II StVollzG). Aber dies gelingt nicht und kann unter den herrschenden Bedingungen nicht gelingen. Viel *weniger* werden Resozialisierungserfolge erzielt, was nicht schon damit begründet werden kann, daß man Chancen jedweder Erziehung im Vollzug ins Reich der Phantasie verweist. Vielmehr sind es wieder die gegenwärtigen Vollzugsbedingungen, die schon die Projektierung von Resozialisierung weitgehend ausschließen[57]. Wenn unsere Jugendstrafanstalten zu über 50 % mit Ausländern besetzt sind, von denen viele ihrer Abschiebung nach Strafverbüßung entgegensehen, dann fragt man sich, *wofür* eigentlich erzogen werden soll: Für die Verhältnisse in Deutschland oder das Überleben in den Elendsvierteln von Istanbul.

Eher verdeckte Mängel der Freiheitsstrafe zeigen sich in Schwierigkeiten, die ich die Steuerungsprobleme der Freiheitsstrafe nennen möchte. Sie will den Verurteilten treffen. Das gelingt aber nur, wenn dieser völlig bindungslos für

---

55 Vgl. nur *Brunner/Dölling*, JGG, 10. Aufl. 1996, § 45 Rdnr. 18.
56 Die Freiheitsstrafe entzieht dem Verurteilten die Zeit für bezahlte Arbeit, die Geldstrafe den Verdienst. Zu Recht erweist sich darum für *Roxin* (Fn. 49 S. 42) „die Strafjustiz ... als ein System zur Vereitelung von Opferinteressen".
57 Nicht nur bei uns. Vgl. aus schweizerischer Sicht *Hans Schultz*, ZStW 92 (1980), 611, 623 ff.

sich lebt. Läßt er im anderen Extremfall Frau und Kinder zurück, wenn er seine Strafe antritt, dann beginnt auch für sie eine bittere Zeit, die man sich bis in die Einzelheiten hinein schnell ausmalen kann. Das dem Verurteilten zugemessene Strafübel ist der Freiheitsentzug. Hätten *wir* morgen eine Freiheitsstrafe in einer Anstalt des Regelvollzuges anzutreten, dann würden wir diesen Freiheitsentzug vermutlich als weniger gravierend empfinden als das Anstaltsregime und unser Einbezogensein in die Gefangenengesellschaft. „Die Hölle", sagt *Sartre*, „das sind die anderen"[58], in Bezug auf die uns interessierende Situation in einer Strafanstalt sicher zu recht. Wie sehr die Gefangenenpopulation das Leben in der Anstalt prägt, würde ich gern am Gegenbeispiel der niedersächsischen Strafanstalten für Fahrlässigkeitstäter der 60er Jahre illustrieren; aber dafür fehlt die Zeit[59]. Ich halte darum nur kurz fest: Die Freiheitsstrafe trifft nicht nur den, den sie treffen will, und sie beherrscht das Strafübel nicht, das sie letztlich zufügt.

Die Praxis hat die Freiheitsstrafen – offenbar in Reaktion auf diese Mängel, aber auch geleitet vom Gesetzgeber der großen Strafrechtsreform und der Literatur – inzwischen weit zurückgenommen. Von allen Verurteilungen lauteten 1997 nur noch 7,8 % auf vollstreckbare Freiheitsstrafe, schlägt man den Verurteilungen die Einstellungen nach dem Opportunitätsprinzip hinzu, dann waren es gar nur 3,8 %[60]. Weder in der Verhängung noch vor allem in der Vollstreckung ist allerdings die kurze Freiheitsstrafe zur Ausnahme geworden[61], wenn wir auch von Herrn *Dölling* wissen, daß in den letzten Jahren, offenbar als Reaktion auf schwere Kriminalität, die langen Strafen zugenommen haben[62].

3. Der Geldstrafe hatte die Große Strafrechtsreform die Aufgabe zugedacht, weitestgehend an die Stelle der Freiheitsstrafe zu treten. Das ist in erstaunlichem Umfang gelungen. Im Jahre 1997 erhielten 81,7 % aller Verurteilten lediglich eine Geldstrafe[63]. Dabei sind die Möglichkeiten für eine Aktivierung der Geldstrafe nicht einmal ausgenützt worden. Bemängelt wird, daß mehr als die Hälfte der Geldstrafen in den Strafzeitbereich bis zu 30 Tagessätzen fällt, in dem die Freiheitsstrafe noch gar nicht einsetzt, während in den Bereichen, in denen Geldstrafe und Freiheitsstrafe konkurrieren, von der Geldstrafe zu wenig Gebrauch gemacht werde[64].

---

58 *J.P. Sartre*, Geschlossene Gesellschaft (Neuübersetzung von *Traugott König*) 1991, S. 59 in: Gesammelte Werke, hrsg. von Traugott König, Theaterstücke 1991.
59 Es fehlt freilich auch an wissenschaftlich verläßlicher Literatur. Die Arbeit von *Badry*, ZfStrVo 1965, 253, stellt die Fahrlässigkeitstäteranstalt Lingen-Ost im Jahr ihrer Eröffnung vor. Im Zuge der Strafrechtsreform gingen die (kurzen) Freiheitsstrafen gegenüber Fahrlässigkeitstätern so drastisch zurück, daß ein spezieller Vollzug offenbar überall zum Erliegen gekommen ist.
60 *Heinz*, ZStW 111 (1999), 461, 476 ff., 477 f.
61 *Heinz*, a.a.O. S. 487.
62 Oben S. 57.
63 *Heinz*, a.a.O. S. 483.
64 *Heinz*, a.a.O. S. 484.

Allerdings könnte dies auch mit den schweren Ungerechtigkeiten und Mängeln der Geldstrafe etwas zu tun haben. Zwar sind bei der Bemessung des Tagessatzes nach § 40 II 1 StGB die persönlichen und wirtschaftlichen Verhältnisse des Täters zu berücksichtigen, doch wird dadurch nicht sichergestellt, daß die Strafe alle Verurteilten im wesentlichen gleich trifft. Der Ausgangsfall der gesetzgeberischen Überlegungen ist offenbar der, daß der Verurteilte die Geldstrafe von seinen laufenden Bezügen bezahlt. Dann muß er sich für eine gewisse Zeit deutlich einschränken[65]. Der Verurteilte kann aber auch über unnötig hohe Rücklagen verfügen; dann zahlt er die Strafe aus diesen Rücklagen, ohne daß dies irgendeine Auswirkung auf seine Lebensführung hätte. Zur Farce wird die Geldstrafe dann, wenn sie von einem finanziell potenten Dritten bezahlt wird, etwa dem Arbeitgeber, was die Rechtsprechung[66] entgegen gewichtigen Stimmen aus dem Schrifttum[67] nicht als Vereitelung der Strafvollstreckung nach § 258 II StGB ansieht. In den Fällen, in denen der Verurteilte die Geldstrafe aus seinen laufenden Bezügen bezahlt, leidet wieder die Primärgruppe, insbesondere die Familie mit. Absurd, sich vorzustellen, daß der verurteilte Vater an einem Seitentisch mit einer Wassersuppe Vorlieb nehmen muß, während sich Frau und Kinder den Sonntagsbraten schmecken lassen. Die Geldstrafe wird also von allen Familienmitgliedern aufgebracht. Es stellen sich damit bei der Geldstrafe ganz ähnliche Steuerungsprobleme ein wie bei der Freiheitsstrafe. Auch die Geldstrafe läßt sich nicht auf den Bestraften isolieren, ob sie die ihr zugedachten Wirkungen entfaltet, läßt sich nicht sicher bestimmen.

Ein weiterer Vorbehalt gegen die Geldstrafe folgt zudem aus dem Umstand, daß rund 80 % aller Geldstrafen durch Strafbefehl verhängt werden[68]. Weil der Strafbefehl diese Wirkung nur entfaltet, wenn der Bestrafte keinen Einspruch einlegt, wohnt dem Strafbefehl ein Konsenselement inne, das sogar den Strafcharakter der Geldstrafe in diesen die große Mehrheit bildenden Fällen deutlich abschwächt.

V. Kriminalpolitische Strömungen der Gegenwart

1. a) Damit sind wir bereits bei dem Vorgang, den ein Beobachter „von außen" heute am ehesten mit meinem Thema, dem „Ende des Strafrechts", in Verbindung bringen dürfte: der geradezu beispiellosen Entkriminalisierung, welche die Praxis im Bereich leichter und mittlerer Delinquenz in den letzten 20 Jahren durchgesetzt hat. Da Herr *Dölling* über diesen Vorgang schon berich-

---

65 In diesem Ausgangsfall verliert der Verurteilte, indem er die Geldstrafe aufbringt, regelmäßig die Mittel, die er braucht, um seine Schulden zu bezahlen, hierzu oben Fn. 56.
66 BGHSt 37, 226.
67 Nachweise bei *Lackner/Kühl*, StGB, 23. Aufl. 1999, § 258 Rdnr. 13.
68 *Heinz*, a.a.O. S. 474 f.

tet hat⁶⁹, kann ich mich hier darauf beschränken, die wichtigsten Zahlen kurz in Erinnerung zu rufen. Faßt man die staatsanwaltschaftlichen Erledigungen durch Anklage, Strafbefehlsantrag und Einstellung nach dem Opportunitätsprinzip zusammen, so ist die Anklagerate von 43,2 % im Jahre 1981 auf 24,5 % im Jahre 1997 gesunken⁷⁰. Dieser Rückgang wird nicht durch Strafbefehlsanträge aufgefangen, die ebenfalls – wenngleich nur leicht – von 31,2 auf 28,5 % abgenommen haben⁷¹. So werden gegenwärtig nur gut die Hälfte aller anklagefähigen Sachen von den Staatsanwaltschaften an die Gerichte weitergegeben, wo sie ebenfalls aus Opportunitätsgesichtspunkten noch eingestellt werden können und in beschränktem Umfang auch eingestellt werden. Die staatsanwaltschaftlichen Einstellungen nach dem Opportunitätsprinzip nahmen von 25,6 % im Jahre 1981 auf 47,1 % im Jahre 1997 zu, wobei diese Zunahme allein von den *folgenlosen* Einstellungen getragen wird, während der Anteil der Einstellungen unter Auflagen sich nicht veränderte⁷². Unerfreuliche Begleiterscheinungen dieser Entwicklung sind die massiven Ungleichheiten, die sich schon im Ländervergleich ergeben. 1997 betrugen die Opportunitätseinstellungen in Schleswig-Holstein knapp 60, in Bayern dagegen nur 40 % aller anklagefähigen Sachen; die Einstellungen ohne Auflagen machten in Hamburg 50 %, in Bayern dagegen nur 25 % dieser Sachen aus⁷³.

Indessen beunruhigen nicht in erster Linie diese Ungleichheiten, sondern der Umstand, daß heute in etwa der Hälfte aller Straffälle Strafbarkeit und Bestrafung auseinanderfallen⁷⁴. Mit den Strafandrohungen, die der Staat heute nicht wahrmacht, wird ein geradezu ungeheures Macht- und Eingriffspotential vorgehalten, mit dem die weisungsgebundenen Staatsanwälte, so scheint es, nach Belieben zuschlagen können. Ohnehin entscheiden sie in einem Verfahren, das diesen Namen nicht verdient. Von prozessualen Garantien und der Respektierung der Rechtsstellung des Beschuldigten ist keine Rede.

Andererseits kann man den Weg der Strafrechtspraxis als aufregenden Großversuch empfinden, der so lange weiterlaufen mag, wie die Praxis das Vertrauen rechtfertigt, das ihr ersichtlich entgegengebracht wird. Am Ende dieses Versuchs mag die Entwicklung eines *qualifizierten Strafandrohungsrechts* stehen, das wir bei der Wiedergutmachung und dem Täter-Opfer-Ausgleich sowie beim Strafverfahren als strafendem Eingriff schon erwähnt haben. Es wäre kein herkömmliches Strafrecht, aber auch kein bloßes farbloses Ordnungswidrigkeitenrecht. Es würde Strafdrohungen im vollen Umfang des für strafwürdig Gehaltenen voraussetzen und in einem Verfahren, in das vor allem der Täter-

---
69 Oben S. 52 ff.
70 *Heinz*, a.a.O. S. 468 f., 473.
71 *Heinz*, a.a.O.
72 *Heinz*, a.a.O.
73 Hierzu *Heinz*, a.a.O. S. 469 f.
74 Scharf kritisierend darum *Naucke*, FS Grünwald, 1999, S. 403, 410 ff.

Opfer-Ausgleich zu integrieren wäre, sich damit begnügen, im Einzelfall die Grenze des straffreien Raumes zu verdeutlichen und die Strafdrohung nachdrücklich ins Gedächtnis zu rufen.

b) Würde die Entwicklung diesen Verlauf nehmen, dann würde sich die Forderung an den Gesetzgeber, das Auseinanderfallen von Strafbarkeit und Bestrafung durch drastische Rücknahme der Strafbarkeit zu mildern[75], deutlich abschwächen. Ohnehin muß nachdenklich stimmen, daß die nun schon seit Jahrzehnten erhobene Forderung nach strafgesetzlicher Entkriminalisierung von Verhalten nur relativ bescheidene Erfolge gezeitigt hat. Das scheint mir daran zu liegen, daß viele Delikte der leichteren und mittleren Kriminalität von den meisten Rechtsgenossen für strafwürdiges Unrecht gehalten werden. Dem entspricht ihr Empfinden in der Situation der Tat, in der sie einen solchen gegen sie geführten Angriff als ungeheuerlich und ihre eigene Situation des Ausgeliefertseins als tief verunsichernd erleben[76]. Ist dann aber die Tat aufgeklärt, dann richten sich ihre Interessen auf den Ersatz ihrer Schäden. Weiterreichende Vergeltungsbedürfnisse werden dann nur selten artikuliert[77]. Diese Beobachtungen lassen sich sehr gut am Diebstahl verdeutlichen, der jahrelang im Zentrum der Entkriminalisierungsdebatte gestanden hat[78]. Doch verbietet auch hier die knappe Zeit, diesen Faden aufzunehmen.

Festhalten wollen wir allerdings, daß diese Überlegungen das ständige Bemühen des Gesetzgebers nicht überflüssig machen, den Kreis des Strafbaren ständig kritisch zu überprüfen und dort zu entkriminalisieren, wo Pönalisierung nicht unbedingt geboten ist.

c) Der Gesetzgeber bleibt aber nicht nur diese Entkriminalisierung schuldig, beklagt wird vielmehr, daß er in den modernen Kriminalitätsbereichen der Wirtschafts- und Steuerstraftaten, der Drogendelikte, der Umweltstraftaten und der Organisierten Kriminalität das Strafrecht zum Teil uferlos ausdehne[79].

---

75 Sog. materiell-rechtliche Entkriminalisierung. Hierzu namentlich *Hans Schultz*, ZStW 92 (1980), 611, 633 f.; *Hassemer*, ZRP 1992, 378, 383; *Vormbaum*, ZStW 107 (1995), 734, 752 f., 756, 760.
76 Als meine 9- und 12jährigen Enkelinnen in den letzten Ferien miterlebten, wie mir dreiste Taschendiebe meine Herrentasche entwendeten, brachen sie in hemmungsloses Weinen aus und verlangten – lebendiger Ausdruck ihrer Ablehnung eines Platzes, der ihnen das zum Leben nötige Mindestmaß an Integrität nicht garantierte – die sofortige Abreise.
77 Anders wohl *Naucke*, KritV 76 (1993), S. 141 Fn. 20, bei sonst ähnlicher Charakterisierung der Opfersituation. Im Sinne des Textes aber *Roxin* (Fn. 42a), S. 49, unter Berufung auf die Untersuchungen *Frehsees*.
78 Vgl. vor allem *Baumann u.a.* (Hrsg.), Entwurf eines Gesetzes gegen Ladendiebstahl (AE-GLD), 1974 (Recht und Staat Heft 439). – Aus den im Text angedeuteten Gründen halte ich es für problematisch, geringfügige Diebstähle und Betrügereien aus dem Bereich des Strafbaren ganz auszuscheiden. Anders in neuerer Zeit *Vormbaum*, ZStW 107 (1995), 734, 753 f.
79 Dazu kritisch *Hassemer*, ZRP 1992, 378, 381, StV 1995, 483 f.; *Roxin*, in: Neue Strafrechtsentwicklungen im deutsch-japanischen Vergleich, hrsg. von Kühne und Miyazawa, 1995,

Daraus ist für unser Thema zunächst einmal abzuleiten, daß der *Gesetzgeber* das Strafrecht nicht zu Ende gehen sieht, sondern weiter auf die Strafe und ihre normverdeutlichende Kraft setzt. Allerdings gewinnen die gesetzgeberischen Neukriminalisierungen gegenüber der machtvollen Entkriminalisierung durch die Praxis statistisch kein Gewicht, mag auch eine eindringende Analyse im Bereich der schwereren Delikte vielleicht gewisse Auswirkungen feststellen[80]. Im übrigen ist zu differenzieren.

Bei vielen neuen Bestimmungen ist zweifelhaft, ob sie je irgendwelche praktische Bedeutung erlangen werden[81]. Hierzu rechne ich die meisten Neuschöpfungen und Erweiterungen der Strafbarkeit, die aus der Bekämpfung der organisierten Kriminalität erwachsen sind.

Unter den Vorschriften, die Bedeutung erlangen könnten und zum Teil schon erlangt haben, befinden sich solche, mit denen der Gesetzgeber auf neue Gefährdungen und neue Formen der Kriminalität reagiert. Das Recht dazu kann man ihm schwerlich bestreiten. Auch der Vorwurf einer zu weit vorverlegten Strafbarkeit, insbesondere der Kampf gegen das abstrakte Gefährdungsdelikt[82], ist hier weithin unberechtigt[83]. Wenn etwa im Umweltstrafrecht die Gefährlichkeit eines Verhaltens feststeht, Schäden sich aber erst spät zeigen und dann nur mit Mühe auf ein bestimmtes Verhalten zurückgeführt werden können, dann ist es sachgemäß, bereits das Verhalten ohne Rücksicht auf den Nachweis konkreter Gefahren oder Schäden unter Strafe zu stellen.

Natürlich gibt es Vorverlegungen der Strafbarkeit, mit denen der Staat das Strafrecht mißbräuchlich in den Dienst namentlich polizeilicher Gefahrenabwehr stellt[84]. Hierin zähle ich viele Vorfeldpönalisierungen im Drogenstrafrecht. Man kann das Fehlen oder die Durchlässigkeit von Grenzkontrollen nicht durch die Strafdrohung gegen die Einfuhr von Betäubungsmitteln ersetzen. Der sozialethische Tadel der Strafe kann erst erteilt werden, wenn der Täter auch vom gefährdeten Rechtsgut her den sittlichen Anruf empfängt, die Tat zu unterlassen. Bei dem, der mit Drogen über die Grenze fährt, kann sich die Gesundheit späterer Konsumenten allenfalls ganz von Ferne melden.

407, 410 f.; *Vormbaum*, a.a.O. S. 738 ff. – Erklärend bis rechtfertigend *Kaiser* (Fn. 15) S. 233, 350 f., 352.
80 Vgl. für die Delikte gegen die Umwelt *Dölling*, oben S. 42 ff.
81 Das vermutet *Hassemer*, ZRP 1992, 378, 383, StV 1995, 483, 486, für alle Gebiete des „modernen Strafrechts". Dagegen schwächt *Kaiser*, a.a.O. S. 353, 1079, die Bedeutung der vermuteten oder schon beobachteten „Vollzugsdefizite" eher ab. – Sofern der Gesetzgeber mit solchen „Vollzugsdefiziten" von vornherein rechnet, entsteht „symbolisches Strafrecht", mit dem der Gesetzgeber anderes als die Verfolgung der Strafzwecke im Sinn hat. Dagegen scharfe Kritik bei *Hassemer*, NStZ 1989, 553, 558 f., ZRP 1992, 378, 383.
82 *Hassemer*, ZRP 1992, 378, 381, StV 1995, 483, 484; *Lüderssen*, ZStW 107 (1995), 877, 900 f. Behutsam *Frisch* (Fn. 34) S. 91 ff.
83 Ähnlich *Roxin* (Fn. 79) S. 412.
84 Hierzu *Hassemer*, NStZ 1989, 553, 557 f.; ZRP 1992, 378, 381; StV 1995, 483.

VI. Fazit

Ich komme zum Schluß. Wie eingangs angekündigt, will ich die aufgegriffenen Erscheinungen nicht werten und über die Zukunft des Strafrechts keine Prognose abgeben. Meine Überlegungen rechtfertigen aber eine Reihe von kriminalpolitischen Forderungen, die ich noch formulieren möchte, obwohl sie mittelbar den Schluß auf manche Wertung zulassen:

1. Die schwierigen und weithin unlösbaren Probleme bei der individuellen Beurteilung der Schuldfähigkeit sollten so weit wie möglich durch generelle Fiktionen vorhandener oder nicht vorhandener Verantwortlichkeit abgelöst werden.

a) Die Reifeprüfung nach § 3 JGG sollte abgeschafft werden. An ihrer Stelle sollte die Schuldfähigkeit mit 14, 15 oder 16 Jahren fingiert werden. Entscheidet man sich für 14 oder 15 Jahre, dann kann man mit einer besonderen Strafmündigkeit, die mit 16 Jahren einsetzen mag, die Verhängung von Jugendstrafe gegenüber jüngeren Jahrgängen verhindern.

b) Auch bei Persönlichkeitsgestörten sollte die Schuldfähigkeitsprüfung entfallen. Extrem Abnorme können, wie früher auch, mit der ersten Ausnahmekonstellation des § 20, also der krankhaften seelischen Störung, erfaßt werden. Die übrigen Persönlichkeitsgestörten gehören in den Strafvollzug. Dort können intensive Therapieversuche in sozialtherapeutischen Anstalten oder Abteilungen unternommen werden. Überschießende Sicherungsbedürfnisse werden in der Sicherungsverwahrung befriedigt.

2. Bei der Freiheitsstrafe bedarf es eines neuen Anlaufs, um wenigstens die schädlichen Wirkungen des Vollzugs hintanzuhalten[85]. Programme sind zu entwickeln, um der Lockerung oder Zerstörung von Bindungen entgegenzuarbeiten, deren der Gefangene nach seiner Entlassung dringend bedarf. Neue Formen kontrollierter Urlaube müssen erprobt werden. Die Arbeitsentlohnung muß so bemessen werden, daß der Gefangene seinen Unterhaltspflichten nachkommen und mit der Tilgung seiner Schulden beginnen kann.

Die Geldstrafe ist nicht die „Wunderwaffe", zu der die Strafrechtsreform sie hochstilisiert hat. Ihre weit überwiegende Verhängung im Strafbefehlsverfahren läßt die Aufhellung der persönlichen und wirtschaftlichen Verhältnisse des Bestraften nicht zu, mit der allein beurteilt werden könnte, wie die Strafe wirkt. Auch scheint das Strafbefehlsverfahren die Erklärung dafür zu liefern, warum die Praxis die Verwarnung mit Strafvorbehalt nicht angenommen hat[86]. Bevor der heutige Befund sorgfältig erhoben worden ist, ist es für Reformforderungen zu früh. Doch sollte die Entwicklung der der Freiheitsstrafe folgen: Das

---

[85] Beunruhigend, daß *Frehsee*, StV 1996, 222, 225, demgegenüber die Tendenz ausmacht, zum Verwahrvollzug zurückzukehren.
[86] Hierzu *Heinz*, ZStW 111 (1999), 461, 495.

bedeutet verstärkte Aussetzung auch der Geldstrafe und Erarbeitung von Alternativen zu ihr.

3. Die bedrohliche Schere zwischen Strafbarkeit und Bestrafung bedarf aufmerksamer Beobachtung. Die Zeit einer offensichtlich verbreiteten Akzeptanz der Opportunitätseinstellungen ist zur Entwicklung eines Verfahrens zu nutzen, das rechtsstaatliche Mindeststandards einhält und mehr Gleichheit verspricht[87], ohne den Vereinfachungs- und Beschleunigungseffekt zunichte zu machen.

4. Der Gesetzgeber darf aus seiner Aufgabe, durch Einschränkung der Strafbarkeit zu entkriminalisieren, nicht entlassen werden. Doch kann man ihn nicht dafür kritisieren, daß er versucht, auf neuartige Gefahren und neue Kriminalitätsformen zu reagieren.

---

[87] Entsprechend der Forderung des Bundesverfassungsgerichts, BVerfGE 90, 145, 190.

PETER-CHRISTIAN MÜLLER-GRAFF

Die Europäische Privatrechtsgesellschaft in der Verfassung der Europäischen Union

Die Europäische Privatrechtsgesellschaft in der Verfassung der Europäischen Union zu thematisieren, ist sicher ein Wagnis, mag aber nicht unangemessen sein in der von der Jahrtausendwende veranlaßten Ringvorlesung der ältesten Juristischen Fakultät in der Bundesrepublik Deutschland. Denn in ihr erscheint schon allein aus diesem Anlaß das Recht in seinen zahlreichen Facetten in den Fluß der Zeit und in größere historische Zusammenhänge gestellt, damit nach Herkunft und Bedingtheit befragt, aber auch in seiner Prägekraft und Zukunftsfähigkeit angesprochen. Speziell im Wort der Privatrechtsgesellschaft klingt im Verständnis seines begrifflichen Schöpfers, *Franz Böhm*, eines der großen Ziele der Französischen Revolution an[1], das verfassungsrechtliche Postulat der Privatautonomie[2] und damit eine der großen Errungenschaften, die sich seit dem Ende des 18. Jahrhunderts in den Nationalstaaten des westlichen Kontinentaleuropas gegen Standes-, Zunft- und Hoheitsrechte Bahn brach. Und mit der Verfassung der Europäischen Union als dem Kohärenz- und Solidargedanken der transnationalen Verfolgung verschiedener Politikfelder[3] geht es um ein großes Dauerthema für die europäischen Staaten zu Beginn des 21. Jahrhunderts.

Man mag allerdings fragen, ob die Frage nach der Privatrechtsgesellschaft in der Verfassung der Union überhaupt zeitgemäß und des Nachdenkens wert ist. Denn zur Jahrhundertwende stehen andere Themen des Rechts der europäischen Integration im Rampenlicht von Rechtspolitik und rechtswissenschaft-

---

1 Vgl. *Franz Böhm*, Privatrechtsgesellschaft und Marktwirtschaft, in: Franz Böhm, Freiheit und Ordnung in der Marktwirtschaft, 1980, S. 105; ursprüngliche Textveröffentlichung in: ORDO Bd. XVII (1966), S. 75.
2 Ebda., S. 109; s. auch *Hans Hattenhauer*, Europäische Rechtsgeschichte, 1992, S. 537 ff. zur „Theorie des Bürgerlichen Rechts".
3 Vgl. dazu *Peter-Christian Müller-Graff*, Verfassungsziele der EG/EU, in: Handbuch des EU-Wirtschaftsrechts, 2000, A I Rdz. 1.

licher Befassung: so namentlich die epochale Osterweiterung[4] mit ihren Anforderungen der Rechtsangleichung[5] und ihren bislang ungelösten finanziellen und institutionellen Problemen[6], in deren Vorlauf das gemeinschaftsrechtliche Denken sich in Gestalt von Assoziationsabkommen[7] und Rechtsangleichung[8] ostwärts ausdehnt und damit teilweise wieder geographischen Pfaden zu folgen scheint, die einst vom lübischen und magdeburgischen Recht gelegt wurden;

---

4 Zur Entwicklung der Rechtsbeziehungen zwischen Europäischer Gemeinschaft/Europäischer Union und den ostmitteleuropäischen Staaten vgl. z.B. *Marc Maresceau/E. Montaguti*, The Relations between the European Union and Central and Eastern Europe: A Legal Appraisal, CMLRev. 1995, 1327; *Peter-Christian Müller-Graff* (ed.), East Central Europe and the European Union: From Europe Agreements to a Member Status, 1997; *Marc Maresceau* (ed.), Enlarging the European Union, 1997; *Peter-Christian Müller-Graff*, The Legal Framework for the Enlargement of the Internal Market to Central and Eastern Europe, Maastricht Journal of European and Comparative Law 1999, 192; *ders.*, Die rechtliche Dimension der Osterweiterung der Europäischen Union, 2000 (im Erscheinen).
5 Vgl. z.B. *Peter-Christian Müller-Graff* (Hrsg.), East Central European States and the European Communities: Legal Adaptation to the Market Economy, 1993; *Hans-Holger Herrnfeld*, Recht europäisch, 1995, S. 91 ff.; *Ferenc Mádl/Peter-Christian Müller-Graff* (eds.), Hungary – From Europe Agreement to a Member Status in the European Union, 1996; *Peter-Christian Müller-Graff* (ed.), a.a.O. (Fn. 4); *ders.*, a.a.O. (Fn. 4); *Erik Evtimov*, Rechtsprobleme der Assoziierung der Mittel- und Osteuropäischen Länder und der Voraussetzungen für ihren Beitritt zur Europäischen Union, 1999
6 Vgl. aus der anschwellenden Literatur z.B. *Werner Weidenfeld* (Hrsg.), Mittel- und Osteuropa auf dem Weg in die Europäische Union, 1995 und 1996; *Peter-Christian Müller-Graff/Andrzej Stepniak* (Hrsg.), Poland and the European Union – Between Association and Membership, 1996; *Karl Kaiser/Martin Brüning* (Hrsg.), East-Central Europe and the EU: Problems of Integration, 1996; *Wulfdiether Zippel*, Zu den zentralen ökonomischen Lösungserfordernissen einer Osterweiterung der EU, 1996; DIW (Hrsg.), Osterweiterung der EU: Finanzierung erfordert Reformen, DIW, WB 1996, 785 ff.; *Georg Brunner*, Nationalitätenprobleme und Minderheitenkonflikte in Osteuropa, 1996; *Werner Weidenfeld* (Hrsg.), Neue Ostpolitik – Strategie für eine gesamteuropäische Entwicklung, 1996; *M. Dauderstädt*, Ostmitteleuropas Demokratien im Spannungsfeld von Transformation und Integration, Integration 1996, 208; *Peter Becker/Barbara Lippert*, Der Strukturierte Dialog der Europäischen Union mit den Staaten Mittel- und Osteuropas, IEP-Berichte Nr.1/1997; *Burkard Steppacher*, Die Europäische Union vor einer neuen Erweiterungsrunde, 2. Aufl. 1997; *Ferenc Mádl* (ed.), On the State of the EU Integration Process – Enlargement and Institutional Reforms, 1997; *Alexander Petsche*, Der Weg Ungarns in die Europäische Union, 1997; *Peter-Christian Müller-Graff* (ed.), East Central Europe and the European Union: From Europe Agreements to a Member Status, 1997; *Hubert Isak* (ed.), Economy and Security as Core Issues of EU Enlargement to Central and Eastern Europe, 1998; *ders.* (Hrsg.), Rechtliche, wirtschaftliche und politische Aspekte der EU-Osterweiterung und ihre Auswirkungen auf Österreich, 1998; *Barbara Lippert/Peter Becker* (Hrsg.), Towards EU-Membership. Transformation and Integration in Poland and the Czech Republic, 1998; Bertelsmann Stiftung Forschungsgruppe Europa (Hrsg.), Kosten, Nutzen und Chancen der Osterweiterung für die Europäische Union, 1998; *Barbara Lippert* (Hrsg.), Osterweiterung der Europäischen Union, 2000.
7 Vgl. als Strukturanalyse dieser Abkommen z.B. *Marc Mareseceau*, Europe Agreements: A New Form of Cooperation between the European Community and Central and Eastern Europe, in: Peter-Christian Müller-Graff (ed.), East Central European States and the European Communities: Legal Adaptation to the Market Economy, 1993, 209.
8 S. o. Fn. 5.

des weiteren der mögliche Folgebedarf der Währungsunion für das Primärrecht der Wirtschaftspolitik[9] und die Rechtsangleichung im Bankaufsichtsrecht[10]; ferner die mit dem Inkrafttreten des Amsterdamer Vertrages[11] ermöglichte Schaffung von gemeinschaftsrechtlichen Zugangsregeln für Drittstaater als Einwanderer, Asylbewerber und Besucher in die Union[12]; weiters der institutionelle Einbau der Westeuropäischen Union als militärische Komponente in die Gemeinsame Außen- und Sicherheitspolitik der Union[13], wie sie durch die Kosovokrise aktualisiert worden ist; und schließlich die verfassungsartige Neufassung des Vertragsgefüges der Union[14] und die sog. organisationelle Finalität – ein ahistorisches Schauderwort: gemeint ist die anzustrebende Modellform – des gegenwärtigen transnationalen Gemeinwesens. Ist angesichts dieser The-

---

9 Vgl. *Martin Seidel*, Probleme der Verfassung der Europäischen Gemeinschaft als Wirtschafts- und Währungsunion, in: *Jürgen Baur/Peter-Christian Müller-Graff/Manfred Zuleeg* (Hrsg.), Europarecht, Wirtschaftsrecht, Energierecht, Festschrift für Bodo Börner, 1992, S. 417 ff.; *ders.*, Europa nach Maastricht – Auf dem Weg in die Staatlichkeit der Gemeinschaft?, in: Deutschland im Binnenmarkt, 1994, S. 145.
10 Vgl. als Perspektive die Ermächtigung des Rates gemäß Art. 105 Abs. 6 EGV; vgl. dazu *Jan von Hein*, Eine europäische Währung – viele nationale Bankaufsichtsbehörden, in: Europa als Union des Rechts, 1999, S. 107 ff.; *Antonio Sáinz de Vicuña*, Fragebogen „Rechtsfolgen der einheitlichen Währung", XIX. FIDE-Kongreß 2000.
11 Vgl. zum Vertrag von Amsterdam als Analysebände namentlich Integration 4/97; *Waldemar Hummer* (Hrsg.), Die Europäische Union nach dem Vertrag von Amsterdam, 1998; *Mathias Jopp/Andreas Maurer/Otto Schmuck* (Hrsg.), Die Europäische Union nach Amsterdam, 1998; *Werner Weidenfeld* (Hrsg.), Amsterdam in der Analyse, 1998; Europäisches Parlament – GD Wissenschaft (Hrsg.), Konsolidierung und Kohärenz des Primärrechts der Europäischen Union nach Amsterdam, JURI 102 DE (7-1998); *Jan Bergmann/Christofer Lenz* (Hrsg.), Der Amsterdamer Vertrag, 1998; s. auch *Peter-Christian Müller-Graff*, Der Vertrag von Amsterdam, in: Festschrift *Zäch*, 1999, S. 733 ff.; *Peter-Christian Müller-Graff/Jürgen Schwarze* (Hrsg.), Rechtsschutz und Rechtskontrolle nach Amsterdam, Europarecht, Beiheft 1/1999.
12 Vgl. die Ermächtigungen der Artt. 61 EGV; dazu *Peter-Christian Müller-Graff*, Institutionelle und materielle Reformen in der Zusammenarbeit in den Bereichen Justiz und Inneres, in: Waldemar Hummer (Hrsg.), Der Vertrag von Amsterdam, 1998, S. 259, 261 f.; *Kay Hailbronner*, Die Neuregelung der Bereiche Freier Personenverkehr, Asylrecht und Einwanderung, ebda., S. 179 ff.; *Sebastian Winkler*, Schrittweiser Aufbau eines Raumes der Freiheit, der Sicherheit und des Rechts, in: Jan Bergmann/Christofer Lenz (Hrsg.), Der Amsterdamer Vertrag, Köln 1998, S. 45 ff.; vgl. jetzt Schlußfolgerungen des Vorsitzes – Europäischer Rat (Tampere) v. 15./16.10.1999; dazu *Jörg Monar*, Der „Raum der Freiheit, der Sicherheit und des Rechts" nach Amsterdam und Tampere, integration 2000, 34 ff.; *Peter-Christian Müller-Graff*, Die fortentwickelnde Übernahme des Acquis der dritten Säule in die erste Säule der Union, in: Waldemar Hummer (Hrsg.), Rechtsfragen in der Anwendung des Amsterdamer Vertrags, 2000 (im Erscheinen).
13 Vgl. dazu *Michaela Wiegel*, Die Zukunft der Westeuropäischen Union, F.A.Z. v. 10.5.1999, S. 7; soeben: Ziff. 25-29 der Schlußfolgerungen des Europäischen Rates von Helsinki v. 10./11.12.1999; dazu *Javier Solana*, Die Gemeinsame Europäische Sicherheits- und Verteidigungspolitik – Das Integrationsprojekt der nächsten Dekade, integration 2000, 1 ff.; *Christopher Patten*, Die Zukunft der Europäischen Sicherheits- und Verteidigungspolitik und die Rolle der Kommission, integration 2000, 7 ff.
14 Vgl. dazu unten I 2.

men die Frage nach der Privatrechtsgesellschaft in der Verfassung der Union überhaupt der Rede wert?

Um darauf eine Antwort zu finden, sollen in einem gedanklichen Dreischritt zunächst die Redeweisen von Privatrechtsgesellschaft und Verfassung der Union eingegrenzt (I.) und die Stellung der Privatrechtsgesellschaft im System des Europarechts bestimmt werden (II.), ehe sodann deren Entwicklungsrichtungen befragt werden können (III.).

I. Die Begriffe Privatrechtsgesellschaft und Unionsverfassung

Was mithin zuerst die Redeweisen von Privatrechtsgesellschaft und Unionsverfassung angeht, haben beide seit geraumer Zeit Konjunktur, doch keineswegs allgemein konsentierte Konturen.

1. Privatrechtsgesellschaft

Zu dem nach *Wolfgang Zöllner* „schönen, wenn auch sperrigen Begriff der Privatrechtsgesellschaft"[15] konnte jener in seinem Vortrag zur Privatrechtsgesellschaft im Gesetzes- und Richterstaat aus Anlaß des zehnjährigen Bestehens der Kölner Juristischen Gesellschaft vor gut drei Jahren zu Recht vermerken, er mache „bemerkenswerterweise gerade in jüngerer Zeit wieder Karriere"[16] und dazu insbesondere auf Publikationen von *Bydlinski*[17], *Canaris*[18], *Nörr*[19] und sich selbst[20] verweisen. Allerdings changiert seine inhaltliche Akzentuierung. *Franz Böhm* ging es zuallererst um das politische und verfassungsrechtliche Postulat und Ordnungsmodell[21], in dem der Privatrechtsordnung „die Lenkung einer Gesellschaft frei und autonom planender Individuen" anvertraut ist[22], die „Verwaltung der Herrschaftsmittel ... ausschließlich dem Schutz

---

15 *Wolfgang Zöllner*, Die Privatrechtsgesellschaft im Gesetzes- und Richterstaat, 1996, S. 21.
16 Ebda., S. 21 Fn. 28.
17 *Franz Bydlinski*, Das Privatrecht im Rechtssystem einer „Privatrechtsgesellschaft", 1994; *ders.*, Kriterien und Sinn der Unterscheidung von Privatrecht und öffentlichem Recht, AcP 194 (1994), 319, 326 ff.; *ders.*, „Privatrechtsgesellschaft" und Rechtssystem, in: FS Raisch, 1995, S. 7 ff.
18 *Claus-Wilhelm Canaris*, Verfassungs- und europarechtliche Aspekte der Vertragsfreiheit in der Privatrechtsgesellschaft, in: FS Lerche 1993, S. 873 ff.
19 *Knut Nörr*, An der Wiege deutscher Identität nach 1945: *Franz Böhm* zwischen ordo und Liberalismus, 1993, S. 15 ff.
20 *Wolfgang Zöllner*, Regelungsspielräume im Schuldvertragsrecht, AcP 196 (1996), 1 ff.; *ders.*, Die politische Rolle des Privatrechts, JuS 1988, 329 ff.; *ders.*, Zivilrechtswissenschaft und Zivilrecht im ausgehenden 20. Jahrhundert, AcP 188 (1988), 85, 92.
21 A.a.O. (Fn. 1).
22 Ebda., S. 108.

und der Erhaltung der Gesellschaft dient"[23] und „der Staat ... diese Majestät sozusagen von der nicht handlungsfähigen Gesellschaft zu Lehen (trägt)"[24]. Demgegenüber stehen bei *Canaris* und teilweise auch bei *Zöllner* speziell die Behauptung der bilateralen schuldvertraglichen Inhaltsfreiheit gegenüber legislativen und richterlichen Inhaltsanforderungen[25] im Vordergrund und bei *Bydlinski* allgemein die Rolle der privatautonomen Regelbildung für die Entwicklung der Rechtsordnung[26]. Gleichwohl ist nicht zu verkennen, daß auch die letztgenannten Autoren in der Privatautonomie und damit im selbstbestimmten und selbstverantworteten Handeln der Individuen die gedeihlichste Grundlage freiheitlichen, wohlfahrtsfördernden und friedlichen Zusammenlebens sehen. Diese Prämisse spiegelt sich auch in einem – vertragstheoretisch zu nennenden – Konzept zweier Ökonomen aus jüngerer Zeit wider, „die europäische Koordination... auf der Basis privatrechtlicher Verträge" entstehen zu lassen[27] und „auf der Grundlage freier Verträge zwischen natürlichen und juristischen Privatrechtssubjekten ... vier voneinander unabhängige Gemeinschaften" zu gründen: „eine Wirtschaftsgemeinschaft, eine Währungsgemeinschaft, eine Sicherheitsgemeinschaft und eine Gemeinschaft Öffentlichen Rechts", wobei es nicht erforderlich sein soll, „daß jedes Privatrechtssubjekt in jeder der Gemeinschaften gleichermaßen Mitglied ist"[28] – ein Modell, dessen Funktionsfähigkeit allerdings nicht erkennbar ist.

Man mag einwenden, der Gedanke, die gedeihlichste Grundlage freiheitlichen, wohlfahrtsfördernden und friedlichen Zusammenlebens in der Privatautonomie und damit im selbstbestimmten und selbstverantworteten Handeln der Individuen zu sehen, entspringe idealistischer Weltfernheit und dies werde in der Bundesrepublik zum Jahrtausendwechsel schon allein belegt durch das vielbeschriebene Anwachsen einer legislativen und judikativen Normenflut[29],

---

23 Ebda., S. 110.
24 Id.
25 Vgl. *Claus-Wilhelm Canaris*, a.a.O. (Fn. 18); *Wolfgang Zöllner*, a.a.O. (Fn. 15), S. 20.
26 Das Privatrecht im Rechtssystem einer „Privatrechtsgesellschaft", 1994, S. 59 ff., 73 ff., 80 f.
27 *Klaus Mayer/Jörg Scheinpflug*, Privatrechtsgesellschaft und die Europäische Union, 1996, S. 82.
28 Ebda.
29 Vgl. zu diesem Phänomen z. B. bereits *Karl Hillermeier*, Eindämmung der Gesetzesflut, BayVBl. 1978, 321 ff.; *Hans-Jochen Vogel*, Zur Diskussion um die Normenflut, JZ 1979, 321 ff.; *Horst Sendler*, Normenflut und Richter, ZRP 1979, 227 ff.; *Rupert Scholz/K.G. Meyer-Teschendorf*, Reduzierung der Normenflut durch qualifizierte Bedürfnisprüfung, ZRP 1996, 404 ff.; thematisiert als Verrechtlichung z.B. *Friedrich Kübler* (Hrsg.), Verrechtlichung von Wirtschaft, Arbeit und sozialer Solidarität, 1984; *Helmuth Holzey/Georg Kohler* (Hrsg.), Verrechtlichung und Verantwortung, 1987; *Michael Bock*, Recht ohne Maß – Die Bedeutung der Verrechtlichung für Person und Gemeinschaft, 1988; *O.E. Krasney*, Überjustizialisierung – Überaktivitäten des Gesetzgebers, DRiZ 1992, 165 ff.; *Peter-Christian Müller-Graff*, Verrechtlichung und Deregulierung – Signaturen im Verhältnis von Staat und Gesellschaft seit 1945, in: Max Vollkommer (Hrsg.), 1945-1995 – Zum Verhältnis von Staat und Gesellschaft in den letzten fünfzig Jahren, 1996, S. 7 ff.

durch ein gestiegenes „Öffentlichkeits"-Denken[30] und durch den grundgesetzlichen Sozialstaatsauftrag[31]. *Franz Wieacker* hat bekanntlich sogar davon gesprochen, daß der Privatrechtsordnung mittlerweile ein gewandeltes Sozialmodell materaler Ethik sozialer Verantwortung zugrundegelegt werde und zugrundezulegen sei[32]. Indes ist die Zweifelhaftigkeit dieser These mittlerweile in mehrfacher Hinsicht herausgearbeitet worden. Ist schon die Annahme eines geschlossenen Gesellschaftsbildes der seinerzeit gesetzgebenden Kräfte oder der entsprechenden Auslegbarkeit des BGB künstlich[33], so wirkt das Verständnis der judikativen Ausfaltung des Vertrauensschutzes als materiale Ethik sozialer Verantwortung nicht weniger gezwungen[34]. Überdies ist eine Kennzeichnung des BGB mit dem Begriff der formalen Freiheitsethik geeignet, den tatsächlichen materialen Gehalt seiner Regeln zu überdecken[35].

Ähnliches gilt für die anderen Einwände: die bloße Existenz der Normenflut trägt ihre Sinnfälligkeit keineswegs in sich, wie schon schlaglichtartig die vielfältigen gegenläufigen Bemühungen der seinerzeitigen Deregulierungskommission[36], des Sachverständigenrates „Schlanker Staat"[37] und legislativer Formalprüfungen[38] zeigen. Der angebliche Vormarsch des Öffentlichkeitsdenkens schließt keineswegs aus, gerade die Privatautonomie als auch deren Wirkungen als im öffentlichen Interesse liegend zu bewerten. *Zöllner* hat die politische Rolle des Privatrechts sogar in die griffige und durchaus einleuchtende

---

30 Vgl. zu dieser Entwicklung aus dem Sichtwinkel des Privatrechts *Ludwig Raiser*, Die Zukunft des Privatrechts, 1971.
31 Vgl. Art. 20 GG; zur Ausfaltung des Sozialstaatsprinzips z.B. *Peter Badura*, Der Sozialstaat, DÖV 1989, 491 ff.; *Klaus Stern*, Staatsrecht der Bundesrepublik Deutschland, Band I, 2. Aufl., 1984, § 21; *Hans F. Zacher*, Das soziale Staatsziel, in: Handbuch des Staatsrechts der Bundesrepublik Deutschland, Band I, 1987, § 25; *Peter Badura*, Der Sozialstaat, DÖV 1898, 491 ff.; *Ernst Benda*, Der soziale Rechtsstaat, in: Handbuch des Verfassungsrechts der Bundesrepublik Deutschland, 2. Aufl. 1994, § 17; *Michael Sachs*, in: Michael Sachs (Hrsg.), Grundgesetz, 1996, Art. 20 Rdz. 28 ff.
32 Vgl. *Franz Wieacker*, Das Sozialmodell der klassischen Privatrechtsgesetzbücher und die Entwicklung der modernen Gesellschaft, 1953.
33 Vgl. *Wolfgang Zöllner*, a.a.O. (Fn. 15), S. 31.
34 Ebda., S. 33.
35 Id., S. 33 f.
36 Marktöffnung und Wettbewerb – Gutachten, 1991.
37 Vgl. dazu *Rupert Scholz/K.G. Meyer-Teschendorf*, a.a.O. (Fn. 29), 404 ff.
38 Vgl. namentlich: Prüffragen für Rechtsvorschriften des Bundes – Beschluß der Bundesregierung v. 11.12.1984 mit Anhang: Prüffragen zur Notwendigkeit, Wirksamkeit und Verbindlichkeit von Rechtsetzungsvorhaben des Bundes, in: Bundesministerium des Inneren (Hrsg.), Maßnahmen zur Verbesserung der Rechtsetzung und von Verwaltungsvorschriften, S. 27 ff. (Blaue Prüfliste); Maßnahmen zur Verbesserung der Rechtsetzung und von Verwaltungsvorschriften, Beschluß der Bundesregierung v. 20.12.1989; Richtlinien für die Wahrnehmung und Organisation öffentlicher Aufgaben im Freistaat Bayern, Bekanntmachung der Bayrischen Staatsregierung v. 26.6.1994 Nr. B III 3-155-9-1; zu den legislativen Formalprüfungen und der Verbesserung der Rechtsetzung vgl. *Peter-Christian Müller-Graff*, The Quality of European and National Legislation, EuZW 1998, 325 ff.

Formel gemünzt: „Je mehr Privatrecht, desto weniger Staatsbevormundung"[39]. Es läßt sich anfügen, daß es zwar erheblich schwieriger und anspruchsvoller, aber eben auch deutlich zivilisierter ist, Ziele im privatautonomen Konsens und damit auf der Grundlage der Freiwilligkeit zu verfolgen als mittels kollektivhoheitlicher, wenn auch mehrheitlich-demokratisch legitimierter Maßnahmen und Befehlselementen. Etatistische Lösungen sind regelmäßig nur zweitbeste Lösungen.

Und das Sozialstaatsprinzip bedeutet – jenseits verfassungslyrischer Mißverständlichkeiten – keineswegs eine Absage an den Fundamentalgrundsatz der selbstbestimmten und selbstverantworteten Lebensführung – dies wäre absehbar zum Scheitern verurteilt. Vielmehr fordert ein wohlverstandenes Sozialstaatsprinzip im Zusammenspiel mit den Grundrechtsgewährleistungen geradezu, ein wohlfahrtsförderndes und friedliches Zusammenleben zuallererst von privater Selbstbestimmung und Selbstverantwortung zu erwarten. Es läßt sich füglich fragen, ob von der öffentlichen Hand, auch bei demokratischer Legitimation, auf Dauer eine erfolgreiche Bewältigung der ihr anvertrauten Aufgaben zu erwarten wäre, wenn nicht zuallererst der Richtpunkt der autonom entscheidenden Individuen postuliert würde. Das für die Staatsorganisation erforderliche Parlament ersetzt nicht eine funktionierende Zivilgesellschaft als Grundlage eines freiheitlichen Gemeinwesens. Daß aber nicht nur der Überdehnung öffentlicher Gewalt allfällig vorzubeugen ist[40], sondern mittels zwingender Regeln auch dem Fehllauf der Privatautonomie, versteht sich gleichermaßen von selbst, gerade auch um die Selbststeuerungsfähigkeit der Privatrechtsgesellschaft zu erhalten. Das moderne Kartellrecht zur Verhinderung der Selbstaufhebung von Privatautonomie[41] und damit zur laufenden wettbewerblichen Kontrolle und latenter Entmachtung wirtschaftlicher Machtpositionen ist hierfür ein sinnfälliges Beispiel ebenso wie die Entwicklung rechtlicher Grenzen für Geschäftsbedingungen in Massengeschäften, in denen Selbstbestimmung nicht zum Zuge kommt[42].

2. Europäische Verfassung

Wendet man sich nun dem zweiten Leitbegriff zu, demjenigen der Verfassung der Europäischen Union, so erkennt man hier eine seit Maastricht zunehmende Aktualität in der rechtspolitischen Diskussion, allerdings mit deutlich stärkerer

---

39 Die politische Rolle des Privatrechts, JuS 1988, 329; vgl. als Artikulation eines Grundmißtrauens gegenüber dem Staat *Klaus Mayer/Jörg Scheinpflug*, a.a.O. (Fn. 27), S. 85.
40 Wenn dies in Form schwerer Menschenrechtsverletzungen geschieht, ist auch die Völkerrechtsgemeinschaft gefordert.
41 Vgl. nur *Franz Böhm*, Wirtschaftsordnung und Staatsverfassung, 1950; *ders.*, Das Problem der privaten Macht. Ein Beitrag zur Monopolfrage, in: Franz Böhm, Reden und Schriften, 1960, S. 41 ff.
42 Vgl. nur *Wolfgang Zöllner*, a.a.O. (Fn. 20), AcP 188 (1988), 99.

Sprachverwirrung. Dazu genügen Schlaglichter: Während schon im Jahre 1984 aus der Mitte des Europäischen Parlaments eine Verfassung für Europa vorgelegt wurde[43] – ohne weitere Folge –, kam es seit 1996 neben einer Studie zur Konsolidierung des bisherigen Vertragsrechts[44] speziell in Deutschland vor allem auch zu einer Diskussion der Schlagzeilen: so stellte der Verfassungsrichter *Grimm* die Frage „Braucht ein Europa eine Verfassung?"[45], der Politiker *Graf Lambsdorff* äußerte sich „Die Europäische Union braucht eine Verfassung"[46], einige Zeit danach pointierte das Politikerteam *Schäuble/Lamers* „Europa braucht einen Verfassungsvertrag"[47], woraufhin ein anderer Verfassungsrichter feststellte, Europa brauche keine Verfassung[48]. Demgegenüber befürwortete im Frühjahr 2000 der deutsche Außenminister als „persönliche Zukunftsvision" den Gedanken eines europäischen Verfassungsvertrags. Zahlreichen rechtspolitischen Äußerungen gemeinsam ist, daß sie zum einen unterschiedliche Vorstellungen mit dem Verfassungsbegriff verbinden: von der Bündelung der wesentlichen Grundlagen des Vertragsgefüges in einem Kern- oder Grundvertrag mit bezogenen Begleitverträgen[49], gegebenenfalls unter Einschluß einer Kodifikation der Grundrechtsprechung des EuGH[50], über eine Aufteilung des Primärrechts in einen von den Mitgliedstaaten zu tragenden Basisvertrag und einen Vertrag, der der Änderbarkeit durch die europäischen Institutionen unterliegt[51] bis hin zur Selbstkonstituierung der Union[52], aber auch zur Begrenzung der europäischen Ebene durch den in sich nicht problem- bzw. illusionsfreien Wunsch eines starren „Kompetenzkatalogs"[53]. Auch bleibt regelmäßig der zu verfassende Organismus[54] unklar: die Gemeinschaften; oder die Union; oder Union und Gemeinschaften; oder Union, Gemeinschaften und Mitgliedstaaten. Zum anderen wird oftmals der Acquis der gemeinschaftsrechtlichen Diskussion übersehen und deshalb nicht die viel näherliegende Frage gestellt, ob Europa nicht schon längst eine Verfassung hat.

---

43 Vgl. dazu *Jürgen Schwarze/Roland Bieber* (Hrsg.), Eine Verfassung für Europa, 1984.
44 Vgl. Europäisches Parlament – Reihe Rechtsfragen W-9 (10-1996).
45 JZ 1995, 568.
46 Interview im Handelsblatt Nr. 145 v. 31.7./1.8.1998, S. 6.
47 F.A.Z. Nr. 102 v. 4.5.1999.
48 Interview mit *Paul Kirchhof*, in: Rheinischer Merkur v. 12.5.1999.
49 Vgl. dazu *Peter-Christian Müller-Graff*, Europäische Verfassungsrechtspolitik für Wirtschaft und Union, in: Peter-Christian Müller-Graff (Hrsg.), Perspektiven des Rechts in der Europäischen Union, 1998, S. 221, unter Bezugnahme auf den Vortrag des Verf. aus Anlaß des 65. Geburtstages von Heinrich Schneider am 30.9.1994 in Bonn; *ders.*, Reform der Vertragsstruktur (Vortragstyposkript), 2000.
50 So die 1999 öffentlich verlautete Position des deutschen Außenministers; vgl. dazu Fn. 54.
51 So z.B. der sog. Bericht der Drei Weisen (Dahaene-Gruppe).
52 So eine Befürchtung der Kritiker am Verfassungsbedarf der Europäischen Union.
53 Abwägend und differenzierend demgegenüber zu Recht *Jürgen Schwarze*, Das schwierige Geschäft mit Europa und seinem Recht, JZ 1998, 1085 f.
54 Vgl. dazu *Peter-Christian Müller-Graff*, Europäische Verfassung und Grundrechtscharta: Die Europäische Union als transnationales Gemeinwesen, Integration 2000, 34 ff.

Europäische Privatrechtsgesellschaft in der Verfassung der EU 279

Es ist nicht zu verkennen, daß Hoheitsakte der EG legitimationslos und ohne Rechtsbindung zustandekämen, gäbe es nicht das legitimierende und kontrollierende Vertragsrecht, das die Gemeinschaften konstituiert[55], das sie zu Akten öffentlicher Gewalt ermächtigt[56] und das ihre Handlungen der Bindung an das Recht unterwirft[57], darunter auch an die ungeschriebenen Gemeinschaftsgrundrechte[58]. Dies ist aber die materielle Funktion einer Verfassung in der Geschichte des europäischen Konstitutionalismus[59]. Deshalb hat jedenfalls das Primärrecht der drei Europäischen Gemeinschaften materiellen Verfassungscharakter[60] und daher ist das transnationale Gemeinwesen der Union als Verbindung der Gemeinschaften und den zwei Formen intergouvernementaler Zusammenarbeit jedenfalls insoweit teilverfaßt[61]. Zutreffend sah das Bundesverfassungsgericht schon 1967 im EWG-Vertrag „gewissermaßen die Verfassung dieser Gemeinschaft"[62] und der Gerichtshof der Europäischen Gemeinschaften (EuGH) qualifizierte ihn 1991 ähnlich als „die grundlegende Verfassungsurkunde einer Rechtsgemeinschaft"[63].

Vereinzelte Einwände gegen den Gebrauch des Verfassungsbegriffs für den Status Quo des Primärrechts unterlegen ihm Zusatzerfordernisse: zum einen

---

55 So sagt Art. 1 EGV ausdrücklich: „Durch diesen Vertrag gründen die hohen Vertragsparteien untereinander eine Europäische Gemeinschaft".
56 Vgl. z.B. Art. 95 EGV. Zum verfassungsvergleichenden Zusammenhang: *Eibe Riedel*, Der gemeineuropäische Bestand von Verfassungsprinzipien zur Begründung von Hoheitsgewalt – Legitimation und Souveränität –, in: Peter-Christian Müller-Graff/Eibe Riedel (Hrsg.), Gemeinsames Verfassungsrecht in der Europäischen Union, 1998, S. 77 ff.
57 Vgl. z.B. Art. 226 EGV. Zum verfassungsvergleichenden Zusammenhang *Ralph-Alexander Lorz*, Der gemeineuropäische Bestand von Verfassungsprinzipien zur Begrenzung der Ausübung von Hoheitsgewalt – Gewaltenteilung, Föderalismus, Rechtsbindung –, in: Peter-Christian Müller-Graff/Eibe Riedel (Hrsg.), a.a.O. (Fn. 57), S. 99 ff.
58 Vgl. z.B. *Hans-Werner Renegling*, Grundrechtsschutz in der Europäischen Gemeinschaft, 1993.
59 Zur Funktion von Verfassungen aus ihrer Entstehungsgeschichte vgl. z.B. *Fritz Hartung*, Deutsche Verfassungsgeschichte, 1950.
60 Vgl. z.B. *Hans Peter Ipsen*, Europäisches Gemeinschaftsrecht, 1972, S. 64; *Roland Bieber/Jürgen Schwarze*, Verfassungsentwicklung in der Europäischen Gemeinschaft, 1984, S. 20; *Jürgen Schwarze*, in: Jürgen Schwarze/Roland Bieber (Hrsg.), Eine Verfassung für Europa, S. 24 f.; *Pierre Pescatore*, in: Festschrift Kutscher, 1981, S. 335; *Peter-Christian Müller-Graff*, Verfassunsziele der EG, in: Handbuch des EG-Wirtschaftsrechts, 1993 Rdnr. 68 (3. Bearbeitung 2000 Rdnr. 90); *ders.*, Die wettbewerbsverfaßte Marktwirtschaft als gemeineuropäisches Verfassungsprinzip, in: Peter-Christian Müller-Graff/Eibe Riedel (Hrsg.), a.a.O. (Fn. 57), S. 56 f.; *Manfred Zuleeg*, in: Hans von der Groeben/Jochen Thiesing/Claus-Dieter Ehlermann (Hrsg.), Kommentar zum EU-/EG-Vertrag, 5. Aufl. 1997, Art. 1 Rdz. 10; *Ingo Pernice*, F.A.Z. v. 7.7.1999; *Thomas Oppermann*, Europarecht, 2. Aufl. 1999, S. 182 (Rdnr. 475).
61 Vgl. *Peter-Christian Müller-Graff*, a.a.O. (Fn. 54).
62 BVerfGE 22, 293.
63 EuGH Slg. 1991, I-6079 Rdz. 21.

die Staatlichkeit bzw. originäre Machtlegitimation[64], die zweifelsohne weder Gemeinschaften noch Union zukommt; zum anderen das Erfordernis der direkten Legitimation der Herrschaftsunterworfenen[65], die – ungeachtet einzelner nationaler Referenden über Primärrecht und der Direktwahl des Europäischen Parlaments – im Sinne einer Grundabstimmung fehlt. Indes ist keines der beiden Elemente als zwingend für die verfassungsförmige Normordnung von öffentlicher Kollektivgewalt vorgegeben. Vor allem verkennen die Einwände, daß sich bereits mit den Gemeinschaften ein zielgebundenes transnationales Gemeinwesen eigener Art[66] herausgebildet hat, das bei Beibehaltung der Souveränität der Mitgliedstaaten die Legitimationsfrage (auch in ihrer demokratischen Komponente) notwendigerweise auf spezifisch transnationale Weise beantworten muß. Zuvörderst prägend für diese Eigenheit ist die von den Mitgliedstaaten gemäß ihrer jeweiligen demokratisch legitimierten Verfahren bewirkte Zielbindung, m.a.W der gesellschaftsvertragsartige gemeinsame Zweck der Gemeinschaften und in der Union und deren unverändert allererstes Verwirklichungsverfahren des Gemeinsamen Marktes[67]. Allenfalls das Bemühen, die unterschiedlichen Lebenssachverhalte einer mitgliedstaatlichen Ordnung einerseits und einer transnationalen Ordnung andererseits begrifflich nicht zu vermengen, mag daher dafür sprechen, in der wissenschaftlichen Erörterung[68] statt der Nutzung des Verfassungsbegriffs bei der Bezeichnung „Primärrecht" für das konstituierende Recht der Union zu bleiben.

II. Die Privatrechtsgesellschaft im gegenwärtigen Primärrecht

Damit geht es also mit der Frage nach der Privatrechtsgesellschaft in der Verfassung der Europäischen Union um die Rolle der Privatautonomie im gegenwärtigen Primärrecht (1) und deren Folgen für dessen Inhalt (2). Darin eingeschlossen ist die Frage, inwieweit den Einzelnen innerhalb der Union grenzüberschreitende Freiräume gegenüber den Mitgliedstaaten, gegenüber der Gemeinschaft und gegenüber anderen Privaten gesichert sind: z.B. gegen Behinderungen von grenzüberschreitenden Vermarktungsstrategien durch staatliches Produktrecht, durch gemeinschaftsrechtliche Werbeverbote oder

---

64 So etwa *Rupert Scholz*, in: Rupert Scholz (Hrsg.), Europäische Integration – Schon eine „Union des Rechts"? Zwischen Erfolgsbilanz und Balanceverlust, 1996, S. 30.
65 So *Dieter Grimm*, Braucht Europa eine Verfassung?, JZ 1995, 568.
66 Vgl. *Peter-Christian Müller-Graff*, a.a.O. (Fn. 54); *ders.*, a.a.O. (Fn. 60) Rdn. 59 (3. Bearbeitung 2000, Rdn. 72 ff.); *ders.*, Europäische Föderation als Revolutionskonzept im europäischen Verfassungsraum?, integration 2000, 157; *ders.*, Konstitutionalisierung der Europäischen Union als Option deutscher Außenpolitik, 2000 (im Druck).
67 Vgl. Art. 2 EGV; s. auch Art. 2 EUV.
68 Mißverständnisse auch im öffentlichen Vorverständnis befürchtet *Christian König*, ZEI-Report Oktober 1999, S. 8: „delegitimierende" Gefahren bei einem „allzu großzügigen Gebrauch" des Verfassungsbegriffs.

durch private Widerstände mittels Vertriebsblockaden vertraglicher oder faktischer Art; oder gegen Hemmnisse grenzüberschreitender Wirtschaftstätigkeit durch staatliche Diplomvoraussetzungen und Eintragungserfordernisse, durch gemeinschaftliches Entsenderecht oder durch Beschäftigungsbedingungen in Tarifverträgen sowie Satzungen internationaler Verbände; oder gegen Beschränkungen privater transnationaler Handelsbrauchbildung oder Geschäftsbedingungen.

1. Rolle und Integrationskonzept

Die Rolle der Privatautonomie im Primärrecht ergibt sich, wie mittlerweile weithin erkannt, unmittelbar aus dem soeben angesprochenen Integrationskonzept des EG-Vertrages[69]. Es ist bekannt, daß sich in den Anfangsjahren der Europäischen Einigungsbewegung nach Gründung der Montanunion ehrgeizigere Vorhaben zur organisationellen Vergemeinschaftung ganzer Hoheitsbereiche nicht verwirklichen ließen[70] (erst mit der Währungsunion[71] war dies wieder möglich) und daher ein bis heute maßgeblicher Integrationsansatz zum

---

69 Vgl. *Peter-Christian Müller-Graff*, Privatrecht und Europäisches Gemeinschaftsrecht, in: Peter-Christian Müller-Graff/Manfred Zuleeg (Hrsg.), Staat und Wirtschaft in der EG, 1987, S. 27; *ders.*, Europäisches Gemeinschaftsrecht und Privatrecht, NJW 1993, 13; *Fritz Rittner*, JZ 1990, 841, 844; *Uwe Schneider*, NJW 1991, 1985; *Peter Ulmer*, JZ 1992, 1, 3.

70 Das Vorhaben der EVG/EPG scheiterte 1954; vgl. *Thomas Oppermann*, a.a.O. (Fn. 60), S. 900 (Rdnr. 2069).

71 Vgl. dazu *Manfred Willms* (ed.), European Monetary Union: Legal Foundations and Economic Implications, 1993; *Rolf Caesar/Hans-Eckart Scharrer* (Hrsg.), Die Europäische Wirtschafts- und Währungsunion – Regionale und globale Herausforderungen, 1998; *Xavier Lardoux*, L'Union Économique et Monétaire: Genèse, Mise en Place, Perspectives, Revue du Marché commun et de l'Union européenne 1998, pp. 429; *Bernard Drugman/Jean-Paul Laurencin*, L'Unification Monétaire, Opportunité ou menace pour la cohésion au sein de l'Union Européenne?, Revue du Marché commun et de l'Union européenne 1998, pp. 370; Zur rechtlichen Dimension z.B. *Gert Nicolaysen*, Rechtsfragen der Währungsunion, 1993; *Peter-Christian Müller-Graff*, Legal Aspects of the treaty of Maastricht and of the European Monetary Union, in: Manfred Willms (Hrsg.), a.a.O., pp. 45; *Hugo J. Hahn/Johannes Siebelt*, in: Handbuch des EU-Wirtschaftsrechts, 1993/1998, F I 6; *Wulf-Henning Roth*, Der rechtliche Rahmen der Wirtschafts- und Währungsunion, Europarecht 1994, Beiheft, S. 45 ff.; *Jörn Pipkorn*, Der rechtliche Rahmen der Wirtschafts- und Währungsunion, Europarecht 1994, Beiheft 1, S. 85 ff.; *Rainer Stadler*, Der rechtliche Handlungsspielraum des Europäischen Systems der Zentralbanken, 1996; *Martin Seidel*, Beschluß und Entscheidungsverfahren in der Wirtschafts- und Währungsunion: Rechtliche Aspekte, Integration 1998, 197 ff.; *Peter-Christian Müller-Graff*, Euro, Bundesverfassungsgericht und Gerichtshof der Europäischen Gemeinschaften – Währungsstabilität und richterliche Kontrolle –, Integration 1998, 86 ff.; *Pierre Maillet*, L'Euro: de l'Europe Économique à l'Europe Politique, European Union Review Vol. 3 No. 3 (November 1998), pp. 7; *Martin Selmayr*, Die Europäische Währungsunion zwischen Politik und Recht, EuZW 1998, 101 ff.; *ders.*, Die Wirtschafts- und Währungsunion als Rechtsgemeinschaft, AöR 124 (1999), 359 ff.; *Reimer v. Borries*, Die Europäische Zentralbank als Gemeinschaftsinstitution, 1999; *Ulrich Wölker*, Quelques Aspects Juridiques de l'Union Économique et Monétaire, Droit et Économie No. 84 – 1999, pp. 7.

Durchbruch kam, der – mit den perspektivisch zwar weiterreichenden Zielen der Friedenssicherung, der Prosperität und der solidarischen Gemeinschaftsbildung[72] – sich gleichwohl zuallererst auf eine Zusammenführung des Wirtschaftens konzentrierte. Er überließ dies aber nicht herkömmlichen Mustern internationaler Wirtschaftskooperation oder – ohnehin abwegig – zentraler überstaatlicher Wirtschaftslenkung. Vielmehr setzten die Gründer bekanntlich auf die wirtschaftstheoretische Lehre vom komparativen Kostenvorteil des Freiverkehrs von Produktionsfaktoren und Produkten[73] und dieser Ansatz gewann primärrechtlich seine Gestalt in den vier sog. Grundfreiheiten[74], also nach dem allmählich befestigten Verständnis der Rechtsprechung in unmittelbar anwendbaren subjektiven Rechten[75] der Wirtschaftsteilnehmer zur grenzüberschreitenden privaten Initiative[76]: mithin im Faktorbereich die Rechte auf Freizügigkeit der Personen (untergliedert in Arbeitnehmer, Selbständige und Gesellschaften)[77] und auf Freiverkehr des Kapitals[78], im Produktbereich die Rechte auf Freiverkehr der Waren[79] und Dienstleistungen[80]. Damit wurde der EG-Vertrag integrationstheoretisch auf dem funktional genannten[81] Konzept aufgebaut, mittels Ermöglichung ungehinderter grenzüberschreitender privatautonomer Kontakte nicht nur das Prosperitätsziel zu erreichen, sondern auch das friedenssichernde Ziel zu verwirklichen und überdies jedenfalls die Chance zu eröffnen, über einen zunächst im soziologischen Sinne gesellschaftsbildenden Umgang ein darüber hinaus wachsendes solidarisches Gemeinschaftsbe-

---

72 Vgl. *Peter-Christian Müller-Graff*, Einheit und Kohärenz der Vertragsziele von EG und EU, Europarecht Beiheft 2/1998, 67 ff.
73 Vgl. z.B. *Willem Molle*, The Economics of European Integration, 1990, p. 9 et seq.
74 Vgl. z.B. *Peter-Christian Müller-Graff*, Binnenmarkt und Rechtsordnung – Binnenmarktrecht, 1989.
75 Grundlegend EuGH Slg. 1963, 1 (van Gend & Loos).
76 Vgl. *Peter-Christian Müller-Graff*, Privatrecht und Europäisches Gemeinschaftsrecht, in: Peter-Christian Müller-Graff/Manfred Zuleeg (Hrsg.), Staat und Wirtschaft in der EG, 1987, S. 17 ff., 27.
77 Artt. 39 ff., 43 ff., 48 EGV; zur Niederlassungsfreiheit zuletzt *Andreas Nachbaur*, Niederlassungsfreiheit, 1999.
78 Artt. 56 ff. EGV; zur Kapital- und Zahlungsverkehrsfreiheit z.B. *Hugo J. Hahn/Klaus Peter Follak*, in: Handbuch des EU-Wirtschaftsrechts (Loseblattsammlung), F. II.
79 Artt. 28 ff.; vgl. dazu z.B. Kommentierung *Peter-Christian Müller-Graff*, in: Hans von der Groeben/Jochen Thiesing/Claus-Dieter Ehlermann (Hrsg.), Kommentar zum EU-/EG-Vertrag, 5. Aufl. 1997, Artt. 30 ff.; monographisch zuletzt *Hartmut Weyer*, Freier Warenverkehr und nationale Regelungsgewalt in der Europäischen Union, 1997.
80 Artt. 49 ff. EGV; dazu im Überblick *Wulf-Henning Roth*, in: Handbuch des EU-Wirtschaftsrechts (Loseblattsammlung), E. I Rdz. 96 ff.
81 Vgl. namentlich *Walter Hallstein*, in: Festschrift für Müller-Armack, 1961, S. 267 f.; *ders.*, Die Europäische Gemeinschaft, 5. Aufl. 1979, S. 22 ff.; *Carl Friedrich Ophüls*, Grundzüge europäischer Wirtschaftsverfassung, ZHR 124 (1962), 141; *Andreas Sattler*, Das Prinzip der „funktionellen Integration" und die Einigung Europas, 1967, S. 1 ff.; *Hans Peter Ipsen*, Europäisches Gemeinschaftsrecht, 1972, S. 981 ff.

Europäische Privatrechtsgesellschaft in der Verfassung der EU 283

wußtsein mit möglicherweise nachfolgender weiterer Vergemeinschaftung entstehen zu lassen. Tatsächlich dürften vielfältige einzelne, privatautonom geknüpfte und verantwortete, dem wechselseitigen Vorteil dienende, grenzüberquerende Geschäfts- und Arbeitskontakte allmählich dichter ein transnationales Geflecht von Verbindungen und Bewertungen und damit auch Identität herausbilden als es allein die herkömmliche, national geteilt verharrende, intergouvernementale Kooperation zwischen Staaten vermag. Das am Anfang des 20.Jahrhunderts wortgemalte Bild im allegorischen Stil jener Zeit aus der Feder von *Rudolf v. Ihering* stellt sich ein: „Längst bevor der Staat sich erhob vom Lager, noch in der Morgendämmerung der Geschichte hatte der Handel schon ein Gutteil seines Tageswerkes verbracht, während die Staaten sich bekämpften, suchte und bahnte er die Wege, die von einem Volk zum anderen führten, und stellte ihnen ein Verhältnis des Austausches der Waren und Ideen her – ein Pfadfinder in der Wildnis, ein Herold des Friedens, ein Fackelträger der Kultur."[82] Den Grundfreiheiten wird vom EG-Vertrag mithin mittels des gemeinsamen Marktes gesellschaftsbildende Kraft – durchaus im Sinne *Max Webers*[83] –, aber auch verfassungsbildende Wirkung zugemessen. Damit kommt der EG zuvörderst die Aufgabe zu, die Funktionsfähigkeit der transnationalen Privatautonomie und Selbststeuerung zu sichern.

Die Vitalität dieses Konzepts zur Schaffung eines dauerhaften transnationalen Interaktionsraums zeigt sich gegenwärtig breitflächig in dessen Rezeption durch die mittelosteuropäischen Kandidatenstaaten. Nach einer ersten Phase der heterogenen Transformation der zuvor zentralistisch gelenkten Gesellschaften Anfang dieses Jahrzehnts[84] hat sich nunmehr eine Orientierung auf eben diesen Ansatz eingestellt, vermittelt durch den Bauplan der spezifischen Assoziationsabkommen-Abkommen[85] und durch das Weißbuch der Kommission zur Angleichung an die Regeln des Binnenmarktes[86]. Vorderhand freilich ist der Normenbestand, wie etwa beispielhaft das Estland-Abkommen[87] zeigt, nur teilweise schon zu subjektiven Rechten gereift, aber durchaus bereits jetzt mit Einzelbestimmungen versehen, die eine volle Entfaltung des Konzepts für den Fall einer Mitgliedschaft vorbereiten.

---

82 Zweck im Recht, 4. Aufl., 1904, Bd. 1, S. 280.
83 *Max Weber*, Wirtschaft und Gesellschaft, Studienausgabe, 5. Aufl., 1972, S. 382.
84 Vgl. dazu *Peter-Christian Müller-Graff* (Hrsg.), East Central European States and the European Communities: Legal Adaptation to the Market Economy, 1993.
85 Vgl. als Analyse z.B. *Marc Maresceau*, Europe Agreements: A New Form of Cooperation between the European Community and Central and Eastern Europe, in: Peter-Christian *Müller-Graff* (Hrsg.), a.a.O. (Fn. 85), p. 209 et seq.
86 KOM (95) 163 endg. (3.5.1995); vgl. dazu *Peter-Christian Müller-Graff*, East Central Europe and the European Union: From Europe Agreements to a Member Status – General Report –, in: Peter-Christian Müller-Graff (Hrsg.), East Central Europe and the European Union: From Europe Agreements to a Member Status, 1997, p. 9, 20 et seq.
87 Bull. EG 4/1994.

2. Folgen für den Inhalt des Primärrechts

Übersehen wird freilich in der Diskussion um die europäische Verfassung meist, daß die Entscheidung für dieses Grundkonzept im EG-Vertrag Folgen hat für die gesamte Gestalt und den gesamten Inhalt des Primärrechts und für die Befugnisse der Gemeinschaftsorgane. Das Primärrecht scheint zwar die Gewährleistung der Grundfreiheiten im allgemeinen und auch in den Sonderbereichen Landwirtschaft und Verkehr mittlerweile weit zu überschreiten, ist aber im Kern unverändert marktfreiheitsbezogen. Dies betrifft nicht nur den äußeren Aufbau des EG-Vertrages, in dem die dieses Konzept materiell ausfaltenden Bestimmungen folgerichtig am Beginn[88] und die Vorschriften über die diesem Konzept dienenden Institutionen konsequent erst am Ende[89] des Vertrages gereiht sind. Vor allem das – entgegen mancher europapolitischer Schnelläußerung – durchaus geordnete Spektrum der sachfunktionalen Gemeinschaftskompetenzen[90] erschließt sich letztlich aus der Entscheidung für die Grundfreiheiten. So enthält das Primärrecht Wettbewerbsregeln für Unternehmen[91] und staatliches Verhalten[92], weil ohne sie die Funktionsfähigkeit der Grundfreiheiten durch Wettbewerbsbeschränkungen und -verfälschungen latent gefährdet würde. Ebenso begründet die potentielle Gefährdung der Verwirklichung des Grundkonzepts durch Wettbewerbsverzerrungen anderer Art die Existenz ausdrücklicher Gemeinschaftsregeln zu indirekten mitgliedstaatlichen Steuern[93], zu Außenhandel[94] und zu Sozialpolitik[95], aber auch die Überwindung zueinander flottierender nationaler Währungen durch die Währungsunion[96]. Die neue Gemeinschaftskompetenz über die Zugangspolitiken für Drittstaater (Visa-, Einwanderungs- und Asylrecht)[97] soll die Personenfreizügigkeit ohne Binnengrenzkontrollen im Inneren mittels kompensierender ge-

---

88 Artt. 23 ff. EGV. Art. 23 Abs. 1 EGV beginnt mit den Worten: „Grundlage der Gemeinschaft ist eine Zollunion,..."
89 Artt. 189 ff. EGV. Diese sinnvolle, weil die dienende Funktion der Organe ausweisende Anordnung für eine aufgabenorientierte Organisation wird von dem organlastigen Florentiner Entwurf auf den Kopf gestellt, ohne daß es dafür zwingende Gründe gäbe.
90 Vgl. dazu jüngst *Peter-Christian Müller-Graff*, Die Kompetenzen in der Europäischen Union, in: Werner Weidenfeld (Hrsg.), Europa-Handbuch, 1999, S. 779 ff.
91 Artt. 81 ff. EGV.
92 Art. 86, 87 ff. EGV sowie Art. 10 Abs. 2 EGV i.V.m. Art. 3 lit. g EGV.
93 Artt. 90 ff. EGV.
94 Art. 131 ff. EGV.
95 Artt. 136 ff. EGV.
96 Artt. 105 ff. EGV.
97 Artt. 62 ff.; vgl. dazu *Peter-Christian Müller-Graff*, Justiz und Inneres nach Amsterdam – Die Neuerungen in erster und dritter Säule, Integration 1997, 271 ff.; *ders.*, in: Institutionelle und materielle Reformen in der Zusammenarbeit in den Bereich Justiz und Inneres, in: Waldemar Hummer (Hrsg.), Der Vertrag von Amsterdam, 1998, S. 259 ff.

meinsamer Maßnahmen nach außen ermöglichen[98]. Und die Kohäsionskompetenz[99] soll regionale Nachteilsfolgen der binnenmarktlichen Selbststeuerung für die Industrielokation durch Fördermittel mildern[100]. Selbst eine nicht binnenmarkterforderliche Gemeinschaftsbefugnis wie diejenige des genuinen Umweltschutzes[101] erklärt sich noch als Folgeforderung aus der binnenmarktlich begründeten Politikverdichtung[102]. Ob jede dieser Folgeforderungen auch sinnfällig ist (etwa Industrie-[103], Technologie-[104] oder Beschäftigungspolitik[105]), ist eine andere, hier nicht zu vertiefende Frage. Zusammenfassend ist jedenfalls zu sagen: Das die Grundfreiheiten überschreitende Gemeinschaftsrecht ist in seiner Wurzel funktionslos ohne das sinngebende Grundkonzept der Integration durch grenzüberschreitende Privatautonomie am Markt.

III. Entwicklungsrichtungen der Privatrechtsgesellschaft im Recht der Union

Im Blick auf den Leitgedanken dieser Reihe, das Recht im Fluß der Zeit zu betrachten, führt die Bestandsaufnahme am Wechsel vom 20. Jahrhundert in das 21. Jahrhundert zur dritten und Hauptfrage nach den Entwicklungsrichtungen der Privatrechtsgesellschaft im Primärrecht der Europäischen Union. Hier ist zunächst nach dem Grundsatz zu fragen (I), sodann nach gegenwärtigen Problembereichen (II) und schließlich nach dem einer transnationalen Europäischen Privatrechtsgesellschaft gemäßen Normensystem (III).

---

98 Zu dieser Binnenmarkt-Funktionalität vgl. schon in der früheren dritten Säule *Peter-Christian Müller-Graff*, Die Europäische Zusammenarbeit in den Bereichen Justiz und Inneres (JIZ) – Verbindungen und Spannungen zwischen dem dritten Pfeiler der Europäischen Union und der Europäischen Gemeinschaft, in: Festschrift für Ulrich Everling, 1995, 925, 939; *ders.*, Europäische Zusammenarbeit in den Bereichen Justiz und Inneres – Funktion, Ausgestaltung und Entwicklungsoptionen des dritten Pfeilers in der Europäischen Union, in: Peter-Christian Müller-Graff (Hrsg.), Europäische Zusammenarbeit in den Bereichen Justiz und Inneres, 1996, S. 11 ff.
99 Artt. 158 ff. EGV.
100 Vgl. *Peter-Christian Müller-Graff*, Verfassungsziele der EG/EU, in: Handbuch des EU-Wirtschaftsrechts, 8. EL 2000, A I Rdz. 136.
101 Artt. 174 ff. EGV.
102 Vgl. *Peter-Christian Müller-Graff*, Umweltschutz und Grundfreiheiten, in: Hans-Werner Rengeling (Hrsg.), Handbuch zum europäischen und deutschen Umweltrecht, 1998, S. 222 ff., 231 Rdz. 14.
103 Art. 157 EGV.
104 Artt. 163 ff. EGV
105 Artt. 125 ff. EGV.

1. Grundsatz

Was den Grundsatz angeht, so besteht weder Anlaß noch Grund, davon abzuweichen, für die zielgemäße Funktionsfähigkeit der Union der transnationalen Privatrechtsgesellschaft Raum zu geben, wo immer ihr nicht durch zwingendes Recht Schranken zu setzen sind. Denn die freiwillig geknüpften Verbindungen der Individuen bergen die Chance, nicht nur einen transnationalen Raum gesellschaftlich zu gründen, sondern auch der Überhöhung staatlicher Interessengegensätze entgegenzuwirken. Ohne diese Grundlage des von den Einzelnen initiierten ständigen wirtschaftlichen Austausches bleibt, wie gezeigt, die gesamte primärrechtliche Konstruktion ohne sinngebendes Fundament – ausgenommen ist allein die Gemeinsame Außen- und Sicherheitspolitik[106] –, die ohne jeden Binnenmarktbezug auch in Form klassischer Bündnisse betrieben werden könnte. Konzeptionelle Wunschbegriffe zur Erfassung der Union wie „Staatenverbund"[107] oder „supranationale Föderation"[108] verwirren mehr als sie erhellen. Der erste Begriff verkürzt, wie vielfach erkannt[109], die legitimatorische Gesamtwirklichkeit der Gemeinschaft auf Gründungs- und Änderungsakte der Verträge. Der zweite Begriff vereinseitigt die Eigenheit der Union auf Fragen des Verhältnisses mitgliedstaatlicher und europäischer Kompetenzen und läßt die Eigenheit des Integrationskonzepts der subjektiven Rechte außer Acht[110].

2. Gegenwärtige Problembereiche

Nimmt man indes diesen Maßstab zum Ausgangspunkt, so tun sich gegenwärtig einige spezifische, zeitgeistig akzentuierte[111] Problembereiche auf. Sie erstrecken sich von den Grundfreiheiten (a) und den Wettbewerbsregeln (b) über die regulative Rechtsangleichung (c) und das Problem des Verbraucherschutzes (d) bis hin zur horizontalen Direktwirkung (e), dem Wettbewerb der Rechtsordnungen (f) und der Konzeptualisierung der Union (g).

---

106 Artt. 11 ff. EUV.
107 BVerfGE 89, 155, 189; kritisch zu diesem Begriff z.B. *Ulrich Everling*, Integration 1994, 195, 167 f.; *Jürgen Schwarze*, NJ 1994, 1, 3; *Manfred Zuleeg*, in: Hans von der Groeben/ Jochen Thiesing/Claus-Dieter Ehlermann, Kommentar zum EU-/EG-Vertrag, 5. Aufl., 1997, Art. 1 Rdnr. 7.
108 So *Armin v. Bogdandy*, Die europäische Union als supranationale Föderation, Integration 1999, 95 ff.; *ders.*, Supranationaler Föderalismus als Wirklichkeit und Idee einer neuen Herrschaftsform, 1999.
109 Vgl. z.B. *Ulrich Everling* und *Peter-Christian Müller-Graff*, in: Der Staatenverbund der Europäischen Union, 1994, S. 61 ff. und S. 67 ff.
110 Vgl. zu dem daraus erwachsenen triangulären Spannungsverhältnis *Peter-Christian Müller-Graff*, Die Rechtsangleichung zur Verwirklichung des Binnenmarkts, EuR 1989, 107, 118 f.
111 Zur Bedeutung des Zeitgeistes für das Recht allgemein *Thomas Würtenberger*, Zeitgeist und Recht, 1987.

a) Tragweite der Grundfreiheiten

Besondere Aufmerksamkeit muß unter dem Gesichtspunkt der Europäischen Privatrechtsgesellschaft zuallererst der Entwicklung der Grundfreiheiten selbst zukommen. Denn in ihrer Interpretation werden die Weichen für die prinzipielle Weite des ungehinderten grenzüberschreitenden Handlungsspielraums gestellt.

aa) Tatbestand

Nicht zu Unrecht hatte daher vor einigen Jahren die Entscheidung des EuGH in Sachen „Keck"[112] zur Tragweite des Verbots der Maßnahmen gleicher Wirkung wie mengenmäßige Einfuhrbeschränkungen im Recht der sog. Pioniergrundfreiheit, der Warenverkehrsfreiheit, breitflächige Irritationen[113] hervorgerufen. Galt bis dahin, daß von diesem Verbot jedenfalls grundsätzlich nach der sog. Dassonville-Formel[114] jede Maßnahme erfaßt ist, die geeignet ist, den Handel zwischen den Mitgliedstaaten unmittelbar oder mittelbar, aktuell oder potentiell zu behindern[115], so befand es der Gerichtshof nunmehr in seinen eigenen Worten „für notwendig, seine Rechtsprechung ... zu überprüfen und klarzustellen", „da sich die Wirtschaftsteilnehmer immer häufiger auf Art. 30 EWG-Vertrag berufen, um jedwede Regelung zu beanstanden, die sich als Beschränkung ihrer geschäftlichen Freiheit auswirkt, auch wenn sie nicht auf Erzeugnisse aus anderen Mitgliedstaaten gerichtet ist."[116] Im Ergebnis nahm der Gerichtshof „bestimmte Verkaufsmodalitäten" aus der Weite des Dassonville-Verbots heraus, ohne diese aber hinreichend subsumtionsfähig zu präzisieren noch konzeptionsscharf zu begründen[117]. Die dazu seinerzeit in raschen Erstanmerkungen zu lesenden Bewertungen als „Revolution"[118] oder „Kehrtwende"[119] haben sich absehbar als voreilig erwiesen[120]. Denn angesichts der normativen Systemlogik des EG-Vertrages wäre es nicht überzeugend ge-

---

112 EuGH Slg. 1993, I-6097.
113 Vgl. als Literaturnachweise im einzelnen *Peter-Christian Müller-Graff*, a.a.O. (Fn. 79), Art. 30 Rdz. 239 Fn. 558.
114 Der Name dieser Formel stammt von den im streitgegenständlichen Fall betroffenen Händlern, Vater und Sohn Dassonville; vgl. EuGH Slg. 1974, 837.
115 EuGH, id.
116 A.a.O. (Fn. 112), Tz. 14
117 Als Kritik vgl. z.B. *Peter-Christian Müller-Graff*, a.a.O. (Fn. 79), Art. 30 Rdz. 247 ff. m.w.N.
118 So *Norbert Reich*, The „November Revolution" of the European Court of Justice: Keck, Meng and Audi revisited, CMLR 1994, 459.
119 So z.B. *Thomas Jestaedt/Florian Kästle*, Kehrtwende oder Rückbesinnung in der Anwendung von Artikel 30 EG-Vertrag: das Keck-Urteil, EWS 1994, 26 ff.
120 Vgl. als Nachweise der eher zurückhaltenden Einschätzungen a.a.O. (Fn. 117), Art. 30 Rdz. 240 Fn. 563.

wesen und war daher auch nicht zu erwarten, daß der Gerichtshof sich zwingenden Konsequenzen der Grundregeln entziehen würde. Tatsächlich zeigt sich heute, gut fünf Jahre nach der Keck-Entscheidung, daß im Ergebnis signifikante Änderungen in der Verbotsweite ausgeblieben sind. Mit der (freilich bedenklich verkürzten[121]) Keck-Begründung dem Verbot entzogen blieben beispielsweise folgende jeweils für alle inländisch betroffenen Wirtschaftsteilnehmer geltende und inländische wie eingeführte Erzeugnisse rechtlich wie tatsächlich in gleicher Weise berührende Regeln: allgemein geltende Geschäftsschlußregelungen, insbesondere Sonntagsverkaufsverbote[122]; das Verbot des Weiterverkaufs unter Einstandspreis[123]; das Gebot der Vertriebskonzentration von verarbeiteten Milchprodukten für Säuglinge auf Apotheken[124]; die Beschränkung des Einzelhandels mit Tabakwaren zugunsten zugelassener Vertriebshändler[125]; die von einer Landesapothekerkammer erlassene Standesregel, die Apothekern die Werbung für apothekenübliche Waren außerhalb der Apotheke verbietet[126]. Im Ergebnis läßt sich hier ein Unterschied zur früheren Rechtsprechung unter Berücksichtigung der – allerdings begründungsaufwendigeren – immanenten Verbotsschranken nicht annehmen.

Systemschlüssig versteht der EuGH mittlerweile auch die Personenverkehrsfreiheiten der Sache nach nicht mehr als bloße Diskriminierungsverbote, sondern tendenziell als allgemeine Beschränkungsverbote, so für Selbständige mit der Überwindung der Zweitpraxenverbote[127], für Arbeitnehmer im berühmt gewordenen Bosman-Urteil[128] und für Gesellschaften im soeben berühmt werdenden Centros-Urteil[129].

---

121 Als Kritik vgl. a.a.O. (Fn. 117), Art. 30 Rdz. 247 ff.
122 EuGH Slg. 1994, I-2355, 2386 f. Tz. 12 ff. (Punto Casa/PVV).
123 EuGH Slg. 1993, I-6097 (Keck).
124 EuGH Slg. 1995, I-1621 (Kommission/Griechenland); unzureichend begründete Entscheidung.
125 EuGH Slg. 1995, I-4663, 4694 f. Tz. 35 ff. (Banchero).
126 EuGH Urteil v. 15.12.1993 Tz. 21 (Hünermund).
127 EuGH Slg. 1984, 2971; kritisch zur Deutung des Urteils als ein das Diskriminierungsverbot in Richtung Beschränkungsverbot überschreitendes Judikat *Andreas Nachbaur*, a.a.O. (Fn. 77), S. 144 ff., 146.
128 EuGH Slg. 1995, I-4921.
129 EuGH Urteil v. 9.3.1999; dazu *Hartwin Bungert*, Konsequenzen der Centros-Entscheidung des EuGH für die Sitzanknüpfung des deutschen internationalen Gesellschaftsrechts, DB 1999, 1841 ff.; *Werner F. Ebke*, Das Schicksal der Sitztheorie nach dem Centros-Urteil, JZ 1999, 656 ff.; *Robert Freitag*, Der Wettbewerb der Rechtsordnungen im Internationalen Gesellschaftsrecht, EuZW 1999, 267 ff.; *Volker Geyrhalter*, Niederlassungsfreiheit contra Sitztheorie – Good Bye „Daily Mail"?, EWS 1999, 201 ff.; *Stefan Görk*, Das EuGH-Urteil in Sachen Centros vom 9. März 1999: Kein Freibrief für Briefkastengesellschaften, GmbHR 1999, 793 ff.; *Max Göttsche*, Das Centros-Urteil des EuGH und seine Auswirkungen – DStR 1999, 1403 ff.; *Barbara Höfling*, Die Centros-Entscheidung des EuGH – auf dem Weg zu einer Überlagerungstheorie für Europa,

bb) Schranken

Allerdings entscheidet neben der Verbotsweite nicht minder die Definition und Handhabung der immanenten Schranken aus zwingenden Erfordernissen über den von den Grundfreiheiten vermittelten Manövrierraum. Sie bedürfen steter höchster Aufmerksamkeit, soweit durch sie staatlichen öffentlichen Interessen zu Lasten subjektiver Marktfreiheiten auch jenseits der vertraglich ausdrücklichen Ausnahmen Raum zu schaffen gesucht wird.

(1) Schutzgüter: Im Licht der fundamentalen Grundsätze schlüssig legt der EuGH die ausdrücklichen Ausnahmen seit jeher in jeder Hinsicht eng aus[130], gerade auch hinsichtlich der legitimierenden Schutzgüter[131]. Konzeptionsstimmig ist daher nur eine ebenso vorsichtige Anerkennung zwingender Erfordernisse als immanenter Schranken in allen Grundfreiheiten.

Daher kann der im Jahr 1998 – im Fall des Brillenerwerbs eines sozialversicherten Luxemburgers im nahegelegenen belgischen Arlon – zur Warenverkehrs- und Dienstleistungsfreiheit vom EuGH geborene, im konkreten Fall letztlich nicht stichhaltige Gedanke der Schutzwürdigkeit des finanziellen Gleichgewichts des Systems sozialer Sicherheit[132] hingehen, soweit damit nicht auch marktinterventionierende Höchstpreise für Pharmazeutika gerechtfertigt werden.

Stimmig zur Normlogik der Grundfreiheiten ist der jüngste und (angesichts von Zweifelhaftigkeiten in der Begründung im „Daily Mail"-Urteil[133]) nicht ganz unerwartbare Spruch des EuGH zur Niederlassungsfreiheit für Gesellschaften[134] zugunsten der Eintragung der Zweigniederlassung einer in England geschäftsabstinenten britischen „private limited company" in Dänemark zu

---

DB 1999, 1206 ff.; *Eva-Maria Kieninger*, Niederlassungsfreiheit als Rechtswahlfreiheit, ZGR 1999, 724 ff.; *Peter Kindler*, Niederlassungsfreiheit für Scheinauslandsgesellschaften?, NJW 1999, 1993 ff.; *Knut Werner Lange*, Anmerkung, DNotZ 1999, 599 ff.; *Stefan Leible*, Anmerkung, NZG 1999, 298 ff.; *Wienand Meilicke*, Anmerkung, DB 1999, 625 ff.; *Hans-Werner Neye*, Kurzkommentar, EWiR Art. 52 EGV 1/99, 259 f.; *Günter H. Roth*, Gründungstheorie: Ist der Damm gebrochen?, ZIP 1999, 861 ff.; *Otto Sandrock*, Centros, ein Etappensieg für die Überlagerungstheorie, BB 1999, 1337 ff.; *Jochim Sedemund/Friedrich Ludwig Hausmann*, Kommentar in BB 1999, 810 ff.; *Peter Ulmer*, Schutzinstrumente gegen die Gefahren aus der Geschäftstätigkeit inländischer Zweigniederlassungen von Kapitalgesellschaften mit fiktivem Auslandssitz, JZ 1999, 662 ff.; *Erik Werlauff*, Ausländische Gesellschaft für inländische Aktivität, ZIP 1999, 867 ff..
130 Vgl. z.B. EuGH Slg. 1961, 695, 720 (Kommission/Italien); 1968, 633, 644 (Kommission/Italien); 1968, 679, 694 (Salgoil); 1972, 1309, 1318 (Marimex); 1977, 5, 15 (Bauhuis); 1981, 1625, 1637 f. (Kommission/Irland); 1991, I-1361, 1377 Tz. 9 (Kommission/Griechenland); dazu *Peter-Christian Müller-Graff*, a.a.O. (Fn. 117), Art. 36 Rdz. 23 ff.
131 Vgl. z.B. zum Begriff der öffentlichen Ordnung im Sinne von Art. 30 EGV (ex-Art. 36 EGV) ebda., Art. 36 Rdz. 49 ff.
132 EuGH Urteil v.28.4.1998 (Dekker).
133 Vgl. EuGH Slg. 1988, 5483
134 S.o. Fn. 129.

werten. Hier hat sich der EuGH dem Ansinnen verweigert, mit dem Gedanken der Umgehung des nationalen Rechts der GmbH-Errichtung eine pauschale immanente Schranke der Niederlassungsfreiheit in Gestalt eines Numerus Clausus nationaler Gesellschaftsformen für Unternehmen mit inländischem Sitz, aber ausländischem Gründungsstatut anzuerkennen. Statt dessen wird marktkonzeptionell stimmig zuallererst auf die Selbstschutzfähigkeit der durch die Rechtsform hinreichend gewarnten Marktgegenseite vertraut.

Wachsamkeit verdient demgegenüber die von Amsterdam zur Personenfreizügigkeit eingeführte und noch nicht ausgelotete Begrenzung der Kompetenz des EuGH zur Überprüfung von Maßnahmen zur Sicherstellung der binnenmarktlichen Kontrollosigkeit von Personen an den Binnengrenzen, „die die Aufrechterhaltung der öffentlichen Ordnung und den Schutz der inneren Sicherheit betreffen"[135].

(2) Schutzkriterien: Neben den Schutzgütern entscheiden die zu erfüllenden Schutzkriterien und deren Anwendung im Einzelfall über Spielraum und Grenzen der grenzüberschreitenden Handlungsfreiheiten. Folgerichtig zum Grundkonzept der wechselseitigen Marktöffnung durch subjektive Rechte sind daher seit langem strenge Anforderungen an die Rechtfertigung staatlicher Beschränkungen befestigt[136]. Da die Behinderung feststeht, bürden die Kriterien der Eignung, Erforderlichkeit und Verhältnismäßigkeit der jeweiligen staatlichen Maßnahme und Gesetzgebung einen von ihr oft nicht bewältigbaren Seriositätstest in Form einer Rechtfertigungs- und Überzeugungslast auf, um ein unkontrolliertes Ausscheren eines Mitgliedstaates aus der allseitig vereinbarten primärrechtlichen Freiheitsgewährleistung zu verhindern. Hier besteht eine Chance, die nationale öffentliche Hand, wenn sie sich (entgegen dem Rat des scheidenden Bundespräsidenten) nicht auf das ihr Gemäße und Notwendige bescheidet, zu zügeln. Überzogener Gestaltungsehrgeiz mitgliedstaatlicher politischer Amtsträger erfährt dies immer wieder durch interne Rechtsgutachten, Mahnschreiben der Kommission oder Gerichtsurteile.

Bedenken erregen allerdings gegenwärtig Andeutungen in der Rechtsprechung des EuGH, im Rahmen der immanenten Schranken auch diskriminierende Handlungen als rechtfertigbar anzusehen: so im Fall des mit Umweltschutz gerechtfertigten wallonischen Deponieverbots für ausländischen Abfall[137] – doch lag dieser Fall komplizierter[138] – und vor allem im Blick auf das mit der finanziellen Sicherheit sozialer Systeme in Verbindung gebrachte vorherige Genehmigungserfordernis des Brilleneinkaufs im Ausland[139]. Es sollte außer

---

135 Art. 68 Abs. 2 EGV.
136 Vgl. zur Rechtsprechung im einzelnen *Peter-Christian Müller-Graff*, a.a.O. (Fn. 79), Art. 36 Rdz. 92 ff. m.w.N.
137 EuGH Slg. 1992, I-4431, 4480 Tz. 34, 36
138 Vgl. *Peter-Christian Müller-Graff*, a.a.O. (Fn. 79), Art. 30 Rdz. 197 m.w.N.
139 A.a.O. (Fn. 132).

Frage stehen, daß eine Rechtfertigung diskriminierender Maßnahmen nur aus besonders wichtigen Gründen hinnehmbar sein kann, wenn sich Marktfreiheiten und die Funktionsfähigkeit national begrenzter Schutzsysteme reiben.

cc) Inländerdiskriminierung

Gemeinschaftsrechtlich unverändert ungelöst stellt sich die Frage der sog. Inländerdiskriminierung dar, also die Belastung inländischer Marktteilnehmer mit staatlichen Vorgaben (z.B. sog. Reinheitsgeboten[140]), deren Anwendung gegenüber Marktteilnehmern aus anderen Mitgliedstaaten sich im Rahmen der Grundfreiheitenprüfung nicht rechtfertigen läßt. Klassisch hierfür ist eine Einsicht des BGH zum Mindestweingeisterfordernis des § 100 Abs. 3 Branntwein-Monopol-Gesetz in den achtziger Jahren. Soweit diese Vermarktungsregulierung gegenüber der Einfuhrfreiheit des bisherigen Art. 30 EGV nicht aufrechterhaltbar sei, erkannte der BGH zu Recht „eine deutliche Schlechterstellung deutscher Hersteller gegenüber solcher anderer Staaten der Europäischen Gemeinschaft"[141]. Anstatt aber naheliegend und ernsthaft die Frage der Grundrechtsvereinbarkeit der für Inländer handlungsbeschränkend fortwirkenden Norm mittels einer Vorlage beim BVerfG anzugehen, griff der BGH auf den Topos des „weiten Ermessensspielraums" des Gesetzgebers zurück und bemerkte lakonisch, die bisherigen sachlichen Gründe bestünden fort[142]. Dieser Gedanke vermag dann nicht zu überzeugen, wenn die nämlichen Einschränkungsgründe der Handlungsfreiheit im Rahmen der Warenverkehrsfreiheit anhand der vorgenannten Kriterien als zu leicht befunden wurden, um den deklarierten Gesundheits-, Verbraucher- und Lauterkeitsschutz zu erreichen. Überraschenderweise empfahl das oberste deutsche Zivilgericht aber sodann, der deutsche Hersteller könne über die Eigenherstellung im Ausland Zugang zum einheimischen Markt für Produkte erlangen, die nicht den für die einheimische Produktion für den Inlandsmarkt fortgeltenden Bestimmungen entsprächen[143]. Anders gesagt: der BGH aktiviert – durchaus sympathisch – die Garantien der europäischen Privatrechtsgesellschaft zur Überwindung einer unnötigen staatlichen Norm. Er tut dies freilich auf höchst umständliche, weil zusätzlich kostenverursachende Weise. Das Beispiel zeigt, daß die Frage der binnenmarktlichen Inländerdiskriminierung besser gemeinschaftsrechtlich angegangen werden sollte; und zwar mit dem aus dem EG-Vertrag (Artt. 10 Abs. 2 i.V.m. Art. 3 lit. g EGV) ableitbaren- Rechtsgedanken, daß die Mitgliedstaaten alle Maßnahmen zu unterlassen haben, die die Verwirklichung des Vertragsziels gefährden, ein System zu errichten, das den Wettbewerb innerhalb des Binnenmark-

---

140 Z.B. Reinheitsgebot für Bier, vgl. EuGH Slg. 1987, 1227 (Deutschland/Kommission).
141 BGH RIW 1985, 589.
142 Ebda.
143 Id.

tes vor Verfälschungen schützt. Die Durchsetzbarkeit einer als unnötig erkannten Regulierung allein gegenüber Inländern ist eine mitgliedstaatlich zu verantwortende Wettbewerbsverfälschung. Am Mut zu diesem Schritt hat es dem EuGH bislang indes gefehlt.

dd) Private Beschränkungen

Hindernisse für die Verwirklichung der Grundfreiheiten können allerdings auch dem Verhalten privater Wirtschaftsteilnehmer selbst entspringen, sei es durch Verbandssatzungen (etwa im Falle internationaler Sportverbände[144]) oder durch physische Blockaden der Wareneinfuhr[145], sei es durch Verträge zwischen Unternehmen oder die Nutzung marktbeherrschender Positionen. Während letzteres Gegenstand der Wettbewerbsregeln für Unternehmen ist[146], läßt sich ersteres teils nur auf Ebene der Grundfreiheiten lösen. Folgerichtig sind deren Garantien daher auch gegen private Kollektivorganisationen zu erstrecken, die rechtsetzungsgleiche Bindungswirkungen für ihre Mitglieder auslösen können[147]. Und gleichermaßen konsequent ist schließlich der im Schrifttum schon seit längerer Zeit vorgezeichnete[148], vom früheren Generalanwalt Lenz bestärkte und schließlich 1997 vom EuGH auch verwirklichte Schritt, die Mitgliedstaaten wegen ihrer Loyalitätspflicht für verpflichtet zu halten, alle erforderlichen und angemessenen Maßnahmen zu ergreifen, damit der freie Warenverkehr nicht durch Blockadehandlungen von Privatpersonen beeinträchtigt wird[149].

b) Dezentralisierung der Wettbewerbsaufsicht

Besonderen Schutzes bedarf die transnationale Privatrechtsgesellschaft gegen Wettbewerbsbeschränkungen durch Unternehmensverträge. Als Wahrnehmung der Handlungsfreiheit sind sie geeignet, die grenzüberschreitenden Handlungsfreiheiten anderer einzuengen. Die theoretische Einsicht der ordoliberalen Lehre in die Notwendigkeit ihrer Bekämpfung[150] hat daher von Anfang an die textliche Verankerung entsprechender grundlegender Verbote im Primärrecht gefördert[151]. Diese Grundentscheidung löste sodann in Verbin-

---

144 Vgl. Fn. 128 (Bosman) und schon EuGH Slg. 1974, 1405 (Walrave und Koch).
145 Vgl. den Fall der Agrarblockaden: EuGH Slg. 1997, I-6959 (Kommission/Frankreich).
146 Artt. 81 ff. EGV.
147 Vgl. die billigenswerten Lösungen des EuGH in den in Fn. 144 genannten Entscheidungen.
148 Vgl. *Peter-Christian Müller-Graff*, a.a.O. (Fn. 79), Art. 30 Rdz. 324 m.w.N.
149 Vgl. EuGH Slg. 1997, I-6959 (Kommission/Frankreich).
150 Vgl. etwa *Franz Böhm*, Die Idee des Ordo im Denken Walter Euckens, in: Franz Böhm, Freiheit und Ordnung in der Marktwirtschaft, 1980, S. 11 ff.
151 Vgl. jetzt Artt. 81, 82 EGV (ex-Artt. 85, 86 EGV).

dung mit dem Integrationsziel eine im Grundsatz im Verhältnis zum GWB vergleichsweise strenge Bewertung auch vertikaler Beschränkungen aus[152] und führte zugleich im Interesse einheitlicher binnenmarktlicher Bewertungen dazu, die Freistellung vom Verbot wettbewerbsbeschränkender Verhaltenskoordinierung bei der Kommission zu monopolisieren[153]. Die beiden letztgenannten Folgerungen werden neuerdings von der Kommission durch zwei grundstürzend anmutende Vorschläge selbst in Frage gestellt: eine sehr weit gefaßte Gruppenfreistellungsverordnung, die unterhalb bestimmter Marktanteilsgrenzen alle vertikalen Beschränkungen mit Ausnahme von Kernbeschränkungen (wie etwa Preisbindungen) vom Kartellverbot freistellt[154], und die Aufgabe des – in der Praxis von der Kommission nie wirklich normzweckgemäß bewältigten – Einzelfreistellungsmonopols[155]. Während der erste Vorschlag sich den Standards des deutschen GWB und des US-amerikanischen Antitrustrechts annähert, bei richtiger Ausgestaltung keineswegs erhebliche wettbewerbsschädliche Vereinbarungen privilegieren muß und sogar den widersinnigen Sog der bisherigen Gruppenfreistellungsverordnungen zur freiwilligen Uniformierung von Unternehmensverträgen[156] stoppen könnte, darf die Einbeziehung nationaler Kartellbehörden in die gemeinschaftsrechtliche Wettbewerbsaufsicht im Interesse einheitlicher Standards für Wettbewerbsbeschränkungen nicht ohne steuernde Leitlinien der Kommission und nicht ohne geeignete Rechtsmittel für Konkurrenten und andere Marktteilnehmer vollzogen werden.

Zu den Wettbewerbsregeln sei noch angemerkt: das gleichermaßen der Funktionsfähigkeit der Grundfreiheiten dienende Verbot wettbewerbsverfälschender staatlicher Beihilfen[157] steht vor der besonders heiklen Bewährungsprobe der Wirtschaftsförderungspolitik der mittelosteuropäischen Kandidatenstaaten, etwa wenn ein Kandidatenland in den Verhandlungen auf eine künftig großzügige Handhabung des Beihilfenrechts auf seine staatlich geförderten Sonderwirtschaftszonen drängt, die in ihrer Folgewirkung beispielsweise die Wirtschaftsansiedlung in den neuen Bundesländern zusätzlich erschweren.

c) Überregulierung durch die Gemeinschaft

Beinhalten die Grundfreiheiten in ihrem jeweiligen Anwendungsbereich die Gewähr, daß binnenmarkthinderliche staatliche oder privatkollektive Maß-

---

152 Anders als im GWB greift im EGV auch für alle tatbestandsmäßigen vertikale Beschränkungen grundsätzlich das allgemeine Verbot (Art. 81 Abs. 1 EGV), vorbehaltlich der Freistellbarkeit.
153 Vgl. Verordnung Nr. 17.
154 ABlEG 1998 C 365/3.
155 FAZ 29.4.1999
156 Vgl. zu dieser Entwicklung z.B. *Peter-Christian Müller-Graff*, Die Freistellung vom Kartellverbot, EuR 1992, 1, 40.
157 Vgl. Art. 87 EGV (ex-Art. 92 EGV).

nahmen nur bei Erfüllung der rechtlichen Überzeugungslast anwendbar sind, so ist damit freilich noch nicht die Gefahr gebannt, daß die Gemeinschaft selbst zur Überwindung gerechtfertigter staatlicher Marktzugangshindernisse oder bloßer Wettbewerbsbeschränkungen oder lästiger Rechtsunterschiede die Handlungsspielräume der Marktteilnehmer durch eigene Rechtsetzung übermäßig eingrenzt. Von wirtschaftstheoretischer Seite wird seit jeher eine Überregulierung befürchtet und auch teils beanstandet[158] und diese Einschätzung von politischer Seite mit dem dazu freilich dissonanten Gedanken der Subsidiarität[159] begleitet; dissonant, weil der gemeinschaftsrechtliche Subsidiaritätsgedanke nicht das Verhältnis der Aufgabenwahrnehmung zwischen Einzelnen und öffentlicher Hand meint, sondern das Verhältnis der Ausübung nicht-ausschließlicher Kompetenzen zwischen Gemeinschaft und Mitgliedstaaten[160].

Tatsächlich ist hier Aufmerksamkeit geboten, um zu verhindern, daß überkommener Freiraum im nationalen Recht nicht paradoxerweise unnötig eingeschränkt wird aus Anlaß der Gewinnung eines grenzüberschreitenden Manövrierraums. Problembeispiele sind die Vermehrung der sog. Verbraucherschutzregeln[161], das absolute Werbeverbot für Tabakerzeugnisse[162] oder das Zulassungssystem für Altölbeseitiger[163]. Zwar zielt jede binnenmarktfunktionale Angleichungsrichtlinie auf Überwindung unterschiedlicher nationaler Regulierungen und ebenso vieler Binnenmarkthindernisse und beinhaltet daher allein dadurch – entgegen mancher voreiligen Verteufelung als Überregulierung – bei gemeinschaftsweiter Betrachtung insoweit durchaus ein deregulatives Potential. Allerdings kommt es dabei regelmäßig zur gemeinschaftsrechtlichen Überhöhung bislang rein nationaler Regelungen[164] und zwar tendenziell auf hohem Schutzniveau in den Bereichen Gesundheit, Sicherheit, Umweltschutz und Verbraucherschutz infolge der Pflicht des Art. 95 Abs. 3 EGV. Hierbei besteht

---

158 Vgl. z.B. *Herbert Giersch*, Europa '92: Nicht auf dem Verordnungswege, F.A.Z. v. 8.10. 1988, S. 15; *Manfred E. Streit/Werner Mussler*, Wettbewerb der Systeme und Binnenmarktprogramm, in: Lüder Gerken (Hrsg.), Europa zwischen Ordnungswettbewerb und Harmonisierung – Europäische Ordnungspolitik im Zeichen der Subsidiarität, 1995, S. 75 ff., 99 ff.
159 Vgl. zum schillernden Sprachgebrauch in der Subsidiaritätsdiskussion *Peter-Christian Müller-Graff*, Binnenmarktaufgabe und Subsidiaritätsprinzip, ZHR 159 (1995), 34, 36 ff.
160 Vgl. dazu Art. 5 Abs. 2 EGV (ex-Art. 3b Abs. 2 EGV).
161 Vgl. dazu *Peter-Christian Müller-Graff*, Gemeinsames Privatrecht in der Europäischen Gemeinschaft, in: Peter-Christian Müller-Graff (Hrsg.), Gemeinsames Privatrecht in der Europäischen Union, 2. Aufl., 1999, S. 9, 30 ff. m.w.N. in Fn. 125 sowie Nachweise der einzelnen Richtlinien auf S. 84 f.
162 F.A.Z. v. 15.5.1998, S. 19. Vgl. jetzt EuGH Urt. v. 5.10.2000, Rs C-376/98 (Tabakwerbeverbot).
163 Richtlinie 75/439.
164 Vgl. schon *Ulrich Everling*, Gestaltungsbedarf des Europäischen Rechts, EuR 1987, 214 f. (am Beispiel der Angleichung des Rechts der Sattelschleppersitze); s. auch *Peter-Christian Müller-Graff*, Binnenmarktziel und Rechtsordnung – Binnenmarktrecht, 1989, S. 52.

zudem die tückische Versuchung, im Interesse einer möglichst einstimmigen Verabschiedung verschiedene nationale Regelungen im Gemeinschaftsrechtsakt zu kumulieren. Im Ergebnis kann daher ein grundfreiheitenfördernder Akt zugleich für Marktteilnehmer in einzelnen Mitgliedstaaten Einschränkungen des Handlungsspielraums beinhalten. Deshalb müssen Gemeinschaftsakte (abgesehen von eventuellen Maßstäben in Abkommen mit Drittstaaten[165]) vor allem drei gemeinschaftsrechtliche Hürden der Rechtmäßigkeit nehmen: erstens die Kompetenzhürde, die freilich meist nicht hoch (etwa gegenüber dem sog. Verbraucherschutz), allerdings im aktuellen Fall des Tabakwarenwerbeverbots schwerlich mit der Angleichungsermächtigung zum Funktionieren des Binnenmarktes genommen werden kann und dann wegen des Harmonisierungsverbots im reinen Gesundheitsschutz (Art. 152 Abs. 4 lit.c EGV) unüberwindbar ist; zweitens die Vereinbarkeit mit den Marktgrundfreiheiten, die etwa für den pauschalen Grundsatz der Inlandsentsorgung von Abfällen in der Verordnung zur Abfallverbringung höchst zweifelhaft ist[166]; und schließlich drittens die Anforderungen der ungeschriebenen Gemeinschaftsgrundrechte, die vom EuGH bislang – in fragwürdiger Parallele – nach dem staatsverfassungsrechtlichen Paradigma eines weiten legislativen Beurteilungsspielraums gehandhabt werden (so namentlich im sog. Bananenurteil[167]).

d) Schwächung der Privatautonomie durch Verbraucherschutz-Richtlinien?

Speziell die Verbraucherschutz-Richtlinien beinhalten das für die Privatrechtsgesellschaft zentrale Problem der kontraproduktiven Fürsorglichkeit durch Schaffung hoher Schutzstandards. Hier kann die Antinomie zwischen Freiheitserweiterung und Verantwortungseinschränkung durch denselben Akt und damit die Frage auftreten, ob der Gewinn an grenzüberschreitendem Freiraum noch im Verhältnis zur Begrenzung von Selbstverantwortung und Handlungsfreiheit steht. In anderem Zusammenhang hat Schricker im Blick auf das italienische Lauterkeitsrecht auf einen mutmaßlichen Zusammenhang von niederen gesetzlichen Schutzvorkehrungen und hohem Selbstschutzverhalten gegenüber Geschäftsleuten hingewiesen[168].

Zielpunkt der mittlerweile zahlreichen Verbraucherschutz-Richtlinien[169] ist es durchweg, die Wahrnehmung der Grundfreiheiten zu intensivieren: sei es durch Anregung des grenzüberschreitenden Wettbewerbs von Unternehmen durch Beseitigung unterschiedlicher Kostenfaktoren aus unterschiedlichem

---

165 Für den Warenverkehr vgl. namentlich WTO/GATT und die Europa-Abkommen.
166 Vgl. dazu *Peter-Christian Müller-Graff*, Umweltschutz und Grundfreiheiten, a.a.O. (Fn. 102), Rdz. 96.
167 EuGH, EuZW 1994, 688, 693
168 Probleme der Europäischen Angleichung des Rechts des unlauteren Wettbewerbs, in: Festschrift für *Zweigert*, 1981, S. 537 ff., 548.
169 Nachweise s.o. Fn. 161.

Verbraucherschutzrecht; sei es durch Ermutigung der Verbraucher zu grenzüberschreitenden Präsenz- oder Distanzgeschäften. In welchem Umfang es wegen der hohen Schutzniveaumaßgabe des EG-Vertrages im Rahmen der Harmonisierung für einzelne Mitgliedstaaten zu einer Erhöhung der Fürsorglichkeit gekommen ist, steht als vergleichende empirische Gesamtbilanz noch aus. Aus der Sicht des deutschen Rechts dürfte dies insgesamt vielleicht doch in geringerem Umfang der Fall sein, als oft vermutet wird: so ist mit dem Schutz bei Haustürgeschäften, Abzahlungsgeschäften, Drittfinanzierung, Pauschalreisen, fehlerhaften Produkten, Allgemeinen Geschäftsbedingungen und Gewährleistungsrecht nicht wirklich thematisches Neuland betreten worden. Neu ist allerdings die sachgegenständliche Ausdehnung (Stichworte: Verbraucherkredit-, Teilzeitnutzungs-, Fernabsatzverträge); neu ist vor allem manche Schutztechnik und Schutzhöhe (Stichworte etwa: die Einbeziehung von Prospektaussagen in das Vertragsprogramm, das Vorauszahlungsverbot vor Ablauf der Rücktrittsfrist, die Sicherung gegen die Insolvenz des Vertragspartners, die Ausdehnung der Kaufgewährleistungsfrist auf zwei Jahre, die schuldunabhängige Produkthaftung); neu ist schließlich auch die – wohl aus Gründen der politischen Akzeptanzwerbung – geradezu obsessive Konzentration auf die Kunstfigur des „Verbrauchers", die sich zunächst als der Gedanke des Schutzes des Nicht-Unternehmens im Verhältnis zu einem Unternehmen erschließt und darin im rechtsgedanklichen Kern als eine typisierte präventive Kontrolle potentiellen Mißbrauchs der Wahrnehmung der Handlungsfreiheit durch ein Unternehmen in bestimmten Sachlagen entpuppt. Einer stimmigen Privatrechtsordnung ist die einseitige Betonung eines einzelnen Schutzgedankens ohnehin kaum dienlich. Das aus dem französischen Code de la Consommation inspirierte starke Gewicht des etatistisch-fürsorglich wirkenden Verbraucherschutzes scheint auch im Widerspruch zu der am mündigen und leseverpflichteten Verbraucherleitbild des EuGH[170] zu stehen. In der Privatrechtsangleichung darf nicht zurücktreten, daß es nicht nur um Schutzbedürftigkeit geht, sondern auch um das abgewogene Verhältnis zu den Gedanken von Selbstbestimmung und Selbstverantwortung.

Andererseits ist es künftig vertiefter Frage wert, inwieweit sich unter dem politischen Schutzschild des Verbraucherschutzes nicht tatsächlich auch eine zeitgemäß gereifte, privatrechtskonzeptionell stimmige und keineswegs auf eine „Verbraucherrolle" beschränkte Fortentwicklung oder Bestätigung des allgemeinen Privatrechts vollzieht: namentlich die Verstärkung der Selbstschutzmöglichkeiten in besonderen Gefährdungslagen durch Einräumung einer widerrufsgestützten Nachüberlegungsfrist bei Vertragsschluß in verfänglichen Situationen sowie durch Anordnung von Informations- und Formerfordernissen bei tendenziell intransparenten oder verfänglichen Vertragstypen. Denkbar ist,

---

170 Vgl. z.B. EuGH Slg. 1979, 649 (Cassis); *Peter-Christian Müller-Graff*, a.a.O. (Fn. 79), Art. 36 Rdz. 136 ff.

wie bereits angesprochen, auch, die stets auf Geschäfte von Unternehmen abstellenden Verbraucherschutzregeln als spezielle Geschäftsregeln für Unternehmen im Verhältnis zu Nicht-Unternehmen zu verstehen und darin ansatzweise ein Beispiel für die einst von *Ludwig Raiser* vorgeschlagene Differenzierung von Privatrechtsregeln nach dem Typus des Beteiligtenverhältnisses (hier: Unternehmen-Nichtunternehmen)[171] zu erkennen. Jedenfalls wird genauer als bisher zu analysieren sein, ob es im Kern um eine durchaus diskutable Weiterentwicklung allgemeiner Privatrechtsregeln geht, die zwar im professionellen Geschäftsverkehr zwischen Unternehmen, also im Handelsverkehr, unnötig, ansonsten aber durchaus sinnfällig sein können.

e) Verweigerung der horizontalen Direktwirkung durch den EuGH

Anzufügen bleibt, daß die Frage der sog. horizontalen Direktwirkung, also der unmittelbaren Anwendbarkeit nicht ordnungsgemäß umgesetzter Privatrechtsrichtlinien noch nicht befriedigend gelöst ist. Der Verweis des EuGH auf die Staatshaftung wie im Fall der von Italien nicht rechtzeitig umgesetzten Haustürgeschäft-Richtlinie[172] ist nur der zweitbeste Weg. Und die Nutzung des Gebots der richtlinienkonformen Auslegung nationalen Privatrechts[173] zur Lösung dieser Frage ist in der Gefahr der dogmatischen Unklarheit oder gar des Etikettenschwindels wie im Fall des Abschneidens von Nichtigkeitsgründen des spanischen Zivilgesetzbuches durch den EuGH mittels der (in Spanien nicht umgesetzten) ersten gesellschaftsrechtlichen Angleichungsrichtlinie[174]. Ohne dies hier vertiefen zu können, sei doch angemerkt, daß aus der Sicht der Privatrechtsgesellschaft die besseren Argumente für die Anerkennung der horizontalen Direktwirkung sprechen[175] und daß es dem EuGH im Interesse effizienter Rechtseinheit gut anstünde, diesen Weg (im Einklang mit den Schlußanträgen von immerhin drei Generalanwälten[176]) zu beschreiten.

3. Perspektive des der Europäischen Privatrechtsgesellschaft gemäßen Normensystems

Die aufgezeigten Bereiche von Entwicklungsauseinandersetzungen lassen abschließend die Frage hervortreten nach der Perspektive des einer transnationalen Europäischen Privatrechtsgesellschaft gemäßen Normensystems.

---

171 *Ludwig Raiser*, Die Zukunft des Privatrechts, 1971.
172 Vgl. EuGH Slg. 1994, I-3325 (Facchini Dori).
173 Grundsätzlich zu dieser Verpflichtung EuGH Slg. 1984, 1891 (v. Colson und Kamann).
174 Vgl. EuGH Slg. 1990, I-4135 (Marleasing).
175 Vgl. *Peter-Christian Müller-Graff*, a.a.O. (Fn. 161), S. 53 f. m.w.N.
176 Vgl. namentlich die Schlußanträge des Generalanwalts *Carl Otto Lenz*, in: EuGH Slg. 1994, I-3325 Tz. 65 (Facchini Dori); *Walter van Gerven*, in: EuGH Slg. 1993, I-4387 Tz. 12 (Marshall II); *Francis Jacobs*, in: EuGH Slg. 1994, I-769 ff. Tz. 15 ff. (Vaneetveldt).

a) Europäisches Zivilgesetzbuch?

Ist die Perspektive ein Europäisches Zivilgesetzbuch, das als Diskussionstopos in Literatur[177] und in Entschließungen des Europäischen Parlaments[178] seit mehr als einem Jahrzehnt in Europa gegenwärtig ist? Eine europäische Privatrechtskodifikation, die nicht nur inhaltlich gemeinsames Privatrecht in der Union sicherte, sondern auch den europäischen Symbolhaushalt anreicherte: ein Symbol der Europäischen Bürgergesellschaft, an die Seite gestellt dem Euro als Krönung des europäischen Binnenmarktes, dem gemeinsamen Paß als Zeichen der Identität gegenüber Drittstaaten und vielleicht ergänzt um einen legitimationsbündelnden Verfassungsvertrag für die Politik in der Union?

aa) Stand der Angleichung

Diese Frage heute beim Blick in ein neues Jahrhundert aufzuwerfen, geschieht bereits vor einem deutlich veränderten Hintergrund als noch vor zwölf Jahren[179]. Denn die Kräfte der Wirtschaft und die von ihnen bewegte Rechtsetzung in Europa arbeiten aus naheliegenden Gründen wirtschaftlicher Pragmatik längst in die Richtung der Regelharmonisierung. Einheitliche Regeln für das Vertragsrecht, für das Haftungsrecht und für das Kreditsicherungsrecht geben in einem Binnenmarkt mehr Planungssicherheit als die Kombination aus Kollisionsrecht und unterschiedlichen materiellen Rechtsregeln der Mitgliedstaaten mit der etwas romantisierenden Metapher des „Wettbewerbs der Rechtsordnungen"[180], weshalb immer wieder vorgetragene Plädoyers für die Beschränkung der Angleichung auf das internationale Privatrecht[181] auch ebenso bald immer wieder verhallen. Die Wirtschaft schafft bekanntlich die ihr gemäßen transnationalen Regeln auf rechtsqualitativ heterogene Weise vielfältig selbst, die auch nicht notwendig auf den Bereich der EG beschränkt sind: die Entwicklung neuer Vertragstypen[182], die Herausbildung von Individual-

---

[177] Vgl. namentlich *Winfried Tilman*, Eine Privatrechtskodifikation für die Europäische Gemeinschaft, in: Peter-Christian Müller-Graff (Hrsg.), Gemeinsames Privatrecht in der Europäischen Gemeinschaft, 1993, S. 485 ff. (2. Aufl. 1999, S. 579 ff.); *A.S. Hartkamp/ M.W. Hesselink/E.H. Hondius/C.E. du Perron/J.B.M. Vranken* (eds.), Towards a European Civil Code, 2nd ed. 1998.
[178] ABlEG 1989 C 158/400; *Winfried Tilman*, Zweiter Kodifikationsbeschluß des Europäischen Parlaments, ZEuP 1995, 534 ff.
[179] Vgl. *Peter-Christian Müller-Graff*, a.a.O. (Fn. 76).
[180] Vgl. z.B. für die Vertragsrechtsordnungen *Christian Kirchner*, in: Hans-Leo Weyers (Hrsg.), Europäisches Vertragsrecht, 1997, S. 118 ff.
[181] Vgl. z.B. *Jochen Taupitz*, Europäische Rechtsvereinheitlichung, heute und morgen, 1993; ders., Europäische Privatrechtsvereinheitlichung durch die EG: Sachrechts- oder Kollisionsrechtsvereinheitlichung, JZ 1993, 533 ff.; *Stefan Habermeier*, Neue Wege zum Wirtschaftskollisionsrecht, 1997, S. 308 f.
[182] Vgl. dazu die dreibändige Zusammenstellung von *Michael Martinek*, Moderne Vertragstypen, 1991–1993.

Europäische Privatrechtsgesellschaft in der Verfassung der EU 299

usancen[183], Verkehrssitten[184], Berufsstandards[185], technischen Normen[186], Handelsbräuchen[187] und Gewohnheitsrecht, aber auch die Aufstellung von Klauselwerken wie diejenigen der ICC[188] und die Anregung von Grundregeln für Internationale Handelsverträge im Rahmen des Unidroit-Instituts[189]. Hier gewinnt *Bydlinskis* allgemeine Theorie vom Dualismus legitimer Normentwicklung durch Privatrechtsgesellschaft und öffentliche Kollektivgewalt[190] variantenreiche Farbe. Innerhalb der Europäischen Gemeinschaft wohnt damit den Grundfreiheiten neben ihrer gesellschafts- und verfassungsbildenden Kraft auch ein Potential zur zusätzlichen Ermöglichung transnationaler Regelentwicklung inne.

Die Wirtschaft stößt aber zunehmend auch auf zwingendes, von der EG initiiertes Recht für den Binnenmarkt[191]. Die Zahl der das Privatrecht außerhalb

---

183 Vgl. dazu *Peter-Christian Müller-Graff*, Rechtliche Auswirkungen einer laufenden Geschäftsverbindung im amerikanischen und deutschen Recht, 1974, S. 133 ff.
184 Vgl. § 157 BGB.
185 Vgl. zur Entwicklung des Gedankens des Berufs als haftungserhebliches Merkmal übersichtlich *Klaus Hopt*, AcP 183 (1983), 610 ff., 634 ff.
186 Vgl. z.B. *Peter Marburger*, Die Regeln der Technik im Recht, 1979; *Peter-Christian Müller-Graff* (Hrsg.), Technische Regeln im Binnenmarkt, 1991.
187 Vgl. § 346 HGB; vgl. z.B. *Ernst M. Weiss*, Der Handelsbrauch, 1992.
188 Vgl. Incoterms, ERA, ERI, ERVG, ERBG; dazu *Eckhard Wälzholz*, Zur Anwendbarkeit des AGBG auf die Einheitlichen Richtlinien der ICC – Insbesondere bei Akkreditiven und Demand Guarantuees, WM 1994, 1457 ff.
189 Herausgegeben im Jahre 1994; dazu *Peter Schlechtriem*, JZ 1996, 191 ff. Davon zu unterscheiden ist das verbindliche (seit dem 1.1.1991 in Deutschland in Kraft getretene) Wiener Kaufrechtsübereinkommen v. 11.4.1980; dazu *Peter Schlechtriem*, Das Wiener Kaufrechtsübereinkommen von 1980 (Convention on the International Sale of Goods), IPrax 1990, 277 ff.; *Burghardt Piltz*, Neue Entwicklungen im UN-Kaufrecht, NJW 1994, 1101 ff.; *Karl H. Neumayer*, Offene Fragen zur Anwendung des Abkommens der Vereinten Nationen über den internationalen Warenkauf, RIW 1994, 99 ff.
190 Vgl. *Franz Bydlinski*, Das Privatrecht im Rechtssystem einer „Privatrechtsgesellschaft", 1994, S. 59 ff., 73 ff., 80 f.
191 Vgl. zur Privatrechtsangleichung durch die Gemeinschaft und zum Verhältnis von Privatrecht und Europäischem Gemeinschaftsrecht in der Entwicklung des Schrifttums: *Peter-Christian Müller-Graff*, Privatrecht und Europäisches Gemeinschaftsrecht – Gemeinschaftsprivatrecht, in: Peter-Christian Müller-Graff/Manfred Zuleeg (Hrsg.), Staat und Wirtschaft in der EG, 1987, S. 27 ff.; ders., Privatrecht und Europäisches Gemeinschaftsrecht, 2. Aufl. 1991, S. 17 ff.; ders., Common Private Law in the European Community, in: Bruno de Witte/Caroline Forder (eds.), The Common Law of Europe and the Future of Legal Education, 1992, p. 239 et seq.; ders., Gemeinsames Privatrecht in der Europäischen Gemeinschaft: Ebenen und gemeinschaftsprivatrechtliche Grundfragen, in: Jürgen F. Baur/Peter-Christian Müller-Graff/Manfred Zuleeg (Hrsg.), Europarecht, Energierecht, Wirtschaftsrecht – Festschrift für Bodo *Börner*, 1992, S. 303 ff.; *ders.*, Europäisches Gemeinschaftsrecht und Privatrecht – Das Privatrecht in der Europäischen Integration, NJW 1993, 13 ff.; *ders.*, Gemeinsames Privatrecht in der Europäischen Gemeinschaft, in: Peter-Christian Müller-Graff (Hrsg.), Gemeinsames Privatrecht in der Europäischen Gemeinschaft, 1993, S. 7 ff., 2. Aufl. 1999, S. 9 ff.; *Fritz Rittner*, Die Wirtschaftsordnung der EG und das Privatrecht, JZ 1990, 839 ff.; *ders.*, AöR 115 (1990),

spezieller Branchen wie Banken, Versicherungen und Börsen betreffenden Angleichungsrichtlinien und Richtlinienvorschläge liegt mittlerweile[192] im Ver-

---

332 ff.; *Christoph E. Hauschka*, Grundprobleme der Privatrechtsfortbildung durch die Europäische Wirtschaftsgemeinschaft, JZ 1990, 521 ff.; *Uwe H. Schneider*, Europäische und internationale Harmonisierung des Bankenvertragsrechts, NJW 1991, 1985 ff.; *Peter Ulmer*, Vom deutschen zum europäischen Privatrecht?, JZ 1992, 1 ff.; *Peter Hommelhoff*, Zivilrecht unter dem Einfluß europäischer Rechtsangleichung, AcP 192 (1992), 71 ff; *Oliver Remien*, Illusion und Realität eines europäischen Privatrechts, JZ 1992, 277 ff.; *Uwe Blaurock*, Wege zur Rechtseinheit im Zivilrecht Europas, in: Rechtsvereinheitlichung durch Gesetze, 1992, 90 ff.; *Ewoud Hondius/Marcel Storme*, Europäisches Privatrecht, ERPL 1 (1993), 21 ff.; *Filip de Ly*, Europese Gemeenschap en Privaatrecht, 1993; *Jochen Taupitz*, Europäische Privatrechtsangleichung, heute und morgen, 1993; *ders.*, Europäische Privatrechtsvereinheitlichung durch die EG: Sachrechts- oder Kollisionsrechtsvereinheitlichung, JZ 1993, 533 ff.; *Carl Baudenbacher*, Grundprobleme der Wirtschaftsverfassung der EG aus der Sicht des Privatrechts, Außenwirtschaft 48 (1993), 425 ff.; *Reiner Schulze*, Allgemeine Rechtsgrundsätze und europäisches Privatrecht, ZEuP 1993, 442; *Willibald Posch*, Die Europäisierung und Dekodifikation des Privatrechts als Konsequenz der Teilnahme Österreichs am Europäischen Wirtschaftsraum, in: Konrad Günther/Hubert Isak/Willibald Posch (Hrsg.), Recht und Politik in einem größeren Europa, 1993, S. 13 ff.; *ders.*, Die Auswirkungen der Teilnehme Österreichs an der Europäischen Integration auf das österreichische Bürgerliche Recht, ZEuP 1995, 507 ff.; *Hans-Georg Koppensteiner* (Hrsg.), Österreichisches und europäisches Wirtschaftsprivatrecht, 1994 ff. (mehrere Teile); *A.S. Hartkamp/M.W. Hesselink/E.H. Hondius/C.E. du Perron/J.B.M. Vranken* (eds.), Towards a European Civil Code, 1994, 2nd ed., 1998; *Peter-Christian Müller-Graff*, Private Law Unification by Other Means than by Codification, ebda., p. 19 et seq. (2nd ed., 1998, p. 71 et seq.: EC Directives as a Means of Private Law Unification); *Ivo Schwartz*, Perspektiven der Angleichung des Privatrechts in der Europäischen Gemeinschaft, ZEuP 1994, 559 ff.; *Bruno Schmidlin* (Hrsg.), Vers un droit privé européen commun? Skizzen zum gemeineuropäischen Privatrecht, 1994; *Wulf-Henning Roth*, Die Freiheiten des EG-Vertrags und das nationale Privatrecht, ZEuP 1994, 5 ff.; *Martin Bangemann*, Privatrechtsangleichung in der Europäischen Union, ZEuP 1994, 377 ff.; *Otto Sandrock*, Die Europäischen Gemeinschaften und die Privatrechte ihrer Mitgliedstaaten: Einheit oder Vielfalt?, EWS 1994, 1 ff.; *Uwe Blaurock*, Europäisches Privatrecht, JZ 1994, 270 ff.; *Ewoud Hondius*, Naar een Europees personen- en familierecht, in: Drie Treden, 1995, 173 ff.; *Peter O. Mülbert*, Privatrecht, die EG Grundfreiheiten und der Binnenmarkt, ZHR 159 (1995), 9 ff.; *Oliver Remien*, Denationalisierung des Privatrechts in der Europäischen Union? Legislative und gerichtliche Wege, ZfRV 1995, 116 ff.; *ders.*, Über den Stil des europäischen Privatrechts, RabelsZ 60 (1996), 1 ff.; *ders.*, Einheit, Mehrstufigkeit und Flexibilität im europäischen Privat- und Wirtschaftsrecht, RabelsZ 62 (1998), 627 ff.; *Christian Joerges*, Die Europäisierung des Privatrechts als Rationalisierungsprozeß und als Streit der Disziplinen, ZEuP 1995, 181 ff.; *ders.*, The Impact of European Integration on Private Law: Reductionist Perceptions, True Conflicts and a New Constitutional Perspective, ELJ 3 (1997) 378 et seq.; *Fritz Rittner*, Das Gemeinschaftsprivatrecht und die europäische Integration, JZ 1995, 849 ff.; *Ernst Steindorff*, EG-Vertrag und Privatrecht, 1996; *Heribert Hirte*, Wege zu einem europäischen Zivilrecht, 1996; *Jürgen Basedow*, Von Privatrechtsvereinheitlichung und Grundfreiheiten, in: Festschrift für Ernst-Joachim *Mestmäcker*, 1996, S. 347 ff.; *Stefan Grundmann*, EG-Richtlinie und nationales Privatrecht, JZ 1996, 274 ff.; *ders.*, Ius Commune und Ius Communitatis – Ein Spannungsverhältnis, in: Festschrift für Wolfgang *Fikentscher*, 1998, S. 671 ff.; *ders.*, Europäisches Schuldvertragsrecht, 1999; *Peter v. Wilmowsky*, Europäisches Kreditsicherungsrecht – Sachenrecht und Insolvenz-

trags- und Haftungsrecht bei 17, im Handels- und Gesellschaftsrecht bei 22, im Wettbewerbsrecht ohne das Kartellrecht bei 13, im gewerblichen Rechtsschutz und Urheberrecht bei 13, im Arbeitsrecht bei 39. Im Kartellrecht besteht für die transnational erheblichen Vorgänge längst ein ausgefalteter gemeinschaftsrechtlicher Rahmen von 35 Sekundärrechtsakten einschließlich des Sonderbereichs der Telekommunikation[193]. Beobachtbar ist m.a.w. ein epochaler Angleichungsvorgang, der in den Erfordernissen eines verdichteten grenzüberschreitenden Wirtschaftsverkehrs durchaus Parallelen aufweist zur Überwindung territorialer Regeln im Deutschen Zollverein des 19. Jahrhunderts[194] und zur Überwindung einzelstaatlich verstreuten Fallrechts im amerikanischen Binnenmarkt durch die Uniform Code-Bewegung des 20. Jahrhunderts[195]. Allerdings vollzieht sich die Angleichung innerhalb der Gemeinschaft im Vertrags- und Haftungsrecht im wesentlichen unter dem (rechtsgedanklich, wie ausgeführt, etwas schiefen oder einseitigen) Akzent des Verbraucherschutzes.

---

recht unter dem EG-Vertrag, 1996, S. 32 ff.; *ders.*, EG-Freiheiten und Vertragsrecht, JZ 1996, 590 ff.; *ders.*, Kreditsicherheiten im Binnenmarkt, 1997, S. 4 ff.; *Peter-Christian Müller-Graff*, Diritto privato comunitario. Realtà in Germania e prospettive per l'Europa, in: Rassegna di dirrito civile, 1997, 281 ff.; *Brigitta Lurger*, Regulierung und Deregulierung im europäischen Privatrecht, 1997; *Hans-Leo Weyers* (Hrsg.), Europäisches Vertragsrecht, 1997; *Irene Klauer*, Die Europäisierung des Privatrechts, Diss. St. Gallen 1997; *Vito Rizzi* (a cura di), Diritto Privato Vomunitario, Volume I e II, 1997; JJZ 1997 (Europäisierung des Privatrechts – Zwischenbilanz und Perspektiven), 1998 (Referatsammlung); *Wilhelm Simshäuser*, Zur Bedeutung des römischen Rechts in einer europäischen Rechtsordnung, in: Hans Schlosse (Hrsg.), Bürgerliches Gesetzbuch 1896-1996, 1997, S. 97 ff.; *Hans W. Micklitz*, Perspektiven eines Europäischen Privatrechts, ZEuP 1998, 253 ff.; *Hans Jürgen Sonnenberger*, Der Ruf unserer Zeit nach einer europäischen Ordnung des Zivilrechts, JZ 1998, 982 ff.; *Martin Gebauer*, Grundfragen der Europäisierung des Privatrechts, 1998; *Peter-Christian Müller-Graff*, Privatrechtsangleichung durch die EG, in: 40 Jahre Römische Verträge – Von der Europäischen Wirtschaftsgemeinschaft zur Europäischen Union (hrsg. von Norbert Horn, Jürgen F. Baur, Klaus Stern), 1998, S. 107 ff.; *ders.*, Les Perspectives d'un droit privé européen RAE 1998, 242 ff.; *Franz Werro* (ed.), New Perspectives on European Private Law, 1998; *Stefan Grundmann*, Europäisches Schuldvertragsrecht, ZGR Sonderheft 15, 1999; *Dieter Martiny/Norman Witzleb* (Hrsg.), Auf dem Weg zu einem europäischen Zivilgesetzbuch, 1999; *Martin Franzen*, Privatrechtsangleichung durch die Europäische Gemeinschaft, 1999; *Herbert Roth*, EG-Richtlinien und Bürgerliches Recht, JZ 1999, 529 ff.; *Karsten Markwardt*, Die Rolle des EuGH bei der Inhaltskontrolle vorformulierter Verbraucherverträge, 1999; *Christian Baldus*, Binnenkonkurrenz kaufrechtlicher Sachmängelansprüche nach Europarecht, 1999; *Peter-Christian Müller-Graff* (Hrsg.), Gemeinsames Privatrecht in der Europäischen Gemeinschaft, 2. Aufl. 1999; *Peter-Christian Müller-Graff*, Basic Freedoms – Extending Private Autonomy across Borders, 2000 (im Erscheinen).

192 Vgl. dazu die Aufstellung bei *Peter-Christian Müller-Graff*, a.a.O. (Fn. 161), S. 84 ff.
193 Id.
194 Vgl. *Adolf Laufs*, Rechtsentwicklungen in Deutschland, 5. Aufl. 1996, S. 283.
195 Vgl. *Whitmore Gray*, E pluribus unum? A Bicentennial Report on Unification of Law in the United States, RabelsZ 50 (1986), 119 ff.

bb) Rolle des BGB

Welche Rolle wird hierbei das BGB im europäischen Zivilrecht spielen? Obwohl diese Frage spekulativ ist, wird man doch erwarten dürfen, daß nicht anders als die mitgliedstaatlichen Verfassungen auch die nationalen Zivilrechtskodifikationen, soweit vorhanden, als – vielleicht teils auch etwas verklärte – Träger der Eigenheit mitgliedstaatlicher Rechtskulturen nicht ohne weiteres von der Bühne abtreten werden; teils etwas verklärt, weil sie alle schon in ihrer Entstehung Einflüsse aus anderen Rechtsordnungen aufgenommen haben, wie das Werk *Wieackers* zur Privatrechtsgeschichte der Neuzeit[196] und dasjenige *Coings* zur Europäischen Privatrechtsgeschichte[197] hinreichend substantiiert belegen, und weil sie neuen Entwicklungen gegenüber offengeblieben sind, wie allein die legislativen und judikativen Entwicklungen des BGB in allen seinen Büchern seit seinem Inkrafttreten zeigen[198]. Wenn es aber um die Frage der Zukunft des BGB im europäischen Privatrecht geht, so kann und wird das BGB in seiner äußeren Gestalt schon wegen seiner unverwechselbar pandektistischen Disziplin der allgemeinen Begriffe und seines hohen wissenschaftlichen Niveaus wohl noch lange bestehen bleiben und auch inhaltlich Impulse für das europäische Privatrecht auszustrahlen imstande sein, wenn und soweit seine Vorzüge in den maßgeblichen Harmonisierungsgremien[199] überzeugend vertreten werden können: eine Aufgabe, die übrigens nicht von einem einzelnen Institut oder der Rechtsvergleichung monopolisiert werden sollte. Andererseits werden sich jedoch die Inhalte des BGB weiterentwickeln und möglicherweise auch verringern, soweit die Dynamik des Binnenmarktes wirkt: innerhalb oder, wie schon beobachtbar, außerhalb der Kodifikation in Satellitengesetzen[200].

cc) Europäisches Zivilgesetzbuch

Demgegenüber wird mit dem Europäischen Zivilgesetzbuch zunächst eine etatistische – und damit eher sperrige – Kodifikationsparallele gedacht. Denn

---

196 *Franz Wieacker*, Privatrechtsgeschichte der Neuzeit, 2. Aufl. 1967, S. 322 ff., 468 ff.
197 *Helmut Coing*, Europäisches Privatrecht, 1985; *ders.*, Von Bologna bis Brüssel, 1989, S. 13 ff.; s. auch *Hans Hattenhauer*, a.a.O. (Fn. 2), S. 539 ff.
198 Vgl. dazu *Hans Schlosser* (Hrsg.), Bürgerliches Gesetzbuch 1896-1996, 1997; *Norbert Horn*, Ein Jahrhundert Bürgerliches Gesetzbuch, NJW 2000, 41 ff.; im Kontext der Jahrhundertentwicklung *Adolf Laufs*, Ein Jahrhundert wird besichtigt – Rechtsentwicklungen in Deutschland: 1900–1999, NJW 2000, 1 ff.
199 Dies sind gegenwärtig zunächst Dienststellen der initiativen Kommission der EG, ohne daß in überschaubarer Weise die Zivilrechtswissenschaft der einzelnen Länder beteiligt wäre; für einen Wissenschaftlichen Ausschuß daher u.a. *Eva-Maria Kieninger/Stefan Leible*, Plädoyer für einen „Europäischen wissenschaftlichen Ausschuß für Privatrecht", EuZW 1999, 37 ff.
200 Vgl. zu dieser Entwicklung z.B. *Peter-Christian Müller-Graff*, Diritto privato comunitario. Realtà in Germania e prospettive per l'Europa, Rassegna di diritto civile 1997, 281 ff.

so wie einem europäischer Verfassungsvertrag gegenwärtig andere Wurzeln und Inhalte gemäß sind als einer mitgliedstaatlichen Verfassung, so scheint auch das inhaltliche Verhältnis zwischen dem einstigen sächsischen BGB von 1865 (nach *Wieacker* „Vorläufer und Generalprobe"[201]) und dem BGB von 1896 nicht recht auf das Verhältnis zwischen nationalen Zivilrechtskodifikationen und Gemeinschaftsprivatrecht übertragbar sein. In der Union sucht nicht die politische Gemeinschaft, sondern die Wirtschaft das ihr gemäße Privatrecht. Naheliegender ist daher eine Entwicklung neben den nationalen Zivilrechtskodifikationen, die deren Anwendungsbereich freilich inhaltlich nicht unberührt lassen und Ansätze einer europäischen Zivilrechtsordnung bilden wird: nämlich die Entwicklung eines europäischen Handelsrechts und der Sache nach eines europäischen Handelsgesetzbuches, vergleichbar der Entstehung des einstigen Allgemeinen Deutschen Handelsgesetzbuches von 1861 oder des einheitlichen amerikanischen Handelsgesetzbuches, des UCC. Im Schrifttum ist jüngst zu Recht verwundert der „seltsame Anachronismus des europäischen Integrationsprozesses" bemerkt worden, daß die Rechtsvereinheitlichung für Handelsverträge auf globaler Ebene mit UN-Kaufrecht und anderen Konventionen heute weiter vorangeschritten ist als in der politisch viel enger integrierten EG[202]. Dies mag an Rücksichtnahmen auf beharrende etatistische Denkmuster innerhalb der EG liegen.

b) Europäisches Handelsgesetzbuch

Mit dem Gedanken des Handelsrechts wird ein wesentlicher, die Entwicklung der Privatrechtsangleichung in der EG bewegender Ansatz getroffen. Nahezu ausschließlich haben die genannten einschlägigen Richtlinien die Unternehmen im Blick, hierbei gerade auch die sog. Verbraucherschutz-Richtlinien, deren Anwendungsbereich durchweg die Beteiligung eines Unternehmens voraussetzt. Der Europäischen Privatrechtsgesellschaft scheint mithin ein Handelsrechtskodex wenigstens der Transaktionen[203] gemäß, ohne Aufspaltung nach grenzüberschreitenden und national begrenzten Vorgängen und offen für überregionale oder globale Standards.

Die eigentlich binnenmarktaktuelle Frage richtet sich daher aus deutscher Sicht zunächst nicht so sehr auf die Zukunft des BGB, sondern auf diejenige des HGB im europäischen und weltweiten Privatrecht. Das HGB ist – ob seiner Betagtheit nicht verwunderlich – ohnehin im zeitreagiblen Umbau begriffen. Es ist kein Zufall, daß das dritte Buch, das Recht der Handelsbücher, die Umsetzung von drei Bilanzrichtlinien der EG darstellt. Das vierte Buch, dasjenige der Handelsgeschäfte, umfaßt trotz seiner jüngsten Nachbesserung im Fracht-

---

201 A.a.O. (Fn. 196), S. 464.
202 *Ulrich Magnus*, in: Festschrift für *Drobnig*, 1999, S. 57, 63.
203 Für ein Recht der Handelsverträge soeben auch *Ulrich Magnus*, ebda., S. 71 ff., 79.

recht längst nicht mehr die Spannbreite der Wirklichkeit der Unternehmensgeschäfte, insbesondere nicht derjenigen mit amerikanischen Namen[204]: Leasing und Factoring, Franchising und Merchandising, Sponsoring und Consulting, Know-how-Überlassung und Management-Vertrag u.a.m. Aktuelle Änderungen des Gewährleistungsrechts[205] betreffen auch den Handelskauf, die Vorschläge zum Zahlungsverzug im Handelsverkehr[206] die allgemeinen Vorschriften für Handelsgeschäfte. In das zweite Buch, das Recht der Personenhandelsgesellschaften, mündet das Umsetzungsgesetz zur Verordnung über die Europäische Wirtschaftliche Interessenvereinigung[207]. Und im ersten Buch, dem Recht des Handelsstands, sind bereits Handelsregisterrecht und Handelsvertreterrecht richtliniengestützt[208]. Die jüngste Reform des HGB hat zwar die subjektive Anknüpfung nicht zugunsten eines objektiven Systems und den Kaufmannsbegriff nicht zugunsten des Unternehmensbegriffs aufgegeben, aber doch weiter angenähert[209]. Blickt man abrundend auf den Inhalt des UCC, so fällt auf, daß dieser fern vom Korsett vorgegebener kanonisierter Sachgebietsbereiche die für den amerikanischen Binnenmarkt erheblichen Problemfelder aufgenommen und als Folge das jeweils einzelstaatliche Privatrecht mitgeprägt hat: die Grundverpflichtung zu Treu und Glauben[210] ebenso wie die Anerkennung von Handelsbräuchen und Individualusancen[211], das komplette Kaufrecht[212] ebenso wie das Wertpapierrecht[213] und das Recht der Lager- und Ladescheine[214], das Bankvertragsrecht[215] und Darlehensrecht[216] ebenso wie das Recht der Kreditsicherheiten[217]. Es steht auch für die Europäische Union zu vermuten, daß es das grenzüberschreitende Handelsrecht ist, das weiterhin den stärksten Harmonisierungsbedarf hervorrufen wird. Hierbei ist die Frage nach der Rechtsgrundlage gegenwärtig nur nachrangig (freibleibender Modellkodex, Übereinkommen, Gemeinschaftsrecht), doch sollte die Präferenz dem Gemeinschaftsrecht gelten[218].

---

204 Zu diesen Vertragstypen vgl. *Michael Martinek*, a.a.O. (Fn. 182).
205 Vgl. Richtlinie 1999/44/EG, ABlEG L 171/12 v. 25.5.1999; dazu soeben als umfassende wissenschaftliche Analyse *Christian Baldus*, Binnenkonkurrenz kaufrechtlicher Sachmängelansprüche nach Europarecht, 1999 m.z.N.
206 ABlEG C 168/13 v. 3.6.1998.
207 ABlEG L 199/1 v. 31.7.1985 i.V.m. dem EWIV-Gesetz.
208 ABlEG L 65/8 v. 14.3.1968 und ABlEG L 382/17 v. 31.12.1986.
209 Vgl. § 1 HGB.
210 UCC 1-203.
211 UCC 1-205; dazu *Peter-Christian Müller-Graff*, a.a.O. (Fn. 183), S. 60 ff.
212 Article 2 UCC.
213 Article 3 UCC.
214 Article 7 UCC.
215 Article 4 UCC.
216 Article 5 UCC.
217 Articles 9 und 8 UCC.
218 Ähnlich *Ulrich Magnus*, a.a.O. (Fn. 202), S. 64: Aufgabe der engen Zweckbindung.

Europäische Privatrechtsgesellschaft in der Verfassung der EU

c) Magna Charta der Grundfreiheiten

Allerdings darf bei alledem nicht in Vergessenheit geraten – und dies schließt den Kreis der Ausführungen –, daß der Normtext, der der Europäischen Privatrechtsgesellschaft gemäß ist und sie konstituiert, bereits existiert. Es ist der EG-Vertrag und jeder darauf bezogene neue europäische Verfassungsvertrag, der vernünftigerweise nicht aufzubauen ist auf der Abgrenzung zieldienender öffentlicher Kompetenzen oder Institutionen, sondern auf den Grundfreiheiten – ganz gemäß dem Wortlaut des Art. 23 EGV –, der die Zollunion zur Grundlage der Gemeinschaft erklärt. Sie, die Marktgrundfreiheiten, inkorporieren vielleicht am besten *Jean Monnets* Wort, es gehe nicht darum, Staaten zu koalieren, sondern Menschen zu vereinigen[219]. Sie, die Marktgrundfreiheiten, sind die dem 20. Jahrhundert entstammende (vielleicht eine weltweite Gesellschaft teilweise mitanregende[220]) Magna Charta der Europäischen Privatrechtsgesellschaft auch für die Zukunft des neuen Jahrhunderts.

---

219 *Jean Monnet*, Erinnerungen eines Europäers, 1988, IV. Umschlagseite.
220 Als eine wesentliche Triebkraft in diese Richtung mag sich der elektronische Handel im Internet erweisen. Im Rahmen der WTO bestehen allerdings bislang keine den europäischen Marktgrundfreiheiten vergleichbaren subjektiven Rechte der Wirtschaftsteilnehmer; vgl. dazu *Peter-Christian Müller-Graff*, Die Maßstäbe des Übereinkommens über Technische Handelshemmnisse als Bauelemente eines Weltmarktrechts, in: Peter-Christian Müller-Graff (Hrsg.), Die Europäische Gemeinschaft in der Welthandelsorganisation, 2000, C II 2.

REINHARD MUßGNUG

Der deutsche Bundesstaat an der Jahrtausendwende

I.

1. Den Bundesstaat verbindet mit der Demokratie, dem Rechtsstaat und dem Sozialstaat, daß auch er der Politik, den Medien und der Wissenschaft unerschöpflichen Stoff zum Verfassungspessimismus liefert. Die Demokratie krankt ihren Kommentatoren zufolge daran, daß die politischen Parteien die Macht ergriffen und das statt ihrer zur Herrschaft berufene Volk verdrängt hätten. Dem Rechtsstaat wird nachgesagt, die Gerichte hätten ihn zum Richterstaat verbogen, der sich mit seiner Zuständigkeit für die Rechtsfragen des öffentlichen Lebens nicht begnüge, sondern fortwährend auch politische Entscheidungen an sich ziehe, die das Verfassungsrecht den Volksvertretungen und Regierungen vorbehalte. Der Sozialstaat leidet angeblich daran, daß die freie Marktwirtschaft keinen Nährboden für brüderliche Solidarität abgebe, und der Bundesstaat siecht, schenkt man seinen Grabrednern Glauben, dahin, weil der Bund die Länderstaatlichkeit bis auf einige bescheidene Reste aufgezehrt habe, mit denen die Länder nur noch ein wenig Landesverwaltung bestreiten, aber keinen gleichberechtigt neben dem Bund stehenden Staat mehr machen könnten.

Wie in jeder Schwarzmalerei, so steckt auch in dieser ein wahrer Kern. Blickt man in den juristischen Bibliotheken auf die Regale, in denen die Gesetzblätter des Bundes und der Länder stehen, so ist er kaum zu übersehen. Das Bundesgesetzblatt nimmt fast ebenso viel Raum ein, wie die Gesetzblätter aller 16 Bundesländer zusammen. Teil I des Bundesgesetzblatts füllte 1999 zwei Bände und 2852 Seiten, das Gesetzblatt Baden-Württembergs nur einen Band mit 708 Seiten! Das spricht – im wahrsten Sinne dieser Redensart – Bände. Es zeigt, wie es im deutschen Bundesstaat mit der Gesetzgebung bestellt ist.

Zu Beginn des 20. Jahrhunderts bestand zwischen beidem quantitativ wie qualitativ noch ein ausgewogenes Verhältnis. An seinem Ende überwiegen die Bundesgesetze die Landesgesetze nicht nur an Zahl um ein Vielfaches. Sie besitzen auch das größere Gewicht. Es gibt zwar nach wie vor Schonbezirke, in denen die Landesgesetzgebung sicheren Schutz vor dem Expansionsdrang des

Bundesrechts genießt. Was in Staat, Wirtschaft und Gesellschaft geschieht, wird jedoch vom Bundesrecht geprägt. Das Landesrecht spielt nur am Rande mit.

2. Wie es zu dem Primat der Bundesgesetzgebung gekommen ist, ja geradezu kommen mußte, ist rasch erklärt. Die Ursache ist zum einem im GG und zum anderen in einem Urteil zu finden, mit dem das BVerfG im April 1953 die Weichen gestellt hat[1].

a) Das GG hat dem Bund die legislative Vorherrschaft mit der in seinem Art. 72 geregelten und in seinem Art. 74 abgesteckten konkurrierenden Gesetzgebungskompetenz gesichert. Die in Art. 73 GG aufgelisteten ausschließlichen Bundeskompetenzen dagegen schlagen nicht zu Buche. Sie betreffen Materien, bei denen die Natur der Sache unabweisbar eine bundeseinheitliche und daher bundesgesetzliche Regelung verlangt. Deshalb nimmt Art. 73 GG den Ländern nichts, was er ihnen ebenso gut auch hätte belassen können. Das tut nur Art. 74 GG, der expressis verbis davon ausgeht, daß bei allen von ihm genannten Angelegenheiten eine landesgesetzliche Regelung zwar nicht immer ebenso gut, aber immerhin ebenso möglich wäre wie eine bundesgesetzliche.

Folgt man Art. 72 GG, so liegt freilich die konkurrierende Gesetzgebung grundsätzlich bei den Ländern. Denn der Bund darf sie nur an sich ziehen, wenn – so sagt es Art. 72 Abs. 2 GG – „die Herstellung gleichwertiger Lebensverhältnisse im Bundesgebiet oder die Wahrung der Rechts- und Wirtschaftseinheit im gesamtstaatlichen Interesse eine bundesgesetzliche Regelung erforderlich macht". Nimmt man das beim Wort, so bildet auf dem Feld der konkurrierenden Gesetzgebung das Landesrecht die Regel, das Bundesrecht die Ausnahme. Im Zweifel verbleibt die konkurrierende Gesetzgebung den Ländern. Der Bund indessen muß ein hinreichend manifestes Bedürfnis nach bundeseinheitlich gültigen Normen nachweisen, ehe er die autonome Vielfalt des Landesrechts durch bundesgesetzliche Normeneinheit ersetzen darf.

b) Die Verfassungswirklichkeit sieht jedoch anders aus. Was Art. 72 GG zur Zähmung der konkurrierenden Bundesgesetzgebung sagt, hat sich als ein Schlag ins Wasser erwiesen. Das lehrte der Versuch des Amtsgerichts Markt Oberdorf/Zweigstelle Obergünzburg, den Vorrang der Landesgesetzgebung mit einer Richtervorlage an das BVerfG durchzusetzen. Der Günzburger Amtsrichter sah sich durch ein vom Bund im Dezember 1949 erlassenes Amnestiegesetz an der Bestrafung einer Angeklagten gehindert, der zwei Abtreibungen vorgeworfen worden waren. Das hielt er für verfassungswidrig, weil er kein Bedürfnis für eine bundesweite Amnestie auch zugunsten der bayerischen Straftäter und Straftäterinnen einzusehen vermochte.

Das damit in Gang gesetzte Normenkontrollverfahren hat das BVerfG dazu genutzt, schon bei der ersten sich bietenden Gelegenheit jeder weiteren auf

---

[1] BVerfGE 2, 213 ff. (StraffreiheitsG 1949).

Art. 72 Abs. 2 GG gestützten Richtervorlage, Länderklage oder Verfassungsbeschwerde einen festen Riegel vorzuschieben. Es erklärte: „Die Frage, ob ein Bedürfnis nach bundesgesetzlicher Regelung besteht, ist eine Frage pflichtgemäßen Ermessens des Bundesgesetzgebers, die ihrer Natur nach nicht justiziabel und daher der Nachprüfung durch das Bundesverfassungsgericht grundsätzlich entzogen ist"[2].

Damit hat das BVerfG den wohl folgenschwersten Beitrag zur Entwicklung des deutschen Nachkriegs-Föderalismus geleistet. Weil es die Bedürfnisklausel des Art. 72 Abs. 2 GG für *injustiziabel* erklärt hat, hat es dem Bund einen Freibrief für die volle, durch keine Rücksichtnahmen auf die Länder gehemmte Ausschöpfung seiner konkurrierenden Gesetzgebungskompetenzen ausgestellt. Obgleich der Wortlaut und die Entstehungsgeschichte des Art. 72 Abs. 2 GG eindeutig belegen, daß der Parlamentarische Rat mit ihm der Zugriffsfreiheit des Bundesgesetzgebers auf seine konkurrierenden Kompetenzen engere Grenzen ziehen wollte[3], als dies Art. 9 WRV, der Vorgänger dieser Vorschrift getan hatte[4], schob das BVerfG alles, was Art. 72 Abs. 2 GG zur Verdeutlichung und Absicherung dieses Anliegens enthielt[5], mit einem Satz beiseite: Durch die von Art. 72 Abs. 2 GG aufgestellten „Voraussetzungen für die Ausübung des Rechts zur konkurrierenden Gesetzgebung durch den Bund ... wird die Ermessensfreiheit des Bundesgesetzgebers eingeengt, der Entscheidung der Bedürfnisfrage bleibt jedoch der Charakter einer echten Ermessensentscheidung"[6].

Damit hat das BVerfG die Bedürfnisklausel des Art. 72 Abs. 2 GG zum toten Recht degradiert. Ein Bedürfnis nach bundesgesetzlicher Regelung bestand von da an allemal, wenn der Bundestag es mit der Mehrheit seiner Stimmen zu erkennen glaubte. Das Gericht behielt sich zwar vor einzugreifen, wenn der Bundesgesetzgeber „die seinem Ermessen gesetzten Grenzen verkennen"

---

2 A.a.O., 224.
3 Genauer: ziehen mußte; denn Art. 72 Abs. 2 GG verdankt sich einer Intervention der Alliierten, die mit ihm die zentralstaatliche Macht des Bundes knapp haben halten wollen. Dazu *Mußgnug*, Zustandekommen des GG und Entstehen der Bundesrepublik Deutschland, in Isensee/Kirchhof, Handbuch des Staatsrechts, Bd. 1, 1987, S. 219 ff., Rn. 79 ff.
4 Art. 9 WRV sagte lediglich: „Soweit ein Bedürfnis für den Erlaß einheitlicher Vorschriften vorhanden ist, hat das Reich die Gesetzgebung über: ..."
5 Art. 72 Abs. 2 GG lautete in seiner ursprünglichen, bis 1994 gültigen Fassung:
„Der Bund hat in diesem Bereiche das Gesetzgebungsrecht, soweit ein Bedürfnis nach bundesgesetzlicher Regelung besteht, weil
1. eine Angelegenheit durch die Gesetzgebung einzelner Länder nicht wirksam geregelt werden kann oder
2. die Regelung einer Angelegenheit durch ein Landesgesetz die Interessen anderer Länder oder der Gesamtheit beeinträchtigen könnte oder
3. die Wahrung der Rechts- oder Wirtschaftseinheit, insbesondere die Wahrung der Einheitlichkeit der Lebensverhältnisse über das Gebiet eines Landes hinaus sie erfordert."
6 A. a. O., 225.

oder gar „das ihm eingeräumte Ermessen mißbrauchen sollte". Aber auf diesen Vorbehalt ist es in der Folgezeit nie wieder zurückgekommen.[7]

c) Der Beschluß vom 25. April 1953 hat die von Art. 72 Abs. 2 GG errichteten Dämme gegen das Überhandnehmen der konkurrierenden Bundesgesetzgebung gebrochen. Der Bund hörte auf, in der konkurrierenden Gesetzgebung eine Ausnahme für dringende Fälle zu sehen, in denen von Land zu Land divergierende Gesetze die Einheitlichkeit der Lebensverhältnisse gefährdet, Interessenkonflikte zwischen den Ländern heraufbeschworen oder das Funktionieren der Rechtsanwendung behindert hätten. Statt dessen verstanden Bundesregierung und Bundestag den Katalog der konkurrierenden Gesetzgebungskompetenzen als einen Regelungsauftrag, den es zügig abzuarbeiten galt. Was Art. 74 GG der konkurrierenden Bundesgesetzgebung zugänglich gemacht hat, ist daher auch so gut wie lückenlos bundesgesetzlich geregelt worden. Der Bundesgesetzgeber leitete das Bedürfnis nach bundeseinheitlicher Regelung nicht etwa aus den Umständen, sondern kurz angebunden aus seiner Kompetenz her. Wo Art. 74 GG den Bund für kompetent erklärte, stand für ihn fest, daß schon dies das Bedürfnis nach bundeseinheitlicher Regelung indiziere.

3. Die Länder haben das hingenommen. Da ihnen das BVerfG bereits beim ersten Anlauf klar gemacht hatte, daß für sie mit Art. 72 Abs. 2 GG nichts zu erreichen war, blieb ihnen keine andere Wahl. Erst die Wiedervereinigung hat das Signal für den Versuch einer Kurswende gegeben. Art. 5 des Einigungsvertrags sah eine Verfassungsrevision vor, bei der insbesondere „das Verhältnis zwischen Bund und Ländern" einer Prüfung unterzogen werden sollte.

a) Das Bemühen, die Gesetzgebungskompetenzen des Bundes durch das 42. Gesetz zur Änderung des GG vom 27. Oktober 1994[8] nachhaltiger zu beschneiden, scheiterte jedoch kläglich.

Mit der „Staatsangehörigkeit in den Ländern"[9] fand sich nur eine Materie, auf die der Bund meinte, uneingeschränkt verzichten zu können. Weil allein die *deutsche* Staatsangehörigkeit interessiert, für die der Bund die *ausschließliche* Zuständigkeit besitzt[10], war die Landesstaatsangehörigkeit ein Muster ohne Wert. Mit der Zuständigkeit für sie haben der Bund nichts verloren und die Länder kein Lot eigener Staatlichkeit hinzugewonnen. Ihre „Landeskinder" hätten sie auch ohne die Streichung dieses Relikts aus einer 1919 zu Ende

---

[7] In BVerfGE 5, 25 ff. (Apothekenstoppgesetze), wo es um ein an die Adresse der Länder gerichtetes bundesgesetzliches Verbot zur Nutzung ihrer vom Bund noch nicht ausgeschöpften Kompetenz für das Apothekenrecht (Art. 74 Abs. 1 Nr. 19 GG) ging, hätte das nahegelegen, zumal die bay. Landesregierung ausdrücklich an Art. 72 Abs. 2 GG erinnert hatte. Das BVerfG hob die Apothekenstoppgesetze jedoch aus rechtsstaatlichen Gründen auf; auf ihre bundesstaatliche Fragwürdigkeit ist es nicht eingegangen.
[8] BGBl. I, 2245.
[9] Art. 74 Nr. 8 GG a.F.
[10] Art. 73 Nr. 2 GG.

gegangenen Zeit[11] in „Landesstaatsangehörige" umtaufen können. Denn die „Staatsangehörigkeit in den Ländern" war die einzige Position in dem 29 Nummern starken Katalog der konkurrierenden Bundeskompetenzen, bei der der Bund nie Regelungsabsichten an den Tag gelegt hat.

Der Bund fand sich ferner bereit, seine konkurrierende Kompetenz für den „Schutz des deutschen Kulturgutes gegen Abwanderung in das Ausland"[12] auf eine Rahmenkompetenz zu reduzieren[13]. Auch das war ein fragwürdiges Entgegenkommen[14]. Bei dieser von Art. 74 in Art. 75 GG abgeschobenen Materie geht es um den Erhalt des *nationalen* Kulturerbes, also um eine genuin gesamtstaatliche Aufgabe, die besser ungeteilt in der Hand des Bundes geblieben wäre; sie betrifft wohlgemerkt das *deutsche*, nicht das *niedersächsische, saarländische* oder *mecklenburg-vorpommersche* Kulturgut. Weil die Bundesregierung, der Bundestag und der Bundesrat für sich behalten haben, was sie sich bei der Zerlegung des Kulturgutschutzes in ein Rahmengesetz des Bundes und 16 verschiedene Ausführungsgesetze der Länder gedacht haben, besteht Grund zu dem Verdacht, daß sie sich nichts gedacht und den Schutz des nationalen Kulturerbes für nicht der Rede wert erachtet haben.

Eine substantiellere Erweiterung ihrer Gesetzgebungsmacht hat den Ländern lediglich das Herausnehmen der Erschließungsbeiträge aus dem in Art. 74 Abs. 1 Nr. 18 GG genannten „Bodenrecht" gebracht, das der Bund nun nur noch „ohne das Recht der Erschließungsbeiträge" regeln darf. Damit trägt das 42. ÄndG GG dem Umstand Rechnung, daß die Erschließungsbeiträge an der Schnittstelle zwischen dem Boden- und Bauleitplanungsrecht und dem zum sakrosankten Kern der Landesgesetzgebung zählenden Gemeinderecht angesiedelt sind; also eine einleuchtende Korrektur des Art. 74 GG, aber auch die einzige, die das Prädikat „einleuchtend" verdient.

b) Mit den Korrekturen, die das 42. ÄndG GG an den allgemeinen Regeln der konkurrierenden Gesetzgebung vorgenommen hat, sieht es nur scheinbar besser aus.

---

11 Bis 1919 besaß die Landesangehörigkeit Relevanz. Von ihr leitete sich die Reichsangehörigkeit – in Art. 3 RV 71 als „gemeinsames Indigenat" bezeichnet – her; die „unmittelbare Reichsangehörigkeit", die es neben dem Regelfall der durch „die Staatsangehörigkeit in einem Bundesstaat" vermittelten ebenfalls gab, war ein den Eingebürgerten in den Kolonien und den rückeingebürgerten, aber weiterhin im Ausland lebenden Emigranten reservierter Ausnahmefall (§§ 1, 33-35 RuStAG i. d. F. v. 22. 7.1913, RGBl. I, 583). Art. 110 WRV hielt zwar weiterhin an der Reichsangehörigkeit aller Landesangehörigen fest, rückte aber die „Staatsangehörigkeit im Reiche" in den Vordergrund; darüber hat die Landesangehörigkeit ihre ursprüngliche Bedeutung eingebüßt.
12 Art. 74 Nr. 5 GG a.F.
13 Art. 75 Abs. 1 Nr. 6 GG n F.
14 Zu ihm *Pestalozza* in: v. Mangoldt/Klein, Das Bonner GG, 3. Aufl., Bd. 8, Art. 75, Rn. 635 ff. und *Mußgnug* in: Mußgnug/Roellecke (Hrsg.), Aktuelle Fragen des Kulturgüterschutzes, 1998, S. 11.

aa) Der redundante ursprüngliche Wortlaut des Art. 72 Abs. 2 GG erfuhr eine sprachliche, in der Sache aber folgenlose Straffung. Einer in der Literatur anzutreffenden Meinung zufolge[15] soll die Neuformulierung der Bedürfnisklausel den Bund immerhin zwingen, näher zu begründen, worin er im konkreten Einzelfall das Bedürfnis nach bundeseinheitlicher Regelung erblickt. Davon ist jedoch auch in dem neuen Text des Art. 72 Abs. 2 GG nichts zu lesen. Die Begründung des Bedürfnisses nach bundeseinheitlicher Regelung und die mit ihr verknüpfte retardierende Wirkung hätten die Länder dem Bund im übrigen schon unter der Geltung der alten Fassung des Art. 72 Abs. 2 GG abringen können, wenn sie im Bundesrat energischer auf ihr bestanden hätten. Wenn das Bedürfnis nach bundeseinheitlicher Regelung neuerdings genauer belegt werden muß als früher, so liegt das also nicht etwa an der Änderung des Art. 72 Abs. 2 GG; dies hat allein seine durch Art. 93 Abs. 1 Nr. 2 a GG n.F. fingierte Justiziabilität bewirkt, auf die noch zurückzukommen sein wird.

Ein dem Art. 72 GG neu hinzugefügter dritter Absatz stellt klar, daß der Bundesgesetzgeber den Ländern die Änderung und Ergänzung der von ihm auf dem Felde der konkurrierenden Gesetzgebung getroffenen Regelungen gestatten kann. Eine solche Freigabe seiner Gesetze für landesrechtliche Modifikationen könnte der Bundesgesetzgeber freilich auch ohne diese Neuerung aussprechen. Art. 71 GG läßt sie seit eh und je sogar für die Angelegenheiten der ausschließlichen Bundesgesetzgebung zu. Somit entpuppt sich auch das als ein bloßer Akt der Verfassungskosmetik.

bb) Die in Art. 75 Abs. 2 GG neu aufgenommene Klarstellung, daß die Rahmengesetze des Bundes „nur in Ausnahmefällen in Einzelheiten gehen oder unmittelbar geltende Regelungen enthalten" dürfen, verdeutlicht ebenfalls lediglich, was an sich schon immer gegolten hat. Weil der Bundesgesetzgeber dazu neigte, seine Rahmengesetze zu Mustergesetzen zu verfälschen, die den Ländern nichts zum Auffüllen übrig lassen, ihnen dafür aber um so mehr Text zum subalternen Kopieren vorgeben – eine Untugend, der auch die EG mit ihren Richtlinien frönt –, bestand Anlaß zu dieser authentischen Interpretation des Begriffs „Rahmengesetz". Sie erleichtert es den Ländern, sich gegen allzu detailliert ausgefüllte Gesetzesrahmen zur Wehr zu setzen. Aber auch dazu wären sie schon immer im Stande gewesen.

Das Beamtenrechtsrahmengesetz hätte den Ländern z. B. eine gute Gelegenheit geboten, das zu erproben. Es unterscheidet sich in seiner Regelungsdichte kaum vom Bundesbesoldungsgesetz, für das der Bund die konkurrierende Kompetenz besitzt. Warum das Beamtenrechtsrahmengesetz ein Rahmengesetz, das Bundesbesoldungsgesetz aber ein Vollgesetz ist, findet in ihrem Inhalt keine Erklärung. Wäre den Ländern wirklich daran gelegen gewesen, vom

---

15 *Rybak/Hofmann*, Verteilung der Gesetzgebungsrechte zwischen Bund und Ländern nach der Reform des GG, NVwZ 1995, 230 ff., 231; *Hans Hofmann*, Notwendigkeit und Perspektiven einer Föderalismusreform, ZRP 1999, 465 ff., 470.

Bund nicht mit Rahmengesetzen überzogen zu werden, die ihnen nichts zum Auffüllen übrig lassen, so hätten sie das Beamtenrechtsrahmengesetz nicht hinnehmen dürfen. Weit mehr als daran, vom Bund nicht mit Pseudo-Rahmengesetzen an die Kandare gelegt zu werden, schien den Ländern jedoch daran gelegen gewesen zu sein, daß ihnen der Bund mit derartigen bis an den Rand ausgemalten „Rahmen" die Last des autonomen Erarbeitens eigener Konzepte abnahm.

cc) Auch der neue Art. 125 a GG wird den Ländern wenig nutzen.

Sein Absatz 1 sieht vor, daß die wegen der Änderung der Art. 74 Abs. 1 und 75 Abs. 1 GG nicht mehr von der Gesetzgebungskompetenz des Bundes gedeckten Bundesgesetze nunmehr „durch Landesrecht ersetzt werden" können. Aber das erlaubt den Ländern nur den Zugriff auf die §§ 123-135 BauGB. Ein Bundesgesetz über die Staatsangehörigkeit in den Ländern, das ebenfalls unter Art. 125 a Abs. 1 GG fiele, wenn es in den Jahren, in denen Art. 74 Nr. 8 GG a.F. seinen Erlaß noch erlaubt hätte, tatsächlich ergangen wäre, existiert nicht, und den Kulturgutschutz kann der Bund weiterhin rahmenrechtlich regeln. Deshalb fällt das Kulturgutschutzgesetz von 1955 unter Art. 125 a Abs. 2 GG, der seine vollständige oder teilweise Ersetzung durch Landesrecht von einer ausdrücklichen Ermächtigung durch Bundesgesetz abhängig macht[16].

Eine solche Ermächtigung kann der Bund den Ländern auch für alle anderen konkurrierenden Bundesgesetze erteilen, wenn er zu der Überzeugung kommt, mit ihnen sein konkurrierendes Gesetzgebungsrecht oder sein Recht zur Rahmengesetzgebung überspannt zu haben. Verpflichtet ist der Bund dazu allerdings nicht; er kann das tun, er kann es ebenso gut auch lassen.

Ob die Länder unter diesen Umständen aus Art. 125 a Abs. 2 GG Kapital schlagen können, bleibt abzuwarten. Der Bundesrat ist dabei, das zu erproben. Er bereitet einen Gesetzesentwurf zur Umsetzung des Art. 125 a Abs. 2 GG vor, der u.a. den „Grundbetrag in der Sozialhilfe, die Führung des Handelsregisters, das Versammlungsrecht und die Kommunalisierung von Tageseinrichtungen in der Jugendhilfe" zur Rückgabe an die Landesgesetzgebung vorschlagen soll. An die Krankenhausfinanzierung, die Grundbuchordnung und das Haushaltsgrundsätzegesetz will der Bundesrat indessen nicht heran. Dafür möchte er um das Recht der Länder streiten, „im Sozialrecht ggf. eine andere als die nächst höhere Behörde als Widerspruchsbehörde zu bestimmen"[17]. Ob es gelingen wird, mit derart bescheidenen Wünschen die Verteilung der Gewichte zwischen der Bundes- und der Landesgesetzgebung fühlbar zu verändern, erscheint eher fraglich.

dd) Auf den ersten Blick gewichtiger wirkt der Versuch, in Art. 93 Abs. 1 Nr. 2 a GG n.F. expressis verbis vorzuschreiben, daß das BVerfG auch darüber

---

16 Dazu *Degenhart* in: Sachs (Hrsg.), GG, Kommentar, 1996, Art. 125 a Rn. 4.
17 So die Presseerklärung des Bundesrats 129/1999 „Gesetzgebungskompetenz der Länder soll gestärkt werden" vom 15.10.1999.

zu entscheiden hat, ob ein vom Bund aufgrund einer konkurrierenden Kompetenz erlassenes Gesetz „*den Voraussetzungen des Art. 72 Abs. 2 GG entspricht*". Damit will das 42. ÄndG GG den eingangs erwähnten Beschluß des BVerfG aus dem Jahre 1953[18], der die Bedürfnisklausel für injustiziabel erklärt hat, durch ein dem Bundesrat, den Landtagen und den Landesregierungen eingeräumtes Organklagerecht überspielen. Auf Art. 72 Abs. 2 GG gestützte Verfassungsbeschwerden und Richtervorlagen bleiben zwar weiterhin unzulässig; aber dem Bundesrat und den Ländern kann das BVerfG die Berufung auf diese Verfassungsnorm nicht mehr länger verwehren.

Der neue Art. 93 Abs. 1 Nr. 2 a GG erklärt die Bedürfnisklausel allerdings zu kurzangebunden für justiziabel. Denn der inhaltlichen Unbestimmtheit, wegen der das BVerfG diese Klausel mit gutem Grund als injustiziabel verworfen hat, hat das 42. ÄndG nicht abgeholfen. Der neue Art. 93 Abs. 1 Nr. 2 a GG hindert das BVerfG also nur daran, die „Frage, ob ein Bedürfnis nach bundesgesetzlicher Regelung besteht" weiterhin als „eine Frage pflichtmäßigen Ermessens des Bundesgesetzgebers" abzutun, „die der Nachprüfung durch das BVerfG grundsätzlich entzogen" ist. Aber er verschweigt dem BVerfG nach wie vor, welchen Maßstab es bei der Prüfung des ominösen Bedürfnisses nach bundeseinheitlicher Regelung anlegen soll. Auf die Goldwaage gelegt sagt der neue Art. 93 Abs. 1 Nr. 2 a GG daher lediglich: Die Mehrheitsentscheidung des Bundestags über das Vorliegen eines Bedürfnisses nach bundeseinheitlicher Regelung kann auf Antrag des Bundesrats, einer Landesregierung oder eines Landtags durch eine Mehrheitsentscheidung des BVerfG aufgehoben werden.

Herrscht im Bundesrat eine andere Mehrheit als im Bundestag, so lädt sie der neue Art. 93 Abs. 1 Nr. 2 a GG geradezu dazu ein, gegen jedes von ihr abgelehnte Bundesgesetz mit dem Einwand zu Felde zu ziehen, es fehle am Bedürfnis nach bundeseinheitlicher Regelung. Das Gleiche steht auch jeder in Opposition zur Bundesregierung stehenden Landesregierung und Landtagsmehrheit frei. Die Unsitte, auf Abstimmungsniederlagen mit einer Fortsetzung des politischen Streits vor dem BVerfG zu antworten, hat somit neue Nahrung erhalten.

Wie das BVerfG darauf reagieren wird, ist noch nicht abzusehen. Die Vermutung, daß es sich auch weiterhin mit Rückgriffen auf die Bedürfnisklausel zurückhalten wird, liegt allerdings nahe. Art. 93 Abs. 1 Nr. 2 a GG erklärt die auf Art. 72 Abs. 2 GG gestützten Organklagen lediglich für *zulässig*; zur *Begründetheit* verhilft er ihnen nicht. Im Gegenteil: Wenn das GG dem Bund für eine bestimmte Materie die konkurrierende Gesetzgebungszuständigkeit zuspricht, so indiziert das nach wie vor ein potentielles Bedürfnis nach ihrer bundeseinheitlichen Regelung.

---

18 S.o. Fn. 1. Zu der nunmehr gültigen Rechtslage *Kenntner*, Justitiabler Föderalismus, 2000, dessen Optimismus hinsichtlich der Justiziabilität des neuen Art. 72 Abs. 2 GG ich freilich nicht zu teilen vermag.

Das führt zu der Regel „In dubio pro foederatione". An ihr wird das BVerfG schwerlich vorbeikommen. Es wird daher auch weiterhin lediglich zur Abwehr evidenter Mißbräuche bereitstehen, für die es dem Bund auch mit seinem Beschluß von 1953 keinen Freibrief erteilt hat. Die Frage, wie zu entscheiden ist, „falls der Bundesgesetzgeber die seinem Ermessen gesetzten Grenzen verkennt oder das ihm eingeräumte Ermessen mißbraucht", hat es dort zwar nicht beantwortet, aber immerhin gestellt. Mit der Ergänzung des Art. 93 Abs. 1 GG um die Länderkonkurrenten-Klage, ist diese Frage noch immer nicht beantwortet. Es ist nur leichter geworden, das BVerfG zu ihrer Klärung zu veranlassen. Wenn das BVerfG nicht die politische Mehrheitsentscheidung des Bundestags durch eine nicht minder politische Entscheidung seiner sehr viel schmaleren Senatsmehrheit verdrängen möchte, so wird es jedoch im Zweifel der Entscheidung des Bundesgesetzgebers für das Bedürfnis nach bundeseinheitlicher Regelung folgen.

Wäre es dem Bund wirklich auf eine Stärkung der Landesgesetzgebung angekommen, so hätte er daher Farbe bekennen müssen. Er hätte die Gesetze, die er auf dem Feld der konkurrierenden Gesetzgebung erlassen möchte, von der Zustimmung des Bundesrats abhängig machen müssen. Darauf wollte der Bundesrat hinaus. Er hatte vorgeschlagen, die Feststellung des Bedürfnisses nach bundeseinheitlicher Regelung für zustimmungsbedürftig zu erklären, um die Inpflichtnahme des BVerfG zu erübrigen und stattdessen „das Problem der Entscheidung über die Bundeskompetenz, das im Kern letztlich eine politische Frage darstellt, einer politischen Lösung zuzuführen"[19]. Das hätte zwar die Position der Ländervertretung gegenüber dem Bundestag und der Bundesregierung nachhaltig gestärkt, wäre aber die konsequentere, in sich stimmigere Lösung gewesen. Weil diese Lösung, die einzige wirklich durchschlagende, nicht gewählt worden ist, berechtigt der halbherzige neue Art. 93 Abs. 1 Nr. 2 a GG nicht zu der Hoffnung, daß die Landesgesetzgebung aus der Agonie erwachen wird, in die sie das erdrückende Übergewicht der Bundesgesetzgebung versetzt hat. Die Landesgesetzgebung wird auch in Zukunft nicht nur in ihrem Umfang, sondern auch in ihrem materiellen Gewicht weit hinter der des Bundes zurückstehen. Dieser Befund ist irreversibel. Die Länder mögen ihn beklagen. Aber sie werden sich mit ihm abfinden müssen. Die Frage ist nur, ob er als das Symptom einer Dauerkrise des Bundesstaates oder – ganz im Gegenteil – als das Zeichen einer alles in allem recht vitalen Normalität zu deuten ist.

---

19 Bericht der Verfassungskommission des Bundesrates zur Änderung und Ergänzung des GG in der Folge der deutschen Einheit, BR-Drucks. 360/923, Rn. 59.

II.

1. Bei der Suche nach der Antwort darauf hilft die Überlegung weiter, was es uns brächte, wenn der Bund seine Gesetzgebung zurückschraubte und der Landesgesetzgebung das weite Terrain zurückgäbe, das sie seit der Reichsgründung von 1871 Schritt für Schritt an ihn verloren hat. Die Ehrlichkeit gebietet einzugestehen, daß das ein wenig anheimelnder Gedanke ist. Er malt das Schreckbild einer Rechtszersplitterung in 16 von Land zu Land unterschiedliche Einzelrechtsordnungen an die Wand. Daran kann selbst den engagiertesten Föderalisten nicht gelegen sein.

a) In einer Zeit, die supra- wie international an der Vereinheitlichung der Rechtsordnungen arbeitet, hat die föderalistische Zergliederung des Rechts ihre Berechtigung verloren. Die Verlagerung der gesetzgebenden Gewalt an die Peripherie war das Kennzeichen des Deutschen Bundes, dessen Glieder auf ihre gesetzgeberische Souveränität nicht haben verzichten wollen, aber gleichwohl schon lange vor der Reichsgründung von 1871 in die Gründung des Deutschen Zollvereins[20] und die Vereinheitlichung des Handels-, Wechsel- und Scheckrechts haben einwilligen müssen. Als der Reichsgesetzgeber 1871 seine Arbeit am BGB, am StGB, an den Reichsjustizgesetzen und an der Gewerbeordnung aufnahm, war das ein Grund zum Aufatmen. Daß die Landesgesetzblätter begannen, schmaler zu werden, wurde begrüßt, nicht bejammert. Man hatte die Molesten noch in allzu schlechter Erinnerung, die es mit sich gebracht hatte, daß es vor 1871 kein deutsches, sondern nur römisches oder partikulares Recht gegeben hat. Dem nachzutrauern hätte man als juristischen Masochismus empfunden.

Das vergißt, wer die Depossedierung des Landesrechts bedauert. Es nimmt nicht weiter wunder, daß zwar so gut wie jedermann über das Übergewicht der Bundesgesetzgebung klagt, aber keiner zu sagen weiß, mit welchen seiner Gesetze der Bund denn zu weit gegangen sein soll[20a]. Alle laufen Sturm gegen die

---

20 Dazu *Wadle*, Der deutsche Zollverein, Jus 1984, 586 ff.
20a Anders freilich die Kommission „Verfassungspolitik & Regierungsfähigkeit" der Bertelsmann Stiftung. Sie schlägt vor, in Art. 74 Abs. 1 GG folgende Materien zu streichen: Rechtsanwaltschaft, Notariat, Rechtsberatung (Nr. 1); Personenstandswesen (Nr. 2); Vereins- und Versammlungsrecht (Nr. 3); Recht der Enteignung (Nr. 14); Pacht-, Wohnungs-, Siedlungs- und Heimstättenwesen (Nr. 18); Abfallbeseitigung, Luftreinhaltung und Lärmbekämpfung (Nr. 24); vgl. den Bericht von *Arndt/Benda et al.*, Reform des deutschen Föderalismus, ZRP 2000, 201 ff., 204. Findet dieser Vorschlag Anklang, so wird das Bayern die Verteidigung der spätabendlichen Biergartenmusik vor den bundesrechtlichen Lärmschutzbestimmungen erleichtern und die Länder von der Bindung an das RechtsberatungsmißbrauchsG und die BRAnwO befreien, die sie zur Zeit noch am Aufbau einer regionalen Winkeladvokatur hindern. Eine nennenswerte Stärkung des Föderalismus dürfte dabei freilich kaum herausspringen; es fände wohl bei einer bloßen Beteiligung der Länder an dem bislang nur im Bund grassierenden legislativen Aktionismus sein Bewenden.

abstrakte Masse des Bundesrechts. Aber in concreto möchte man keines der Bundesgesetze, die sich zu dieser Masse auftürmen, durch 16 verschiedene Landesgesetze ersetzt sehen. 16 verschiedene Bürgerliche Gesetzbücher, 16 verschiedene Straßenverkehrsordnungen mit 16 verschiedenen Promillegrenzen, 16 verschiedene GmbH- und 16 verschiedene Erbschaftsteuergesetze machten unser Leben nur föderalistischer, aber keineswegs leichter.

Fiele Deutschland in diesen Urzustand zurück, so wäre die angebliche Krise des Föderalismus keineswegs gebannt; sie würde durch dieses Zurück zur Rechtszersplitterung vollends komplettiert. Der Föderalismus würde zur Plage. Das Volk lernte die Vorzüge des unitarischen Staates schätzen. Es hat die bundesstaatliche Rechtszersplitterung bereits im 19. Jahrhundert nur schwer ertragen. Heute könnte es sich mit ihr vollends nicht mehr abfinden.

Der Mensch des 19. Jahrhunderts hat seßhafter in den Grenzen seines Landes gelebt. Er kam damit zurecht, daß jenseits der Landesgrenze anderes Recht galt, weil er die Landesgrenze nur selten überschritt. Der mobil gewordene Mensch der Gegenwart indessen fühlt sich an keine Landesgrenze gebunden. Er pendelt ins Nachbarland zur Arbeit und heiratet über die Landesgrenze hinweg. Das Wirtschaftsleben hält sich ohnehin an keine Grenzen. Die Staatsgrenze betrachtet es als Herausforderung zur Expansion, die innerstaatlichen Regionalgrenzen als quantité négligeable. Divergierende Rechtsordnungen sind ihm zuwider. Ihre Vielfalt restaurieren, hieße das Rad der Rechtsgeschichte zurückdrehen.

b) Landesrecht akzeptiert der moderne Mensch nur dort, wo es seine Mobilität nicht behindert. Wenn es – wie z.B. das bürgerliche Nachbarrecht – historisch gewachsenes Brauchtum widerspiegelt, stört es nicht weiter. Auch die – bei Lichte besehen freilich keineswegs besonders ausgeprägte – landesrechtliche Vielfalt des Feuerwehr-, Bestattungs- und Hundesteuerrechts wird hingenommen. Aber die Grunderwerbsteuer, eine der letzten größeren landesrechtlich geregelten Steuern, mußte 1982 durch ein Bundesgesetz unitarisiert werden; die Vermutung, sie gehöre zu den bodenständigen Steuern, weil sie im Augenblick des Seßhaftwerdens anfällt, hat getrogen. Man kauft auch das Grundstück für den Eigenheimbau gerne jenseits der Landesgrenze und will dort nicht mit einem fremden Grunderwerbsteuerrecht konfrontiert werden. Drum ist auch der Verlust, den das Landesrecht mit dem Zugriff des Bundes auf die Grunderwerbsteuer erlitten hat, nicht beklagt worden. Selbst die Länder haben ihn begrüßt. Im Bundesrat ist gegen diesen Schritt in bislang den Ländern reserviertes Gesetzgebungsterritorium kein kritisches Wort laut geworden.

c) Daß die Zeichen der Zeit gegen die Landesgesetzgebung stehen, tritt nicht zuletzt darin zutage, daß noch nicht einmal die Länder selbst auf der Eigenständigkeit ihres Landesrechts bestehen. Was der Bund nicht vereinheitlichen kann, weil ihm dafür die Kompetenz fehlt, vereinheitlichen die Länder aus eigenem Antrieb durch eine freiwillige Koordination ihrer Gesetzgebung.

Die Gleichschaltung der Landesverwaltungsverfahrensgesetze mit dem Verwaltungsverfahrensgesetz des Bundes, die Angleichung der Landesbauordnungen an den von der Innenministerkonferenz erarbeiteten Musterentwurf und die ständigen Einflußnahmen der Kultusministerkonferenz auf das Schulrecht belegen das. Mit der Übernahme der bis vor kurzem nur in Süddeutschland vertrauten direkten Wahl der Bürgermeister und Landräte haben die übrigen Länder sogar das Kommunalrecht vereinheitlicht.

Darin zeigt sich, daß sich zwischen das Bundes- und das Landesrecht ein neuer Typ von Landesgesetzen geschoben hat, der seine Gleichförmigkeit offenbar doch jener „Dritten Ebene" verdankt[21], die es dem BVerfG zufolge eigentlich nicht gibt[22]. Das BVerfG kennt nur den Bund und die Länder. Der Gemeinschaft der Länder indessen gesteht es keine eigenen Kompetenzen zu. Aber die Länder haben sich schon seit langem auf der „Dritten Ebene" zusammengefunden und sie mit Kompetenzen ausgestattet, die das Gesetzgebungsrecht ihrer Landtage zusätzlich beschneiden. Es mehren sich die Gesetze, die den Landtagen nur zur Bestätigung vorgelegt werden, die von ihnen aber lediglich de iure verworfen oder modifiziert werden könnten, de facto aber unverändert angenommen werden müssen, weil alles andere die zuvor von den Landesregierungen ausgehandelten Koordinations-Vereinbarungen durchkreuzte.

Das ist ein bedenkliches Phänomen. Es verkürzt das demokratische Gesetzgebungsrecht der Landtage, wenn die Landesgesetze statt von ihnen von der Kultus-, Innen- oder Justizministerkonferenz beschlossen werden. So hat der Deutsche Bund gearbeitet, der seine Gesetze von den in der Frankfurter Bundesversammlung vereinigten Landesregierungen beschließen und von ihnen als Landesrecht in Geltung und Anwendung setzen ließ. Das geschah konsequenterweise im Verordnungswege, weil der Grundsatz „Bundesrecht bricht Landesrecht" den Landtagen jedes Mitspracherecht abschnitt[23]. Was die Landesregierungen der Gegenwart zur Vereinheitlichung des Landesrechts beschließen, bindet die Landtage nicht mit der gleichen normativen Kraft. Dennoch können sich die Landtage der de-facto-Bindung an diese Übereinkünfte kaum entziehen. Der von ihr ausgehende Druck tut freilich – wenn überhaupt – so nur der Demokratie Abbruch. Dem Bundesstaatsprinzip schadet er nicht.

---

21 Zu diesem Begriff und der Streitfrage, ob der Bundesstaat ein zwei- oder dreigliedriger Staat ist, *Kimminich*, Der Bundesstaat, in: Isensee/Kirchhof, Handbuch des Staatsrechts, Bd. I, 1987, S. 1313 ff., Rn. 40 ff.

22 BVerfGE 13, S. 54 ff., 77 (Neugliederung des Bundesgebiets).

23 Das erklärt, warum sich die im Rahmen der Karlsbader Beschlüsse durch das Bundes-Preßgesetz vom 20. 9. 1820 angeordnete Pressezensur bis 1848 hat halten können. Die Landtage konnten sie zwar verfluchen, aber sie konnten nichts gegen sie ausrichten. Das liberale Preßgesetz vom 28. 12. 1831 (RegBl. 1832, 29), das der badische Landtag dem Großherzog mit der Drohung einer Budgetverweigerung abgerungen hatte, war nicht von langer Dauer. Der Bund zwang den Großherzog, es durch eine Verordnung vom 28. 7. 1832 (RegBl. 371) zu annullieren; dazu *Mußgnug*, Der Haushaltsplan als Gesetz, 1976, S. 107 f.

Die Bundesstaatlichkeit kann auch auf dem Boden einer bundeseinheitlichen Rechtsordnung gedeihen, wenn das Verfassungsrecht für den mit ihr einhergehenden Rückzug der Länder aus der Gesetzgebung an anderer Stelle einen tauglichen Ausgleich schafft.

2. Die Verteilung der Gesetzgebung hat in den Frühzeiten des Föderalismus als das Maß aller Dinge gegolten. Damals verstand man den Begriff „Kompetenz" noch ganzheitlich. Es gab nur eine Kompetenz, die vom Erlaß der Gesetze bis hin zu ihrem Vollzug, seiner Überwachung und seiner Finanzierung alles einschloß. Drum redete man – anders als heute – nicht von der *Gesetzgebungskompetenz*. Die Verfassungen sprachen von der Kompetenz schlechthin, die alles umfaßte, was zur Erfüllung der jeweiligen staatlichen Aufgabe geboten war. Wer „die Kompetenz" für eine bestimmte Angelegenheit hatte, besaß für sie keineswegs nur die gesetzgebende Gewalt, sondern zugleich mit ihr auch die Verwaltungs-, Justiz- und Finanzhoheit.

a) Für die USA gilt das noch heute. Art. 1 Sec. 8 der amerikanischen Bundesverfassung von 1787 weist dem Kongreß die Zuständigkeit für die Bestrafung der Geldfälscherei zu. Damit deckt er keineswegs nur den Erlaß der erforderlichen Strafbestimmungen ab. Der Bund hat auch für die Aufklärung der Verstöße gegen sie, die Aburteilung der Täter und den Vollzug der Strafen zu sorgen. Was für unsre am GG geschulten Vorstellungen nur eine Ermächtigung zum Erlaß einiger weniger Strafvorschriften wäre, greift daher in den USA bedeutend weiter. Es erlaubt dem Bund, eigene Polizeibehörden und Staatsanwaltschaften zu unterhalten, für mehrinstanzliche Bundesgerichte zu sorgen und Bundesgefängnisse für die von ihnen verurteilten Täter zu unterhalten.

Hinter der für deutsche Augen bescheidenen Bundeskompetenz für die Sanktionierung der Falschmünzerei verbirgt sich daher in den USA erheblich mehr, als das GG mit einer solchen Kompetenz verbindet. Das erklärt unter anderem, warum die USA kein Bundesstrafrechtgesetzbuch kennen. Für ihre Vorstellungen entzöge eine bundeseinheitliche Kodifikation des gesamten Strafrechts der Strafrechtspflege der Einzelstaaten den Boden. Es gäbe nur noch Bundesgerichte, Bundesstaatsanwälte und Bundesgefängnisse. Die Einzelstaaten verlören nicht nur das Recht zu bestimmen, was in ihrem Gebiet strafbar sein und wie es bestraft werden soll; sie büßten auch die Personalhoheit über ihre Gerichte und Staatsanwaltschaften und ihre Verantwortung für das Geschehen in den vom Bund in ihrem Territorium unterhaltenen Gefängnissen ein. Daß sich damit in den USA niemand anfreunden möchte, verwundert nicht weiter. Man hat dort seine guten Gründe, die Nachteile eines von Staat zu Staat nachhaltig divergierenden Strafrechts in Kauf zu nehmen.

b) Auch am Anfang des deutschen Föderalismus stand die Vorstellung von einer einheitlichen Kompetenz. Das verdeutlicht die Überschrift über dem Katalog der Reichskompetenzen in Art. 4 der RV 1871: „Der Beaufsichtigung seitens des Reichs und der Gesetzgebung desselben unterliegen die nachstehenden Angelegenheiten". Das gab dem Reich die gleiche Macht, wie sie die amerikanische Verfassung dem Bund verleiht. Auch das Reich konnte seine Kompetenz für „das gerichtliche Verfahren" – also gerade nicht für das „Gerichtsverfassungsrecht" – ohne weiteres auch zur Errichtung des Reichsgerichts nutzen und diesem die revisionsgerichtliche Vereinheitlichung der gesamten Zivil- und Strafrechtsprechung übertragen, soweit sie Reichsrecht zum Gegenstand hatte. Das gleiche galt für die verwaltungsrechtlichen Gesetzgebungskompetenzen des Reichs. In jeder von ihnen steckte auch die Kompetenz zum Einrichten und Unterhalten von Reichsämtern. Davon hat das Reich zwar nicht gerade exzessiv, aber durchaus rege Gebrauch gemacht[24].

Mit dem Gründen von reichseigenen Gerichten und Verwaltungsbehörden konnte das Reich allerdings nicht ganz so großzügig schalten wie die USA. Weil seine Kompetenzen in der Sache samt und sonders sehr viel weiter reichten als die dem Bund von der amerikanischen Verfassung zugestandenen eher schmalen Zuständigkeiten, begegnete der Bundesrat allen Versuchen, mit ihrer materiellrechtlichen Ausschöpfung eine Ausweitung der Reichsverwaltung oder der Reichsgerichtsbarkeit zu verbinden, mit schärferem Argwohn als der amerikanische Senat. Eine an die zivil- und strafrechtliche Reichsgesetzgebung anknüpfende Verreichlichung der gesamten ordentlichen Gerichtsbarkeit hätten sich die Länder des Kaiserreichs nicht bieten lassen. Es wäre ihnen auch nicht weiter schwer gefallen, sie im Bundesrat abzublocken. Deshalb ergab sich die noch heute gültige Aufgabenteilung zwischen Reich und Ländern praktisch von selbst. Das Reich schöpfte seine Gesetzgebungskompetenzen in der Sache voll aus, beließ aber den Vollzug seiner Gesetze im wesentlichen den Ländern.

Auf diese Weise entwickelte sich der typisch deutsche Typ des Föderalismus, der nach nationaler Rechtseinheit strebt und daher die Landesgesetzgebung per se geringer einschätzt, als das andere, ältere föderalistische Verfassungssysteme tun, der dafür aber die Verwaltungs- und Justizhoheit der Länder um so energischer gegen den Zugriff des Bundes abschottet.

Das ist nicht ohne Kämpfe abgegangen. Sie entbrannten sofort nach der Reichsgründung, als sich der Reichstag mit der Kompetenz für „das Obligationenrecht, Strafrecht, Handels- und Wechselrecht und das gerichtliche Verfahren" – so die ursprüngliche Fassung des Art. 4 Nr. 13 RV 1871 – nicht bescheiden, sondern das Reich mit dem in allen Ländern gleichförmig gültigen BGB ausstatten wollte. Die Länder habe dem zunächst heftigen Widerstand entgegengesetzt. Sie ahnten, daß es nicht beim BGB bleiben werde. Aber sie

---

24 Davon zeugen u.a. das Reichseisenbahnamt, das Reichsversicherungsamt, das Reichsamt für Privatversicherung, das Reichspatentamt und die Reichsbank. Einigen der von ihm ins Leben gerufenen reichseigenen Behörden räumte das Reich auch gerichtliche Befugnisse ein; dank dieser sog. „richterlichen Reichsbehörden" entstand eine respektable Reichsverwaltungsgerichtsbarkeit. Vgl. *Mußgnug*, Die Ausführung der Reichsgesetze durch die Länder und die Reichsaufsicht, in: Jeserich/Pohl/von Unruh (Hrsg.), Deutsche Verwaltungsgeschichte, Bd. III 1984, S. 186 ff., 187 u. 193.

mußten sich dem Drang nach Rechtseinheit beugen. „*Es gibt ohne deutsches Recht keinen deutschen Staat*" lautete die von dem national-liberalen Reichstagsabgeordneten *Johannes von Miquel* ausgegebene Devise. Mit ihr hat der Reichstag sich gegenüber dem Bundesrat durchgesetzt. Eine Verfassungsänderung vom Dezember 1873 weitete die Gesetzgebungskompetenz des Reichs auf „das gesamte bürgerliche Recht" aus. Sie hat nicht nur dem BGB den Weg frei gemacht. Die Vereinheitlichung des Rechts wurde zur Reichsaufgabe schlechthin. Diese Entwicklung hat selbst der Bundesrat gebilligt. Was er anfangs gegen die Ausweitung der Kompetenz für das Obligationenrecht auf das gesamte bürgerliche Recht ins Feld geführt hatte, war rasch vergessen; schon 1873 gab es im Bundesrat nur noch 4 Gegenstimmen gegen die neue Reichskompetenz für das „gesamte bürgerliche Recht".[25]

Die Länder fanden sich damit ab, daß sie das Reich aus ihrer Position als Gesetzgeber verdrängte. Sie sahen in ihrer Position als Träger der Verwaltung das ihnen adäquatere Feld der Selbstbehauptung. Drum ließen sie das Reich als Gesetzgeber gewähren, verteidigten sich aber um so hartnäckiger gegen alle Versuche des Reichs, ihre Vorherrschaft in der Verwaltung und Justiz zu schmälern. Das hat ihnen die RV 1871 leicht gemacht. Die Länder bestimmten über den Bundesrat über die Finanzausstattung des Reichs mit. Das erlaubte es ihnen, jedes Trachten der Reichsleitung nach einem eigenen Verwaltungsunterbau mit der Waffe des Budgetvetos schon im Keim zu ersticken. *Bismarck* hat das lebhaft beklagt. Aber er predigte tauben Ohren und zugeknöpften Geldbörsen. Seine grimmige Apostrophierung des Reichs als „Dame ohne Unterleib" und als „Kostgänger seiner Länder" rührte im Bundesrat außer den Stimmführern Preußens keinen. Die Vertreter aller anderen Länder hörten diese Klage mit kaum verhohlener Genugtuung. Darüber entwickelte sich die Abhängigkeit des Reichs von der Landesverwaltung zur eigentlichen raison d'être des deutschen Föderalismus.

c) In der Weimarer Zeit wendete sich das Blatt vorübergehend. Während unter der RV 1871 die Länder über die Finanzausstattung des Reichs bestimmten, bestimmte nun das Reich über die Finanzzuweisungen an die Länder. Das erlaubte dem Reich eine großzügigere Ausweitung seines Verwaltungsapparats.

Das Reich zog mit der Reichsabgabenordnung von 1919 die Finanzverwaltung an sich; die neuen Finanzämter waren Reichsbehörden, ihre Beamten Reichsbeamte. Auch die Finanzgerichtsbarkeit trat als reichseigene Gerichtsbarkeit ins Leben. Reichsverwaltungsbehörden entstanden in großer Zahl. Aber damit nicht genug: Das Reich nahm für sich auch das Weisungsrecht gegenüber den Landesverwaltungsbehörden in Anspruch, so daß administrative Instanzenzüge von den unteren Behörden der Länder über Mittelbehörden des Reichs bis hin zu den Reichsministerien entstanden sind, wie wir sie heute nur in der Rechtsprechung kennen, wo über den Instanzgerichten der Länder die

---

25 Dazu *E.R. Huber*, Deutsche Verfassungsgeschichte seit 1789, 3. Aufl. Bd. 3, 1988, S. 975 ff.

Obersten Bundesgerichte als Revisionsgerichte stehen, die das GG im Bereich der Exekutive – von dem Sonderfall des Art. 84 Abs. 5 GG abgesehen – aber kategorisch verbietet.[26]

Darüber ist die föderalistische Struktur des Reichs rasch verfallen. Das Reich gliederte sich zwar noch immer in Länder. Aber es ließ seinen Ländern keinen Raum mehr zu eigener Entfaltung. Auch das erreichte das Reich allerdings nicht über eine Ausweitung seiner *Gesetzgebung*. Das Reich hat die Staatlichkeit seiner Länder durch sein Zugreifen auf die Landes*verwaltung* untergraben.

d) Das stand dem Parlamentarischen Rat vor Augen, als er sich 1948 anschickte, dem deutschen Bundesstaat eine neue, dauerhaftere und weniger verwundbare Gestalt zu geben. Das Abstecken von Reservaten für eine autonome Landesgesetzgebung war nicht seine vordringlichste Sorge. Ihm lag weit mehr daran, die Länder gegen ein erneutes Eindringen des Bundes in ihre Verwaltungs-, Justiz- und Finanzhoheit abzuschirmen.

3. Das erreichte das GG mit einer grundlegend neuen Reglungstechnik. Es redet in seinen Artikeln 70 ff. nicht mehr von „der Kompetenz des Bundes". Es unterscheidet zwischen der Gesetzgebungs-, der Verwaltungs-, der Justiz- und der Finanzhoheit. Statt nur einer kennt es daher vier Kompetenzen und es verteilt jede von ihnen nach einem eigenen Konzept auf Bund und Länder.

a) Auf dem Feld der Gesetzgebung weist das GG dem Bund die Führung zu. Die drei Kataloge seiner ausschließlichen, konkurrierenden und seiner Rahmenkompetenzen sind nicht nur lang; sie sind auch gewichtig. Vom Schul-, Gemeinde-, Rundfunk- und allgemeinen Polizeirecht abgesehen findet sich dort so gut wie alles, was politische Bedeutung besitzt. Mit seiner konkurrierenden Zuständigkeit für das „Recht der Wirtschaft" hat der Bund zudem ein Gebiet in seiner Hand, das er nahezu beliebig ausweiten kann. Der in Klammern beigefügte Zusatz, daß es um „Bergbau, Industrie, Energiewirtschaft, Handwerk, Gewerbe, Handel, Bank- und Börsenwesen, privatrechtliches Versicherungswesen" gehe, zeigt wie weit gespannt das Recht der Wirtschaft ist. Aber damit nicht genug. Das BVerfG hat 1958 klargestellt, daß Art. 74 Abs. 1 Nr. 11 GG nicht nur die in diesem Klammerzusatz aufgelisteten Sparten der Wirtschaft, sondern „alle das wirtschaftliche Leben und die wirtschaftliche Betätigung als solche regelnden Normen" meint, „die sich in irgendeiner Form auf die Erzeugung, Herstellung und Verteilung von Gütern des wirtschaftlichen Bedarfs beziehen"[27]. Das widerlegt die These, der Bund habe seine Vorherrschaft als Gesetzgeber in verfassungsinkonformer Manier usurpiert. Das GG hat ihm

---

26 Dazu *Mußgnug* (Fn. 24), Bd. IV, 1985, 330 ff.
27 BVerfGE 8, 143 ff. (Beschußgesetz). Die Dienstleistungen hat das BVerfG zwar nicht angesprochen. Es geht jedoch aus dem Zusammenhang seiner Ausführungen hervor, daß es sie mit der Formel „Erzeugung, Herstellung und Verteilung von Gütern" keineswegs aus dem Recht der Wirtschaft hat ausklammern wollen.

diese Vorherrschaft angeboten. Es erwartete von ihm, daß er sie ausschöpfen werde.

b) Das GG hat jedoch die breite Macht des Bundes auf dem Feld der Gesetzgebung in den Art. 83 ff. durch den nicht minder breiten Vorrang der Länder auf dem Feld der Verwaltung hinreichend austariert. Darin unterscheidet sich sein bundesstaatliches Konzept wesentlich von dem amerikanischen. Wenn das GG den Bund zur Regelung des Strafrechts ermächtigt, so findet es bei der Strafrechtsgesetzgebung sein Bewenden. Die Strafverfolgung indessen liegt, bis auf die der Bundesanwaltschaft anvertrauten Staatsschutzsachen[28], bei den Ländern. Die Länder sind Herr der Kriminalpolizei, der Staatsanwaltschaft, der Gerichte in den unteren Instanzen und auch des Strafvollzugs. Es gibt kein deutsches FBI und erst recht kein deutsches Bundesgefängnis, sondern allein ein Bundes-Strafgesetzbuch. Der Rest ist Ländersache, bis auf die Revision gegen die Urteile der Strafkammern, mit der das Gerichtsverfassungsgesetz sicherstellt, daß die Einheit des Strafrechts nicht nur gesetzlich begründet, sondern durch die Revisionsurteile des Bundesgerichtshofs auch bei der Anwendung des StGB gewährleistet bleibt.

Im übrigen stellt Art. 83 GG die Weichen, nach dem die Länder das Bundesrecht grundsätzlich in landeseigener Verwaltung ausführen. Dabei stehen die Länder unter der Aufsicht des Bundes. Aber sie bestimmen über die Einrichtung und die Organisation der für den Vollzug des Bundesrechts zuständigen Behörden[29]. Ein Weisungsrecht des Bundes gibt es nur ausnahmsweise. Was Art. 87 GG dem Bund an bundeseigener Verwaltung zugesteht, bleibt bescheiden; es beschränkt sich auf die Verwaltungsbereiche, die wie der Auswärtige Dienst, die Zollverwaltung und die Bundeswehr gar nicht anders als in bundeseigener Verwaltung geführt werden können.

c) Zu der Stärke der Länder auf dem Feld der Verwaltung kommt ihre finanzielle Absicherung durch das Finanzverfassungsrecht hinzu. Hier tritt besonders drastisch zu Tage, wie wenig die Gesetzgebungshoheit den Ausschlag gibt, wenn wohlüberlegte Regeln garantieren, daß die Länder auch ohne sie nicht aus ihrer Eigenständigkeit verdrängt werden können.

Art. 105 GG[30] unterstellt das Steuerrecht, von den Bagatellsteuern wie der Hunde- und der Speiseeissteuer abgesehen, der konkurrierenden Gesetzgebung des Bundes. Unser Steuerrecht ist daher so gut wie zur Gänze bundesge-

---

28 §§ 74 a Abs. 2, 120, 142 a GVG und Art. 96 Abs. 5 GG, der auch in den von der Bundesanwaltschaft zu betreibenden Strafverfahren an der erstinstanzlichen Zuständigkeit der Oberlandesgerichte festhält, aber sie mit der Ausübung der Bundesgerichtsbarkeit betraut.
29 Anders bei den Gerichten, bei deren Organisation der Bund dank seiner Kompetenz für das „Gerichtsverfassungsrecht" größere Freiheit genießt als bei der Organisation der mit der Ausführung des Bundesrechts betrauten Verwaltungsbehörden.
30 Zu Art. 105 GG *Mußgnug,* Konkurrierende Gesetzgebungskompetenz der Länder für Bundessteuern?, in: Fschr. für Franz Klein, 1994, S. 651 ff.

setzlich geregelt. Aber das heißt mitnichten, daß der gesamte Steuerertrag dem Bund zuflösse. Denn Art. 106 GG stellt der Steuergesetzgebungshoheit die Steuerertragshoheit gegenüber. In diesem Artikel unterscheidet das GG Bundes-, Landes- und Gemeinschaftssteuern. So ist z.B. die Erbschaftsteuer eine Landessteuer. Das Erbschaftsteuergesetz regelt sie zwar bundeseinheitlich; aber sie wird von den Finanzämtern der Länder erhoben und fließt der jeweiligen Landeskasse zu. Die Einkommen- und Körperschaftsteuer teilen sich der Bund und die Länder je zur Hälfte; von der Einkommensteuer gehen zuvor 15 % zugunsten der Gemeinden ab, so daß dem Bund und den Ländern je 42,5 % verbleiben. Auch die Umsatzsteuer ist eine Gemeinschaftssteuer; bei ihr wird der Verteilungsschlüssel – zur Zeit 50,5 % zu 49,5 % zugunsten des Bundes, aber nach dem vorherigen Abzug von 5,63 % zugunsten der Rentenversicherung[31] – durch Gesetz festgelegt. Daß dieses Gesetz – wie alle Gesetze über Steuern, die nicht ausschließlich dem Bund zufließen – von der Zustimmung des Bundesrats abhängt, versteht sich von selbst.

Was den Ländern aufgrund des Art. 106 GG zusteht, reicht gegenwärtig bei weitem nicht, um ihnen ein Wirtschaften aus dem Vollen zu gestatten. Aber dem Bund ergeht es mit seinem Anteil nicht besser. Beide leiden Not. Aber es ist beiden ein angemessener Anteil an der Verteilungsmasse garantiert.

III.

Das alles prägt die Lage des Föderalismus nachhaltiger als der so lautstark beklagte Rückgang der Landesgesetzgebung. Die Länder sind dank ihrer Verwaltungshoheit und dank ihres festen Anteils am bundesweiten Steueraufkommen in der Politik präsent. Auch wenn sie das Geschehen in ihrem jeweiligen Gebiet nur am Rande *gesetzlich* mitgestalten, so gestalten sie es doch über den *Gesetzesvollzug* und den Einsatz ihres Anteils am bundesweiten Steueraufkommen im gesetzesunabhängigen Bereich der Politik, allem voran der Wirtschafts- und der Kulturpolitik.

a) Daß in Deutschland keineswegs alle Wege nach Bonn und neuerdings nach Berlin führen, spüren wir nirgendwo deutlicher als an den Universitäten. Das liegt nicht etwa daran, daß das Hochschulrahmengesetz des Bundes seit seiner Novellierung von 1998 den Ländern wieder mehr Spielraum zu einer eigenständigen Hochschulgesetzgebung läßt. Die Universitätsgesetze bewirken nicht allzu viel. Wie kein Gesangverein schöner singt, wenn er seine Statuten ändert, so lehrt und forscht auch keine Universität besser, wenn der Lan-

---

[31] § 1 Abs. 1 Satz 1 des Gesetzes über den Finanzausgleich zwischen Bund und Ländern i.d.F vom 21.6.1993 (BGBl. I, 944/977), zuletzt geändert durch Gesetz vom 17.6.1999 (BGBl. I, 1382).

desgesetzgeber ihr ein neues Universitätsgesetz verpaßt. Auch bei den Universitäten kommt es nicht auf die Gesetze an, die ihr Leben reglementieren. Es kommt auf die Ressourcen an, mit denen sie ihr Leben gestalten: auf die Haushaltsmittel, die ihnen das Land bereitstellt; auf ihren Lehrkörper, den sie in Kooperation mit der Landesregierung auswählen und auf ihre Studenten, für deren Vorbereitung auf das Studium die Länder teils mehr, teils weniger erfolgreich sorgen. Bei alle dem spielt die Gesetzgebung mit. Sie gibt jedoch keineswegs den Ausschlag.

Die Universitäten sind nur ein Beispiel unter vielen anderen. Was über ihre Prägung durch die Länder zu sagen ist, gilt in gleicher Weise für alle anderen Gebiete des öffentlichen Lebens, von den Schulen über das Wirtschaftsleben, zur Raumordnung, dem Umweltschutz, der Kulturpolitik und vielem anderen mehr. Bei manchem trägt das Bundesrecht einen gewichtigen Anteil am mehr oder weniger deutlichen Erfolg der Politik. Aber die Länder tragen an diesem Erfolg zumindest den gleichen Anteil mit, auch oder gerade weil sich das bei ihnen nicht in Gesetzesparagraphen, sondern in konkretem politischem Handeln niederschlägt.

b) Grund zu der Sorge, daß die Landtage mangels gesetzgeberischer Betätigungsfelder arbeitslos werden könnten, besteht nicht. Auch wenn die Landtage nicht den gleichen Berg an Gesetzgebungsarbeit abzutragen haben wie der Bund, so bleiben ihnen dennoch genug andere ebenso wichtige, wenn nicht gar noch wichtigere Aufgaben.

Gerade ihre Entlastung auf dem Feld der Gesetzgebung erlaubt den Landtagen, sich intensiver ihren parlamentarischen Kontrollaufgaben zu widmen, als das dem Bundestag möglich ist. Die Landtage sind näher am politischen Geschehen. Sie kennen die Verhältnisse vor Ort besser, als das der Bundestag je erreichen kann. Das kommt der Finanz- und Entwicklungsplanung zugute, die in den Ländern in sehr viel stärkerem Maße auch Parlamentssache sind. „Rußland ist groß und der Zar ist weit" gilt für den deutschen Bundesstaat nicht. Auch wenn Berlin und die Bundesregierung von Heidelberg weit entfernt sind, so ist Stuttgart nahe!

Darin zeichnet sich eine ungemein fruchtbare Aufgabenteilung zwischen dem Bund und den Ländern ab. Der Bund leistet als Gesetzgeber die Regelungsarbeit, die nur zentral sinnvoll geleistet werden kann. Die Länder sind für die Umsetzung des Bundesrechts in konkrete Politik zuständig, die sie wegen ihrer Ortsnähe und der besseren Kenntnis der Verhältnisse ungleich erfolgreicher erledigen können, als das dem Bund möglich wäre.

Von dieser Teilung der politischen Aufgaben in die gesetzliche Regelung von der Warte des Bundes und die konkrete Umsetzung aus der Ortsnähe der Länder lebt der deutsche Bundesstaat. Er stellt die Demokratie auf eine breitere volksnähere Basis, als dies die zentralistischen Verfassungen mit nur einer Volksvertretung vermögen: Er verlagert Verantwortung von der Zentrale zur Basis und er sorgt für eine bessere Regierbarkeit des gesamten Landes.

Von der Dauerkrise des Föderalismus zu reden, ist daher ganz verfehlt. Der Föderalismus ist so lebendig wie immer. Er geht in das nächste Jahrhundert ebenso gesund wie er das jetzt zu Ende gehende angetreten hat.

IV.

Es gäbe noch manches anzusprechen. Es müßte von der Rolle des Bundesrats und dem Einfluß die Rede sein, den die Länder über ihn auf die Politik des Bundes teils mehr, teils weniger legitim ausüben. Denn der Bundesrat begnügt sich nicht damit, die Landesinteressen dem Bund gegenüber zu vertreten. Er mischt in der allgemeinen Politik mit und bringt die Stimme anderer Mehrheiten ein, als die Parteien sie im Bundestag bilden. Ob das der Rolle entspricht, die das Bundesstaatsprinzip der Ländervertretung zuweist, ist eine Frage für sich[32]. Sie verlangt ein eigenes Referat.

Auch über den horizontalen Finanzausgleich wäre zu berichten. Ich sehe davon ab, weil wir zu ihm in Kürze vom BVerfG näheres hören werden[33]. Darum nur so viel: Mit dem horizontalen Finanzausgleich sorgt das GG für einheitliche Lebensverhältnisse im Bundesgebiet. Drum gibt es bei uns kein Gefälle zwischen steinreichen und bitter armen Ländern. Selbst die Auszehrung der neuen Bundesländer durch das Ulbricht- und Honeckerregime hat das System des Finanzausgleichs einigermaßen zu kompensieren vermocht. Aber wer die Einheit der Lebensverhältnisse wünscht, der darf sich nicht auf das Verteilen von Steuergeldern beschränken. Einheit der Lebensverhältnisse setzt auch Rechtseinheit und mit ihr eine starke Bundesgesetzgebung voraus.

Die leidige Frage nach der Neugliederung des Bundesgebiets muß ebenfalls unbeantwortet bleiben. Sie ist heikel, weil mit Bremen und dem Saarland zwei aus eigener Kraft kaum lebensfähige Bundesländer die Gemeinschaft unsres Bundesstaats belasten. Auch die Ausgrenzung Hamburgs aus Niedersachsen und Schleswig-Holstein und die von den Brandenburgern perpetuierte Aussonderung Berlins aus ihrem Landesgebiet wirft ernste Probleme auf. Stadtstaaten wie Hamburg und Berlin entziehen sich ihrem Umland und den strukturell weniger begünstigten Gebieten, mit denen die Metropolen der Flächenstaaten ihr Steueraufkommen teilen müssen. Drum gleichen die Stadtstaaten den Singles, die ihr Einkommen allein für sich verbrauchen, während andere es für den Unterhalt ihrer Ehepartner und Kinder einsetzen müssen. Sie passen daher nicht in das föderalistische System. Sie stellen das kommende Jahrhundert vor

---

[32] Zu dieser Frage *Dolzer* und *Sachs,* Das parlamentarische Regierungssystem und der Bundesrat, VVDStRL 58 (1999), S. 7 ff. und 39 ff.; *Gamm,* Gewaltenteilung im Bundesrat, AöR 124 (1998), 312 ff.
[33] Vgl. das mittlerweile ergangene Urteil des 2. Senats vom 11.11.1999, BVerfGE 101, 158 ff.

eine Aufgabe, vor der das 20. Jahrhundert zwar fortwährend geredet, aber stets gekniffen hat[34].

Last not least fehlt der Raum, auf die Sorgen mancher, wenn nicht gar aller Landespolitiker einzugehen, die fortschreitende Verlagerung staatlicher Kompetenzen auf die Europäischen Gemeinschaften führe zu einer im gleichen Tempo fortschreitenden Austrocknung der Länderstaatlichkeit in den beiden föderalistisch verfaßten Mitgliedstaaten, Deutschland und Österreich. Man fürchtet, die Gewichte verschöben sich zu den Europäischen Gemeinschaften hin. Die Nationalstaaten dagegen gerieten in die Rolle, die im Bundesstaat den Gliedstaaten zukomme. Die Bundesrepublik werde daher zu einem Land der Vereinigten Staaten von Europa, in dem für ihre 16 Bundesländer kein Platz mehr bleibe.

Auch diese Angst wird durch das einseitige Starren auf die Gesetzgebung geschürt. Dennoch ist sie nicht unbegründet. Auch wenn keine direkten Eingriffe der Gemeinschaften in das föderalistische Verfassungssystem Deutschlands und Österreichs denkbar sind, so liegen bankrechtliche Reglungen im Bereich des Vorstellbaren, die das Sparkassenrecht der Länder, eine für sie sehr wichtige Materie, berühren. Wirtschaftsrechtliche Maßnahmen können das Kommunalwirtschaftsrecht tangieren, medienrechtliche mit dem Rundfunkrecht eine weitere Domäne der Landesgesetzgebung aufbrechen. All das wird sich nicht gezielt gegen die Länderstaatlichkeit richten; aber es kann ihr Abbruch tun. Daß die Länder den Europäischen Gemeinschaften gegenüber argwöhnisch und wachsam geworden sind, wirkt daher verständlich. Es war angezeigt, ihnen mit dem 1992 neugefaßten Art. 23 GG einen Wachturm einzurichten, von dem aus sie mit Hilfe des Bundesrats das Geschehen in der Europäischen Union beobachten und im Falle des Bedarfs ihre Positionen verteidigen können.

Bei alledem sollte jedoch nicht vergessen werden, daß die Europäischen Gemeinschaften die Verwaltungshoheit, das eigentliche Fundament der Länderstaatlichkeit, unangetastet lassen müssen. Der Prozeß der Europäischen Einigung wird daher vor allem den Bund schwächen, der mit den seiner Gesetzgebungsmacht bereits zugefügten und noch ins Haus stehenden Einbußen der Hauptverlierer dieses Prozesses sein wird. Für die Länder dagegen bleibt sich gleich, ob sie Bundesrecht oder Gemeinschaftsrecht vollziehen. Wichtig ist für

---

34 Die stolze Geschichte der Hansestädte Hamburg und Bremen imponiert. Aber die Geschichte des erst 1990 aus der preußischen Landeshoheit und dann der Viermächte-Verantwortung in die Bundesunmittelbarkeit entlassenen Berlin sieht anders und – jedenfalls staatsrechtlich – bescheidener aus. Reichte die ehemalige Reichsunmittelbarkeit als Rechtfertigung der in eine ganz andere Verfassungsordnung hinübergeretteten Bundesunmittelbarkeit aus, so könnten im übrigen mit Augsburg, Frankfurt, Lübeck, Nürnberg, Regensburg eine Reihe anderer nicht minder bedeutender ehemaliger Reichsstädte ebenfalls ihre Entlassung aus der Landeshoheit verlangen.

sie vor allem, daß sie die Verwaltungshoheit auch in dem zusammenwachsenden Europa fest in ihrer Hand behalten. Daran aber hindert sie das Europäische Gemeinschaftsrecht nicht. Ein Grund mehr, die Zukunft des Föderalismus nicht in der Gesetzgebung zu suchen, sondern in der Verwaltung, wo sie seit eh und je weit besser aufgehoben ist und vor allem den größeren Segen entfaltet.

GERT REINHART

Die weltweite Vereinheitlichung des Kaufrechts im 20. Jahrhundert

I. Einleitung

1. Nationale Vereinheitlichung des Privatrechts im 19. Jahrhundert

Durch das Entstehen der neuen europäischen Nationalstaaten im 19. Jahrhundert wurde eine nationale Rechtsvereinheitlichung notwendig, sie betraf vor allem das Zivilrecht. Der napoleonische Code civil (1803), das österreichische Allgemeine Bürgerliche Gesetzbuch – ABGB (1811), der italienische Codice civile (1865), das schweizerische Zivilgesetzbuch (1907) und das deutsche Bürgerliche Gesetzbuch – BGB (1896) sind die hochbedeutenden nationalen Kodifikationen des Privatrechts dieser Zeit.[1]

2. Vereinheitlichung des internationalen Kaufrechts im 20. Jahrhundert

Das 20. Jahrhundert wird auch deshalb in die Rechtsgeschichte eingehen, weil in seinem Verlauf dem einheitlichen internationalen Kaufrecht zu weltweiter Geltung verholfen wurde. Man kann dies als einen Teil der in diesem Jahrhundert vollzogenen Globalisierung ansehen, als Ausdruck der uns auf vielen Gebieten des Rechts und der Wirtschaft in diesem Jahrhundert begegnenden universalen Öffnung der Gesellschaft.

II. Rechtsvereinheitlichung im Kontext

1. Gebot des friedlichen Zusammenlebens

Rechtsvereinheitlichung war zu allen Zeiten verbunden mit dem Gebot des friedlichen menschlichen Zusammenlebens: Die rechtlichen Mittel zur Kon-

---

[1] *F. Sturm*, Der Kampf um die Rechtseinheit in Deutschland, Staudinger-Symposium 1998/ *Sturm*, S. 13 ff.; *Horn*, Ein Jahrhundert Bürgerliches Gesetzbuch, NJW 2000, 40 ff.

fliktlösung versagen, wenn sie nicht einheitlich und gleichartig auf alle Individuen angewandt werden können. Daher kennt man große Rechtsvereinheitlichungen schon im Römischen Reich. Im Corpus iuris civilis, der von *Justinian* im 6. Jahrhundert angeordneten Sammlung herrscherlicher römischer Rechtssetzungsakte, unterschied man nur noch zwei Gruppen von Rechtsunterworfenen: Römer und peregrini (Fremde), nur für sie galten unterschiedliche Rechtssysteme, nicht aber für römische Bürger aus anderen Teilen des Imperiums.[2]

2. Entstehung neuer Staaten

Wo immer im Laufe der Rechtsgeschichte neue Staaten durch freiwilligen oder erzwungenen Zusammenschluß entstanden sind, kann man auf dem Gebiet des Privatrechts ein stets gleichbleibendes Muster der Rechtsvereinheitlichung beobachten.

a) Vereinheitlichung des Handelsrechts als Schrittmacher für das einheitliche Bürgerliche Recht

Zunächst hat man die Materie „Handelsrecht" für die Vereinheitlichung ausgewählt; sie ist – wie schon *Levin Goldschmidt* am Ende des 19. Jahrhunderts feststellte – der „Schrittmacher" des Bürgerlichen Rechts, ein Garant des privatrechtlichen Fortschritts[3].

Als Beispiele seien aus unserem europäischen Rechtskreis zwei genannt: Der Deutsche Bund schuf sich im Allgemeinen Deutschen Handelsgesetzbuch (ADHGB) von 1861 ein umfassendes Handelsrecht,[4] das als Handelsgesetzbuch des deutschen Reiches vom 10. Mai 1897 eine ungeahnte Langzeitwirkung haben sollte, wie noch an der Handelsrechtsnovelle von 1998 zu sehen ist.[5] Die Schweizerische Eidgenossenschaft vollendete 1881 zunächst das Obligationenrecht, Jahre später, erst 1907, das Schweizerische Zivilgesetzbuch.

b) Widerstand gegen die Vereinheitlichung anderer Rechtsmaterien

Offenbar ist der Widerstand gegen die Vereinheitlichung von Materien mit internationalem Bezug, wie z.B. des Handelsrechts, eher zu überwinden als

---

2 *Gutzwiller*, Geschichte des Internationalprivatrechts, Basel/Stuttgart 1977, S. 2 f.; *Lüderitz*, Internationales Privatrecht, 2. Aufl., Neuwied 1992, Rz. 19; *Firsching/von Hoffmann*, Internationales Privatrecht, 5. Aufl., München 1997, S. 43.
3 *Schmidt*, Das Handelsgesetzbuch von 1897: Ein Gesetz für Heute und Morgen?, in: Paschke/Popov (Hrsg.), 100 Jahre Handelsgesetzbuch, Hamburg 1998, S. 1 ff.
4 *Kronke*, Rechtsvergleichung und Rechtsvereinheitlichung in der Rechtsprechung des Reichsoberhandelsgerichts, ZEuP 1997, 735 ff.; *Zimmermann*, Savignys Vermächtnis, ÖJBl 120 (1998) 273 ff.; *F. Sturm*, a.a.O. (Fn. 1), S. 21 f.
5 *Schmidt*, a.a.O. (Fn. 3), S. 2 und 9.

beim Ehe- und Familienrecht, denn dort sind die Voraussetzungen für die Vereinheitlichung ungünstiger, weil dabei direkt in die Rechte des Individuums eingegriffen wird. Wer Rechtsvereinheitlichung als Beitrag zu Demokratie und Rechtsstaat, zur Gleichberechtigung der Bürger versteht, wird seine Änderungsvorschläge behutsam formulieren, denn sind die Veränderungen zu tiefgreifend, wird dadurch das Scheitern der Bemühungen riskiert.[6]

Die Vereinheitlichung der Materie Kaufrecht ist zu allen Zeiten als notwendig und dringlich empfunden worden.[7] Vergleicht man heute die verschiedenen nationalen Gesetze über den Warenkauf, dann steht die Notwendigkeit der Rechtsangleichung deutlich vor Augen.[8]

Schon die Vorschriften über das Zustandekommen des Kaufvertrags sind unterschiedlich, bis heute wird in manchen Staaten die Einhaltung von Formvorschriften, z.B. der Schriftform, verlangt. Die Nichteinhaltung des Formgebots wird durch die Nichtigkeit des formungültigen Vertrages sanktioniert.

Wer eine nicht dem Vertrag entsprechende Ware erhält, tut gut daran, sich Rechtsrat zu holen; es besteht die Gefahr, daß der Käufer seine Gewährleistungsrechte verliert, weil der Verkäufer nicht rechtzeitig oder nicht in der vom anwendbaren Kaufrecht vorgeschriebenen Art und Weise, als Beispiel sei auf die Vorschrift des § 377 Abs. 1 des deutschen HGB verwiesen, „unverzüglich" vom Bestehen des Mangels informiert wurde.

Wie lange man die Gewährleistungsansprüche geltend machen kann, ist von den nationalen Gesetzgebern unterschiedlich geregelt worden, im materiellen deutschen Recht gilt für bewegliche Sachen eine Frist von sechs Monaten, die im Zuge der Schuldrechtsreform auf drei Jahre erhöht werden soll;[9] in anderen Ländern und in der Europäischen Union gilt normalerweise eine Frist von zwei Jahren, im internationalen Verkehr hat man sich auf eine Vierjahresfrist eingestellt.[10]

---

6 *Tallon*, Les obstacles à l'unification du droit: comment les surmonter?, FS Ole Lando, Kopenhagen 1997, S. 317 ff., 322.
7 Über die bisher geleisteten Vorarbeiten für die Rechtsangleichung vgl. *Hartkamp*, Principles of Contract Law, in: Hartkamp et al. (Editors), Towards a European Civil Code, 2. Aufl., Nijmegen 1998, S. 105 ff. m.w.Hinw. und *Ferrari*, European Sales Law and International Sales Law: Can they coincide?, ebenda S. 363.
8 Vgl. *Medicus*, Zur Geschichte der Sachmängelhaftung, in „Rechtsgeschichte und Privatrechtsdogmatik", FS Hans Hermann Seiler, Heidelberg 1999, S. 307 ff.; *Schwartze*, Europäische Sachmängelgewährleistung beim Warenkauf, 2000, S. 1 et passim.
9 Vgl. Abschlussbericht der Kommission zur Überarbeitung des Schuldrechts, hrsg. vom Bundesministerium der Justiz, Bonn 1992, § 195 Abs. 1 des Kommissionsentwurfs, vgl. S. 42; Einzelheiten bei *Haug*, Die Neuregelung des Verjährungsrechts, Baden-Baden 1999, S. 45 ff. und 78 ff.
10 Art. 8 des New Yorker UN-Übereinkommens über die Verjährung beim internationalen Warenkauf vom 14.6.1974 in der Fassung des Wiener Änderungsprotokolls vom 11.4.1980, abgedruckt bei *Enderlein/Maskow/Strohbach*, Internationales Kaufrecht, Berlin 1991, S. 316, und *Staudinger/Magnus* (1999) Anhang II zum CISG Rn. 31; zur Problematik vgl. *Boele-Woelki*, The limitation of rights and actions in the international sale of goods, Unif. L.Rev. 1999-3, 621 ff.

Die Angleichung solcher nationalen Rechtsvorschriften ist unvermeidlich, wenn man den internationalen Warenhandel erleichtern will.

III. Vereinheitlichung des Rechts des internationalen Warenkaufs

1. Die skandinavischen Kaufgesetze (1905-1912) als Vorbilder

Als am Ende des 19. Jahrhunderts die Kodifikationsbewegung in Europa stagnierte, waren es die skandinavischen Juristen, welche sich auf ihre Erfahrungen bei der Kodifizierung des Zivilrechts besannen. Sie richteten ihre Bemühungen nun auf die Vereinheitlichung des Kaufrechts und waren erfolgreich: Die einheitlichen skandinavischen Kaufgesetze traten 1905 in Schweden, 1906 in Dänemark, 1907 in Norwegen und 1911 in Island in Kraft.[11]

Im Jahre 1908 legt *Tore Almén* (1871–1919) seinen zweibändigen Kommentar zu den skandinavischen Kaufgesetzen vor[12], und der Direktor des Heidelberger Instituts für Auslandsrecht, Professor *Friedrich Carl Neubecker* (1872–1923), übersetzte das Werk ins Deutsche, es wurde 1922 in Heidelberg in drei Bänden veröffentlicht. *Neubecker* war überzeugt davon, daß dieses „Großwerk" auch in anderen europäischen Ländern, dem Vorbild der skandinavischen Einheitlichen Kaufgesetze folgend, das Verlangen nach einem einheitlichen Kaufrecht fördern werde.

2. Rechtsvergleichung als friedenstiftendes Mittel

Der Ausbruch des Ersten Weltkrieges im August 1914 machte alle Vorhaben auf dem Gebiet der Privatrechtsvergleichung zunichte. Wer Krieg gegen einen anderen führt, ist wohl kaum bereit, während gekämpft wird, mit dem Feind über die Vereinheitlichung seines Rechts mit dem des Gegners zu verhandeln.

a) Gründung und Aufgabenstellung des Heidelberger rechtsvergleichenden Instituts 1916

Einen starken Impetus erhielten die Bestrebungen zur Vereinheitlichung durch eine in der Zeit des Ersten Weltkriegs gewachsene Erkenntnis: Eine der Ursachen für den Ausbruch menschenverachtender Kriege war und ist der Umstand, daß man den Gegner nicht, zumindest aber zu wenig kennt. Die aus dem Kriegsjahr 1916 stammende Stiftungsurkunde des Heidelberger rechtsvergleichenden Instituts spiegelt diese Erkenntnis wider, wenn der Stifter *Carl*

---

11 *Zweigert/Kötz*, Einführung in die Rechtsvergleichung, 3. Aufl., Tübingen 1996, S. 275 f.
12 *Almén*, Om köp och byte erf lös egendom – Kommentar till legen den 20. juni 1905, Stockholm 1906 und 1908.

Leopold Netter, ein Berliner Kaufmann, in die Urkunde über die Stiftung eines Kapitals von 100 000 Mark hineinschreiben läßt: Die Stiftung von 1916 solle „zur Erinnerung daran, daß in Deutschland auch während der Kriegszeit die Ziele friedlicher Arbeit nicht vergessen wurden, die Jahreszahl 1916 in ihrem Namen führen."[13] Der damalige Dekan der Fakultät *Thoma* schrieb dem Stifter: „Der Zeitpunkt der Stiftung zeigt in Gegenwart und Zukunft, daß in Deutschland auch inmitten des gewaltigsten Krieges opferwillige Liebe zu den idealen Bestrebungen der Wissenschaft am Werke ist".[14]

b) Andere zur gleichen Zeit gegründete deutsche Institute für Rechtsvergleichung

Nicht nur in Heidelberg empfand man so; auch die meisten anderen rechtsvergleichenden Institute in Deutschland – ist das nicht erstaunlich? – sind alle in diesen Kriegszeiten gegründet worden (Kiel und München 1916, Frankfurt und Breslau 1917/18).[15] Das zentrale Kaiser-Wilhelm-Institut für ausländisches und internationales Privatrecht (heute Max-Planck-Institut für ausländisches und internationales Privatrecht in Hamburg) wurde bald nach dem Krieg, im Jahre 1926, errichtet und im Berliner Schloß untergebracht. Erster Direktor wurde der Gründer des Münchner Instituts für Rechtsvergleichung Professor Dr. *Ernst Rabel* (1874–1955)[16].

3. Rechtsangleichung als Aufgabe der nationalen Institute

a) Vorbereitungen zur Erarbeitung eines einheitlichen nationalen Zivilgesetzbuches

Karl Heinsheimer (1869–1929), Gründer und erster Direktor des Heidelberger Instituts, gab diesem im Jahre 1917 ein Programm mit auf den Weg: Er sah es als „die große Aufgabe des Instituts" an, zu „einer auf der wirtschaftlichen Zusammengehörigkeit sich aufbauenden Rechtsangleichung beizutra-

---

13 Abgedruckt bei *Reinhart*, Das Institut für ausländisches und internationales Privat- und Wirtschaftsrecht der Universität Heidelberg 1917–1967, in „Rechtsvergleichung und Rechtsvereinheitlichung", Festschrift zum fünfzigjährigen Bestehen des Instituts, Heidelberg 1967, S. 23 f., 27 Fn. 29.
14 A.a.O., S. 27 Fn. 30.
15 A.a.O., S. 32 und Fn. 54.
16 Zur Person *Rabels* vgl. Rheinstein, Ernst Rabel, FS Ernst Rabel, Bd I, Tübingen 1954, S. 1 ff., und *Leser*, Einleitung des Herausgebers von *Ernst Rabel*, Gesammelte Aufsätze Bd I (GA I), Tübingen 1965, S. XI ff., XIV ff.; zum Institut vgl. *Wahl*, Das Kaiser Wilhelm-Institut für ausländisches und internationales Privatrecht in Berlin, „In memoriam Eduard Wahl", Heidelberg 1988, S. 35 ff., 38, 40; *Rabel*, Zwei Rechtsinstitute für die internationalen privatrechtlichen Beziehungen, JW 1932, 2225 ff. = GA III, S. 73 ff.

gen", sein Programm für die Forschungsarbeit des Instituts lautete schlagwortartig: „Rechtswirtschaft, Rechtsvergleichung, Rechtsangleichung".[17]

Die von *Heinsheimer* begründete Reihe „Zivilgesetze der Gegenwart" mit den drei erschienenen Bänden zum Zivilrecht Brasiliens, Frankreichs und Englands[18] war aus dessen Sicht eine Vorbereitung für die Erarbeitung eines einheitlichen Zivilgesetzbuchs.

b) Internationale Vorbereitungen zur Ausarbeitung eines Weltrechts: UNIDROIT

Parallel zu diesen nationalen Bemühungen um Rechtsvereinheitlichung gründete der Völkerbund im Jahre 1926 als Hilfsorgan die zwischenstaatliche Institution UNIDROIT, das Institut pour l'unification du droit privé („Völkerbundsinstitut für die Vereinheitlichung des Privatrechts") mit Sitz in Rom. Damit sollten die Ansätze der „multilateralen Zusammenarbeit der Rechtsvergleicher über die Grenzen hinweg"[19], die mit dem im Zusammenhang mit der Pariser Weltausstellung von 1900 veranstalteten ersten Internationalen Kongreß für Rechtsvergleichung[20] begonnen wurden, festere Formen annehmen.

Das deutsche Reich wurde im Jahre 1926 Mitglied dieser zwischenstaatlichen Organisation, der heute 57 Mitgliedstaaten angehören[21]. Die hochangesehene Institution wird seit 1998 von unserem Heidelberger Fakultätskollegen und Mitdirektor des Instituts für Auslandsrecht *Herbert Kronke* als Generalsekretär verwaltet.

aa) Die Vorarbeiten bis zum Ausbruch des Zweiten Weltkriegs

Ende der zwanziger Jahre beriet im Justizamt in Berlin *Franz Schlegelberger* mit dem Direktor des Kaiser-Wilhelm-Instituts für ausländisches und internationales Privatrecht *Ernst Rabel*, einem Österreicher jüdischer Abstammung, welche Tätigkeitsfelder von den deutschen Delegierten für die Arbeit von UNIDROIT vorgeschlagen werden sollten.

Die von *Rabel* 1928 in Rom vorgetragene Erwägung, die Vereinheitlichung des Kaufrechts an die erste Stelle der Arbeiten des Instituts zu setzen, fand im

---

17 *Heinsheimer*, Das Seminar für rechtswirtschaftliche und rechtsvergleichende Studien an der Universität Heidelberg, JW 1917, 684 ff, 685.
18 Band I: Frankreich, Code civil, 1932; Band II: Das Zivilrecht Englands, 1931; Band III: Brasilien, Código civil, 1928.
19 *Kreuzer*, Spuren des BGB im tunesischen Schuldrecht, FS Hans G. Leser, Tübingen 1998, S. 541 ff., 547.
20 Congrès International de Droit Comparé Paris 1900, Procès-Verbaux et Documents, 2 Bde, Paris 1905 und 1907.
21 *Walter*, 17. Kongress der IALL in Rom, RBD 29 (1999) 10.

Jahre 1929 Zustimmung. UNIDROIT übernahm den deutschen Vorschlag[22] und ernannte *Ernst Rabel* zum deutschen Mitglied des Verwaltungsrates. Hochrangige Rechtsvergleicher aus den wichtigsten europäischen Staaten bildeten den Kaufrechtsausschuß von UNIDROIT. Ihm gehörten „große Juristen"[23] ihrer Zeit an: *Algot Bagge, Henri Capitant, Martin Fehr, H.C. Gutteridge, Joseph Hamel* und *Sir Cecil Hurst*; zu ihnen trat ab 1931 der amerikanische Rechtsgelehrte *Karl N. Llewellyn* hinzu, der später den ersten Entwurf des Uniform Commercial Code, des Modells des einheitlichen Handelsgesetzbuchs der Einzelstaaten der USA, ausarbeitete.[24]

Die Vorbereitungsarbeit wurde *Ernst Rabel* und seinen Mitarbeitern im Kaiser-Wilhelm-Institut in Berlin übertragen, schon damals von *Eduard Wahl* als „wissenschaftlicher Großbetrieb" apostrophiert[25]. Sie gipfelte in dem zweibändigen Werk von *Ernst Rabel*: „Das Recht des Warenkaufs", dessen 1. Band im Jahre 1936 als Sonderheft von *Rabels* „Zeitschrift für Ausländisches und Internationales Privatrecht" erschien[26]. Die Ergebnisse der rechtsvergleichenden Untersuchungen, woran alle Referenten und Assistenten des Instituts beteiligt waren, von denen aber *Rabel* selbst *Arwed Blomeyer* (1906–1995), *Ernst von Caemmerer* (1908–1985) und meinen verehrten Lehrer *Eduard Wahl* (1903–1985) besonders hervorhob[27], führten zu einem im Institut erarbeiteten, im Jahre 1935 veröffentlichten Entwurf einer völkerrechtlichen Übereinkunft[28].

Die Entlassung und Verjagung *Ernst Rabels* und eines großen Teils seiner juristischen Mitarbeiter wie *Fritz Kessler, Max Rheinstein, Stefan Riesenfeld* u.a. durch die Nationalsozialisten[29] machte die Arbeit fast zunichte, aber nicht ganz.

Der vor dem Ausbruch des Zweiten Weltkriegs vom Kaiser-Wilhelm-Institut versandte überarbeitete Entwurf wurde während des Krieges beiseite gelegt. Im Vordergrund stand in der Exilzeit der Versuch *Rabels*, der in der amerikanischen Law School in Ann Arbor Zuflucht fand, die Grundsätze des römischen Entwurfs in die Beratungen des Law Instituts zum Entwurf eines amerikanischen einheitlichen Handelsgesetzbuch einzubeziehen. *Rabel* unterstützte

---

22 *Rabel*, Internationales Institut für die Vereinheitlichung des Privatrechts in Rom, RabelsZ 3 (1929) Heft 2/3, S. 1 ff., 4/5.
23 So *Ernst Rabel* im Vorwort zu: Kaiser-Wilhelm-Institut für ausländisches und internationales Privatrecht, Das Recht des Warenkaufs – Eine rechtsvergleichende Darstellung von *Ernst Rabel* unter Mitwirkung der früheren und jetzigen wissenschaftlichen Mitarbeiter des Instituts (Sonderheft des neunten Jahrgangs der Zeitschrift für Ausländisches und Internationales Privatrecht), 1. Band, Berlin und Leipzig 1936, S. 2; 2. Band, Berlin und Tübingen 1958.
24 *Großfeld*, Zauber des Rechts, 1999, S. 332.
25 *Wahl*, a.a.O. (Fn. 16), S. 37.
26 A.a.O. (Fn. 23).
27 Vorwort zu Recht des Warenkaufs, Bd. 1, a.a.O. (Fn. 23).
28 Veröffentlicht in RabelsZ 9 (1935) 1–79 und 339–363 = GA III, S. 522 ff.
29 *Großfeld*, a.a.O. (Fn. 24), S. 308 ff., 330.

die Arbeit am amerikanischen Uniform Commercial Code[30], aber die Mitglieder der amerikanischen Kommission konnten sich nicht entschließen, den Änderungswünschen *Rabels* für den Entwurf des UCC zu folgen.[31]

bb) Die Wiederaufnahme der Arbeiten nach dem Ende des Zweiten Weltkrieges

Nach der Beendigung des Zweiten Weltkrieges wurden im Jahre 1947 die Arbeiten von UNIDROIT am Weltkaufrecht im Römischen Institut wieder aufgenommen.

Auf Initiative der niederländischen Regierung fand im Januar 1951 in Den Haag eine Diplomatische Konferenz statt, auf der in Anwesenheit *Ernst Rabels* die Fortführung der unterbrochenen Arbeiten zur Vereinheitlichung des internationalen Kaufrechts beschlossen wurde[32]. Ein im Haag eingesetzter neuer Kaufrechtsausschuß, dem *Ernst Rabel* bis zu seinem Tode im Jahre 1955 als Vertreter von UNIDROIT angehörte, trieb die Beratungen voran.

IV. Die Haager Übereinkommen zum Einheitlichen Kaufrecht

1. Die Haager Konferenz von 1964

Das Interesse an der Vereinheitlichung des Kaufrechts war trotz des Krieges und trotz aller Nachkriegswirren ungebrochen. Im Jahre 1964 wurden auf einer Diplomatischen Konferenz, die wieder im Haag tagte, die beiden Konventionen des „Haager Einheitlichen Kaufrechts" verabschiedet.[33] Die Übereinkommen traten im August 1972 in Kraft, sie enthielten als Annex das „Einheitliche Gesetz über den internationalen Kauf beweglicher Sachen (EKG)" und das „Einheitliche Gesetz über den Abschluß von internationalen Kaufverträgen über bewegliche Sachen (EAG)".

2. Das Inkrafttreten des Haager Einheitlichen Kaufrechts für die Bundesrepublik Deutschland

Das Haager Einheitliche Kaufrecht mit seinen beiden Mustergesetzen war eine große gesetzgeberische Leistung. Schon *Ernst Rabel* hatte die spätere Ver-

---

30 *Rabel*, A Draft of an International Law of Sales, University of Chicago Law Review 5 (1937/38) 543 ff., 546 = GA III, S. 613 ff.; *Großfeld*, a.a.O., S. 333 ff., 334.
31 *Großfeld*, ebenda, S. 335/336.
32 *Rabel*, Die Haager Konferenz über die Vereinheitlichung des Kaufrechts, RabelsZ 17 (1952) 212 f.
33 *Riese*, Die Haager Konferenz über die internationale Vereinheitlichung des Kaufrechts vom 2. bis 25. April 1964, RabelsZ 29 (1965) 1 ff.

Die weltweite Vereinheitlichung des Kaufrechts im 20. Jahrhundert 337

einheitlichung durch die Haager Konventionen als „Markstein in der Entwicklung des Privatrechts und des internationalen Rechts" bezeichnet.[34] Nur neun Staaten, eine enttäuschend geringe Zahl, haben dieses epochemachende Werk in ihr nationales Recht eingeführt, darunter auch die Bundesrepublik Deutschland.[35] Es zeichnete sich schnell ab, daß nur wenige außereuropäische Staaten (Israel und Gambia) bereit waren, das Haager Einheitliche Kaufrecht einzuführen. Man versuchte deshalb, wenigstens die westeuropäischen Staaten dazu zu bewegen, die Übereinkommen zu ratifizieren, sodaß man ein zumindest in den Mitgliedstaaten der Europäischen Wirtschaftsgemeinschaft (EWG) geltendes einheitliches Kaufrecht hätte. Dieser Versuch ist fast gelungen; in Belgien, in Großbritannien, in Italien, in Luxemburg, in den Niederlanden und in San Marino sind die Gesetze des Einheitlichen Haager Kaufrechts in Kraft getreten, in der Bundesrepublik Deutschland am 16. April 1974; von den Gründerstaaten der Europäischen Wirtschaftsgemeinschaft blieb nur Frankreich fern.

Das Haager Einheitliche Kaufrecht hat sich in der Praxis bewährt,[36] besonders die deutschen Gerichte haben in einer Vielzahl von veröffentlichten Entscheidungen bewiesen, daß man mit den neuen Normen sachgerechte Lösungen erzielen kann.[37]

3. Die Nichtakzeptanz des Haager Einheitlichen Kaufrechts

Die Nichtakzeptanz des Haager Kaufrechts beruhte auf zwei Gründen:

a) Ungewohnte Gleichstellung von Handelskauf und Zivilkauf

Zum einen war es für viele ungewohnt, daß es für alle internationalen Käufe gilt, also nicht mehr zwischen Kaufleuten und Privaten unterscheidet. Dies entsprach dem Wunsch *Rabels*, der schon im frühen Stadium der Beratungen ein Sonderrecht des Handelskaufes ablehnte; er erstrebte eine allgemeine Regelung, die weder auf den Handelskauf beschränkt wäre, noch gar eine Doppelregelung vorsähe.[38] Die schwierige Unterscheidung zwischen Zivilkauf und Handelskauf mit neuen, noch zu entwickelnden Unterscheidungsmerkmalen

---

34 *Rabel*, Der Entwurf eines Einheitlichen Kaufgesetzes, a.a.O. (Fn. 28), RabelsZ 9 (1935) 1 ff., 5 = GA III, S. 522 ff.; *Großfeld*, a.a.O. (Fn. 24), S. 331 ff.
35 Vgl. dazu die Einheitlichen Gesetze vom 17.7.1973, BGBl. 1973 I 856 ff. und 868 ff.
36 *Magnus*, Europäische Rechtsvereinheitlichung, RabelsZ 45 (1981) 144 ff., 150 ff.
37 *Reinhart*, Zehn Jahre deutsche Rechtsprechung zum Einheitlichen Kaufrecht, IPRax 1985, 1 ff.; *Kegel/Schurig*, Internationales Privatrecht, 8. Aufl., München 2000, S. 605 ff. Die Bundesrepublik hat die Übereinkommen am 1.1.1990 gekündigt, die Einheitsgesetze sind seit 1.1.1991 außer Kraft, vgl. Art. V des UNKR-Vertragsgesetzes vom 5.7.1989, BGBl. 1989 II 586.
38 *Rabel*, Recht des Warenkaufs, Band 1, a.a.O. (Fn. 23), S. 33.

sollte dem Welthandel erspart bleiben.[39] Im Haager Kaufrecht ist man diesem Verlangen *Rabels* strikt nachgekommen; auch der Fremdkörper „Internationales Privatrecht" sollte im Einheitsrecht keine Rolle (mehr) spielen.[40]

b) Ungenügende Beteiligung der Entwicklungsländer an der Ausarbeitung der Haager Übereinkommen

Zum anderen hatten die Vertreter der neuen, nach dem Ende des Zweiten Weltkrieges entstandenen Staaten, insbesondere der aus kolonialer Herrschaft in die Freiheit entlassenen Länder, psychologische Barrieren zu überwinden. Ihr Vorwurf lautete, das Haager Kaufrecht sei im wesentlichen von Juristen aus den westlichen Industrieländern erarbeitet worden, und zwar ohne Rücksicht auf die Bedürfnisse der Entwicklungsländer.[41]

Richtig ist, daß die in den dreißiger Jahren entstandenen Entwürfe von Juristen aus den wichtigsten europäischen Industrienationen erarbeitet wurden, die als Vorbild ihr eigenes autonomes Handelsrecht den Entwürfen für das Einheitliche Kaufrecht zugrundegelegt hatten. Vertreter von Entwicklungsländern erhoben den nicht beweisbaren Vorwurf, im neuen Einheitsrecht sei einseitig den Interessen des Verkäufers (aus den europäischen Industrieländern) Vorrang vor denen des Käufers (aus den in Entwicklung befindlichen Ländern) eingeräumt worden.[42]

V. Das Kaufrecht der Vereinten Nationen

1. Die Arbeiten im Rahmen von UNCITRAL

Die Entwicklungsländer sahen ihre Interessen besser in den Vereinten Nationen aufgehoben. In der United Nations Commission on International Trade Law (UNCITRAL) wurde im Jahre 1969, also schon drei Jahre *vor* dem Inkrafttreten des Haager Einheitlichen Kaufrechts, auf Antrag der ungarischen Delegierten eine Arbeitsgruppe eingesetzt, die prüfen sollte, ob ein weltum-

---

39 Vgl. *Rabel*, ebenda, S. 34/35; vgl. schon *Rabel*, Die Arbeiten zur Vereinheitlichung des Kaufrechts, Jahresbericht der juristischen Gesellschaft zu Berlin 73 (1931) 28 ff. = GA III, S. 496.
40 Dieser Standpunkt ist heute noch in manchen Vertragsstaaten umstritten, vgl. für Ungarn *Vékás*, Über die Neugestaltung des ungarischen Privatrechts, FS Ulrich Drobnig, Tübingen 1998, S. 713 ff., 723.
41 *Kropholler*, Internationales Privatrecht, 3. Aufl., Tübingen 1997, § 52 IV 2, S. 423; *Fontaine*, Das Recht des Internationalen Warenkaufs – Das Wiener Übereinkommen und die Standardvertragsbedingungen, Festschrift für Ernst Steindorff, Berlin 1990, S. 1193 ff., 1195.
42 *Fontaine*, ebenda, S. 1195; *Staudinger/Magnus* (1999) Einl. zum CISG Rn. 24.

spannendes einheitliches Kaufrecht für grenzüberschreitende Käufe geschaffen werden könne. Diese provokante, die langjährige Arbeit am Haager Kaufrecht ignorierende und damit desavouierende Fragestellung wurde von den Vertretern der westlichen Industrieländer unterlaufen, sie einigten die Mehrheit der Delegierten der UNCITRAL darauf, den Beratungen im Rahmen der „Working Group of Sale" das Haager Kaufrecht als das zu prüfende „Modell" zugrunde zu legen.[43]

2. Die begleitenden Beratungen im Deutschen Rat für Internationales Privatrecht

Die Schuldrechtskommission des Deutschen Rates für Internationales Privatrecht, der in den siebziger Jahren aus Heidelberg *Eduard Wahl* und *Peter Schlechtriem* angehörten, wurde von *Ernst von Caemmerer*, dem letzten Schüler *Rabels* im Kaiser-Wilhelm-Institut in Berlin, umsichtig und tatkräftig geleitet und begleitete die Arbeiten am neuen Weltkaufrecht der Vereinten Nationen durch regelmäßige Zusammenkünfte in Baden-Baden. Gegenüber dem Haager Einheitlichen Kaufrecht waren die Veränderungen, welche von den Delegierten von UNCITRAL, die regelmäßig abwechselnd in New York und in Genf tagten, eingeführt wurden, nicht nur marginal. Mit den sachlichen und dogmatischen Änderungen im neuen Übereinkunftstext sollten allgemeine, einfache und einsichtige Regelungen gefunden werden, ohne die Vorgaben des Haager Einheitlichen Kaufrechts preiszugeben.

3. Die Wiener UN-Konferenz von 1980

a) Verabschiedung und Akzeptanz des UN-Übereinkommens

Am 11. April 1980 verabschiedete die von den Vereinten Nationen nach Wien einberufene 97. Diplomatische UN-Konferenz, an der 62 Staaten teilnahmen, nach einer zweiwöchigen Marathonsitzung das UN-Übereinkommen über den internationalen Warenkauf.[44] Diese Konvention fand weltweite Beachtung, denn der Warenkauf ist in der Praxis der wichtigste Vertrag über ein Handelsgeschäft.

Noch etwas kommt hinzu: Die für den Warenkauf gefundenen Regelungen lassen sich auf andere Vertragstypen übertragen, denn das im Kompromißweg gestaltete Leistungsstörungsrecht der UN-Kaufrechtskonvention hat eine einleuchtende Grundstruktur erhalten, die *Ulrich Magnus*, der heute in Hamburg

---

43 *Schlechtriem/Schlechtriem*, Kommentar zum Einheitlichen UN-Kaufrecht (CISG-Kommentar), 3. Aufl., München 2000, Einl CISG, S. 27 f.
44 United Nations, Official Records, New York 1981; *Honnold*, Documentary History of the Uniform Law for International Sales, Deventer 1989, S. 381 ff.

lehrende letzte Assistent *Eduard Wahls*, wie folgt beschreibt:[45] „Verschuldensunabhängige Haftung für alle Vertragspflichten; bei Vertragsverletzung Schadensersatz als Mindestsanktion; Befreiung von der Haftung nur bei unvermeidbaren Ursachen; Vertragsaufhebung nur bei wesentlicher Vertragsverletzung". Ein Muster wie dieses kann auf jeden schuldrechtlichen Austauschvertrag übertragen werden.

Am 1. Januar 1988 ist das UN-Kaufrecht in Kraft getreten, die Bundesrepublik Deutschland ist seit 1. Januar 1991 Vertragsstaat[46]. Dem Übereinkommen gehören heute mindestens 57 Staaten an,[47] darunter große Industrienationen wie die USA, Frankreich, Rußland und Deutschland, aber auch Staaten wie Ägypten, Argentinien, Australien, China, Irak, Mauretanien, Mexiko, Schweden, die Schweiz und Tschechien, sodaß geschätzt wird, rund zwei Drittel des deutschen Außenhandels im Jahre 1999 seien nach den Regeln des UN-Kaufrechts abgewickelt worden, sofern die Vertragsparteien dessen Anwendung im Einzelfall nicht ausdrücklich ausschlossen (Art. 6 UNKR)[48]. Weitere Staaten haben angekündigt, sie wollten sich in absehbarer Zeit dem UN-Übereinkommen anschließen. Von den 15 Staaten der Europäischen Union haben 12 das UN-Kaufrecht ratifiziert; Großbritannien ist noch Vertragsstaat des Haager Einheitlichen Kaufrechts, Irland und Portugal sind bisher von den Vereinheitlichungsbestrebungen auf dem Gebiet des Kaufrechts noch nicht erfaßt worden.

Das UN-Kaufrecht liegt in den sechs Amts- und Arbeitssprachen der Vereinten Nationen vor (Arabisch, Chinesisch, Englisch, Französisch, Russisch und Spanisch). Es ist für Praxis und Lehre erschlossen, nicht nur in Deutschland, sondern auch in den anderen beteiligten Staaten. Datenbanken zum UN-Kaufrecht werden bei UNCITRAL in Wien, bei der Universität Rom (UNILEX), bei der Pace University in New York (CISG.law.Pace) und in dem von *Peter Schlechtriem* und *Hans Stoll* geleiteten Freiburger Institut für ausländisches

---

45 *Magnus*, Die Gestalt eines europäischen Handelsgesetzbuches, FS Ulrich Drobnig, Tübingen 1998, S. 57 ff., 71 f.; *Staudinger/Magnus* CISG (1999), a.a.O. (Fn. 42), Einleitung zum CISG Rn. 24.
46 *Reinhart*, Zum Inkrafttreten des UN-Kaufrechts für die Bundesrepublik Deutschland, IPRax 1990, 289 ff.
47 BGBl. II 2000, Fundstellennachweis B, Stand 31.12.1999, S. 579. Die Vorschriften des Übereinkommens haben sich in Deutschland bewährt, vgl. die Berichte von *Magnus*, Stand und Entwicklung des UN-Kaufrechts, ZEuP 1995, 202 ff.; *ders.*, Das UN-Kaufrecht: Fragen und Probleme seiner praktischen Bewährung, ZEuP 1997, 823 ff.; *ders.*, Wesentliche Fragen des UN-Kaufrechts, ZEuP 7 (1999) 642 ff., 643; zur Staatensukzession bei Wegfall von Vertragsstaaten des UN-Kaufrechts (UdSSR, Jugoslawien, Tschechoslowakei) vgl. *Reinhart*, RabelsZ 58 (1994) 136 Fn. 1 m.w.N.
48 Zur leidigen Praxis in der deutschen Industrie, das UNKR nach Möglichkeit abzubedingen, vgl. *Lübbert*, in „Schuldrecht, Rechtsvergleichung und Rechtsvereinheitlichung an der Schwelle zum 21. Jahrhundert", hrsg. von Ingeborg Schwenzer, Tübingen 1999, S. 25/26.

Die weltweite Vereinheitlichung des Kaufrechts im 20. Jahrhundert 341

und internationales Privatrecht (CISG online) geführt. Der frühere Direktor unseres Instituts *Michael R. Will*, der jetzt in Genf lehrt, hat Hunderte von Gerichtsentscheidungen zum Haager und zum UN-Kaufrecht gesammelt und erschlossen. Von UNCITRAL in Wien wird die Urteilssammlung CLOUT (Case Law on UNCITRAL Texts) herausgegeben; in jedem Vertragsstaat ist mindestens ein sachverständiger Berichterstatter bestellt, der die einschlägigen Urteile sammelt, bearbeitet und nach Wien meldet; für Deutschland hat diese Aufgabe *Ulrich Magnus* übernommen. Die Gerichtsentscheidungen werden publiziert und können im Internet abgerufen werden.

Zu Literatur und Rechtsprechung zum UN-Kaufrecht gehören in Deutschland auch die Werke zum Haager Einheitlichen Kaufrecht, das hier fast 17 Jahre lang (1974–1990) gegolten hat. Die Materie Internationales Kaufrecht gehört daher in Deutschland zu den besonders intensiv behandelten Rechtsmaterien.

b) Die Vollendung des Werkes *Ernst Rabels* und seiner Schüler

Damit ist am Ende des 20. Jahrhunderts die Rechtsvereinheitlichung des internationalen Kaufrechts abgeschlossen, das Werk *Ernst Rabels* und seiner Schüler vollendet. Niemand hat ein Interesse daran, die gerade erreichte, in sieben Jahrzehnten erkämpfte Rechtseinheit leichtsinnig zu gefährden. Es ist damit zu rechnen, daß von dieser Vereinheitlichung die rechtliche Gestalt des Kaufvertrages in den künftigen Jahren und Jahrzehnten bestimmt wird.

*VI. Die Auswirkungen des UN-Kaufrechts
auf die autonomen Kaufgesetze*

Mit der weltweit hohen Akzeptanz des UN-Übereinkommens wird die interessante Frage aufgeworfen, wie sich die Existenz des neuen UN-Weltkaufrechts auf die nationalen Kaufgesetze auswirkt.

1. Die Vorbildfunktion der Haager Einheitlichen Kaufgesetze

Schon das Haager Einheitliche Kaufrecht von 1964 diente als Vorlage für später erlassene nationale Kaufrechtsregelungen:
Die damalige Tschechoslowakei hat es schon im Jahre 1963 vorab als „Gesetzbuch des internationalen Handels" übernommen, das israelische Kaufgesetz von 1968 ist eine Nachbildung des Haager Kaufrechts.

2. Das UN-Kaufrecht als Vorbild

In den skandinavischen Ländern Dänemark, Finnland, Norwegen und Schweden ist das UN-Kaufrecht bereits in das autonome nationale Kaufrecht integriert worden.[49]

Bei der Erarbeitung eines neuen autonomen Handelsrechts nach der Abkehr vom kommunistischen Zentralstaat griff man in den Nachfolgestaaten der ehemals sozialistischen Länder auf das UN-Kaufrecht als Modell für das nationale Kaufrecht zurück, z.B. in den neuen Zivilgesetzbüchern Russlands und Estlands[50]. Diese Übernahme kommt nicht überraschend, galten doch in den Staaten, die früher Teil der UdSSR waren, schon seit einigen Jahren die Regeln des UN-Kaufrechts für die internationalen Warenkäufe, denn die UdSSR war Vertragstaat des UN-Kaufrechts.[51]

3. Das UN-Kaufrecht als Mittel zur Vereinheitlichung unterschiedlicher nationaler Kaufgesetze

Ein neuer Verwendungszweck für das UN-Kaufrecht wurde in Kanada ermittelt. Dort ist das Kaufrecht der Provinzen unterschiedlich, ein Teil der Provinzen folgt im autonomen Kaufrecht dem common-law-Prinzip, ein anderer Teil dem civil-law-System; es ist beabsichtigt, diese Provinzrechte durch ein neues, am UN-Kaufrecht ausgerichtetes einheitliches Kaufrecht zu ersetzen und damit den Gegensatz zwischen den innerkanadischen Kaufrechtsregelungen aufzuheben.[52]

Die durch den Regierungswechsel in Deutschland ins Stocken geratenen Arbeiten an der Reform des deutschen Schuldrechts sollen nach einer Ankündigung der Bundesjustizministerin Professor *Herta Däubler-Gmelin* wieder aufgenommen und bis Ende 2000 abgeschlossen werden.[53] Nach dem Willen aller Beteiligten, besonders aber nach dem Willen des aus dem Heidelberger Institut stammenden Gutachters *Ulrich Huber*, heute Ordinarius in Bonn, soll das neue

---

49 *Magnus*, a.a.O. (Fn. 45), FS Drobnig, 1998, S. 69; *Ramberg*, The New Swedish Sales Law, Rom 1997, S. 4 ff.; *Kjelland*, Das neue Kaufrecht der nordischen Länder im Vergleich mit dem Wiener Kaufrecht (CISG) und dem deutschen Kaufrecht, Aachen 2000, S. 9 ff.
50 *Graf von Bernstorff*, Zivilrechtsentwicklung in Mittel- und Osteuropa, RIW 1998, 825 ff., 829; *Boguslawskij*, Die Internationalisierung des Privatrechts in Rußland und anderen Ländern der GUS, WiRO 1998, 169 ff., 171; *Ruwwe*, Grundzüge des russischen Kaufrechts, WiRO 1999, 41 ff., 45 und 47.
51 *Graf von Bernstorff*, a.a.O., RIW 1998, 829.
52 Vgl. die Hinweise bei *Jayme*, Weltkongreß für Rechtsvergleichung in Montréal 1990, IPRax 1991, 204 f., 204.
53 *Däubler-Gmelin*, Schwerpunkte der Rechtspolitik in der neuen Legislaturperiode, ZRP 1999, 81 ff., 84/85; zur Gesetzgebungsreife der Schuldrechtsreform vgl. *Gass*, Die Schuldrechtsüberarbeitung nach der politischen Entscheidung zum Inhalt der Richtlinie über den Verbrauchsgüterkauf, FS Walter Rolland, Köln 1999, S. 129 ff., 139 ff.

Schuldrecht des deutschen Bürgerlichen Gesetzbuchs entsprechend dem Vorbild des UN-Kaufrechts gestaltet werden[54]. Die beim Bundesjustizministerium gebildete Schuldrechtskommission hat sich insoweit die Vorschläge *Hubers* bereits zu eigen gemacht.[55]

VII. Versuch einer Bilanz am Ende des 20. Jahrhunderts

Wenn man heute überlegt, wie *Ernst Rabel* den am Ausgang des 20. Jahrhunderts erreichten Rechtszustand auf dem Gebiet des internationalen Warenkaufs beurteilen würde, so darf man vermuten, daß er zufrieden wäre, auch wenn nicht all seine Vorschläge für die Vereinheitlichung im UN-Kaufrecht von 1980 Realität wurden.[56]

1. Ernst Rabels Vereinheitlichungsziele

Ernst Rabel wollte ganz bewußt das Ziel der Vereinheitlichung nicht zu hoch stecken, daher strebte er nicht die Vereinheitlichung der autonomen nationalen Kaufgesetze, sondern des Rechts des internationalen, des grenzüberschreitenden Handels mit beweglichen Sachen an. Dies war aus seiner Sicht machbar, ohne daß die allgemeinen Lehren des Obligationenrechts oder das ganze autonome Vertragsrecht hätten kodifiziert werden müssen.[57] *Rabel* klammerte von Anfang an den Übergang des Eigentums an der Kaufsache aus. Er beschränkte die Vereinheitlichung auf den „rein schuldrechtlichen Gegenstand"[58].

Wichtig war für *Rabel*, möglichst ohne Rückgriff auf die Regeln des autonomen Internationalen Privatrechts auszukommen. Im Haager Einheitlichen Kaufrecht folgte man insoweit den Intentionen *Rabels*, die Verfasser des UN-Kaufrechts allerdings wurden rückfällig: Während Lücken in den Haager Konventionen systemimmanent nach allgemeinen Rechtsgrundsätzen geschlossen

---

54 *Schubert*, Der Einfluß des Einheitskaufrechts auf die Schuldrechtsreform in der Bundesrepublik Deutschland, in „Einheitliches Kaufrecht und nationales Obligationenrecht", Fachtagung Freiburg am 16./17.2.1987, Baden-Baden 1987, S. 415 ff., 418/419; *Schmidt*, Zur „reasonable person" in einem zukünftigen europäischen Privatrecht, FS Bernhard Großfeld, Heidelberg 1999, S. 1017 ff., 1121.
55 *Rolland*, Schuldrechtsreform – Allgemeiner Teil, NJW 1992, 2377 ff., 2380; *Flessner/ Kadner*, Übungsklausur: Der gescheiterte Alleinvertrieb, Jura 1996, 529 ff., 531, 538 ff., 542 ff.; *Brüggemeier*, Zur Reform des deutschen Kaufrechts – Herausforderungen durch die EG-Verbrauchsgüterkaufrichtlinie, JZ 2000, 529 ff., 531, 536.
56 *Reinhart*, Entspräche das Kaufrecht der Vereinten Nationen den Erwartungen Ernst Rabels?, FS Hubert Niederländer, Heidelberg 1991, S. 353 ff.
57 *Rabel*, Recht des Warenkaufs, a.a.O. (Fn. 23), Band 1, 1936, S. 27.
58 A.a.O., S. 31.

werden (Art. 17 EKG)[59], hat man in Wien bedauerlicherweise zur Lückenschließung, obwohl ausdrücklich nur als ultima ratio, auch den Rückgriff auf nationales materielles Recht mit Hilfe der Regeln des Internationalen Privatrechts zugelassen (Art. 7 Abs. 2 UNKR).[60]

2. Zusammenfassung von Zivilkauf und Handelskauf

Mit einem wäre *Rabel* heute jedoch sehr unzufrieden: Er lehnte ein Sonderrecht des Handelskaufs ab, Handelsrecht war für ihn schon im Jahre 1928 längst kein Standesrecht mehr; die schwierige Unterscheidung zwischen Zivilkauf und Handelskauf sollte dem Welthandel erspart bleiben.[61]

Während *Rabels* Vorstellungen bei den Redaktoren der Haager Einheitlichen Kaufgesetze Anklang fanden, haben ihm die Delegierten auf der Wiener UN-Konferenz mehrheitlich die Gefolgschaft versagt und den Anwendungsbereich des UN-Kaufrechts de facto auf den „Handelskauf" beschränkt, indem sie den Kauf von „Ware für den persönlichen Gebrauch oder den Gebrauch in der Familie oder im Haushalt" ausdrücklich von der Vereinheitlichung ausschlossen [Art. 2 lit a) UNKR]. Diese Einschränkung des Anwendungsbereichs des UN-Übereinkommens ist ein bedauerlicher Rückschritt. Der Grund für den Verzicht auf die Einbeziehung des Zivilkaufs liegt darin, daß die Redaktoren des Wiener Übereinkommens Kollisionen mit den nationalen Verbraucherschutzgesetzen befürchteten[62].

3. Das UN-Kaufrecht als „gemeinsame autoritative Rechtsquelle" für das Schiedsgerichtswesen

Ernst Rabel war sich darüber im klaren, daß der Handel „eine eigene Rechtsordnung erbaut hatte, die sich mehr oder weniger von den Landesrechten und von den Regeln des internationalen Privatrechts losgelöst hatte".[63] Und hier wird bereits im Jahre 1936 ein Gedanke laut, der 60 Jahre später, nämlich heute, in der Diskussion um die Erarbeitung von europäischem Einheitsrecht wieder bedeutsam ist: *Rabel* sah es im Einheitsrecht der Konvention als „Hauptaufgabe" der Rechtsvereinheitlichung an, einen „gesetzlichen Unterbau unter

---

59 *Dölle/Wahl*, Kommentar zum Einheitlichen Kaufrecht, München 1976, Art. 17 EKG Rdnr. 13 ff.
60 *Schlechtriem/Ferrari*, CISG-Kommentar, 3. Aufl., a.a.O. (Fn. 43), Art 7 CISG Rn 41 ff.; *Reinhart*, UN-Kaufrecht – Kommentar, Heidelberg 1991, Art. 7 Rn 9 f.
61 *Rabel*, Kaufrecht, a.a.O. (Fn. 23), Band 1, S. 34/35; so schon *ders.*, Die Arbeiten zur Vereinheitlichung des Kaufrechts, Jahresbericht der juristischen Gesellschaft zu Berlin 73 (1931) 28 ff. = GA III, S. 499.
62 *Schlechtriem/Ferrari*, 3. Aufl., a.a.O. (Fn. 43), Art. 2 CISG Rn 7).
63 Kaufrecht, a.a.O. (Fn. 23), Band 1, S. 46.

Die weltweite Vereinheitlichung des Kaufrechts im 20. Jahrhundert 345

eine Häufung von Vorschriften zu legen, die bisher in einem rechtlosen Raum schweben"[64], für ihn sollte damit letztlich eine „gemeinsame autoritative Rechtsquelle" für das Schiedsgerichtswesen geschaffen werden.

Was *Rabel* damals unter dem Stichwort „rechtloser Raum" behandelte, kehrt heute unter dem Schlagwort „nichtpositives Recht" wieder. Dessen Anwendung kann nach der jetzigen Gesetzeslage im vereinheitlichten wie im autonomen Internationalen Privatrecht in anderen Ländern und auch in Deutschland von den Parteien nicht gewählt werden: Die Wahlfreiheit der Parteien ist normalerweise auf „positive Rechtsordnungen" beschränkt[65]. Nach bestrittener Meinung können die Vertragsparteien beispielsweise die Anwendung der „lex mercatoria"[66] nicht wählen, weil diese keine Rechtsordnung eines „Staates" (Artt. 3 Abs. 1 Satz 1 und 27 Abs. 1 EGBGB) sei.[67]

Trotzdem spielt heute das UN-Kaufrecht eine wichtige Rolle bei dem Versuch, zu einer empirischen Sammlung der Rechtsansichten und Rechtspraktiken im internationalen Handelsverkehr zu kommen: Das Europäische Parlament hat in den Jahren 1989 und 1994 vorgeschlagen, die Arbeiten an einem „Einheitlichen Europäischen Gesetzbuch für das Privatrecht" (European Code of Private Law) aufzunehmen.[68]

Heute sind die Bemühungen, ein solches europäisches Vertragsrecht zu schaffen,[69] vornehmlich in zwei Gruppen von hochangesehenen Rechtswissenschaftlern konzentriert:

---

64 Ebenda S. 46. Einzelheiten bei *von Breitenstein*, Rechtsordnung und „Lex Mercatoria" – Zur vergeblichen Suche nach einem „anationalen" Recht für die internationale Arbitrage, FS Otto Sandrock, Heidelberg 2000, S. 111 ff.
65 Hinweise bei *Juenger*, Amerikanische Praxis und europäische Übereinkommen – Bemerkungen zur transatlantischen Internationalprivatrechtsvergleichung, FS Ulrich Drobnig, Tübingen 1998, S. 299 ff., 309 Fn. 60; vgl. *ders.*, The Inter-American Convention on the Law Applicable to International Contracts, AmJCompL. 42 (1994) 381 ff., 384; in den USA besteht die Möglichkeit, durch Rechtswahl die Anwendung von „nicht positivem Recht" zu vereinbaren; der amerikanische Richter darf sich bei der Feststellung des anwendbaren Rechts auf die UNIDROIT Prinzipien berufen, so *Juenger*, a.a.O., FS Drobnig, S. 311.
66 Vgl. *Langen*, Transnationales Recht, Heidelberg 1981, S. 35 ff.; *Kappus*, „Lex mercatoria" in Europa und Wiener UN-Kaufrechtskonvention 1980, Frankfurt/M. 1990, S. 42 ff.; *Stein*, Lex mercatoria – Realität und Theorie, Frankfurt/M. 1995, S. 179 ff.
67 Zusammenfassend *Kappus*, „Lex mercatoria" als Geschäftsstatut vor staatlichen Gerichten im deutschen internationalen Schuldrecht, IPRax 1993, 137 ff.
68 Resolution vom 26.5.1989, ABl C 158/401 vom 26.6.1989 = ZEuP 1993, 613 ff.; Resolution vom 6.5.1994, ABl Nr. C 205/518 f. vom 25.7.1994 = ZEuP 1995, 669, dazu *Hübner*, Europäisierung des Privatrechts, FS Bernhard Großfeld, Heidelberg 1999, S. 471 ff., 473.
69 Zusammenfassend *Grundmann*, Law merchant als lex lata Communitatis – insbesondere die UNIDROIT-Principles, FS Walter Rolland, Köln 1999, S. 145 ff.; kritisch *Schurig*, Europäisches Zivilrecht: Vielfalt oder Einerlei?, FS Bernhard Großfeld, Heidelberg 1999, S. 1089 ff.; *Timmermans*, Zur Entwicklung des europäischen Zivilrechts, ZEuP 7 (1999) 1 ff.

a) Die UNIDROIT-Arbeitsgruppe für internationale Handelsverträge

Eine Arbeitsgruppe des Instituts für die Vereinheitlichung des Privatrechts hat unter Führung durch *Michael Joachim Bonell* die UNIDROIT-Grundregeln der internationalen Handelsverträge, abgekürzt als „UNIDROIT-principles" bezeichnet, ausgearbeitet.[70] Es handelt sich um Regeln, nach denen allgemeine Fragen des Vertragsrechts und der Leistungsstörungen rechtlich behandelt werden sollen.[71] Diese Bemühungen von UNIDROIT um die Formulierung eines Gemeineuropäischen Zivilrechts sind am Text und an der Praxis des UN-Kaufrechts ausgerichtet.[72]

b) Die Kommission für europäisches Vertragsrecht

Die Mitglieder der „Commission on European Contract Law", einer privaten, von der Europäischen Gemeinschaft unterstützten Vereinigung von Rechtswissenschaftlern aus allen EG-Mitgliedsstaaten, versuchen, „Grundsätze des Europäischen Vertragsrechts" zu formulieren. Die von *Ole Lando, Ulrich Drobnig* u.a. gegründete „Kommission für europäisches Vertragsrecht" hat die Lehre *Rudolf Schlesingers* von einem „Common Core of Legal Systems" für europäisches Vertragsrecht wieder aufgegriffen.[73] Die Commission on European Contract Law, im Jahre 1982 gegründet und nach ihrem Vorsitzenden auch Lando-Kommission genannt, ist ein Zusammenschluß unabhängiger Juristen aus den 15 EU-Mitgliedsstaaten, niemand ist von einer Regierung zum Mitglied der Kommission ernannt worden, niemand hat Instruktionen von einer Regie-

---

70 Vgl. UNIDROIT-Principles of International Commercial Contracts, Rom 1994; Deutsche Fassung: Grundregeln der internationalen Handelsverträge („UNIDROIT Prinzipien"), ZEuP 1997, 890 ff., dazu *Belser*, Die Inhaltskontrolle internationaler Handelsverträge durch internationales Recht – Ein Blick auf die Schranken der Vertragsfreiheit nach UNIDROIT Principles, Jahrbuch Junger Zivilrechtswissenschaftler 1998, 73 ff.; *Basedow*, Vorwort zur FS Ulrich Drobnig, Tübingen 1998, S. V; *ders.*, Die UNIDROIT-Prinzipien der Internationalen Handelsverträge und die Übereinkommen des einheitlichen Privatrechts – Eine theoretische Studie zur praktischen Anwendung des internationalen Transportrechts, besonders der CMR, ebenda S. 19 ff.; *Bonell*, An International Restatement of Contract Law: The UNIDROIT Principles of International Commercial Contracts, Mailand 1994; *Bonell*, Un „Codice" Internazionale del Diritto dei Contratti – I Principi UNIDROIT dei Contratti Commerciali Internazionali, Mailand 1995, S.21 ff., deutsche Fassung ebenda S. 297 ff.; *Bonell/Bonelli*, Contratti commerciali internazionali e principe UNIDROIT, Mailand 1997; *Broggini*, Was bedeutet heute gemeineuropäisches Vertragsrecht?, ZfRV 1999, 221 ff., 228 f.; *Grundmann*, a.a.O., FS Rolland (Fn. 69), S. 154 ff.; *Berger*, Einheitliche Rechtsstrukturen durch außergesetzliche Rechtsvereinheitlichung, JZ 1999, 369 ff., 373.
71 *Magnus*, a.a.O. (Fn. 45), FS Drobnig, 1998, S. 75/76.
72 Zum Stand der Arbeiten vgl. *Bonell*, The UNIDROIT Principles: What Next?, RDU 1998-2/3, S. 275 ff.
73 *Basedow*, a.a.O. (Fn. 70), Vorwort zu FS Drobnig, 1998, S. V; *Grundmann*, a.a.O. (Fn. 69), FS Rolland, 1999, S. 143; *Berger*, a.a.O. (Fn. 70), JZ 1999, 373 ff.

rung oder einem Gemeinschaftsorgan erbeten oder erhalten.[74] Ziel der Arbeit war zunächst ein Gesetz über das Obligationenrecht, dann formulierte man das Ziel eines Uniform Commercial Code,[75] schließlich wurde es ein Restatement of European Contract Law als Grundlage einer künftigen Einheitsgesetzgebung[76].

Erste Vorschläge für Teile eines neuen europäischen Zivilgesetzbuches wurden unter dem Titel „Principles of European Contract Law (PECL)"[77] veröffentlicht. Vom Einfluß des UN-Kaufrechts berichtet der Vorsitzende *Ole Lando*: „Almost all of these (Convention) rules could form part of the European Civil Code."[78] Die Mitglieder der Kommission bearbeiten zur Zeit Fragen der Vertragsgültigkeit.[79]

Eine andere Gruppe von Rechtswissenschaftlern („Tilburg Group") unter Leitung von *Jaap Spier* müht sich um „European Principles of Tort Law".[80]

Ob die Ausschüsse erfolgreich waren, wird unterschiedlich beurteilt. Erreicht werden soll allemal die Rechtsvereinheitlichung, aber mit unterschiedlichen Methoden[81]; das Ergebnis ist weithin einheitlich, die sachlichen Abweichungen sind denkbar gering.[82]

---

74 *Lando*, The eternal crisis, FS Ulrich Drobnig, Tübingen 1998, S. 378.
75 *Harmathy*, Über Fragen der Angleichung des Privatrechts, FS Ulrich Drobnig, Tübingen 1998, S. 39 ff., 40.
76 *Hartkamp*, Indirect Representation According to the Principles of European Contract Law, the Unidroit Agency Convention and the Dutch Civil Code, FS Ulrich Drobnig, Tübingen 1998, S.45 ff., 45; *Scholl*, Die Rezeption des kontinentaleuropäischen Vertragsrechts in Lateinamerika, Berlin 1999, S. 203; vgl. auch *Kieninger/Leible*, Plädoyer für einen „Europäischen wissenschaftlichen Ausschuß für Privatrecht", EuZW 1999, 37 ff., 39.
77 *Lando/Beale* (Editors), Principles of European Contract Law, Part I: Performance, Nonperformance and Remedies, Dordrecht/Boston/London 1995; deutsche Übersetzung durch *Drobnig/Zimmermann*, ZEuP 1995, 864 ff.; *Beale*, The Principles of European Contract Law and Harmonisation of the Laws of Contract, FS Ole Lando, Kopenhagen 1997, S. 21 ff.; *Zimmermann*, Konturen eines europäischen Vertrages, JZ 1995, 477 ff., *ders.*, „Principles of European Contract Law", Teil I, ZeuP 1995, 731 ff.
78 *Lando*, a.a.O. (Fn. 74), FS Drobnig, 1998, S. 379; *Magnus* meint, soweit es um Vertragshaftung und die Folgen von Vertragsverletzungen gehe, entsprächen die Prinzipien „vollständig" denen des UN-Kaufrechts, *Magnus*, a.a.O. (Fn. 45), FS Drobnig, 1998, S. 75.
79 *Storme*, Harmonisation of the law on (substantive) validity of contracts (illegality and immorality), FS Ulrich Drobnig, Tübingen 1998, S. 195 ff., vgl. auch Unif.L.Rev. 1999-1, S. 86 f.
80 *Spier/Haazen*, The European Group on Tort Law („Tilburg Group") and the European Principles of Tort Law, ZEuP 7 (1999) 469 ff.; vgl. auch *v. Bar*, Gemeineuropäisches Deliktsrecht, Bd. I, Köln 1996, Bd. II, Köln 1999.
81 Zum Vergleich des Werkes der Lando-Kommission und das der UNIDROIT-Kommission vgl. *Hartkamp*, The UNIDROIT Principles for International Commercial Contracts and the Principles of European Contract Law, ERPL 1994, 341 ff.; *Bonell*, The UNIDROIT Principles of International Contracts and the Principles of European Contract Law: Similar Rules for the Same Purposes?, Unif.L.Rev. 1996, 229 ff.; vgl. auch *Zimmermann*, a.a.O. (Fn. 77), JZ 1995, 477 ff.; *Bussani/Mattei*, Le fonds commun du Droit privé européen, Rev.int.dr.comp. 2000, 29 ff.
82 Ebenso *Magnus*, a.a.O. (Fn. 45), FS Drobnig, 1998, S. 76; *Broggini*, a.a.O. (Fn. 70), ZfRV 1997, 226 ff.

Trotzdem wird nach dem richtigen Weg gesucht;[83] vorgeschlagen ist die Errichtung eines „European Law Institute"[84]. *Lando* hat jüngst die Unvereinbarkeit von „universalist approach" (universalem Zuschnitt) und „national character of the rules" (nationaler Eigenheit der Regeln) geschildert, den Gegensatz zwischen „particularists" und „universalists".[85] Bei einer von der niederländischen EU-Ratspräsidentschaft für Februar 1997 einberufenen Konferenz in Den Haag zum Thema „Towards a European Civil Code", an der auch vier Kollegen aus Heidelberg[86] teilnahmen, wurden Parallelen zum Kodifikationsstreit zwischen *Savigny* und *Thibaut* gezogen[87]. Hier beginnen die Bestrebungen zur Vereinheitlichung des materiellen Bürgerlichen Rechts Grundprobleme der Rechtsphilosophie zu berühren.[88]

Ob die Arbeiten der verschiedenen Kommissionen in ein Gesetzgebungsvorhaben einmünden werden, sei es für eine weltweite Konvention nach dem Vorbild des UN-Kaufrechts, sei es ein Gesetzbuch für die Europäische Union, ist heute noch nicht abzusehen.[89] Notwendig wäre ein Zivilgesetzbuch, denn der europäische Zusammenschluß ist erst dann vollendet, wenn in einem einheitlichen Bürgerlichen Gesetzbuch die Regeln des Zusammenlebens für die Bürger der Europäischen Union festgeschrieben sind.

---

83 Die EU unterstützt ein Forschungsnetzwerk, dessen Teilnehmer „Common Principles of European Private Law" erarbeiten, vgl. *Schulte-Nölke/Schultze* (Hrsg.), Europäische Rechtsangleichung und nationale Privatrechte, Baden-Baden 1999, S. 5.
84 *Ebke*, Unternehmensrechtsangleichung in der Europäischen Union: Brauchen wir ein European Law Institute?, FS Bernhard Großfeld, Heidelberg 1999, S. 189 ff., 212 ff.
85 *Lando*, a.a.O. (Fn. 74), FS Drobnig, 1998, S. 361 ff., 362.
86 *Jayme, Müller-Graff, Tilmann* und der Verf.; *Tilmann*, Artikel 100a EGV als Grundlage für ein Europäisches Zivilgesetzbuch, FS Ole Lando, Kopenhagen 1997, S. 351 ff.; vgl. auch den Bericht von *Hondius*, Towards a European Civil Code, the debate has started, ERPL 5 (1997) 455 ff.
87 Vgl. dazu aus heutiger Sicht *Lingelbach*, Anton Friedrich Justus Thibaut und der Kodifikationsstreit in der Rechtswissenschaft, FS Hans G. Leser, Tübingen 1998, 63 ff.; siehe auch *Sonnenberger*, Der Ruf unserer Zeit nach einer europäischen Ordnung des Zivilrechts, JZ 1998, 982 ff.; *Zimmermann*, a.a.O. (Fn. 4), ÖJBl 120 (1998) 275; *Zeno-Zenkovich*, The ‚European Civil Code', European Legal traditions and neo-positivism, ERPL 6 (1998) 349 ff., und *Tilmann*, Towards a European Civil Code, ZEuP 5 (1997) 595 ff.
88 *Schmidlin*, Gibt es ein gemeineuropäisches System des Privatrechts?, in „Vers un droit privé européen commun – Skizzen zum gemeineuropäischen Privatrecht" (hrsg. von Bruno Schmidlin), Beiheft zur Zeitschrift für Schweizerisches Recht 16 (1994) 33 ff., 47 ff.; vgl. auch *Beale*, a.a.O. (Fn. 77), FS Ole Lando, 1997, S. 37 und *Broggini*, a.a.O. (Fn. 70), ZfRV 1997, 223.
89 *Beale*, a.a.O. (Fn. 77), FS Ole Lando, 1997, S. 22 f.; *Horn*, a.a.O. (Fn. 1), NJW 2000, 46; zu den Rechtssetzungsgrundlagen der Europäischen Union vgl. *Franzen*, Privatrechtsangleichung durch die EG, Berlin 1999, S. 70 ff., und *Engel*, Ein Europäisches Zivilgesetzbuch? – Zukunftsperspektiven aus dem Blickwinkel der Gemeinschaftskompetenz, ZfRV 40 (1999) 121 ff.

Die weltweite Vereinheitlichung des Kaufrechts im 20. Jahrhundert 349

VIII. Vereinheitlichung des Welthandelsrechts als Alternative?

Ulrich Magnus, Ordinarius in Hamburg, hat jüngst in der Festschrift für *Ulrich Drobnig* zu Recht die Frage gestellt, warum am Ende des 20. Jahrhunderts im vereinten Europa die alte und bewährte Regel „zuerst Vereinheitlichung des Handelsrechts, dann Gesamtkodifikation des Zivilrechts" nicht mehr gelten solle.[90]

Darüber wäre nachzudenken. Eine Reihe von besonderen Verträgen des Handelsrechts ist international einheitlich geregelt: Zu nennen sind Handelskauf, Handelsvertreterverträge, Factoring, Finanzierungsleasing, Garantieverträge, Transportverträge aller Art. Diese Vereinheitlichung ist durch verschiedene Institutionen und mit unterschiedlichen Methoden erfolgt, nämlich durch Konventionen der Vereinten Nationen, durch Modellgesetze und durch Übereinkommen von UNCITRAL und UNIDROIT, auch durch Richtlinien der Europäischen Union.[91] Hinzu kommt die Tätigkeit nichtstaatlicher Organisationen wie beispielsweise der Internationalen Handelskammer (IHK) in Paris, deren Regelwerken der Titel „soft-law" (weiches Recht) verliehen wird.[92] Hier ist noch viel zu tun, aber ich teile die Meinung von *Magnus*, daß die Bausteine für eine Kodifikation der Handelsverträge bereits vorhanden sind und nur noch aufeinandergefügt werden müssen.[93] Und so komme ich zu dem Schluß: Nach der weltweiten Vereinheitlichung des Kaufrechts im 20. Jahrhundert wäre die Vereinheitlichung des Handelsrechts eine lohnende und reizvolle Aufgabe für das 21. Jahrhundert.

---

90 *Magnus*, a.a.O. (Fn.45), FS Drobnig, 1998, S. 57 ff. 58, 62 f.
91 *Müller-Graff*, EC Directives as a Means of Private Law Unification, in: Hartkamp, a.a.O. (Fn. 7), 2. Aufl., S. 71 ff.
92 Zur Problematik *Grundmann*, Europäisches Handelsrecht – vom Handelsrecht des laissez faire im Kodex des 19. Jahrhunderts zum Handelsrecht der sozialen Verantwortung –, ZHR 163 (1999) 635 ff., 653 ff.
93 *Magnus*, a.a.O. (Fn. 45), FS Drobnig, 1998, S. 80; *Ferrari* (ed.), The Unification of International Commercial Law, Tilburg Lectures, Baden-Baden 1998, S. 7; ablehnend aber *Sonnenberger*, a.a.O. (Fn. 87), JZ 1998, 986.

HERBERT ROTH

Grundfreiheiten des EG-Vertrages und nationales Zivilprozeßrecht

I. Überblick

Mein Thema ist der Einfluß der Grundfreiheiten des EG-Vertrages auf das nationale Zivilprozeßrecht. In erster Linie geht es um die Verwirklichung des freien Warenverkehrs und des freien Dienstleistungsverkehrs, da sie zu den Freiheiten gehören, in deren Bereich typische grenzüberschreitende Verträge abgewickelt werden. Je besser und reibungsloser die Rechte aus diesen Geschäften über die Grenzen der Mitgliedstaaten hinweg vor den Gerichten durchgesetzt werden können, desto eher ist auch der freie Fluß von Waren und Dienstleistungen gewährleistet. Nach Art. 28 EG-Vertrag (im folgenden „EG" nach der Zitierweise des EuGH) in der Zählung des Vertrages von Amsterdam (ex-Art. 30) sind mengenmäßige Einfuhrbeschränkungen sowie alle Maßnahmen gleicher Wirkung zwischen den Mitgliedstaaten verboten. Art. 49 EG (ex-Art. 59) verbietet dem Grundsatz nach die Beschränkungen des freien Dienstleistungsverkehrs innerhalb der Gemeinschaft für Angehörige der Mitgliedstaaten, die in einem anderen Staat der Gemeinschaft als demjenigen des Leistungsempfängers ansässig sind. Unvollständig wäre die Darstellung ohne die Erörterung des in Art. 12 I EG (ex-Art. 6 I) niedergelegten allgemeinen Diskriminierungsverbots, dem in der jüngsten Rechtsprechung des Europäischen Gerichtshofes (*EuGH*) eine zentrale Stellung zukommt. Nach dieser Norm ist unbeschadet besonderer Bestimmungen des EG-Vertrages in seinem Anwendungsbereich jede Diskriminierung aus Gründen der Staatsangehörigkeit verboten.

II. Abgrenzung

1. Europäische ZPO

Den Hintergrund meiner Untersuchung bildet das Scheitern der Vorschläge der Kommission für ein europäisches Zivilprozeßgesetzbuch, deren Ergebnisse der belgische Prozessualist *Marcel Storme* im Jahre 1994 der Öffentlichkeit vorgelegt hat[1]. Auf absehbare Zeit wird es nicht zur Schaffung einer europäischen ZPO kommen. Vielmehr bleibt es bis auf weiteres bei den vorhandenen nationalen Prozeßrechten der Mitgliedstaaten[2].

Abgesehen davon ergibt sich aus dem EG-Vertrag keine Rechtsgrundlage für die Schaffung einer europäischen ZPO. Art. 65 EG erlaubt dem Rat nur den Erlaß von Maßnahmen im Bereich der justitiellen Zusammenarbeit in Zivilsachen mit grenzüberschreitenden Bezügen, soweit sie für das reibungslose Funktionieren des Binnenmarktes erforderlich sind. Nach Art. 65 lit c EG ist darin eingeschlossen die Beseitigung der Hindernisse für eine reibungslose Abwicklung von Zivilverfahren, erforderlichenfalls durch Förderung der Vereinbarkeit der in den Mitgliedstaaten geltenden zivilrechtlichen Verfahrensvorschriften. Doch würde eine darauf gestützte Rechtsvereinheitlichung wegen der nach Art. 69 EG erklärten Vorbehalte nicht für das Vereinigte Königreich, Irland und Dänemark gelten[3]. Wegen der starken Verwurzelung des Verfahrensrechts in der jeweiligen nationalen juristischen Tradition und der Komplexität der nationalen Systeme beabsichtigt auch die Kommission nicht, die bestehenden wesentlichen Unterschiede zwischen den nationalen Verfahrenssystemen auf breiter Front abzubauen[4].

2. Nationale Gesetzgebung

Es bleibt die Frage, ob die derzeit noch mangelnde Überzeugungskraft wissenschaftlich inspirierter Bestrebungen nach Vereinheitlichung und die fehlende Gesetzgebungskompetenz der EG nicht durch eine entsprechende Instrumentalisierung der Grundfreiheiten oder des allgemeinen Diskriminierungsverbotes des Vertrages überwunden werden könnten[5]. Der deutsche Gesetzgeber hat sich vor kurzem veranlaßt gesehen, die ZPO aufgrund von mehreren Entscheidungen des *EuGH* zu ändern. Nach § 917 II 1 ZPO ist es für den dinglichen Arrest als ein zureichender Arrestgrund anzusehen, wenn das deutsche Urteil im Ausland vollstreckt werden müßte. Aufgrund eines durch Gesetz

---

1 *M. Storme* (ed.), Rapprochement du Droit Judiciaire de l'Union euopéenne – Approximation of Judiciary Law in the European Union, Dordrecht/Boston/London, 1994, 225 S. – Zur Ablehnung der Vorschläge durch die Kommission, *Schwartz,* ZEuP 1994, 559, 570; auch *H. Roth,* ZEuP 1997, 567 ff.
2 Dafür nachdrücklich *Stürner*, Das Europäische Zivilprozeßrecht – Einheit oder Vielfalt?, in: Grunsky/Stürner/Walter/Wolf, Wege zu einem europäischen Zivilprozeßrecht, 1992, S. 1, 10 ff.; *H. Roth* ZZP 109 (1996), 271 ff.
3 Zur Bereitschaft der Mitarbeit dieser Staaten, KOM (1999) 348 endg. vom 14.7.1999, S. 5.
4 Mitteilung der Kommission vom 31.1.1998, ABl.EG, C 33, S.3; zum neuesten Stand *Heß,* NJW 2000, 23, 29, 31 (Aktionsplan des Rates vom 3.12.1998 und Ratstagung in Tampere). – Zur eingeschränkten Bedeutung des Art. 65 EG für das EuGVÜ, *Schack,* ZEuP 1999, 805 ff.
5 Zweifelnd *H. Roth,* ZZP 109 (1996), 271, 276 f.

vom 6.8.1998 eingefügten Satzes 2 gilt dieser Arrestgrund nicht mehr, wenn im Anwendungsbereich des Europäischen Gerichtsstands- und Vollstreckungsübereinkommens (EuGVÜ) und des Lugano-Übereinkommens (LugÜ) vollstreckt werden soll[6].

Das gleiche Gesetz hat auch § 110 I ZPO geändert[7]. Jetzt brauchen unter anderem Kläger, die ihren gewöhnlichen Aufenthalt in einem Mitgliedstaat der Europäischen Union haben, wegen der Prozeßkosten nicht mehr Sicherheit zu leisten. Die den Gesetzesänderungen vorangegangenen Entscheidungen des *EuGH* sind gleichwohl nicht Rechtsgeschichte. Sie werden auch künftig die Maßstäbe für das Verhältnis von EG-Vertrag und den nationalen Prozeßordnungen setzen.

3. Drei Typen europäischen Primärrechts

Im folgenden unterscheide ich *drei Typen* möglicher Einflußnahme europäischen Primärrechts auf das nationale Zivilprozeßrecht. *Erstens* kann nach Art. 12 I EG eine offene verbotene Diskriminierung aus Gründen der Staatsangehörigkeit vorliegen (dazu sogleich unten III). *Zweitens* kann es sich um eine versteckte Diskriminierung handeln, die ebenfalls unter das Verbot des Art. 12 I EG fällt (unten IV). *Drittens* schließlich kann sich vor allem die Warenverkehrs- oder Dienstleistungsfreiheit gegenüber dem nationalen Zivilprozeßrecht durchsetzen (unten V).

III. Offene Diskriminierung (Art. 12 I EG)

1. Sicherheitsleistung

Beispiel einer offenen Diskriminierung war § 110 ZPO a.F. Danach mußten als Kläger auftretende Angehörige fremder Staaten dem Beklagten auf sein Verlangen wegen der Prozeßkosten Sicherheit leisten. Ausländer und Inländer wurden also wegen des Zugangs zu den Gerichten unterschiedlich behandelt. Im Jahre 1996 hatte der *EuGH* in der Rechtssache *Data Delecta* auf eine schwedische Vorlage zu einer vergleichbaren Norm des schwedischen Prozeßrechts entschieden, daß der damalige Art. 6 I EGV (jetzt Art. 12 I EG) es verbietet, von einem in einem anderen Mitgliedstaat ansässigen Kläger die Leistung einer Sicherheit wegen der Prozeßkosten zu verlangen, wenn inländische Kläger eine solche Sicherheit nicht erbringen müssen und die Klage mit der

---

6 BGBl. I S. 2030; dazu *Ehricke*, IPRax 1999, 311, 323.
7 Überblick bei *Kubis*, ZEuP 1999, 967, 971 ff.

Ausübung der vom Gemeinschaftsrecht gewährten Grundfreiheiten zusammenhängt[8].

Vorab sei wegen des besseren Verständnisses darauf hingewiesen, daß der Gerichtshof im Rahmen eines Verfahrens auf Vorabentscheidung nach Art. 234 EG (ex-Art. 177) weder über die Auslegung nationaler Vorschriften des Prozeßrechts noch über die Vereinbarkeit derartiger Vorschriften mit dem Gemeinschaftsrecht entscheidet. Er kann daher weder die Vorschriften der ZPO auslegen noch ihre Vereinbarkeit mit dem Gemeinschaftsrecht beurteilen. Der *EuGH* kann dem vorlegenden nationalen Gericht nur die Kriterien für die Auslegung des Gemeinschaftsrechts an die Hand geben, damit es die betreffende Rechtsfrage lösen kann[9].

2. Prüfungsmaßstab

Die Zahlungsklage der britischen Gesellschaft gegen die schwedische Aktiengesellschaft wurde auf den Verkauf von EDV-Anlagen gestützt. Damit war die Ausübung der vom EG-Vertrag garantierten Warenverkehrsfreiheit (Art. 28 EG) berührt. Die der ausländischen Klägerin abverlangte Sicherheitsleistung konnte nämlich die Durchsetzung der von ihr geltend gemachten Forderung als eines Rechts erschweren, das der EG-Vertrag Ausländern wie Inländern unter denselben Bedingungen einräumt. Nach Art. 12 I EG sind Diskriminierungen freilich „unbeschadet besonderer Bestimmungen dieses Vertrages" verboten. In diesem Sinne war im Jahre 1993 in der Rechtssache *Hubbard* entschieden worden[10]. Dort ging es um die deutsche Vorschrift des § 110 ZPO a.F., die aber nicht am Maßstab des allgemeinen Diskriminierungsverbotes, sondern an den Art. 59, 60 EGV (jetzt: Art. 49, 50 EG), betreffend den freien Dienstleistungsverkehr, gemessen wurde. Die Besonderheit bestand darin, daß die Klageerhebung selbst als die Dienstleistung angesehen werden konnte. Dadurch wurde ein spezifischer Bezug zwischen der Dienstleistungsfreiheit und

---

8 EuGH, 26.9.1996 – Rs. C-43/95, Slg. 1996 I, 4661 (Data Delecta Aktiebolag und Ronny Forsberg/MSL Dynamics Ltd) (= NJW 1996, 3407). Vergleichbar entschieden wurde auf die deutsche Vorlage: EuGH, 20.3.1997 – Rs. C-323/95, Slg. 1997 I, 1711 (David Charles Hayes und Jeanette Karen Hayes/Kronenberger GmbH in Liquidation) (= NJW 1998, 2127) und auf die österreichische Vorlage: EuGH, 2.10.1997 – Rs. C-122/96, Slg. 1997 I, 5325 (Stephen Austin Saldanha und MTS Securities Corporation/Hiross Holding AG) (= NJW 1997, 3299). Anhängig ist noch eine Vorlage des irischen Supreme Court; dazu *Jayme/Kohler,* IPRax 1999, 401, 409; abschließende Würdigung bei *Schütze,* RIW 1998, 285.
9 Etwa EuGH, 20.10.1993 – Rs. C-92/92 und C-326/92, Slg. 1993 I, 5145 (Phil Collins/Imtrat Handelsgesellschaft mbH und Patricia Im- und Export Verwaltungsgesellschaft mbH, Leif Emanuel Kraul/EMI Electrola GmbH) (= NJW 1994, 375).
10 EuGH, 1.7.1993, Rs. C-20/92, Slg. 1993 I, 3777, 3793 Rz. 10 (Anthony Hubbard/Peter Hamburger) (= NJW 1993, 2431).

der fraglichen Diskriminierung hergestellt[11]. Ein britischer Testamentsvollstrecker (executor) hatte in Ausübung seines Amtes vor einem deutschen Gericht die Auskehr des Nachlaßvermögens eingeklagt. Wie in Art. 60 EGV (jetzt: Art. 50 EG) vorausgesetzt, handelte es sich um eine entgeltlich erbrachte, gewerbliche Tätigkeit.

Drei Jahre später wird der *Data-Delecta-Fall* unter das allgemeine Diskriminierungsverbot gebracht, bei dem die Klageerhebung im Zuge der Durchsetzung der aus der Warenlieferung entstandenen Forderung nur mittelbar die Ausübung der Warenverkehrsfreiheit berührt. Nationale Rechtsvorschriften, die wegen ihrer Auswirkungen auf den innergemeinschaftlichen Austausch von Gütern und Dienstleistungen in den Anwendungsbereich des Vertrages fallen, unterlägen zwangsläufig dem allgemeinen Diskriminierungsverbot, ohne daß es noch erforderlich wäre, sie mit den besonderen Vorschriften über den freien Warenverkehr und den freien Dienstleistungsverkehr in Verbindung zu bringen[12]. Als Begründung wird auf das *Phil Collins*-Urteil von 1993 verwiesen, wo allerdings nur dasselbe ohne weitere Begründung steht[13].

Im Ergebnis werden prozessuale Normen wie § 110 ZPO a.F., die nach ihrem Inhalt nicht dazu bestimmt sind, eine kaufmännische Tätigkeit zu regeln und auch nicht bezwecken, Hindernisse für den freien Warenverkehr zu errichten, dem Anwendungsbereich der Grundfreiheiten entzogen, weil und soweit sie keine *unmittelbaren* Auswirkungen auf das Recht des freien Warenverkehrs haben. Doch erlauben die *mittelbaren* Auswirkungen auf die Ausübung der Grundfreiheiten, die in der Erschwerung des Gerichtszuganges liegen, die Beurteilung nach dem allgemeinen Diskriminierungsverbot[14]. Darin liegt eine deutliche Ausweitung des Art. 12 I EG im Hinblick auf die Beurteilung nationaler Prozeßrechtsnormen, die den Zugang zu den Gerichten oder die Ausgestaltung des Rechtsschutzes betreffen[15].

3. Anwendungsbereich des Vertrages

Die dargelegten mittelbaren Auswirkungen der verlangten Sicherheitsleistung eröffnen nach Auffassung des *EuGH* zugleich den in Art. 12 I EG ausdrücklich vorausgesetzten Anwendungsbereich des EG-Vertrages. Selbstverständlich ist das durchaus nicht, weil es wegen einer fehlenden Gemeinschaftsregelung Sache der internen Rechtsordnungen der Mitgliedstaaten ist, die Verfahrensmodalitäten für Klagen und den gerichtlichen Rechtsschutz zu regeln.

---

11 Dafür *Grabitz/Hilf/Bogdandy*, Das Recht der Europäischen Union, (Stand: September 1994), Art. 6 EGV Rdnr. 60; eine mögliche Deutung bei *Schlosser*, ZEuP 1995, 253, 255 f.
12 EuGH Slg. 1996 I, 4661, 4675 Rz. 14 (Data Delecta).
13 EuGH Slg. 1993 I, 5145 Rz. 27.
14 Deutlich Generalanwalt *La Pergola*, Slg. 1996 I, 4668 (Data Delecta).
15 So auch das Verständnis von *Kohler*, ZEuP 1997, 1040.

Die Garantie des freien Waren- und Dienstleistungsverkehrs bringe aber als „logische Folge" mit sich, daß für Ausländer der Zugang zu den Gerichten nicht weniger günstig gestaltet werden dürfe als für die eigenen Staatsangehörigen des Gerichtsstaates[16]. Danach wird das gesamte internationale Zivilverfahrensrecht der Mitgliedstaaten kontrolliert, sofern sich nur im Ausgangsrechtsstreit Wirtschaftsteilnehmer auseinandersetzen[17]. Der Anwendungsbereich des EG-Vertrages ist eröffnet, wenn der Zivilrechtsstreit irgendwie mit der Ausübung der vom Gemeinschaftsrecht gewährleisteten Freiheiten zusammenhängt.

4. Rechtfertigungsmöglichkeiten

Es handelt sich bei der Abverlangung einer Sicherheit um eine offene (unmittelbare) Diskriminierung aus Gründen der Staatsangehörigkeit, weil der Mitgliedstaat von seinen eigenen Staatsangehörigen keine Sicherheitsleistung fordert, selbst wenn sie kein Vermögen und keinen Wohnsitz in diesem Staat haben[18]. Auch im Bereich offener Diskriminierungen ist der *EuGH* grundsätzlich bereit, derartige Ungleichbehandlungen durch einen sachlichen Grund zu rechtfertigen. Art. 12 I EG wird demnach nicht als absolutes, sondern als relatives Diskriminierungsverbot verstanden[19]. Deutlich ausgesprochen wird das im *Saldanha-Urteil*. Danach ist der Zweck einer Bestimmung über die Leistung einer Prozeßkostensicherheit, die Vollstreckung einer Kostenentscheidung gegen den Kläger zugunsten des obsiegenden Beklagten sicherzustellen, als solcher nicht mit Art. 12 I EG unvereinbar[20]. Doch wird gleichwohl ein Verstoß gegen den Grundsatz der Verhältnismäßigkeit darin gesehen, daß eigene Staatsangehörige des Urteilsstaates keine Sicherheit leisten müssen, selbst wenn sie nicht im Urteilsstaat wohnen und dort kein Vermögen haben[21]. Trotz der Begründungsdefizite stimme ich der Rechtsprechung des *EuGH* im Ergebnis zu, wonach § 110 ZPO a.F. wegen einer offenen Diskriminierung insoweit gegen den jetzigen Art. 12 I EG verstieß, als er allein auf die ausländische Staatsangehörigkeit abstellte[22].

---

16 EuGH Slg. 1996 I, 4675 Rz. 13 (Data Delecta).
17 Mit Recht *Kubis,* ZEuP 1999, 967, 969.
18 Zuletzt EuGH Slg. 1997 I, 5325 Rz. 26 (Saldanha).
19 Ebenso die Deutung von *Kubis,* ZEuP 1999, 967, 969 f.
20 EuGH Slg. 1997 I, 5325 Rz. 29; vorher bereits EuGH Slg. 1997, 1711, 1726 Rz. 24 (Hayes) (aber offengelassen); ebenso *Ehricke,* IPRax 1999, 311, 320.
21 EuGH Slg. 1997 I, 1726 Rz. 24; 1997 I, 5325 Rz. 29.
22 So schon *H. Roth,* in: FS Stree/Wessels, 1993, 1045, 1050.

IV. Versteckte Diskriminierung (Art. 12 I EG)

1. Dinglicher Arrest

Art. 12 I EG verbietet auch alle versteckten Formen der Diskriminierung, die durch die Anwendung anderer Unterscheidungsmerkmale als der Staatsangehörigkeit tatsächlich zu dem gleichen Ergebnis führen wie die offene Diskriminierung aus Gründen der Staatsangehörigkeit[23]. Darum ging es bei § 917 II ZPO a.F., wonach für einen dinglichen Arrest schon ein zureichender Arrestgrund vorlag, wenn das Urteil im Ausland vollstreckt werden müßte. So hatte der *EuGH* in der Rechtssache *Mund & Fester* auf Vorlage des *OLG Hamburg* im Jahre 1994 entschieden, daß das allgemeine Diskriminierungsverbot des Art. 7 I EGV (jetzt Art. 12 I EG) einer Norm wie § 917 II ZPO entgegenstehe[24].

Die Firma Hatrex, eine Spedition mit Sitz in den Niederlanden, hatte für einen deutschen Auftraggeber Waren transportiert. Wegen des beschädigten Transportgutes verlangte die deutsche Firma Mund & Fester Schadensersatz. Zur Sicherung der Beitreibung dieser Forderung wurde ein Antrag auf Anordnung eines dinglichen Arrests nach § 917 ZPO in den von Hatrex bei dem Transport eingesetzten Lastzug gestellt, der sich noch in Deutschland befand. Nach § 917 I ZPO findet ein dinglicher Arrest statt, wenn zu besorgen ist, daß ohne dessen Verhängung die Vollstreckung des Urteils vereitelt oder wesentlich erschwert werden würde. Doch wurde der Antrag auf § 917 II ZPO a.F. mit seinen erleichternden Voraussetzungen gestützt.

2. Anwendungsbereich des Vertrages

Den vom *EuGH* in seiner Entscheidung hergestellten unglücklichen Zusammenhang mit Art. 220 EGV (jetzt Art. 293 EG) und dem EuGVÜ lasse ich beiseite. Auch ohne Zuhilfenahme dieser Vorschrift läßt sich die Eröffnung des Anwendungsbereichs des EG-Vertrags – mit aller Mühe – wieder damit begründen, daß der Arrestantrag wenigstens mittelbar mit der Ausübung einer vom Gemeinschaftsrecht gewährleisteten Freiheit zusammenhängt. Dahin weist die Stellungnahme des Generalanwalts. Ein Arrestantrag, der mit einer vertraglichen Klage auf Schadensersatz wegen einer Dienstleistung in Zusammenhang steht, die von einem in einem Mitgliedstaat ansässigen Unternehmen einem Kunden in einem anderen Staat erbracht wurde, könne schwerlich als außerhalb des gemeinschaftlichen Zuständigkeitsbereiches liegend angesehen

---

23 EuGH, 29.10.1980, Rs. 22/80, Slg. 1980, 3427 (Boussac Saint-Frères SA/Brigitte Gerstenmeier) (zu § 688 ZPO a.F.); dazu *P. Schlosser,* Jura 1998, 65, 68.
24 EuGH, 10.2.1994, Rs. C-398/92, Slg. 1994 I, 467 (Firma Mund & Fester/Firma Hatrex Internationaal Transport) (= NJW 1994, 1271).

werden, da er sich jedenfalls auf die Handelsbeziehungen innerhalb der Gemeinschaft auswirke[25].

3. Prüfungsmaßstab

a) Grundfreiheiten

Der *EuGH* verliert kein Wort darüber, ob § 917 II ZPO a.F. die vom Gemeinschaftsrecht garantierten Grundfreiheiten beschränkt. Vielmehr steuert er von vornherein auf das allgemeine Diskriminierungsverbot zu. Aufschlußreich sind dazu wiederum die Ausführungen des Generalanwalts[26]. § 917 II ZPO stelle kein Hindernis für die Grundfreiheiten des freien Warenverkehrs (Art. 28 EG) oder der Dienstleistungsfreiheit (Art. 49 EG) dar. Der Zusammenhang mit diesen Freiheiten sei offenbar doch zu mittelbar und die Behauptung erschiene als zu gewagt, ein Transporteur mit Sitz außerhalb Deutschlands werde in seinem Recht, Dienstleistungen in Deutschland zu erbringen, behindert[27].

b) Substantiierbarkeit

Soweit es um die Grundfreiheiten geht, wird also das Erfordernis der Substantiierbarkeit für die Behinderungseignung der nationalen Prozeßnorm schon auf der Tatbestandsebene verneint[28]. Möglicherweise wird auch an einen im EG-Vertrag ungeschriebenen (und sonst auch in der Rechtsprechung nicht anerkannten) Spürbarkeitsgrundsatz gedacht[29]. Trotz fehlender Substantiierbarkeit werden aber dem § 917 II ZPO a.F. der Sache nach doch mittelbare Auswirkungen auf die Ausübung der Grundfreiheiten zuerkannt. Schon nach dem Wortlaut des Art. 12 I EG spricht viel für eine Subsidiarität des allgemeinen Diskriminierungsverbotes. Gleichwohl wird die Norm in methodisch anfechtbarer Weise mit umgekehrter Stoßrichtung als Instrument zur Bekämpfung einer Ungleichbehandlung eingesetzt, deren Flüchtigkeit und fehlende Faßbarkeit sie schon auf Tatbestandsebene der Beurteilung durch die Grundfreiheiten entzieht[30].

---

25 Generalanwalt *Tesauro,* Slg. 1994 I, 471 Fn. 4 (Mund & Fester).
26 Slg. 1994 I, 471 Fn. 4 (Mund & Fester).
27 Widersprüchlich ist das weitere Argument des Generalanwalts, möglicherweise sehe sich ein deutscher Kunde wegen § 917 II ZPO a.F. veranlaßt, eine Spedition mit Sitz in Deutschland vorzuziehen. Die Norm ist für ihn ja gerade vorteilhaft gewesen.
28 Zur Vorsicht mahnt *Müller-Graff,* in: von der Groeben/Thiesing/Ehlermann, Kommentar zum EU-/EG-Vertrag, 5. Aufl.1997, Art. 30 Rdnr. 60.
29 Nachweise bei *Müller-Graff* (vorige Fn.), Art. 30 Rdnr. 59.
30 Unter diesem Aspekt muß auch die im folgenden wiedergegebene Formel des EuGH Slg. 1997 I, 1722 f. Rz. 13 (Hayes), gewürdigt werden: Nationale Rechtsvorschriften dürfen weder zu einer Diskriminierung von Personen führen, denen das Gemeinschaftsrecht

4. Beurteilung

Nach Auffassung des *EuGH* enthielt § 917 II ZPO a.F. eine versteckte Diskriminierung, die durch die Anwendung anderer Unterscheidungsmerkmale als der Staatsangehörigkeit zu dem gleichen Ergebnis wie eine offene Diskriminierung führt. Die große Mehrzahl der Vollstreckungen im Ausland betreffe nämlich natürliche Personen, die nicht die deutsche Staatsangehörigkeit besitzen oder juristische Personen, die ihren Sitz nicht in Deutschland haben[31]. Versteckte Diskriminierungen können an sich ebenso gerechtfertigt sein wie offene Diskriminierungen (oben III 4). Es handelt sich beide Male um ein relatives Diskriminierungsverbot.

Ein Verstoß scheidet danach aus, wenn die Norm durch objektive Umstände gerechtfertigt ist. Doch sei die Vermutung des § 917 II ZPO, die Vollstreckung in einem anderen Staat als in Deutschland sei schwieriger als die Vollstreckung in Deutschland, nicht gerechtfertigt, weil die Hoheitsgebiete der betreffenden EG-Staaten als einheitliches Ganzes angesehen werden müßten. Trotz Geltung des EuGVÜ ist hier aber der Wunsch der Vater des Gedankens[32]. Die Vollstreckung im EG-Ausland stößt schon wegen des komplizierteren Klauselerteilungsverfahrens und der verbleibenden ordre-public-Prüfung auf größere Schwierigkeiten als eine Vollstreckung im Inland. Möglicherweise werden sie sich aber in Zukunft nach Inkrafttreten der derzeit betriebenen Reform des EuGVÜ verringern[33].

Das allgemeine Diskriminierungsverbot erweist sich nach meinem Urteil als ein gefährlich weites Kontrollinstrument. Die in der Interpretation des *EuGH* nahezu uferlose Tatbestandsmäßigkeit des Art. 12 I EG wird durch die an sich gegebene Rechtfertigungsmöglichkeit über „objektive Umstände" kaum eingegrenzt[34]. Mit leichter Hand können damit die vielfältigen und kunstvollen Begrenzungsmöglichkeiten überwunden werden, wie sie die später zu besprechenden Verkehrsfreiheiten kennzeichnen (unten V).

---

einen Anspruch auf Gleichbehandlung verleiht, noch die vom Gemeinschaftsrecht garantierten Grundfreiheiten beschränken. Danach zieht das Gemeinschaftsrecht dem nationalen Prozeßrecht trotz der Kompetenz der nationalen Prozeßrechtsgeber eine zweifache Schranke. Dadurch wird eine sehr weitgehende Kontrolle ermöglicht.

31 EuGH Slg. 1994 I, 479 Rz. 16 (Mund & Fester).
32 Sehr kritisch *Schack*, ZZP 108 (1995), 47 ff.; zustimmend aber *Schlosser*, ZEuP 1995, 253 ff.
33 Dazu *Heß*, NJW 2000, 23, 30 f.; *Jayme/Kohler*, IPRax 1999, 401, 404 ff.; *Besse*, ZEuP 1999, 107 ff.; *Schack*, ZEuP 1999, 806 ff., je mit Nachweisen.
34 BGH IPRax 2000, 21 hat die Frage einer versteckten Diskriminierung im Zusammenhang der Zustellungsfiktion des § 175 I 3 ZPO i.V. mit § 34 AVAG (Hinweispflicht) wegen Offenkundigkeit dem EuGH nicht vorgelegt, zustimmend *H. Roth*, IPRax 2000, 11.

5. Gemeinschaftsrechtskonforme Auslegung

Im Einzelfall kann das Gemeinschaftsrecht auch zu einer gemeinschaftsrechtskonformen Auslegung nationaler Regeln des Prozeßrechts führen. So lag es für die inhaltlich dem § 286 ZPO entsprechende Norm über die Beweiswürdigung gemäß § 118 I 1 SGG. Es ging in der *Dafeki-Entscheidung* des *EuGH* aus dem Jahre 1997 um sozialrechtliche Leistungsansprüche einer griechischen Wanderarbeitnehmerin[35]. Nach Art. 39 II EG (ex-Art. 48 II) umfaßt die Freizügigkeit der Arbeitnehmer die Abschaffung jeder auf der Staatsangehörigkeit beruhenden unterschiedlichen Behandlung in bezug auf Beschäftigung, Entlohnung und sonstige Arbeitsbedingungen. Nach den §§ 66, 60 PStG kommt in der Auslegung der h.L. für das Alter einer Person nur deutschen Personenstandsurkunden die Vermutung der Richtigkeit zu. Dagegen gelte für ausländische Urkunden die freie Beweiswürdigung. Wegen der geringeren Beweiskraft ausländischer Urkunden handelt es sich um eine mittelbare Diskriminierung, da nicht auf die Staatsangehörigkeit des Arbeitnehmers abgestellt wird. In der Praxis sind regelmäßig Ausländer von der unterschiedlichen Behandlung betroffen, da nur sie ihre Personenstandsurkunden von Behörden anderer Mitgliedstaaten ausgestellt bekommen.

Das deutsche Sozialgericht zweifelte eine von einem griechischen Gericht vorgenommene Berichtigung der Urkunde an und wollte sie nicht berücksichtigen. Stattdessen wollte es eine herausgebildete Beweisregel des deutschen Rechts anwenden, wonach im Falle eines Widerspruches zwischen mehreren nacheinander ausgestellten Urkunden die dem zu beweisenden Ereignis zeitlich am nächsten liegende vorgehe. Demgegenüber hielt der *EuGH* die deutschen Gerichte für verpflichtet, die griechische Berichtigungsurkunde zu beachten, sofern deren Richtigkeit nicht durch konkrete, auf den jeweiligen Einzelfall bezogene Anhaltspunkte ernstlich in Frage gestellt ist. Die Ausgestaltung des nationalen Verfahrens darf die Ausübung der von der Gemeinschaftsrechtsordnung eingeräumten Rechte nicht praktisch unmöglich machen. Die Entscheidung halte ich für richtig.

V. Verstoß gegen die Verkehrsfreiheiten

1. Prinzip des Herkunftslandes

Ich komme damit zum dritten Typus einer möglichen Einflußnahme des primären EG-Rechts auf nationale Prozeßrechte. Im Jahre 1992 hat *Manfred Wolf* die These von der Prozeßrechtsangleichung durch die Marktfreiheiten vertre-

---

35 EuGH, 2.12.1997, Rs. C-336/94, Slg. 1997 I, 6761 (Eftalia Dafeki/Landesversicherungsanstalt Württemberg) (= EuZW 1998, 47); dazu *Heß* JZ 1998, 1021, 1024.

ten[36]. Nach dem maßgebenden *Prinzip des Herkunftslandes* dürften ausländische Unternehmen ihr gegenüber dem deutschen Prozeßrecht günstigeres Heimatprozeßrecht zur zwingenden Anwendung durch deutsche Gerichte importieren. Das Prinzip, wonach ein Produkt, das in einem Mitgliedstaat nach dessen Regeln rechtmäßig in den Verkehr gebracht worden ist, im Binnenmarkt zirkulationsfähig ist, wird dabei beispielhaft für den Zivilprozeß entfaltet[37]. So gelte etwa für eine vor einem deutschen Gericht eingeklagte Kaufpreisforderung eines englischen Unternehmens anstelle des strengen Beweismaßes nach § 286 ZPO mit dem Erfordernis der vollen Überzeugung des Gerichts der für das englische Unternehmen günstigere Wahrscheinlichkeitsmaßstab des englischen Prozeßrechts. Das höhere Beweismaß des deutschen Rechts könne nur durch ein besonderes Allgemeininteresse gerechtfertigt sein, das aber nicht erkennbar sei. In gleicher Weise könne ein französisches Unternehmen vor dem deutschen Landgericht trotz § 78 ZPO ohne Anwalt klagen, da vor dem französischen Tribunal d'Instance erster Instanz kein Anwaltszwang herrsche.

Die Thesen von *Manfred Wolf* bedeuten einen *Paradigmawechsel*. Ging es bei offenen und versteckten Diskriminierungen um Ausnahmefälle des nationalen Prozeßrechts, so geht es jetzt darum, ob *generell* Unterschiede der nationalen Prozeßrechte am Maßstab der Grundfreiheiten zu messen sind. Es kommt nicht mehr ausschlaggebend auf das in allen Grundfreiheiten enthaltene Diskriminierungsverbot, sondern auf die Reichweite von darüber hinausgehenden allgemeinen Beschränkungsverboten an. Letztlich geht es darum, ob die Angleichung der Prozeßordnungen der Mitgliedstaaten der Rechtsetzung vorbehalten bleiben soll, oder ob die Unterschiede mit Hilfe der Grundfreiheiten nivelliert werden können. Auf diese Weise könnte die fehlende Rechtsetzungskompetenz der EG für das Prozeßrecht überwunden werden. Auch die praktischen Auswirkungen dieses Einbruches in das weltweit anerkannte lexfori-Prinzip wären erheblich. Nationale Gerichte müßten sich mit ihnen ganz unbekannten ausländischen Prozeßrechtsinstituten auseinandersetzen.

In der Rechtsprechung des *EuGH* hat bislang die Dienstleistungsfreiheit eine größere Rolle gespielt (sogleich unten 2).

2. Freier Dienstleistungsverkehr

Fälle des dritten Typus können ihrer Struktur nach nicht unter das allgemeine Diskriminierungsverbot des Art. 12 I EG gebracht werden. Sie verstoßen

---

36 *M. Wolf*, Abbau prozessualer Schranken im europäischen Binnenmarkt, in: Grunsky/Stürner/Walter/Wolf (Fn. 2), S. 35 ff., 42 ff.; zustimmend *Storme* (Fn. 1), passim; dagegen *Zöller/Geimer*, ZPO, 21. Aufl. 1999, IZPR Rdnr. 3 a; *H. Roth*, in: FS Stree/Wessels, 1993, 1045, 1048.
37 Zu diesem Prinzip etwa *Müller-Graff* (Fn. 28), Art. 30 Rdnr. 190.

typischerweise nicht dagegen, da es sich um nationale Prozeßrechtsnormen handelt, die unterschiedslos auf jeden anwendbar sind, der der Gerichtsbarkeit eines Mitgliedstaates unterliegt. Der *EuGH* hatte dazu in der *Perfili-Entscheidung* festgestellt, daß Art. 12 I EG (ex-Art. 6 I) nicht Unterschiede in der Behandlung erfasse, die sich von Mitgliedstaat zu Mitgliedstaat aus Unterschieden zwischen den Rechtsordnungen der einzelnen Mitgliedstaaten ergeben können, sofern diese Rechtsordnungen auf alle ihnen unterworfenen Personen nach objektiven Merkmalen und ohne Rücksicht auf die Staatsangehörigkeit der Betroffenen anwendbar sind[38]. Um eine derartige Norm ging es in der im Jahre 1996 ergangenen *Reisebüro Broede-Entscheidung* des *EuGH*[39]. Nach deutschem Recht müssen deutsche wie ausländische Inkassobüros für die *gerichtliche* Einziehung einer Forderung in Deutschland einen Anwalt einschalten. Deshalb war der Antrag eines französischen Inkassounternehmens auf Erlaß eines Pfändungs- und Überweisungsbeschlusses (§§ 828, 829 ZPO) vom Amtsgericht zurückgewiesen worden.

Im hier interessierenden Zusammenhang ging es um die Frage, ob die unterschiedslos anwendbaren deutschen Rechtsnormen den freien Dienstleistungsverkehr beschränkten. Nach der Rechtsprechung des *EuGH* verlangt die jetzt in Art. 49 EG geregelte Dienstleistungsfreiheit die Aufhebung aller Beschränkungen, selbst wenn sie unterschiedslos für einheimische Erbringer von Dienstleistungen wie für solche anderer Mitgliedstaaten gelten. Es reicht dazu aus, daß sie geeignet sind, die Tätigkeit des in einem anderen Mitgliedstaat ansässigen Dienstleisters, der dort rechtmäßig ähnliche Dienstleistungen erbringt, zu unterbinden, zu behindern oder weniger attraktiv zu machen[40]. Eine offene oder versteckte Diskriminierung im vorher erörterten Sinne ist also nicht erforderlich (oben III und IV). Es handelt sich um ein umfassendes *Beschränkungsverbot*.

Für derartige unterschiedslos anwendbare Normen sind drei durch den *EuGH* anerkannte Rechtfertigungsgründe von Interesse[41]. Das betreffende nationale Verbot muß aus zwingenden Gründen des Allgemeininteresses gerechtfertigt sein, es muß geeignet sein, die Verwirklichung des mit ihm verfolgten Zieles zu gewährleisten und es darf nicht über das hinausgehen, was zur Erreichung dieses Zieles erforderlich ist. Diese Voraussetzungen hat der *EuGH* im *Reisebüro Broede-Fall* für gegeben erachtet. Vor allem bedeute der Umstand,

---
38 EuGH, 1.2.1996, Rs. C-177/94, Slg. 1996 I, 161 (Strafverfahren gegen Gianfranco Perfili) (= EuZW 1996, 287): Adhäsionsklage vor dem Strafgericht mit besonderer Vollmacht.
39 EuGH, 12.12.1996, Rs. C-3/95, Slg. 1996 I, 6511 (Reisebüro Broede/Gerd Sandker) (= EuZW 1997, 53).
40 EuGH Slg. 1996 I, 6537 Rz. 25; auch schon EuGH, 25.7.1991, Rs. C-76/90, Slg. 1991 I, 4221, 4243 (Manfred Säger/Dennemeyer & Co. Ltd). – Im Sinne der Unterscheidung „unmittelbar" und „mittelbar" handelt es sich im Broede-Fall wohl um eine unmittelbare Beschränkung.
41 Dazu *Beutler/Pieper/Pipkorn/Streil*, Die Europäische Union, 4. Aufl.1993, S. 331 f.

daß in Frankreich kein Anwaltszwang herrsche und dort daher weniger strenge Vorschriften gelten als in Deutschland, nicht, daß die deutschen Vorschriften unverhältnismäßig seien.

Im Bereich der Verkehrsfreiheiten (hier: der Dienstleistungsfreiheit) werden unterschiedslos anwendbare prozessuale Normen im Ergebnis einer weniger rigiden Verhältnismäßigkeitsprüfung unterworfen, als dies im Bereich des allgemeinen Diskriminierungsverbotes für offene oder versteckte Diskriminierungen der Fall ist (oben III und IV).

3. Warenverkehrsfreiheit

Es bleibt die Frage, ob ein vergleichbarer Befund auch für den wohl wichtigsten Fall der Warenverkehrsfreiheit (Art. 28 EG) gilt. Kann – um bei dem angeführten plastischen Beispielsfall zu bleiben – ein englisches Unternehmen, das vor einem deutschen Gericht eine Kaufpreisforderung einklagt, wirklich sein heimisches Beweismaß mit dem vorteilhaften Wahrscheinlichkeitsmaßstab in den deutschen Zivilprozeß importieren?

a) Art. 28 EG als Prüfungsmaßstab

Die Beweismaßnorm des § 286 ZPO ist nach ihrem Inhalt nicht dazu bestimmt, eine kaufmännische Tätigkeit zu regeln und bezweckt auch nicht, Hindernisse für den freien Warenverkehr zu errichten. Sie hat keine unmittelbaren Auswirkungen auf das Recht des freien Warenverkehrs[42]. Selbst wenn man eine *mittelbare* Auswirkung auf die Ausübung der Grundfreiheit in der für den englischen Kläger im Vergleich mit seinem heimatlichen Prozeßrecht erschwerten gerichtlichen Durchsetzung seiner Forderung unterstellte, kann § 286 ZPO nicht unter das allgemeine Diskriminierungsverbot des Art. 12 I EG gebracht werden. Wegen der unterschiedslosen Geltung der Norm liegt keine offene oder versteckte Diskriminierung des englischen Klägers vor. Das Diskriminierungsverbot erfaßt, wie sich aus der Perfili-Entscheidung ergibt (oben 2), bloße Verschiedenheiten der nationalen Rechtsordnungen nicht.

b) Dassonville-Formel

Prüfungsmaßstab ist danach Art. 28 EG (ex-Art. 30). Die Norm verbietet alle Maßnahmen gleicher Wirkung wie mengenmäßige Einfuhrbeschränkungen. Gedanklicher Ausgangspunkt ist nach wie vor die seit 1974 vom *EuGH* gebrauchte *Dassonville-Formel*. Eine Maßnahme gleicher Wirkung ist danach grundsätzlich „jede Handelsregelung der Mitgliedstaaten, die geeignet ist, den

---

[42] Die gegenteilige Auffassung von *M. Wolf* (Fn. 36), S. 35, 39 läßt sich wohl kaum halten.

innergemeinschaftlichen Handel unmittelbar oder mittelbar, tatsächlich oder potentiell zu behindern"[43]. Dieses Kriterium kann auch unterschiedslos anwendbare Regelungen betreffen. Das Merkmal der „Handelsregelung" ist nicht funktional zu verstehen. Es genügt jede innerstaatliche hoheitliche Regelung[44]. Auch eine Bestimmung des nationalen Prozeßrechts kann eine Maßnahme gleicher Wirkung darstellen, obwohl das Prozeßrecht nach seiner Funktion für die Infrastruktur des Binnenmarktes unverzichtbar ist und die rechtsgeschäftliche Ausübung von Freiheiten erst ermöglicht[45].

Sehr fraglich ist freilich, ob eine Regelung wie § 286 ZPO im Sinne der *Dassonville-Formel* zur Behinderung der Einfuhr „geeignet ist". Der Verbotstatbestand wird nicht erfüllt, wenn die behauptete mittelbare Eignung zur Behinderung ganz ungewiß bleibt[46]. Wird ein englischer Unternehmer wegen § 286 ZPO wirklich zögern, Waren an deutsche Kunden nach Deutschland zu verkaufen oder ist dieser Umstand zu ungewiß und zu mittelbar? Mit einer vergleichbaren Argumentation wurde etwa Art. 30 EGV (jetzt Art. 28 EG) dahin ausgelegt, daß er der deutschen culpa in contrahendo-Regelung nicht entgegensteht, die eine Aufklärungspflicht im Rahmen vorvertraglicher Beziehungen vorsieht[47]. Für *Prozeßrechtsregeln* wird man wegen ihres allgemeinen Charakters bedenken müssen, ob sie nicht je nach Einzelfall fördernd oder behindernd wirken können. Auf diesen Gesichtspunkt hat für privatrechtliche Regelungen *Müller-Graff* eindrucksvoll hingewiesen[48]. Es scheint mir zudem bedenklich zu sein, isolierte Prozeßrechtsgrundsätze auf den Prüfstand zu stellen, da ein Prozeßrechtssystem einzelne Nachteile durch Vorteile wieder ausgleichen kann. Läßt sich einer nachteiligen Einzelregelung eines scharfen Präklusionsrechts etwa der Vorteil einer – angenommen – gegenüber dem Heimatstaat schnelleren oder billigeren Justiz gegenüberstellen? Schafft eine mit dem schärferen Beweismaß verbundene ausgefeilte Beweislastregelung nicht ebensoviel Gerechtigkeit? Letztlich steht hier der *Systemgedanke* nationaler Kodifikationen auf dem Prüfstand. M.E. spricht viel dafür, grundsätzlich eine substantiierbare Eignung nationaler Prozeßrechtsnormen zur Einfuhrbehinderung zu verneinen. Eine viel deutlichere Eignung zur Einfuhrbehinderung

---

43 EuGH, 11.7.1974, Rs. 8/74, Slg. 1974, 837, 847 (Staatsanwaltschaft/Benoît und Gustave Dassonville) (= NJW 1975, 515).
44 Nachweise bei *Grabitz/Hilf/Matthies/Borries* (Fn. 11) (Stand: 1997), Art. 30 Rdnr. 14; *Müller-Graff* (Fn. 28), Art. 30 Rdnr. 47.
45 So für das Privatrecht *Steindorff*, EG-Vertrag und Privatrecht, 1996, S. 223, 228. Doch gilt für das dem Privatrecht dienende Prozeßrecht insoweit das gleiche.
46 *Müller-Graff* (Fn. 28), Art. 30 Rdnr. 60.
47 EuGH, 13.10.1993, Rs. C-93/92, Slg. 1993 I, 5009 (CMC Motorradcenter GmbH/Pelin Baskiciogullari); vorher schon EuGH, 7.3.1990, Rs. C-69/88, Slg. 1990 I, 583, 597 Rz. 11 (Krantz); zu Art. 34 EGV (jetzt Art. 29 EG) auch EuGH, 22.6.1999, Rs. C-412/97, EWS 1999, 309 (ED Srl/Italo Fenocchio).
48 *Müller-Graff* (Fn. 28), Art. 30 Rdnr. 165.

kommt einer ineffektiven und langsamen Justiz eines Landes zu, wie sie sich etwa in der Rechtsprechung des Gerichtshofes für Menschenrechte zu Art. 6 EMRK wegen überlanger Verfahrensdauer von Zivilprozessen niederschlägt[49]. Doch lassen sich dazu wohl keine Vorlagefragen formulieren.

c) Cassis-de-Dijon

Geht man entgegen diesen Andeutungen gleichwohl von einer handelshemmenden Wirkung aus, weil Prozeßrechtsnormen im Hinblick auf die kalkulierte Kostenbelastung als Kostenfaktor eine Rolle spielen können[50], so sind verschiedene *Einschränkungen* des Kriteriums der Eignung zu Behinderung zu erwägen.

Für eine Norm nach Art des deutschen § 286 ZPO gibt es im Hinblick auf den verfahrensrechtlichen Charakter keine Gemeinschaftsregelung der EG. Zudem gilt die Norm unterschiedslos für alle vertraglichen Beziehungen. Selbst bei Annahme einer einfuhrbehindernden Eignung im Sinne der *Dassonville-Formel* könnte die Regelung gleichwohl keine Maßnahme gleicher Wirkung darstellen, wenn sie im Verständnis des *Cassis-de-Dijon-Urteils* des *EuGH* aus dem Jahre 1979 notwendig ist, um zwingenden Erfordernissen des Allgemeininteresses gerecht zu werden[51]. Es handelt sich um eine immanente Einschränkung des Begriffs der Maßnahme gleicher Wirkung auf Tatbestandsebene[52]. Als (nicht abschließende) Beispiele werden genannt eine wirksame steuerliche Kontrolle, der Schutz der öffentlichen Gesundheit, die Lauterkeit des Handelsverkehrs und der Verbraucherschutz. Es muß also mit konkreten Rechtfertigungsgründen argumentiert werden.

Bei der Beweismaßregelung (und anderen Institutionen des Prozeßrechts) liegt nicht nur eine bloße Zweckmäßigkeitsregelung des nationalen Prozeßrechts vor[53]. Auch die geforderten Merkmale der Geeignetheit, Erforderlichkeit und Verhältnismäßigkeit im engeren Sinne wird man nicht leugnen können. Im Gegenteil würde ein punktuelles Herausbrechen von Strukturprinzipien eine systembildende Durchformung des Zivilprozeßrechts insgesamt unmöglich machen. Systemgeleitete Rechtsfortbildung auf der Grundlage der Aufdeckung und Wahrung des inneren Systems der Prozeßordnung wäre fortan

---

49 Dazu *Matscher*, in: FS Fasching, 1988, S. 351.
50 So für zwingendes Privatrecht *W.-H. Roth*, ZEuP 1994, 5, 28.
51 EuGH, 20.2.1979, Rs. 120/78, Slg. 1979, 649 (Rewe-Zentral-AG/Bundesmonopolverwaltung für Branntwein) (= NJW 1979, 1766); zur Bedeutung der Entscheidung *Müller-Graff* (Fn. 28), Art. 30 Rdnr. 186 ff.; *Geiger*, EG-Vertrag, 2. Aufl. 1995, Art. 30 Rdnr. 15 ff.; *Grabitz/Hilf/Matthies/von Borries* (Fn. 11), Art. 30 Rdnr. 18 ff.
52 *Grabitz/Hilf/Matthies/von Borries* (Fn. 11), Art. 30 Rdnr. 20.
53 Anders *M.Wolf* (Fn. 36), S. 61. – Zu den genannten Kriterien *Müller-Graff* (Fn. 28), Art. 30 Rdnr. 205 (zur nicht ausreichenden Zweckmäßigkeit), Rdnr. 231 (zur Erforderlichkeit).

nur noch eingeschränkt oder gar nicht mehr möglich[54]. Der Systemgedanke mit der Systemgerechtigkeit der nationalen Prozeßrechte spielt in der Rechtsprechung des *EuGH* durchaus in anderem Zusammenhang eine Rolle[55]. Zudem wird den Mitgliedstaaten ein breiter Beurteilungsspielraum in der Ausgestaltung der nationalen Prozeßrechtsinstitute zugestanden[56]. Eine von *Steindorff* für das Zivilrecht gebrauchte Formulierung beansprucht auch für das Prozeßrecht Gültigkeit[57]: Prozeßrecht dient der Instrumentierung rechtsgeschäftlicher Freiheit und zählt zur Infrastruktur des Binnenmarktes. Es muß deshalb in seiner Kohärenz geschützt werden und vom unmittelbaren Zugriff der Grundfreiheiten weitgehend verschont bleiben. Nach dem Gesagten stellt sich die Frage nach einer Absenkung der Kontrollintensität gegenüber allgemeinen Grundsätzen im Sinne einer *reduzierten Verhältnismäßigkeitskontrolle* nicht mehr, wie sie etwa für das materielle Zivilrecht diskutiert wird[58].

d) Art. 30 EG und Konzeptionswandel der Grundfreiheiten

Ließen sich entgegen dem gerade Gesagten prozessuale Normen auch unter Anwendung der Grundsätze der *Cassis-de-Dijon-Rechtsprechung* nicht aus dem Tatbestand des Art. 28 EG ausgrenzen, so bleiben zur Rechtfertigung einer mittelbaren Einfuhrbehinderung an sich nur die Rechtfertigungsgründe des Art. 30 EG (ex-Art. 36). Diese werden wegen ihres Ausnahmecharakters eng ausgelegt und bleiben hinter den „zwingenden Erfordernissen" des *Cassis-de-Dijon-Urteils* zurück. Im Sinne der in Art. 30 S. 1 EG aufgeführten öffentlichen Ordnung ließe sich aber ebenfalls die Funktionsfähigkeit und Systemgerechtigkeit des nationalen Zivilprozesses anführen.

Zudem scheint sich für die bislang unterschiedlich ausgestalteten Rechtfertigungsgründe in der Rechtsprechung des *EuGH* derzeit ein Wandel in der Konzeption der Grundfreiheiten abzuzeichnen[59]. Der *EuGH* neigt jetzt wohl einem allgemeinen Beschränkungsbegriff zu und läßt auch außerhalb der *Cassis-de-Dijon-Fälle* zwingende Erfordernisse zur Rechtfertigung zu. Als

---

54 Dazu *Canaris*, Systemdenken und Systembegriff in der Jurisprudenz, 2. Aufl. 1983.
55 Etwa EuGH, 14.12.1995, Rs. C-430/93 und C-431/93, Slg. 1995 I, 4705, 4738 Rz. 19 (Jeroen van Schijndel und Johannes Nicolaas Cornelis van Veen/Stichting Pensioenfonds voor Fysiotherapeuten); EuGH, 14.12.1995, Rs. C-312/93, Slg. 1995 I, 4599, 4621 Rz. 14 (Peterbroeck, Van Campenhout/Belgischer Staat); zur Anerkennung der Funktionsfähigkeit der Rechtspflege EuGH, Slg. 1996 I 6511, 6538 Rz. 31, 41 (Reisebüro Broede).
56 Deutlich EuGH, Slg. 1996 I, 6529, 6540 Rz. 41 (Reisebüro Broede); *Heß*, JZ 1998, 1021, 1024.
57 *Steindorff* (Fn. 45), S. 268.
58 Dazu *W.-H. Roth*, ZEuP 1994, 5, 26 ff.
59 Dazu *Hakenberg*, ZEuP 1999, 849, 851.

Beispiele werden die Rechtssachen *Decker und Kohll* genannt[60]. In dem Falle *Decker* ging es um die Versagung der Kostenerstattung für eine Brille, die für einen Luxemburger Staatsangehörigen in Belgien gefertigt wurde und eine in diesem Zusammenhang ausgelöste Beschränkung des freien Warenverkehrs. Der *EuGH* prüfte als mögliche Rechtfertigung immerhin im Sinne eines zwingenden Rechtfertigungsgrundes die Gefährdung des finanziellen Gleichgewichts des Systems der sozialen Sicherheit, obwohl es sich nicht um unterschiedslos anwendbare Rechtsnormen handelte[61]. Darin liegt eine Ausweitung der Rechtfertigungsgründe über Art. 30 EG (ex-Art. 36) hinaus[62]. Die Frage braucht für den vorliegenden Zusammenhang nicht vertieft zu werden, führt sie doch wieder zu dem hier bejahten Vorliegen eines zwingenden Erfordernisses zurück.

e) Keck-Urteil

Möglicherweise läßt sich die bloße Rechtsunterschiedlichkeit der mitgliedstaatlichen Prozeßordnungen auch als „bestimmte Verkaufsmodalität" im Sinne der *Keck-Rechtsprechung* des *EuGH* in seiner Plenarentscheidung aus dem Jahre 1993 verstehen[63]. Für das bürgerliche Recht wurden vergleichbare Deutungen schon verschiedentlich versucht[64]. Die Entscheidung ist zu einem in Frankreich geltenden Verbot des Weiterverkaufs zum Verlustpreis ergangen. Danach ist die Anwendung nationaler Bestimmungen, die bestimmte Verkaufsmodalitäten beschränken oder verbieten, auf Erzeugnisse aus anderen Mitgliedstaaten nicht geeignet, den Handel zwischen den Mitgliedstaaten im Sinne des Urteils *Dassonville* unmittelbar oder mittelbar, tatsächlich oder potentiell zu behindern. Voraussetzung ist, daß diese Bestimmungen für alle betroffenen Wirtschaftsteilnehmer gelten, die ihre Tätigkeit im Inland ausüben, und daß sie den Absatz der inländischen Erzeugnisse und der Erzeugnisse aus anderen Mitgliedstaaten rechtlich wie tatsächlich in der gleichen Weise berühren. Wie *Cassis-de-Dijon* gilt auch die *Keck-Rechtsprechung* von vornherein nur für unterschiedslos anwendbare Regelungen.

---

60 EuGH, 28.4.1998, Rs. C-120/95, Slg. 1998 I, 1831 (Nicolas Decker/Caisse de maladie des employés privés) (= NJW 1998, 1769); EuGH, 28.4.1998, Rs. C-158/96, Slg. 1998 I, 1931 (Raymond Kohll/Union des caisses des maladie) (= NJW 1998, 1771).
61 *EuGH*, Slg. 1998 I, 1831 Rz. 39.
62 Das hilfreiche Schema bei *Schweitzer/Hummer*, Europarecht, 5. Aufl.1996, Rdnr. 1139 muß also fortgeschrieben werden. Das gleiche gilt für die Darstellung der Prüfungsschritte bei *Grabitz/Hilf/Matthies/von Borries* (Fn. 11), Art. 30 Rdnr. 31.
63 EuGH, 24.11.1993, Rs. C-267/91 und C-268/91, Slg. 1993 I (Keck und Mithouard) (= NJW 1994, 121); zur Bedeutung *Müller-Graff* (Fn. 28), Art. 30 Rdnr. 242 ff.; *Grabitz/Hilf/Matthies/von Borries* (Fn. 11), Art. 30 Rdnr. 28 ff.; knapp *Bleckmann*, Europarecht, 6. Aufl. 1997, Rdnr. 1511 ff.; *Kilian*, Europäisches Wirtschaftsrecht, 1996, Rdnr. 243 ff.
64 Eingehend *Mülbert,* ZHR 159 (1995), 2, 16 ff.

Allerdings betreffen die Normen der ZPO weder die Ware selbst noch bilden sie „Verkaufsmodalitäten". Prozeßrechtsnormen gehören nicht zu den nach wie vor der *Dassonville-Formel* unterfallenden produktbezogenen Vorschriften, weil sie nicht die Bezeichnung, die Form, die Abmessung, das Gewicht, die Zusammensetzung, die Aufmachung, die Etikettierung oder die Verpackung von Waren betreffen[65]. Ebensowenig treffen sie Regelungen der Art und Weise oder über Ort und Zeit des Verkaufs. Es handelt sich vielmehr um eine außerhalb dieser Zweiteilung stehende Fallgruppe. Vergleichbar dem materiellen Zivilrecht gehört das Zivilverfahrensrecht zu den allgemeinen Rahmenbedingungen des Handels. Will man sich auf die Zweiteilung des *Keck-Urteils* beschränken, so stehen diese Normen jedenfalls den Verkaufsmodalitäten näher als den produktbezogenen Vorschriften. Wenn aber schon ein hoheitlicher Eingriff in die Preisabrede mit dem Verbot des Weiterverkaufs einer Ware mit Verlust außerhalb der Grundfreiheiten des EG-Vertrages angesiedelt wird, so muß das erst recht für prozeßrechtliche Regelungen gelten, die – wie gezeigt – an der Schwelle der Substantiierbarkeit liegen[66]. Folgt man dem, so braucht nichtdiskriminierendes nationales Prozeßrecht nicht mehr zwingenden Erfordernissen des Allgemeininteresses im Sinne der *Cassis-de-Dijon-Rechtsprechung* zu genügen, da es bereits nicht zur Handelsbehinderung geeignet ist.

f) Vorläuferurteile

Bereits vor dem *Keck-Urteil* waren in Einzelfällen Einschränkungen der *Dassonville-Formel* anerkannt worden, wonach eine Regelung als Maßnahme gleicher Wirkung trotz einer bejahten Auswirkung auf die Einfuhr verneint wurde, ohne daß es eines zwingenden Erfordernisses bedurft hätte. So lag es etwa für das Verbot des Verkaufs nicht verbotener Sexartikel in nicht konzessionierten Sexshops[67]. Diese Rechtsprechung ging über die *Cassis-de-Dijon-Grundsätze* hinaus und betraf Regelungen, welche in keinem Zusammenhang mit dem innergemeinschaftlichen Handelsverkehr standen[68]. Zudem wurde da-

---

65 Anders *M. Wolf* (Fn. 36), S. 39 (die prozessualen Normen berührten mit der Rechtsdurchsetzung unmittelbar den Leistungsaustausch und seine Ergebnisse); *Steindorff* (Fn. 45), S. 99, 244 f., 267 f. zählt „viele Privatrechtsnormen" zu den Produktvorschriften, weil sie primäre und sekundäre Leistungs- und Nebenpflichten begründeten und relativiert damit die Bedeutung des „Keck-Urteils" für das Privatrecht. Doch läßt sich das auf das Prozeßrecht gewiß nicht übertragen.
66 In diese Richtung (für das Privatrecht) mit unterschiedlichen Begründungen etwa *Mülbert*, ZHR 159 (1995), 2 ff.; *Remien*, JZ 1994, 349, 353; *Armbrüster*, RabelsZ 60 (1996), 72, 75; a.A. *Wilmowsky*, JZ 1996, 590, 594.
67 EuGH, 11.7.1990, Rs. C-23/89, Slg. 1990 I, 3059 (Quietlynn Limited und Brian James Richards/Southend Borough Council) (= NJW 1991, 2203); EuGH, 7.5.1991, Rs. C-350/89, Slg. 1991 I, 2387 (Sheptonhurst Limited/Newham Borough Council).
68 Nachweise und Kritik bei *Müller-Graff* (Fn. 28), Art. 30 Rdnr. 260; *Grabitz/Hilf/Matthies/von Borries* (Fn. 11), Art. 30 Rdnr. 27; *W.-H. Roth*, ZEuP 1994, 5, 27; ders.,

rauf abgestellt, daß diese Vorschriften nicht die Regelung des innergemeinschaftlichen Warenverkehrs zum Gegenstand haben und somit den Handel zwischen den Mitgliedstaaten nicht behindern können. Doch fehlt hier einstweilen die dogmatische Klarheit. Unsicher ist auch, ob diese Erkenntnisse jetzt in der *Keck-Rechtsprechung* aufgegangen sind, ohne daß es im vorliegenden Zusammenhang ausschlaggebend darauf ankäme. Das Gesagte paßt jedenfalls auch auf prozessuale Normen[69].

VI. Zusammenfassung

1. Offene Diskriminierungen nach der Staatsangehörigkeit nach Art des § 110 ZPO a.F. finden sich in der ZPO sehr selten. Der *EuGH* mißt sie am allgemeinen Diskriminierungsverbot des Art. 12 I EG und bringt sie nicht mit den Grundfreiheiten des EG-Vertrages in Verbindung. Eine Rechtfertigung ist zwar nicht ausgeschlossen, hat bislang aber noch keine Rolle gespielt.

2. Versteckte Diskriminierungen nach Art von § 917 II ZPO a.F. oder einzelner Normen des Zustellungsrechts wie § 174 I, II ZPO[70] unterfallen ebenfalls dem allgemeinen Diskriminierungsverbot des Art. 12 I EG. Wie die offene greift auch die versteckte Diskriminierung ein, um die Ausnutzung anderer Freiheiten möglich zu machen[71]. Rechtfertigungsmöglichkeiten werden durch den *EuGH* in methodisch anfechtbarer Weise überaus restriktiv gehandhabt.

3. Diskriminierungsfreies unterschiedslos anwendbares Prozeßrecht wird im Bereich der als Behinderungsverbot ausgestalteten *Dienstleistungsfreiheit* (Art. 49, 50 EG) ohne Einschränkungen kontrolliert. Doch wurden bislang die anerkannten Rechtfertigungsgründe durch den *EuGH* großzügig ausgelegt und dem nationalen Gesetzgeber ein weiter Gestaltungsspielraum für die Ausformung des nationalen Prozeßrechts gelassen.

4. Für das Verhältnis von diskriminierungsfreiem unterschiedslos anwendbarem Zivilprozeßrecht und *Warenverkehrsfreiheit* ergibt sich folgendes: In der Rechtsprechung des *EuGH* finden sich keine Anhaltspunkte für ein Prinzip des Herkunftslandes in dem Sinne, daß jeder Ausländer vor deutschen Gerichten gleichsam sein eigenes Prozeßrecht mit sich führt. Wahrscheinlich unterfallen derartige Normen der ZPO noch nicht einmal der denkbar weiten *Dassonville*-

---

Rückzug des Europäischen Gerichtshofs vom Binnenmarktkonzept?, in: Marktwirtschaft und Wettbewerb im sich erweiternden europäischen Raum, 1994, S. 21, 27 f.
69 Anders *M. Wolf* (Fn. 36), S. 39 (unmittelbare Berührung des Leistungsaustausches und seiner Ergebnisse); *Steindorff* (Fn. 45), S. 268 tritt für das Privatrecht allgemein für richterliche Zurückhaltung mit der unmittelbaren Anwendung der Grundfreiheiten ein und beschränkt die Kontrolle auf Mißbrauch und Verhältnismäßigkeit i.S. des Art. 30 S. 2 EGV.
70 BGH JZ 1999, 414 mit Anm. *H. Roth.*
71 So die Interpretation von *Steindorff*, Grenzen der EG-Kompetenzen, 1990, S. 29.

Formel, weil es an der Substantiierbarkeit der Eignung zur Behinderung der Wareneinfuhr fehlt. Will man sich dem im Hinblick auf die mögliche Kostenbelastung nicht anschließen, so bleibt unterschiedslos anwendbares Prozeßrecht nach den Grundsätzen des *Keck-Urteils* (und der damit verwandten Vorgängerrechtsprechung) wegen seiner Nähe zu bloßen kontrollfreien Verkaufsmodalitäten außerhalb der *Dassonville-Formel*. Es bedarf also nicht des Rückgriffs auf die Rechtfertigung derartiger Regeln aus zwingenden Erfordernissen nach den Grundsätzen der *Cassis-de-Dijon-Rechtsprechung*.

EBERHARD SCHMIDT-AßMANN

Aufgaben wissenschaftlicher Forschung und ihre Sicherung durch die Rechtsordnung

I. Was hat die Wissenschaft mit dem Recht zu tun?

Im ersten Zugriff möchte man auf diese Frage antworten: ziemlich wenig. Die Forschungsergebnisse der Quantenphysik sind nicht im Vollzug von Rechtsnormen gewonnen worden. Die großen künftigen Aufgaben der Energie- und Materialforschung, der Ernährungswissenschaften und der Krebsforschung werden weder durch Aussagen des Völkerrechts noch des Verfassungsrechts beantwortet[1]. Forscherische Kreativität ergibt sich nicht aus Dienstpflichten des Beamten- oder Arbeitsrechts. Recht wird von nicht wenigen Forschern am ehesten als Forschungshindernis wahrgenommen. Rechtsregeln erscheinen als Ausdruck einer auch sonst häufig beklagten Übernormierung und als Ansatzpunkte für bürokratische Bevormundung durch Behörden und Gerichte (wofür es durchaus Belege gibt)[2]. Erstrebenswert erscheint in einer solchen Perspektive nur eine klare Trennung zwischen Forschung und Recht: Die Forschung soll forschen, und das Recht soll sie dabei möglichst wenig behindern!

Diese *Trennungsthese* ist jedoch eine recht undifferenzierte Antwort auf unsere Ausgangsfrage. Bezieht man etwa die Genforschung, die Kernforschung oder die Embryonenforschung in die Überlegungen ein, so wird deutlich, daß dem Recht notwendige und auch für die Wissenschaft durchaus nützliche Aufgaben zufallen. Näherhin lassen sich drei Wirkungsrichtungen des Rechts in unserem Themenbereich ausmachen:

– „Wissenschaftsextern" hilft das Recht, Konflikte zwischen Forschungs- und Drittinteressen zu lösen. Wissenschaft vollzieht sich nicht außerhalb von Staat und Gesellschaft. Folglich sind solche Kollisionen nicht auszuschließen. Verwiesen sei nur auf das Verhältnis zu Datenschutz, Tierschutz oder Umweltschutz. Aufgabe des Rechts ist es, Grenzen der Forschung zu bestimmen, ihr

---
1 Vgl. die anschauliche Schilderung von 12 großen Forschungsfeldern, in: *Deutsche Forschungsgemeinschaft*, Perspektiven der Forschung und ihrer Förderung, 1997.
2 *Deutsche Forschungsgemeinschaft*, Forschungsfreiheit – ein Plädoyer für bessere Rahmenbedingungen der Forschung in Deutschland, 1996; *Wagner*, NVwZ 1998, 1235.

aber auch Sicherheit zu geben, ihre Bemühungen um Akzeptanz in der Öffentlichkeit zu unterstützen und sie u.U. gegen diffuse Ängste oder Wünsche der Gesellschaft abzuschotten. Was sich rechtlich zulässig nennen kann, hat im öffentlichen Diskurs eine vorteilhaftere – freilich keine ganz feste Position.

– „Wissenschaftsintern" sind ebenfalls Konflikte denkbar, zu deren Lösung das Recht beitragen muß, z.B. Auseinandersetzungen zwischen Fakultäten und Universitätsleitung oder innerhalb von Instituten und Forschergruppen, bei denen es um Weisungsbefugnisse, Verwertungsmöglichkeiten von Forschungsergebnissen oder um die Verteilung von Forschungsmitteln geht[3].

– „Finanzbezogen" sichert Recht die Erkenntnis, daß Wissenschaft durch Forschung und diese wesentlich durch Grundlagenforschung geprägt ist. Grundlagenforschung aber kann sich die erforderlichen Mittel nur zu einem Teil am Markt beschaffen. Sie ist in erheblichem Maße auf staatliche Finanzierung angewiesen. Das gilt für Universitäten ebenso wie für die der Grundlagenforschung verpflichtete außeruniversitäre Forschung. Hier liegt ein großes Einflußpotential des Staates auf die Wissenschaft. Das Recht kann die erforderlichen Finanzmittel nicht beschaffen. Aber es kann zur Transparenz der Zuweisungsmechanismen beitragen und eine gewisse Kontinuitätsgarantie geben, auf die gerade die Grundlagenforschung angewiesen ist[4].

In allen drei Wirkrichtungen lassen sich Aufgaben der Konfliktlösung, der Stabilisierung und der Funktionssicherung ausmachen, die das Recht für die Wissenschaft zu leisten hat. Insofern ist von einer positiven Entsprechung beider auszugehen.

Das heißt wiederum nicht, daß das Verhältnis der Wissenschaft zum Recht ohne Probleme wäre. Dazu bestehen zu unterschiedliche Rationalitätskriterien, die eine Verständigung nicht leicht machen. Das *Wissenschaftsrecht*, das eine Verbindung zwischen beiden suchen soll[5], sieht sich mit schwierigen Regelungsaufgaben konfrontiert, die in den Eigengesetzlichkeiten beider Systeme beruhen und hier als das „Dilemma der zwei Geschwindigkeiten" bezeichnet werden sollen: Forschung drängt nach Maßgabe ihrer eigenen Untersuchungsstandards nach vorn und muß, um sich zu bewähren, eine hohe Eigendynamik entwickeln. Dem Recht dagegen ist, unbeschadet notwendiger Flexibilität, ein deutliches Element der Statik eigen[6]. Rechtsverfahren verlangen ein behutsames Vorgehen, das eventuell bewußt Phasen des Überdenkens und des Aus-

---

3 Vgl. nur VGH BW NVwZ-RR 1999, S. 636 ff.
4 Daraus folgt freilich keine feste Bestandsgarantie für ein früher einmal erreichtes Ausstattungsniveau einer bestimmten Forschungseinrichtung; vgl. BVerfG (K), NVwZ 1999, S. 1203.
5 Zur Struktur dieses Rechtsgebietes *Schmidt-Aßmann*, JZ 1989, S. 205 ff.; *ders.*, in: Festschrift für Meusel, 1997, S. 217 ff.; *Trute*, DV 1994, S. 301 ff.
6 Dazu die Beiträge in: *Hoffmann-Riem/Schmidt-Aßmann* (Hrsg.), Innovation und Flexibilität des Verwaltungshandelns, 1994.

gleichs einbezieht. Ein „kurzer Prozeß" ist eben gerade kein rechtsstaatlich erwünschter Prozeß. Rechtsüberzeugungen bilden und wandeln sich langsamer als öffentliche Meinungen. Gerade dadurch vermitteln sie Stabilität. Wegen ihrer unterschiedlichen „Geschwindigkeiten" läuft das Recht bei seinen Steuerungsversuchen gegenüber der Wissenschaft Gefahr, entweder zu spät zu kommen und eine wissenschaftliche Entwicklung nicht mehr aufhalten zu können oder aber mit weit vorgeschobenen Verboten überzureagieren. Zwischen Regelungsuntermaß und Regelungsübermaß ist ein Ausgleich folglich nur zu finden, wenn sich das Recht um *Wissenschaftsadäquanz* bemüht.

Wissenschaftsadäquanz meint zweierlei: eine Orientierung an den Sachstrukturen des Lebensbereichs Wissenschaft und eine Beachtung wissenschaftseigener Selbststeuerung und Selbstkontrolle. Wissenschaftliche Eigengesetzlichkeit und Eigenverantwortung haben schon hier, d.h. bei der Bestimmung der Strukturmerkmale und nicht erst als Begrenzungen staatlichen Rechts, ihren Platz. Wissenschaftsrecht muß sich um die „Schnittstellen" zwischen staatlichen und wissenschaftseigenen Steuerungsmechanismen kümmern. Mehr noch: Das Rechtskonzept selbst muß über das *staatliche Recht* hinausgreifen und *wissenschaftseigene* Normen einbeziehen. Das verlangt eine Veränderung des traditionellen Rechtsdenkens in Richtung auf ein weniger hierarchisches und eher prozedurales Konzept von Recht. Wenn unser Thema in denjenigen Teil der Vorlesungsreihe eingegliedert ist, der „Verfassungs- und Verwaltungsrecht im Umbruch" überschrieben ist, so kann gerade das Wissenschaftsrecht ein Referenzgebiet für eine Entwicklung sein, die heute die gesamte verwaltungsrechtliche Systematik durchzieht und nach Neuabgrenzung der Verantwortungssphären zwischen Staat, Gesellschaft und Individuum fragt[7].

II. Der Lebensbereich der „Wissenschaft"

Als Ausgangspunkt diene die häufig benutzte Definition, die als Wissenschaft alles das ausweist, „was nach Inhalt und Form als ernsthafter planmäßiger Versuch zur Ermittlung der Wahrheit anzusehen ist"[8]. Mag diese Definition in manchem kritikwürdig sein, so bringt sie doch die beiden wichtigsten Charakteristika, die spezifische Offenheit und die eigene Normativität von Wissenschaft, zutreffend zum Ausdruck.

---

7 Dazu m.w.N. die Beiträge in: *Schuppert* (Hrsg.), Jenseits von Privatisierung und „schlankem" Staat, 1999.
8 So BVerfGE 35, 78 (113), std. Rspr.; *Pernice*, in: Dreier (Hrsg.), Grundgesetzkommentar, Bd. 1, 1996, Art. 5 III Rn. 20; *Schulze-Fielitz*, in: Benda/Maihofer/Vogel (Hrsg.), Handbuch des Verfassungsrechts, 2. Aufl. 1995, § 27 Rn. 2 f.

1. Die strukturbildenden Merkmale

Um sich den Lebensbereich in seiner Vielfalt besser veranschaulichen zu können, mögen folgende Begriffspaare hilfreich sein[9]: Wissenschaft ist Vorgang und Ergebnis, Handlung und Organisation, kognitive Leistung und soziales System, spontane Kreativität und institutionalisierte Routine, Realvorgang und eigengesetzte Norm. Insgesamt stellt sie einen „Handlungs- und Kommunikationszusammenhang" dar[10], der diese Aspekte soweit wie möglich integriert. Die schon in der Definition angelegten Merkmale der Offenheit und der eigenen Normativität haben für die Gestaltung des Wissenschaftsrechts heuristische Aufgaben.

a) Offenheit

Die spezifische Offenheit des Wissenschaftsbegriffs „als ‚Verfahrensbegriff' beruht dabei auf dem Prozeßcharakter der Wissenschaft, auf der ‚prinzipiellen Unabgeschlossenheit jeglicher wissenschaftlichen Kenntnis'"[11]. Offenheit meint dreierlei: Pluralität, Explorativität und Internationalität.

– *Pluralität* wird sichtbar in der Vielfalt der Methoden, Fragestellungen und wissenschaftlichen Schulen. Sie zeigt sich auch in der Unterschiedlichkeit der Forschungseinrichtungen, Disziplinen und Richtungen. Im Wissenschaftsrecht wirkt sie fort in der Vielfalt der Steuerungsansätze, die dem Staat gegenüber der Wissenschaft zur Verfügung stehen: Einflußnahme durch materielle Vorgaben, prozedurale Gestaltungen und finanzielle Ausstattung.

– *Explorativität* kennzeichnet den Auftrag und die spezifische Situation, in der wissenschaftliches Forschen steht. Wissenschaft agiert an der Grenze des bisher Bekannten. Sie will zu neuen Erkenntnissen gelangen und muß mit Neuem rechnen, das sich aus bisheriger Erfahrung nicht ableiten läßt. Das erschwert die Beziehungen zu einer Rechtsordnung, die gewohnt ist, sich auf Erfahrungswissen zu stützen und ihre Zuordnungen an überschaubaren Kausalzusammenhängen auszurichten. Wissenschaftsrecht ist „Risikorecht". Es muß Rechtsgüterschutz und Funktionsschutz unter Unsicherheitsbedingungen leisten. Das gelingt nur, wenn es auf Vertrauensbildung angelegt ist und dazu verhilft, Risikodiskurse in der Gesellschaft zu organisieren[12]. Der Rückgriff auf die alten kausalgestützten Rechtsinstitute genügt dazu nicht. Die Überlage-

---

9 Grundlegend dazu *Häberle*, AöR, Bd. 110 (1985), S. 329 ff.; auch *Blankenagel*, AöR, Bd. 105 (1980), S. 35 ff.; *Schulze-Fielitz*, a.a.O. (Fn. 8), Rn. 26 ff.
10 *Trute*, Die Forschung zwischen grundrechtlicher Freiheit und staatlicher Institutionalisierung, 1994, bes. S. 54 ff.; ähnlich *Denninger*, in: Alternativkommentar zum Grundgesetz, 2. Aufl., 1988, Art. 5 Abs. 3 I, Rn. 18.
11 *Pernice*, a.a.O. (Fn. 8), unter Bezugnahme auf *Schmitt Glaeser*, WissR 1974, S. 107 (115), und BVerfGE 90, 1 (12).
12 Vgl. *Ladeur*, in: Hoffmann-Riem/Schmidt-Aßmann (Fn. 6), S. 111 (124 ff.).

Aufgaben wissenschaftlicher Forschung und ihre Sicherung 375

rung des Verursacherprinzips durch das Vorsorgeprinzip im Umweltrecht bietet dafür ein Beispiel.

– *Internationalität* verweist darauf, daß wissenschaftliche Erkenntnis nicht mit einem nationalen Reservatdenken erfaßt und überhaupt durch Raumgrenzen nicht bestimmt werden kann[13]. In diesem Sinne sind die Ergebnisse wissenschaftlicher Forschung grundsätzlich öffentliche Güter. Sie gehen heute zudem oft aus Forschungskooperationen hervor, die Länder und Kontinente umspannen und im Internet ihre spezifische Kommunikationsform entwickelt haben. Für das Recht bedeutet das freilich eine Einschränkung seiner Wirksamkeit, sofern es bisher auch im Bereich der Wissenschaft überwiegend nationales Recht ist. Wissenschaftsrecht wird künftig das Völkerrecht als Regelungsebene stärker einbeziehen müssen. Aber auch dort, wo es nationales, regionales oder sogar institutionengebundenes Recht bleibt, hat es die wesensbestimmte Internationalität der Wissenschaft stärker in Rechnung zu stellen.

b) Normativität

Wissenschaft hat ihre eigene Normativität. Das „ernsthafte planmäßige" Bemühen, das schon in der Kerndefinition von Wissenschaft eine Rolle spielt, zeigt das zutreffend an. Wissenschaft ist nicht diffuse Erkenntnissuche, sondern „systematisiertes und methodisch diszipliniertes Explorationsverhalten"[14]. Ohne normative Implikate ist wissenschaftliche Kommunikation nicht denkbar. Zu den wissenschaftseigenen Normen zählen ein organisierter Skeptizismus als methodologisches Gebot und die Uneigennützigkeit als distanzierte Einstellung zu den eigenen Forschungsergebnissen[15]. Forschung ist zwar kein linear verlaufender Prozeß der Erkenntnisgewinnung. Spontanität und Intuition, zu denen auch ein Stück Spekulation gehören kann, sind Bestandteile wissenschaftlicher Kreativität. Sie müssen aber den inneren Normen der Wissenschaft verbunden bleiben. Neuere wissenschafts-soziologische Arbeiten, insbesondere zur Laborforschung, haben zwar Zweifel an der Wirksamkeit dieser Normen formuliert[16]. Aber selbst wenn sich in dieser Hinsicht pathologische Bereiche nachweisen lassen, so kann von einer Verabschiedung dieser Normen für den Gesamtbereich der Wissenschaft keine Rede sein. Die eigene Normativität ist die Grundlage für alles das, was sich an geschriebenen und ungeschriebenen „Regeln guter Praxis" in den einzelnen Wissenschaftsdisziplinen und ihren Organisationen, aber auch in disziplinenübergreifenden Forschungseinrichtungen nachweisen läßt.

---

13 Differenzierend *Zacher*, in: Festschrift für G. Winkler, 1997, S. 1273 ff.
14 *Ott*, Ipso facto, 1997, S. 328.
15 Dazu klassisch *Merton*, Entwicklung und Wandel von Forschungsinteressen, 1986, S. 86 (90 ff.); referierend und kritisierend *Trute* (Fn. 10), S. 73.
16 Vgl. z.B. *Knorr-Cetina*, Die Fabrikation von Erkenntnis, 1984; krit. dazu *Ott* (Fn. 14), S. 411.

2. Das deutsche Wissenschaftssystem

Weil Wissenschaft immer zugleich als Organisation gedacht werden muß, läßt sich der Lebensbereich der Wissenschaft ohne einen Blick auf das Organisationsgefüge der Forschungseinrichtungen nicht hinreichend erfassen[17]. Hier dominieren nach wie vor die jeweiligen nationalen Besonderheiten[18], obwohl sich mehr und mehr auch übergreifende Organisationsformen ausbilden[19].

Kennzeichen nicht nur des deutschen Wissenschaftssystems ist die dominierende Rolle der *Universitäten*. Die in ihnen lebendige Verbindung von Forschung und Lehre ist zugleich der beste Weg, eine frühe Integration des wissenschaftlichen Nachwuchses in die Forschung zu gewährleisten. Trotz mancher berechtigter und mancher überzogener Kritik und trotz mancher überflüssigen Selbstzweifel sind die Universitäten auch heute das Fundament des Forschungssystems[20]. „In der modernen Wissensgesellschaft kommt ihnen als Basis und wichtigsten Knotenpunkten des Forschungssystems eine zentrale Rolle zu"[21].

Neben den Universitäten stehen als zweiter wichtiger Teil des Forschungssystems die außeruniversitären Forschungseinrichtungen[22]. Sie dienen zum einen der Grundlagenforschung, sind aber auch der anwendungsorientierten Forschung verpflichtet. Ihre Erscheinungsformen sind daher, wie ein Blick auf die Max-Planck-Gesellschaft, die Fraunhofer-Gesellschaft und die Einrichtungen der Großforschung verdeutlichen kann, durchaus unterschiedlich. Zu ihnen tritt die Deutsche Forschungsgemeinschaft als Einrichtung der Forschungsförderung[23]. Als Selbsthilfeeinrichtung der Universitäten gegründet, hat sie sich zu einer auch international vielbeachteten Institution einer wissenschaftsspezifischen, qualitätsorientierten Zuweisung von Fördermitteln entwickelt.

Industrieforschung und Ressortforschung sind dagegen Wissenschaft in konkreten Anwendungszusammenhängen. Mögen sie in einer an der Grundlagenforschung orientierten Systematisierung eher in einer Randposition erscheinen, so müssen sie doch, wenn es um die Erfassung des Lebensbereichs Wissenschaft in seiner Gesamtheit geht, auf jeden Fall präsent bleiben[24].

---

17 Dazu *Bundesministerium für Bildung, Wissenschaft, Forschung und Technologie*, „Faktenbericht 1998", bes. S. 81 ff. und 249 ff.
18 Vgl. die rechtsvergleichende Darstellung von *Krüger*, in: Krüger u.a. (Hrsg.), Handbuch des Wissenschaftsrechts, 2. Aufl., Bd. 2, S. 1723.
19 Europäische Forschungsinstitute wie CERN und EMBL; ferner die European Science Foundation; dazu die Angaben im Faktenbericht (Fn. 17), S. 227 ff.
20 So *Wissenschaftsrat*, Thesen zur Forschung in den Hochschulen, in: Empfehlungen und Stellungnahmen 1996, Bd. 1, S. 7 (12).
21 So der Bericht der Internationalen Kommission zur Systemevaluation der Deutschen Forschungsgemeinschaft und der Max-Planck-Gesellschaft „Forschungsförderung in Deutschland", 1999, S. 15.
22 Dazu *Meusel*, Außeruniversitäre Forschung im Wissenschaftsrecht, 2. Aufl., 1999.
23 Zu ihr und anderen wissenschaftsfördernden Einrichtungen die Beiträge in: *Krüger u.a.* (Hrsg.), Handbuch (Fn. 18), Bd. 2, S. 1379 ff.
24 Dazu *Trute*, Forschung (Fn. 10), S. 99 ff.

Für das Wissenschaftsrecht bilden zwei Systemzäsuren dieses Organisationsgefüges eine besondere Herausforderung:

– *Individuum und Institution*: Forschung besteht in individueller Leistung. Sie ist aber zugleich ein Kommunikationszusammenhang. In der Teamforschung wird das besonders deutlich; doch kann auch die Individualforschung nicht als ein isolierter Vorgang gedacht werden. Der einzelne Wissenschaftler ist vielfach in institutionelle Zusammenhänge eingebunden. Institutionen sind so Voraussetzung und Garant, aber auch Gefahrenquelle für individuelle Forschungsleistungen. Die kooperative und die individuelle Seite der Forschungsfreiheit müssen daher rechtlich immer wieder ausbalanciert werden.

– *Dualismus der Organisationsrechtsformen*: Das deutsche Wissenschaftssystem durchzieht ein Dualismus der Organisationsrechtsformen: Universitäten, Akademien und einige Großforschungseinrichtungen sind Körperschaften oder Stiftungen des öffentlichen Rechts. Max-Planck-Gesellschaft, Fraunhofer-Gesellschaft und andere Großforschungseinrichtungen sind dagegen als Vereine, Gesellschaften oder Stiftungen des privaten Rechts organisiert[25]. Diese nur aus der geschichtlichen Entwicklung erklärbare Zäsur der Rechtsformen bildet die Gemeinsamkeit der Forschungsaufgaben nicht zureichend ab: Die Universitäten lassen sich so wenig als „mittelbare Staatsverwaltung" und ihre Handlungen lassen sich so wenig als Ausübung gebundener administrativer Kompetenzen verstehen, wie umgekehrt die privatrechtlich organisierten Forschungseinrichtungen einschränkungslos dem Bereich privater Freiheit zugerechnet werden können. Das Wissenschaftsrecht muß folglich eine den Dualismus der Organisationsformen übergreifende Grundlage für *alle* Wissenschaftseinrichtungen schaffen, die eine in den Grundstrukturen vergleichbare Forschungsaufgabe haben.

III. Der Reflexionsrahmen: Die Verfassungsgarantie der Wissenschaftsfreiheit (Art. 5 Abs. 3 GG)

Seine systematischen Vorgaben erhält das Wissenschaftsrecht durch die Garantie der Wissenschaftsfreiheit. Für den juristischen Diskurs ist diese Garantie die Basis, von der aus er die als Rechtsproblem formulierten Fragen Schritt für Schritt abzuarbeiten gestattet. „Nur das diskursive Vorgehen kann die verschiedenen Belange, die notwendigen Abgrenzungen und Abwägungen zur Sprache bringen. Es führt zu juristischer Disziplinierung der Auslegung, zu Sachlichkeit, Verallgemeinerungsfähigkeit und Transparenz"[26]. In ihrer tatbestandlichen Weite und Offenheit sichert die Garantie der Wissenschaftsfreiheit aber auch

---

25 Dazu *Meusel* (Fn. 22), S. 9 ff.
26 *Isensee*, in: Isensee/Kirchhof (Hrsg.), Handbuch des Staatsrechts – HStR – Bd. 5, 1992, § 111, Rn. 39.

die Anschlußfähigkeit an die Erkenntnisse anderer Disziplinen, vor allem für wissenschaftstheoretische, -soziologische und -praktische Diskurse[27]. Für sie alle bietet die Garantie den vereinheitlichenden Rahmen, um die Seinsbedingungen von Wissenschaft in der Gesellschaft anhand eines juristischen Normenprogramms zu reflektieren[28].

Eine klassische Formulierung der Wissenschaftsfreiheit stellt Art. 5 Abs. 3 GG dar: Wissenschaft, Forschung und Lehre sind frei. Ähnlich bereits in den Reichsverfassungen von 1849 und 1919 anerkannt[29], ist diese Garantie keine Besonderheit des deutschen Rechts geblieben. Sie findet sich heute vielmehr in einer zunehmenden Anzahl europäischer Verfassungen und bildet im EG-Recht einen Allgemeinen Rechtsgrundsatz[30]. So unterschiedlich die dogmatischen Einzelaussagen der jeweiligen Rechtsordnung sein mögen, so lassen sich doch gewisse gemeinsame Grundlinien und Hauptpunkte ausmachen, zu denen das Recht Stellung nehmen muß, wenn es um die Legitimität staatlicher Steuerungsansprüche gegenüber der Wissenschaft geht.

1. Der Lebensbereich der Wissenschaft und der Normbereich der Freiheitsgarantie

Wissenschaft i.S. dieser Garantie erfaßt alle auf wissenschaftstypischer „Eigengesetzlichkeit beruhenden Prozesse, Verhaltensweisen und Entscheidungen bei der Suche nach Erkenntnis, ihrer Deutung und Weitergabe, die Fragestellung, die Grundsätze der Methodik sowie die Bewertung der Forschungsergebnisse und ihre Verbreitung"[31]. Im Bemühen, seinen verfassungsrechtlichen Schutz dem Lebensbereich der Wissenschaft möglichst umfassend zukommen zu lassen, ist der Normenbereich weit gespannt. Die Hochschulforschung wird ebenso erfaßt wie die außeruniversitäre grundlagen- und anwendungsbezogene Forschung. Auch die Industrie- und die Ressortforschung gehören dazu – freilich mit verringerter Schutzintensität, je weiter sie in die konkreten Verwendungszusammenhänge ihrer Träger eingebunden sind. Eine Differenzierung nach sozialer Relevanz oder Nützlichkeit findet nicht statt. Auch konfliktträchtige Forschungen sind Wissenschaft. Art. 5 Abs. 3 GG schützt weder nur geistige Vorgänge, noch ist er auf einen inneren „Werkbereich" der Wissenschaft be-

---

27 Anschaulich dazu die Beiträge in der Zeitschrift „Gegenworte", hrsg. von der Berlin-Brandenburgischen Akademie der Wissenschaften, 1998, Heft 1.
28 Dazu *Blankenagel*, AöR Bd. 105 (1980), S. 35 ff.; *Denninger*, a.a.O. (Fn. 10), Art. 5, Abs. 3 I Rn. 13 ff.
29 § 152 RV 1849, Art. 142 WRV; zur Geschichte *Zwirner*, AöR, Bd. 98 (1973), S. 313 ff.
30 *Pernice*, a.a.O. (Fn. 8), Rn. 8 f.; ausführlich *Groß*, Die Autonomie der Wissenschaft im europäischen Rechtsvergleich, 1992; *Wagner*, DÖV 1999, S. 129 ff.
31 BVerfGE 35, 79 (112); BVerwGE 102, 304 (307); ausführlich *Dickert*, Naturwissenschaften und Forschungsfreiheit, 1991, S. 129 ff.

grenzt. Auch Experimente gehören dazu, selbst wenn dabei Rechte Dritter oder Interessen der Allgemeinheit beeinträchtigt werden können[32].

Es gibt jedoch in zweierlei Hinsicht äußerste Grenzen: Ausgeklammert ist ein menschenverachtendes Experimentieren. Und ebensowenig erfaßt sind Handlungen, denen der Charakter der Wissenschaftlichkeit deshalb abzusprechen ist, weil sie nach Form und Inhalt schlechthin keinen ernsthaften Versuch zur Ermittlung von Wahrheit darstellen, sondern vorgefaßten Meinungen nur den Anschein wissenschaftlicher Nachweisbarkeit verleihen wollen. In beiden Fällen entfällt schon tatbestandsmäßig jeder Schutz der Wissenschaftsfreiheit, ohne daß es auf Fragen der Abwägung ankäme. Man kann diese beiden Grenzen als Situationen interpretieren, in denen der verfassungsrechtliche Wissenschaftsbegriff hinter einem wissenschaftseigenen weiteren Begriffsverständnis zurückbleibt, Normbereich und Lebensbereich also bewußt unterschiedlich konzipiert sind. Mehr spricht jedoch dafür, daß in beiden Fällen Vorgänge bezeichnet sind, die der Wissenschaft bereits nach ihren eigenen Maßstäben begrifflich nicht zugeordnet werden können. Entscheidend ist, *wer* diese Grenze des schlechthin Unwissenschaftlichen bestimmt. Auf der einen Seite kann es auf die Beurteilung desjenigen, der das Grundrecht für sich in Anspruch nehmen möchte, *allein* nicht ankommen[33]. Auf der anderen Seite darf es über eine zu weitreichende Definitionsmacht des Staates nicht dazu kommen, daß die nur als Ausnahmen zu aktivierenden äußersten Grenzen in der Staatspraxis zu unzulässigen Verkürzungen des grundrechtlichen Schutzbereichs genutzt werden. Vielmehr muß es darum gehen, auch hier soweit wie möglich zunächst wissenschaftseigene Wertungen zu Wort kommen zu lassen und durch entsprechende Verfahrensgestaltungen sicherzustellen. Erst nach Nutzung aller verfügbaren prozeduralen Klärungsmöglichkeiten bleibt dem Staat die Kompetenz, die tatbestandliche Weite seiner Garantienormen zu bestimmen.

2. Die Bedeutungsschichten der Wissenschaftsfreiheit

Die Freiheit, die Art. 5 Abs. 3 GG allen tatbestandsmäßig erfaßten Vorgängen und Ergebnissen zuerkennt, hat nach ganz herrschender Auffassung unterschiedliche rechtliche Gestalt[34]:
a) Sie wirkt zum einen *abwehrrechtlich* als Gewährleistung eines von staatlicher Fremdbestimmung freien Bereichs persönlicher und autonomer Verantwortlichkeit bei der Gewinnung und Vermittlung wissenschaftlicher Erkennt-

---

32 Im Ergebnis ebenso *Trute* (Fn. 10), S. 150 ff.; teilweise enger *Waechter*, Der Staat 1991, S. 19 ff.
33 So BVerfGE 90, 1 (12); BVerwGE 102, 304 (311); zum Problem allgemein *Morlok*, Selbstverständnis als Rechtsproblem, 1993, S. 92 ff.
34 Systematisch dazu *Trute* (Fn. 10), S. 246 ff.; *Pernice*, a.a.O. (Fn. 8), Rn. 30 ff. und 46 ff.

nisse³⁵. Geschützt ist jeder, der wissenschaftlich tätig ist. Unterbunden werden Eingriffe staatlicher Behörden, aber auch solche des Gesetzgebers und der Gerichte. Dabei stellen nicht nur strikte Verbote, sondern auch andere Beschränkungen Eingriffe dar, z.B. die Festlegung eines Genehmigungsvorbehalts für bestimmte Versuchsanordnungen³⁶. Der abwehrrechtliche Gehalt des Grundrechts geht von der Vorstellung eines wissenschaftseigenen Freiraums aus und stellt staatliche Eingriffe, die trotz der vorbehaltlosen Formulierung des Verfassungstextes nicht schlechthin unmöglich sind, unter ein hohes Rechtfertigungsbedürfnis.

b) Auf einer zweiten Bedeutungsebene wirkt Art. 5 Abs. 3 GG als *objektive Wertentscheidung*, die den Staat nach einer Formulierung des Bundesverfassungsgerichts zum Einstehen für eine freie Wissenschaft verpflichtet und ihn anhält, schützend und fördernd einer Aushöhlung der Freiheitsgarantie vorzubeugen³⁷. Angesichts des heutigen Wissenschaftsbetriebs, bei dem in weiten Bereichen nur noch der Staat über die erforderlichen finanziellen Mittel verfügt, soll daraus eine staatliche Pflicht zur Pflege freier Wissenschaft folgen: Der Staat muß personelle und finanzielle Mittel zur Verfügung stellen und durch geeignete organisatorische Maßnahmen dafür sorgen, daß die wissenschaftliche Betätigung soweit unangetastet bleibt, wie das unter Berücksichtigung der anderen Aufgaben der Wissenschaftseinrichtungen und der Grundrechte der verschiedenen Beteiligten möglich ist³⁸. Die der objektivrechtlichen Komponente zugrundeliegende Vorstellung rückt den staatlichen Regelungsauftrag in den Mittelpunkt, in dessen Vollzug der Gesetzgeber eine erheblich größere Gestaltungsbefugnis haben soll, als sie ihm in der abwehrrechtlichen Schutzzone des Art. 5 Abs. 3 GG üblicherweise zugestanden wird.

c) Die abwehrrechtliche und die objektiv-rechtliche Bedeutungsschicht stehen nicht beziehungslos nebeneinander³⁹. Sie sind eingebunden in das übergreifende Konzept eines *Organisationsgrundrechts*, das die weitreichende Angewiesenheit autonomen Wissenschafthandelns auf die Vorleistungen staatlicher Institutionalisierung reflektieren soll. In der Habilitationsschrift von *Hans-Heinrich Trute* heißt es dazu⁴⁰: „Grundrechtliche Freiheiten sind daher, zumal im Bereich der Wissenschaft, nicht nur solche des auf sich gestellten Individuums, sondern auch kooperativ und arbeitsteilig sich verwirklichend." „Ihre Ausübung ist gebunden an die Innehabung von Rollen in Wissenschaftsorganisationen, die allein über die materiellen Ressourcen der Freiheitsausübung verfü-

---

35 BVerfGE 35, 79 (112 f.); 90, 1 (11).
36 Vgl. die Beispiele bei *Pernice*, a.a.O. (Fn. 8), Rn. 32.
37 BVerfGE 35, 79 (114).
38 BVerfGE 35, 79 (115); 85, 360 (384).
39 Vgl. die Systematik bei *Classen*, Wissenschaftsfreiheit außerhalb der Hochschule, 1994, S. 132 ff.
40 Grundlegend *Trute* (Fn. 10), S. 245 (256).

gen". „Der Gesellschaft der Organisationen ist im Bereich der Wissenschaft wie anderwärts auch nicht mit einem Freiheitsbegriff beizukommen, der sich die Organisationen unter Freiheitsaspekten von den individuellen Handlungen her erklären möchte. Die Wirklichkeit der Freiheit ist ohne die verschiedenen Schichten der Organisation, der Freiheit der Organisation, in der Organisation und gegenüber derselben nicht auf den Begriff zu bringen. Das aber wird ohne einen Rückgriff auf objektiv-rechtliche Dimensionen nicht möglich sein"[41]. Welche Konsequenzen die organisationsrechtliche Deutung der Wissenschaftsfreiheit hat, wird allerdings unterschiedlich beantwortet:
– Teilweise wird die institutionell-organisatorische Komponente als das zentrale Garantieelement des Art. 5 Abs. 3 GG angesehen. So bedeutet für *Ralf Kleindiek* das Konzept des Organisationsgrundrechts einen „Paradigmenwechsel" in der Behandlung der Wissenschaftsfreiheit[42]. „Es sind nicht mehr primär subjektive Abwehrrechte, an denen sekundär organisatorische Vorkehrungen zur Verwirklichung freier Wissenschaft gemessen werden, d.h. es besteht kein aus einer *vorstaatlichen* Freiheit resultierendes Recht des einzelnen, an dem sich staatliche Regelungen, gleichsam immer als Eingriff in diese Freiheit, rechtfertigen müssen" (S. 206 f.). Die durch Art. 5 Abs. 3 GG gewährleistete Freiheit soll nach *Kleindiek* überhaupt nur dort zu verwirklichen sein, wo entsprechende freiheitsadäquate Organisationsstrukturen vorhanden sind (S. 259). Es heißt dann zwar: „Die korporative und die individuelle Dimension der Wissenschaftsfreiheit bedingen somit einander" (S. 355 f.). Genauer betrachtet geht es bei der individuellen Dimension jedoch eher um die abstrakte Zielvorstellung freier Wissenschaft, während das Individualrecht durch die korporative Komponente mediatisiert wird und für sich genommen als Abwehrrecht gegen staatliche Eingriffe nicht mehr aktiviert werden kann.
– Überwiegend hält die organisationsrechtliche Lehre jedoch trotz der Anerkennung der Bedeutung objektivrechtlicher Komponenten am Vorrang der individuellen oder personellen Freiheit fest[43]. Das Bundesverfassungsgericht spricht davon, die objektiv-rechtliche Komponente solle die abwehrrechtliche Wirkung des Grundrechts nicht einschränken, sondern in ihrer Geltungsmacht verstärken[44]. Einschränkungen aber wären zu befürchten, wenn das Individualrecht durch Wissenschaftseinrichtungen vollständig mediatisiert und dem Staat zur näheren Ausgestaltung ein schwer kontrollierbarer Spielraum zuerkannt würde. Ein Blick auf die verfassungsgerichtliche Überformung der Rundfunkfreiheit veranlaßt hier zu besonderer Vorsicht. Als Kommunikationszusammenhang hat Wissenschaft zwar eine gleichsam natürliche korporative Ausrichtung.

---

41 *Trute* (Fn. 10), S. 257.
42 *Kleindiek*, Wissenschaft und Freiheit in der Risikogesellschaft, 1998, bes. S. 201 ff.
43 *Dickert* (Fn. 31), S. 152 f.; *Classen* (Fn. 39), S. 120 f.; *Schmidt-Aßmann*, in: Festschrift für Thieme, 1993, S. 697 (703 ff.).
44 BVerfGE 35, 79 (115).

Entscheidend für alles wissenschaftliche Arbeiten aber bleibt die Kreativität des einzelnen Forschers. Ihr Schutz ist folglich nach wie vor der zentrale Richtpunkt für die gesamte Interpretation des Art. 5 Abs. 3 GG.

Das bedeutet zweierlei: Zum einen ist Wissenschaftsfreiheit nicht nur generell *innerhalb* entsprechender Wissenschaftseinrichtungen geschützt. Mag die Ausübung wissenschaftlicher Tätigkeiten heute auch ganz überwiegend an solche Einrichtungen rückgebunden sein, so müssen doch auch andere Ausübungsformen möglich bleiben, Formen der Individualforschung vom alten Typ des Privatgelehrtentums ebenso wie von einem sich unter Umständen ausbildenden neuen Typ, der durch die neuen Kommunikationstechniken in die Lage versetzt ist, Forschung im wesentlichen selbständig zu betreiben. Das organisationsrechtliche Konzept der Freiheitsgarantie muß folglich entwicklungsoffen auch für Organisationsänderungen selbst bleiben. Zum anderen darf es staatliche Regulierungen der Wissenschaft nicht allein als Ausgestaltungen verstehen und einem bloßen Optimierungsgebot unterstellen. Neben Zonen, in denen eine solche reduzierte Form rechtlichen Schutzes anerkannt werden kann, bleiben andere Bereiche staatlicher Zugriffe, die juristisch als Eingriffe im klassischen Sinne definiert und besonderen Rechtfertigungserfordernissen unterstellt werden müssen.

3. Eingriffsabwehr und Regelungsauftrag: Kollisionslösung

Die „Baupläne" der abwehrrechtlichen und der schutzrechtlichen Grundrechtsdogmatik sind bei Art. 5 Abs. 3 GG allerdings weniger unterschiedlich ausgestaltet, als das im Rahmen der allgemeinen Grundrechtslehren gilt[45]. Abwehrrechtlich zu zügelnder Eingriff und schutzrechtlich bestimmter Regelungsauftrag können bei einem Organisationsgrundrecht ineinander übergehen. Das Grundproblem beider besteht darin, staatliche Steuerung in dem besonders sensiblen Schutzbereich der Wissenschaftsfreiheit an besondere Argumentations- und Sorgfaltsstandards des juristischen Diskurses zu binden. Das einfache Schrankenmuster einer auf beliebige öffentliche Interessen bezogenen Verhältnismäßigkeitskontrolle genügt hier nicht. Das wird im Verfassungstext durch die vorbehaltlose Fassung des Art. 5 Abs. 3 GG klar herausgestellt. Den Textbefund aufnehmend, verlangen Rechtsprechung und Schrifttum, daß Einschränkungen der Wissenschaftsfreiheit „nur aus der Verfassung selbst abgeleitet werden" dürfen[46].

---

45 Zu diesen Unterschieden *Isensee*, a.a.O. (Fn. 26), Rn. 37 ff. und Rn. 88 ff.
46 Vgl. BVerwGE 102, 304 (308).

a) Komplexe Interessenlagen und mehrpolige Rechtsverhältnisse

Dieses ist die Grundlinie, auf die *alle* staatlichen Regulierungen verpflichtet sind, mögen sie i.S. der traditionellen Dogmatik nun eher als Eingriffs- oder als Ausgestaltungsregelungen zu klassifizieren sein.

– An den *„äußeren Grenzen"* der Wissenschaft sind zahlreiche Gegenpositionen auszumachen, die Verkürzungen der Wissenschaftsfreiheit rechtfertigen können, vor allem Grundrechte Dritter, Staatszielbestimmungen und Funktionsgarantien[47]: der Gesundheitsschutz des Art. 2 Abs. 2 GG, das Persönlichkeitsrecht des Art. 2 Abs. 1 i.V.m. Art. 1 Abs. 1 GG, der Erhalt der natürlichen Lebensgrundlagen nach Art. 20 a GG, aber auch die Freiheit der Gewissensentscheidung (Art. 4 GG) und die Ausbildungsfreiheit der Studenten (Art. 12 Abs. 1 GG)[48]. Die meisten dieser Positionen bringen sich in diesen Kollisionsfällen ihrerseits in einer objektivrechtlichen oder schutzrechtlichen Bedeutung zur Geltung, ohne daß daraus schon eine Gewichtungsregel ableitbar wäre.

– Im *„Binnenbereich"* der Wissenschaft sind es vor allem Positionen unterschiedlicher Träger der Wissenschaftsfreiheit, die durch staatliche Regelungen zum Ausgleich gebracht werden sollen. Die meisten dieser Positionen sind auf Art. 5 Abs. 3 GG selbst zurückzuführen, so daß insoweit von einer innertatbestandlichen Kollision gesprochen werden kann. Aber auch anders begründete Positionen, z.B. durch Art. 14 GG abgesicherte Verwertungsinteressen, Rechte auf Gleichbehandlung nach Art. 3 GG oder der Persönlichkeitsschutz des einzelnen Wissenschaftlers, kommen in Betracht. Grundrechtsträger sind die Wissenschaftler als Individuen, über Art. 19 Abs. 3 GG aber auch Forschungs- und Trägereinrichtungen ohne Rücksicht darauf, ob sie in den Organisationsformen des Privatrechts oder des öffentlichen Rechts verfaßt sind[49]. Neben dem individuellen gibt es also auch ein korporatives Abwehrrecht. Besondere Schwierigkeiten bieten die mehrpoligen Grundrechtssituationen, in denen sich eine Forschungseinrichtung und die in ihr tätigen Wissenschaftler gegenüberstehen[50]. Die Einrichtung ist hier einerseits – mindestens im Wege einer qualifizierten Drittwirkung[51] – grundrechtsverpflichtet, andererseits aber gegenüber staatlichen Regelungen dieser Kollisionslage auch grundrechtsberechtigt. Der

---

47 Ausführlich *Dickert* (Fn. 31), S. 427 ff.; *Losch*, Wissenschaftsfreiheit, Wissenschaftsschranken, Wissenschaftsverantwortung, 1993, S. 204 ff.
48 Speziell für den Tierschutz, der über keine dogmatisch verfestigte Verfassungsposition verfügt (vgl. BVerwGE 105, 73 ff., 81), mit Bezugnahme auf das „Sittengesetz" des Art. 2 Abs. 1 GG i.V. mit einem „ethisch begründeten" Tierschutz (BVerfG – K –, NVwZ 1994, 894).
49 *Schmidt-Aßmann*, a.a.O. (Fn. 43), S. 706 ff. m.w.N.
50 Ausführlich dazu *Dickert* (Fn. 31), S. 306 ff., bes. 321 ff.
51 Dazu *v. Mangoldt/Klein/Starck*, Bonner Grundgesetz, Bd. 1, 4. Aufl., 1999, Art. 5 Abs. 3 Rn. 373.

Grundrechtsstatus der beteiligten individuellen und korporativen Akteure ist also nicht radikal unterschiedlich, sondern durch eine *gemäßigte Asymmetrie* bestimmt, die aus dem Vorrang der personalen Komponente der Wissenschaftsfreiheit und aus der erst durch Art. 19 Abs. 3 GG vermittelten Position der Wissenschaftseinrichtungen folgt.

b) Abwägungsentscheidung und Ausgleichsmechanismen

In *allen* diesen Fällen geht es um komplexe Bewertungsvorgänge und Abwägungen, für die es keine abstrakte Vorrangsregel gibt. Auch die Eingriffsdogmatik kann eine solche nicht bieten, weil die unverkürzte Bewahrung der Freiheit *eines* Grundrechtsträgers in der Regel nur mit einer Verkürzung der Freiheit eines *anderen* erkauft werden kann. Neben das Übermaßverbot tritt das Untermaßverbot[52]. Die Abwägungsentscheidung muß beiden genügen. Verfassungsrechtlich verlangt sind daher nicht mehr und nicht weniger als eine konkrete Positionsbestimmung der einbezogenen Schutzgüter, d.h. eine genaue Analyse des Ausmaßes, der Intensität und der Dauerhaftigkeit der Kollisionslage, und eine dem Grundsatz praktischer Konkordanz folgende verhältnismäßige Zuordnung[53].

Praktische Konkordanz läßt nach *Ausgleichsmechanismen* fragen[54]. Solche Mechanismen sind in einer möglichst wissenschaftsnahen Ausgestaltung des kollisionslösenden Regelungsmodells zu suchen. Gerade hier können sich die Pluralität der Wissenschaft und die organisationsspezifische Prägung ihrer Freiheitsgarantie zur Geltung bringen. Hier entfaltet die Garantie ihre herausgehobene Schutzintensität, nicht durch strikte Verbote, sondern durch das Gebot, zur Lösung soweit wie möglich wissenschaftseigene Verfahrensbeiträge heranzuziehen. Das Organisationsgrundrecht des Art. 5 Abs. 3 GG setzt seine Schutzwirkungen also über eine Prozeduralisierung und Pluralisierung des Rechtskonzepts um.

IV. Wissenschaftsrecht: Erscheinungsformen und Wirkungsbedingungen

Die Wissenschaftsadäquanz des Wissenschaftsrechts, von der oben gesprochen wurde, ist nach alledem nicht nur eine Maxime sinnvoller Rechtspraxis, sondern ein in jedem Einzelfall zu aktivierendes Verfassungsgebot. Sie führt zur Ausbildung einer zweigliedrigen Rechtsstruktur. Zum Wissenschaftsrecht gehören staatliches Recht (1) und wissenschaftseigenes Recht (2). Staatliche

---

52 Vgl. BVerfGE 88, 203 (254 f.); *Isensee*, a.a.O. (Fn. 26), Rn. 90 f.
53 Vgl. *Dickert* (Fn. 31), S. 464 ff.; *Losch* (Fn. 47), S. 248 ff.
54 BVerwGE 105, 73 (78 f.).

Regulierung und wissenschaftliche Selbstregulierung sind hier eine besonders enge Verbindung eingegangen. Erst sie konstituiert das Rechtsgebiet als Regelungszusammenhang.

1. Staatliches Recht

Vielfältige Erscheinungsformen staatlichen Wissenschaftsrechts bietet das Hochschulrecht. Staatliches Recht ist hier vor allem Verwaltungsorganisationsrecht, das den Status öffentlich-rechtlicher Körperschaften, ihre Aufgaben, ihre Organe und die Rechtsstellung ihrer Mitglieder regelt. Auch Aufsichtsrecht und Haushaltsrecht gehören dazu. Unter den Rechtsformen dominiert das förmliche Gesetz; doch finden sich auch Regelungen in Verordnungsform. Mit den hier ebenfalls anzutreffenden Satzungen ist ein Instrument genannt, das nach der traditionellen Rechtsquellenlehre ebenfalls dem staatlichen Recht zuzuordnen ist, in seiner Funktion jedoch auch als Mittel der Selbstregulierung gedeutet werden kann.

Bei den überwiegend privatrechtlich organisierten außeruniversitären Forschungseinrichtungen kommen andere Rechtsformen ins Spiel. Gesellschafts-, Vereins-, Arbeits- und allgemeines Schuldrecht geben keine engen Vollzugsprogramme und Organisationsmuster vor. Sie bieten vielmehr Rahmenrecht, das auf eine privatautonome Ausgestaltung mittels der Rechtsinstitute des Vertrages und der privatrechtlichen Satzung angelegt ist. Soweit es um öffentlich finanzierte Forschungseinrichtungen geht, ist in den Fragen des Haushaltsrechts und der Rechnungsprüfung eine Annäherung an die Regeln für öffentliche Verwaltungen festzustellen[55].

Staatliches Wissenschaftsrecht knüpft aber nicht nur an bestimmte Wissenschaftsorganisationen an. Es ist auch übergreifendes Recht in dem Sinne, daß es für bestimmte Forschungen ohne Rücksicht auf die Einrichtung, in der diese stattfindet, stets zu beachtende Grenzen oder Wirkungsbedingungen formuliert. Beispiele bilden das Embryonenschutzgesetz und das Gentechnikrecht, sowie das für den Transfer von Forschungsergebnissen wichtige Urheber- und Patentrecht. Daß staatliches Recht heute nicht nur nationalstaatliches Recht, sondern auch supranationales und internationales Recht sein kann, zeigen beispielsweise zahlreiche Richtlinien der Europäischen Gemeinschaft auf diesem Gebiet und die Bioethik-Konvention des Europarats[56].

Staatliches Recht meint das Recht hoheitlich verfaßter Verbände, von diesen *gesetztes* und *durchgesetztes* Recht. Zur Durchsetzung stehen die staatlichen Rechtsstäbe, Gerichte und Verwaltungen, zur Verfügung. Die typischen Durchsetzungsmechanismen heißen Urteil, Verwaltungsakt und Vollstreckung. Im Vertragsrecht ist die Umsetzung weniger stringent vorgeformt; auch hier steht

---
55 *Meusel* (Fn. 22), S. 301 ff. u. S. 340 ff.
56 Abgedruckt bei *Deutsch*, Medizinrecht, 3. Aufl., 1997, S. 690 ff.

aber der staatliche Gerichtsschutz zur Rechtsdurchsetzung zur Verfügung. Insgesamt folgt dieser Teil des Wissenschaftsrechts den Wesensmerkmalen eines hierarchisch-zentralistisch geordneten Rechtssystems. Ein solches System ist gekennzeichnet durch eine feste Rangordnung der Rechtsquellen, klare Sanktionsmechanismen und seine Ausrichtung am Methodenideal der Subsumtionstechnik.

2. Wissenschaftseigenes Recht

Dieser zweite Teil des Wissenschaftsrechts besteht aus Regeln der „Wissenschaft". In einem pluralen Wissenschaftssystem können Trägerorganisationen, Forschungsinstitute, Forschergruppen, Fachgesellschaften, Berufsverbände und Fachverlage Normgeber wissenschaftseigenen Rechts sein. Erscheinungsformen dieses Rechts sind Satzungen, Geschäftsordnungen und Verfahrensordnungen von Trägerorganisationen, Programme und Förderleitlinien von Organisationen der Forschungsförderung, Standesrichtlinien, Empfehlungen und Stellungnahmen von Ärztekammern, Verhaltensregeln und Schlichtungsordnungen von Berufs- und Fachverbänden. Geregelt werden Fragen der äußeren Organisation und des Verfahrens, aber auch Probleme, die an die wissenschaftlichen Methoden selbst heranreichen, z.B. Standards für die Führung von Laborbüchern oder für den Umgang mit Patienten- oder Probandendaten. Ein wissenschaftseigenes „Gewohnheitsrecht", Codes of good Practice, Codes of Conduct, zeigen Übergänge zwischen wissenschaftseigenen Rechtsnormen und Normen der Wissenschafts- und Berufsethik. Eine feste Grenzziehung ist nicht möglich. In mancher Hinsicht bestehen Parallelen zu privaten technischen Regelwerken, Qualitätssicherungssystemen, Handelsbräuchen und dem Pressekodex.

Anders als das staatliche Wissenschaftsrecht folgt das wissenschaftseigene Recht einem dezentralen Rechtskonzept. Die rechtssetzenden (besser: rechtsbildenden) Instanzen stehen zueinander nur selten in einem festen Rangverhältnis. Die Rechtsgewinnung erfolgt eher diskursiv als durch Subsumtion unter definierte Begriffe eines gesetzlichen Tatbestandes. Ebenso fehlt es an einem System fester Sanktionsmechanismen. Die Sanktionen bilden sich in der Wissenschaft als einem wesentlich durch Reputation gesteuerten System informell aus[57]. In einigen Bereichen bestehen Koppelungen mit der staatlichen Rechtsordnung, z.B. bei der Kontrolle der Vereins- und Verbandsjustiz und im Vertragsrechtsschutz. Im übrigen aber agiert wissenschaftseigenes Recht situativ und partizipativ. Seine „staatsfreie" Entstehung macht es von den territorialen Grenzen des Nationalstaats unabhängig und für den internationalen Wissenschaftsverkehr besonders geeignet.

---

57 Zur Bedeutung von Reputation im Wissenschaftssystem *Luhmann*, Die Wissenschaft der Gesellschaft, 1992, S. 245 ff. und 351 ff.

Aufgaben wissenschaftlicher Forschung und ihre Sicherung 387

3. Gemeinsame Grundfragen

Eigene Normen sind legitime und notwendige Instrumente der Selbststeuerung der Wissenschaft. Staatliche Stellen besitzen kein Rechtssetzungsmonopol. Wissenschaftseinrichtungen bedürfen, wenn sie eigene Normen erlassen wollen, grundsätzlich keiner staatlichen Ermächtigung. Besondere Anforderungen kann das staatliche Recht an sie jedoch dann stellen, wenn es wissenschaftseigene Normen in seine Entscheidungen übernehmen oder diese Normen mit Hilfe der staatlichen Rechtsdurchsetzung sanktionieren soll. Über diese besonderen Fälle hinaus wird allerdings zu bedenken sein, daß jede Art von Normsetzung wegen ihrer beabsichtigten Breitenwirkung ein eigenes Gefährdungspotential besitzt. Ihm muß durch Regeln vorgebeugt werden, die sich aus allgemeinen Rationalitätsstandards sozialen Verhaltens, aus Regeln der Fairneß, der Neutralität, der Interessenadäquanz und der Verhältnismäßigkeit entwickeln lassen. In diesen elementaren Fragen wirken die Normativität des staatlichen Rechts und die dem Lebensbereich Wissenschaft eigene Normativität zusammen. Das Wissenschaftsrecht, als das *beide* Normenkomplexe umgreifende Recht, verfügt also durchaus über einheitliche normative Grundannahmen.

V. Verfahren und Gremien wissenschaftlicher Selbstkontrolle

Wie schwierig es dennoch ist, beide Steuerungsansätze miteinander zu verbinden, zeigt sich bei der Entwicklung wissenschaftseigener Kontrollverfahren und Kontrollgremien. Die Bereitschaft der staatlichen Rechtsordnung, wissenschaftseigenen Lösungen im Rahmen eines prozeduralen Rechtskonzepts Raum zu geben, ist im Ansatz zwar durchaus vorhanden. Bei der Durchführung stellen sich jedoch schnell die alten Denkmuster wieder ein, und es wird versucht, die auch in einem pluralistischen Modell unvermeidbaren Konflikte mit den harten Zäsuren der überkommenen Dogmatik zu lösen. Das soll am Beispiel zweier Institutionen erläutert werden, den Verfahren zur Klärung wissenschaftlichen Fehlverhaltens einerseits (1) und den sog. Ethikkommissionen andererseits (2). Erstere haben es mit wissenschaftsinternen Vorgängen zu tun; die wichtigste Konfliktlinie läuft hier zwischen der individuellen Forschungsfreiheit des in ein solches Klärungsverfahren einbezogenen Wissenschaftlers und der korporativen Komponente der Wissenschaftsfreiheit, repräsentiert durch die das Verfahren durchführende Wissenschaftseinrichtung. Bei den Ethikkommissionen wird der Konflikt vielschichtiger, weil zusätzlich auf Interessen außerhalb der Wissenschaft, z.B. auf solche des Umwelt- oder Patientenschutzes, Rücksicht zu nehmen ist.

1. Verfahren bei Fehlverhalten von Forschern

„Lug und Trug in den Wissenschaften" sind nun auch in Deutschland manifest geworden[58]. In anderen Ländern waren Fälle des Ideendiebstahls, der Publikation gefälschter Daten oder des Vertrauensbruchs von Gutachtern schon früher öffentlich diskutiert und es waren Verfahren zur Klärung und Ahndung entsprechender Vorgänge eingerichtet worden[59]. Die 1997 durch einen spektakulären Fall in Deutschland ausgelösten Reaktionen widerlegen zunächst einmal das alte Vorurteil, Rechtsordnungen wie die amerikanische könnten mit solchen Erscheinungen flexibel und unkonventionell umgehen, während bei uns eher hierarchisch-bürokratisch reagiert werde. In Amerika existiert auf eigens geschaffener gesetzlicher Grundlage eine eigene staatliche Behörde, das Office for Research Integrity, das Vorwürfen von Fehlverhalten in einem hochbürokratisierten Verfahren nachgeht[60]. In Deutschland haben es die großen Wissenschaftsorganisationen unter Führung der Deutschen Forschungsgemeinschaft als ihre eigene Aufgabe angesehen, dezentrale Verfahren zu entwickeln, die mit möglichst geringem bürokratischen Aufwand Vorwürfen von Fehlverhalten nachgehen und dabei mehr der Klärung von Verdachtsfällen als der Ahndung nachgewiesenen Fehlverhaltens dienen sollen[61]. Harte Sanktionen bleiben dem staatlichen Disziplinar-, Arbeits- oder Strafrecht überlassen.

Freilich ist unsicher, inwieweit sich ein solches flexibles Verfahrenskonzept wissenschaftlicher Selbstkontrolle dauerhaft rechtlich wird durchhalten lassen. Eine Entscheidung des Bundesverwaltungsgerichts aus dem Jahre 1996 weckt Zweifel[62]: Kläger ist ein beamteter Hochschullehrer, gegen den Mitarbeiter den Verdacht der Datenfälschung erhoben hatten. Beklagte ist die Universität, die zur Klärung der Vorwürfe eine Kommission einrichtete, in der Kläger zunächst mitarbeitete. Die Kommission konnte Fälschungen nicht nachweisen. Die Originalunterlagen waren verschwunden. Sie ging aber die Publikationen des Klägers im einzelnen durch, stellte methodische Mängel fest und verlangte bestimmte Berichtigungen.

Das Bundesverwaltungsgericht gab, wie schon die Vorinstanzen, der gegen diese Feststellungen gerichteten Klage statt. Die Bedenken dagegen betreffen weniger das Ergebnis; die Kommission der Universität hatte sich in der Tat zu stark auf das Feld der fachlichen Bewertung von Forschungsergebnissen begeben. Bedenken begegnen vielmehr zwei Argumentationslinien des Bundesver-

---

58 So der Titel des Heftes 2 der Zeitschrift „Gegenworte", hrsg. von der Berlin-Brandenburgischen Akademie der Wissenschaften, 1998.
59 Vgl. *Stegemann-Boehl*, Fehlverhalten von Forschern, 1993.
60 *Stegemann-Boehl* (Fn. 59), S. 191 ff.
61 Denkschrift der DFG „Sicherung guter wissenschaftlicher Praxis", 1998, Text der Empfehlungen abgedruckt auch in NJW 1998, S. 1764.
62 BVerwGE 102, 304 ff.; dazu *Schmidt-Aßmann*, Fehlverhalten in der Forschung – Reaktionen des Rechts, NVwZ 1998, S. 1225 (1232 ff.).

waltungsgerichts, die die Möglichkeiten der Selbstkontrolle aus Rücksicht auf die individuelle Forschungsfreiheit stark beschränken bzw. in eine Parallele zu *staatlichen* Sanktionsverfahren drängen. Das Gericht interpretiert Art. 5 Abs. 3 GG vorrangig als individuelles Abwehrrecht: Es schützt den Kläger und bindet die Universität, die im dualistischen Staat-Bürger-Schema ganz der Seite des Staates zugerechnet wird. Ein gleichwertiges Recht, das den Eingriff in die individuelle Forschungsfreiheit rechtfertigen könnte, wird ihr nicht zuerkannt.

Überlegungen wissenschaftseigener Selbstkontrolle kommen erst nachrangig ins Spiel. Auch sie werden zwar an Art. 5 Abs. 3 GG festgemacht, insofern der Verzicht auf staatliche Fremdkontrolle den zuständigen Wissenschaftseinrichtungen die Kompetenz der Selbstkontrolle einräumen soll. Das Konzept ist jedoch radikal asymmetrisch konstruiert. Die Spannung zwischen individueller und korporativer Seite der Wissenschaftsfreiheit ist hier von Anfang an zugunsten des Individualrechts aufgelöst. Die spezifische kommunikative Komponente der Wissenschaft wird nicht weiter berücksichtigt. Daher ist auch der Verantwortung für den Verbleib der Primärdaten, die für die Einhaltung der Regeln guter fachlicher Praxis wichtig ist, vom Bundesverwaltungsgericht keine Bedeutung beigemessen.

Verfahren der Selbstkontrolle sind für das Gericht staatlichen Disziplinarverfahren vergleichbar. An deren stark rechtsförmlicher Ausgestaltung sollen sich auch die wissenschaftseigenen Klärungsverfahren orientieren. Damit aber wird Selbstkontrolle auf ein Verfahren konfrontativen Typs festgelegt, in dem die Beteiligten aus fixierten Rollen des Beschuldigten und des Untersuchungsführers heraus agieren. Für Verfahren dieser Art ist ein hoher rechtlicher Regelungsaufwand erforderlich, wie ein Blick in die Disziplinarordnungen des Bundes und der Länder beweist. Die Möglichkeiten, Fälle aus einer breiten Grauzone von Fehlverhaltensverdacht (zunächst) durch Fortsetzung eines verfahrensmäßig möglichst wenig formalisierten wissenschaftlichen Diskurses aufzuhellen, werden so unter einem Übermaß staatlicher Rechtsregeln verschüttet. Das Urteil des Bundesverwaltungsgerichts ist auf der Grundlage der überkommenen Dogmatik folgerichtig entwickelt und dem Juristen im zugrundeliegenden Sicherheitsdenken sympathisch. Zu einem der Offenheit des wissenschaftlichen Prozesses entsprechenden Verfahrensrecht führt es dagegen nicht.

2. Die Rolle von Ethikkommissionen

Noch schwieriger ist es, die sog. Ethikkommissionen im Wissenschaftsrecht systematisch richtig zu erfassen[63]. Von ihren Aufgaben her stehen sie zwischen dem Schutz der Forschungsfreiheit und dem Schutz von Drittinteressen. Die schon bei den Fehlverhaltensverfahren sichtbaren Spannungen zwischen der

---

63 Zu Ethikkommissionen vgl. *Deutsch* (Fn. 56), S. 405 ff. mit weiteren Nachweisen.

individuellen und der korporativen Seite des Art. 5 Abs. 3 GG werden durch Einwirkungen weiterer Rechte, vor allem des Patienten- oder Probandenschutzes, gesteigert.

Die Ethikkommissionen sind keine Gremien reiner Peer Review. Auch fachfremde Mitglieder (in der Regel allerdings aus dem Hochschulbereich) gehören ihnen an. Sie nehmen zu konkreten Projekten, vor allem zu klinischen Versuchen an Menschen und zu epidemiologischen Forschungen mit personenbezogenen Daten, beratend Stellung. Für die klinische Erprobung neuer Arzneimittel wird sogar eine zustimmende Kommissionsbewertung verlangt; liegt sie nicht vor, so darf mit einer Untersuchung erst begonnen werden, wenn die zuständige Behörde während einer 60-tägigen Frist nach Anmeldung nicht widersprochen hat (§ 40 ArzneimittelG). Der Einfluß der Kommissionen gilt als erheblich[64]. In der Praxis sollen Projekte ohne zustimmende Bewertung so gut wie nicht vorkommen.

Aus wissenschaftseigenen Initiativen hervorgegangen[65], sind die Ethikkommissionen nach und nach „publifiziert" worden[66]. Sie haben gesetzliche Grundlagen erhalten. Die meisten von ihnen sind organisatorisch bei den öffentlichrechtlich verfaßten Trägern der funktionalen Selbstverwaltung, bei Ärztekammern und Universitäten, angesiedelt, ohne jedoch von ihrem Selbstverständnis her als Teil der öffentlichen Verwaltung eingestuft werden zu können. Gerade diese Ambivalenz ist für die Vermittlungsfunktion der Ethikkommissionen wichtig. Gerade aus ihr folgen allerdings auch die rechtlichen Schwierigkeiten.

In der Sicht der traditionellen Dogmatik des öffentlichen Rechts erscheint eine solche „Zwitterstellung" nämlich als Abweichung von den klaren Strukturen demokratischer Legitimation und rechtsstaatlicher Rechtsgebundenheit. Die Vorschläge der Juristen zielen folglich darauf, die Kommissionen unter Verzicht auf den Begriff der Ethik auf eine rein behördliche Rechtsanwendungstätigkeit festzulegen[67]. So konsistent sich dieser Vorschlag juristisch entwickeln läßt, so sehr wird mit ihm die Möglichkeit verspielt, auf öffentlich-rechtlicher Grundlage in einem geordneten Verfahren Selbstkontrolle an der Grenze zwischen Rechtsmaßstäben und fachwissenschaftlicher Risiko-Nutzen-Analyse zu

---

64 Dazu jüngst *Calliess*, Prozedurales Recht, 1999, S. 239 f.
65 *Schröder*, Kommissionskontrolle in Reproduktionsmedizin und Gentechnologie, 1990, S. 61 ff.
66 Vgl. *Classen*, Ethikkommissionen zur Beurteilung von Versuchen an Menschen: Neuer Rahmen, neue Rolle, MedR 1995, S. 148 ff., der von einem „Wandel vom Instrument der Selbstkontrolle zu einem Instrument der Fremdkontrolle" ausgeht. In der Einstufung zutreffender *Pernice*, a.a.O. (Fn. 8), Rn. 42: „Form autonomer Selbstbeschränkung"; ähnlich *Schulze-Fielitz*, Freiheit der Wissenschaft, in: Benda/Maihofer/Vogel (Hrsg.), Handbuch des Verfassungsrechts, 2. Aufl., 1995, Teil 2, § 27, Rn. 31.
67 So *Sobota*, Die Ethik–Kommission – Ein Institut des Verwaltungsrechts?, AöR Bd. 121 (1996), S. 229 (251 ff.).

üben[68]. Ethikkommissionen entscheiden zwar nicht die großen Fragen ethischer Implikationen von Wissenschaft (insofern mag der Name mißverständlich sein). Aber sie verhelfen dazu, „die in der individuellen Gewissensentscheidung des forschenden Arztes angelegten ethischen Dimensionen diskursiv zu thematisieren"[69]. Das geschieht bei den Kommissionen derzeitigen Typs von Fall zu Fall und dezentral, ist also vor allem auf die Funktionen anwendungsorientierter Forschung abgestimmt. Rationalitätsgewinn und Schutzwirkungen sind so allemal größer, als wenn ein Gremium der Staatsaufsicht sich anschickte, auf die klinische Praxis Einfluß zu nehmen. Für die Behandlung *grundlegender* Fragen der Wissenschaftsentwicklung und ihrer gesellschaftlichen Akzeptanz sind dagegen Ethikkommissionen eines anderen Zuschnitts notwendig. Inwieweit sie dauerhaft institutionalisiert oder von Fall zu Fall gebildet werden sollten, z.B. als besondere Enquête-Kommissionen des Parlaments, ist unsicher. Gründe einer besseren Sichtbarkeit dürften für eine dauerhafte Einrichtung mit festen Benennungsrechten (für die Seite der Wissenschaft am besten wohl durch den Wissenschaftsrat) sprechen. Aufgabe solcher zentralen Ethikkommissionen, für die es immer wieder Ansätze gibt[70], sollte weniger die gezielte Politikberatung als die Organisation eines qualifizierten Diskurses in der Öffentlichkeit sein. Das Gemeinwohl ist nicht nur staatlichen Stellen anvertraut.

---

68 Dazu die zutreffende Funktionsanalyse bei *Calliess* (Fn. 64), S. 251 ff.
69 *Calliess* (Fn. 64), S. 253.
70 *Deutsch* (Fn. 56), S. 414.

PETER ULMER

Entwicklungen im Kapitalgesellschaftsrecht 1975 bis 1999

Zum Einfluß von Gesetzgebung, Rechtsprechung, Wissenschaft und Kautelarpraxis auf die Fortbildung des Aktien- und GmbH-Rechts

I. Einführung

1. Anlaß und Gegenstand der Abhandlung

Vor 30 Jahren befaßte sich *Robert Fischer*, seit 1950 zunächst Bundesrichter, sodann Vorsitzender des Gesellschaftsrechtssenats und schließlich acht Jahre lang souveräner Präsident des Bundesgerichtshofs, mit der Methode revisionsrichterlicher Rechtsprechung auf dem Gebiet des Gesellschaftsrechts.[1] Er kam zu dem Befund, daß es – abgesehen vom Aktienrecht mit seinen grundlegenden Reformen der Jahre 1937 und 1965 – Rechtsprechung und Rechtswissenschaft ohne besondere gesetzgeberische Maßnahmen gelungen sei, den tiefgreifenden, das gesamte Wirtschaftsleben erfassenden Veränderungen seit den großen Kodifikationen am Ende des 19. Jahrhunderts durch Fortbildung des Gesellschaftsrechts angemessen Rechnung zu tragen.[2] Den Grund für diese bemerkenswerte Leistung sah er in erster Linie in dem „einzigartigen und vorzüglichen Zusammenwirken von Vertragspraxis, Rechtswissenschaft und Rechtsprechung" auf diesem Gebiet.[3] Daß er dieses Zusammenwirken nicht zuletzt in eigener Person exemplarisch vorlebte, auch wenn er im Jahr 1962 den Ruf auf eine ordentliche Professur an der Universität zu Köln ausschlug, und daß er neben einer Vielzahl richtungsweisender Urteile ein umfangreiches wissen-

---
1 Zur Methode revisionsrichterlicher Rechtsprechung auf dem Gebiet des Gesellschaftsrechts, dargestellt an Hand der Rechtsprechung zu den Stimmrechtsbindungsverträgen, in Festschrift *O. Kunze*, 1969, S. 95 ff. (hier zitiert nach: *Robert Fischer*, Gesammelte Schriften, 1985, S. 23 ff.).
2 A.a.O. (Fn. 1) S. 23.
3 A.a.O. (Fn. 1) S. 23 f.

schaftliches Werk hinterließ, in dem sich die Erfahrungen seiner jahrzehntelangen Richtertätigkeit widerspiegeln,[4] ist unter Kennern des Gesellschaftsrechts auch heute unvergessen.

Der Zusammenhang der Feststellungen *Robert Fischers* mit den Zielen der Ringvorlesung der Heidelberger Juristenfakultät ist unschwer zu erkennen. Diese gehen bekanntlich dahin, am Ende des 20. Jahrhunderts aus der Sicht der einzelnen Rechtsdisziplinen und ihrer jeweiligen Erfahrungen mit der Rechtsfortbildung einen Blick auf die Zeit nach der Jahrtausendwende zu werfen. Sie bieten damit guten Anlaß, sich für das Gesellschaftsrecht der Erfahrungen *Robert Fischers* aus dem Jahr 1969 zu erinnern und sie auf ihre Gültigkeit auch für die Folgezeit zu prüfen. Der Untersuchungszeitraum bezieht sich dabei auf die letzten 25 Jahre.[5] Als Untersuchungsgegenstand wurde das *Kapitalgesellschaftsrecht* gewählt, also das Recht der AG und GmbH, weil sich in diesem Bereich die Rechtsfortbildung besonders manifest ausgewirkt hat, während das Personengesellschaftsrecht – sieht man von besonderen Erscheinungen wie der Publikums-KG und der GmbH & Co KG ab – eher in den Hintergrund getreten ist.

Eine weitere Begrenzung ergibt sich daraus, daß der Untersuchung eine *nationale* Sicht unter Ausblendung der europäischen und internationalen Einflüsse auf das Gesellschafts- und Unternehmensrecht zugrundeliegt. Diese Beschränkung beruht neben Zeitgründen vor allem darauf, daß jener Aspekt zentraler Gegenstand des Eröffnungsvortrags von Herrn Kollegen *Hommelhoff* im Rahmen der Ringvorlesung war.[6] Außer Betracht muß schließlich auch die Kodifizierung des Umwandlungsrechts im Jahr 1994 bleiben, weil eine derartige Gesamtkonzeption nur dem Gesetzgeber möglich und die Zeit für die Feststellung signifikanter, über den Gesetzesinhalt hinausgehender Rechtsfortbildung in diesem Bereich noch nicht reif ist.

Die folgenden Betrachtungen gliedern sich in zwei Teile. Der erste und zugleich Hauptteil hat die Aufgabe, anhand von fünf Teilgebieten des Kapitalgesellschaftsrechts, die im Mittelpunkt des Interesses stehen, einen Eindruck von der Rechtsfortbildung in diesem Bereich und von den dahinter stehenden Wirkkräften zu vermitteln. Ein solches Vorgehen erfordert schon aus Zeitgründen eine stichwortartige Verkürzung; dafür spricht auch, daß die behandelten Gegenstände den Sachkennern des Gesellschaftsrechts meist wohlbekannt sind. Der zweite, abschließende Teil des Beitrags ist sodann dazu bestimmt, gewissermaßen als Bilanz dieser Entwicklungen und der sie prägenden Kräfte

---

4 Vgl. die Zusammenstellung in Festschrift für *Robert Fischer*, 1979, S. 923 ff.
5 Übersicht für die frühere Zeit (ab 1971) unter Einbeziehung auch des Personengesellschaftsrechts bei *Ulmer*, Richterrechtliche Entwicklungen im Gesellschaftsrecht 1971–1985, 1986, S. 5 ff.
6 Die Europäisierung und Internationalisierung des Gesellschafts- und Unternehmensrechts (vorstehend S. 133 ff.).

Entwicklungen im Kapitalgesellschaftsrecht 1975 bis 1999 395

festzustellen, wie die Rollen zwischen den verschiedenen Gliedern des Rechtsstabs – also Gesetzgebung, Rechtsprechung, Rechtswissenschaft und Kautelarjurisprudenz – bei der Fortbildung des Rechts verteilt waren und welche Erwartungen sich daraus für die künftige Entwicklung ableiten lassen.

2. Zur Diskussion zwischen Rechtswissenschaft und höchstrichterlicher Rechtsprechung: fruchtbarer Dialog oder gefährliche Grenzüberschreitung?

Anlaß zu einer solchen, in erster Linie das Verhältnis zwischen höchstrichterlicher Rechtsprechung und Rechtswissenschaft betreffenden Positionsbestimmung bietet nicht zuletzt eine auf Grundsatzprobleme hinweisende Betrachtung dieses Verhältnisses aus jüngster Zeit. Wir verdanken sie einem kürzlich erschienenen Beitrag von *Volker Röhricht*, dem heutigen Vorsitzenden des Gesellschaftsrechtssenats des BGH.[7] In unverkennbarem Gegensatz zu seinem Vorgänger *Robert Fischer* und mit zum Teil deutlicher Kritik an die Adresse der Rechtswissenschaft betont er darin das grundlegende, auf Verschiedenheit der Aufgaben und Methoden beruhende Spannungsverhältnis zwischen Rechtsprechung und Rechtswissenschaft. Zugleich läßt er erhebliche Zweifel an der Nützlichkeit des jahrzehntelang gepflegten Dialogs zwischen beiden Disziplinen erkennen.[8] Diese Verschiedenheit setze, wie *Röhricht* schreibt, „dem wissenschaftlichen Drang eines Richters ... recht enge Grenzen", und zwar „sowohl innerhalb wie außerhalb seiner rechtsprechenden Tätigkeit".[9] Und er gelangt zu dem Resumé, daß „nicht wenige Fehlentwicklungen der höchstrichterlichen Rechtsprechung, aber auch so manche fehlgeleitete Kritik der Wissenschaft an der Rechtsprechung ... auf Verkennung und Verletzung dieser Grenzen" beruhen.[10]

Das sind gewichtige Worte, die – wenn sie zutreffen sollten – Anlaß geben müßten, das Verhältnis der beiden Disziplinen einer grundsätzlichen Revision zu unterziehen und den bisher vorherrschenden Dialog durch Besinnung auf die je eigenen Aufgaben beider Disziplinen zu ersetzen, nämlich – wie Röhricht es sieht – einerseits die höchstrichterliche, in erster Linie am Einzelfall orientierte Rechtsfortbildung, andererseits die von der „Arbeit am Fall" abgehobene, auf die Aufgabe des Analysierens und Systematisierens im Sinne „begrifflich-klassifikatorischer Arbeit" zu konzentrierende Tätigkeit der Rechtswissenschaft.[11] Die Berechtigung dieser Kritik und des ihr zugrundeliegenden Rollenverständnisses der beiden Disziplinen, aber auch diejenige des Rufes

---
7 *Röhricht*, Von Rechtswissenschaft und Rechtsprechung, ZGR 1999, 445 ff.
8 Vgl. insbes. S. 446 ff., 449 ff., 462 ff., 467 ff.
9 A.a.O. (Fn. 7) S. 446 f.
10 A.a.O. (Fn. 7) S. 447.
11 A.a.O. (Fn. 7) S. 453, 448.

nach Neubestimmung des Verhältnisses zwischen ihnen wird zu prüfen sein (vgl. unter III 2c).

3. Zum Kreis der an der Rechtsfortbildung beteiligten Kräfte

Der folgende Überblick über die Rechtsfortbildung im Kapitalgesellschaftsrecht bedarf, um Mißverständnisse möglichst zu vermeiden, einiger Worte der Klarstellung und Relativierung in bezug auf die in die Betrachtung einbezogenen Glieder des Rechtsstabs und ihren jeweiligen Hintergrund; sie sind angesichts der folgenden, notwendig pauschalen Darstellung unverzichtbar.

Daß der *Gesetzgeber* kein monolithischer „deus ex machina" ist, sondern daß er aufgrund der Prägung durch die jeweils regierende Mehrheit, aufgrund der Einbindung in die europäische Rechtsangleichung und aufgrund der Erwartungen der Öffentlichkeit im Fall echter oder vermeintlicher Fehlentwicklungen des Rechts vielfältigen Bindungen unterliegt, ist offensichtlich und bedarf keiner näheren Darlegung.

Was die höchstrichterliche *Rechtsprechung* angeht, so sollte auch derjenige Einfluß nicht unterschätzt werden, der von den Instanzgerichten und dem von ihnen stammenden Entscheidungsmaterial sowie von den Angehörigen rechtsberatender Berufe auf ihre Spruchtätigkeit ausgeht, darunter nicht zuletzt derjenige der jeweils beteiligten BGH-Anwälte. Daneben ist selbstverständlich auch die wechselnde personelle Zusammensetzung des entscheidenden Senats von Bedeutung.

Beim Blick auf die *Rechtswissenschaft* versteht es sich angesichts der Vielzahl ihrer Vertreter von selbst, daß insoweit – ungeachtet des Vorhandenseins „herrschender Meinungen" zu nicht wenigen Fragen – nur selten von übereinstimmenden Inhalten und auch nicht ohne weiteres von einheitlichen Methoden gesprochen werden kann. Das berührt sich mit der schwierigen, hier nicht zu vertiefenden Frage, wo die Grenze zwischen genuin wissenschaftlichem und sonstigem, in erster Linie interessengebundenem Schrifttum verläuft.

Heterogen in ihrer Zusammensetzung und Aufgabenstellung ist schließlich auch die *Kautelarjurisprudenz*. Ihre vertragsgestaltende Funktion hat ihren Schwerpunkt je nach Mandatsvorgabe primär in der Entwicklung geeigneter Vertragsmodelle zur Vermeidung künftiger Auseinandersetzungen zwischen den Parteien, in der Umsetzung von Vorgaben des Gesetzes oder der höchstrichterlichen Rechtsprechung in die Vertragspraxis oder aber in der Wahrnehmung von Mandanten- bzw. Mehrheitsinteressen.[12] Im Kapitalgesellschaftsrecht ist ihr Einfluß, wie zu zeigen sein wird, geringer als in anderen Rechtsbereichen.

---

12 Zu den Anwendungsfeldern und Aufgaben der Kautelarjurisprudenz vgl. nur *Langenfeld*, Von der Klausel zur Vertragsgestaltung – Wandlungen der Kautelarjurisprudenz, in Jubil.-Festschrift des Rhein. Notariats, 1998, S. 3 ff. mit zahlr. Nachweisen.

Entwicklungen im Kapitalgesellschaftsrecht 1975 bis 1999 397

Alle diese Differenzierungen und Bedingtheiten der an der Fortbildung des Rechts Beteiligten sind bekannt; sie dürfen auch bei den folgenden Überlegungen nicht außer Acht gelassen werden. Einer vergleichenden Betrachtung der verschiedenen Glieder des Rechtsstabs und ihres Einflußpotentials auf die Rechtsfortbildung stehen sie jedoch nicht grundsätzlich entgegen.

II. Rechtsfortbildung im Kapitalgesellschaftsrecht

1. GmbH-Gründung

Im Recht der GmbH-Gründung war es zunächst die gesetzliche Zulassung der *Einmann-Gründung*, die einen deutlichen Entwicklungsschritt bewirkt hat. Den rechtspolitischen Hintergrund bildete die Erkenntnis, daß es sich bei mehr als 20% der GmbH-Gründungen um sog. Strohmann-Gründungen handelte,[13] d.h. um Gesellschaften, an deren Gründung nur aus Formgründen, um dem Gesetz genüge zu tun, eine zweite Person mitwirkte, also ein Strohmann, der seinen Anteil meist alsbald nach Eintragung auf den Mitgesellschafter übertrug. Auch wenn die Praxis sich an dieses Vorgehen gewöhnt und die Rechtsprechung es seit langem akzeptiert hatte,[14] richtete sich doch eine der ersten Forderungen des sog. *Arbeitskreises GmbH-Reform* Anfang der 70er Jahre darauf, im Zuge der Reform die Einmann-Gründung zuzulassen;[15] dabei handelte es sich um einen Kreis von sieben damals jungen, inzwischen in die Jahre gekommenen Gesellschaftsrechtlern,[16] der sich im Jahr 1970 als Reaktion auf den wenig überzeugenden, später zurückgezogenen Regierungsentwurf einer großen GmbH-Reform[17] konstituiert hatte. Der Gesetzgeber hat dieser Forderung bekanntlich in der GmbH-Novelle 1980 entsprochen.[18] Er hat die Neuerung inzwischen sogar auf die Aktiengesellschaft ausgedehnt, an deren Grün-

---

13 Vgl. die rechtstats. Nachweise bei *Hachenburg-Ulmer*, GmbHG, 8. Aufl. 1990, Einl. Rdn. 72.
14 Vgl. nur BGHZ 21, 378, 382, und zuvor schon RGZ 167, 184, 188.
15 Arbeitskreis GmbH-Reform, Thesen und Vorschläge Bd. 2, 1972, S. 35 ff.
16 *Götz Hueck, Marcus Lutter, Hans-Joachim Mertens, Eckard Rehbinder, Peter Ulmer, Herbert Wiedemann, Wolfgang Zöllner.*
17 BT-Drucks. VI/3088 = 7/253; es handelte sich um ein mit 300 Paragraphen sehr technisch – detailliert ausgefallenes, in zentralen Teilen dem Aktienrecht übermäßig nachgebildetes Reformwerk, das in der 7. Legislaturperiode des Bundestags zu Recht nicht weiterverfolgt wurde.
18 Nach dem Prinzip des geringstmöglichen Eingriffs durch Aufnahme des Zusatzes „durch eine oder mehrere Personen" in § 1 Abs. 1 GmbHG sowie durch Sondervorschriften über die Sicherung der Kapitalaufbringung in §§ 7 Abs. 2 S. 3, 19 Abs. 4 GmbHG. Zu den damit verbundenen dogmatisch-konstruktiven Problemen der Einmann-Gründerorganisation vgl. nur *Hüffer*, ZHR 142 (1978) 486 ff. und ZHR 145 (1981) 521 ff.; *K. Schmidt*, ZHR 145 (1980) 540 ff.; *Ulmer/Ihrig*, GmbH-Rdsch. 1988, 373 ff.

dung früher mindestens fünf Gesellschafter mitwirken mußten.[19] Rechtspolitisch ist dieses Vorgehen konsequent. Es belegt freilich zugleich, daß sich das geltende Recht ein Stück in Richtung auf das Einmann-Unternehmen mit beschränkter Haftung fortentwickelt hat, wie es aus dem Recht der liechtensteinischen Anstalt bekannt ist und früher eher kritisch beobachtet wurde.[20]

Deutlich größeres Gewicht kommt demgegenüber der *Überwindung des Vorbelastungsverbots* im Recht der sog. Vorgesellschaft zu, die durch eine Reihe von Grundsatzentscheidungen des Gesellschaftsrechtssenats seit Mitte der 70er Jahre erreicht wurde.[21] Es ging um die Frage, wie angesichts des zeitlich gestreckten, vor allem bei Sachgründungen nicht selten mehrere Monate dauernden Gründungsvorgangs[22] gesichert werden kann, daß das Gesellschaftskapital der neuen GmbH bei ihrer Entstehung als juristische Person, d.h. im Zeitpunkt ihrer Eintragung im Handelsregister, noch unversehrt vorhanden ist. Die Rechtsprechung hatte dazu seit Jahrzehnten auf das Vorbelastungsverbot gesetzt, indem sie in der Gründungsphase die Zulässigkeit einer Verpflichtung der Gesellschaft durch das Handeln ihrer Geschäftsführer auf die sog. notwendigen Geschäfte beschränkte.[23] Unter diesen verstand man die zur Entstehung der Gesellschaft erforderlichen Geschäfte wie Eröffnung eines Bankkontos oder Zahlung von Steuern und Gebühren. Allerdings hatte diese Begrenzung bei der Anwendung auf Sachgründungen, insbes. der Einbringung von Unternehmen in die neugegründete Gesellschaft, eine unvermeidliche Aufweichung im Sinne der „wirtschaftlich notwendigen Geschäfte" erfahren, da ein Stop der Geschäfte bis zur Eintragung in derartigen Fällen nicht möglich war.[24] Das und der Umstand, daß die Gesellschaften verbreitet dazu übergegangen waren, alsbald nach ihrer Eintragung die schon vorher in ihrem Namen geschlossenen Geschäfte durch die Geschäftsführer genehmigen zu lassen und dadurch die Anfangsverluste zu Lasten der GmbH zu übernehmen, führte dazu, daß das Gesellschaftskapital in vielen Fällen trotz des Vorbelastungsverbots schon kurze Zeit nach der Eintragung der GmbH durch die aufgelaufenen Verbindlichkeiten deutlich vermindert, wenn nicht verbraucht war.

Die entscheidende Wende wurde hier durch ein Grundsatzurteil des BGH aus dem Jahr 1981 erreicht, in dem das Vorbelastungsverbot verabschiedet und an seine Stelle die Vorbelastungshaftung der mit dem vorzeitigen Geschäftsbeginn einverstandenen Gründer gesetzt wurde.[25] Der Gesellschaftsrechtssenat

---

19 Durch Neufassung des § 2 AktG im Zuge des Gesetzes für kleine Aktiengesellschaften und zur Deregulierung des Aktienrechts v. 2.8.1994.
20 Vgl. dazu nur *Schilling*, JZ 1953, 161 ff.
21 BGHZ 65, 378, 383; 72, 45, 49 f.; 80, 182, 186 u.a.
22 Vgl. die rechtstats. Nachweise bei *Hachenburg-Ulmer* (Fn. 13) § 11 Rdn. 12.
23 Vgl. nur BGHZ 17, 385, 391; 53, 210, 212; dazu *Hachenburg-Schilling*, GmbHG, 6. Aufl. 1956, § 11 Rdn. 4 und 6 m. weit. Nachw.
24 Vgl. näher *Hachenburg-Schilling* (Fn. 23) § 11 Rdn. 4.
25 BGHZ 80, 129, 141.

konnte hierzu auf richtungsweisende rechtswissenschaftliche Vorarbeiten aus den 70er Jahren zurückgreifen und hat sich diese denn auch zu eigen gemacht.[26] In der Folgezeit gab es zwar noch mehrfach Bedarf zur Verfeinerung des neuen Konzepts und zur Entwicklung systematisch stimmiger Rechtsfolgen auch für den Fall, daß die Gesellschaftsgründung schließlich scheiterte;[27] umstritten blieb bis vor kurzem nicht zuletzt die im Dialog zwischen Wissenschaft und Rechtsprechung ausführlich erörterte Frage, ob es sich bei der Verlustdeckungs- bzw. Vorbelastungshaftung der Gründer um eine Innenhaftung gegenüber der Gesellschaft handelt oder ob die Gründer auch unmittelbar durch die Gesellschaftsgläubiger sollen in Anspruch genommen werden können.[28] Die grundlegende Weichenstellung war jedoch schon Anfang der 80er Jahre durch den Übergang vom Vorbelastungsverbot zur Vorbelastungshaftung erreicht; die Neuorientierung bedeutete zugleich einen zentralen Schritt auf dem Weg zur Anerkennung der Vor-GmbH als rechtsfähige Einheit schon vor Entstehung der GmbH als juristische Person.

2. Kapitalaufbringung und Kapitalerhaltung

a) Im Hinblick auf die Sicherung der Kapitalaufbringung war es vor allem das Verbot der *verdeckten Sacheinlage*, das sowohl im Aktien- als auch im GmbH-Recht eine erhebliche Weiterentwicklung, in Teilen vielleicht sogar Überspitzung erfuhr. Der Sache nach geht es um die Verhinderung von Strategien, bei denen die Gesellschafter unter dem Deckmantel einer Gründung oder Kapitalerhöhung mit Bareinlagen in Wirklichkeit Sachleistungen erbringen, ohne daß die hierfür vom Gesetz vorgeschriebenen zwingenden Erfordernisse der Offenlegung der Sacheinlagen und ihrer Wertkontrolle durch das Registergericht eingehalten werden.[29] Im Aktienrecht trug vor allem der spektakuläre Konkurs der Mainzer IBH AG mit ihren nicht wenigen Fällen einer scheinbaren Barkapitalerhöhung ohne Offenlegung des wahren Hintergrunds[30] zur Be-

---

26 Der BGH (a.a.O. Fn. 25) verweist auf *Hachenburg-Ulmer*, GmbHG, 7. Aufl. 1975, § 11 Rdn. 27 ff., 91, auf *Ulmer*, Festschr. Ballerstedt, 1975, S. 292 ff., und auf *Binz*, Haftungsverhältnisse im Gründungsstadium der GmbH & Co KG, 1976, S. 127 ff.; vgl. aber auch schon *Lieb*, DB 1970, 961, 966 f.; *Wiedemann*, JurA 1970, 446 ff.; *Rittner*, Die werdende juristische Person, 1973, S. 365 f.; *K. Schmidt*, GmbH-Rdsch. 1973, 146, 147 ff.
27 Vgl. dazu grundlegend insbes. *Stimpel*, Festschrift Fleck, 1988, S. 345 ff. sowie zuvor schon *Lieb*, Festschrift Stimpel, 1985, S. 399 ff.
28 Für Innenhaftung jetzt BGHZ 134, 333, 338 ff. (342); sodann auch BAG NJW 1998, 628 und BFH NJW 1998, 2926; a.A. insbes. *K. Schmidt*, ZIP 1996, 353 ff., 593 ff., und ZIP 1997, 671 ff.; *Altmeppen*, NJW 1997, 3272 ff.; *Flume*, DB 1998, 41 ff.; im Sinne des BGH aber *Ulmer*, ZIP 1996, 733 ff.
29 Vgl. nur *Hüffer*, AktG, 3. Aufl. 1997, § 27 Rdn. 9 ff.; *Lutter*, in Kölner Komm.z.AktG, 2. Aufl. 1988, § 66 Rdn. 31 ff.; *Hachenburg-Ulmer* (Fn. 13) § 19 Rdn. 76 ff.
30 Dazu BGHZ 110, 47, 63 ff., OLG Koblenz AG 1988, 242 und LG Mainz AG 1987, 221 (IBH/Lemmerz); LG Mainz AG 1987, 91, 93 f. (IBH/General Motors).

lebung der Diskussion über verdeckte Sacheinlagen in der Rechtswissenschaft und zur Verschärfung der Kontrollmaßstäbe in der Rechtsprechung bei.[31] Der Höhepunkt dieser Entwicklung war erreicht, als die höchstrichterliche Rechtsprechung in Übereinstimmung mit Teilen der Literatur dazu überging, die in der GmbH-Praxis nicht selten anzutreffenden Kapitalerhöhungen im Wege des sog. Schütt-aus-hol-zurück-Verfahrens als verdeckte Sacheinlage zu behandeln,[32] eine Verschärfung, die vom Gesellschaftsrechtssenat inzwischen im Anschluß an einen von *Lutter* und *Zöllner* gewiesenen Ausweg[33] zu Recht relativiert wurde.[34] Auch für die seither höchstrichterlich zugelassene Heilung verdeckter Sacheinlagen durch nachträgliche Offenlegung und Registerkontrolle[35] konnte der Gesellschaftsrechtssenat auf Vorarbeiten in der Literatur zurückgreifen[36] – insgesamt also ein vom Dialog zwischen Rechtsprechung und Rechtswissenschaft geprägtes, aus Sicht der Kautelarjurisprudenz wegen der erheblichen Haftungsrisiken für die Gesellschafter bei späterer Insolvenz der GmbH sehr brisantes Rechtsgebiet.

b) In anderen Bahnen verlief demgegenüber die Entwicklung des Rechts *eigenkapitalersetzender Gesellschafterdarlehen.* Denn es war zunächst allein der Gesellschaftsrechtssenat, der in einem anfänglich wenig beachteten Urteil von 1959[37] das widersprüchliche und für die Gesellschaftsgläubiger schädliche Verhalten von GmbH-Gesellschaftern als Darlehensgebern beanstandete. Dieses sah er darin, daß die Gesellschafter in der Krise der GmbH das zur Fortführung der Geschäfte erforderliche Kapital nicht im Wege der Kapitalerhöhung, sondern in Form von Darlehen einbrachten, um es bei fehlschlagender Sanierung zum Nachteil der Gläubiger wieder aus der Gesellschaft herauszuziehen und ihre Verluste dadurch zu minimieren. Mit überzeugender Begründung wertete der Senat eine derartige Finanzierung entgegen ihrer rechtlichen Einkleidung als Zuführung von Eigenkapital.[38] Das hatte zur Folge, daß die Gesellschafter die Darlehensmittel erst nach erfolgreicher Abwendung der Krise wieder aus der Gesellschaft entnehmen durften und daß sie der Gesellschaft bzw. dem Konkursverwalter bei Verstößen hiergegen die an sie zurückgeflossenen

---

31 Aus der höchstrichterlichen Rechtsprechung vgl. weiter BGHZ 118, 83, 93 ff. und BGH NJW 1996, 524, 525, aus der Lit. die Nachw. in Fn. 29, aber auch den nach Inhalt und Umfang aus dem Rahmen fallenden Beitrag von *Bergmann,* AG 1987, 57 ff.
32 BGHZ 113, 342 unter Hinweis auf die h.M. in der Komm.-Lit. zu § 56 GmbHG.
33 Vgl. *Lutter/Zöllner,* ZGR 1996, 164, 178 ff.: entspr. Anwendung der Regeln über die Kapitalerhöhung aus Gesellschaftsmitteln (so auch schon das Registergericht im Fall BGHZ 135, 381 und *Hachenburg-Ulmer,* GmbHG, 7. Aufl. 1983, § 56 Rdn. 45).
34 BGHZ 135, 381, 384.
35 BGHZ 132, 141, 150 f.
36 Der BGH (a.a.O. Fn. 35 S. 148 f.) erwähnt vier unterschiedliche Ansichten und schließt sich der erstmals wohl von *Priester,* DB 1990, 1753, 1758 ff. u.a. entwickelten, seither vorherrschenden Lehre an.
37 BGHZ 31, 258, 265 ff.
38 BGHZ 31, 258, 267.

Beträge erstatten mußten. Diese im Schrifttum ganz überwiegend auf Zustimmung gestoßene Rechtsprechung[39] ist in der Folgezeit konsequent ausgebaut und im Dialog zwischen beiden Seiten verfeinert worden, um nicht nur mittelbare Gesellschafterdarlehen, d.h. Darlehen Dritter, die von den Gesellschaftern verbürgt oder sonstwie gesichert werden,[40] sondern auch andere vergleichbare Leistungen der Gesellschafter in der Krise der GmbH wie die Gebrauchsüberlassung sonstiger Aktiva[41] zu erfassen.

Für das Thema der Rechtsfortbildung und die Frage nach den daran beteiligten Gliedern des Rechtsstabs interessant ist allerdings auch die zweifache, nicht sonderlich glückliche *Intervention des Gesetzgebers* auf dem Gebiet der eigenkapitalersetzenden Gesellschafterdarlehen. Der erste Schritt war Teil der GmbH-Novelle 1980 und sollte nach der Gesetzesbegründung dazu dienen, die höchstrichterliche Rechtsprechung gesetzlich zu verankern.[42] Das geschah jedoch in so unvollkommener Art und Weise, daß der Übergang auf das neue Recht zu einer erheblichen Abschwächung des Gläubigerschutzes geführt hätte. Denn der Gesetzgeber verzichtete nicht nur auf eine Rückzahlungssperre, sondern setzte abweichend von der Rechtsprechung auch deutlich kürzere Fristen fest für die Rückforderung der zurückgeflossenen Beträge durch den Konkursverwalter. Angesichts des zwischenzeitlich erreichten Schutzstandards war es daher eine nur folgerichtige, wenn auch bemerkenswerte Distanzierung gegenüber dem Gesetz, daß der Gesellschaftsrechtssenat mit ganz überwiegender Zustimmung der Rechtswissenschaft an seiner bisherigen Rechtsprechung festhielt und die Novellen-Regelungen der §§ 32a, 32b GmbHG lediglich zusätzlich bzw. ergänzend anwandte.[43]

Mehr Erfolg dürfte dem Gesetzgeber demgegenüber mit zwei Ergänzungen des Jahres 1998 beschieden sein, zumal sie diesmal eindeutig auf eine Reduktion des erreichten Schutzstandards und auf die Privilegierung bestimmter Arten von Gesellschafterdarlehen gegenüber dem allgemein für diese geltenden Sonderrecht abzielen. Das erscheint immerhin vertretbar, soweit die *Privilegierung von Sanierungskrediten* durch solche Darlehensgeber in Frage steht, die ihre Stellung als Gesellschafter erst durch den Erwerb von Geschäftsanteilen

---

39 Vgl. nur *Hueck,* in: Baumbach/Hueck, GmbHG, 16. Aufl. 1996, § 32a Rdn. 72 ff.; *Hachenburg/Ulmer,* GmbHG, 8. Aufl. 1991, §§ 32a, 32b Rdn. 158 ff.; *Lutter/Hommelhoff,* GmbHG, 14. Aufl. 1995, § 32a, 32b Rdn. 1 ff., 78 ff.; *Scholz/K. Schmidt,* GmbHG, 8. Aufl. 1993, §§ 32a, 32b Rdn. 11, 76 ff.
40 Vgl. statt aller *Hachenburg/Ulmer* (Fn. 39) §§ 32a, 32b Rdn. 128 ff. und *Scholz/K. Schmidt* (Fn. 39) §§ 32a, 32b Rdn. 125 ff. m. Nachw.
41 Vgl. dazu neuestens BGH NJW 1999, 577, 578 sowie den Überblick bei *Hueck* (Fn. 39) § 32a Rdn. 32 ff. m. Nachw.
42 Begr. RegE, BT-Drucks. 8/1347, S. 39; so im Ansatz unverändert auch BT-Rechtsausschuß (BT-Drucks. 8/3908, S. 73 f.).
43 BGHZ 90, 370, 376 ff.; zust. *Gessler,* ZIP 1981, 233; *K. Schmidt,* ZIP 1981, 696 f.; *Joost,* ZHR 148 (1984) S. 27, 44; *Hommelhoff,* ZGR 1988, 460, 478 ff. sowie die ganz h.M. in der Komm.-Lit. (vgl. die Nachw. in Fn. 39).

zur Überwindung der Krise erlangen.⁴⁴ Gelingt es der Rechtsprechung, dieses Privileg auf echte Sanierungsaktionen von bisher nicht als Gesellschafter beteiligten Kreditgebern zu beschränken und Mitläufereffekte oder sonstige Umgehungsversuche gegenüber den allgemein geltenden Grundsätzen zu verhindern, so mag der Gläubigerschutz in der Krise der GmbH hierdurch sogar gestärkt werden. Eine andere Beurteilung drängt sich demgegenüber für die Freistellung solcher eigenkapitalersetzender Darlehen auf, die von *Gesellschaftern mit bis zu 10 % Kapitalanteil* gewährt werden.⁴⁵ Angesichts dieser Regelung, bei der man sich nur schwer dem Eindruck eines erfolgreichen Lobbyismus entziehen kann, sind Umgehungsstrategien durch Aufteilung des Anteilsbesitzes auf Familienmitglieder, verdeckte Treuhänder u.a. unschwer absehbar, von der Frage der Vereinbarkeit dieser Privilegierung mit dem Gleichbehandlungsgrundsatz ganz abgesehen.

Alles in allem sind die gesetzlichen Regelungen auf dem Gebiet der eigenkapitalersetzenden Gesellschafterdarlehen daher eine – vermutlich ungewollte – Bestätigung dafür, daß die Rechtsentwicklung jedenfalls im Gesellschaftsrecht bei der höchstrichterlichen Rechtsprechung nicht selten in besseren Händen ist, als wenn der Gesetzgeber sich zum Eingreifen entschließt.

3. Organhaftung für Sorgfaltsverstöße

Soweit die *Organhaftung* für sorgfaltswidrige Geschäftsführung oder Überwachung und die Pflicht des Aufsichtsrats in Frage steht, auf die Geltendmachung von bestehenden Schadensersatzansprüchen der AG gegen Vorstandsmitglieder hinzuwirken, hatte der Gesellschaftsrechtssenat vor 1997 selten Gelegenheit zu judizieren. Die einzige bis dahin ergangene, herausragende Entscheidung zu den Sorgfaltspflichten von Organmitgliedern einer AG, in jenem Fall dem Vorsitzenden des Aufsichtsrats, stammte aus dem Jahr 1980.⁴⁶ Sie stellte klar, daß es einen groben Verstoß gegen die Überwachungspflichten von Mitgliedern des Aufsichtsrats darstellt, wenn sie auf den Vorstand einwirken, eine die AG schädigende Handlung – hier: die Zeichnung eines Gefälligkeitsakzepts über 1 Mio. DM – vorzunehmen, und daß dieser Verstoß nicht etwa unter Berufung darauf gerechtfertigt werden kann, der Einwirkende habe dabei nicht als Aufsichtsratsmitglied, sondern in Ausübung seines Hauptamts und unter Wahrnehmung von dessen Interessen gehandelt. Diese markante Aussage ist in der Rechtswissenschaft zu Recht auf durchgehende Zustimmung gestoßen.⁴⁷ An der Existenz von Interessenkollisionen in der Person von Auf-

---

44 So § 32a Abs. 3 S. 3 GmbHG, angefügt durch Art. 10 KonTraG v. 27.4.1998.
45 § 32a Abs. 3 S. 2 GmbHG, angefügt durch Art. 2 KapAufnErleichtG v. 20.4.1998.
46 BGH NJW 1980, 1629, 1630 – Graf Schaffgotsch.
47 *Ulmer,* NJW 1980, 1603, 1605; *Hoffmann-Becking,* in: MünchHdb. z. GesR, Bd. 4 AG, 1988, § 33 Rdn. 44; *Hüffer* (Fn. 29) § 116 Rdn. 5; *Mertens,* in: Kölner Komm. AktG, 2. Aufl. 1996, § 116 Rdn. 30.

sichtsratsmitgliedern bzw. dem Personenkreis, aus dem sich Aufsichtsräte typischerweise zusammensetzen, hat sie freilich bis heute wenig geändert.[48]

Die wesentliche Rechtsentwicklung im Bereich der Organhaftung ist allerdings dem sog. ARAG/Garmenbeck-Urteil des Gesellschaftsrechtssenats aus dem Jahr 1997 zu verdanken.[49] Es ging um die Klage von zwei Aufsichtsratsmitgliedern gegen die ablehnende Entscheidung der Aufsichtsratsmehrheit, den zur Familie gehörenden Vorstandsvorsitzenden einer in Familienbesitz befindlichen Versicherungsgesellschaft wegen eines von ihm verursachten Schadens der AG in Höhe von rd. 80 Mio. DM in Anspruch zu nehmen. Der BGH gab der Revision der vor dem Berufungsgericht unterlegenen Kläger statt und verwies die Sache an jenes zurück. Dabei traf er zwei grundsätzliche, in Kreisen nicht nur der Wissenschaft, sondern auch der Wirtschaft auf große Beachtung stoßende Feststellungen.[50] Die erste bezog sich auf den weiten unternehmerischen Beurteilungsspielraum, der Vorstandsmitgliedern bei der Ausübung ihrer Leitungsfunktionen und beim Eingehen geschäftlicher Risiken zuzubilligen ist, ohne daß sie ihre Sorgfaltspflicht verletzen;[51] insoweit ging es der Sache nach um die Rezeption der aus dem amerikanischen Recht bekannten business judgment rule.[52] Mit der zweiten Feststellung bekräftigte der Senat die Pflicht des Aufsichtsrats, das Bestehen und die Durchsetzbarkeit von Schadensersatzansprüchen gegen Vorstandsmitglieder sorgfältig zu prüfen und bei positivem Ausgang der Prüfung solche Ansprüche grundsätzlich auch geltendzumachen, wobei er freilich auch Raum für eine Interessenabwägung ließ.[53] Zu beiden Fragen konnte der Senat sich auf entsprechende Ansichten in der Rechtswissenschaft stützen.[54] Freilich verhalf er ihnen erst durch sein Urteil zu Durchbruch und – jedenfalls in der Theorie – weittragender Anerkennung.

---

48 Zur – nach wie vor ungelösten, leider auch im KontraG ausgesparten – Problematik der gleichzeitigen Tätigkeit in den Aufsichtsräten (oder dem Vorstand) konkurrierender Unternehmen vgl. nur *Lutter*, ZHR 145 (1981), 224, 236 ff.; *ders.*, Festschrift Beusch, 1993, S. 509, 512 ff.; *Reichert/Schlitt*, AG 1995, 241, 244 f.; *Mertens* (Fn. 47) § 103 Rdn. 34.
49 BGHZ 135, 244.
50 Vgl. nur die Urteilsrezensionen von *Dreher*, JZ 1997, 1074; *Heermann*, AG 1998, 201; *Horn*, ZIP 1997, 1129; *Kindler*, ZHR 162 (1998), 101; *Thümmel*, DB 1997, 1117; dazu auch *Henze*, NJW 1998, 3309, 3311; *Sünner*, ZHR 163 (1999), 364, 368 f.; *Ulmer*, ZHR 163 (1999), 290, 294 ff.
51 BGHZ 135, 244, 253.
52 Vgl. dazu nur *Ulmer*, ZHR 163 (1999), 290, 297 ff. m. Nachw.
53 BGHZ 135, 244, 252 ff. (255); zur deutlichen Relativierung der grundsätzlichen Verfolgungspflicht des Aufsichtsrats wegen des Abstellens auf die Interessen der geschädigten AG vgl. *Ulmer*, ZHR 163 (1999), 290, 295 ff. mit Hinw. auf den unterschiedlichen Meinungsstand zu dieser Frage in der Lit. (vgl. daselbst Fn. 17, 20).
54 Zum Beurteilungsspielraum der Vorstandsmitglieder bei Leitung der AG vgl. schon *Mertens* (Fn. 47) § 76 Rdn. 10 ff. und *Hommelhoff*, Die Konzernleitungspflicht, 1982, S. 168 ff.; zu den Prüfungs- und Handlungspflichten des Aufsichtsrats im Blick auf Haftungsansprüche gegen Vorstandsmitglieder vgl. *Raiser*, NJW 1996, 552, 554.

4. Rechte und Pflichten von Aktionären

a) Einen ersten Schwerpunkt der Rechtsprechung zu den Rechten der Aktionäre bildeten die Voraussetzungen, die an den *Ausschluß des Bezugsrechts* bei Kapitalerhöhungen zu stellen sind, d.h. die Frage, ob es hierfür neben der Dreiviertelmehrheit in der Hauptversammlung einer besonderen sachlichen Rechtfertigung bedarf. Der BGH hatte diese Frage bekanntlich durch ein Grundsatzurteil aus dem Jahr 1978, das Kali und Salz-Urteil, in Übereinstimmung mit maßgebenden Stimmen der Literatur bejaht.[55] Dabei war es um einen Fall gegangen, in dem der Bezugsrechtsausschluß dazu führte, daß der allein zeichnungsberechtigte Großaktionär seinen Kapitalanteil an der AG von 43 auf 72 % erhöhte, d.h. diese zu einer abhängigen Gesellschaft machte, freilich ohne daß diesem Umstand in den Entscheidungsgründen ausschlaggebendes Gewicht eingeräumt wurde. Als der Senat diese Rechtsprechung im daran anschließenden Holzmann-Urteil[56] auf den Bezugsrechtsausschluß beim genehmigten Kapital übertrug, war das Echo freilich unterschiedlich, weil eine sachliche Rechtfertigung für einen derartigen, auf noch nicht greifbare künftige Fälle bezogenen Vorratsbeschluß sich nur schwer darlegen ließ und die ernsthafte Gefahr bestand, daß dem flexiblen Instrument des genehmigten Kapitals dadurch wesentliche Einsatzmöglichkeiten geraubt würden.[57]

Es ist daher verständlich, daß der Senat die sich ihm im Jahr 1997 mit dem Siemens/Nold-Fall bietende Gelegenheit nutzte, um von den besonderen Anforderungen an einen Bezugsrechtsausschluß im Fall des genehmigten Kapitals abzurücken, solange sichergestellt ist, daß der Vermögenswert der Aktien der übergangenen Aktionäre dadurch nicht verwässert wird.[58] Das deckt sich mit entsprechenden Deregulierungsschritten des Gesetzgebers betreffend den Bezugsrechtsausschluß bei einer ordentlichen Kapitalerhöhung im Volumen bis zu 10 % des Grundkapitals.[59] Freilich erscheint der Hinweis in den Urteilsgründen auf andere Schutzmöglichkeiten der Aktionäre bei mißbräuchlichem Gebrauch vom genehmigten Kapital durch den Vorstand, darunter neben der Organhaftung des Vorstands auch die Möglichkeit einer Feststellungs- oder gar einer Unterlassungsklage der Aktionäre wegen Verstoßes gegen die von der

---

55 BGHZ 71, 40, 44 ff. unter Bezugnahme auf *Lutter*, in: Kölner Komm.z.AktG , 1971, § 186 Rdn. 49 f.; *Zöllner*, ebd. § 243 Rdn. 178 ff., 196; *Wiedemann*, in: Großkomm. AktG, 3. Aufl. 1973, § 186 Anm. 2a, c; *Schilling*, ebd., § 255 Anm. 2; *Füchsel*, BB 1972, 1533, 1536. Zustimm. *Lutter*, ZGR 1979, 401 ff.; *Martens*, in Festschrift Robert Fischer, 1979, S. 437 ff.; *Hüffer*, in: Gessler/Hefermehl/Eckardt/Kropff, AktG, 1984, § 243 Rdn. 52.
56 BGHZ 83, 319, 321 f.
57 Ablehnend insbes. *Heinsius*, Festschrift Kellermann, 1991, S. 115, 120 ff.; *Martens*, ZIP 1992, 1677, 1681 ff. und ZIP 1994, 669 ff.; *Hirte*, Bezugsrechtsausschluß und Konzernbildung, 1986, S. 112 ff.
58 BGHZ 136, 133, 136 ff.; scharf ablehnend *Lutter*, JZ 1998, 48 ff.
59 § 186 Abs. 3 S. 4 AktG, angefügt durch Ges. für kleine Aktiengesellschaften und zur Deregulierung des Aktienrechts v. 2.8.1994.

Hauptversammlung erteilte Ermächtigung,[60] wenig realistisch.[61] Auch sind Gefahren des Bezugsrechtsausschlusses für die betroffenen Aktionäre jedenfalls dann nicht auszuschließen, wenn entweder die Aktien der Gesellschaft nicht börsennotiert sind bzw. nur einen engen Markt bilden oder wenn die Gesellschaft infolge des Ausschlusses in Abhängigkeit zu geraten droht.[62] Es wäre daher auch vorschnell und verdiente keine Unterstützung, wollte man die Siemens/Nold-Entscheidung als allgemeine, über das genehmigte Kapital bei börsennotierten Gesellschaften hinausreichende Abkehr vom Erfordernis des Bezugsrechtsausschlusses verstehen.[63]

b) Ein besonders augenfälliges, in seiner Tragweite freilich bis heute nicht voll abschätzbares Beispiel höchstrichterlicher Rechtsfortbildung bildet das berühmte Holzmüller-Urteil des BGH aus dem Jahr 1982.[64] In dem zugrundeliegenden Fall ging es um die *Ausgliederung des gewichtigsten und ertragsstärksten Unternehmensteils* einer AG in eine zu diesem Zweck gegründete, 100 %ige Tochtergesellschaft. Der Senat bejahte angesichts dieser Besonderheiten ein ungeschriebenes Recht der Aktionäre auf Mitsprache, dessen Verletzung bei rechtzeitiger Klageerhebung sogar eine Unterlassungsklage übergangener Aktionäre begründen könne.[65] Diese von nur wenigen Literaturstimmen vorbereitete Entscheidung[66] hat in der Rechtswissenschaft ein unterschiedliches Echo gefunden.[67] In der Praxis der AG-Vorstände wird sie freilich – schon um Angriffspunkte von Aktionären zu vermeiden – allgemein auch in Fällen von weit geringerem Gewicht beachtet. Das hat zumindest auf diesem Wege zu einer Fortbildung des Aktienrechts über die den Aktionären gesetzlich eingeräumten Rechte hinaus geführt.

---

60 So BGHZ 136, 133, 140 f.
61 Vgl. näher *Cahn*, ZHR 163 (1999), 554, 574 ff., und ZHR 164 (2000), 113 ff.; ebenfalls skeptisch *Bayer*, ZHR 163 (1999), 505, 544 ff. und auch schon *Martens*, Festschrift Steindorff, 1990, S. 151, 163 ff.
62 Jedenfalls insoweit der Sache nach zutr. *Lutter*, JZ 1998, 48 ff.; gegen zu weitgehende Aushöhlung des Aktionärsschutzes durch die neue Rechtsprechung auch *Bayer*, ZHR 163 (1999), 505, 539.
63 So tendenziell aber *Röhricht*, ZGR 1999, 472 ff. unter Hinweis auf das Verbot sachfremden und rechtsmißbräuchlichen Verhaltens als ausreichendes Schutzinstrument; vgl. auch *Bungert*, NJW 1998, 488, 490 und *Volhard*, AG 1998, 397, 403 (für Ausdehnung der Siemens/Nold-Grundsätze auf Barkapitalerhöhungen).
64 BGHZ 83, 122.
65 BGHZ 83, 122, 134 f.
66 Insbes. *Lutter*, Festschrift Westermann, 1974, S. 347, 357 ff.; *Timm*, Die AG als Konzernspitze, 1980, S. 130 ff., 165 ff.; zur Klagebefugnis von Aktionären, die sich in ihren Rechten übergangen fühlen, vgl. *Knobbe-Keuk*, Festschrift Ballerstedt, 1975, S. 239, 251 ff.
67 Kritisch *Beusch*, Festschrift Werner, 1984, S. 1 ff.; *Götz*, AG 1984, 85 ff.; *Heinsius*, ZGR 1984, 383 ff.; *Martens*, ZHR 147 (1983) 429 ff.; *H.P. Westermann*, ZGR 1984, 352 ff. Im Grundsatz zust. *Rehbinder*, ZGR 1983, 93 ff.; *Gessler*, Festschrift Stimpel, 1985, S. 771 ff.; *Hübner*, ebenda, S. 791 ff.; *Lutter*, ebenda, S. 825, 843 ff.

c) Für die Rechte der Aktionäre – oder richtiger: für deren mißbräuchliche Ausübung – bedeutsam ist auch ein Grundsatzurteil aus dem Jahr 1989 betreffend die *Anfechtungsklage* gegen Hauptversammlungsbeschlüsse.[68] Den Hintergrund bildete eine seit vielen Jahren zu beobachtende Strategie sog. räuberischer Aktionäre, die Verletzung von Informationspflichten oder andere, insbes. formale Mängel der Beschlußvorbereitung durch Vorstand und Aufsichtsrat auszunutzen, um mit Hilfe einer Anfechtungsklage namhafte, z.T. sogar die Millionengrenze überschreitende Abfindungen für sich durchzusetzen.[69] Als Reaktion hierauf entschloß sich der Senat in Übereinstimmung mit der im Schrifttum vorherrschenden Meinung, den Mißbrauchseinwand bei Vorliegen deutlicher Anzeichen für ein grob eigennütziges Verhalten der klagenden Aktionäre zuzulassen, selbst wenn der angegriffene Beschluß an einem Mangel leidet und die Anfechtungsklage daher der Sache nach begründet wäre.[70] Das Urteil hat zweifellos dazu beigetragen, die Strategien räuberischer Aktionäre zu erschweren; durchgreifende Abhilfe konnte es bisher aber offenbar nicht schaffen.[71] Es bleibt daher Aufgabe des Gesetzgebers, zu prüfen, ob entweder die Erhebung der Anfechtungsklage künftig von einem besonderen, als Seriositätsschwelle dienenden Anteilsquorum der Kläger, etwa 1 % der Aktien bzw. 100 000 Euro Börsenwert,[72] abhängig gemacht oder eine der Vorschrift des § 16 Abs. 3 UmwG nachgebildete Regelung in das Aktiengesetz aufgenommen werden soll, die das Wirksamwerden von Hauptversammlungsbeschlüssen trotz schwebender Anfechtungsklage ermöglicht und den Klägern dadurch einen Großteil ihres Erpressungspotentials nimmt.[73]

d) Einen aus klassischer Sicht radikalen Wandel bedeutete es schließlich, daß der Gesellschaftsrechtssenat in mehreren, mit dem Linotype-Urteil des Jahres 1988 beginnenden Urteilen zur grundsätzlichen Anerkennung einer *Treupflicht* der Aktionäre nicht nur gegenüber der AG, sondern auch gegenüber den Mitaktionären kam.[74] Das Radikale lag weniger in der Bejahung derartiger Treupflichtbindungen der Aktionäre als solcher: sie sind dem Gesell-

---

68 BGHZ 107, 296.
69 Vgl. die Hinweise in BGHZ 107, 296, 312 f. auf den Vortrag der Bekl. betr. die frühere „erfolgreiche" Anfechtungsstrategie der Kläger.
70 BGHZ 107, 296, 310.
71 Das zeigen etwa die Anfechtungsklagen in den Fusionsfällen DaimlerChrysler bzw. Thyssen-Krupp (vgl. dazu Nachw. in Fn. 73).
72 Zu den Gründen für die Wahl eines derartigen Quorums als Seriositätsschwelle (dort bezogen auf die Haftungsklage einer Aktionärsminderheit gegen Vorstand oder Aufsichtsrat) vgl. *Ulmer*, ZHR 163 (1999), 290, 331.
73 Zur rechtskräftigen Zulassung der Eintragung der Verschmelzung von Thyssen und Krupp nach § 16 Abs. 3 UmwG trotz schwebender Anfechtungsklagen vgl. OLG Düsseldorf ZIP 1999, 793, 797 f. (nach Interessenabwägung), und OLG Hamm ZIP 1999, 798, 799 ff. (sogar wegen offensichtlicher Unbegründetheit der Anfechtungsklage).
74 BGHZ 103, 184, 194 f.; sodann auch BGHZ 127, 107, 111 – BMW; 129, 136, 142 f. – Girmes; anders noch BGH JZ 1976, 561, 562 – Audi NSU.

schaftsrechtler nicht fremd, hatten bis dahin allerdings in erster Linie das Personengesellschaftsrecht geprägt. Vielmehr kam die neue Sicht vor allem darin zum Ausdruck, daß der Senat das Bestehen *horizontaler* Bindungen zwischen Aktionären bejahte, während früher eindeutig die vertikale Beziehung zwischen der AG und ihren Aktionären im Vordergrund gestanden hatte.[75] Das Verständnis vom Wesen der Mitgliedschaft erweiterte sich dadurch von einem einseitig auf die AG bezogenen Recht zu einer komplexen, auch das Verhältnis zu den Mitgesellschaftern umfassenden Verbandsposition.[76]

Den Grundstein für diese neue, inhaltlich inzwischen allgemein anerkannte Sicht hatte der Senat, und zwar damals ohne nennenswerte Vorarbeiten im Schrifttum, schon in dem berühmten ITT-Urteil des Jahres 1975 gelegt.[77] Damit hatte er die Herrschaft des Mehrheitsgesellschafters in einem GmbH-Konzern anstelle der bis dahin vorherrschenden, wenig effizienten Schranke des § 826 BGB unter den Vorbehalt der gesellschaftsrechtlichen Treupflicht gestellt, eine Entscheidung, die das GmbH-Konzernrecht nachhaltig geprägt hat und heute allseits akzeptiert ist.[78]

5. Recht der verbundenen Unternehmen

Bei den Entwicklungen im Konzernrecht kann sich die Übersicht über die Rechtsfortbildung auf drei besonders wichtige Teilbereiche beschränken, den Unternehmensbegriff, den GmbH-Vertragskonzern und den qualifizierten faktischen GmbH-Konzern. Die ersten beiden dieser Bereiche stehen heute im wesentlichen außer Streit; demgegenüber wird der dritte, d.h. die Haftung des herrschenden Unternehmens im qualifizierten faktischen GmbH-Konzern, von Kritikern gerne als Musterbeispiel für den problematischen Einfluß der Rechtswissenschaft auf die höchstrichterliche Rechtsprechung angeführt.[79]

a) Der *Unternehmensbegriff* bildet nach § 15 AktG bekanntlich den Dreh- und Angelpunkt des Rechts der verbundenen Unternehmen; seine Definition ist maßgebend für die Bestimmung von dessen Anwendungsbereich.[80] Lange

---

75 Vgl. nur *Hüffer* (Fn. 29) § 53a Rdn. 19 f.
76 Dazu grundlegend *Lutter,* AcP 180 (1980), 84, 102 ff.
77 BGHZ 65, 15, 17 ff. (21) betr. das Verhältnis zwischen Mehrheits- und Minderheitsgesellschafter einer herrschenden Komplementär-GmbH im Rahmen eines GmbH & Co KG-Konzerns.
78 Vgl. nur *Hachenburg/Ulmer,* GmbHG, 8. Aufl. 1994, Anh. § 77 Rdn. 76 ff.; *Lutter/ Hommelhoff* (Fn. 39) Anh. § 13 Rdn. 12 ff.; *Scholz/Emmerich,* GmbHG, 8. Aufl. 1993, Anh. KonzernR Rdn. 181 ff.; *Zöllner,* in: Baumbach/Hueck (Fn. 39) GmbH-KonzernR Rdn. 53 ff.
79 So insbes. *Röhricht,* ZGR 1999, 464: besonders schmerzliches Beispiel für eine dem Einfluß nicht praxiserprobter wissenschaftlicher Theorien zu verdankende Fehlentwicklung der Rechtsprechung.
80 Grundsätzlich abweichend – für jeweils normspezifische Differenzierung des Unternehmensbegriffs – aber *K. Schmidt,* GesR, 3. Aufl. 1997, § 31 II 1a, und *ders.,* AG 1994, 189 ff.

umstritten war die Unternehmenseigenschaft insbes. in bezug auf die Bundesrepublik, die Länder und andere Gebietskörperschaften des öffentlichen Rechts als Mehrheitsgesellschafter einer Aktiengesellschaft;[81] die Frage hatte angesichts des erheblichen Anteilsbesitzes der öffentlichen Hände an privatrechtlich organisierten Unternehmen besondere Brisanz.

Durch eine erste Grundsatzentscheidung aus dem Jahr 1977, das VEBA/Gelsenberg-Urteil,[82] stellte der Gesellschaftsrechtssenat gegen z.T. heftigen Widerspruch im Schrifttum[83] klar, daß die Bundesrepublik keine privilegierte Stellung gegenüber anderen Mehrheitsaktionären genieße, sondern daß sie ebenso wie sonstige Aktionäre jedenfalls dann als Unternehmen zu behandeln sei, wenn sie über wirtschaftliche Interessenbindungen außerhalb der beherrschten Gesellschaft, darunter auch andere Mehrheitsbeteiligungen, verfüge und dadurch die für das Konzernrecht typische Konfliktlage mit entsprechenden Gefahren für Minderheit und Gläubiger begründe. Diese Voraussetzung war im Blick auf die Bundesrepublik, angesichts ihrer seinerzeit über 80 Mehrheitsbeteiligungen, unschwer zu bejahen.[84]

In einem neuen Grundsatzurteil aus dem Jahr 1997, das die Frage eines Abhängigkeitsverhältnisses zwischen der Volkswagen AG und dem über die Stimmenmehrheit in der Hauptversammlung verfügenden Land Niedersachsen betraf, ging der Senat über diesen Stand der Dinge sogar deutlich hinaus und bejahte die Unternehmenseigenschaft einer Gebietskörperschaft anders als bei Mehrheitsgesellschaftern als Subjekten des Privatrechts schon dann, wenn sie nur ein einziges in privater Rechtsform organisiertes Unternehmen beherrscht.[85] Den Grund sah er darin, daß die konzerntypische Konfliktlage sich auch aus der öffentlichrechtlichen Aufgabenstellung des Mehrheitsgesellschafters und aus den insoweit von ihm verfolgten unternehmensfremden Interessen ergebe.[86] Die mit dem VEBA/Gelsenberg-Urteil eingeleitete Rechtsfortbildung betreffend die Unternehmenseigenschaft der öffentlichen Hand war damit abgeschlossen.

b) Einen zweiten, praktisch bedeutsamen Bereich der Rechtsfortbildung im Konzernrecht bildete das – gesetzlich nicht geregelte – Recht der Unterneh-

---

81 Dagegen *Luchterhand*, ZHR 132 (1969) S. 149, 170 ff.; *Wiedemann/Martens*, AG 1976, 232 ff.; *Würdinger*, DB 1976, 613, 615 f.; *Zöllner*, ZGR 1976, 1, 23 ff.; dafür *Emmerich*, AG 1976, 225 ff.; *Biedenkopf/Koppensteiner*, in: Kölner Komm.z.AktG, 1970, § 15 Rdn. 17; *Dielmann*, Die Beteiligung der öff. Hand an Kapitalgesellschaften und die Anwendbarkeit des Rechts der verbundenen Unternehmen, 1977, S. 167 ff.
82 BGHZ 69, 334, 338 ff.
83 Vgl. aus der Zeit vor Erlaß des Urteils namentlich *Wiedemann/Martens*, *Würdinger* und *Zöllner* a.a.O. (Fn. 81); kritisch sodann auch *Rittner*, Festschrift Flume, 1978, Bd. 2 S. 241 ff. Dem Urteil zust. aber *Lutter/Timm*, BB 1978, 836, 838 ff.; *Kropff*, ZHR 144 (1980) 74 ff.; *Grossmann*, Unternehmensziele im Aktienrecht, 1980, S. 203 ff. u.a.
84 Vgl. BGHZ 69, 334, 344.
85 BGHZ 135, 107 – VW/Niedersachsen.
86 BGHZ 135, 107, 113 f. im Anschluß an *Raiser*, ZGR 1996, 458, 464 f.

mensverträge im GmbH-Konzern, also der Beherrschungs- und Ergebnisabführungsverträge und die Frage nach ihren Wirksamkeitsvoraussetzungen. In der Rechtswissenschaft ging die h.M. bekanntlich schon seit langem dahin, derartige Verträge stünden – als Organisationsverträge mit satzungsänderndem, auf Begründung von Weisungsrechten und Gewinnansprüchen des anderen Vertragsteils gerichtetem Inhalt – einer Satzungsänderung gleich und setzten wie diese zu ihrer Wirksamkeit die Handelsregistereintragung voraus.[87] Demgegenüber lehnten die Handelsregister derartige Eintragungsanträge unter Hinweis auf die abweichenden, auf eine Eintragung verzichtenden steuerrechtlichen Vorschriften über die Organschaft nahezu durchweg ab.[88] Der Gesellschaftsrechtssenat bekam erst Ende der 80er Jahre durch einen Vorlagebeschluß des BayObLG Gelegenheit, über diese Frage zu entscheiden, und schloß sich – wie zu erwarten war – der im Schrifttum ganz h.M. an.[89] Seitdem steht für die Praxis die Notwendigkeit fest, beim Abschluß eines Unternehmensvertrags die Satzungsänderungsvoraussetzungen der §§ 53, 54 GmbHG unter Einschluß auch der Handelsregistereintragung einzuhalten, und nur in der Frage der Mehrheitserfordernisse bei der betroffenen Gesellschaft, d.h. der notwendigen Zustimmung aller Gesellschafter oder des Begnügens mit einer Dreiviertelmehrheit,[90] steht die abschließende Entscheidung des Senats noch aus. Ein klärendes Eingreifen des Gesetzgebers hat sich damit auch in diesem Bereich als überflüssig erwiesen.

c) Das letzte, freilich auch ein besonders umstrittenes Beispiel der Rechtsfortbildung im Kapitalgesellschaftsrecht bildet die Rechtsprechung zum sog. *qualifizierten faktischen GmbH-Konzern*. Dabei geht es um die Voraussetzungen, unter denen das herrschende Unternehmen eines zentral geleiteten, straff organisierten GmbH-Konzerns zur Verlustübernahme gegenüber der beherrschten GmbH und – im Falle von deren Insolvenz – zur (Außen-)Haftung gegenüber den Gesellschaftsgläubigern verpflichtet sein kann. Der Ge-

---

87 So im Anschluß an die grundlegenden Untersuchungen von *Würdinger* (DB 1958, 1947 ff. und in Großkomm.AktG, 3. Aufl. 1973, § 291 Rdn. 11 ff.) zur Rechtsnatur des Unternehmensvertrags als satzungsüberlagernder Organisationsvertrag und unter Hinweis auf §§ 291 ff. AktG die h.M. auch im *GmbH-Recht*, vgl. nur *Hachenburg/Ulmer*, GmbHG, 7. Aufl. 1975, § 53 Rdn. 126 ff. m.zahlr. Nachw.
88 Die Handelsregistereintragung als Wirksamkeitsvoraussetzung verneinend OLG Düsseldorf WM 1981, 1315, 1316, und OLG Celle WM 1988, 47; anders dann BGHZ 105, 324, 339 und zuvor schon LG Hamburg BB 1984, 873; zur steuerrechtlichen Beurteilung der Frage unter der Geltung des § 17 KStG 1977 und zu ihrer Änderung durch die neue BGH-Rechtsprechung vgl. nur *Knobbe-Keuk*, Bilanz- und Unternehmenssteuerrecht, 9. Aufl. 1993, § 20 II 3 c S. 707 f. m. Nachw.
89 BGHZ 105, 324, 337 ff. – Supermarkt, und zuvor schon BGHZ 103, 1, 4 ff. – Familienheim (Wirksamkeit eines mangels Eintragung fehlerhaften Beherrschungsvertrags).
90 Offenlassend noch BGHZ 105, 324, 332; zum Meinungsstand vgl. *Hachenburg/Ulmer*, GmbHG, 8. Aufl., § 53 Rdn. 145 (bis 1991) und Anh. § 77 Rdn. 199 (1991 bis 1994): überw. Bejahung des Erfordernisses allseitiger Zustimmung.

sellschaftsrechtssenat hat die tragenden Grundsätze einer solchen Haftung, im Anschluß an entsprechende, an den Gesetzgeber adressierte Vorschläge des schon erwähnten Arbeitskreises GmbH-Reform,[91] erstmals im vieldiskutierten Autokran-Urteil von 1985 aufgestellt.[92] In zwei weiteren Grundsatzurteilen[93] hat er sie dann so fortgebildet und verschärft, daß weite Kreise damit das Ende der Haftungsabschottung des herrschenden Unternehmens im GmbH-Konzern gekommen sahen. Unter dem Eindruck massiver Kritik aus Kreisen der Praxis, aber auch der Wissenschaft[94] hat der Senat sich im Jahr 1993, also acht Jahre später, im TBB-Urteil zu einer deutlichen „Rückbildung" entschlossen.[95] Nach dieser Entscheidung ist mit unbegrenzten Haftungsrisiken für das herrschende Unternehmen nur noch bei umfassender, nicht dem Einzelausgleich zugänglicher schädigender Einflußnahme auf die beherrschte GmbH zu rechnen.[96]

Röhricht hat diese Urteile als ein besonders schmerzliches Beispiel für die Fehlentwicklungen bezeichnet, die mit dem Einfluß nicht praxiserprobter wissenschaftlicher Theorien auf die Rechtsprechung verbunden sein können; die Rechtsprechung finde sich dadurch unversehens in der Rolle des Zauberlehrlings wieder, der die Geister des großen Zaubermeisters „Wissenschaft", die er selber gerufen hat, nicht ohne weiteres wieder losverde.[97] So einprägsam sich das Bild darstellt, ist es doch stark überzeichnet. Denn einerseits ist es nicht die Wissenschaft, sondern die höchstrichterliche Rechtsprechung selbst, die die entscheidenden Daten setzt und notfalls auch Fehlentwicklungen korrigiert, wie es im TBB-Urteil sodann ja auch souverän geschehen ist. Und andererseits gehört es zu den typischen Aufgaben einer auf Kooperation mit der Wissenschaft angelegten, gegenüber den Bestrebungen zur systematischen Fortentwicklung des Rechts offenen Rechtsprechung, zwischen unterschiedlichen Lehrmeinungen zu wählen und sie auf ihre Praxistauglichkeit zu prüfen. Daß

---

91 A.a.O. (Fn. 15) S. 47 ff.
92 BGHZ 95, 330, 339 (345 ff.); Lit.-Nachw. bei *Hachenburg/Ulmer* (Fn. 87) Anh. § 77 vor Rdn. 97 (unter b bb).
93 BGHZ 107, 7, 15 ff. – Tiefbau; 115, 187, 189 – Video; vgl. dazu *Hachenburg/Ulmer,* a.a.O. (Fn. 87) Rdn. 104 f. m. Nachw.
94 Sie fand ihren Niederschlag vor allem in den „Heidelberger Konzernrechtstagen" vom Juni 1992, veröffentlicht in *Hommelhoff/Stimpel/Ulmer,* Der qualifizierte faktische GmbH-Konzern, 1992.
95 BGHZ 122, 123, 130 f.
96 Vgl. näher *Zöllner,* in: Baumbach/Hueck (Fn. 39) GmbH-KonzernR Rdn. 80 ff.; *Hachenburg/Ulmer* (Fn. 87) Anh. § 77 Rdn. 125 ff. Seither sind nur wenige Fälle bekannt geworden, in denen die Gerichte zur Bejahung einer Haftung des herrschenden Unternehmens nach diesen Grundsätzen kamen (so noch BAG AG 1996, 222; BSG AG 1995, 279; OLG Bamberg AG 1998, 191; verneinend BGH NJW 1995, 1544 und NJW 1997, 943; OLG Frankfurt AG 1998, 139 und 193; OLG Düsseldorf GmbH-Rdsch. 1999, 123; OLG München GmbH-Rdsch, 1998, 285).
97 *Röhricht,* ZGR 1999, 464.

Entwicklungen im Kapitalgesellschaftsrecht 1975 bis 1999 411

hierin angesichts der profunden Sachkenntnis des jeweiligen Fachsenats ein erhebliches Maß an Richtigkeitsgewähr liegt, steht außer Zweifel. Nicht ausgeschlossen ist zwar, daß sich das Judiz im Einzelfall gleichwohl als unvollkommen erweist und daß es eine Korrektur notwendig macht. Es hieße aber das Kind mit dem Bade ausschütten, wollte man in diesem potentiellen Risiko einen grundlegenden Einwand gegen den in vieler Beziehung fruchtbaren Dialog zwischen Rechtsprechung und Rechtswissenschaft sehen – das ist im Folgenden (unter III 2c) näher darzulegen.

6. Neue Tendenzen zur „Rückbildung" des Gesellschaftsrechts?

Mit der – notwendig stichwortartig verkürzten – Betrachtung von fünf Bereichen aus dem Aktien- und GmbH-Recht sei die Übersicht über die Rechtsfortbildung im Kapitalgesellschaftsrecht und über die daran beteiligten Glieder des Rechtsstabs abgeschlossen. Manches ließe sich noch anfügen, darunter nicht zuletzt die höchstrichterliche Zulassung der *GmbH & Co KGaA* im Jahr 1997, d.h. eine besondere Typenvermischung zweier Kapitalgesellschaften zur Vermeidung der persönlichen Gesellschafterhaftung trotz Beibehaltung des sehr unterschiedlichen Einflußpotentials einerseits der Komplementär-GmbH und ihrer Gesellschafter, andererseits der weitgehend einflußlosen Kommanditaktionäre.[98] Aus der Sicht des Gesellschaftsrechtssenats soll es sich dabei um einen Beitrag zur Deregulierung handeln,[99] mit dem der Senat sich nicht nur über verbreitete Bedenken im rechtswissenschaftlichen Schrifttum,[100] sondern auch über Tendenzen des Gesetzgebers hinweggesetzt hat, ein vorbeugendes Verbot dieser Gestaltungsform auszusprechen.[101] Wohin die Reise in diesem Bereich geht, bleibt abzuwarten.[102] Unverkennbar ist jedenfalls die Tendenzwende gegenüber der restriktiven Rechtsprechung des Senats zur GmbH & Co KG, mit der er sich eindrucksvoll und mit bemerkenswertem Erfolg darum bemühte, die von dieser Gestaltung ausgehenden Gefahren für Gläubiger und Rechtsverkehr einzudämmen,[103] nachdem das Reichsgericht in einer Art Sün-

---

98 BGHZ 134, 392.
99 So jedenfalls *Röhricht,* ZGR 1999, 450 unter Hinweis auf *Mertens,* Festschrift Rittner, 1997, S. 731 ff.
100 Vgl. zuletzt *K. Schmidt,* ZGR 160 (1996), 265 ff. m. Nachw. zum Meinungsstand.
101 Vgl. Begr. RegE GmbHG 1977 zu Art. 3 Nr. 7 (Ergänzung des § 278 Abs. 1 AktG), BT-Drucks. 8/1347 S. 59, und Bericht des BT-Rechtsausschusses, BT-Drucks. 8/3908 S. 79 (Ergänzung mangels dringenden Regelungsbedürfnisses gestrichen); dazu auch BGHZ 134, 392, 395.
102 Analyse der Folgen von BGHZ 134, 392 und der im Interesse des Anlegerschutzes gebotenen Satzungserfordernisse bei *Hommelhoff* und *Ihrig/Schlitt,* in: Ulmer (Hrsg.), Die GmbH & Co KGaA nach dem Beschluß BGHZ 134, 392, 1998, S. 9 ff., 33 ff.
103 Nachw. zu dieser mit BGHZ 62, 216, 222 ff. einsetzenden, inzwischen weitgehend vom Gesetzgeber übernommenen höchstrichterlichen Rechtsfortbildung bei *Ulmer* (Fn. 5) S. 19 ff.

denfall diese Mischform zu Beginn des Jahrhunderts unbedenklich zugelassen hatte.[104] Abzuwarten bleibt, ob es sich dabei um den Anfang eines allgemeinen Deregulierungstrends der höchstrichterlichen Rechtsprechung im Sinne einer weitreichenden „Rückbildung" des Gesellschaftsrechts handelt oder um einen Schritt von eher begrenzter Bedeutung im Auf und Ab der höchstrichterlichen Rechtsprechung.

III. Bilanz und Folgerungen

1. Der Einfluß der verschiedenen Wirkungsfaktoren auf die Rechtsfortbildung

Die Bilanz der vorstehend (unter II) geschilderten Entwicklungen erlaubt Rückschlüsse auf den unterschiedlichen Einfluß der an der Rechtsfortbildung beteiligten Glieder des Rechtsstabes. Das läßt sich tabellarisch wie folgt darstellen:[105]

	G	R	W	K
I. Gründung				
1. Einmanngründung	+	−	(+)	(+)
2. Vorgesellschaft	−	+	+	−
II. Kapitalaufbringung				
1. Verdeckte Sacheinlagen	−	+	+	(+)
2. Gesellschafterdarlehen	(+)	++	+	(+)
III. Organhaftung	−	+	(+)	−
IV. Rechte der Aktionäre				
1. Bezugsrechte	−	+	+	(+)
2. Ungeschriebene Mitspracherechte	−	+	(+)	(+)
3. Mißbräuchliche Anfechtungsklage	−	+	+	−
4. Treupflicht zwischen Aktionären	−	+	+	−
V. Konzernrecht				
1. Unternehmensbegriff	−	+	+	−
2. Unternehmensverträge im GmbH-Recht	−	+	+	(+)
3. Qualifizierter faktischer Konzern	−	+	+	−

---

104 So erstmals RGZ 105, 101, 104 ff. (1922) und zuvor schon BayObLG OLGE 27, 331 (1912).
105 Dabei steht „G" für Gesetzgebung, „R" für höchstrichterliche Rechtsprechung, „W" für Rechtswissenschaft und „K" für Kautelarjurisprudenz.

In dieser vergleichenden Zusammenschau fällt einerseits der relativ geringe Anteil des *Gesetzgebers* an der Rechtsfortbildung ins Auge; er bestätigt auch aus heutiger Sicht die Feststellung *Robert Fischers,* daß wesentliche Entwicklungen im Gesellschaftsrecht ganz überwiegend ohne gesetzgeberisches Eingreifen, d.h. im Wege der Evolution, erreicht wurden.[106] Zwar wäre die Zulassung der Einmann-Gründung nicht ohne Novellierung des GmbH- und Aktienrechts möglich gewesen, und die rechtliche Beurteilung der eigenkapitalersetzenden Gesellschafterdarlehen wird sich, wie schon erwähnt, dem zweiten Eingriff des Gesetzgebers im Jahr 1998 aller Voraussicht nach nicht mit dem gleichen Erfolg widersetzen können, wie dies beim ersten Anlauf 1980 möglich war. Im übrigen hat sich der Gesetzgeber jedoch meist auf Randkorrekturen beschränkt, jedenfalls wenn man von der Zulassung des Bezugsrechtsausschlusses bei der Kapitalerhöhung der AG und des Erwerbs eigener Aktien jeweils bis zur Höhe von 10 % des Grundkapitals absieht.[107] Im Blick auf das vier Jahre lang diskutierte „Gesetz zur Kontrolle und Transparenz im Unternehmensbereich (KonTraG)" von 1998, das in erster Linie der Verbesserung der Leitung und Kontrolle von Aktiengesellschaften als Reaktion auf eine Reihe spektakulärer Unternehmenskrisen in der ersten Hälfte der 90er Jahre dienen sollte,[108] ist nicht ohne Grund – allerdings fast zu euphemistisch[109] – von einem „behutsamen Reformansatz" gesprochen worden.[110] In der Tat ist nicht auszuschließen, daß dem referierten ARAG/Garmenbeck-Urteil des BGH aus dem Jahr 1997 mittel- bis langfristig insoweit größere Bedeutung zukommen wird als den vielen Randkorrekturen des KonTraG.

Relativ gering, wenn auch nicht hinwegzudenken, ist andererseits auch der Anteil der *Kautelarjurisprudenz* an den neueren Entwicklungen. Gewiß wäre es zur Rechtsfortbildung jedenfalls in Teilbereichen nicht gekommen, ohne daß der Gesellschaftsrechtssenat über entsprechende Vertragsgestaltungen und deren Zulässigkeit zu entscheiden gehabt hätte; neben der Kreation der GmbH & Co KGaA sei vor allem auf die vielfältigen Erscheinungsformen der verdeckten Sacheinlagen und der Gesellschafterdarlehen verwiesen, aber auch auf den Bezugsrechtsausschluß beim genehmigten Kapital und die Unternehmensverträge im GmbH-Konzernrecht. Im übrigen zeigt sich jedoch, daß das Kapitalgesellschaftsrecht sich dem Zugriff der Kautelarjurisprudenz nicht ohne weite-

---

106 A.a.O. (Fn. 1) S. 23.
107 Zu jener vgl. § 186 Abs. 3 S. 4 AktG (o. Fn. 59), zu dieser § 71 Abs. 1 Nr. 8 AktG, angefügt durch KonTraG v. 27.4.1998.
108 Vgl. dazu statt aller *H. Götz,* AG 1995, 337, 344; *Lutter* und *Bernhardt,* ZHR 159 (1995), 289 und 311; *Claussen,* DB 1998, 177.
109 Man denke nur an die mißlungene Reform des § 147 AktG, an die nahezu unveränderte Beibehaltung des § 100 Abs. 2 AktG und an den Verzicht darauf, eine Reduktion der Größe mitbestimmter Aufsichtsräte von 20 auf 12 oder wenigstens 16 Sitze im Interesse verbesserter Effizienz dieses Organs zuzulassen.
110 So *Hommelhoff/Mattheus,* AG 1998, 249, 250.

res erschließt, zumal wenn man es mit dem Schuldvertragsrecht und seiner Vielfalt neuer, gesetzlich nicht geregelter Vertragstypen vergleicht, aber auch mit dem für das Familien- und Erbrecht typischen Gestaltungsbedarf für Eheverträge und letztwillige Verfügungen.[111] Das ist offensichtlich, soweit es um das nach § 23 Abs. 5 AktG im Grundsatz zwingende Satzungsrecht der AG geht. Es scheint aber auch für den Großteil der GmbH-Satzungen zu gelten, obwohl der Gesetzgeber hier weiten Gestaltungsspielraum gelassen hat. Zu dieser Zurückhaltung mag nicht zuletzt die auch für GmbH-Satzungen geltende Handelsregisterpublizität und das Ausweichen der Beteiligten in nicht publizitätspflichtige Nebenabreden der Gesellschafter[112] beigetragen haben.

2. Zur Rolle von Rechtsprechung und Wissenschaft – Mit- oder Gegenspieler?

a) Treffen die Feststellungen über den nur beschränkten Einfluß der Gesetzgebung, aber auch der Kautelarjurisprudenz auf die Rechtsfortbildung im Kapitalgesellschaftsrecht zu, so konzentriert sich die Betrachtung auf die jeweiligen Beiträge einerseits der höchstrichterlichen Rechtsprechung, d.h. des Gesellschaftsrechtssenats des BGH unter dem sukzessiven Vorsitz von *Walter Stimpel*, von *Alfred Kellermann*, von *Karlheinz Boujong* und derzeit von *Volker Röhricht*, und andererseits der Rechtswissenschaft und ihrem vielstimmigen, heute zunehmend auch von der jüngeren Generation geprägten Chor. Dabei lassen sich einige Bereiche benennen, in denen das *Primat klar der Rechtsprechung* zukommt und in denen sie entweder ganz aus eigener Kraft oder unter Hinweis auf vereinzelte Mindermeinungen die Tür zu einer neuen Sichtweise aufgestoßen hat. Von der außerhalb des Kapitalgesellschaftsrechts stehenden und daher hier nicht referierten, richtungsweisenden Rechtsprechung zur Publikums-KG und GmbH & Co KG abgesehen, gilt das vor allem für das erste Urteil des Gesellschaftsrechtssenats von 1959 zur Behandlung von Gesellschafterdarlehen als Eigenkapital,[113] das seit den 70er Jahren, wie schon erwähnt, eine reiche Ausdifferenzierung für eine Fülle wirtschaftlich vergleichbarer Gestaltungen erfahren hat. Hervorhebung verdient in diesem Zusammenhang aber auch die Begrenzung des Mehrheitseinflusses auf die abhängige GmbH durch das ITT-Urteil von 1975[114] unter Rückgriff auf die Treupflicht zwischen Gesellschaftern, ein wissenschaftlich kaum vorgeprägtes Urteil, das – einem Quantensprung vergleichbar – das Recht des faktischen GmbH-Konzerns in eine neue Dimension versetzt hat. Deutliche, primär der Rechtspre-

---

111 Vgl. o. Fn. 12.
112 Zu derartigen „schuldrechtlichen Nebenabreden" und ihrer Verbreitung unter GmbH-Gesellschaftern vgl. nur *Hachenburg/Ulmer* (Fn. 13), § 3 Rdn. 116 f.
113 O. Fn. 37.
114 O. Fn. 77.

chung zu verdankende Akzente setzten schließlich auch das Holzmüller-Urteil von 1982[115] zu den ungeschriebenen Mitspracherechten der Aktionäre bei struktureller Umgestaltung der AG sowie das ARAG/Garmenbeck-Urteil von 1997[116] zur Organhaftung.

Demgegenüber ging es in den übrigen Fällen in erster Linie um ein *Zusammenspiel von Rechtsprechung und Rechtswissenschaft*, d.h. um die auf einem Dialog beider Disziplinen beruhende Fortschreibung bestehender oder die Entwicklung neuer Rechtsinstitute, um den Erscheinungen des Wirtschaftslebens angemessen Rechnung zu tragen oder neu auftretende Lücken beim sachlich gebotenen Schutz der Gesellschaftsgläubiger oder der Minderheit zu schließen. Das gilt vor allem für das Recht der Vor-GmbH sowie dasjenige des GmbH-Vertragskonzerns, bei dessen Bewältigung der Senat jeweils auf eingehende Vorüberlegungen der Rechtswissenschaft zurückgreifen konnte,[117] aber auch für die im Dialog von Rechtsprechung und Rechtswissenschaft erzielten Verfeinerungen im Recht der verdeckten Sacheinlage und ihrer Heilung, bei der Bekämpfung des Mißbrauchs von Aktionärsklagen oder beim Unternehmensbegriff im Aktienkonzernrecht.[118]

b) Angesichts dieses für beide Seiten fruchtbaren, sich für die Rechtsfortbildung mit wenigen Ausnahmen als sachdienlich erweisenden Zusammenwirkens soll gleichwohl die unterschiedliche Aufgabe nicht verkannt werden, die beiden Seiten in dem Konzert der Meinungen zukommt, und hierin liegt ohne Zweifel ein berechtigter Kern der unverkennbar auf Abgrenzung zielenden Mahnung von *Volker Röhricht*, die je eigenständigen Funktionen beider Disziplinen nicht außer Betracht zu lassen.[119] In der Tat ist es das Privileg wissenschaftlicher Ansichten, daß sie nicht durch Verantwortung für die Entscheidung auch des Einzelfalls gebunden sind, daß sie sich der Kritik der Fachwelt ohne nachhaltige Auswirkungen auf das Rechtssystem stellen können und daß sie auch dem Autor selbst jederzeit die Möglichkeit lassen, seine Position zu überdenken und sie bei Bedarf zu revidieren. Die Bereitschaft hierzu mag je nach Persönlichkeitsstruktur unterschiedlich ausgeprägt sein; der missionarische Eifer mancher Autoren oder ihre Neigung, trotz überwiegender Gegenstimmen unbeirrt an dem einmal für richtig Gehaltenen festzuhalten, ist nicht zu verkennen. Eine Rechtsänderung führen sie allein hierdurch jedoch nicht herbei, solange es ihnen nicht gelingt, den zur Entscheidung berufenen BGH-Senat für ihre Ansicht zu gewinnen.

Anderes gilt demgegenüber für solche Ansichten, die von der höchstrichterlichen Rechtsprechung entweder rezipiert oder selbst entwickelt worden sind.

---

115 O. Fn. 64.
116 O. Fn. 49.
117 Vgl. o. unter II 1, 5 b.
118 O. unter II 2a, 4c und 5a.
119 *Röhricht*, ZGR 1999, 446 ff.

In dem sie Eingang in die Entscheidungsgründe finden, und sei es auch nur als obiter dicta, erlangen sie eine besondere Qualität, werden – wenn auch manchmal widerwillig[120] – zur Richtschnur für die Instanzgerichte und die Kautelarjurisprudenz, aber auch zu einem Rechtsdatum für die wissenschaftliche Diskussion, die es zustimmend oder ablehnend zur Kenntnis nehmen mag, aber keinesfalls ignorieren kann.

c) In diesem besonderen Einfluß der Rechtsprechung und in der damit verbundenen besonderen Verantwortung, die die Folgewirkungen der jeweiligen Entscheidung auf die Rechtsentwicklung notwendig mitbedenken muß, liegt denn auch der qualitative Unterschied ihres Beitrags zur Rechtsfortbildung im Vergleich zu demjenigen der Rechtswissenschaft.[121] Auch wenn beide Seiten vom gleichen Rechtsstoff ausgehen, verstanden im weiten Sinn des Konglomerats von Rechtsnormen, Präjudizien und Rechtstatsachen, und auch wenn sie in der Rechtsanwendung dem gleichen Methodenkanon verpflichtet sind,[122] wirkt dieser Unterschied sich zumindest dahin aus, daß die Rechtsprechung bei der Rechtsfortbildung im Regelfall zurückhaltender verfährt und daß sie ihr Augenmerk bei der Wahl zwischen verschiedenen Alternativen aus guten Gründen auch darauf richtet, ob die damit verbundene Rechtsfortbildung überschaubar ist und in ihren Folgewirkungen abgeschätzt werden kann.[123] Die höchstrichterliche Rechtsprechung gerät damit, wenn sie an dem Dialog festhält, unvermeidlich in die Rolle des *Paris*:[124] sie entscheidet mit Amtsautorität darüber, ob bei unterschiedlichen Ansichten der Schönheitspreis *Uwe Hüffer, Karsten Schmidt* oder *Herbert Wiedemann* zuzuerkennen ist oder ob ihn womöglich, wofür es ebenfalls Beispiele gibt, ein Außenseiter verdient, dem es gelungen ist, die Jury mit dem Charme seiner jugendfrischen Dissertation von seiner Ansicht zu überzeugen.[125]

Auch die solcherart abgesicherten Entscheidungen der höchstrichterlichen Rechtsprechung können sich, wie schon erwähnt, im Einzelfall als problema-

---

120 Bzw. in Bezug auf die Rechtsprechung zur (Innen-)Haftung der Gründer in der Vor-GmbH (BGHZ 134, 333) die Gefolgschaft sogar verweigernd (LSG Baden-Württ. ZIP 1997, 679; LAG Köln ZIP 1997, 1921; vgl. auch LAG Hessen GmbH-Rdsch. 1998, 782 und 785).
121 Darin ist *Röhricht,* ZGR 1999, 449 ff., 456 ff. jedenfalls im Ansatz zuzustimmen.
122 Abweichend *Röhricht,* ZGR 1999, 446, der juristische Wissenschaft und rechtsprechende Tätigkeit nicht nur in ihren Aufgaben, sondern auch in ihren Methoden für „grundlegend verschieden" hält.
123 So zutr. schon *Robert Fischer* (Fn. 1) S. 3, 86; dem im Ansatz zust. (freilich insges. skeptisch gegenüber „verallgemeinernder Regelbildung und systematischer Festlegung") auch *Röhricht,* ZGR 1999, 456, 478 u.a.
124 Die „autoritative Entscheidung" als Aufgabe des Revisionsrichters betonend denn auch *Röhricht,* ZGR 1999, 456, 460 u.a.
125 Vgl. etwa den Hinweis in BGHZ 69, 334, (335, 346) – VEBA/Gelsenberg auf die damals soeben erschienene Dissertation von *Dielmann,* Die Beteiligung der öffentlichen Hand an Kapitalgesellschaften und die Anwendbarkeit des Rechts der verbundenen Unternehmen, 1977.

tisch oder sogar falsch erweisen und eine Korrektur erforderlich machen – warum sollte sich nicht auch *Paris* gelegentlich über die rasche Vergänglichkeit täuschen, der die Schönheit der erfolgreichen Konkurrentin unterworfen ist? Verwiesen sei auf die Rückbildung der Lehre vom qualifizierten faktischen GmbH-Konzern im TBB-Urteil, nachdem sie in den vorhergehenden Urteilen aus den rechtspolitischen Vorschlägen des Arbeitskreises GmbH-Reform nicht nur übernommen, sondern auch noch deutlich fortentwickelt worden war.[126] Entsprechendes mag für die Korrektur des Holzmann-Urteils durch das Siemens/Nold-Urteil zu den Anforderungen an den Bezugsrechtsausschluß beim genehmigten Kapital gelten,[127] auch wenn die in diesem Zusammenhang von Teilen der Wissenschaft, aber auch aus Richterkreisen geäußerte Grundsatzkritik am Erfordernis sachlicher Rechtfertigung für den Bezugsrechtsausschluß[128] nicht ohne weiteres nachvollziehbar ist. Das ist hier nicht zu vertiefen; eine generelle Ablehnung des Dialogs zwischen Rechtswissenschaft und Rechtsprechung, verstanden in dem vorgenannten, durch die Wahlfreiheit der Rechtsprechung gekennzeichneten Sinn, oder auch nur ein deutliches Mißtrauen ihm gegenüber läßt sich hierauf keinesfalls stützen.

Wie wenig die auf Abgrenzung zielende Gegenansicht zu überzeugen vermag, zeigt nicht zuletzt auch ihre Empfehlung, anstelle der Entwicklung systematischer Lösungen anhand von wissenschaftlichen Lehrmeinungen verstärkt auf *Generalklauseln* nach Art der §§ 242, 826 BGB zurückzugreifen.[129] Ein solches Vorgehen mag dem Bedürfnis nach Einzelfallgerechtigkeit Rechnung tragen;[130] es läßt jedoch die – auch heute noch zutreffende – Mahnung *Robert Fischers* außer Betracht, daß die vornehmliche Aufgabe eines Revisionsgerichts nicht in der gerechten Entscheidung des Einzelfalls liegt, sondern in der Wahrung der Einheit des Rechts und seiner „gesunden" Fortbildung,[131] oder – wie es die ZPO[132] formuliert – in der Entscheidung über Rechtsfragen von „grundsätzlicher Bedeutung"[133] Erinnert sei auch an das Bild/Wallraff-Urteil

---

126 Vgl. unter II 5 c.
127 Vgl. dazu o. unter II 4a.
128 Vgl. die Nachw. o. Fn. 63 sowie zuvor schon *Martens,* ZIP 1992, 1677 ff., 1697.
129 Vgl. etwa *Röhricht,* ZGR 1999, 458, 466, 467 und 474.
130 So denn auch *Röhricht* (a.a.O. S. 453), der die Aufgabe eines Revisionsrichters „zunächst und vor allem" in der gerechten Entscheidung des Einzelfalls sieht, während er die Fortentwicklung des Rechts als Teil der den Revisionsgerichten „daneben" übertragenen, freilich ebenfalls wichtigen Aufgabe der Wahrung der Rechtseinheit bezeichnet.
131 *Robert Fischer* (Fn. 1) S. 3, 65, 69 u.a.
132 §§ 546 Abs. 1 S. 2 Nr. 1, 554 Abs. 3 Nr. 2, 554 b Abs. 1 ZPO. Vgl. auch § 28 Abs. 2, 3 FGG betr. die Zuständigkeit des BGH bei divergierender Rechtsansicht von Oberlandesgerichten in Registersachen.
133 Das Rangverhältnis zwischen Wahrung der Rechtseinheit und Einzelfallgerechtigkeit als Revisionsziel ist bekanntlich trotz der ZPO-Novelle 1975 umstritten. Während das BVerfG (BVerfGE 54, 277, 289 ff.) und – ihm folgend – *Stein-Jonas-Grunsky,* ZPO, 21. Aufl. 1994, vor § 545 Rdn. 4 vom Gleichrang beider Aufgaben ausgehen, herrscht in

des BVerfG aus dem Jahr 1984,[134] das den BGH als zuständiges oberstes Fachgericht zu Recht an die Notwendigkeit erinnert hat, bei nach Umfang und Inhalt „offenen" Haftungstatbeständen wie §§ 823 Abs. 1, 826 BGB „solche Offenheiten konkretisierend zu schließen, indem unter Berücksichtigung der Besonderheiten der zu beurteilenden Sachverhalte und der Bedeutung der Grundrechte... Grundsätze entwickelt werden, welche die Entscheidung des Einzelfalles normativ zu leiten imstande sind: das, was das Gesetz offenläßt, ist durch Richterrecht auszufüllen". Und ebenfalls zu Recht hat das BVerfG im Anschluß daran hervorgehoben, diese Aufgabe sei „nicht gleichbedeutend mit derjenigen einer unvermittelten einzelfallbezogenen Güter- und Interessenabwägung. Eine solche mag zwar in besonderem Maße Einzelfallgerechtigkeit verwirklichen. Sie kann aber die Rechtsfindung nicht normativ leiten, wie es die Aufgabe der Gesetze und des ergänzenden Richterrechts ist; ebensowenig vermag sie dem rechtsstaatlichen Gebot der Berechenbarkeit des Rechts, der Rechtsklarheit und Rechtssicherheit gerecht zu werden". Dem ist vorbehaltlos zuzustimmen.

3. Ausblick

Als *Resumé* aus den vorstehenden Überlegungen sei der Wunsch gestattet, der jahrzehntelang bewährte Grundkonsens über das Zusammenspiel von Rechtsprechung und Rechtswissenschaft und der hierauf basierende Dialog zwischen beiden Disziplinen möge auch künftig erhalten bleiben. Für die Rechtskultur in diesem Lande, aber auch für das berechtigte Interesse der Verkehrskreise an Rechtssicherheit ist es von nicht zu unterschätzendem Wert, wenn die beiden hauptsächlich beteiligten Disziplinen im Dienste des Rechts zusammenwirken, statt sich auf der einen Seite in theoretischen Gedankenkonstrukten zu verlieren und auf der anderen Seite die Flucht in die Generalklauseln anzutreten. Indem die kritischen Überlegungen aus Karlsruhe Anlaß gaben, sich des Wertes dieses Dialogs und der dabei zu beachtenden Rahmenbedingungen zu erinnern, ist ihnen schon aus diesem Grund ein Erkenntnisgewinn nicht abzusprechen.

An der Wiege des Heidelberger Landgerichts, das dieser Tage sein 100. Jubiläum feiert, stand der Wunsch der Heidelberger Juristenfakultät nach stärkerer Verbindung zur Rechtspraxis und nach einem Meinungsaustausch vor

---

der prozeßrechtlichen Literatur und wohl auch in der Annahmepraxis des BGH unter Hinweis auf die ZPO die Ansicht vor, daß der Vorrang der Entscheidung über Rechtsfragen von grundsätzlicher Bedeutung zukommt (vgl. die Nachw. bei *Stein-Jonas-Grunsky*, a.a.O. Fn. 10). Die Frage mag hier offenbleiben, da nach beiden Ansichten die Einzelfallgerechtigkeit jedenfalls keinen Vorrang beanspruchen kann.

134 BVerfGE 66, 116, 138 = NJW 1984, 1741.

Ort;[135] das Reichsgericht in Leipzig war damals weit weg. Auch heute, 100 Jahre später, ist dieser Wunsch in der Fakultät unverändert lebendig. Er findet seinen Ausdruck nicht nur in der anwaltsbezogenen Juristenausbildung, sondern auch in der Honorarprofessur für nicht weniger als drei hohe BGH-Richter,[136] die dem Lehrkörper der Heidelberger Fakultät angehören. Möge sich dieses für beide Disziplinen wertvolle Band als dauerhaft und trotz gelegentlicher Irritationen unzerstörbar erweisen.

---

135 S. dazu die auch heute noch lesenswerte Abhandlung von *Hans Anschütz*, Die Rolle der Universität bei der Errichtung des LG Heidelberg, Ruperto Carola Nr. 17 (1955), S. 62 ff. (Nachdruck in LG Heidelberg (Hrsg.), 100 Jahre Landgericht und Staatsanwaltschaft Heidelberg 1899–1999, 1999, S. 7 ff.).
136 Die Vizepräsidenten a.D. des BGH Dr. *Fritz Hauss* und Dr. h.c. *Walter Stimpel* sowie der Richter des II. Zivilsenats, Dr. *Wulf Goette*.

RÜDIGER WOLFRUM

Entwicklung des Völkerrechts von einem Koordinations- zu einem Kooperationsrecht

Das Völkerrecht war traditionell darauf angelegt, Zuständigkeitsbereiche der Staaten zueinander abzugrenzen bzw. das Verhalten zu regeln, mit dem die Staaten zueinander in Berührung kommen.[1] Es ist deswegen nicht erstaunlich, daß sich die ersten völkerrechtlichen Verträge auf die Festlegung von Gebietsgrenzen beziehen, die Nutzung bestimmter grenznaher Räume regeln bzw. Regeln zum Austausch von Kriegsgefangenen oder Spionen enthalten.[2] Hergeleitet wird die Beschränkung des Völkerrechts auf eine Koordination des Handelns von Staaten aus dem Grundsatz der Souveränität – Art. 2 Ziff. 1 der Charta der Vereinten Nationen spricht vom Prinzip der „souveränen Gleichheit der Staaten". Danach verkehren Staaten miteinander auf einer Ebene der Gleichordnung; Rechtsbildung, rechtliche Bindung sowie Durchsetzung des Rechts verlangen die Zusammenarbeit und den darauf gerichteten Konsens der gleich souveränen Genossen. Auf dieser Basis ist es zutreffend, von dem Völkerrecht als einem Koordinationsrecht zu sprechen, wobei das Koordinationsrecht zunächst formaler Natur war. Es enthielt lediglich koordinierende Vorschriften und nahm nicht auf die inneren Angelegenheiten eines Staates Bezug. Dieser Ansatz hat schon deswegen als teilweise überholt zu gelten, da nicht mehr nur Staaten Gestaltende der internationalen Beziehungen sind, sondern auch internationale Organisationen. Das Völkerrecht entwickelt sich im Zusammenspiel zwischen Staaten direkt oder durch internationale Organisationen, in internationalen Organisationen und zwischen ihnen und Staaten.

Der Gesichtspunkt, daß Völkerrecht sich auf eine koordinationsrechtliche Rolle zu beschränken hätte, wurde in der Außenpolitik der UdSSR durch den Verweis auf das Prinzip der friedlichen Koexistenz untermauert und erhielt damit eine besondere Richtung. Der Vorschlag erfolgte durch Premierminister *Nikita Chrutschow* in seiner Ansprache zu dem 22. Kongreß der Kommunisti-

---
1 *Tim Hillier*, Principles of Public International Law, 1999, 3; *Wolfgang Graf Vitzthum*, in: Graf Vitzthum (Hrsg.), Völkerrecht, 1997, 34.
2 *W. Preiser*, History of the Law of Nations, Encyclopedia of Public International Law, vol. II, Amsterdam 1995, 722-749 (723).

schen Partei der Sowjetunion im Oktober 1961. Trotz des sofortigen Widerspruchs aus dem Westen wurde dieser Ansatz von der UdSSR in der sowjetischen Außenpolitik sowie den Vereinten Nationen weiter verfolgt. Ursprünglich hatte der UdSSR-Ansatz folgende Elemente: Die Anerkennung der territorialen Integrität und Souveränität der jeweiligen Staaten, das Verbot der Aggression, das Verbot der Einmischung in die internen Angelegenheiten, das Prinzip der Gleichheit und die friedliche Koexistenz selbst.[3] Hintergrund für die Initiative der UdSSR war der Wunsch nach einer rechtlichen Anerkennung der nach dem Zweiten Weltkrieg erfolgten Grenzziehungen und die vollständige Anerkennung der DDR.

Der Ansatz der UdSSR wurde vor allem von den neuen Staaten Afrikas und Asiens aufgenommen, die nach der Dekolonisierung um die Sicherung ihrer Souveränität bemüht waren. Es wurde ein Sonderausschuß der Generalversammlung für die Entwicklung und Kodifikation des Prinzips der Koexistenz geschaffen;[4] die Arbeit dieses Ausschusses gipfelte in der wichtigen Deklaration der Vereinten Nationen über die Grundsätze des Völkerrechts, über die freundschaftlichen Beziehungen und die Kooperation zwischen Staaten im Einklang mit der Charta der Vereinten Nationen.[5] In ihr vermochte sich der von der UdSSR ursprünglich verfolgte Ansatz nur insoweit durchzusetzen, als es Staaten untersagt wurde, sich in die „inneren Angelegenheiten anderer Staaten" einzumischen. Ausgeschlossen werden neben militärischen Interventionen auch anderen Formen von Einmischung oder Drohversuchen gegen ihre „political, economic and cultural elements". Dieses Verbot ist allerdings nicht absolut, verboten sind nur Interventionen, die nicht im Einklang mit der Charta der Vereinten Nationen stehen. Diese Qualifikation sollte von wesentlicher Bedeutung für die Zukunft werden. Denn mit der Anerkennung, daß der Schutz der Menschenrechte ein Anliegen der Staatengemeinschaft sei, wurde dieser Komplex aus den inneren Angelegenheiten der Staaten herausgelöst.[6]

Die Staaten der westlichen Welt haben aber ihre Vorbehalte gegen das Prinzip der friedlichen Koexistenz, wie es vom Ostblock vertreten wurde, nie aufgegeben. Sie wandten sich vor allem dagegen, das System des Ostblocks als gleichberechtigt anzuerkennen. Dahinter stand nicht nur die Überzeugung von

---

3 Vgl. dazu *H. Kröger* (Hrsg.), Völkerrecht, Teil I, (Ost) Berlin, 1973, 31 ff; 37 ff.
4 Vgl. dazu *E. McWhinney*, Coexistence, Encylopedia of Public International Law, vol. I, Amsterdam 1992, 640.
5 A/Res. 2625 (XXV) vom 24.10.1970; vgl. dazu grundlegend *B. Graf zu Dohna*, Die Grundprinzipien des Völkerrechts über die freundschaftlichen Beziehungen und die Zusammenarbeit zwischen den Staaten, Berlin, 1973; *Gaetano Arangio-Ruiz*, The United Nations Declaration on Friendly Relations and the System of Sources of International Law, 1979; *Milan Sahovic*, Codification des principes du droit international des relations amicales et de la coopération entre les Etats, RdC 137 (1972 II), 243-310.
6 Vgl. dazu *Karl Josef Partsch*, Human Rights in General, in: R. Wolfrum (Hrsg.), United Nations: Law, Policies and Practice, vol. 1, 1995, 603 Rdn. 16.

der Vorrangigkeit des westeuropäischen Staatensystems und der Grundprinzipien, auf denen dieses System aufbaut, sondern die Überzeugung, daß Demokratie und Schutz der Menschenrechte Eingang in die internationalen Beziehungen haben müßten und insoweit auch eine Einflußnahme in die sogenannten inneren Angelegenheiten anderer Staaten zulässig sei. Gerade hiergegen wandte sich der Ansatz der friedlichen Koexistenz, weil er alle Versuche, auf eine Demokratisierung in den Staaten des Ostblocks Einfluß zu nehmen bzw. den Menschenrechtsschutz in diesen Staaten zu verbessern, durch den Verweis auf die angebliche Gleichwertigkeit der existierenden politischen und gesellschaftlichen System strikt ablehnte.

Grundsätzlich ist folgendes festzustellen: Der Politikansatz „Koexistenz" hat von seiner Natur her immer die Tendenz, bestehende Macht- und Systemverhältnisse zu zementieren. Entsprechende Versuche hat es in der Geschichte der internationalen Beziehungen immer wieder gegeben. Bereits die Heilige Allianz bzw. der Wiener Kongreß von 1815 basierten auf diesem Konzept. Auch die Jalta-Konferenz und die Konferenz von Potsdam sind so zu bewerten. Hierin liegt die Schwäche des Koexistenz-Ansatzes. Durch das Einfrieren bestehender Machtverhältnisse bzw. die Sicherung bestehender Systeme ist ein entsprechend aufgebautes Völkerrecht nicht erneuerungsfreundlich, man kann sogar sagen, daß es Erneuerungsbestrebungen eher illegalisiert. Vor allem aber fehlt einem System auf dieser Basis die Möglichkeit, einen Wertekatalog aufzubauen und diesem zur universellen Akzeptanz zu verhelfen. Daher schließt beispielsweise ein Völkerrecht auf der Basis der Koexistenz die Entwicklung und vor allem die Durchsetzung von internationalen Menschenrechtsstandards praktisch aus, soweit diese nicht von allen Systemen in gleicher Form anerkannt werden.

Nach Auseinanderbrechen der UdSSR und der Auflösung des Ostblocks ist die Forderung nach Anerkennung friedlicher Koexistenz im ursprünglich gemeinten Sinne aufgegeben worden. Die Bipolarität, die bis dahin das völkerrechtliche System bzw., besser gesagt, die internationalen Beziehungen bestimmt hat, ist einer Monopolarität des westlichen Systems gewichen.[7] Aber auch bevor dies geschah, haben Auflösungserscheinungen der Bipolarität stattgefunden. Die westlichen Staaten haben davon Abstand genommen, in einen intensiven System-Dialog mit dem Ostblock einzutreten und statt dessen versucht, bestimmte politische Fragen einer praktischen völkerrechtlichen Lösung zuzuführen. Ein erster Durchbruch gelang mit Abschluß des Antarktisvertrages (1959)[8] auf dem Höhepunkt des Kalten Krieges, als, trotz der ideologischen Unterschiede der beiden Seiten, eine Ost-West-Kooperation über die ideologischen Barrieren hinweg vereinbart wurde. Diese Kooperation bezog sich zwar

---

7 Verwiesen sei auf die Charter of Paris vom 21. November 1990, ILM 30 (1991), S. 193.
8 Vom 1.12.1959, UNTS vol. 402, 72.

primär auf Fragen der wissenschaftlichen Forschung, erfaßte aber auch militärische Aspekte. Diese Möglichkeit bestand lediglich deswegen, weil eine Demilitarisierung der Antarktis im Interesse nicht nur des Westens, sondern auch des Ostens lag. Diese Entwicklung hat sich in der Folgezeit fortgesetzt. Weitere Verträge, die den Ost-West-Gegensatz überwanden, sind der Teststopp-Vertrag von 1963,[9] der Vertrag über den Weltraum von 1967[10] sowie der Vertrag über die Nichtverbreitung von Atomwaffen von 1968[11] und der Vertrag über das Verbot der Stationierung von Atomwaffen auf dem Meeresboden von 1971.[12] In denselben Kontext gehören die Konvention über das Verbot bakteriologischer Waffen von 1972[13] sowie schließlich der Strategic Arms Limitations Treaty (SALT I) von 1972.[14] Der entscheidende Durchbruch, durch den dann auch die traditionellen inneren Angelegenheiten der Staaten berührt wurden, erfolgte mit der Helsinki-Konferenz und dem Abschluß entsprechender Erklärungen zum Menschenrechtsschutz.[15] Die Konferenz von Helsinki geht auf einen Vorschlag der UdSSR von 1954 zurück, auf den die Staaten des Ostblocks in den Folgejahren immer wieder zurückkamen. Ziel der Initiative war es, die Grenzen in Europa, wie sie nach dem Zweiten Weltkrieg geschaffen worden waren, zu sichern sowie ein Europa und Osteuropa umfassendes Sicherheitssystem zu schaffen.

Der Gedanke einer derartigen Konferenz wurde 1969 von der NATO aufgegriffen; sie forderte die Einbeziehung der USA und Kanada und, das Mandat um eine „menschliche Dimension" zu erweitern. Die Konferenz trat schließlich 1973 zusammen; ihre Schlußakte behandelte folgende Komplexe: Sicherheitsfragen in Europa, Zusammenarbeit in wirtschaftlichen Fragen, Kooperation in humanitären Fragen, das follow-up der Konferenz und die Zusammenarbeit im Mittelmeer. Wichtigstes Element der Schlußakte war die sogenannte Deklaration von Helsinki, die neben der Souveränität und der Unverletzbarkeit der Grenzen auch das Selbstbestimmungsrecht der Völker und den Schutz von Menschenrechten ansprach.[16]

An die Stelle des Koordinations- bzw. Koexistenzansatzes ist ein Völkerrecht getreten, das auf der Basis der Kooperation beruht. *Wolfgang Friedman* ist einer der ersten, der diesen Trendumschwung im Völkerrecht klarsichtig erkannt und beschrieben hat.[17]

---

9 UNTS vol. 480, 43.
10 BGBl. 1969 II, 1969.
11 UNTS vol. 729, 161.
12 UNTS vol. 955, 115.
13 UNTS vol. 1015, 163.
14 UNTS vol. 944, 13.
15 ILM 14 (1975), 1292.
16 Vgl. dazu *Massimo Coccia*, Helsinki Conference and Final Act, in: Encyclopedia of Public International Law, vol. 2, 1995, 693 ff. m.w. Nachw.
17 *W. Friedmann*, The Changing Structure of International Law, 1964, 60 ff.

Der Begriff „Kooperation" ist bisher im Völkerrecht nicht definiert worden, und zwar weder in den Resolutionen der Vereinten Nationen noch im Völkervertragsrecht. Sogar die bereits erwähnte Deklaration der Vereinten Nationen über die freundschaftlichen Beziehungen und die Kooperation zwischen den Staaten verzichtet hierauf und geht von einer vorgegebenen Terminologie aus. Eine Analyse dieser Deklaration, durch die der Kooperationsansatz in das Völkerrecht eingeführt wurde, zeigt aber, daß unter dem Begriff „Kooperation" die koordinierte Aktion von zwei oder mehr Staaten zu verstehen ist, welche sich unterhalb eines bestimmten Rechtsregimes vollzieht und die einem bestimmten Ziel dient.[18] So verstanden bedeutet Kooperation die Anstrengungen der Staaten, bestimmte Ziele durch gemeinsame Aktionen zu erreichen, und zwar in all denjenigen Fällen, wo das Resultat nicht durch einen Staat alleine erzeugt werden kann. Die Verpflichtung zur Kooperation bedeutet damit die Verpflichtung, in eine koordinierte Aktion einzutreten, um ein bestimmtes Ziel zu erreichen. Die Bedeutung und vor allem der Wert von Kooperation wird durch das damit verfolgte Ziel bestimmt. Kooperation an sich hat keinen inneren Wert. Dies soll an einem Beispiel kurz beschrieben werden. Die Kooperation zweier Staaten, um einen Angriffskrieg gegen einen dritten Staat zu beginnen, ist zweifelsohne völkerrechtlich negativ zu beurteilen, auch wenn eine zwischenstaatliche Kooperation derzeit vom Völkerrecht begrüßt wird. Generell kann man sagen, daß eine Kooperation zwischen Staaten dazu angelegt sein muß, die Entwicklung von Gemeinschaftswerten im Interesse der Weltgemeinschaft zu fördern.[19]

Das mit der Kooperation verfolgte Ziel kann zweierlei Natur sein. Dahinter kann der Wunsch stehen, den Interessen aller Menschen zu dienen. Dies gilt insbesondere dann, wenn eine bestimmte Aktivität nur effektiv wahrgenommen werden kann, wenn alle Staaten zusammenarbeiten. Ein Beispiel hierfür – und die Beispiele können beliebig vermehrt werden – findet sich im internationalen Umweltrecht. Ein positiver Einfluß auf das Weltklima durch eine Absenkung der CO_2-Emissionswerte ist nur möglich, wenn sich alle oder fast alle Staaten an diesem Vorgehen beteiligen. Die Zahl der Beispiele läßt sich beliebig vergrößern. Gleiches gilt für die internationale Bekämpfung von Terrorismus, die Verbesserung des internationalen Menschenrechtsschutzes und die Liberalisierung des Welthandels. Besonders trifft dies auf eine verbesserte Sicherung des Weltfriedens zu. Es ist inzwischen anerkannt, daß eine Sicherung des Weltfriedens nicht durch einseitige Rüstungsanstrengungen erfolgen kann, sondern durch eine zwischenstaatliche Kooperation, durch die potentielle Konfliktursachen beseitigt bzw. Mechanismen für eine Verständigung im Vorfeld eines Konfliktes vereinbart werden. Die Organisation für Sicherheit und Zu-

---

18 R. *Wolfrum*, International Law of Cooperation, in: Encyclopedia of Public International Law, vol. II, (Anm. 2), 1242-1247 (1243).
19 *Wolfrum*, Anm. 18, 1243.

sammenarbeit in Europa, die aus der bereits angesprochenen Konferenz von Helsinki entstanden ist, ist hierfür ein zentrales Beispiel.[20]

Die internationale Kooperation kann aber auch nur dem Interesse eines Staates oder einer bestimmten Gruppe von Staaten dienen. In diesen Fällen agiert der gebende Staat entweder freiwillig oder unter einer rechtlichen Verpflichtung, die wieder ihre Grundlage in einem bilateralen oder multilateralen Vertrag haben kann. Diese Kooperationsverpflichtungen sind in aller Regel ihrer Substanz nach limitiert.

Internationale Organisationen, aber bis zu einem gewissen Grade auch internationale Vertragsstaatenkonferenzen, sind institutionelle Formen zwischenstaatlicher Zusammenarbeit. Auch diese Form der Zusammenarbeit dient entweder dem Interesse aller Staaten oder eines bestimmten Staates bzw. einer Staatengruppe. Letzteres gilt beispielsweise für eine Reihe von Entwicklungsorganisationen, wo insbesondere die Förderung der Entwicklungsländer vorgesehen ist. Ich verweise insoweit auf den International Fund for Agricultural Development.

Abgesehen von denjenigen Fällen, in denen eine internationale Zusammenarbeit vertraglich vereinbart worden ist, stellt sich die Frage, ob das Völkerrecht generell die Pflicht enthält zu kooperieren. Soweit man den Begriff „Kooperation" darauf reduziert, daß eine Verpflichtung besteht, miteinander in Kontakt zu treten, ist dies zweifelsohne der Fall. In der Vergangenheit hat es aber immer wieder Fälle gegeben, in denen Staaten versucht haben, sich von der Staatengemeinschaft zu isolieren. Zur Zeit gilt dies für Nordkorea, früher war dies der Fall bei Albanien und historisch bei Japan. Die Isolation Japans ist militärisch aufgebrochen worden, das System in Albanien ist aus sich heraus erodiert, und die Entwicklung in Nordkorea ist noch nicht abgeschlossen. Grundsätzlich ist aber festzuhalten, daß sich aus dem allgemeinen Völkerrecht eine Verpflichtung zur Kooperation ergibt. Bereits *Hugo Grotius* hat auf diesen Gesichtspunkt in seinem Buch „De mare librum" hingewiesen, wo er argumentiert, daß eine Verpflichtung zwischen den Staaten bestehe, miteinander in Kontakt zu treten und Handel zu treiben.[21] Abgesehen von den Fällen, in denen, wie angesprochen, eine vertraglich vereinbarte intensive Kooperationspflicht besteht, die über eine Kontaktaufnahme hinausgeht, sind die Staaten dann zu einer substantiellen Zusammenarbeit verpflichtet, wenn ein anerkanntes Gemeinschaftsziel dies verlangt.

Es ist noch auf einen weiteren Aspekt zwischenstaatlicher Kooperation einzugehen. Zweifelsohne besteht eine Verpflichtung der Staaten, bei der Verwaltung von Räumen zusammenzuarbeiten, die nicht der Jurisdiktion eines einzel-

---

20 Vgl. dazu *Karin Oellers-Frahm*, Addendum zu Helsinki Conference and Final Act on Security and Cooperation in Europe, in: Encyclopedia of Public International Law, vol. 2, 1995, S. 203.
21 *H. Grotius*, De Jure Praedae Commentarius, 1604, cap. XII.

nen Staates unterstehen. Dabei darf man nicht den Fehler machen zu glauben, daß diese Räume einen rechtsfreien Raum darstellen. Dies ist nicht der Fall.[22] Vielmehr erfolgt die Verwirklichung des Völkerrechts lediglich anders als in einem Staatsgebiet. Während dort der einzelne Staat die Geltung des Völkerrechts akzeptiert und durchsetzt, geschieht dies über die Flagge.

Die Flaggenzugehörigkeit stellt das notwendige juristische Band her, auf dessen Basis der Flaggenstaat sowohl sein nationales wie das von ihm akzeptierte Völkerrecht durchsetzt. Dieses System ist inzwischen an die Grenzen seiner Leistungsfähigkeit gestoßen. Eine Reihe von völkerrechtlichen Vorschriften zum marinen Umweltschutz, dem Schutz mariner lebender Ressourcen und zur Schiffssicherheit müßten an sich für alle Schiffe bzw. Fischereifahrzeuge gelten. Dies ist nicht der Fall. Die Staaten treten den genannten Normen in unterschiedlichem Umfang bei, die Anwendung und Durchsetzung internationaler Normen bleibt damit lückenhaft, obwohl das UN Seerechtsübereinkommen eine entsprechende Kooperation der Staaten verlangt. Reeder und Fischereiunternehmer machen sich dies zu Nutze, indem sie die Rechtsordnung wählen, die ihnen die geringsten Lasten auferlegt.

Dieses Phänomen ist nicht nur auf die Nutzung staatsfreier Räume beschränkt. Auch im übrigen werden internationale Standards zum Schutze der Menschenrechte, der Umwelt, Sozialstandards etc. unterschiedlich angewandt, und die entsprechenden Rechtsordnungen eröffnen die Möglichkeit, zumindest teilweise völkerrechtlichen Restriktionen zu entgehen. Eine wirkliche Abhilfe hiergegen hat das Völkerrecht bislang nicht entwickelt, auch wenn es Ansätze dafür gibt, die Verletzung von Kooperationspflichten zu sanktionieren. Insofern erscheint die Entwicklung des Völkerrechts hin zu einem Kooperationsrecht als noch nicht abgeschlossen.

Für einen Teilbereich der staatsfreien Räume, den Tiefseeboden hat allerdings die Pflicht zur Kooperation und dessen institutionelle Absicherung eine besondere Qualität erreicht. Tiefseebergbau ist nach Teil XI des UN Seerechtsübereinkommens ist nicht mehr isoliert, sondern lediglich unter der Kontrolle der Internationalen Meeresbodenbehörde möglich. Die Internationale Meeresbodenbehörde wiederum ist das Organ der Staatengemeinschaft, über das diese den Meeresboden und seine Rohstoffe verwaltet. Dieser Ansatz hatte ursprünglich einen egalisierenden wie einen distributiven Effekt, der allerdings inzwischen etwas zurückgedrängt worden ist. Durch die Übertragung der Verwaltungskompetenzen auf ein Staatengemeinschaftsorgan verloren die technisch und wirtschaftlich entwickelten Staaten die Möglichkeit, ihren Vorsprung für den Tiefseebergbau zu nutzen. Außerdem wurden diese Staaten verpflichtet, Transferleistungen zu erbringen, um auch andere Staaten in die Lage zu

---

22 *Meurer*, Meer, Hohes, in: Wörterbuch des Völkerrechts und der Diplomatie, prägte für das Meer die Formulierung, es sei frei von Gebietshoheit, nicht aber von der Rechtshoheit.

versetzen, Tiefseebergbau zu betreiben. Dieser Behörde wurden gleichzeitig die Befugnisse eingeräumt, die Verpflichtung zur Kooperation mit Zwangsmitteln durchzusetzen.

Dieses Regime ist nicht das einzige seiner Art geblieben; vergleichbare Regelungen gelten für eine Nutzung des Weltraums.

Im internationalen Umweltrecht bahnt sich eine parallele Entwicklung an. Ausgehend davon, daß das internationale Umweltrecht – Klimaschutz, Schutz der genetischen Vielfalt, Schutz der Ozonschicht – nur realisiert werden kann, wenn es gelingt, möglichst viele Staaten zu einer effektiven Mitarbeit zu gewinnen, haben die beteiligten Staaten wechselseitig aufeinander bezogene Handlungspflichten vereinbart. Das tragende Grundprinzip der entsprechenden Abkommen ist das Prinzip der ‚common but differentiated responsibility' aller Staaten für die Erhaltung der lebenswichtigen Komponenten der globalen Umwelt. Die Verwirklichung dieses Konzeptes bedingt eine verstärkte, vor allem durchsetzbare Verpflichtung zur Kooperation zwischen Staaten und zwar zwischen Staaten mit unterschiedlichen Gesellschaftssystemen und unterschiedlichem wirtschaftlichen und technischen Entwicklungsstand.

Die Anerkennung, daß es sich bei dem Völkerrecht um ein Kooperationsrecht handelt, hat weitreichende Konsequenzen für die Struktur des Völkerrechts. Das traditionelle Völkerrecht ist durch einen individualistischen Ansatz charakterisiert. Es besteht grundsätzlich aus Regeln, die Staaten verpflichten, bestimmte Dinge nicht zu tun, bzw. aus Regeln, die Jurisdiktionsgrenzen gegeneinander abgrenzen. Diese Regeln sind – worauf bereits verwiesen wurde – darauf angelegt, das friedliche Zusammenleben der Staaten dadurch zu fördern, daß sie bestimmte rechtliche Konfliktstoffe beseitigen. Als Friedenssicherungsinstrument hat das Völkerrecht versucht, wie folgt zu wirken: Einmal, indem es den Krieg als Möglichkeit der zwischenstaatlichen Auseinandersetzung verbot, und zum anderen, indem die Organisationen als Strukturen der internationalen Gemeinschaft gestärkt wurden, so daß ein System der kollektiven Sicherheit entstand.[23] Diese beiden Ansätze sind in der Charta der Vereinten Nationen vereinigt worden.

Eine Konzentration der Völkerrechtswissenschaft auf die Sicherung des Friedens bzw. die Bekämpfung bewaffneter Auseinandersetzungen im engen Sinne würde nicht hinreichend berücksichtigen, daß die wirtschaftlichen und sozialen Unterschiede der Staaten bedeutend sind und hierin ein erhebliches Konfliktpotential liegt.[24] Soweit die Kooperationsverpflichtungen darauf angelegt sind, diesen Zustand zu überwinden, sind sie, wie gesagt, dazu bestimmt, die Strukturen des Völkerrechts zu ändern. Zum einen wäre das Völkerrecht nicht mehr

---

23 Vgl. dazu insgesamt *J.A. Frowein*, Kommentierung zu Art. 39 UN Charter, in: B. Simma (Hrsg.), The Charter of the United Nations: A Commentary, 1994.
24 *R. Wolfrum*, Kommentierung zu Art. 1 der UN Charta, in: B. Simma (Hrsg.), The Charter of the United Nations: A Commentary, 1994.

ein Regelungswerk, das darauf ausgerichtet ist, die derzeitigen Machtstrukturen und Systeme zu erhalten. An dessen Stelle würde ein dynamisches System treten, das auf die Erreichung sozialer Gerechtigkeit ausgerichtet ist. Insoweit läßt sich ein Vergleich zu der Entwicklung des modernen Wohlfahrtsstaates ziehen. Erst durch diesen Ansatz entwickelt sich die Staatenwelt zu einer Staatengemeinschaft im eigentlichen Sinne.[25]

Gleichzeitig verändert die Anerkennung des neuen Charakters des Völkerrechts die Rechte und Pflichten der Staaten. Sie unterstreicht, daß die Entwicklung und das Ergehen anderer Völker sowie die Bewahrung der Räume, die außerhalb der Jurisdiktion von Staaten liegen, unter internationale Verantwortung fallen. Der erstgenannte Ansatz fand seinen Niederschlag in Art. 17 der Charta der wirtschaftlichen Rechte und Pflichten der Staaten,[26] wonach „international cooperation for development is a shared goal and the common duty of all States." Demgegenüber ist der zweitgenannte Ansatz in der Deklaration der Prinzipien für den Meeresboden und seinen Untergrund außerhalb der Grenzen staatlicher Jurisdiktion[27] wiederzufinden, wonach der Tiefseeboden und dessen Untergrund das gemeinsame Erbe der Menschheit sind, das zum Wohle der gesamten Menschheit zu nutzen ist. Drittens ändert der Kooperationsansatz den Status der Rechtssubjekte im Völkerrecht. Hierdurch wird die Bedeutung der internationalen Organisationen gegenüber einzelnen Staaten vergrößert. Gleichzeitig wird ein Gesichtspunkt der Ungleichheit in das System der Staaten eingefügt, und zwar der Ungleichheit, um materielle Gleichheit zu erzielen.[28]

Sehr viel problematischer ist die Antwort auf die Frage, ob eine Verpflichtung der Staaten aus allgemeinem Völkerrecht besteht, mit Blick auf die Entwicklung bestimmter Staaten zusammenzuarbeiten. Würde man diese Verpflichtung akzeptieren, so hätte die Kooperationsverpflichtung einen distributiven Effekt. Sie wäre darauf angelegt, die ökonomischen und sozialen Unterschiede zwischen den Staaten einzuebnen. Die Entwicklungsländer haben eine derartige Verpflichtung eingefordert, sich insoweit aber noch nicht durchzusetzen vermocht. Dieser Gedanke ist im Grunde genommen nicht ganz neu. Bereits im

---

25 Vgl. dazu *U. Scheuner*, Solidarität unter den Nationen als Grundsatz in der gegenwärtigen internationalen Gemeinschaft, in: Festschrift E. Menzel, Berlin, 1975, 251-277 (254); kritisch Sir *Gerald Fitzmaurice*, Evolution et perspectives du droit international, in: Jubiläumsband des Institut du Droit International 1873-1973, 1973, 259; sowie *Ch. de Visscher*, Théorié et Réalités en Droit International Public, 3 ed., Paris, 1960, 117.
26 A/3281 (XXIX) vom 12. Dezember 1974; vgl. dazu *Chr. Tomuschat*, Die Charta der wirtschaftlichen Rechte und Pflichten der Staaten, ZaöRV 36 (1976), 453 ff; *M. Virally*, La Charte des droits et devoirs économiques des Etats, AFDI 1974, 64 ff.
27 Declaration of Principles Governing the Sea-Bed and Ocean Floor, and the Subsoil Thereof, Beyond the Limits of National Jurisdiction, A/Res. 2749 (XXV) vom 17.12.1970; vgl dazu *R. Wolfrum*, Die Internationalisierung staatsfreier Räume, Berlin, 1984, 337 ff.
28 *Wolfrum*, Anm. 18, 1244.

18. Jahrhundert hat *Emeric de Vattel* wie folgt formuliert: „Es ist die erste Verpflichtung des allgemeinen Rechts, welches sich in jeder Form der Gesellschaft der Nationen findet, daß jede Nation verpflichtet ist, soweit sie dies vermag, zur Förderung der Entwicklung anderer Staaten (Nationen) beizutragen."[29]

Die Entwicklungsländer haben argumentiert, und zwar auf der Basis der Deklaration über die Prinzipien des Völkerrechts,[30] daß eine derartige Zusammenarbeit zur Entwicklung nicht lediglich eine politische Verpflichtung, sondern eine Rechtspflicht sei. Dabei stützten sich die Entwicklungsländer auf Art. 1, 11 und 13 der UN-Charta und insbesondere auf deren Art. 56.[31] Dieser Ansatz betrachtet die Charta der Vereinten Nationen als eine Art internationale Verfassung, wobei diese Verfassung eine Reihe von Prinzipien, Regeln und Verpflichtungen enthält, deren Ziel es nicht nur ist, einen Ausbruch von Kriegen zu verhindern, sondern eine dynamische Entwicklung des Völkerrechts zu fördern. Ebenso zur Begründung einer solchen Kooperation herangezogen werden die Charta der Arabischen Liga, der Organisation Amerikanischer Staaten und der Organisation für Afrikanische Einheit. Niedergeschlagen hat sich eine derartige Verpflichtung in dem Wortlaut der Deklaration über die Errichtung einer neuen Weltwirtschaftsordnung[32] und dem entsprechenden Aktionsprogramm[33] sowie in der Charta der wirtschaftlichen Rechte und Pflichten der Staaten.[34] Dagegen spricht jedoch, daß während der Verhandlungen über die Deklaration über die Prinzipien des Völkerrechts[35] die Repräsentanten der westlichen Industriestaaten die Existenz einer generellen Rechtsverpflichtung zu kooperieren, und zwar zu kooperieren im Sinne der Entwicklung, bestritten haben. Sie vertraten die Meinung, daß dieses Prinzip lediglich deklaratorischer Natur sei und nur eine politische Bedeutung habe. Es drücke keine Rechtspflicht aus, sondern lediglich eine moralische Verpflichtung. Soweit Art. 1 Abs. 3 der Charta der Vereinten Nationen herangezogen wurde, wurde argumentiert, diese umschreibe lediglich die Kooperationsverpflichtungen der Organisation, nicht aber einzelner Staaten.[36]

---

29 Droit des Gens, Leiden, 1758, vol. II, § 24, zurückzuführen auf *Chr. Wolff*, Jus Gentium, Methodo Scientifica Pertractatum 1764, ed O. Nippold, The Classics of International Law, vol. 13, Oxford, 1934, §§ 187, 188.
30 Siehe Anm. 5.
31 Vgl. *R. Wolfrum*, Kommentierung zu Art. 56, in: B. Simma (Hrsg.), The Charter of the United Nations: A Commentary, 1994. Hierin wird hervorgehoben, daß die Versuche der Entwicklungsländer, eine Pflicht zur Kooperation juristisch abzusichern, auch darin ihren Grund haben, daß Art. 56 der UN Charta gerade eine derartige Rechtspflicht zwischen den Staaten nicht statuiert.
32 A/Res. 3201 (S-VI) vom 1. Mai 1974.
33 A/Res. 3202 (S-VI) vom 1. Mai 1974.
34 Siehe Anm. 26.
35 Siehe Anm. 5.
36 Vgl. *R. Wolfrum*, Kommentierung zu Art. 1 UN Charta, Rdn. 21, in: B. Simma (Hrsg.), Anm. 31.

Auch ist es unmöglich, die verschiedenen Resolutionen der Vereinten Nationen zu einer Begründung der Rechtspflicht auf Kooperation zur Entwicklung heranzuziehen. Die Resolutionen der Generalversammlung der Vereinten Nationen haben nach der Charta der Vereinten Nationen keinen rechtlich verbindlichen Charakter. Die Zustimmung der Staaten zu ihnen erfolgt auch im vollen Bewußtsein der rechtlichen Unverbindlichkeit.

Kürzlich ist ein weiteres Argument vorgetragen worden, das den gesamten Fokus verschiebt. Es wurde argumentiert, daß im Pakt für wirtschaftliche, soziale und kulturelle Rechte eine Reihe von wirtschaftlichen und sozialen Rechte für alle Individuen gewährt wird. Es wurde weiter vorgetragen, um diesen Zustand, den der Pakt anstrebt, zu erreichen, seien die Industriestaaten gehalten, den Entwicklungsländern Entwicklungshilfe zu leisten. Dieser Ansatz wird in einer Resolution der Menschenrechtskommission aus dem Jahre 1985 formuliert, worin es heißt: „The right to development is a human right and the equality of opportunity for development is as much a prerogative of nations as of individuals within nations".[37] Vordergründig könnte man argumentieren, daß hier versucht wird, die Menschenrechte dazu zu nutzen, Staatenrechte zu kreieren. Dies war lange Zeit auch die Kritik westlicher Industriestaaten. Inzwischen hat ein Umdenken in dieser Hinsicht eingesetzt, und die westlichen Industriestaaten stehen teilweise einem Recht auf Entwicklung sehr viel positiver gegenüber und akzeptieren die sich hieraus ergebenden Kooperationsverpflichtungen. Argumentiert wird inzwischen, daß eine Beziehung zwischen den wirtschaftlichen und sozialen Rechten besteht und der Verpflichtung zur Kooperation, daß aber die Entwicklungsländer diese Kooperation nur dann einwerben können, wenn sicher ist, daß die entsprechende Hilfe auch den Individuen zugute kommt. Das heißt, die Entwicklungsländer müssen nachweisen, daß die Kooperation zur Entwicklung sich nicht nur auf der Ebene Staat zu Staat vollzieht, sondern auch auf der Ebene der Individuen Wirkung zeigt. Dies gibt den Industriestaaten die Möglichkeit, die Menschenrechts- und Demokratieentwicklung in den Entwicklungsländern zum Maßstab ihrer wirtschaftlichen Zusammenarbeit zu machen. Dieser Ansatz wird von den Entwicklungsländern kritisiert. Sie sind der Meinung, daß damit in die inneren Angelegenheit der Staaten eingegriffen würde, und zudem lehnen sie jede Form der menschenrechtlichen Konditionierung von Entwicklungshilfe ab. Dabei wird aber übersehen, daß es gerade diese Staaten selbst waren, die die wirtschaftliche und soziale Not in ihren Ländern zur Argumentationsbrücke machten, um Entwicklungshilfe zu erlangen. Abgesehen davon ist die Situation der Menschenrechte nicht mehr nur eine innere Angelegenheit der Staaten, über die diese frei entscheiden können, sondern, wie sich an vielen jüngsten Beispielen zeigt – ich verweise dabei auf Haiti oder den Kosovo – es kann die internatio-

---

37 Res. 36 (XXXVII), die Einführung dieser Passage war äußerst umstritten.

nale Staatengemeinschaft den Schutz, die Entwicklung und die Förderung von Menschenrechten, und zwar aller Menschenrechte, zu ihrem eigenen Anliegen machen.[38]

Insgesamt ist festzustellen, daß das Völkerrecht sich im Verlauf der letzten Jahrzehnte von einem auf Koordination ausgerichten Rechtsregime zu einem solchen entwickelt hat, das in verstärktem Umfang auf zwischenstaatliche Kooperation abstellt. Diese Entwicklung, die zunächst eher sektoral war, erfaßt jetzt das Völkerrecht nahezu insgesamt, wenn auch in unterschiedlicher Intensität. Dabei ist zu berücksichtigen, daß eine intensive Kooperation die Verständigung auf ein gemeinsames Wertesystem voraussetzt. Von daher ist es zutreffend, von einer zunehmenden Konstitutionalisierung des Völkerrechts zu sprechen.

---

38 Vgl. dazu *Heike Gading*, Der Schutz grundlegender Menschenrechte durch militärische Maßnahmen des Sicherheitsrates – das Ende staatlicher Souveränität?, 1996; *Georg Nolte*, Kosovo und Konstitutionalisierung: Zur humanitären Intervention der NATO-Staaten, ZaöRV 59 (1999), 941-960.